Principles of Legislative Technology

立法技术原理

根据2023年修正的立法法修订

张 越◎著

中国法制出版社
CHINA LEGAL PUBLISHING HOUSE

前言

Preface

一、本书的缘起

自中华人民共和国成立，特别是改革开放以来，经过长期努力，我国基本形成了中国特色社会主义法律体系，国家和社会生活各方面总体上实现了有法可依，这是一个了不起的伟大成就。同时，实践发展永无止境，立法工作也永无止境，完善中国特色社会主义法律体系任务依然艰巨。

当前，我国立法领域面临的一些突出问题是，立法质量需要进一步提高，有的法律法规全面反映客观规律和人民意愿不够，解决实际问题有效性不足，针对性、可操作性不强；立法效率需要进一步提高。还有就是立法工作中部门化倾向、争权诿责现象较为突出，有的立法实际上成了一种利益博弈，不是久拖不决，就是制定的法律法规不够有效，一些地方利用地方性法规实行地方保护主义，对全国形成统一开放、竞争有序的市场秩序造成障碍，损害国家法治统一。

为系统性解决上述问题，《依法治国决定》开出的药方是“深入推进科学立法、民主立法”，这是提高立法质量的根本途径。科学立法的核心在于尊重和体现客观规律，民主立法的核心在于为了人民、依靠人民。要完善科学立法、民主立法机制，创新公众参与立法方式，广泛听取各方面意见和建议。该决定还提出，明确立法权力边界，从体制机制和工作程序上有效防止部门利益和地方保护主义法律化。一是健全有立法权的人大主导立法工作的体制机制，发挥人大及其常委会在立法工作中的主导作用；建立由全国人大相关专门委员会、全国人大常委会法制工作委员会组织有关部门参与起草综合性、全局性、基础性等重要法律草案制度；增加有法治实践经验的专职常委比例；依法建立健全专门委员会、工作委员会立法专家顾问制度。二是加强和改进政府立法制度建设，完善行政法规、规章制定程序，完善公众参与政府立法机制；重要行政管理法律法规由政府法制机构组织起草；对部门间争议较大的重要立法事项，由决策机关引入第三方评估，不能久拖不决。三是明确地方立法权限和范围，禁止地方制发带有立法性质的文件。

《立法法》2015 年修正时，特意在总则一章中的第 6 条增加第 2 款："法律规范应当明确、具体，具有针对性和可执行性。"（2023 年《立法法》第 7 条第 2 款）落实这一要求，需要立法技术的帮助。违反立法基本规程的立法，难免模糊、空泛、缺乏针对性，甚至有可能违反上位法、违反基本法律原则，因而没有可执行性，最终就是一个"花瓶"，甚至是白白浪费宝贵的立法资源的"陋器"。

二、本书的结构

本书以立法现实过程中遇到的问题为导向，体系上力求兼顾全面性、系统性和针对性，突出重点，不面面俱到。如有关行政许可的内容比较多，因为这是中国 21 世纪以来立法的重点，绝大多数立法活动都避不开；而行政处罚的内容就少得多，因为自 1989 年以来 30 余年的司法实践探索以及 1996 年以来 20 余年的立法后实践的完善，行政处罚领域中，除其本身的存废问题外，立法技术上已经相当完善了。

本书列举了数百部现行法律、行政法规、司法解释在其不断完善过程中曾经出现的"瑕疵"。其确证的标准，就是后法对前法的修改。虽然这些修改不是尽善尽美的，但绝大多数修改是经得起历史的初步考验的，也是需要立法工作者在今后工作中分析、领会和吸取经验的。

本书大致按照立法的一般流程和规律，对涉及的千余处立法修改内容进行了初步的排列，形成了一个笔者认为比较合理的体系。但这个体系毕竟不是立法瑕疵的分类目录，仅希望通过这个体系可以快速查找到相关的立法需要借鉴的内容。因此，本书可以作为立法工具书经常查找和翻阅。

三、本书的特点

笔者结合自身多年立法经验，从有利于实践操作入手对立法技术进行研究和梳理，力求提出可供立法工作者借鉴而有助于提升立法质量的思路和建议。具体来说：第一，本书精确再现当代立法技术的实况。由于是全面、现实、均质地呈现，展现出来的不全是成就，也有很多教训。有些在现在看来非常简单粗暴的技术性偏差，都是特定历史时期的烙印。笔者除对当时为我国当代立法事业作出铺路、奠基贡献的前辈、先贤致敬外，确有不恭的自责。但这恰恰是对所有立法界后学最好的提醒和激励：立法自古多恨事，得失跃然纸坊间。第二，本书旨在推进法治理念在立法中的落实。尽可能用法治思维和法治方式指导立法实践。笔者尽其所能，努力将法治原理落实在法律概念的确定及运用、行政主体的确立及职能配置、监督体制的构建等方面和领域。立法就是立规矩，核心是规范的形成，本质是规则意识的成文化。对于立法技术的讨论，不能单纯就技术论技术，立法确实需要工匠精神，但立法绝不是个手艺活，立法必须是特定时代法治思维、法治理念的具体化。故本书的主要内容分为两大部分：一是理念层面的信条，二是技术层面的规范。前半部分主要讨论立法必须秉持的法治理念、法治思维及其在成文法律规范中如何落地成规。后半部分主要从篇章、字词等立法技术细节处，讨论可资利用的立法技术资源，以提高立法质量，避免不必要甚至尴尬的立法事故。第三，探究梳理当代中国立法的规律。通过分析执法主体的设立、行政行为的规范、法律责任的设定、立法技术的完善等方面，阐述当代中国立法的理论与实务，特别是通过立法的不断完善所反映出来的规律和趋势。

本书另一大特点，在于颠覆至少是挑战了法律职业者对于立法技术的认知体系：绝大多数内容，都不是在惯常的立法学教程中所能看到的，如立法语气和情感等。

本书曾被命名为《立法的逻辑与表达》。因为本书内容的核心，就是立法的技术逻辑。全书贯彻的一个基本指导思想是，立法是社会逻辑的抽象、语言逻辑的表象、情理逻辑的艺术、数理逻辑的具象。因此，立法一刻也离不开逻辑，立法必须遵循逻辑的指引，用逻辑的标准要求立法语言的表达。就其内容的本质而言，本书可以概括为是一部探讨法律的逻辑与逻辑的法律的专著。其中探讨的核心问题，是如何将立法者意念中的法律转化为执法者、司法者、守法者可以理解的规则，进而现象化为社会秩序的现实。

但最终发现，立法在我国，至少就目前而言，主要是行政法领域的事。当然，这种意义上的行政法取广义，且取形式意义上的广义，即主要由行政机关实施的法律规范的总称。在这个意义上，行政法（至少从数量上）涵盖了我国法律的95%、行政法规的98%以及几乎100%的地方性法规和规章。而从立法角度看，也就是这个意义上行政法领域天天都在立法，无论是法律、法规的草案，还是规章的立改废释，绝大多数碌碌其间者，都是行政机关的公务员，尤其是那些从事法治或者法制工作者。立法技术一词在这个圈子里更普遍，相关方面的研讨，也主要是在这个圈子里展开。

本书大致按照立法的过程，以纵向推进的方式，从总则开始，接着是管理体制、监管主体、监管手段、法律责任、执行、附则等，按顺序推进对特定立法环节的研究。

对于一本学术著作，一般最后会列一个参考资料目录，这部分通常将是成百上千个人名的荟萃之所。本书此处则是200多部现行有效的法律及其历次修改决定，600余部行政法规及其历次修改前的版本。本书的内容，就是对这些法律、行政法规的钻研、剖析、梳理、凝练。在此特别想要致敬的，是在这成百上千部法律、行政法规的制定、实施、解释、修订过程中，数以百万计（人次）的参与者在这些法律、行政法规制定、完善过程中，也即中国特色社会主义法律体系形成和完善的过程中，默默付出了青春、生命、泪水、汗水和鲜血的有名但不署名的法治英雄们。

四、本书的读者

本书是为专业立法人员编纂的。立法经验越丰富、参与的立法研讨场合越多，对本书中有关内容的理解可能越深刻。

本书专门讨论法律概念的章节很多，会在一节中甚至几个段落之间，引用几个甚至十几个不同法律文件中的法条作为论据。一般读者，包括许多法学专业的毕业生甚至某些专门法律领域的专业学者，阅读本书可能都会觉得不太习惯，这可能是因为对有些法条、法律规范，涉及领域并不熟悉。本书许多文字的苦心孤旨，是需要通读本书才能发现的，不是从目录上就可以迅速找到答案的。因为许多立法技术中的细节是相互关联的，要结合条文理解，因此在内容的摆布上，可能出现将涉及多个问题的讨论置于某一条文中，放在了某一章节中，但按照通常的分类方法，可能直接在目录上找不到这一内容。

本书中有相当的部分，讲的是抽象的形式逻辑，如概念的界定规则。为了论证的需要，举了一些立法的实例。这样的实例很不容易找到，将收集的结果汇聚到一起时，作为论据的各法条的内容遂互不相关，专业领域也会跨度极大，但它们的灵魂是相通的：形式逻辑中的共通规则。

如果纠缠在这些具象的规定、条文中，忘记了本书在该章节讨论的重点是这些法条背后抽象的逻辑，就参不透、搞不明白其中想要表达的概念界定需要遵循的逻辑原则。

由于本书作者的水平所限、眼界所限、经验所限，书中的陈述肯定有很多的瑕疵、缺陷甚至错误，因为本书是与立法大师面对面，历数他们经过千百人、千百日精雕细刻的“大师作”的不妥，确实有点儿自不量力。同时，如果读者不能宽宏，拿本书的文字水平、“写作”技术和严谨性、准确性与立法比，那就更显得书中文字粗陋与不堪了。在此，先表示诚挚的歉意。

五、本书的拓展

党的二十大对立法工作提出了新的、全面的、更高的要求：推进科学立法、民主立法、依法立法，统筹立改废释纂，增强立法系统性、整体性、协同性、时效性。这一要求已经为2023年修正的《立法法》所吸纳，其新增的第55条规定：“全国人民代表大会及其常务委员会坚持科学立法、民主立法、依法立法，通过制定、修改、废止、解释法律和编纂法典等多种形式，增强立法的系统性、整体性、协同性、时效性。”该法还首次提到了“立法技术”，其新增的第65条第4款规定：“全国人民代表大会常务委员会工作机构编制立法技术规范。”这无疑将极大地促进我国的立法技术研究和探索，也为本书的进一步拓展预留了广阔的空间。

本书于2020年6月首次出版，以本书的出版为先声，国内陆续出版了几十部有关立法方面的专著，所涉及的范围已经远远超过前些年的立法学通论范畴，而是及于立法法理学、立法经济学、立法论证、立法起草、立法权配置、地方立法以及为数众多的专业领域立法事宜探讨等范围相当广泛的领域，充分折射出我国当前以立法为旗帜的制度建设蓬勃发展的喜人景象，立法的春天真的来了。

立法的春天的到来，与2000年3月全国人大通过的《立法法》有直接的关系。《立法法》是关于国家立法制度的基本法律，该法对于规范立法活动，健全国家立法制度，更好地推进中国特色社会主义法治体系建设，保障和发展社会主义民主，推进依法治国、建设社会主义法治国家进程，具有重要意义。该法分别于2015年3月15日、2023年3月13日经全国人大修正，进一步完善了我国的立法体制，明确了立法权限，健全了保证科学立法、民主立法的机制和程序。

值此《立法法》修正实施之际，本书又作了进一步的拓展，补充了与新修正的《立法法》的最新精神和具体修改条款相关的内容，特别是学习习近平法治思想有关宪法与立法方面的重要论述的体会，全书的体系和站位又有了新的完善与提升，主要体现在三个方面：一是从历史的角度看立法与法治的关系，二是从依法立法的角度重新审视立法，三是从中国式现代化的角度看法治。希望这些新补充的内容对读者更加全面地理解、运用立法技术有更大的帮助。

简要说明

为表述和阅读方便，本书中的法律、行政法规使用了一些简称，现统一说明如下。

1. “98 条”:《最高人民法院关于执行〈中华人民共和国行政诉讼法〉若干问题的解释》，1999 年 11 月 24 日最高人民法院审判委员会第 1088 次会议通过，法释〔2000〕8 号，共 98 条，故名。

2.“163 条”:《最高人民法院关于适用〈中华人民共和国行政诉讼法〉的解释》，2017 年 11 月 13 日最高人民法院审判委员会第 1726 次会议通过，法释〔2018〕1 号，共 163 条，故名。

3.《依法治国决定》:《中共中央关于全面推进依法治国若干重大问题的决定》，中国共产党第十八届中央委员会第四次全体会议（2014 年 10 月 20 日至 23 日在北京举行）审议通过。

4. 未注明年份的法律文件版本，一般指截至 2019 年 6 月现行有效的版本。

5. 已经废止或者修正的法律文件，标注其颁布年份，以区分不同年份的版本。

6. 紧接前文继续讨论某一法律文件中的内容时，加“原”“旧”表示某次修改前的旧版本，用“新法”指代修改后的新版本，但不一定是最新或者现行版本。

7. 法律和行政法规统一省去“中华人民共和国”，仅使用简称。

目录
Contents

第一章　理念与概述

第三章　模块化制度

第四章　篇章与结构

第六章　情境与时代

第七章 释法与适用

第一章

理念与概述

法治的外在表象是，由人制定、由人实施的法律，却不以某个特定人的意志为转移。这是法治区别于人治、能创立亦能约束权力的最核心的奥秘。但要成就这种功效，一是要靠法治本身蕴含的严格的法律程序的外部约束，二是要靠实际运作法律的每个立法者、执法者、司法者等法治工作人员以及守法者内心坚定的法治信念、脑中强烈的法治意识、思维中持续流动的法治理念。

法治意识，就是信仰法治、践行法治、努力实现国家治理的法治化的思想体系；是主动运用规则，公平公正地解决所有问题的思维习惯和工作态度。其核心，是人类几千年文明发展，运用规则管理、协调各种社会关系的经验总结，是人类共同的精神财富，每个现代国家都可借鉴，且必须借鉴。

立法技术名为技术，但更主要的是一些逻辑的、语言的、情理的、法理的基本训令、教条的综合体。局部、孤立地看立法技术，容易片面化、狭隘化甚至庸俗化，只有从立法的总体定位和通篇结构出发，全面、系统地看立法技术，才能把握立法技术的精髓，为更准确、娴熟地运用打好内功的基础。

本章是概述，是对本书内容索引式的提醒：从立法的时间顺序、逻辑顺序出发，罗列立法过程中立法技术应用的环节，从而为立法活动参与者提供一个从宏观上、总体上把握立法技术应用的思维路线和逻辑脉络。

第一节 法律概念

立法是人类社会特有的语言逻辑现象。任何一部立法，首先需要解决的问题就是概念的界定。法律概念是法律规范的素材和元素。完整的法律规范正是由逻辑串联起来的概念所形成的人类行为规则，即希望在纷繁复杂的人类社会实现的理性和秩序。因此，讨论立法，特别是形式意义上的立法技术，必须首先从实体性、实质性的法律概念的界定技术谈起。

明确的法律概念是立法的起点；统一对重要的法律概念的理解和适用，也有重要作用，其具体表现形式，就是通过概念的明确和统一，实现法律概念统辖下的法律制度的统一和规范化。

从立法的起点出发，本书第一章就谈法律概念的界定，但直到本书的末尾，仍在谈这个问题——“不确定法律概念”，反过来又说明，“概念”在法律上、立法上确实不好界定。特别是很多情况下，立法不得不用“不确定法律概念”为立法本身“留白”，也为相应法律制度的进一步发展“留空”。

一、法律概念的立法识别

法律概念的立法识别，就是某一概念为法律所接受；其更为通行的表现形式是立法对特定概念的法律界定。

概念是逻辑推理的起点、学术探讨的开端。教科书上对概念的界定，是书中的重头戏，总是放在全书最突出的“头部”，唯恐读者不注意。

而立法是实践的艺术，界定法律概念是其实用的工具。为了增强或者强调立法的可操作性、适用性，立法者总在有意无意间淡化界定法律概念的场景，从而产生了一部法律文件中，识别某一段表述是不是确立了一个法律概念的问题。这就是法律概念的立法识别。

如果在立法时，能够增强运用法律概念界定这一立法技术的自觉，便能起到一些意想不到的作用，如简化法律规范的文字等。例如，《行政诉讼法》第 12 条第 2 款规定，除前款规定外，人民法院受理法律、法规规定可以提起诉讼的其他行政案件。这一规定实际上界定了一个法律概念：依法可诉的行政案件。这里的法律、法规，是指除《行政诉讼法》外的其他法律、行政法规、地方性法规、自治条例和单行条例。当然，按照最高人民法院的理解，还包括司法解释，如“98 条”“163 条”。

至于依法可诉的行政案件的具体来源，则是法律、法规的规定，如 1991 年《未成年人保护法》第 46 条规定，未成年人的合法权益受到侵害的，被侵害人或者其监护人有权要求主管部门处理，或者依法向法院提起诉讼；当然，“要求主管部门处理”后仍不满意，是否可以提起行政诉讼，存疑。这正是本书要讨论的重点。将这些内容与作为行政诉讼基本法、一般法的《行政诉讼法》中的前述概念的定义结合起来，既明确了可诉案件的内涵，也确定了其外延，从而识别出这一法律概念。

由此可见，法律概念的立法识别，实为立法的逆向过程，是对已经规定在立法中的法律概念的区分和识别。

二、法律概念的界定方法

（一）不限于形式上的定义

立法中法律概念的界定方法，不限于“本法所称规划区，是指……”，也包括用“等”字定义等方法，不一而足。

1989 年《行政诉讼法》第 11 条第 1 款第 1 项规定，“对拘留、罚款、吊销许可证和执照、责令停产停业、没收财物等行政处罚不服的”，可以提起行政诉讼。1996 年的《行政处罚法》没有规定行政处罚的概念，只在第 8 条规定，行政处罚的种类包括：警告，罚款，没收违法所得、没收非法财物，责令停产停业，暂扣或者吊销许可证、暂扣或者吊销执照，行政拘留，法律、行政法规规定的其他行政处罚。这就是该法所界定行政处罚的概念。与 1989 年的“等”字的定义字面表现不同，但二者殊途同归。

（二）可以某条的规定作为概念的界定

立法中，明确界定核心的法律概念，是简略文字的最优方法。在这方面，《公司法》2005 年的修订者显然很有心得：除在条文中增加了对有关法律概念的解释条款外，还专门在附则一章中，对“高级管理人员”“控股股东”“实际控制人”“关联关系”等该法中使用的概念作了界定。

其中特别值得一提的是，在将原来 2004 年该法第 24 条第 1 款中的“股东可以用货币出资，也可以用实物、工业产权、非专利技术、土地使用权作价出资”修改为第 27 条第 1 款中的“股东可以用货币出资，也可以用实物、知识产权、土地使用权等可以用货币估价并可以依法转让的非货币财产作价出资”，由此确立了一个新的法律概念：“非货币财产”，即“实物、知识产权、土地使用权等可以用货币估价并可以依法转让的”财产。但比 2004 年《公司法》高明的是，2005 年该法在对此处的内容进一步规范化表述的前提下，将“非货币财产”作为一个通用概念在该法后续条文中使用，而不再用原始的、表述不准确且过于冗长的“实物、知识产权、土地使用权”。如 2005 年修改后的该条后续表述中，就直接用“对作为出资的非货币财产应当评估作价”的表述，此后在将第 28 条改为第 31 条等情形中也如此使用，在大大简化文字的同时，也增强了表述的准确性。

由此提示我们一项非常实用的立法技术，就是在立法中随时可以以某一条的规定作为某一概念的界定表述，随后以此表述为基础和前提，统一规范地使用这一概念。在行文及表述上，不必用“某某概念”是指“某某意思”这样刻板的表述，只要能够达到解释清楚、表述明白的目的，就可以如上述“非货币财产”这一法律概念一样，在不引起歧义的情况下，在整个法律文件后续文本中采取这一概念。

（三）以调整范围充任

适用范围或者核心概念释明，是一部法仅次于立法宗旨的重要内容。2014 年修正的《预算法》中新增的第 2 条规定：预算、决算的编制、审查、批准、监督，以及预算的执行和调整，依照本法规定执行。这是通过明确“本法”规范和调整范围，进一步明确“本法”涉及的核心概念“预算”的法律认同。

（四）严格界定相似概念

一个学理概念通过立法成了一个法律概念，但立法又没有给其明确的法律界定，学界既存的关于这一概念的纷争，就一并被裹挟进了新的立法解释工程中。“相对人”或者“行政相对人”，就是最典型、最直观的例子。

“相对人”，特别是“行政行为的相对人”，虽然都是行政法学界几十年来最为常见、惯用的业内标志性用语，但新《行政诉讼法》确实是第一次将其引入法律条文；旧《行政诉讼法》、旧司法解释（“98 条”），都没有用过。

因为在学界内部，历来就有“直接相对人”与“间接相对人”之争，即使对“直接相对人”，也由于立论者不同的思想基础和论证动机，而会有不同的理解。

顾名思义，行政行为相对人，就是行政行为针对的人，直接相对人就是行政行为直接针对的人，间接相对人就是行政行为间接针对的人。当然，这里的“人”，显然是法律上的人。但仔细思量，却发现上述解释仅仅是望文生义，并没有从根本上解决问题，一旦套用到行政法的现实中，就会捉襟见肘。

以治安案件的行政处罚决定为例，被处罚人是行政行为的相对人显然没有疑问，那受害人呢？如果处罚决定中点了受害人的名，可能就会有人认为他也是行政行为的相对人；如果处罚决定中没有提到受害人，他就不是行政行为的相对人了吗？

不仅如此，与“行政行为的相对人”类似的，还有“行政相对人”。显然，如果仍顾名思义，“行政相对人”可以概括地指所有与行政机关或者行政管理活动相对的人，即行政管理现在的或者潜在的管理对象。这正是这个词虽然并不是一个被法律广泛采用的法律用语，但在行政法学界及行政法实务界为大家共同频繁使用的原因所在，其含义及适用场景，大致相当于公民、法人或者其他组织。

之所以要特意对比“行政相对人”与“行政行为的相对人”，是想提醒读者思考。事实上，二者的区分并不那么明显。许多学者以及实务界人士在他们的发言、讲话或者文章、著述中，有时并不严格区分二者，看起来含义更为局限的“行政行为的相对人”，有时实际上被他们用来指“行政相对人”了，或者说作为“公民、法人或者其他组织”的简称了：行政相对人的诉权，就是公民、法人或者其他组织因行政机关的行政管理活动而成为行政活动的一方主体，在认为自己的合法权益受到行政行为的侵害时依法享有的通过提起行政诉讼保护自身的合法权益的程序权利。

三、法律概念的界定准则

法律概念的界定，与普通概念的界定无异，只是更强调规范、更不容出错，甚至不能有歧义，因此更需要担当。为确保这些要求的实现，界定法律概念时要符合常识、逻辑，远离哲学式纷争，尽可能表述规范、考虑周详，以免予遗憾。

（一）定义要符合常识

原1996年《刑事诉讼法》第42条第1款规定，“证明案件真实情况的一切事实，都是证据”，2012年修改为“可以用于证明案件事实的材料，都是证据”。证据是材料，而不是事实。材料用以证明的，才是事实。这一改进，显现了近年来证据学研究领域的进步，但更确切地说，是立法采纳了或者同步了证据学的研究成果。当然，还可以有一个结合新旧规定的更好的表述：证据是可以用于证明案件事实的一切材料。

（二）远离哲学式纷争

原1989年《行政诉讼法》第2条规定：“公民、法人或者其他组织认为行政机关和行政机关工作人员的具体行政行为侵犯其合法权益，有权依照本法向人民法院提起诉讼。”自此直至2014年，“具体行政行为”作为行政法领域最重要的法律概念，一直处于行政法学界，特别是行政诉讼法学界讨论、争议的风口。包括司法机关在内的公民、法人和其他组织都投入了对这一法律概念准确定性的“群众运动”中，但最终都铩羽而归，连司法解释（法〔1991〕19号）中曾经给出的“具体行政行为”的解释（“具体行政行为”是指国家行政机关和行政机关工作人员、法律法规授权的组织、行政机关委托的组织或者个人在行政管理活动中行使行政职权，针对特定的公民、法人或者其他组织，就特定的具体事项，作出的有关该公民、法人或者其他组织权利义务的单方行为），也在2000年无奈地退出了历史舞台。但无论你关注还是不关注，只要法律还在，法院就要适用，也就不得不面对这个绕不过去的坎儿。

究其原因，关键在于“具体”这个最通俗、最常见的用语，其在现实生活中得到广泛运用的最根本的原因，就在于在不同的应用领域和场景语境，可以有不同的理解，从而足以回应相应领域意思表达的需要。

更重要的是，“具体”作为基本的哲学范畴，与其相对的是“抽象”。但一进入这一领域，人类历史上所有有关“具体”与“抽象”辩证关系的智慧，都在那一刻喷涌而出，将一个简单的问题搞得无限复杂，再也不可能在法律这样强调严谨和统一的领域取得足以形成立法成文的共识。

既然对于“具体行政行为”的权威解释已经不可能，那最好的办法就是敬而远之。于是，《行政诉讼法》在2014年大修，带来一个里程碑式的变化，就是将旧法中所有的“具体行政行为”都改为“行政行为”。当然，从实际效果看，由于新法第13条第2项仍明确将“行政法规、规章或者行政机关制定、发布的具有普遍约束力的决定、命令”排除在行政诉讼受案范围之外，并且只对“国务院部门和地方人民政府及其部门制定的”规章以下的“规范性文件”一并进行合法性审查，[①] 并没有将包括抽象性行政行为在内的所有行政行为全部纳入行政诉讼范围。这样一来，新法中的“行政行为”实际上等同于旧法中的“具体行政行为”。但无论从理论上还是实际操作中，都带来一股新风：行政机关再也不用更不能拿行政行为是否“具体”说事了。

（三）表述尽可能规范

公司登记是公司法律制度的基础。相应地，公司登记就是整部《公司法》最重要的核心法律概念。接下来，从法律角度进一步研究公司登记制度，就涉及其法律定性和归属了。具体而言，就是其是否属于“行政许可”。因为只有明确其在行政行为分类中的归属，才能进一步研究其主体、程序、条件、救济等更为深层次的法律问题。

但在2005年《公司法》修订之前，公司登记制度的法律属性或者其定位，似乎确实有一辩之隙：原2004年《公司法》第8条规定，“设立有限责任公司、股

① 新法第53条。

份有限公司，必须符合本法规定的条件。符合本法规定的条件的，登记为有限责任公司或者股份有限公司”。这一规定，算是《公司法》对“公司登记”概念最全面的阐释了；但从头到尾都没有提及行政许可必须涉及的两个核心点：当事人的申请、有关行政机关的批准。或者说，该规定中的“登记”没有明确主语，这在语言表达上是不严谨的；对立法而言是大忌，也由此引发了对于公司登记性质的不必要的猜疑和纷争。

2005 年《公司法》的修订，基本上解决了这个问题，相应规定修订为（第 6 条）：设立公司，应当依法向公司登记机关申请设立登记。符合本法规定的设立条件的，由公司登记机关分别登记为有限责任公司或者股份有限公司。如是规定，就解决了是否需要申请、由谁登记的问题。而行政相对人向有关行政机关提出申请，有关行政机关根据法律规定的条件予以审查批准的行为，无疑就是行政许可。

由此可见，如果法律概念的立法表述不规范，甚至有语法上的简单错误，其最终的结果，就是给后代立法留下一点致敬先贤的机会：改之。

（四）考虑尽可能周详

2019 年对原 2007 年《政府信息公开条例》进行修订时，很多新规定都是针对该条例实施过程中遇到的问题有针对性地规定的，而这些问题，有许多是因为旧条例“设计”时对某些概念的界定考虑不周造成的。

如 2019 年新条例第 10 条第 1 款新增加的内容，“行政机关获取的其他行政机关的政府信息，由制作或者最初获取该政府信息的行政机关负责公开”，就是在原条例仅规定行政机关“制作”“获取”的政府信息分别由哪个机关“负责公开”的基础上作出的补充性规定。其实质是进一步明确“获取”的意思，即行政机关从“其他行政机关”“获取”政府信息，不同于“行政机关从公民、法人和其他组织获取的政府信息”。“行政机关从公民、法人和其他组织获取的政府信息”由“其他行政机关”“最初获取”的，是本行政机关（通常是接到信息公开申请的行政机关）间接获取的，而不是本“行政机关从公民、法人和其他组织”那里直接“获取的政府信息”，故从道理上说，或者根据《政府信息公开条例》此前确立的原则，应当“由制作或者最初获取该政府信息的行政机关负责公开”，即“获取”

是指“最初获取”。

当然，这是从区分“职责”的角度作出的进一步制度安排，按照该条例此前在第5条确立的“便民”原则，如果进而规定接到信息公开申请的行政机关可以“当场答复”（语出新条例第33条）的，也可以直接“当场答复”，但申请人对答复不服的，不能申请行政复议或者提起行政诉讼，而只能以再向“制作或者最初获取该政府信息的行政机关”提出信息公开申请作为救济。

如果没有新条例如此的规定，就难免出现这样的情况：明明接到信息公开申请的行政机关可以非常方便地“当场答复”，或者直接告知信息公开申请人其所申请的政府信息的内容，要么告诉其检索渠道，却要告知其“制作或者最初获取该政府信息的行政机关”，有时这比“当场答复”还费时费力，老百姓也不满意。但就行政机关而言，特别是其工作人员，既然条例是这样规定的，就只能这样费时费力且不讨好地去做。由此可见，顶层设计是多么的重要。

（五）一定要符合逻辑

法律概念的界定必须尽可能清晰、明确、周延，绝不能模棱两可、似是而非。预算，是个比较专业的概念，涉及的也是比较专业的领域，一般人，即使是法律方面的专业人士，也都不敢在这个领域轻言妄语。但1994年《预算法》中有关该法的核心法律概念的立法界定，就确实让人迷茫。该法第4条第2款规定，“中央预算包括地方向中央上解的收入数额和中央对地方返还或者给予补助的数额”。且不说“中央预算”究竟何指，“中央预算”“包括”“数额”这个核心表述结构本身就有问题，因为“预算”显然不限于“数额”。旧法的这一表述还存在其他许多问题，但归根到底就是没有把概念说清楚，甚至落入了“你不说我还明白，你越解释我越糊涂”的至高境界。对照新法修改后的内容，更能够看清楚其想表达而没有表达清楚的意思：中央一般公共预算收入包括中央本级收入和地方向中央的上解收入。中央一般公共预算支出包括中央本级支出、中央对地方的税收返还和转移支付（2014年《预算法》第6条第3款，2018年该法修正时此处未动）。上述内容确实复杂，不是只言片语所能轻易概括的，只有新法如此详尽的表达才能准确地界定相关的概念。

由此确立的立法中界定法律概念的基本原则是，要么界定得斩钉截铁、无可争议，要么就不要轻易界定，绝不能聊胜于无、反受其乱。

“163条”第101条第1款第3项将“管辖异议”单独作为一种裁定，这至少在表述结构上，与该款中并列的其他裁定不一致。其他裁定，无论是否定结构的“不予立案”，还是动宾结构的“驳回起诉”，一看便知是“不予立案”的裁定或者“驳回起诉”的裁定，而“管辖异议”的裁定就说不通或者不知其所云了。

“163条”规定的“管辖异议”裁定包括[①]：（因管辖异议成立）将案件移送有管辖权法院的裁定；（因管辖异议不成立）驳回管辖异议的裁定。单纯从“管辖异议”的表述看不出其具体所指，甚至无法与一同并列的“移送或者指定管辖”相区别。因为管辖异议成立时，“将案件移送有管辖权的法院”的裁定，就是管辖移送的裁定。

基于此，或者说照顾到新司法解释的表述习惯，可以将涉及管辖的裁定分为两类：一类是基于当事人的“管辖异议”或者回应“管辖异议”的裁定，即新司法解释第101条第1款第3项“管辖异议”；另一类不是基于当事人的“管辖异议”，而是法院依职权进行的管辖调整，包括移送管辖的裁定和指定管辖的裁定，即新司法解释第101条第1款第6项“移送或者指定管辖”。但从这个角度来看，这两类裁定恰恰可以用一个概念来表述，即确定管辖的裁定，进而可以简称管辖裁定。

四、法律概念界定的作用

法律概念界定的作用，自不言而喻。最基本的功能是确立核心制度，进而可以一以贯之地贯通制度体系。最直接的作用是简化表述文字，其次是可以明确适用范围，概括合法权利，有时还可以提升立法技术。

更重要的是，如果一部法律规范的核心概念界定失据，其后果将是灾难性的，最直接的后果就是相应法律规范很可能拿不上台面，更不用说颁布实施了。即使是已经通过的法律文件，立法史上也有因一个概念废掉一部法的先例。

（一）贯通制度体系

委托代理人是指受当事人或其法定代理人委托，代为进行行政诉讼活动的人，

---

① “163条”第10条第2款。

是实践中最常见的诉讼代理形态。

比较新旧《行政诉讼法》有关委托代理人的规定，其中立法技术上的完善和进步令人耳目一新。旧《行政诉讼法》第29条第1款规定：当事人、法定代理人，可以委托一至二人代为诉讼。新法第31条第1款将“代为诉讼”改为“作为诉讼代理人”。表义没变，但更为规范化了。一是明确了“诉讼代理人”的法定概念，不再需要借助“代为诉讼”迂回地理解或者演绎。二是将行政诉讼的代理人制度，串联到整个诉讼法，特别是《民事诉讼法》诉讼代理制度的规定体系中，从而无须再作更重复的具体规定。正因如此，新法只说“作为诉讼代理人”就足够了，因为诉讼代理人如何行事，《民事诉讼法》有系统的规定。相对而言，旧法规定的“代为诉讼”，表面上看表述得更具体、更有可操作性，但由于没有系统的制度体系支撑，显然要单薄许多。

（二）简化表述文字

1989年《行政诉讼法》第53条第1款规定：法院审理行政案件，参照国务院部、委根据法律和国务院的行政法规、决定、命令制定、发布的规章以及省、自治区、直辖市和省、自治区的人民政府所在地的市和经国务院批准的较大的市的政府根据法律和国务院的行政法规制定、颁布的规章。2014年《行政诉讼法》第63条第3款将上述冗长的规定简化（如果加上被删除的第2款，简化前后的对比更明显）为一句话：“人民法院审理行政案件，参照规章。”

之所以会有如此简化立法语言的可能，有赖于我国在《行政诉讼法》颁布后25年间在立法领域的突出进步，特别是《立法法》颁布实施后对规章概念的法律化、标准化。而这些成果，恰恰是得益于《立法法》颁布11年前制定的《行政诉讼法》。

新《行政诉讼法》在这方面更进一步的创新，就是删除了旧法第53条第2款：法院认为地方政府制定、发布的规章与国务院部、委制定、发布的规章不一致的，以及国务院部、委制定、发布的规章之间不一致的，由最高法院送请国务院作出解释或者裁决。这项修改，极大地简化了参照规章的程序，实质上大大加强了法院对规章的选择性适用权。其实质是将规章之间冲突的问题，通过赋予法院选择性参照的自由裁量权的方式予以解决了，不再越界寻求行政系统的解决，保证了司法的效率。从此以后，被告再以其适用的规章与原告认为其应当适用的规章相冲突为由，要求"送请国务院作出解释或者裁决"来"为难"法院的，法院可以直接宣布拒绝"参照"，不再受这一实际上从未适用也不可能适用的僵化程序的约束。

（三）明确适用范围

明确适用范围，就是明确核心法律概念。反之亦然。

王名扬老先生曾经说过：法律是分类的技术。注意，他老人家强调的是技术，不是艺术。艺术当然更高大上，但解决不了法律上的关键问题。技术的要求就是精细化，法律的适用必须严谨。这首先需要在包罗万象的大千世界中，划定某一特定法的调整范围，即界定法律的适用范围。

《耕地占用税法（草案）》第 11 条曾对"临时占用耕地"的纳税事宜作出规定，但未明确相关范围和要求，过于宽泛。常委委员和地方、部门建议[①]，对临时占用耕地退税的规定进行完善，明确临时占地的情形、退税的条件。[②]

2013 年修正《商标法》时新增的第 48 条，对"商标的使用"作了立法解释：本法所称商标的使用，是指将商标用于商品、商品包装或者容器以及商品交易文书上，或者将商标用于广告宣传、展览以及其他商业活动中，用于识别商品来源的行为。类似的解释，学术界有很多，实务界也会有不同的理解。

"商标的使用"就是如何使用商标，其核心就是解释"使用"，而"使用"一词普通得不能再普通，对"使用"的解释，不可能有什么理论上的创新，但在立法中却有重要的价值，就是廓清有关"商标的使用"的相应规范的适用范围。由于"商标的使用"同时又是《商标法》中非常重要的一章的章名。因此，对"商标的使用"的立法解释，就相当于对该章所列规范适用范围的进一步明确。

更为重要的是，在立法时将重要的法律概念的法律含义予以明确，这项立法技术的引入及普遍适用，本身就是立法技术发达的结果，也是立法体制更加完善

---

① 全国人民代表大会宪法和法律委员会关于《耕地占用税法（草案）》审议结果的报告（2018 年 12 月 23 日）。

② 《耕地占用税法》（2018 年）第 11 条。

的保障。只是《商标法》这样重要、这样具有广泛适用范围的法律，2013 年才开始在立法上统一“商标的使用”的认识，对此，只能说还不是太晚。这一立法现象从一个侧面鞭策其他部门要好好学习领会这项立法技术，尽可能通过立法时的这一举手之劳，为所立之法的适用扫清基本概念认识上的混乱，提高法律适用的效率和效果。

（四）概括合法权利

2017 年《行政诉讼法》第 12 条第 1 款第 12 项规定：人民法院受理公民、法人或者其他组织提起的认为行政机关侵犯其他人身权、财产权等合法权益的诉讼。

这一概括规定，是 2017 年修正的《行政诉讼法》在受案范围方面拓展最多、力度最大的手笔，虽然因“隐藏”在“其他人身权、财产权”之后，表现得非常“隐蔽”而低调。但此前的概括式规定显然没有新规的范围大。

至于“合法权益”的范围，党的十八届四中全会《依法治国决定》有一个权威的论断：“保障公民人身权、财产权、基本政治权利等各项权利不受侵犯，保障公民经济、文化、社会等各方面权利得到落实，实现公民权利保障法治化”，即我国公民的合法权益包括：“人身权、财产权、基本政治权利等各项权利”以及“经济、文化、社会等各方面权利。”包括《行政诉讼法》列举的行政案件中不涉及人身权、财产权等合法权益的案件，这是由新《行政诉讼法》第 12 条第 1 款第 1 项至第 11 项以肯定式列举规定的。

在这方面，新法也有新的规定，但远远谈不上重大突破。最突出的是将列举数目从 7 项增加到 11 项，增加了对行政确权（行政机关作出的关于确认土地、矿藏、海域等自然资源的所有权或者使用权的决定）、行政征收（征收、征用决定及其补偿决定）、行政垄断（行政机关滥用行政权力排除或者限制竞争）、行政合同（行政机关不依法履行、未按照约定履行或者违法变更、解除政府特许经营协议、土地房屋征收补偿协议等协议）的可诉权利。在数量增加的同时，原有列举事项的实际分量也有显著提高，立法技术也更娴熟了。如对行政处罚、行政强制、行政许可类行政案件的列举，吸收了《行政处罚法》《行政强制法》《行政许可法》的立法成果，表述更加规范、分类更加合理、列举更有概括性。

但是，正如上文所言，新法将“人身权、财产权”扩充到“（人身权、财产权等)合法权益”后，所有可以列举的案件，都已经由这一概括性条款囊括了。《行政诉讼法》已经完全没有必要再具体列举行政行为类别，作为界定行政诉讼范围的方法了，甚至整个行政诉讼受案范围一章都可以删除，仅用总则中一条概括性条款就足够了。但迈出这一步，目前似乎还有诸多考虑。

(五)提升立法技术

2014 年修正《预算法》时，新增的第 2 条对《预算法》规范和调整范围，即适用范围作了界定：预算、决算的编制、审查、批准、监督，以及预算的执行和调整，依照本法规定执行。这应该也算是一项比较成熟，已经并且应当得到普遍应用的立法技术。通过对“本法”调整范围的界定，不仅可以对“本法”涉及的核心概念有进一步明确的法律认同，而且对“本法”实施，特别是与执法、司法密切相关的解释工作，都具有重要的指导作用。故适用范围或者核心概念解释，是一部法仅次于立法宗旨的重要内容。类似的立法例还有很多。如《行政处罚法》第 2 条：行政处罚的设定和实施，适用本法。该条在该法 1996 年初颁布时即有。2005 年初颁布的《治安管理处罚法》第 2 条也有明白的内容，其重要作用是区分治安管理处罚与刑罚的关系，这是该法定位、实施中不可回避的首要问题。2016 年颁布的《中医药法》第 2 条则对“中医药”作了界定，这无疑是该法最需要解决的首要问题之一。

另如，2005 年《公司法》修订后，在其第十一章“外国公司的分支机构”中的第 1 条(即《公司法》第 192 条)规定：本法所称外国公司是指依照外国法律在中国境外设立的公司。而在自 1993 年起始的《公司法》此前三个版本中，同一内容都是放在该章第 1 条第 2 款。作为一个概念界定性条款，本条的出现位置，代表着一项新的立法技术，即明确某一部法律或者其某一章节中特定法律概念的准确蕴含。这项立法技术在我国立法不断完善的过程中，越来越多地出现在 21 世纪以来的立法中。

(六)法律概念界定失据的后果

一个概念废掉一部法，这是凸显法律概念重要作用一种夸张的说法，可能有些言过其实，但并非空穴来风。

1. 不是法律概念

2019 年 6 月 25 日，在国务院召开的全国深化“放管服”改革优化营商环境电视电话会议上，总理仍在强调，今年要把工业生产许可证种类再压减一半以上，中央层面再取消下放 50 项以上行政许可，整治各类变相审批。也就是说，虽然“行政审批”作为一个法律现象已经不复存在，但各种以此为旗号“分化”“瓦解”《行政许可法》的情形依然存在。

“行政审批”不是一个法律概念，因此也无须挖空心思去给它下一个大家都可以接受的定义。特别是 2016 年 2 月 3 日，《国务院关于第二批取消 152 项中央指定地方实施行政审批事项的决定》（国发〔2016〕9 号）中已经明确：“以部门规章、规范性文件等形式设定的面向公民、法人和社会组织的审批事项已清理完毕。今后行政许可只能依据行政许可法的规定设定。”至此，“行政审批”这个概念从“理论”上退出了中国的历史舞台，如 2019 年 2 月 20 日，国务院召开常务会议，“决定再取消和下放一批行政许可事项、在全国全面开展工程建设项目审批制度改革”，都没有再提“行政审批”一词，改革的对象已经变成了“行政许可事项”。这一“简单的”自《行政许可法》2003 年颁布即应实现的目标，比大家所预期的，晚了十几年。

“行政审批”作为不规范地指代、替代、混淆行政许可的概念，虽已退出了历史舞台，但由行政机关实施的各种“审批”，依然大量存在，且绝不会消亡。因为行政机关的所有行政行为，都是行政决定，其实质过程，就是一个行政机关实施的“行政”性的“审批”过程。如行政处罚决定的作出，需要行政机关内部的审批流程，部门规章的出台也需要行政机关内部层层把关、审批，税收征收决定，包括与之相关的“减税、免税”决定，也需要税务机关内部的决策过程。

因此，不能把所有的由行政机关实施的审查批准活动，都称为“行政审批”，更不能将这些广泛的行政性的审查、批准、决策活动，与作为行政行为种类之一的行政许可混为一谈。

2015 年对《税收征收管理法》作出修改的核心内容，是“名义”上取消了“减税、免税”“审批”。之所以说是名义上的，至少有三个原因：一是 2015 年《税收征收管理法》修正时，固然取消了其第 33 条第 2 款中“减税、免税的申请须经法律、行政法规规定的减税、免税审查批准机关审批”，但该条第 1 款的规定更具有“根本”性：由“纳税人可以依照法律、行政法规的规定书面申请减税、免税”，调整为“纳税人依照法律、行政法规的规定办理减税、免税”。不难看出，“办理减税、免税”还是要按照有关“减税、免税”的“法律、行政法规规定”，向有“减税、免税”决定权的“批准机关”“申请”“办理”，而且这里的“批准机关”通常还是税务机关，相关“法律、行政法规”也会如此规定。

二是除了税务机关以外，其他机关、单位和个人无权决定“减税、免税”。对此，《税收征收管理法》早就规定：地方各级人民政府、各级人民政府主管部门、单位和个人违反法律、行政法规规定，擅自作出的减税、免税决定无效，税务机关不得执行。这一规定在“减税、免税”审批取消前就有，取消后依然保留，只是在“减税、免税”审批取消后，进一步强化了“减税、免税”只能由税务机关决定的法律原则。

三是作出“减税、免税”决定，属于税收征收管理的一项内部业务，本身不属于行政许可。这一点，与我们对行政许可概念的认识有关。这方面存在的误区，不是把非行政许可误以为是行政许可，就是把行政许可故意当成非行政许可的审批。这一切都来源于概念模糊、范围无所不及的“行政审批”。

有关“减税、免税”的决定，其实质就是税务机关决定征多少税，税收征收决定的一个种类或者其中的某一征税决定的一个需要考虑的环节和因素，不是一个独立的行政行为。将“减税、免税”的决定还原到这个层次，就能够看清其实质了，也就可以理解，为什么将“书面申请减税、免税”调整为“办理减税、免税”后，不应当视为一项行政许可的取消，而只能认为是此项行政活动名义上排除出行政许可领域的象征。

2. 不确定法律概念

尽管对法律概念最基本的要求就是含义明确，而且要始终如一，甚至不限于一部法律规范中，在整个法律体系中，都要基本遵循这个标准。

但法律规范中确实有相当多的“不确定法律概念”，这些概念名曰“不确定”，但实际上其概念仍是比较明确的，如重大且明显违法等。这类概念存在的目的，就是赋予立法一定的灵活性，给行使权力的机关以自由裁量权。

（1）重大且明显违法

新《行政诉讼法》对无效行政行为的界定，除了“实施主体不具有行政主体资格或者没有依据”这两个客观要件外，还有“重大且明显违法”的裁量要件。依现行法，“重大且明显违法”的情形包括[①]：

一是行政行为实施主体不具有行政主体资格。表面上看，这里没有“重大且明显”的因素，但从行政管理的实际出发，行政主体方面已经不可能有比这更“重大”、更“明显”的违法了。从形式逻辑的角度看，实施主体不具有行政主体资格的行政行为，根本就不是行政行为，当然就不可能对外（当然也包括对内）产生任何作用，也即根本没有任何法律效力。

二是减损权利或者增加义务没有法律规范依据。这还是在强调行政行为的效力，即是否影响到行政相对人的法益，包括是否减损了其权利或者增加了其义务。至于增加行政相对人权利或者减少其义务，也必须有法律规范依据。这类通常被称为授益行为的行政行为，如果没有法律规范的依据，照样没有法律效力。行政机关享有的任何权力，都是法律赋予的，都要有法律规范的依据，没有法律规范依据，行政机关即使对外实施授益行为，也没有法律效力，即这些授益行为不应当存在。如果任其存在，谁能保证其不被用于“徇私枉法”“逐利违法”，谁能保证其不首先“惠及”其七大姑、八大姨？如此看来，新司法解释在这个问题上似有不严谨之处。

三是行政行为的内容客观上不可能实施。这种情况比较特殊，属于“口惠而实不至”。因其不可能实施，属于绝对无效。

四是其他重大且明显违法的情形。这依然是不确定的法律概念。

无论是“实施主体不具有行政主体资格”还是“没有依据”，都必须达到“重大且明显”的程度，才能作出行政行为无效的判决。当然，严格说来，以“重大且明显违法”作为“无效”的理由，仍有混淆违法与无效的无奈。但在汉语言文化环境下，要想从法理上截然厘清违法与无效的界限，就目前我国法理学研究的深度而言，还不现实。

（2）国家有关规定

原2007年《政府信息公开条例》第7条第2款中，有“行政机关发布政府

---

① “163条”第99条。

信息依照国家有关规定需要批准"的表述，什么叫"国家有关规定"？不好说。2019 年新条例第 11 条第 2 款将其修改为"法律、行政法规和国家有关规定"，也就是说，无论"国家有关规定"是什么，至少"法律、行政法规"规定的要达到"国家有关规定"的待遇。事实上，随着我国法治化进程的推进和立法技术的完善，"国家有关规定"这样的表述将会越来越少，此处的立法例就是这一过渡过程的一个样本。

原《劳动法》第 15 条第 2 款规定，文艺、体育和特种工艺单位招用未满 16 周岁的未成年人，必须依照国家有关规定，履行审批手续，并保障其接受义务教育的权利。这里的"国家有关规定"，就是个非常具有过往时代的鲜明历史特色的不确定法律概念。

但是，国家有关规定的模糊性，直到 2018 年仍然存在：2018 年 12 月 29 日，十三届全国人大常委会第七次会议通过的《关于修改〈中华人民共和国劳动法〉等七部法律的决定》，对《劳动法》第 15 条第 2 款修改时，将"必须依照国家有关规定，履行审批手续"修改为"必须遵守国家有关规定"。删除的"履行审批手续"，取消了对"文艺、体育和特种工艺单位招用未满十六周岁的未成年人"的行政许可。此次修法明确的是，"文艺、体育和特种工艺单位招用未满十六周岁的未成年人"并未禁止，可以依照"国家有关规定"继续操作，但相应的"国家有关规定"中，不能再有"履行审批手续"的内容；即使有，也不能再继续了。

依然不明确的是何谓"国家有关规定"？或者说谁的规定可以称为"国家有关规定"？全国人大及其常委会、国务院都没有问题，但是国务院的部门规定呢？省级政府的规定呢？国务院部门的内设机构的规定呢？省市县乡人民政府的规定呢？省市县级人民政府的工作部门的规定呢？越往后越不好说。

当然，类似这样的疑问，成文法律规范中如果不写，就不会存在。

（3）"国家"是谁？

1993 年 12 月 29 日颁布的《公司法》第 67 条，还有"国家授权投资的机构或者国家授权的部门依照法律、行政法规的规定，对国有独资公司的国有资产实施监督管理"的规定，但究竟谁能作为此处"国家"的代表施行这一规定，或者说何等情况属于"国家授权"，没有明确。1999 年该法修正时，就删除了"国家授权"这等"高大上"的规定，转而具体规定"国有独资公司监事会主要由国务院或者国务院授权的机构、部门委派的人员组成”。至于“国务院或者国务院授权的机构、部门”是不是就是代表国家行事？这个问题，还需要再纠缠吗？

反过来则说明，类似“国家规定”“国家有关授权”之类的“法律用语”，已经作为旧时代的象征和符号，在新时代逐步退出历史包括立法的舞台了。

第二节 法治理念的落实

2012年12月4日，习近平在首都各界纪念现行宪法公布施行30周年大会上的讲话中指出："各级领导干部要提高运用法治思维和法治方式深化改革、推动发展、化解矛盾、维护稳定能力，努力推动形成办事依法、遇事找法、解决问题用法、化解矛盾靠法的良好法治环境，在法治轨道上推动各项工作。"[①] 人的法治思维与行为的法治方式都不是凭空产生的，而是运用法治理念进行思考并指导行动的结果。随着党中央接连发布《依法治国决定》等重要纲领性文献，法治理念已经走出书斋、课堂，日益成为立法工作者的基本信条和工作指南。坚定法治信念、培养法治思维，已成为各级各类公务员投身依法治国伟业、建设法治国家的时代重任。法治理念通过立法转化为执法、司法人员的行动准则，就实现了理论到实践、观念到行动的双重跃升。

立法中需要落实的法治理念很多，如以人民为中心、权利本位、职权法定、司法最终、不做自己的法官、积极解决纷争、紧密联系中国实际、法治体系的完备等，这些都可以在现行立法中找到充分的实例，本节将予以详细介绍。

一、以人民为中心

我国宪法规定，中华人民共和国是人民民主专政的社会主义国家。国家的这一根本属性，决定了建设社会主义法治国家的目的，就是实现人民当家作主。以人民为中心，是实现这一目的的首要出发点。

以人民为中心作为立法基本理念，更主要的是一个指导思想，即处处为人民着想、急人民之所急。这在我国现行立法中有诸多方面的表现，以下逐一简要列举、评析。

---

① 《习近平在首都各界纪念现行宪法公布施行30周年大会上的讲话》，载中国共产党新闻网，http://jhsjk.people.cn/article/19793598，2023年3月17日访问。

（一）简政放权，尊重市场机制

在立法环节落实以人民为中心，很不易。许多表面上的文章当然比较容易做。但到了更深层次，就会发现在某些人那里，以人民为中心对他们而言只是说说而已，他们自己都不觉得自己是人民的一员，他们骨子里的特权思想，阻碍了自然而然地从人民的立场出发去思考立法这样重大的国事。

2004年的《公司法》还保留着债券交易的场所限制："公司债券可以转让。转让公司债券应当在依法设立的证券交易场所进行。"（第170条第1款）从表面上看，这条规定仅限制了交易场所，即公司债券转让只能在依法设立的证券交易场所进行，但实际操作时，要在交易所交易，必须提出申请。这种申请的性质，实质上属于行政许可，即许可在"依法设立的证券交易场所"进行债券转让交易，也就是说，不经过申请并"在依法设立的证券交易场所进行"交易，债券就不能转让或者说转让就是非法的或者无效的。

以人民为中心理念在现实立法中的表现多种多样，如最经常提及的简政放权、尊重市场机制等，都是这一理念的具体落实。2005年《公司法》修订时，取消了这一禁止性规定："公司债券在证券交易所上市交易的，按照证券交易所的交易规则转让。"（第160条第2款）但这并没有强制性，即"公司债券"也可以不在"证券交易所上市交易"。"公司债券在证券交易所上市交易的"，发债公司与"证券交易所"的关系是委托关系，而不是如此前那种行政许可的实施关系。

（二）诉讼中以人民为中心原则

在审判中坚持以审判为中心，就是在诉讼实践中坚持以人民为中心。因为公开审判是人民最好的维护自己权利的手段和途径。

审判程序的公开性、对抗性以及主持庭审的法官的形式上的中立性，确立了在某种程度上以审判为中心就是以人民为中心的政治逻辑。从我国诉讼制度自改革开放以来的发展轨迹看，也有一条清晰的脉络，那就是越来越强调开庭审理、越来越强调以审判为中心。

旧《行政诉讼法》第59条规定，法院对上诉案件，认为事实清楚的，可以实行书面审理。这是我国此前的行政诉讼法教科书上提到的书面审理的法律渊源。

但 2014 年修法的一项重要内容，就是全面禁绝了书面审理。因为替代旧法第 59 条的新法第 86 条明确规定，法院对上诉案件，应当组成合议庭，开庭审理；经过阅卷、调查和询问当事人，对没有提出新的事实、证据或者理由，合议庭认为不需要开庭审理的，也可以不开庭审理。

可见，按照新法的规定，即使是上诉案件，原则上也必须“开庭审理”；即使对“合议庭认为不需要开庭审理的”案件，也必须“调查和询问当事人”，而不能仅仅是“阅卷”。也就是说，在新法施行后，再在我国行政诉讼中探讨书面审理，已经没有意义了。

（三）多谋民生之利

完善的法治体系的衡量标准，在于立法是否切实从人民利益出发、切实为人民利益服务。而其在立法程序上的表现，就是广泛听取民众的心声。

1999 年的《导游人员管理条例》对“导游证”许可条件（第 4 条）的规定，在 2017 年修正时作了一个不大不小的修改，将原来要求的取得导游人员资格证书的，经与旅行社订立劳动合同或者“在导游服务公司登记”，修改为“在相关旅游行业组织注册”。也就是说，过去取得导游证要么“与旅行社订立劳动合同”，要么“在导游服务公司登记”，这都需要和某个“公司”打交道，而“公司”是企业，企业以营利为目的。

改为“在相关旅游行业组织注册”，不仅仅是一个符合《行政许可法》确立的行政许可制度改革方向的问题（该法第 13 条规定，“行业组织或者中介机构能够自律管理的”事项，“可以不设行政许可”），更重要的是确立了一个行政管理领域“官民”协办的方向。允许导游人员“在相关旅游行业组织注册”，既实现了身份管理，又兼顾了行业规范，有利于导游人员自主就业、自主择业，更好地为客户服务。当然，最重要的是，可以在一定程度上降低导游人员与“注册”相关的管理成本，而行政管理的任何不必要的成本，都会转化为其所管理的对象的交易价格，最终由作为终端消费者的广大人民群众买单。从这个意义上说，简政放权，就是最大的民生福祉。

2000 年的《建设工程质量管理条例》第 11 条规定：“建设单位应当将施工图设计文件报县级以上人民政府建设行政主管部门或者其他有关部门审查。施工图设计文件审查的具体办法，由国务院建设行政主管部门会同国务院其他有关部门制定。施工图设计文件未经审查批准的，不得使用。”据此可以说，该条完整地设计了“施工图设计文件”“审查批准”的行政许可。

这项制度在业内影响巨大，引发的讨论也不少，如“施工图设计文件”经“县级以上人民政府建设行政主管部门或者其他有关部门审查”批准后建成的楼倒了，审查批准部门负责吗？另如，“施工图设计文件”审查，这是相当专业性的工作，类似于给楼看病，这样的工作适合行政机关吗？不是说行政机关看不了病，但现在卫生行政主管部门确实是不看病了，“建设行政主管部门”为什么还这么辛苦呢？

于是，2017年《建设工程质量管理条例》修正时，删除了“建设单位应当将施工图设计文件报县级以上人民政府建设行政主管部门或者其他有关部门审查”。但仍保留了“施工图设计文件未经审查批准的，不得使用”的规定，并保留了“施工图设计文件审查的具体办法，由国务院建设行政主管部门、国务院其他有关部门制定”的内容。那么，“施工图设计文件审查”究竟还是不是一项行政许可呢？应该不是了。只要“施工图设计文件审查”不再由行政机关实施，从主体判断，就不属于行政许可。至于“国务院建设行政主管部门、国务院其他有关部门制定”的“施工图设计文件审查的具体办法”中，规定由企业、行业组织或者中介机构等实行审查，甚至规定“施工图设计文件”可以自行审查，那都不属于行政许可。

也许有人会问，这样改革有意义吗？这不还是要审查吗？有意义，因为审查本身是有意义的，这种审查，正如审计、监理、公司内部的合规性审查、行政行为的合法性审查等诸多校验、把关的工作一样，其存在本身是合理的、有意义的。只是交由行政机关来做这样的工作，要合法、要慎重，不要轻易将那些做不好甚至做不了的事，揽到行政机关头上，最终让人民政府背书、背锅。

当然，从立法技术角度着眼，2017年修正的《建设工程质量管理条例》，如果能够像与其一并修正的《建设工程勘察设计管理条例》中的第33条第1款那样，直接将原来规定的“县级以上人民政府建设行政主管部门或者交通、水利等有关部门应当对施工图设计文件中涉及公共利益、公众安全、工程建设强制性标准的内容进行审查”，修改为“施工图设计文件审查机构应当对房屋建筑工程、市政基础设施工程施工图设计文件中涉及公共利益、公众安全、工程建设强制性标准的内容进行审查。县级以上人民政府交通运输等有关部门应当按照职责对施工图设计文件中涉及公共利益、公众安全、工程建设强制性标准的内容进行审查”，当然就更好了。因为《建设工程勘察设计管理条例》作上述修改后，其第 33 条第 2 款也是保留了“施工图设计文件未经审查批准的，不得使用”，但由于已经交代了涉及不同领域的“施工图设计文件”分别由哪些机构或者部门审查的内容，原由“建设行政主管部门”“进行审查”的“房屋建筑工程、市政基础设施工程施工图设计文件中涉及公共利益、公众安全、工程建设强制性标准的内容”，转由“施工图设计文件审查机构”审查，从而使该项行政许可被取消这件事，不再留任何的念想和疑虑。至于“施工图设计文件审查机构”会不会行政化，或者一时难以去行政化的问题，那都是改革，特别是与此有关的事业单位进一步深化改革的问题。

至于《建设工程勘察设计管理条例》修改后依然保留的“交通运输等有关部门应当按照职责对施工图设计文件中涉及公共利益、公众安全、工程建设强制性标准的内容进行审查”，那是因为这些领域的法律、行政法规依然保留了相应的行政许可，在此只能作照应性的宣示，以免给人以这些由“交通运输等有关部门”实施的涉及“施工图设计文件”的行政许可也一并取消的混乱印象，这反而是《建设工程勘察设计管理条例》的修改忙而未乱、思路清晰，极具法治思维的表现。

二、权利本位

权利本位理念在立法中涉及公权力的边际，以人为本、平等观念等宪法性内容的落实，有许多具体的途径，如告知权利、尊重自治等。

（一）私权利设置：权利义务相适应

早在 2001 年《行政法规制定程序条例》第 11 条第 1 款第 3 项中，就立法对私权利设置提出明确要求：切实保障公民、法人和其他组织的合法权益，在规定其应当履行的义务的同时，应当规定其相应的权利和保障权利实现的途径。2017 年该条例修订时，该规定原封不动地予以保留。

关于权利的赋予及其保护，2001 年《商标法》修正时有一个显著但不太引人注意的变化，就是将强制性义务回归为权利。《商标法》自 1982 年制定、经 1993

年修正仍予以保留的规定是：“使用注册商标的，并应当标明‘注册商标’或者注册标记。”2001 年调整为“商标注册人有权标明‘注册商标’或者注册标记”，“应当”改为“有权”，立法理念的调整几乎可以用飞跃来形容。

（二）私权与公权的边界

1990 年《学校体育工作条例》第 14 条第 2 款规定，“普通小学校际体育竞赛在学校所在地的区、县范围内举行，普通中学校际体育竞赛在学校所在地的自治州、市范围内举行。但经省、自治区、直辖市教育行政部门批准，也可以在本省、自治区、直辖市范围内举行”。也就是说，“普通小学”举行跨区县、“普通中学校”举行跨地州的“校际体育竞赛”，必须经省级“教育行政部门批准”并在本辖区“范围内举行”。那么省际或者国际的“校际体育竞赛”没有规定，从立法技术上看，这显然是立法者的一个疏忽：按照该条例当时的起草者贯穿整个条例的指导思想，区县、地州级的比赛尚需要省级教育部门审批，更何况省际、国际了。但由于立法中没有明确这一“指导思想”，执行起来反而没有依据了。这就是立法的指导思想是“权力本位”还是“权利本位”的最典型的例证。按照“法无授权不可为”的“权利本位”思想，当然是法不禁止即可为了。

2017 年 3 月 1 日《国务院关于修改和废止部分行政法规的决定》（国务院令第 676 号）删除了上述规定，解决了这个问题，但真正落实时还需要进一步解放思想：国务院决定删除这一内容的指导思想或者说出发点是，从此以后，所有“校际体育竞赛”都不需要“教育行政部门批准”。但不解放思想、不引入权利本位的观念，很可能就执行成没有“教育行政部门批准”，所有“校际体育竞赛”都不得进行了。

（三）经营自主权回归

经营自主权行政法律保护制度，重要的不是确定哪些是企业的经营自主权，而是要确立企业经营自主权的本位制度，这一制度是公民的财产权、人身权等基本权利在企业法领域的延伸。

企业就是以营利为目的存在的法人或其他经济体，其在所有经营活动中实施特定行为的权利，都是其经营自主权。

既然在现代社会，从经济发展要求出发需要设立企业法人制度及相关的各经济实体主体的法律制度，那么这些基于人格拟制的法人或其他组织的权利，就是公民基本权利义务派生的组织形态的权利。在一国法律体系中，要承认公民权利本位，对于企业经营权的本位地位就不能动摇。企业经营自主权的行使方式可能与公民权利不同，但这种差异不应用于否定其本位地位。坚持权利本位，则公权力是从属地位，即公权力是由全体公民共享的主权权力制定的法律设定的权力，其目的是维护、促进公民权利的行使。因此，公权力的范围必须以法律明确规定者为限，而不同于作为本位的公民权利之以法律不禁止为限。明确了这一前提，在企业经营自主权问题上的争议就比较容易统一了。那就是，凡是依法设立的法人或者其他组织，只要其经营者的地位由法律确立了，则其一切经营活动除非法律明文禁止，否则均在合法范围内，均是受法律保护的企业经营自主权。

值得注意的是国有企业的特殊情况。按现行体制，各级国有资产管理委员会作为各级政府的特设机构，管理本级政府在所属企业中的国有资产。这种“管理”权的实质是出资人的股东权利，属于（私）权利，而非（公）权力。故国资委对其所属企业的股权层面的“管理”，不是行政管理，不能提起行政诉讼。

问题的复杂性在于，上述结论适用于国有独资公司没有任何问题。麻烦的是国有资本参股的混合所有制企业。此时，国资委有两种身份和职能，一是国有资产监督管理机构，其对国资参股企业的管理行为，如果侵犯了该企业的经营自主权，该企业有权提起行政诉讼；二是国有资产代表机构，其对国资参股企业的股权行为，等同于其他股东的民事权利，不属于行政行为范畴，不能提起行政诉讼。

（四）对权利的明确规定

2009年《农村土地承包法》第45条规定，“以其他方式承包农村土地的，应当签订承包合同”。该条接下来就转入对“承包合同”的一些主要内容的要求。

2018年该法修正时，在“应当签订承包合同”之后，增加了一句权利确认性表述：“承包方取得土地经营权。”

从法律角度分析，承包方因签订承包合同而取得土地经营权，这在法律上是理所当然的。但是不是因此就可以不去规定？显然不是，增加了这个规定，大大提升了本条规范的包容性、延展性。也就是说，有关土地承包权的实体性、程序性的法律制度、原理和做法，都因这一提纲挈领的表述而贯通起来，形成农村土地承包经营制度的一个重要组成部分。

2001 年《职业病防治法》第 37 条规定了工会组织在职业病防治中的职能，2011 年该法修正时对此做了调整：

一是在“对用人单位的职业病防治工作提出意见和建议”前新增加“有权”，看似多余，但反映的是新的立法理念中对权利意识更加强调的指导思想。

二是新增加的“依法代表劳动者”，也似多余，但实际上更精当地展现了“工会组织”与用人单位以及“劳动者”的确当关系。没有这个规定就相当于没有获得明确的法律授权。

（五）司法解释的制定与权利本位

权利本位的落实也要求贯穿解释、适用法律。如新《行政诉讼法》规定：“可以由当事人推选代表人进行诉讼。”这应当理解为当事人的诉讼权利，而非因其“人数众多”而产生的诉讼义务。如果当事人没有推选也不同意推选诉讼代表人，法院就不能按原“98 条”的解释，“依职权指定”。因为新《行政诉讼法》明确将此项权利赋予了当事人，而未再授予法院指定的职权。按照“当事人在行政诉讼中的法律地位平等”[①] 的原则，也确实不应当强迫“人数众多”的当事人推选诉讼代表人。新法的规定体现了立法的进步，也反映了我国的司法文明。正因如此，“163 条”第 29 条第 2 款规定，根据《行政诉讼法》第 28 条的规定，当事人一方人数众多的，由当事人推选代表人。当事人推选不出的，可以由法院在起诉的当事人中指定代表人。此处的“可以由法院”“指定”，不应当理解为对法院的授权，因为司法解释不能在立法之外对法院授权；而应当理解为法院在征得“起诉的当事人”同意的情况下，为其指定，如果这些当事人不同意推选诉讼代表人，而要求亲自参加诉讼，或者不同意法院指定的代表人，法院不能强行拒绝未被指定为代表人的当事人参加诉讼。由此可见，“163 条”的这一规定，多少有点为被立法否决的“98 条”有关“依职权指定”规定找平衡的意味。从实际操作看，这一规定产生矛盾的可能多于化解纠纷的可能，甚至可能因当

---

① 《行政诉讼法》第 8 条。

事人在这个环节与法院僵持不下而影响诉讼效率，背离立法设立诉讼代表人制度的初衷。

三、职权法定

职权法定与权利本位有密切的关系：正因为权利本位，才有了以人为本、人民当家作主的立法体现。权利派生的权力必须依法派生，而不能自我设定。沿着这一逻辑脉络继续演绎，才有了尊重权利、尊重权利者的自治和自我管理，进而简政放权的法治化改革道路。

2023 年《立法法》修改的一项重要内容，就是突出了依宪立法原则的基础性地位，这反映在多个法条、多项内容的修改上，如该法第 10 条在明确“全国人民代表大会和全国人民代表大会常务委员会”的立法权时，在原条文“行使国家立法权”前，增加了一个结构性的限定“根据宪法规定”。该法第 117 条对中央军事委员会、第 118 条对国家监察委员会立法权限的授予，也都有“根据宪法”的限定。该法对其他立法主体的立法权限的授予，也都是建立在以宪法为基础的我国法律体系的基础之上的，即依据上位法的授权获得相应的立法权。

同时，2023 年《立法法》还有多处有关“授权”立法的规定，严谨周密地构建了我国立法权限体系的源流关系，如该法第 10 条新增的第 4 款规定：“全国人民代表大会可以授权全国人民代表大会常务委员会制定相关法律。”第 84 条新增加的两款授权“上海市人民代表大会及其常务委员会根据全国人民代表大会常务委员会的授权决定，制定浦东新区法规，在浦东新区实施”；“海南省人民代表大会及其常务委员会根据法律规定，制定海南自由贸易港法规，在海南自由贸易港范围内实施”。

原《城市市容和环境卫生管理条例》第 33 条规定，“按国家行政建制设立的市的市区内，禁止饲养鸡、鸭、鹅、兔、羊、猪等家畜家禽；因教学、科研以及其他特殊需要饲养的，须经其所在地城市人民政府市容环境卫生行政主管部门批准”。据此，在市区内即使“因教学、科研以及其他特殊需要饲养”“鸡、鸭、鹅、兔、羊、猪等家畜家禽”的，也必须经过批准。这是不是管得太细了，实际也似乎管不过来。2017 年 3 月 1 日《国务院关于修改和废止部分行政法规的决定》（国务院令第 676 号）修改为：“按国家行政建制设立的市的市区内，禁止饲养鸡、鸭、鹅、兔、羊、猪等家畜家禽；因教学、科研以及其他特殊需要饲养的除外。”[①] 也就是说，一般性禁止不变，但“因教学、科研以及其他特殊需要饲养的”，不再需要审批。由此引发的相邻权问题，如味道太大、太吵闹等，相互协商解决；协商解决不了，“饲养家畜家禽影响市容和环境卫生的，由城市人民政府市容环境卫生行政主管部门或者其委托的单位，责令其限期处理或者予以没收，并可处以罚款”[②]。由此体现了对相邻关系中的自治潜能的法理尊重和善意利用。

四、司法最终

司法最终理念有很多种表述，亦有更多的理解。有些表述看似和司法无关，却是司法最终最重要的落实，如一事不再理原则、以审判为中心等。

法院系统强调的司法最终，其本意就包含着一项最基本的要素：所有纠纷止于诉讼。有案不立是对这一理想信条的现实苟且，其根源不是立法而是操作。法院对比较难审、会得罪人等不愿审、不好审的案件，明确拒绝立案，这不是任何法律赋予其的职权，而是实践中的一种任性。对此，立案登记制即使规定得再明确，也不会遏制或者根除这种现象。

（一）以审判为中心

随着“以审判为中心的诉讼制度改革”不断推向深入，当事人在诉讼中进行陈述、辩论和最后陈述的权利，在行政诉讼庭审中具有了新的突出重要的地位。为了适应这一总体变化，2018 年的新司法解释特别对“原告或者上诉人在庭审中明确拒绝陈述或者以其他方式拒绝陈述”规定了应对举措：原告或者上诉人在庭审中明确拒绝陈述或者以其他方式拒绝陈述，导致庭审无法进行，经法庭释明法律后果后仍不陈述意见的，视为放弃陈述权利，由其承担不利的法律后果。[③] 当然，考虑到行政诉讼中被告承担举证责任的制度前提，即使“原告或者上诉人”“在庭审中明确拒绝陈述或者以其他方式拒绝陈述”，也仅仅是不配合法院庭

---

① 《城市市容和环境卫生管理条例》第 33 条。

② 《城市市容和环境卫生管理条例》第 35 条。

③ “163 条”第 80 条第 1 款。

审工作的问题，不至于更不应当因此品尝败诉的苦果。法院还是要继续对被诉行政行为进行全面审查后，依法作出妥当裁判。“由其承担不利的法律后果”，更多体现为法院系统对当事人此项权利的重视，初衷还是保障当事人切实有效行使此项权利。

（二）开庭审理是一种权利

由于开庭审理，尤其是公开审理能够比较充分地保障当事人特别是原告的合法权益，要求公开、开庭审理是当事人的法定权利，法院在当事人申请时，须依法决定，不能任意处置。

法院审理案件原则上采用开庭审理方式的原因在于，庭审方式能够带来公正的审判效果，其本质原因是：（1）开庭审理的主要目的是在全体当事人共同参与下，听取双方的意见，给弱者一个声张其权利的机会，这是寻求公正所必需的；（2）庭审方式无论是公开审理还是不公开审理，至少对各方当事人是公开的，当事人可以当庭面对面地交锋，并有可能当面说服对方；（3）在庭审过程中，法院始终处于中立的第三方，超然于当事人的利益纷争之外。只要法院足够中立，整个诉讼过程及其结果就没有理由是不公正的。因此，开庭审理方式是防止偏私、造就公正的重要途径，对于诉讼公正的形成具有重大意义。

新《行政诉讼法》将“违法缺席判决”列为“严重违反法定程序”的情形，明确规定此等情形必须裁定撤销原判决，发回原审法院重审。①

原判决违法缺席判决，对应新《行政诉讼法》有关缺席判决的规定。缺席判决带有惩罚性，在日益强调以审判为中心的新司法体制中，可以偶用，以强调审判的重要性；但不可滥用，否则就败坏了行政诉讼中以庭审为枢纽的审判活动的中心地位。

“缺席判决”，《行政诉讼法》初创时就有，是针对被告无正当理由拒不参加庭审的；新法修改时在此之外，增加了“未经法庭许可中途退庭的”情形，要旨仍在督促被告必须在庭上待着。司法解释将“缺席判决”扩充到“原告或者上诉人”：原告或者上诉人申请撤诉，法院裁定不予准许的，原告或者上诉人经传

① 新《行政诉讼法》第 89 条第 1 款第 4 项。

票传唤无正当理由拒不到庭，或者未经法庭许可中途退庭的，法院可以缺席判决。[①]这恰恰可能成为法院“违法缺席判决”的主要情形。旧司法解释就此将“未经合法传唤当事人而缺席判决的”[②]，作为再审案件应当裁定发回重审的主要事由之一。2018年的新司法解释对此有所调整，实质是一样的：以简便方式送达的开庭通知，未经当事人确认或者没有其他证据证明当事人已经收到的，法院不得缺席判决。[③]

五、不做自己的法官

不做自己的法官，作为捍卫公正的基本原则，不仅适用于司法领域，也适用于行政领域以及其他所有可能因自身的利害关系而影响其公正判断的裁决领域，包括对既有成文法的解释的立法者。

在司法领域，比较典型的落实不做自己的法官理念的制度是回避制度，但一般指法官个人的回避。是否也有法院整体的回避呢？也是有的。法院的回避，就司法救济而言，就是要赋予当事人对管辖法院一定的选择权。

按照传统的管辖理论，上级法院在管辖方面的选择权优先于下级法院，即上级法院决定管辖的案件，下级法院只能认同；下级法院通常没有影响上级法院调整管辖的法定渠道和机制，当事人就更不用说了。

但这一“传统”已经成为历史：“163条”第6条的规定，“当事人以案件重大复杂为由，认为有管辖权的基层人民法院不宜行使管辖权或者根据行政诉讼法第五十二条的规定，向中级人民法院起诉，中级人民法院应当根据不同情况在七日内分别作出以下处理：（一）决定自行审理；（二）指定本辖区其他基层人民法院管辖；（三）书面告知当事人向有管辖权的基层法院起诉”。这一规定实质上就是针对中级法院的裁定管辖而言的，其新颖之处在于，从“当事人”角度出发，说明法院系统事实上承认当事人至少在此种情况下对级别管辖一定程度的选择权。也就是说，传统观念中以为当然的“本辖区内重大、复杂的案件”的判断权及启动

---

① “163条”第79条第1款，“98条”第49条第2款。

② “98条”第80条第1款第3项。

③ “163条”第103条第2款。

权均应由上级法院主导的观点，已经在2018年的新司法解释中实现了突破、超越和扬弃。事实上，将这一内容放到诉讼实践中，完全可以理解：当事人自然会利用现行法的规定，尽可能寻求对自己有利的诉讼环境，从而不可避免地会现出其“自作主张”，将某些案件“以案件重大复杂为由，认为有管辖权的基层法院不宜行使管辖权”提请上级法院受理。司法解释对此做出的回应，也是对新《行政诉讼法》尊重、保障当事人诉权的立法新动向的一种积极的、建设性、创新性回应。不过，对新《行政诉讼法》所涉及的上述情形，说“163条”第6条只提到了中级法院对基层法院，没有提及可能性不大但非绝对没有可能的高级法院相应情形下的应对。

但真正赋予当事人此项权利的，不是司法解释，而是新《行政诉讼法》，即新法第52条因下级法院“既不立案，又不作出不予立案裁定”，“当事人”可以“向上一级法院起诉”的新规定。该新规提供的处理选项包括：“认为符合条件的，应当立案、审理”的，“决定自行审理”；“可以指定其他下级法院立案、审理”的，“指定本辖区其他基层法院管辖”。当然，这类案件与“依当事人申请”而改变级别管辖的案件不同的是，在相当程度上是下级法院的不作为与当事人的被迫选择相结合的。如果下级法院早点儿立案，大多数当事人很可能不会主动诉求高审级的法院，而宁愿在“家门口”就近解决其行政争议。

同样地，“163条”第7条的规定，也可以按照上述思路和逻辑来类比理解。与当事人“自作主张”相对应，基层法院也会有类似的“心理”活动历程，从而将某些本来应当由“其管辖的第一审行政案件，认为需要由中级法院审理或者指定管辖”。对此，司法解释鼓励基层法院大胆尝试：“可以报请中级法院决定”，至于中级法院，则不能“人云亦云”，而“应当”有自己的判断：“根据不同情况在七日内分别作出以下处理：（一）决定自行审理；（二）指定本辖区其他基层人民法院管辖；（三）决定由报请的人民法院审理。”这3种处理方式，其实与“163条”第6条关于当事人在此种情况下提请上级法院受理时的处理方式完全一致。

六、积极解决纷争

积极解决纷争理念的落实，重要的是两个方面：诉讼参加人和程序。

（一）行政诉讼活动的参加人

从法学理论的角度看，行政诉讼的参加人只是相关诉讼活动的必要参与者。但在行政诉讼中，谁能参加行政诉讼，谁不能参加，即行政诉讼参加人如何确定，在很大程度上决定着行政争议能否得到实质性解决。但其结论也值得商榷：明确行政诉讼参加人的条件，将与案件无关以及参加诉讼不利于争议的人排除在外。拿捏其中的分寸，是一项技术。

从“保障人民群众参与司法”的高度认识，行政诉讼活动的参加人，是人民群众参与司法活动的代表以及司法实践的见证人；行政诉讼参加人制度是落实“人民司法为人民，依靠人民推进公正司法，通过公正司法维护人民权益”这一政治目标必要的法律程序设置和制度保障。由此推而广之，行政诉讼还应当进一步有所作为，如在调解、听证等活动中保障人民群众参与，具体表现为适当降低当事人启动此类程序的门槛、放宽案外人旁听的资格准入等。不仅如此，《依法治国决定》还将“强化诉讼过程中当事人和其他诉讼参与人的知情权、陈述权、辩护辩论权、申请权、申诉权的制度保障”，提高到“加强人权司法保障”的高度予以强调，这些权利在行政诉讼中的切实落实，就是本章讨论的内容。

旧《行政诉讼法》以第四章共 7 条的篇幅规定诉讼参加人，新法增加了 1 条，是关于诉讼代表人的，于结构没有影响。

这部分内容是行政诉讼实践中最容易引发争议的。其重点和难点，是行政诉讼被告。因其涉及行政组织法的内容，一般人比较生疏；加之我国行政机构始终处在不断调整之中。

在现实生活中，行政诉讼参加人所涉法律问题的根本，在于它总是与行政管理的职权、程序及方式密切地交织在一起。因此，单纯从行政诉讼领域出发，不可能掌握行政诉讼参加人的全部，必须对行政组织法（行政诉讼的被告）、民事主体法律制度（行政诉讼的原告）有比较全面的了解，才能在现实法律实务中解决因行政管理活动的扩张而不断涌现的行政诉讼参加人制度方面的新问题，如学校可不可以作被告、考生可不可能作原告、监察对象可不可以提起行政诉讼等鲜活的现实课题。

（二）一并解决民事争议

2018年的新司法解释要求“人民法院在行政诉讼中一并审理相关民事争议的，民事争议应当单独立案，由同一审判组织审理”①。这样规定的意义，简单地看，就是为法院增加了一个案件基数。尽管2018年的新司法解释在同条对这一规定明确了一个例外：“人民法院审理行政机关对民事争议所作裁决的案件，一并审理民事争议的，不另行立案”②，但从我国目前立法的实际看，此类案件，微乎其微。因为关于行政机关可以裁决民事争议的行政裁决的立法，寥若晨星。

由于要“由同一审判组织审理”两个不同诉讼程序的诉，如果“行政诉讼原告在宣判前申请撤诉”且“法院裁定准许”，“但其对已经提起的一并审理相关民事争议不撤诉的，人民法院应当继续审理”。③也就是由同一审判组织继续审理。强调这一点的理由是，此时是由行政庭的审判组织在审一个“民事争议”，尽管这个民事争议与行政机关密切相关而不再是一个“纯粹”的民事争议。

“163条”与此相关的创新之处在于，明确了一并解决民事争议的收费标准：“按行政案件、民事案件的标准分别收取诉讼费用”④。表面上看，这一规定再正常不过了：既然法院在审理行政案件时“一并审理相关民事争议，应当按行政案件、民事案件的标准分别收取诉讼费用”。但此间巨大的差别在于，行政案件的收费只有几十块钱，而民事诉讼则是对应诉求标的，收几万元、几十万元很正常。如果是涉及“登记”的案件，特别是土地“登记”的案件，按登记土地的市场价确定标的，几十个亿甚至上百亿元下来，诉讼费用可绝对不是个小数。如此一来，此前为了降低此类案件的诉讼费用而作的所有努力，基本都付诸东流。更严重的是，审理行政案件时“一并审理相关民事争议”很可能造成当事人不敢提起结果。

由此可见，新《行政诉讼法》第61条的规定非常好，完全落实了新《行政诉讼法》“化解行政争议”的立法宗旨。因为相关的“涉及行政许可、登记、征收、

---

① “163条”第140条第1款。
② “163条”第140条第2款。
③ “163条”第143条。
④ “163条”第144条。

征用和行政机关对民事争议所作的裁决”争议没有解决，当事人打一圈官司下来，还会再回到行政诉讼上来，因为“涉及行政许可、登记、征收、征用和行政机关对民事争议所作的裁决”争议，民事法庭根本解决不了。据此，只要在“行政诉讼中”，也就是行政诉讼二审（终审）或者再审判决作出前，“当事人申请一并解决相关民事争议的，人民法院可以一并审理”的立法本意是，法院还是不要那么早就把这扇门关上为宜。据此，“在行政诉讼中，人民法院认为行政案件的审理需以民事诉讼的裁判为依据的，可以裁定中止行政诉讼”。这种中止实际意义不大。因为中止之后或许发现，民事法庭那边也中止了，民事案件需要以行政案件终审判决结果为依据。

回到行政诉讼上，问题就相对简单了，先解决管辖问题：“人民法院决定在行政诉讼中一并审理相关民事争议，或者案件当事人一致同意相关民事争议在行政诉讼中一并解决，人民法院准许的，由受理行政案件的人民法院管辖。”①

管辖问题解决后，如果“法院经审查发现行政案件已经超过起诉期限，民事案件尚未立案的，告知当事人另行提起民事诉讼；民事案件已经立案的，由原审判组织继续审理”②。这样的结果还是一样，民事判决下达后，问题很可能还没有解决，当事人又都回到了行政诉讼渠道。法院怎么办？

如此看来，在上述规定的前提下，如下的提示及相应的程序性规定，意义就不大了③：法院在审理行政案件中发现民事争议为解决行政争议的基础，当事人没有请求人民法院一并审理相关民事争议的，人民法院应当告知当事人依法申请一并解决民事争议。当事人就民事争议另行提起民事诉讼并已立案的，人民法院应当中止行政诉讼的审理。民事争议处理期间不计算在行政诉讼审理期限内。

七、紧密联系中国实际

任何制度的设立，都不能脱离这个国家的政治、社会、文化背景和传统。

---

① “163 条”第 138 条第 1 款。

② “163 条”第 138 条第 2 款。

③ “163 条”第 138 条第 3 款。

党的二十大报告将建设好基层立法联系点作为健全吸纳民意、汇集民智工作机制的一项重要内容，就是为了让立法者更好地了解国情、民意，使立法贴近执法、司法的现实场景，更好地实现立法、执法、司法、守法的统一。为此，2023 年《立法法》第 70 条、第 90 条为有立法权的全国人大常委会工作机构及地方人大常委会确立了“根据实际需要设立基层立法联系点”的制度构架，以此作为深入听取基层群众和有关方面对相关立法草案和立法工作的意见的重要渠道。这是落实该法第 6 条民主立法原则的重要举措，从而确保我国立法坚持和发展全过程人民民主，发扬社会主义民主，坚持立法公开，保障人民通过多种途径参与立法活动，使立法切实体现人民的意志。

（一）正视文化的影响

中国有长达几千年的官本位意识及人们脑海中挥之不去的对于行政级别的看重。我国行政诉讼管辖分配体制的背后，似乎还有一个不便言明的理由，就是级别的对等观念。我国官本位习惯思维决定了，对于同级或上级的决定听起来比较顺，而对于服从下级的决定则比较难以接受，这一点在海关及市政府、部委作为被告的案件中表现得比较突出，级别差距越大，审理、执行的难度越大，就很能说明问题。

正确的做法是，任何制度设计都不能离开本国的文化传统背景，即使它有不足，也必须正视。重要的是要认识到其不良的一面，并着力根除。仅仅回避，恰恰给它的继续繁衍、滋生创造了安全的环境。只有认识到官本位观念及行政级别的影响力的现实性及其对行政司法公正的影响，在此基础上通过制度设计予以避免才是实事求是的态度。

从法院排除干扰、公正审理角度着眼，如果提高审级确实具有这样的功能，那么在现有基础上进一步提高一级，是否可以使目前陷入不景气的行政诉讼重新焕发生机呢？不排除适当提高我国行政审判的“级别”反而会降低其实质成本的可能。

旧《行政诉讼法》实际上已经为我国建立灵活的管辖制度预留了伏笔。该法第 14 条至第 16 条在规定中级及以上各级法院的管辖时，均将本辖区内重大、复杂的第一审行政案件列入其当然的管辖范围。因此，即使在新法修改之前，只要改变确定管辖范围的指导思想，积极开放地理解案件重大、复杂的内涵，将案件的审理难度纳入其中，并以此作为各级法院确定自身管辖以及指令下级法院管辖的重要依据，旧法并非不能解决审级偏低问题。

这一愿望，已经在新《行政诉讼法》修改时彻底实现。新法在管辖领域的改革重点，就是赋予中级法院更大范围的管辖权，即将行政案件的审级适当上移。当然，在实际操作中，由于许多地方将原来法律虽然没有明确，但实际上已经由中级法院审理的涉及省级、设区的市级政府部门的案件，恢复到由基层法院审理，如此此消彼长相抵消的结果是不能断言我国行政诉讼的级别管辖整体上提升了。

此外，旧《行政诉讼法》还有一条相当有预见性和灵活性的规定：上级法院有权审判下级法院管辖的第一审行政案件，也可以把管辖的第一审行政案件移交下级法院审判。但这一规定又过于灵活，如果没有正确的指导思想，很可能被用偏。如果按照前述开明的思路理解并利用这一规定，就有理由相信，这其实是以分配法院负担这个较为次要的理由，保障了法院公正审理这个更为主要的目标。试想，上级法院审理某些重大复杂案件如果是为了避免过多的来自行政方面的干扰的话，其效果是与新行诉法修改后一样的。但问题恰恰在于，旧法的规定过于灵活，既可以提审，也允许管辖权下放，于是指定下级法院审理的结果只能是将球踢给下级法院，使之承受更大的压力，而使公正审理的目标更难以实现。因此，对于行政诉讼管辖而言，旧法的规定如果能选择性适用，则可提高法院的管辖级别，基本上达到提升一级的目标，即由比被告级别高一级的法院来进行一审的目标。而为降低当事人的诉讼成本，可以考虑由上级法院派出巡回法庭的方法解决。

新法正是如此修改的。新《行政诉讼法》取消了上级法院向下级法院指派案件的做法，使案件只能向上转移或者横向转移，主要目的是通过提高审级（向上转移）或者异地管辖，减弱地方政府及其部门对行政案件审理的干预。

综上，我国行政诉讼管辖有适当提高审级的必要。所幸这已经在新法的修改中基本实现，其基本原则是，法院只审理那些与其同级的政府的下一级行政单位实施的行政行为引起的诉讼。例如县级法院只审理以乡镇政府、县级政府部门为被告的行政案件；中级法院主审对县及县级市、区级的政府及地级市政府部门实施的行为提起的诉讼。

总之，灵活的案件管辖权的基础，在于确立这样的共识：所谓本辖区内重大复杂的案件的标准，由法律授权法院自由裁量掌握，法院认为属此类案件，即可确认管辖权，除非上级法院也有相同的认识而提审此案。这样，在与现行法没有任何抵牾的情况下，即可建立各级法院灵活的案件管辖机制。

事实上，在新法修改前，最高法院关于管辖的司法解释（《管辖规定》）的有关规定已经为上述思路提供了现实的参照。因此，结合这一司法解释及理论上的成熟意见，将我国行政诉讼的审理级别在现行法体系内适当提高既是十分必要的，也是完全可能的。

（二）立法从实际出发

1992 年《植物检疫条例》第 13 条规定了“对植物检疫对象的研究，不得在检疫对象的非疫区进行”的原则及“因教学、科研确需在非疫区进行时”的例外。2017 年该条例修正时，将有关部门“批准”修改为“应当遵守国务院农业主管部门、林业主管部门的规定”。

此项修改，提示了行政许可取消后相应行政管理措施跟进的方向和思路，即在没有事前审批的情况下，通常加强事中、事后监管，以达到与行政许可相似甚至更好的效果。

从立法技术角度分析，原规定“属于国务院农业主管部门、林业主管部门规定的植物检疫对象须经国务院农业主管部门、林业主管部门批准，属于省、自治区、直辖市规定的植物检疫对象须经省、自治区、直辖市农业主管部门、林业主管部门批准，并应采取严密措施防止扩散”的核心要旨，就是“在非疫区”研究“植物检疫对象”必须分级审批，而新规定则调整为“应当遵守国务院农业主管部门、林业主管部门的规定”，那么，“国务院农业主管部门、林业主管部门”的规定，是否可以再要求“分级审批”呢？按照《立法法》《行政许可法》的规定是不行的，因为这属于行政许可。那这些“规定”能规定什么内容呢？只能是禁止，即禁止“在非疫区”研究“植物检疫对象”，但这样的规定往往会有一些例外，如国务院或者省级“农业主管部门、林业主管部门”认为确有必要的除外。那怎么才能“除外”呢？还是要“知会”国务院或者省级“农业主管部门、林业主管部门”，而这种“知会”，与申请然后“批准”已经非常接近了。于是，就又回到了原来规定的范式中。

如何解决这个问题呢？关键就在于，这样的一个非常专业性的研究，确实需要国家有关部门的事前掌控，但实际掌控的案例又非常之少，因此，设置必要的行政许可是必要的。但如果仅仅是为了从总体上减少国家层面上行政许可的数量，而减少这类行政许可，确实有可能出现“倒洗澡水一并倒掉孩子”的尴尬。

八、法治体系的完备

立法应具备体系性，完备的法治体系，需要哪些基本的制度元素，这是个很有争议、很有挑战性的课题，也是个非常复杂的系统工程，甚至可以说是构建我国完整法律体系的核心问题。本书不敢以此为目的，但不妨作一些有实践意义的探讨。

立法是人类社会成熟的规则制度或者说法律工具的排列组合。这些内容中，有些由于其重要性，已经衍生出非常复杂的知识体系和立法制度，如主体、职权（权利）、责任的设定等，需要专章予以介绍。而有些虽然还没有“发育”“发达”到那种程度，但也是立法中不容疏漏的，故在此予以介绍，以免立法时百密而难免一疏。

接下来仅列举一些制度模块，大致可以揭示现有立法在法治体系建设领域的一些既成做法，希望能够对进一步通过立法完善我国的法治体系作一些提示，以期对立法的体系建设有所启示。

（一）程序适当分级

作为2014年《行政诉讼法》修正的一项主要内容，一审程序中的简易程序一节的规定，在整个修改工作中占有突出地位：整个制度完全新设，新增1节、新增3条。

简易程序，即为了提高诉讼效率，在不影响案件审理公正性前提下，在普通程序基础上，对程序环节的克减及时限的压缩。我国《民事诉讼法》有专门一章第十三章、《刑事诉讼法》第一审程序第三节，都规定了简易程序。新《行政诉讼法》虽然专设一节规定了简易程序，但难免粗疏，需要适用《民事诉讼法》补齐。

根据2014年新《行政诉讼法》的规定，适用简易程序的案件主要有4类：（1）被诉行政行为是依法当场作出的；（2）案件涉及款额二千元以下的；（3）属于政府信息公开案件的；[①]（4）当事人各方同意适用简易程序的其他一审案件。[②]据此，所有行政案件，只要当事人愿意，就都可以适用简易程序。从这个意义上说，“简易程序的适用类型”并不存在，或者说简易程序可以依当事人意思自治、适用于所有类型的案件。当然，法律明令禁止的除外，“发回重审、按照审判监督程序再审的案件不适用简易程序”[③]。这样的案件，都是当事人“拼命”争取来的程序机会，当事人一般也不会同意简易处之。

（二）事前告知权利

由于行政程序法立法进程尚遥遥无期，对于行政行为起诉期限的告知仅在部分单行法（如行政处罚法）中有规定。在这一领域迈出实质性步伐的，是《行政复议法实施条例》第 17 条规定：行政机关作出的行政行为对公民、法人或者其他组织的权利、义务可能产生不利影响的，应当告知其申请行政复议的权利、行政复议机关和行政复议申请期限。

这一规定也可以为行政诉讼所用，即行政机关在《行政复议法实施条例》实施（2007 年 8 月 1 日）后作出行政行为时未告知行政相对人上述复议权限及期限，行政相对人直接提起行政诉讼或者提起行政复议未予受理后起诉的，被告以行政相对人超过法定期限为由力阻法院受理时，法院可以要求行政机关履行《行政复议法实施条例》规定的上述告知义务，并自行政机关如实告知后开始计算复议期限；法院同时可以告知行政相对人，对复议决定不服或者对行政复议不予受理决定不服的，还可以再提起行政诉讼。这样，行政复议权利及期限的告知，可以捎带实现甚至挽救行政诉讼权利（与复议权利不完全吻合，诉讼范围略小于复议范围，但实践中差距不大）或者期限。

从务实的角度出发，当事人及其律师不要在诉讼时效期间上做文章，如果决定复议或起诉，应当尽快向复议机关或法院提出，一般不能迟于行政决定书送达后两周。另一个值得注意的问题是，为了切实保护自己的诉讼权利，在是否起诉、

---

① 新《行政诉讼法》第 82 条第 1 款第 1 项、第 2 项、第 3 项。

② 新《行政诉讼法》第 82 条第 2 款。

③ 新《行政诉讼法》第 82 条第 3 款。

何时起诉问题上必须自己拿主意，不能听复议机关或法院的，更不能听作出原处理决定的行政机关的，因为行政复议或行政诉讼一旦提起，当事人即与原处理机关成为法律上的“对手”，如果对“对手”的话言听计从，很可能因一时蒙蔽，听信了“对手”的花言巧语而丧失诉权，到时候连法院也无能为力了。

事实上，立法已经意识到这个问题，并旗帜鲜明地作出了回应：新《行政诉讼法》第 80 条第 3 款规定，宣告判决时，必须告知当事人上诉权利、上诉期限和上诉的人民法院。这是新《行政诉讼法》新增加的条款，以效仿《行政复议法实施条例》第 17 条的规定。这一最新立法动向表明，将法定的救济权利、期限等涉及行政相对人权利救济的信息，在第一时间告知当事人，不仅是个仁政、善政、良法、善治的问题，而且已经成为对立法的一个基本要求，至少是一种惯常做法。

针对行政执法实践中普遍存在的行政机关作出行政行为（包括复议决定）时不主动告知行政相对人诉权或起诉期限的情形，新旧司法解释都规定，起诉期限从公民、法人或者其他组织知道或者应当知道起诉期限之日起计算。所不同的是，新司法解释规定，从知道或者应当知道行政行为内容之日起最长不得超过一年，[①]比原司法解释[②]缩短了 1 年。新旧司法解释更替中，还省略了告知“诉权”，因为告知“起诉期限”内含着告知诉权，没有诉权哪有起诉期限。

从提高行政管理效能和行政诉讼效率的角度看，减少“应当知道”的最长期限，对法院和行政机关减少诉讼案件都有利。但更主要的原因是，随着行政执法程序的完善和法治化，行政机关作出行政行为时主动告知行政相对人诉权或起诉期限已经成为最通行的行政程序做法，在行政复议领域已经成为相应行政法规的强制性规定。[③]

至于行政相对人不知道行政行为内容的，新司法解释认为“其起诉期限从知道或者应当知道该行政行为内容之日起计算”[④]，但不得超过 5 年或者 20 年的最长起诉期限。因为过了这个期限，无论何种情况，法院都绝对“不予受理”了。

行政机关的教示义务，《行政诉讼法》《行政复议法》均没有规定。2007 年制

---

① “163 条”第 64 条第 1 款。

② “98 条”第 41 条。

③ 《行政复议法实施条例》（2007 年）第 17 条。

④ “163 条”第 65 条。

定《行政复议法实施条例》时，曾设想对不履行教示义务的直接规定期限顺延，但最终未被采纳，仅保留了教示义务的宣告性规定：行政机关的行政行为对公民、法人或者其他组织的权利、义务可能产生不利影响的，应当告知申请行政复议的权利、行政复议机关和行政复议申请期限。[①] 现在看来，由于没有规定“未告知”的法律后果，其效果确实大打折扣。

（三）听取对方意见

听取对方意见，是法治文化中核心的、重要的、最能反映解决纠纷人文规律的原则和程序。具体到规范性文件一并审查程序中，既然要审查，首先想到的，就是要听听“立法者”的意见，即规范性文件制定者的初衷是什么。

但新司法解释在此打了一个小小的折扣：法院在对规范性文件审查过程中，发现规范性文件可能不合法的，应当听取规范性文件制定机关的意见。[②] 言外之意，如果法院认为规范性文件合法，就不必听取规范性文件制定机关的意见。从提高诉讼效率的角度出发，如果“发现规范性文件可能不合法”，为公平和稳妥起见，确实有必要听取作为一方“当事人”的规范性文件制定机关的意见；如果初步认定规范性文件合法，似乎就没有这个必要。但司法的公正性，正体现在“兼听则明”上。

新司法解释则作了点儿平衡性规定：制定机关申请出庭陈述意见的，法院应当准许。[③] 也就是说，无论何时、无论基于什么考虑、无论对规范性文件是否合法的初步判断如何，只要制定机关申请出庭陈述意见，法院都得准许。表面上看，这似乎对“制定机关”非常照顾，甚至让人觉得“制定机关”有点霸道：他想出庭陈述意见法院就不能有二话。但是实际上，制定机关作为级别较高的行政机关，一般不愿意“出庭陈述意见”。这款规定在实践中的操作实况是，制定机关通常不会主动申请，而会利用现行新司法解释的规定，等法院通知“听取”其意见。因为在法院“发现规范性文件可能不合法”时，是必须通知“规范性文件制定机

---

① 《行政复议法实施条例》（2007 年）第 17 条。

② “163 条”第 147 条第 1 款。

③ “163 条”第 147 条第 2 款。

关”以“听取”其意见的。制定机关确实不用着急，安心等着就是：如果其制定的规范性文件可能有问题，法院肯定会通知的，不通知就是没问题。

不仅如此，新司法解释还给主审法院预设了一个台阶：行政机关未陈述意见或者未提供相关证明材料的，不能阻止法院对规范性文件进行审查。① 这主要是考虑到制定规范性文件的行政机关“级别”通常比案件审理法院高，其意见可能比较“难听取”。如果负责审查的法院发出了通知，有关制定机关却拒不陈述意见，也不提供相关证明材料，就必须有预案以备不时之需。

至于“不能阻止”的表述，显然比“不影响”严厉得多。考虑到新《行政诉讼法》对“被告无正当理由拒不到庭”可以缺席判决②，对“被告不提供或者无正当理由逾期提供证据，视为没有相应证据”③的明文规定，制定机关拒不陈述意见，也不提供相关证明材料，“不能阻止”很可能意味着法院直接宣告规范性文件“不合法”。

（四）就便解决纠纷

在行政系统内就便解决纠纷的现实途径，是普遍建立行政裁决机制。《依法治国决定》提出，“健全行政裁决制度，强化行政机关解决同行政管理活动密切相关的民事纠纷功能”。

司法解释对行政裁决的特别规定是：行政机关作出行政裁决后，当事人在法定期限内不起诉又不履行，行政机关也未申请法院强制执行的，生效行政裁决的权利人可以在6个月内申请法院强制执行。④ 也就是说，对于行政机关根据法律的授权对平等主体之间民事争议作出的行政裁决的执行，要分三步走：（1）看当事人是否在法定期限内起诉或者履行，当事人起诉会转入相应的诉讼程序，履行自然无须执行；（2）只有在当事人逾期不起诉又不履行时，作出裁决的行政机关才可以按照非诉强制执行的期限，即在“被执行人的法定起诉期限届满之日起三个月内”⑤ 申请法院强制执行；（3）作出裁决的行政机关逾期（3个月后）未起诉，

---

① “163条”第147条第3款。

② 新《行政诉讼法》第58条。

③ 新《行政诉讼法》第34条第2款。

④ “163条”第158条第1款。

⑤ “163条”第156条。

生效行政裁决的权利人，包括由该行政裁决直接确定的权利人、该权利人的继承人或者其他权利承受人，才可以在6个月内申请法院强制执行。至于这“6个月”期限的起算点，应当根据“申请执行的期限从法律文书规定的履行期间最后一日起计算”[①]的原则确定；当然，如果相应的行政裁决没有明确履行期限的，一方面说明该行政裁决内容缺失，另一方面说明补救的措施比较复杂，如原裁决机关指定等，都需要授权行政机关实施行政裁决行为的相应法律预先予以明确。但客观地说，我国现行法对行政裁决的规定还不是太多，或者说尚处在恢复阶段。从就便解决纠纷来考虑，可以更多合理地设定行政裁决。

（五）诉前先行调解

行政诉讼所要解决的“行政争议”，从政治上说，属于人民内部矛盾，是人民群众中的个体与行政主体之间偶发、单发的个别事件，完全可以用人民内部矛盾的解决手段予以妥善化解。为此，《依法治国决定》提出，要“健全社会矛盾纠纷预防化解机制，完善调解、仲裁、行政裁决、行政复议、诉讼等有机衔接、相互协调的多元化纠纷解决机制。加强行业性、专业性人民调解组织建设，完善人民调解、行政调解、司法调解联动工作体系”。

由此可见，行政诉讼中的调解，是纵贯人民内部矛盾解决法律体系中的“调解链”中的重要一环，将随着我国依法治国国策推进中对运用法治方式解决社会纠纷认识的不断深化、手段的不断丰富、技法的不断娴熟，而得到越来越广泛的应用，发挥越来越大的作用。这一点从2014年《行政诉讼法》修正对这个问题的态度转变，可以看出端倪：1989年的旧法第50条明确规定，法院审理行政案件，不适用调解。但调解在行政诉讼领域并非无用武之地。司法实践中，调解结案的比例过半，致使最高法院也不得不对此有所控制，善意婉拒了立法机关本欲明确规定的“取消调解限制”的修正意见。新法的规定是，以不调解为原则，以调解为例外，但因例外的范围太广，实际操作时仍不免“大调解”的广泛存在。

新法第60条第1款规定：法院审理行政案件，不适用调解；但是，行政赔偿、补偿以及行政机关行使法律、法规规定的自由裁量权的案件可以调解。虽然从字

① “163条”第153条第2款。

面上看，“不适用调解”仍是原则，调解是例外，但限于列举的情形，考虑到“法律、法规规定的自由裁量权”的情形十分普遍，甚至可以说所有的行政权都有自由裁量的余地，实际操作起来，调解的适用范围已经大大拓宽，行政诉讼不适用调解的原则，已经在实践中被突破了。

而且新法还增加了“调解”应当遵循的原则：调解应当遵循自愿、合法原则，不得损害国家利益、社会公共利益和他人合法权益。[①]这是对法院调解活动的原则性要求，也是对作为被告的行政机关与原告谈判、妥协让步时的底线要求。如果“当事人一方或者双方不愿调解、调解未达成协议的，人民法院应当及时判决”[②]。

既然新《行政诉讼法》从法律层面已经开了调解的口子，新司法解释的规定也与之相应：法院审理《行政诉讼法》第60条第1款规定的行政案件，认为法律关系明确、事实清楚，在征得当事人双方同意后，可以径行调解。[③]事实上，审判实践中的调解过程恰恰与此相反，不是先“征得当事人双方同意”调解，而是先进行调解的尝试，仅在最终出现了“当事人双方同意”的调解方案后，才象征性地询问当事人是否同意调解，以便记入笔录。

这倒不是法院有意规避法律的规定，而是司法审判的实践引导主审法官，总是选择最便捷的结案方式。如果当事人能够相互妥协，甚至能够撤诉结案，在办案量重压下的法官们何乐而不为？

尽管如此，调解毕竟是具有一定私密性的诉讼活动，故司法解释要求“人民法院审理行政案件，调解过程不公开，但当事人同意公开的除外”[④]。不仅如此，调解协议的内容也不公开，除非为了保护国家利益、社会公共利益、他人合法权益，法院认为确有必要公开的。[⑤]调解的过程、内容原则上都不公开，因此参加的人越少越好，甚至连第三人都不是当然必须参加的：经法院准许，第三人可以

① 新《行政诉讼法》第60条第2款。

② “163条”第86条第4款。

③ “163条”第84条。

④ “163条”第86条第1款。

⑤ “163条”第86条第3款。

参加调解。法院认为有必要的，可以通知第三人参加调解。[①]

调解达成协议，法院应当制作调解书。调解书应当写明诉讼请求、案件的事实和调解结果。[②]但是，当事人自行和解或者调解达成协议后，请求法院按照和解协议或者调解协议的内容制作判决书的，法院不予准许。[③]调解书由审判人员、书记员署名，加盖法院印章，送达双方当事人。调解书经双方当事人签收后，即具有法律效力。调解书生效日期根据最后收到调解书的当事人签收的日期确定。[④]

对于行政赔偿案件，《行政复议法》早在 1999 年初颁布时，即要求行政复议机关必须（第 29 条第 1 款：应当）积极促成申请人行政赔偿请求权的一并实现，甚至要求行政复议机关“在依法决定撤销或者变更罚款，撤销违法集资、没收财物、征收财物、摊派费用以及对财产的查封、扣押、冻结等”情况下，即使申请人在申请行政复议时没有一并提出行政赔偿请求，行政复议机关也“应当”同时责令被申请人返还财产，解除对财产的查封、扣押、冻结措施，或者赔偿相应的价款。[⑤]该法虽经两次修正，依然保留这一内容[⑥]，说明其已成为行政复议的标志性制度。

值得注意的是，上述内容经适当调整后，也出现在了新司法解释中。新司法解释比较例外地明确规定了法院在类似情形下的主动调解权[⑦]，即在“法院经审理认为被诉行政行为违法或者无效，可能给原告造成损失”的前提下，法院要主动提醒（即释明）原告提出“一并解决行政赔偿争议的”请求，并在原告请求一并解决行政赔偿争议时，就赔偿事项进行调解，调解不成的，应当一并判决；“也可以告知其就赔偿事项另行提起诉讼”。

上述规定的新颖之处在于，要求法院主动提及当事人的赔偿争议。对此，可能有不同理解，如认为法院只是“释明”，还需要“原告请求”的配合，法院才

---

① “163 条”第 86 条第 2 款。

② “163 条”第 85 条第 1 款。

③ “163 条”第 86 条第 5 款。

④ “163 条”第 85 条第 2 款、第 3 款。

⑤ 《行政复议法》（1999 年，已修正）第 29 条第 2 款。

⑥ 《行政复议法》（2009 年，已修正）第 29 条，《行政复议法》（2017 年）第 29 条。

⑦ “163 条”第 95 条。

“可以就赔偿事项进行调解”。但这样做，对于奉行“不告不理”原则的法院而言，已经是相当主动了。这种主动性，对于作为行政复议机关的行政机关而言，应当是理所当然的，因为其是人民的政府，是行政机关，天然地应当具有主动维护行政相对人合法权益的天职，即使由此“造就”的赔偿义务机关是其下级机关。同样情形对法院而言就比较“稀罕”，可能还是受了西方传统司法“谦抑”原则的影响。对我国法院而言，未必非要套这样的教条。

由此得出的结论是，在新《行政诉讼法》确立了新的调解思路后，法院对行政案件的调解，不但是现实的，有时甚至必须是主动的。再强调行政案件不适用调解，确实有些过时。

（六）完善补偿机制

在行政法领域，行政补偿与行政赔偿并称，如果行政机关拒绝主动给予，则需要由法院判决，即补偿判决与赔偿判决。这两种判决的实质，仍是行政补偿和行政赔偿。

行政补偿概念的界定，是通过比较与行政赔偿的异同确立的。二者的相同点是，都属于救济方式。二者最本质的区别，在于行政补偿是基于合法的行政行为，是行政机关与行政相对人合法的权益交换；而行政赔偿是对侵权行为造成的损害的赔偿，具有惩戒性。

研究了行政补偿的概念，就要进一步研究其实质。但纯理论的研究不是本书的取向，与实践相结合，特别是与行政执法及司法实务中的行政补偿类别相结合，更有助于发现问题的本质。

行政补偿，甚至更为广义的补偿，都是新《行政诉讼法》中新植入的概念，旧法对此只字未提。旧法中唯一一次近似提及的，是其第 44 条第 1 款中有关“会造成难以弥补的损失”的，法院可依原告申请停止执行的规定，其中已隐含着损失弥补的问题。当然，这种弥补主要是赔偿，但也不排除补偿的可能。

新法中提到的行政补偿类别，应当不是行政补偿的全部；但肯定是当前行政补偿最核心的部分，至少从可救济性角度分析是如此。因此没有救济的权利，类似屠龙之技，不是实在的权利。

新《行政诉讼法》共有 6 处提到“补偿”，但其类型都是一种，即第 12 条第

1 款第 5 项对征收、征用的补偿；同条同款第 11 项提到的“土地房屋征收补偿协议”，是这种补偿的法律表现；其他 4 处则是因这类补偿产生的“补偿案件”及相应“补偿判决”。

可见，对征收、征用的补偿，是现行法唯一规定的行政补偿，是因行政机关以各种征收、征用决定的形式，征收、征用行政相对人的合法财产，而依法应当给予财产所有人、使用人等的合理的对价。这种补偿的实质，是永久（征收）或者临时（征用）取得对象财产的合理的价格。当然，由于行政介入的缘故，这个价格不是通过市场竞价机制形成的，而是实施行政征收、征用的行政机关，根据有关规定、采取特定程序（如评估、询价）而确定的。在有些国家，强制征收、征用的价格高于市场价，原因就在于其强制性、违意志性以及心理补偿因素。

与行政许可制度有一部统一的《行政许可法》不同，行政征收（含征用，本节内下同）在我国没有统一立法，涉及税收、城市房屋征收、土地管理领域对农村集体土地（及房屋、建筑、设施等地上附着物）的征收等行政征收，目前“各自为政”。

概括这几类征收的共性，我国的行政征收是指，国家行政机关为了公共利益，根据法律、法规的明确授权，将公民、法人或者其他组织所有的合法财产征收为国家所有的行政管理活动。

在现行的几类主要的行政征收类别中，征税的影响范围最广，但因为有明确的法律规范、多年丰富的法治实践，问题反而最少。土地征收、房屋拆迁领域存在的问题最多。究其根源主要有四：一是征收动机不纯。不是出于公共利益，而是少数开发商的营利目的。二是制度设计不合理。没有给被征收者以公平合理的补偿。三是征收程序不完善。信息不公开、不透明，存在大量的“暗箱操作”。四是监督体系不完整。大量案件无法进入救济环节。

解决上述种种问题的关键，是要从合理补偿这个根本症结入手，通过引入市场化补偿机制，使被征收人获得公平补偿；同时，要严格对公共利益的解释，非因公共利益不得实施强制性的行政征收，只能按市场化运作原理，由双方自愿协商，政府退出商业化拆迁。这些内容，都是下一步制定统一的行政征收法，或者完善土地征收、房屋征收等法律制度时需要解决的根本问题。

现行法规定的行政补偿的实质，是资源有偿使用的制度化。资源有偿使用制度的确立，也是运用法治思维和法治方式，解决资源的稀缺性与需求的无限性之间的矛盾。其设计原理是，在资源原则上归国家所有前提下，由国家根据不同种类资源的稀缺程度，以设定资源有偿使用税的形式，规定资源的原始价格；再按照经济学上的供求关系原理（对某种商品的需求量与价格成反比，价格越高，需求越少，但刚性需求除外），通过调整资源税税率，有效控制资源的使用强度，以达到节约资源、降低资源消费、减少废弃物排放，最终实现改善环境、社会和谐美丽的目的。

进行资源性产品价格和税费改革的目的，是“建立反映市场供求和资源稀缺程度、体现生态价值和代际补偿的资源有偿使用制度和生态补偿制度”。其中的“生态价值”，是指某种资源被消费后，因其不再能够提供生态保障方面的功能而丧失的价值，即其作为资源消费后的机会成本；“代际补偿”，则是当代人为子孙后代预收的某些税费，用于生态修改工程、资源回补项目或者直接留存为基金，以弥补当代人对后代的亏欠；“生态补偿”，就是将针对资源性产品收取的税费，用于因资源开采、使用所造成的生态损坏的修复，以恢复原来的生态平衡。

除此之外，还需要积极开展耗能、碳排放权、排污权、水权交易试点。这些项目，都属于资源有偿使用制度的衍生产品，其基本原理是，鼓励社会各界积极采取节水、节能、减少碳排放和污染物排放，并通过法定程序，建立公开公平的耗能、碳排放、排污、用水等定额标准，再运用法治方式将其权利化，赋予享有权利者（即未使用完标准定额者）在节能、碳排放权、排污权、水权交易市场上，出售其富余定额的制度。

上述制度的确立，是典型的法治思维的结果，就像依法保护每个人的财产权，然后允许他们在市场上交易他们所有的财产一样。值得注意的是，财产权的交易安全，即市场经济体制，需要法治保障；上述新型的权利交易，也必须在制度设计之初，严格贯彻法治思维。例如，上述交易制度的核心，是标准定额的确立，如某家电厂每发一度电的耗能、碳排放、各种主要污染物的排放等指标，必须严格按照法治所要求的公开、公平、公正原则进行。否则，权力寻租不可避免、贪污腐败不可避免，唯一不可能实现的，只有上述制度设计的初衷。

基于以上对行政征收行为的分析及其与行政补偿行为的关系的剖析，可以得出一个结论:行政征收具有强制性，因此其补偿必须借助司法权的维护，才能抗衡行政权的强制性。这正是2017年《行政诉讼法》修正将行政补偿纳入的功德所在。

行政补偿，特别是通过补偿判决落实的行政补偿，最核心的一点，就是必须公正、合理。对此的评判标准，就是其与市场价格的拟合程度。补偿判决更考验法院的公正司法能力和水平。

第三节 制度保障的手段

从立法角度，或者在立法环节，如何保障法治的顺畅运行，是全面依法治国的重要组成部分。

一、防止干预的立法手段

法治的核心，就是严格依法办事，确保所有人都是法内之人，所有的大事都要经法律定夺；而不能有法外之人，干预法内之事，使结果超出普通人对法律直观的认知。

例如，在行政诉讼领域，任何一方当事人都有可能试图或者能够干预司法机关的裁判，如行政机关干预法院受理行政案件。现行法规定，行政机关及其工作人员不得干预、阻碍法院受理行政案件。这表明，在现实生活中，行政机关及其工作人员“干预、阻碍法院受理行政案件”的现象，不但广泛存在、十分严重，而且难以杜绝。

不仅如此，党的十八届四中全会对行政诉讼立案受理工作非常重视，在《依法治国决定》中特别强调，改革法院案件受理制度，变立案审查制为登记立案制，对人民法院依法应该受理的案件，做到有案必立、有诉必理，保障当事人诉权；同时，加大对虚假诉讼、恶意诉讼、无理缠诉行为的惩治力度。中央的文件，如此专业、具体地谋划某个具体法律制度的顶层设计细节，实属罕见。

新《行政诉讼法》第 51 条第 1 款规定：法院在接到起诉状时对符合本法规定的起诉条件的，应当登记立案。这一规定有一个基本的强制性功能，就是对那些明显可以受理的案件，由接待人员当场决定立案，不给“行政机关及其工作人员”“干预、阻碍法院受理行政案件”留任何余地。

该条第 2 款规定，对当场不能判定是否符合本法规定的起诉条件的，应当接收起诉状，出具注明收到日期的书面凭证，并在七日内决定是否立案。这也有同样的效果：法院和企图“干预、阻碍法院受理行政案件”的“行政机关及其工作人员”，都不能无视已经由当事人签收、由法院出具的“注明收到日期的书面凭证”，当事人向法院起诉的事实已经向社会公开，对此总要给当事人一个交代，可以多少挡住一些最“严厉”的“干预、阻碍法院受理行政案件”的企图。

此外，新法第 59 条第 1 款第 5 项规定，诉讼参与人或者其他人在诉讼中以欺骗、胁迫等非法手段使原告撤诉的，予以训诫、责令具结悔过或者处一万元以下的罚款、15 日以下的拘留；构成犯罪的，依法追究刑事责任等。该条第 2 款还特别强调，法院对有前款规定行为之一的单位，可以对其主要负责人或者直接责任人员依照前款规定予以罚款、拘留；构成犯罪的，依法追究刑事责任。这一内容，显然是针对被诉行政机关的“主要负责人或者直接责任人员”的，如果能够切实操作起来，还是具有相当威慑力的。

二、专业分身的代理制度

代理人制度，是现代法治社会的中间人。传统社会中，代理人的典型化身是诉讼代理人，具有相当的专业性，以及与此相随的垄断性、封闭性。

法治社会的代理制度，其典型形象应当是中间人、导游甚至更为非正式的“驴友”领队，由于去除了行业、职业门槛的垄断性限制，虽然仍有高度专业化的法律职业统一资格的高门槛，但普通平民大可以找身边的人问法律的事。

社会的复杂化及分工的深入，是代理人制度产生最根本的原因。诉讼制度的不断专业化，使普通人越来越难以胜任其中的专门问题，诉讼代理人遂获得了存在理由和发展空间：当事人、法定代理人，可以委托一人至二人作为诉讼代理人。①

代理人制度的重要性体现在，在某些特殊程序环节，特定职能的代理人阙如，诉讼可能中止以待。如“163 条”第 87 条第 1 款第 2 项规定，原告丧失诉讼行为能力，尚未确定法定代理人的，中止诉讼。当然，代理人毕竟不同于当事人，在程序上必须区别对待。

如诉讼代理人，是指根据法律规定、由法院指定或受当事人的委托，享有代

---

① 新《行政诉讼法》第 31 条第 1 款。

理权，以当事人名义在代理权限范围内进行诉讼活动的人。被代理的一方称被代理人或委托人。诉讼代理权即为代理人代理当事人进行诉讼活动的权限。

行政诉讼代理人是代理人的一种，是以当事人的名义，在代理权限内，代理当事人进行行政诉讼活动的个人。

行政诉讼涉及行政管理的专业知识、国家行政管理的专门法律制度，使我国的行政诉讼举步维艰。行政相对人除非迫不得已，一般不愿、不敢、不能打行政官司；一旦鼓足勇气、打起精神准备为自己的利益一搏时，又苦于行政诉讼本身技术上的难度。

《行政诉讼法》早在 1989 年立法时，就充分估计到了作为一国民主制度标识的行政诉讼制度，在我国现实条件下推行可能遇到的难题，特别规定了行政诉讼原告、第三人与被告之间不对等的诉讼法律结构（最重要的就是被告负举证责任）。行政机关因其日常行政管理活动的需要，经常涉足行政诉讼案件，并因而可以从本机关工作人员中指派有一定法律素养的法律或行政管理方面的专门人才出庭应诉，还可以委托专业的律师。对行政相对人而言，特别是对于因房屋拆迁之类纠纷而提起行政诉讼的行政相对人而言，行政诉讼往往是他们平生第一次也是唯一的一次参加诉讼的经历。因此，行政机关一方的诉讼代理人具有更多的诉讼经验，仅凭其出庭应诉的经历就可以应付有余。原告一方则不然，欠缺经验往往可能导致其法庭辩论过程中的错误，这种错误当然不一定都会为被告一方发现或利用，法院方面通常也会及时指出，但毕竟是原告的一个不利方面和易受攻击的短板。

在这种情况下，委托具有诉讼业务专长的诉讼代理人，特别是聘请具有行政诉讼经验的律师与其并肩战斗成为行政诉讼中十分关键的选择。当事人或第三人聘请的委托代理人可以是律师，也可以是自己的亲属中比较能言善辩者，以便随时就论述性问题阐述己方观点。代理人与被代理人相互配合，在开庭前可以更充分地收集、调取证据；在庭审阶段可以更全面、完整地回答合议庭成员的提问；在法庭调查结束后的法庭辩论阶段，也可以更好地与被告一方当事人（一般均为二人，其中一人以行政管理业务为专长，另一人以法律业务为专长或者就是律师）抗衡。

三、保持中立的申辩制度

申辩制度存在的价值，在于避免裁决者因偏听偏信而远离甚至背离公正。

申辩制度有多种表现形式。一是三方法律关系下的辩论，如行政诉讼中原告、被告（行政机关）在法官面前的辩论，其实就是案件当事人向司法裁决者的申辩。二是当事双方之间的申辩，如行政执法过程中被处罚人向行政机关的执法人员申辩。当然，严格意义上说，此时也有一个潜在的第三方：被处罚行为的受害方，其与被处罚人都有可能向行政执法机关“陈述”或者“申辩”，这其实就是行政执法程序中，特别是行政执法听证程序中的“辩论”。

新《行政诉讼法》第 10 条（旧法第 9 条）规定：“当事人在行政诉讼中有权进行辩论。”辩论原则是双方当事人诉讼地位平等的体现。它再现了法院行政审判活动的民主性，也是当事人在诉讼中享有的一项重要的民主权利。

辩论的方式可以是言词辩论，也可以以书面方式进行。

为了贯彻辩论原则，确保当事人辩论权的充分行使，辩论应在法院主持下有序进行。法院应当保证当事人双方平等行使辩论权，并使双方围绕与本案有关的问题进行辩论。

“当事人在行政诉讼中有权进行辩论”，主要指诉讼当事人参加法院组织、法官主持的庭审时的当庭言词辩论，但又不限于庭审辩论。行政诉讼的辩论原则贯穿在行政诉讼的全过程，法庭辩论是当事人行使辩论权的主要阶段，但不能因此把辩论原则与法庭辩论简单等同起来，不能说当事人除法庭辩论外就不能行使辩论权了。《行政诉讼法》中许多规定，其实都与辩论原则的落实有关。如关于诉讼法律文书送达的规定，特别是新法第 67 条第 1 款规定，“被告应当在收到起诉状副本之日起十五日内向人民法院提交作出行政行为的证据和所依据的规范性文件，并提出答辩状”。

又如有关当事人出庭的规定，也是为了促成辩论，特别是新法第 3 条第 3 款关于“被诉行政机关负责人应当出庭应诉。不能出庭的，应当委托行政机关相应的工作人员出庭”的规定，其要求已经不局限于出庭，而是进一步延伸到特定人员的出庭，以实现“官”“民”之间真正的对等辩论。

四、保持中立的合议制度

法院审理行政案件实行合议制。新《行政诉讼法》第7条[①]规定的这一原则，是合议原则的具体体现，它要求法院审理行政案件一律组织合议庭进行审理。合议原则是法院在行政审判工作中践行民主集中原则的具体体现。由于行政案件案情一般都比较复杂，审理难度大，不适宜独任制审判，需要组成合议庭，依靠集体的智慧和力量，集思广益，共同抵制干预，保证办案质量。

行政案件的真正难度，来自行政机关及其他部门的干预。合议制有助于将来自各方面的压力分解，使每一位办案人员承担的压力和风险降低。但合议制有一个基本的前提，就是必须保证每个合议庭组成人员具有真正的独立性，否则集中于统一意志下的合议制，不仅完全是摆设，而且极大地浪费诉讼资源，有百害而无一利。而要做到这一点：第一，每个办案人员必须切实参与案件的审理，而不能仅仅是出庭时露个面、讨论时签个名；第二，禁止庭审前对案件进行集体讨论，以免先定后审；第三，禁止判决前的任何请示汇报，特别是向上级法院的请示汇报，因为这种请示不仅使合议制流于形式，而且使二审终审制都成为空谈；第四，合议庭的表决必须以无记名方式进行，然后每人要独立写出自己的判决意见。禁止在表决前就判决结果进行任何形式的讨论。

五、保持中立的公开制度

新《行政诉讼法》第7条（旧法第6条）规定了该原则，新法第54条在旧法第45条基础上增加了第2款，即不公开审理的例外情形和酌定情节：法院公开审理行政案件，但涉及国家秘密、个人隐私和法律另有规定的除外；涉及商业秘密的案件，当事人申请不公开审理的，可以不公开审理。

公开审判是我国宪法确认的一项原则，是指法院在行政案件的审理和宣布判决时，除法律规定的特殊情况外，一律公开进行。公开审判是原则，不公开审理是例外。

审判活动既是一个适用法律的过程，也是一个教育人民遵守法律、进行法治

---

① 旧法第6条。

宣传的过程。公开审判要求法院的审判活动对社会公开，应允许群众旁听、允许新闻报道。但涉及国家秘密、个人隐私和法律另有规定的除外。因此公开审判也是保证法院能依法正确、公正审理案件，接受社会监督的重要制度。

在旧《行政诉讼法》中，“公开”仅仅是个原则，仅出现在原则部分（“公开审判”）及“公开审理”两个场合。新法大大增加了“公开”二字的“出镜率”，其原因固然是时代使然，更主要的还是高层的大力推进，这是党中央在法治领域与时俱进的充分体现：构建开放、动态、透明、便民的阳光司法机制，推进审判公开，依法及时公开执法司法依据、程序、流程、结果和生效法律文书，杜绝“暗箱操作”；加强法律文书释法说理，建立生效法律文书统一上网和公开查询制度（党的十八届四中全会《依法治国决定》）。

新法促进行政审判公开的一项具体措施，是对司法文书公开做了具体安排，其第65条规定，法院应当公开发生法律效力的判决书、裁定书，供公众查阅，但涉及国家秘密、商业秘密和个人隐私的内容除外。这种公开，比照政府信息公开，其公开的形式为主动公开，但不能依申请公开；其公开的内容，限于“发生法律效力的判决书、裁定书”；其公开的方式，只是“供公众查阅”，并未提到邮寄、复制等。

特别值得强调的是，新法上述第65条（包括其第32条第2款）中的“内容”二字很关键。没有这两个字，“涉及国家秘密、商业秘密和个人隐私的”都除外，将会极大地限制裁判文书公开的程度，也将大大加重法院公开裁判文书的负担（需要对裁判文书进行“脱敏”处理）。有了“内容”的限定，就可以将裁判文书中“涉及国家秘密、商业秘密和个人隐私的内容”屏蔽；裁判文书的其他部分，当然也应当是裁判文书的绝大部分，仍可以成为公开的“内容”，从而实现了最大限度的审判公开。

或许正因如此，对比政府信息公开，法院裁判文书的网上公开做得相当到位。“中国裁判文书网”（China Judgements Online）的文书总量7300余万（72955085）篇，访问总量高达293亿（29319342821）次[①]，相当于每个中国人查

---

① 2019年7月17日13：59访问。一年前的2018年7月30日9：00访问时，文书总量尚只有49450964篇，访问总量180亿（18058557684）次。

询 22 次，对比一年来的数据，则一年内平均每个国人查询 7 次。

六、保持中立的回避制度

新《行政诉讼法》第 7 条（旧法第 6 条）规定的这一原则，是指承办案件的人员，遇有法律规定的情况不再参加案件的审理及承担相关任务。实行回避的意义在于：保证法院公正审理案件；维护当事人的信任感；使行政诉讼具有客观公正的外在形式，即形式公正，以使行政诉讼能够顺利进行。

回避制度的关键是如何落到实处，为此应适当公开审判人员的有关情况，对隐瞒需要回避事由的审判人员要追究责任，这种行为应当等同于妨碍司法公正，属于严重罪行之列。另外，一定要将庭外的单独接触纳入回避的范围，凡有上述情况者，不一定在宣判前，也可能在宣判后一定时间内，追究审判人员的责任，直至刑事责任，如至少应当将其开除出审判队伍。

回避分为自行回避和申请回避。自行回避，是指审判人员、书记员、勘验人、鉴定人和翻译人员在审理案件或执行有关任务时，遇有法律规定的情况，应自行不参加该案的审理或免除相关任务。申请回避，是指诉讼当事人认为上列人员是本案当事人或者当事人的近亲属，或与案件有利害关系或者与本案当事人有其他关系，可能影响案件的公正审理，可以申请他们回避。

当事人申请回避，应在案件开始审理时提出；回避事由在案件开始审理后知道的，也可以在法庭辩论终结前提出。

《行政诉讼法》在总则部分确立“回避原则”后，又在“审理与判决”一章（新法第 55 条、旧法第 47 条）对审判人员、书记员、翻译人员、鉴定人、勘验人等的回避作了明确的规定，以具体落实“回避原则”。

类似的情形还包括：“163 条”第 119 条第 2 款规定的“人民法院审理再审案件，应当另行组成合议庭”，以及“163 条”第 109 条第 2 款规定的“第二审人民法院裁定发回原审人民法院重新审理的行政案件，原审人民法院应当另行组成合议庭进行审理”。这实质上说的都是同一原则，即“在一个审判程序中参与过本案审判工作的审判人员，不得再参与该案其他程序的审判”。这正是“163 条”第 75 条第 1 款规定的内容。如果是这样，从立法技术角度细究，是否再重复或者重申，就要看是否必要了，特别是是否有选择性重复的必要：只在个别场合重复部分内容，其他内容则不予重申。特别是在“163 条”第 75 条第 2 款进一步明确“发回重审的案件，在一审法院作出裁判后又进入第二审程序的，原第二审程序中合议庭组成人员不受前款规定的限制”的情况下，是否有重复的必要，就更是个问题了。

值得一提的是，新《行政诉讼法》新增加的内容：“经最高人民法院批准，高级人民法院可以根据审判工作的实际情况，确定若干人民法院跨行政区域管辖行政案件”（第 18 条第 2 款），从某种意义上说，也属于一种特殊的地域回避，以解决行政诉讼被告对案件的干预问题。当然，严格按照诉讼理论，这很难与回避挂上钩。但不可否认，其制度设计的原理，参考了回避制度。

七、依法治理的制衡机制

法治的实现，在每个管理领域，都有一些“窍门”，在管理者与被管理者、不同利益诉讼的对立方之间，建立起均衡的相互制约机制，在各方合法地谋取自身利益最大化的过程中，实现法律的有效治理。此时的立法，就是要发现这些“独门秘籍”并将之成文化，以最小的社会管理成本实现最大的社会治理成效。

2019 年修订的《政府信息公开条例》第 43 条，删除了原条例第 28 条第 1 款没有什么针对性的规定：“申请公开政府信息的公民确有经济困难的，经本人申请、政府信息公开工作机构负责人审核同意，可以减免相关费用。”因为在新条例中，已经完全没有必要了：只要申请人不是滥申请，不存在费用的问题；真是滥申请的，也因为不会提供相应政府信息，同样没有费用的问题。

相对于 2007 年旧条例（第 27 条第 1 款）规定的“检索、复制、邮寄等成本费用”，2019 年新条例（第 42 条第 1 款）规定的“信息处理费”抓住了问题的实质和要害：不拘泥于鸡毛蒜皮的小账，而着眼于信息公开工作的实质。特别是新条例对政府信息提供形式的新姿态，即第 40 条“应当根据申请人的要求及行政机关保存政府信息的实际情况，确定提供政府信息的具体形式”，大大超越和挣脱了原条例第 26 条“行政机关依申请公开政府信息，应当按照申请人要求的形式予以提供”的自我设限，使信息公开工作中真正需要用经济手段来遏制滥申请的必要性和适用空间，反而大大降低了。

更重要的是，2019 年新条例第 42 条的裁量性规定，为行政机关在处理收费问题上提供了便宜行事的权力保障，也为其自主确定申请人是否申请“数量、频次明显超过合理范围”，进而反制滥用信息公开申请权的申请人，奠定了法律上的权限基础。

事实上，政府信息公开本质上就不是钱的问题，而是现代法治政府的责任问题。删除了这一款，不但意味着中国的政府信息公开制度绝不会因为申请人的经济状况而差别对待，更意味着在免除申请人经济负担的同时，也减轻了行政机关因滥申请所致的不必要的工作负担。

新条例的上述规定，提高了专门通过信息公开找政府麻烦的申请人的机会成本，阻断了“又穷又硬”跟政府“死磕”的低成本通道。

八、解决纠纷的终局机制

司法最终原则是法治原则的根本体现，也是法治精神的重要支柱。世界各国通行的法治标准中，无一不将该原则作为其基础。

谈及行政诉讼的基本原则，首先要提的是一个不成文的或者说没有成文法依据的原则：诉讼终局原则[①]。没有这个原则，行政诉讼的地位便无从确立、作用便无以发挥。

行政诉讼是对行政行为的审查、监督制度，也是确定极少数行政行为最终法律效力的终局机制。一项法律制度的权威性，部分取决于其实施主体的法律地位，部分取决于其质量，也有相当一部分取决于遵循其法定程序产生的终审裁判，是否在法律上、社会中都具有最高的公信力。美国联邦最高法院大法官杰克逊强调，我们不是因为正确而获得权威，而是因为权威而正确。在法律体制中设置法律上的终局机制，是一国法律体制成熟、完善的基本指标。

考虑到这一点，也念及我们此前因“信访不信法”所导致的居高不下的维稳成本和社会负担，《依法治国决定》明确，要“落实终审和诉讼终结制度，实行诉访分离，保障当事人依法行使申诉权利。对不服司法机关生效裁判、决定的申诉，逐步实行由律师代理制度。对聘不起律师的申诉人，纳入法律援助范围”。即运

---

① 虽有二审终审原则，但这个原则毕竟只是诉讼制度内在的原则，不是及于信访等诉讼外机制的整个法律制度体系内的诉讼终局原则。

用法治思维和法治方式，通过对申诉制度的政策调整，解决“二审终审”原则落地问题，以及案件终审裁判后，仍不能定分止争、息诉罢访的问题。

只有这样，才能“强化法律在维护群众权益、化解社会矛盾中的权威地位，引导和支持人们理性表达诉求、依法维护权益，解决好群众最关心最直接最现实的利益问题”。

新《行政诉讼法》第7条[①]规定了两审终审原则。两审终审是指一个行政案件经过两级法院审理即告终结的诉讼制度。

我国自《行政诉讼法》颁布以来，对于司法最终的观念已不再陌生，《国家赔偿法》有关司法赔偿的规定，进一步强化了司法最终原则的适用范围。《行政复议法》有关司法最终原则的规定，是我国法治化不断深入的历史潮流的一个新的标志。

但从制度设计的角度讲，影响司法最终最直接的竞争性制度，就是信访。但从立法角度分析，这主要是执行的问题，而不是立法的问题。

根据《信访工作条例》第31条的规定，对信访人提出的申诉求决类事项，有权处理的机关、单位应当区分情况，分别按照诉讼、仲裁、行政复议等法定途径解决。上述规定意味着，所有应当通过法定途径解决的案件，最终也只能在穷尽法定途径后终了，而不能再转入信访渠道，成为信访案件。

由此确立的规则是，通过法定渠道解决与进入信访渠道，二者必选其一，也只能选择其一，不能再行交叉。据此，行政机关针对信访事项作出的登记、受理、交办、转送、复查、复核意见等行为，属于信访处理行为，由此产生的争议，只能在信访渠道内解决或者终了，不能再进入诉讼等法律途径。

九、避免后顾的保障制度

从2015年《高等教育法》修改的情况看，我国高等教育的投入体制，已经从“国家建立以财政拨款为主、其他多种渠道筹措高等教育经费为辅的体制”（1998年旧法第60条第1款），转化为“以举办者投入为主、受教育者合理分担培养成本、高等学校多种渠道筹措经费的机制”，这不仅与该法此轮修改时第24条将“不得

① 旧法第6条。

以营利为目的”删除，从而允许高等学校“以营利为目的”，进而与引入“举办者”概念、确立“举办者投入为主”原则等重大政策调整相呼应；还从制度设计的顶层着手，为“国家”及其“财政拨款”，从现有的“国家”已经设立的高等学校中抽身，打好了基础。实际操作时，就只有如何在法律已经确立的这一体制机制框架内，决定是进还是退的政策考量了。

第四节 基本原则的确立

依法治国，是党领导人民治理国家的基本方略，法治是治国理政的基本方式，立法工作者尤其要更加注重发挥法治在国家治理和社会管理中的重要作用，推进全面依法治国，加快建设社会主义法治国家。具有中国特色的中国立法的历史使命和时代担当是，推进中国特色社会主义法治体系建设，保障在法治轨道上全面建设社会主义现代化国家，保障以中国式现代化全面推进中华民族伟大复兴。

落实到具体立法工作中，就是要在明确法律文件的基本原则时，把握其最核心的要求，在具体立法中落实依法治国原则，这是坚持和发展中国特色社会主义的本质要求和重要保障，是实现国家治理体系和治理能力现代化的必然要求，事关我们党执政兴国，事关人民幸福安康，事关党和国家长治久安。

本节从现行立法的得失中，归纳一些如何设定原则的立法技术。

一、立法先要明确调整范围

法律规范的调整范围，属不属于立法的基本原则？这个问题，用目前比较流行的套路回答应当是：这是个伪命题。出现在单行法律规范的总则部分、直接影响该法律规范总体的适用领域、支配该法律规范后续各条文的应用，这样的内容不算原则，至少也应当算具有与立法原则同等地位的原则性规则。立法原则与适用范围，二者的区分只有学理上区分概念的价值，实践中没必要在此浪费时间。

法律规则的规制范围，即立法所调整的事项受法律规范约束的范围，是立法的核心问题。在这个问题上，或紧或松都失之偏颇，只有“恰如其分”才是追求的目标。

例如，原2009年《兵役法》第37条中规定：凡18岁至35岁符合服兵役条件的男性公民，除应征服现役的以外，编入民兵组织服预备役。这一规定，尽管是紧跟在“乡、民族乡、镇和企业事业单位建立民兵组织”之后，正常情况下应当理解为只有在已经“建立民兵组织”的“乡、民族乡、镇和企业事业单位”，才受如此约束。但考虑到其列明的例外是“除应征服现役的以外”，那岂不是所有“十八岁至三十五岁符合服兵役条件的男性公民”，要么服现役，要么当民兵。如此一来，民兵是不是太多了？实际效果会好吗？

于是，2011 年该法修正时，相应内容前增加了一个限制性条件：“经所在地人民政府兵役机关确定编入民兵组织的，应当参加民兵组织。”“所在地人民政府兵役机关确定”不但使制度的落实有了责任主体，更重要的是使民兵的管理制度化、规范化了。

由此提醒我们，制度设计要符合实际，首先要符合常理、符合逻辑。而事实上，这几个方面是密切联系在一起的。不符合逻辑的事，既不符合常理，也无法落实。

同时，这个实例也进一步说明，立法技术与制度设计，二者虽然有表里之别，但对于由此所形成的法律制度而言，根本无法区分彼此：制度设计中存在问题的，很多情况下立法技术上都过不去。或者反过来说，立法技术水平的不断提高，有助于我们发现制度设计中存在的不可能实现的条款。

二、单行立法要有原则体系

立法是立规矩的事业。但所有的法律规则，相对于纷繁复杂的社会现实而言，都是抽象性的。法律规则着眼于主体行为及各种条件的共性。与此相比，法律原则不仅限于行为及条件的共性，而且关注它们的个性。由此决定了，在立法中确立原则，具有更高的标准和要求。

2001 年《商标法》第 7 条对“商标使用人应当对其使用商标的商品质量负责”提出了要求。2013 年修正时，增加了一款作为第 1 款：“申请注册和使用商标，应当遵循诚实信用原则。”

“应当遵循”“原则”的内容，本是规范性文件总则部分最通行的做法。但《商标法》直到 2013 年才增加这方面的内容。说明这部法的底本确实是一部可操作性很强或者说主要以实际操作为本的立法。

2013 年修正《商标法》时，在第 13 条中增加一款，作为第 1 款：“为相关公众所熟知的商标，持有人认为其权利受到侵害时，可以依照本法规定请求驰名商标保护。”这其实就是一个规定“驰名商标保护”制度的基本原则的规定。通过这一原则性规定，可以顺畅地引出“驰名商标保护”制度。这一制度，虽然早在2001年修正《商标法》时就正式规定了，但由于没有上述原则性的规定，上来就说“就相同或者类似商品申请注册的商标是复制、摹仿或者翻译他人未在中国注册的驰名商标，容易导致混淆的，不予注册并禁止使用”，由此引入“驰名商标”的概念进而用后续条文丰富其制度内容，确实有点突兀，别说业外人士有此感觉，业内人士也觉得缺少铺垫。2013年修正时新增的这一款原则性规定，确实弥补了这一缺憾。

当然，更重要的是，2013年修正时新增的这一款原则性规定，也是确立“干事先立法”“立法先立规”传统的标志性事件。也就是说，做大事要从立法开始；立长远之法，要从确立制度及规则的基本原则入手。没有原则性的制度架构打底，上来就直奔主题，不仅在立法技术上显得粗陋，从逻辑层次和法理涵养上，也缺乏深度，进而也缺乏在实践中进一步丰富其适用性和宽裕度的顶层设计空间。

三、基本原则要有政治高度

立法原则，既然是法律中的原则，那就得有相应的政治站位和理论高度。如2019年修订的《政府信息公开条例》将原第1条规定的立法宗旨中的“促进依法行政”修改为“建设法治政府”。

新旧对比，“建设法治政府”的格局显然要比“促进依法行政”大得多。“建设法治政府”是全局性、整体性、系统性的，而“促进依法行政”则是局部性的、阶段性的；“促进依法行政”是“建设法治政府”的前提和基础，但显然不能涵盖“建设法治政府”。

2014年修正《预算法》时，对“一级政府一级预算”原则的进一步补强，是比较典型的确立并维护法治统一原则的立法例。1994年《预算法》第2条第1款规定，国家实行一级政府一级预算，设立中央、省、市、县、乡五级预算，但其第2款却留了一个尾巴：不具备设立预算条件的乡、民族乡、镇，经省、自治区、直辖市政府确定，可以暂不设立预算。

显然，这是对“一级政府一级预算”原则在“最后一公里”打的折扣，但“不具备设立预算条件”实在不应该成为打这个折扣的理由：“不具备设立预算条件”的乡镇政府，是不是具备“设立”的条件，但凡能够“开张”的乡镇，编制并执行预算就是其最基本的行为能力。由此看来，1994 年《预算法》起草时，在这个问题上至少犯了两个错误，首先是对预算的重要性还是不重视。其次是对立法确立的原则，即立法原则的重要性，还是没有原则性的认识。从立法技术角度分析，该法后一个错犯得可能更具有典型性。

由这个“反面”典型推展开来，从立法技术的角度分析，一部完备、严整的立法，其总则部分既然主要是用来确立原则的，其确立的原则必须尽可能纯粹，即具有更强的原则性，不要有例外、不要打折扣，否则尽量不要规定在总则一章中，而可以作为分则部分的重要原则规定。这样，有助于维护法治的统一，避免为执法、司法、守法留下碎片化的印象和不良示范。

四、基本原则要有正确导向

传统的立法文本中，特别是在总分结构的法律文件中，立法原则基本上都在总则部分规定，分则部分则只说具体内容。但近年来立法技术领域的一个显著变化是，即使在具体制度设计时，也仿效总分结构的立法范式，先作原则性的规定，再进一步落实具体内容。此时，协调好两者关系的基本前提是，原则性规范必须有正确的导向，足以将其后进一步的制度设计规范，引向可操作的现实土壤。

例如，2001 年《母婴保健法实施办法》第 24 条第 1 款，在确立了“国家提倡住院分娩”的总体原则后，在第 2 款紧接着规定，“没有条件住院分娩的，应当由经县级地方人民政府卫生行政部门许可并取得家庭接生员技术证书的人员接生”。由此设立了一项“家庭接生员”职业资格及执业许可，其形式表现就是“家庭接生员技术证书”。但实际操作中存在的问题是，在交通日益发达、少子化日益严重的今天，“没有条件住院分娩的”情形已经大为减少，真“没有条件住院分娩的”，也不容易找到有“技术证书”的“家庭接生员”。此时，如果由没有“家庭接生员技术证书的人员接生”，一旦产妇、新生儿出现意外甚至死亡，就涉及非法行医等重大责任，从而没有人愿意为“没有条件住院分娩的”产妇施以援手。这时，产妇的境地反而更为凶险！

为此，该条例 2017 年修正时，将相应内容修改为“没有条件住院分娩的，应当由经过培训、具备相应接生能力的家庭接生人员接生”。这样一来，真到了类似火车上出现“没有条件住院分娩的”情形时，任何“经过培训、具备相应接生能力的”人员，如医护人员等，就可以出手相助，而不会出现见死依法不能救的尴尬。当然，此项行政许可，同样涉及《行政许可法》第14条有关已经制定法律的情况下，行政法规是否还可以另行设定行政许可的问题。

2019年对原2007年《政府信息公开条例》进行修订时，在第5条增加了“坚持以公开为常态、不公开为例外”的原则，这是旧条例贯彻实施时曾有人提出，但存在较大争议的原则性问题。当然，当时的表述是“坚持以公开为原则、不公开为例外”。新条例将“以公开为原则”改为“以公开为常态”，实际上更便于操作：常态就是普遍性、现实性，而“原则”有一个是否落实的问题。可以说“以公开为常态”更强调实践性、可操作性、现实性，堵死了“以公开为原则”时所难以避免的“原则”不一定落实的借口，更有利于政府信息公开工作的全面推进和依法监督。

当然，新条例特别强调了“依法”公开，这既是全面落实依法治国方略的体现，更是对政府信息公开双方的约束：公开要合法，申请公开也要合法，尤其是对申请公开的政府信息，更要强调依法公开，不能依“闹”公开。

2019年对原2007年《政府信息公开条例》进行修订时，增加了“政府信息进行定期评估审查”（新条例第18条）。这一规定的实质，正是强化、落实“以公开为常态”原则，因为评估的内容限于“本行政机关不予公开的政府信息”，而没有包括“已经公开的信息”。从信息传播原理上看，“已经公开的信息”已经没有收回后再不予公开的可能了。

五、基本原则不要自我设限

如何设定原则？首要之义，是不要自缚手脚。

原2009年《农村土地承包法》“总则”一章中的第8条第2款规定，“国家鼓励农民和农村集体经济组织增加对土地的投入，培肥地力，提高农业生产能力”。既然是鼓励性条款，就应当汇集尽可能多的方面，而不应当局限于“农民和农村集体经济组织”，故2018年该法修正时，删除了这一限制。按照新法，至少从国家政策角度，要鼓励全社会各界、各方面“增加对土地的投入，培肥地力，提高农业生产能力”。

原 2007 年《政府信息公开条例》对依申请公开政府信息的形式的原则性规定是第 26 条的“行政机关依申请公开政府信息，应当按照申请人要求的形式予以提供”，这一规定，几乎是要求行政机关无条件满足申请人的要求，没有搞清楚政府信息公开中公开的形式与内容之间的关系。

这一没有留任何回旋余地的原则性规定，在实际操作中必然给经办机构及经办人带来很大的麻烦。对此，原条例第 26 条也仅仅是生硬地规定“无法按照申请人要求的形式提供的，可以通过安排申请人查阅相关资料、提供复制件或者其他适当形式提供”。这实际上属于无理由违反上述原则性规定的做法，在实际操作时，很难让经办机构及经办人向申请人解释清楚为什么“无法”。

这一过分“亲民”的规定确实给实际经办政府信息公开工作的机构及经办人，带来了不少的麻烦。这也正是后来在 2019 年的新条例中出现的许多限制性规定的现实背景，如第 35 条中规定的“申请人申请公开政府信息的数量、频次明显超过合理范围，行政机关可以要求申请人说明理由”。第 42 条第 1 款规定的“申请人申请公开政府信息的数量、频次明显超过合理范围的，行政机关可以收取信息处理费”。

六、基本原则要有裁量弹性

原则性与灵活性相结合，是唯物辩证法的核心要旨，落实到立法领域就是法律的弹性或者说原则性规定中的自由裁量余地。

与 2007 年《政府信息公开条例》第 26 条比较“死”的原则性规定不同，2019 年新条例第 40 条在依申请公开的形式这个技术问题上，处理得就比较纯熟。一方面，在确立原则时就留有余地：“行政机关依申请公开政府信息，应当根据申请人的要求及行政机关保存政府信息的实际情况，确定提供政府信息的具体形式。”也就是说，行政机关依申请公开政府信息的具体形式，是兼顾“申请人的要求”和“行政机关保存政府信息的实际情况”共同确定的，而不是单纯依申请人“要求的形式予以提供”，更不是申请人要怎么提供就必须怎么提供。

另一方面，通过但书规定的例外也很“实事求是”，态度也显得更诚恳一些：“按照申请人要求的形式提供政府信息，可能危及政府信息载体安全或者公开成本过高的，可以通过电子数据以及其他适当形式提供，或者安排申请人查阅、抄录相关政府信息”，也就是说，政府信息公开的实质，是公开“相关政府信息”的内容，只要能够让申请人了解其内容，什么方式不至于“危及政府信息载体安全或者公开成本过高”，就可以采取什么形式，申请人的要求仅仅是个参考，能够满足当然好，满足不了，也没必要勉强。如此这般拒绝“申请人要求的形式”，理由显然更充分一些。

这样规定，既符合实际，又有理、有力、有节地堵上了申请人通过政府信息公开的形式与政府“较劲”的立法漏洞，消除了潜在道德风险。

七、避免例外被确立为原则

原则被执行成例外，固然属于法律实施环节的问题，但也不能把锅都甩到执行环节。立法时不注意调查研究、决策时一意孤行，结果就是不接地气的立法，最终被执行得面目全非。由此揭示的规律是，立法的引领作用，也必须顺应潮流、因势利导，否则立法者振臂一挥，执法者、司法者、守法者表情木然、应者寥寥，也是一件很尴尬的事。更可怕的是，执法者、司法者、守法者共同把原则执行成例外，此时，还真是法不责众，因为没有人认同立法者的原则了。

为避免原则被执行成例外，就要在立法中尽可能避免将例外确立为原则。如行政诉讼中的起诉不停止执行原则、行政诉讼不调解原则，都有这种迹象。

八、避免原则被执行成例外

原则本身被执行成了例外，这属于原则的反转，即其逻辑地位的倒置，比较典型的立法例是《行政诉讼法》有关起诉不停止执行的原则。

救济不影响执行，一直是行政法及行政诉讼共有的基本原则，在行政诉讼中也可以称为诉讼（起诉）不停止执行原则。其基本含义是，被诉的行政行为在诉讼期间并不停止执行。这有利于提高行政效率，防止违法行为造成对公共利益更大的损害，保持法律秩序的稳定。这是行政强制执行中最根本的原则。

对起诉不停止执行原则的理解应联系我国当前的行政执行体制。《行政诉讼法》确立了我国行政执行的基本体系：我国的行政执行包括行政机关依法强制执行和申请法院强制执行两种。因为在我国现行行政管理体制下，并非所有行政机关都有强制执行权，对于没有法律规定的强制执行权的行政机关，如果需要强制执行，只能申请法院强制执行。

起诉不停止执行原则在我国的实践，并不像《行政诉讼法》描述的那样有利于行政机关。其实际执行效果则是例外成了原则、原则成了例外。在绝大多数情况下，终审判决作出之前，原行政行为的执行是例外。如果将行政机关自行强制执行的案件排除的话，则起诉不停止执行的案件就更是凤毛麟角。造成这种局面的根本原因，是最高法院的司法解释：

一是“98条”第88条规定起诉时效未届满的不予执行：行政机关申请法院强制执行其行政行为，应当自被执行人的法定起诉期限届满之日起180日内提出。逾期申请的，除有正当理由外，法院不予受理。该规定反过来说明，至少在起诉期限届满之前，行政机关申请法院强制执行其作出的行政行为是不会被受理的：对于没有法定强制执行权的行政机关，其作出的行政行为在此期限内没有可落实的执行力。

二是“98条”第94条明确规定诉讼期间原则上也不予执行：被告或者行政行为确定的权利人申请法院强制执行被诉行政行为，法院不予执行；但不及时执行可能给国家利益、公共利益或者他人合法权益造成不可弥补的损失的，法院可以先予执行。

上述司法解释使起诉不停止执行的原则退缩到非常有限的领域：限于行政机关依法享有自行强制执行权的范围。

由于新司法解释中对应的内容未再规定，是不是可以理解为，《行政诉讼法》始终如一坚持的“起诉不停止执行”原则又回归到了更为广阔的领域？其实不是。因为这方面的规定，法律始终没有变，司法解释的前后变化不影响“起诉不停止”原则在立法体制中的大局，只是各地法院具体的操作反映了这一原则的实际执行效果，并反衬出立法方面的不切实际。这不能说是立法的问题，而是法院实际执行时知难而退了。

也就是说，实践中法院采取的是折中策略，即对申请其强制执行的案件，通常持谨慎态度，致使许多行政行为的强制执行在法院累积，无法及时执行，部分行政机关对此颇有微词，并直接导致在《行政强制法》起草论证阶段改革现行申请法院强制执行体制的动议。但最终经过反复研究、论证，现行体制得以保留，司法与行政达成一种“默契”：法院对申请其强制执行的案件继续进行有限的、其认为必要的“表面性”审查；同时，在审查期间，为了慎重起见，通常不会先行强制执行。

至于行政机关没有自行强制执行权、需要申请法院强制执行的行政行为，如果提起了行政诉讼，原“98条”第94条曾明确规定“在诉讼过程中，被告或者具体行政行为确定的权利人申请人民法院强制执行被诉具体行政行为，人民法院不予执行”，新司法解释中虽然没有了如此明文的规定，但法院的实际做法依旧：在针对被诉行政行为的行政诉讼案件形成终审判决之前，不会先行强制执行，从而使《行政诉讼法》前后一致的一项基本制度：诉讼期间，以不停止行政行为的执行为原则、以停止执行为例外（新法第56条、旧法第44条），实际上操作成了以停止行政行为的执行为常态、以不停止执行为例外。

九、原则与制度的相互转化

总体原则与具体制度的衔接，是立法的基本技术要求和质量管控标准。

通常，立法确立的原则，在整部法律规范中具有指导性、统率性作用。而立法中的具体制度则是贯彻落实原则的具体规则组件。原则需要具体法律制度予以落实、体现，具体法律制度在原则上不是原则。但这只是立法的一般原则和规律，在具体立法实践中，也会有相当的例外，甚至有原则与制度的相互转化。

原2007年《政府信息公开条例》（第8条）将“行政机关公开政府信息，不得危及国家安全、公共安全、经济安全和社会稳定”作为一项原则，直观感觉不是太好，好像行政机关故意如此为之似的。2019年新条例则将这一“原则”降格为确定信息公开范围的一个标准：公开后可能危及国家安全、公共安全、经济安全、社会稳定的政府信息，不予公开。该条内容已经移出“总则”一章，成为第二章“公开的主体和范围”的第14条。

2013年《商标法》修正最重要的历史性事件，就是将“认定驰名商标”从一项原则降格为一种案件处理的方法或者说个案中认定特定事实的制度。其立法表述就是在2001年《商标法》第14条规定的“认定驰名商标应当考虑下列因素”前，增加了一个限定，即“驰名商标应当根据当事人的请求，作为处理涉及商标案件需要认定的事实进行认定”。如此一来，具有行政许可，至少是行政确认性质的

"驰名商标"认定制度"蜕化"为孤立个案的待证事实。不仅如此，2013 年修法时还进一步强调：生产、经营者不得将"驰名商标"字样用于商品、商品包装或者容器上，或者用于广告宣传、展览以及其他商业活动中。也就是说，有关"生产、经营者"的某个商标，即使在个案中赢得胜利、被商标局"认定"为驰名商标，那也仅仅是个案的胜利而已，不足以成为其进一步对外宣传、标榜的资本。当然，这一制度设计的重大调整，对于持有经认定的"驰名商标"的"生产、经营者"的打击，显然没有对商标局的打击大。当然，从全面从严治党、保护干部的角度讲，商标局通过此次立法纵然失去了一项重要的权力，但也卸掉了一个被围猎的陷阱，未尝不是一件好事。这一立法事件充分说明，我国立法体制经过多年的法治化锻造，已经越来越脱离主管部门的影响，能够更加中立、公正、科学、合理地主导制度设计的大局了。

十、原则的表述要简洁明快

2018 年 12 月 29 日全国人大常委会修改《农村土地承包法》第 10 条时，将"国家保护承包方依法、自愿、有偿地进行土地承包经营权流转"中的"进行""流转"的搭配，修改为"流转"。因为"流转"兼有动词、名称属性，新表述"国家保护承包方依法、自愿、有偿流转土地经营权"，直接用兼有名词含义的动词，替代动宾搭配，意思与原表述完全相同，但更为简洁、明快，是更符合其作为法律适用原则的表述形式。

第五节 法理常识的运用

立法是一项实践性很强的群众运动，时刻都不能脱离理论的指导。从立法技术这一已经比较专业化的层面上讨论立法的理论指导，最主要的就是法学理论的运用。具体而言就是，立法应当适用、不能违背法理常识。

一、依法立法的本分

党的十九大报告在此前较为通行的“科学立法、民主立法”的要求之外、之上，创造性地增加了“依法立法”，强调要“科学立法、民主立法、依法立法，以良法促进发展、保障善治”。这一对立法规律性认识的深化和升华，成为新时代中国特色社会主义法治体系中重要的常识。

称依法立法为法理常识，多少有点儿别扭。因为依法立法属于规则层面，而法理常识则属于意识层面，法理常识一旦具体化为规则，证明其已经脱离了理论的虚无，而晋升到实务领地，具有直接强制约束力。

2023 年《立法法》第 5 条在旧法第 3 条规定“立法应当遵循宪法的基本原则”、第 4 条规定“立法应当依照法定的权限和程序”的基础上，将二者整合，进一步明确了依法立法原则的具体内涵，将依法立法原则更加明确地建立在依宪立法的基础之上：立法应当符合宪法的规定、原则和精神，依照法定的权限和程序，从国家整体利益出发，维护社会主义法制的统一、尊严、权威。

落实依法立法，必须从依宪立法的高度，提高制度建设的规范化程度，严格按照法定权限和法定程序推进立法工作。要制订科学合理的立法工作计划，改进立法工作方法，扩大立法工作的公众参与程度，积极探索对立法项目尤其是经济立法项目的成本效益分析制度，建立和完善法律、法规、规章的修改废止的工作制度和规章、规范性文件的定期清理制度。

二、谨慎设置公权力

立法是划分权利义务边界的工程。但现代国家的立法活动中，严格意义上的只给公民、法人或者其他组织的权利、义务划界的私法，其占比是非常有限的。我国目前正在编纂的民法典，算是比较典型的，但除此之外的绝大多数法律、法规，都不可避免地要对其规范的领域中如何实施管理、如何裁决纠纷等作出规定，从而需要设定相应的公权力。

公权力设置的基本原则是：职权与职责相统一。在 2001 年《行政法规制定程序条例》第 11 条第 1 款第 4 项中，对公权力设置就有明确的要求：体现行政机关的职权与责任相统一的原则，在赋予有关行政机关必要的职权的同时，应当规定其行使职权的条件、程序和应承担的责任。2017 年该条例修订时，该原则原封不动地予以保留。

三、名副其实的境界

立法是实事求是的艺术，既不能脱离当前的实际，又必须瞻望、凝视不确定的未来，在二者之间寻求平衡，就需要一些求真务实的艺术手段，其中最重要的，就是要尽可能达到一个非常朴素的标准：名副其实。

抽象起来比较难以理解，举几个例子就比较清楚了。行政诉讼制度中有许多著名的原则，但随着我国法治进程的不断推进，许多早年（1989 年）规定的内容，如今已经不合时宜了，但囿于立法的惯性，许多表述还保留着，从而将许多名不副实的表象呈现在世人面前。笔者归纳了三大名不副实：

（一）名为合法性审查，实为全面审查

新法总则部分的规定[①]没有变："人民法院审理行政案件，对行政行为是否合法进行审查。"但这只是原则，"明显不当"判断标准的确立，表明全面审查已经转变为行政诉讼的核心审理原则。

这种转变体现在多个方面，最突出的首推判决撤销的标准：行政行为明显不

---

① 新法第 6 条，原为第 5 条，只改了"具体"2 字。

当的，判决撤销或者部分撤销。[1] 此处的规定，甚至没有限定其适用范围，也就是说，在行政行为的所有领域，无论行政机关是否行使自由裁量权，法院都可以直接以“明显不当”为由，判决撤销任何行政行为。无论是理论上还是实践中，“明显”与“不明显”，没有明显的区分标准；“当”与“不当”，也没有辩论的意义。一切都在裁判者的掌握中，而新法已经将这个最终决定权，依法授予管辖法院及其主审法官。

此外，新法还规定，行政赔偿、补偿以及行政机关行使法律、法规规定的自由裁量权的案件可以调解。[2] 这一条的颠覆性意蕴在于，司法实践中，很容易被演绎为法官压服被告变更的手段：凡具有行政裁量空间的领域，都可以要求被告接受法官具体的或者隐喻的变更意向，否则法官就可以明显不当为由判决撤销。如此看来，法院事实上间接拥有了普遍的司法变更权，而不限于新法规定[3] 的“行政处罚明显不当，或者其他行政行为涉及对款额的确定”等领域。

（二）名为不停止执行，实为停止执行

新旧法都规定，诉讼期间，不停止行政行为的执行。但新法增加了例外的情形：人民法院可以依职权决定，无须当事人申请。[4] 如是规定最大的问题，是把一个实践得很好的制度在条文上“丑化”了。

普遍认为，起诉停止执行，体现了善意和仁政。从行政诉讼实际发案率只有大约万分之一的国情看，即使起诉即停止执行，也不会对行政管理秩序造成多大冲击。于是许多国家就这样做了，有些人甚至以我们没有这样做而说三道四。

但是实际上，我们也是这样做的，却没有写在条文中。新旧《行政诉讼法》及《行政强制法》都规定，我国的行政强制执行体制是行政机关有自行强制执行权的，可以自己强制执行，也可以申请法院强制执行；没有自行强制执行权的，申请法院强制执行。立法现实是，后者占大多数，即绝大多数行政机关依法没有获得行政强制执行权，他们作出的行政行为，自己无权强制执行。于是，实践中，

---

① 新法第 70 条第 6 项。
② 新法第 60 条第 1 款。
③ 新法第 77 条。
④ 新法第 56 条第 1 款。

法院对于已经受理的行政案件同时又申请强制执行的，都不会急于强制执行。这种情况显然占了案件的大多数。极个别例外可能是因为法院不知道其他法院已经立案的信息不对称，但也瞒不了太久。而按照新法的规定，即使行政机关有自行强制执行权，法院也可以裁定停止执行，虽然这种情况不会太多。于是，实务界已经事实上呈现出起诉即停止执行的主流现象，立法却不予回应，反而授人以柄，这不能不说是立法的憾事。

（三）名为不进行调解，实为普遍调解

为配合此次修法将“解决行政争议”调整为行政诉讼新定位，普遍适用调解的创新引人注目。略带遗憾的是，不适用调解依然醒目地规定在条文中，名不副实得没有缘由。

对此，旧法只有原则，没有例外[①]：“人民法院审理行政案件，不适用调解。”新法则有一个长长的但书[②]：“但是，行政赔偿、补偿以及行政机关行使法律、法规规定的自由裁量权的案件可以调解。”考虑到“行政机关行使法律、法规规定的自由裁量权的案件”的范围的压倒性占比（行政机关的绝大多数法定职权都是裁量性的，羁束性行政权屈指可数，笔者到现在都没找到一个；所有行政权都有一个基本的裁量度，那就是可以不行使，否则，行政职权就与行政职责无差别），新法扩大调解范围的历史性功绩不容抹杀。为什么不反其道而行之，将调解确立为原则，将有限的甚至极个别的不得调解作为例外？

从立法技术角度分析，如是安排多少反映了立法者的苦心与无奈。要想取得最大的共识、减少立法的阻力，最好的办法只能如此：名义上只增加了一个例外，原则没有变。

四、体谅观者的理解

立法者必须时刻牢记的是，法律最终是要执行的。如果立法活动的观者，特别是守法者对立法条文的理解与立法者引以为当然的预期大相径庭，不应当怪

---

① 原《行政诉讼法》第50条。

② 新法第60条第1款。

“草民”无识，首先要反躬自省，反省立法的原意与其表述的语义的差异及其根源。

如行政诉讼中有一种依申请提审的裁定，但立法中表述却是：下级人民法院对其管辖的第一审行政案件，认为需要由上级人民法院审理或者指定管辖的，可以报请上级人民法院决定。[①] 此处的“决定”，显然不是就法院的“判决、裁定、决定”等决策形式而言的，而是指实质性的决策需要上级法院定夺。从立法技术角度看，为避免误会，完全可以直接表述为“报请上级人民法院裁定”。

五、立法的整体思维

这一要求，是对立法者的高要求。因为不仅立法需要整体思维，对法律的理解更需要整体思维。也就是说，对法律制度的理解，绝不是一条一条看出来的，而是前文后文、上上下下，反复掂量、揣摩的结果。执法者、司法者、守法者都以这样的标准看立法者的成果，立法者能不如芒刺在背吗？正如孔子所说：十目所视，十手所指，其严乎。立法，其指摘者，何止这个数量级。

例如，原《行政诉讼法》第 25 条第 4 款规定：由法律、法规授权的组织所作的行政行为，该组织是被告。新法与之对应的第 26 条第 5 款删去了该内容，故可以说对此未再明确，但结果一样。

之所以结果一样，是因为这一调整，不影响此项制度的本质。新法施行后，法律法规授权组织作出行政行为的，该组织仍是被告。理解这一点，需要一些将法律融会贯通的法理功底。法律必须系统、全面、深入、细致地看，才能理解其完整的逻辑体系。新法作上述删除调整的理由，是已经将“法律、法规、规章授权的组织作出的行政行为”视为可以提起行政诉讼的行政行为（无论其合法与否），一旦对该类行为不服提起行政诉讼，就相当于行政机关当被告时直接对其行为提起的行政诉讼，被告显然是该行为实施主体，即“法律、法规、规章授权的组织”。

但严格从法理上、逻辑上推敲，上述说法并非无懈可击。即便有新法第 2 条第 2 款的规定，直接适用该法第 26 条第 1 款的规定在逻辑上仍不通透：认可其行为为行政行为，并不等同于附带认可其主体为行政机关；而只有对行政机关的行

---

① 2017 年《行政诉讼法》第 24 条第 2 款。

政行为直接起诉的，才可以适用新法第 26 条第 1 款。这个道理，就像认可法律、法规授权的组织可诉，但法律、法规授权的组织仍不是行政机关一样。如此简单的逻辑如果还需要论证，显然不可能是因为问题本身，而是还有其他方面的与此无关的考虑。

六、程序权利的价值

诉权是因行政诉讼制度的建立而为行政相对人享有的基本权利，是在认为自己的合法权益受到行政行为侵犯时，要求特定的法院审查特定的行政行为的合法性进而保护其所主张的合法权益的请求权，是行政相对人固有的与行政管理活动中行政主体的行政权相对应的程序性权利。

诉权的范围与法律、法规规定的行政诉讼受案范围相吻合，在此范围内每一个行政相对人都享有诉权，但是否行使，则由其自己抉择。由于行政案件采取“不告不理”原则，起诉遂成为诉讼程序发生的前置条件。

申言之，诉权还可从两方面理解，一是起诉的权利，二是胜诉的权利。由于后者就是当事人的实体权利，故一般谈诉权，主要是“启动诉讼”的权利，即“有权提起诉讼”。本质上说，诉权是程序性权利。这也正是将胜诉权排除在诉权之外的原因：胜诉权的实质是当事人的实体权利，无论诉与不诉，它都在那里。

新《行政诉讼法》体现出立法者理论水平提高的一个重要标志在于：将原告可以起诉的条件，归纳、概括为诉权，从而回应、报答了学界对诉权近 30 年的不懈研究。其立法表述，出现频次较高的是“有权依照本法向人民法院提起诉讼”① 或者“有权提起诉讼”② 等。新《行政诉讼法》“有权提起诉讼”规定的前身，其实就是该法新旧版本一以贯之的第 2 条规定的“公民、法人或者其他组织认为”“行政行为侵犯其合法权益”“有权依照本法向人民法院提起诉讼”的翻版。虽然此处的条文作了修改，但该法《总则》部分的相应条文并没有变。在新法时代仍可以说，诉权是身份待定的潜在的原告（或者说起诉人）的一种主观权利，是否行使取决于起诉人。

---

① 新《行政诉讼法》第 2 条。

② 新《行政诉讼法》第 25 条第 1 款、第 2 款、第 3 款。

在新《行政诉讼法》中，原告的"认为"不复存在，但有权起诉者不一定能胜诉，即有诉权者不一定有胜诉权即受法律保护的利益。只有经过诉讼程序，经各方当事人的诉讼活动及法院的最终裁判得出的法律上的结论，才能最终裁定当事人是否有为法律所保护的权利，即实体权利。但是，在此之前，如果没有这个程序性的权利将当事人及其行政争议导入法律程序，法院按照不告不理原则，对当事人是否有为法律所保护的权利不主动置评，也就是既没有赋予，也没有保障当事人的程序性权利，其实体权利也无从落实。这就是程序性权利的基础性作用和意义。因此，"实体权利是诉权的基础"，只能作为制度顶层设计时的指导思想，而不能作为个案中是否存在诉权的判断标准。违背这一基本法理常识，就属于比较典型的缺乏法治思维的实例。

据此，就具体案件而言，原告是否有实体上可以维护或者救济的实体权利，并不是法院在立案阶段，特别是审查起诉条件时应当考虑的问题。立法既然已经规定了起诉人"有权提起诉讼"，只要有这个可能，法院就只能审查起诉人是不是"行政行为的相对人"或者是不是"其他与行政行为有利害关系的公民、法人或者其他组织"，至于起诉人起诉后是否能够胜诉从而具有可通过诉讼实现的实体权利，不是在立案阶段应当考虑的问题。

退一步讲，如果只有以实体权利为基础的诉才能成立，行政案件中被告的胜诉率就应当低于个位数，绝大多数的行政行为应当在行政诉讼中被撤销、变更或者责令重作。中国 30 年来的行政审判实践统计数据显然没有支持这一"奇迹"。

总之，新《行政诉讼法》关于诉权最确切、精准的表述，当数该法第 3 条第 1 款的"起诉权利"："人民法院应当保障公民、法人和其他组织的起诉权利，对应当受理的行政案件依法受理。"在现行法普遍的总分结构体例下，总则部分的规定都可以理解为行政诉讼基本原则，具有协助理解、解释此后各章条文的语义和法理的指导、统辖作用，以立法形式确立了诉权作为起诉的程序性权利的法律定位。

七、依法理简化表述

避免重复的一个重要手段，就是减少不必要的表述，依法理简化，就是简化依法理可以当然得出的结论。

2007 年《政府信息公开条例》第 13 条规定，依“申请获取相关政府信息”时，有“除本条例第九条、第十条、第十一条、第十二条规定的行政机关主动公开的政府信息外”的表述，其想表达的意思是，除依这些条文的规定“行政机关主动公开的政府信息外”，还可以依本条的规定“申请获取相关政府信息”。

实际操作时，行政机关主动公开的政府信息有三种情况：严格按所列条款公开的信息、没有公开依所列条款应公开的信息、公开了依所列条款不应公开的信息。这三种情况中，后两种情况虽然没有“依法办”，却是现实生活中的最常态，特别是依法应当主动公开而没有公开的信息，行政相对人是否可以申请公开的问题，曾经在信息公开工作中经常提到。按照《政府信息公开条例》规定的一般原则，凡是能够公开的，无论是否属于主动公开的范围，也无论是否已经主动公开，都是可以依申请公开的。但加了“本条例第九条、第十条、第十一条、第十二条规定的”，反而不确定了。新条例“坚持以公开为常态、不公开为例外”，对这个问题的回答更应该毋庸置疑。故新条例第 27 条删除了前述不必要的限定，直接以主动公开的实际结果作为依申请公开的前提：除行政机关主动公开的政府信息外，公民、法人或者其他组织可以申请获取相关政府信息。

八、依常理简化文字

依常理简化表述，就是依常识简化文字。现行法律法规和国家管理体制中已经常识化的内容，没有必要重复。

2007 年《政府信息公开条例》第 13 条有“国务院部门、地方各级人民政府及县级以上地方人民政府部门”的表述。显然，这是区分“国务院部门”和“县级以上地方人民政府部门”的结果，其实二者可以并称“县级以上人民政府部门”。2019 年该条例修订时，就作了这方面的调整（第 27 条）。

2007 年《政府信息公开条例》第 10 条第 7 项“行政许可的事项、依据、条件、数量、程序、期限以及申请行政许可需要提交的全部材料目录及办理情况”中，既然前文已经明确了“行政许可的事项、依据、条件”，后面就没有必要再重复作为“行政许可的”“条件”的“申请行政许可需要提交的全部材料目录”，故 2019 年修订时，删除了“申请行政许可需要提交的全部材料目录”。

第六节　立法的逻辑金规

立法技术的核心，其实就是“立法的逻辑与表达”，从中概括出来的，就是立法中应当遵循的金科玉律。

一、立法逻辑的层次

立法中逻辑关系的协调，不能泛泛地说。仔细钻研会发现，在逻辑关系的范畴之下，还有四个精深的层次：数理逻辑、语义逻辑、事理逻辑、法理逻辑。

法学著作中很少将这四个层次并列，因为法理逻辑与其他三个有相当大的跨度。数理逻辑需要一些数学常识，如基数词、序数词及和、或、与、非等逻辑概念。法律中不是没有数字，但由于没有从数学的角度深入研究立法中的数字，以至于许多法律业内人士，包括某些法学家，至今还不太注意区分基数词、序数词，于是在立法中会出现第（三）项还是第三项的纠结。

数理逻辑、语义逻辑、事理逻辑、法理逻辑这四个层次，是逐层递进的。越往前越基础，越基础越抽象，越抽象越费脑子；越往后越具体，越具体越接地气，越接地气越形而上，越形而上越接近上层建筑以及立法的本源。

数理逻辑是基础和起点，是最不容违背的，其内核基本属于传统“形式逻辑”“小逻辑”的范畴，但糅合了现代数理逻辑的内容。

语义逻辑基本上属于立法的表述逻辑，即在法律规范用汉语表达时需要注意的逻辑问题。

在此之上，就是事理逻辑了，即法律规范必须是特定社会、文化环境下的国家治理规范，必须与社会民众普遍接受的常识和情理相统一、相协调，不能脱离其所赖以生存并为之服务的现实社会文化生态。

最后才是法理逻辑，法律规范不但要符合事理，还要符合法理，即要避免法律规范体系内部的抵触和僭越。

二、逻辑规则的遵循

立法中经常遇到需要列举的事项。不少法律、法规的修改，其实不过是列举事项的增删以及表达形式上分款还是分项等的抉择而已。如何在确保列举事项的概括性的同时，不失具体性、可操作性？其中最需要的，当然是法律制度产生的社会背景和相关专业领域的背景知识；但立法技术也不是完全无能为力，其中最重要的就是对各列举项目总体的穷尽程度及相互之间逻辑关系的分析、研判：凡不符合逻辑的，基本上也不符合法理、情理，并最终会被过滤掉，偶尔逃过这次立法审查的，也会被历史所淘汰。

例如，2010 年《气象灾害防御条例》第 23 条第 2 款中规定“雷电易发区内的矿区、旅游景点或者投入使用的建（构）筑物、设施需要单独安装雷电防护装置的……”其中列举的“需要单独安装雷电防护装置的”情形，只有“建（构）筑物、设施”，但现实生活中是否会在“建（构）筑物、设施”之外，还有“需要单独安装雷电防护装置的”，不好说，至少在 2010 年立法时认为没有其他了。但从逻辑的周延性角度考虑，如此列举，还有难以穷尽之虞。为此，2017 年修正该条例时，在“建（构）筑物、设施”之后，加了一个“等”字，这样就没有列举不周的隐忧了。

三、概念定义的唯一性

概念定义的唯一性，是确保概念内涵的一致性、概念表述的同一性的前提。如“98 条”第 5 条对原《行政诉讼法》第 12 条第 4 项规定的“法律规定由行政机关最终裁决的具体行政行为”中的“法律”的解释：是指全国人大及其常委会制定、通过的规范性文件。其实，这是对该法律解释中所有提及的“法律”的统一解释，以确保该法律文件中“法律”概念定义的唯一性。

有关这个问题更详尽的讨论，见本书第五章“字词与语义”第一节“概念的明确统一”。

四、概念表述的同一性

在文学作品中，用不同的词指代同一个人或者物，这是文采的需要甚至必要；

但在立法文件中，同时用不同的表述指代同一概念，这属于比较简单的违反基本逻辑的现象，不是很严重，但通常会尽量避免。

概念表述的同一性，就是同一个概念用同一个表述，而且要确保在整个法律文件中前后一致。如行政诉讼中经常出现的“不作为”“不履行法定职责”“不履行保护公民合法权益的法定职责”等概念及其表述。

“发回原审法院重审”，简称“发回重审”，这两种称谓都已经为新《行政诉讼法》所采纳，该法同时分别在不同的条款中使用“发回原审人民法院重审”①“发回重审”②，“发回重审”的使用频次还更高一些（3 次对 2 次）。新司法解释中，“发回重审”③则与“发回原审人民法院重新审理”④“发回作出生效判决、裁定的人民法院重新审理”⑤，出现的概率更高（5 次对各 1 次）。由此甚至可以说，“发回重审”字面上看“不明不白”，但属于更为“常用”的法律术语。与此相对照，旧《行政诉讼法》则只用“发回原审人民法院重审”，由此或可以反推出旧法立法质量之高，足以支撑 25 年而一字不改。

详见本书第五章“字词与语义”第一节“概念的明确统一”。

五、遵循数理逻辑

遵循数理逻辑，就是遵循最起码的逻辑，如概念的逻辑周延。

1994 年《预算法》第 6 条规定，各部门预算由本部门所属各单位预算组成。显然，这里面漏掉了“各部门”自身的预算。这个问题，即便不懂“预算”的业外人士也能看得出来。因为凭常识也能判断，任何事务如果要包括其他事务，首先不能排除自身。既然部门预算包括了“本部门所属各单位预算”，那部门自己的预算也不能排除在外。

这个问题，放到立法中显得尤其突出。因为即使在 1994 年的《预算法》中，

---

① 新《行政诉讼法》第 89 条第 1 款第 3 项、第 4 项。

② 新《行政诉讼法》第 82 条第 3 款、第 89 条第 2 款。

③ “163 条”第 11 条第 1 项、第 75 条第 2 款、第 101 条第 1 款第 13 项、第 109 条第 3 款及第 5 款。

④ “163 条”第 109 条第 2 款。

⑤ “163 条”第 122 条。

该条前文已经有类似的规定，其第 5 条第 2 款规定，地方各级总预算由本级政府预算和汇总的下一级总预算组成。但也必须看到，1994 年的《预算法》的另一处规定，即第 5 条第 3 款的规定，“地方各级政府预算由本级各部门（含直属单位，下同）的预算组成”，又确实容易将人带偏。也就是说，任何立法都是其所处时代的认识水平的体现，某个时代的立法，特别是在同一部立法中出现同样的错误或者互相牵涉以致犯低级的错误，是完全有可能的。

上述问题，随着 2014 年《预算法》的修正得到了解决，解决的方法则可谓简单至极，即只加了一个“及其”：新法第 8 条规定，各部门预算由本部门及其所属各单位预算组成。如此，就从根本上跳出了原条文存在的逻辑陷阱，同时澄清了部门预算与地方预算最根本的区别：“地方各级一般公共预算包括本级各部门（含直属单位，下同）的预算和税收返还、转移支付预算”，也就是没有独立的地方本级的预算，而部门预算则包括本级预算。

六、协调语义逻辑

协调语义逻辑最根本的目的是避免立法表述的重复和啰唆。

重复和啰唆，绝对是立法禁忌甚至大忌，但这个问题却总是重蹈覆辙。如“诉讼标的为生效判决的效力所羁束的”：生效就是有效力，“的效力”就是重复。

啰唆不一定重复，或者说较轻，但本质都差不多，只不过啰唆属于比较不明显的重复，至少从字面上看不出来。

当然，意思上的重复，有时是立法中为了强调等目的的必需。如“公民、法人或者其他组织”，显然有些啰唆，但绝不是重复；改为“公民或其组织”当然简练一些，但也没有了对“法人”这种组织予以特殊强化的意思。

七、前后内容照应

这是立法中的大文章，需要掰开了、揉碎了详说、细表。详见本书第五章“字词与语义”。

八、畅通事理逻辑

时序逻辑就是事物的自然发展逻辑，哪些在前、哪些在后、哪些不可能再出现。立法时不注重这个问题，就会引起阅读观感上的或者执行中的不舒服。

“不履行或者拖延履行法定职责”的前提，正是“163条”第81条第4款规定“原告起诉被告不作为，在诉讼中被告作出行政行为，原告不撤诉的，人民法院应当就不作为依法作出确认判决”的原因所在。当然，“拖延履行”在行政诉讼案件中事实上并不存在，起诉时如果还“拖延履行”，那就是“不履行”了，没有必要用“拖延履行”来给被告找台阶下。

九、贯通法理逻辑

中国的老百姓在诉讼中有一个常用的非法律术语：讲理。具体用法如：到法院去讲讲理、让法官去评评理。讲什么理、评什么理，当然是评法理，但更想表达的是评事理。那为什么不说讲法理呢？显然，老百姓的法学功底还没有到这个程度，但立法的水平却不能背离这个基本的民俗和法律意识的交汇点：法理寓于事理，违反事理、常识的，通常也违反法理，至少不能规定到立法中。

因此，立法必须在事理上说得通。例如，逻辑轻重的掂量。

2013年《广播电视管理条例》第13条第1款规定：“广播电台、电视台变更台名、台标、节目设置范围或者节目套数的，应当经国务院广播电视行政部门批准。但是，县级、设区的市级人民政府广播电视行政部门设立的广播电台、电视台变更台标的，应当经所在地省、自治区、直辖市人民政府广播电视行政部门批准。”据此，“县”“市级”“广播电台、电视台变更台标”的审批机关是明确的，即“所在地省”级“政府广播电视行政部门”，但“省级以上”“广播电台、电视台”呢？2017年该条例修订时，相应内容修改为“省级以上人民政府广播电视行政部门设立的广播电台、电视台或者省级以上人民政府教育行政部门设立的电视台变更台标的，应当经国务院广播电视行政部门批准”。那么，如此一来，原来规定的“县”“市级”“广播电台、电视台变更台标”的审批机关呢？是不是该由地方立法规定？

这就需要回过头来看《行政许可法》的规定了，如其第15条第1款规定，可以设定行政许可的“事项，尚未制定法律、行政法规的，地方性法规可以设定行政许可”。既然已经制定了行政法规，但没有设定行政许可，地方其实也不能再设定行政许可了。但2013年《广播电视管理条例》（第13条第1款，只设定“县”“市级”“广播电台、电视台变更台标”的行政许可，没有设定“省级以上”“广播电台、电视台”“变更台标”的行政许可，无论从逻辑上还是从法理上，就都不好交代了。

上述结论，如果再对比一下更早的《广播电视管理条例》（1997年）同条同款的规定：“广播电台、电视台变更台名、台标、节目设置范围或者节目套数的，应当经国务院广播电视行政部门批准”，更可以看出其中的改革逻辑及对错置的立法逻辑的矫正：1997年时的规定，要求所有“广播电台、电视台变更”“台标”，必须“经国务院广播电视行政部门批准”；2013年改革时，本着简政放权的指导思想，将这方面的部分权力下放给了地方：“县”“市级”“广播电台、电视台变更台标”的，由“所在地省”级“政府广播电视行政部门”审批，但遗漏了更为重要的“省级以上”“广播电台、电视台变更台标”的行政许可。2017年的修订则在行政审批制度改革及立法技术两个方面都迈出了步伐：一方面，事实上取消了“县”“市级”“广播电台、电视台变更台标”的行政许可；另一方面，也相应恢复了本来就应当规定但没有规定、实际上并未取消的“省级以上”“广播电台、电视台变更台标”的行政许可，从而实现了对改革过程中立法技术性失误的弥补。

十、逻辑止于至善

逻辑止于至善。之所以要强调这一点，是因为法律最终需要人来执行。逻辑止于至善，就是良法必须善意地解释。

2017年以前的《职业病防治法》均规定：“承担职业病诊断，应当经省”级“卫生行政部门批准”。作为2018年该法修正的一项重大举措，此项行政许可通过修改相应设定条款中的设定内容而被取消了。相应地，就要删除此前规定的“未经批准擅自从事职业病诊断”等行为的惩戒条款。但值得注意的是，2017年《职业病防治法》第80条第1款第1项规定的“超出”“批准范围从事职业卫生技术服务或者职业病诊断的”仅作了最简约的修改，将其中的“批准”修改为“诊疗项目登记”。类似这样的小运作，外行人，甚至是从事立法工作的同志，不仔细留心，根本不会注意到这意味着什么。

但善良的人只需要问一句：“诊疗项目”向谁“登记”，所有的答案就会喷薄而出：向有关部门登记，这个部门就是原来的“批准”机关。于是，一项被取消的“批准”型行政许可，就这样悄无声息地乾坤大挪移为“登记”型行政许可。

而恰恰是这种没什么油水的“职业病”“诊疗项目登记”，成了挫伤医疗机构从事此项业务的积极性的最后一根稻草。如果能够从事“职业病”“诊疗”的医疗机构都不去作这样的登记，那《职业病防治法》一直以来强调（2018 年该法第 43 条第 3 款）的“承担职业病诊断的医疗卫生机构不得拒绝劳动者进行职业病诊断的要求”，不就可以堂而皇之地一推了之了吗？因为如此一来，只要不去做“诊疗项目登记”，就不会有“承担职业病诊断的医疗卫生机构”，所有没有作“诊疗项目登记”的医疗卫生机构，就都可以坦然地说：总不能让我超出“诊疗项目登记范围”违法“从事职业卫生技术服务或者职业病诊断”吧？

这又是一个通过逻辑分析诱导发现情理、事理、法理不通的典型事例。

第七节　立法的文字铁律

本节继续概括地讨论“立法的逻辑与表达”，重点在立法中的“字词与语义”。正如前文所言，本节讨论的内容，在后续章节中有专门的进一步细表。本节的内容只是一个概括的提纲式的提醒，以便读者从总体上对法律的语言表达，引起概括的重视。

一、不能太通俗

《耕地占用税法（草案）》中原有“占用耕地建房”的表述，有的常委委员和有关方面提出[①]，其具体含义、标准、范围不够清楚，可操作性不强，影响税法的权威性，后修改为“占用耕地建设建筑物、构筑物或者从事非农业建设”[②]。

二、不能太模糊

立法中可不可以用“特别少”之类的表述？《耕地占用税法（草案）》中就曾有“经济发达且人均耕地特别少的地区”的表述，有的常委委员和有关方面提出[③]，其具体含义、标准、范围不够清楚，可操作性不强，影响税法的权威性，后修改为“在人均耕地低于零点五亩的地区”[④]。

---

① 全国人大宪法和法律委员会关于《耕地占用税法（草案）》审议结果的报告（2018年12月23日）。

② 《耕地占用税法》（2018年）第2条。

③ 全国人大宪法和法律委员会关于《耕地占用税法（草案）》审议结果的报告（2018年12月23日）。

④ 《耕地占用税法》（2018年）第5条。

三、表意要严谨

立法是严肃的文字规范，稍有不慎就有可能发生龃龉。

原《行政诉讼法》第 48 条规定的“两次合法传唤”其中是否包括拘传就不明确。新法第 58 条改为“传票传唤”，一并把这个问题解决了：只能“传票传唤”，不能再用别的“合法传唤”方式了。

2004 年《公司法》第 179 条第 2 款规定：“……法定公积金转为资本时，所留存的该项公积金不得少于注册资本的百分之二十五”，需要注意的是，此处的“注册资本”具体指什么？如果公司经营得不错，一再“增加公司资本”，则其“注册资本”相应地会发生变化。显然，按正常人的常识和常规理解，此处的“注册资本”不应当是“转增前公司”的“注册资本”，但是不是也可以理解为公司最初成立时的“注册资本”？似乎也不能说不行。须知两种不同的理解下，对法律规定的 25% 的限额的影响是非常大的。如果公司初创时注册资本是 100 万元，历经多年发展、不断增资后注册资本达到 100 亿元，以不同理解的“注册资本”标定 25% 的限额，相差可达 1 万倍，如此一来，法律限定的 25% 还有什么意义？

有人也许会说，这不是抬杠、钻牛角尖吗？这不是钻法律的空子吗？是啊，谁叫法律是万众必须遵循的规范呢，那它就必须是尽可能“无缝”的，尽可能没有“法律漏洞”或者“法律空子”可钻。

最终，立法者采取了严要求，给“抬杠者”一个精神奖励：2005 年《公司法》第 169 条第 2 款在“注册资本”前增加了“转增前公司”的限定。

四、用词要准确

2007 年《政府信息公开条例》第 21 条第 3 项规定，“依法不属于本行政机关公开或者该政府信息不存在的，应当告知申请人，对能够确定该政府信息的公开机关的，应当告知申请人该行政机关的名称、联系方式”。申请人申请的信息不属于某“行政机关公开”的范围，从便民角度讲，如果接收该申请的行政机关“能够确定该政府信息的公开机关”，是不是都“应当告知申请人该行政机关的名称、联系方式”呢？前提是该机关必须是“行政机关”，因为《政府信息公开条例》

能够规范的主体限于公开政府信息的行政机关，如果申请公开的信息机关不是行政机关，而是人大、政协、法院、检察院、党委等机关，行政机关依《政府信息公开条例》的规定告知申请人该机关的名称、联系方式，那不是给这些机关找事儿吗？当然，有人也许会说，原2007年条例中在“公开机关”之前，不是有“该政府信息”的限定语吗？在此之后，也写明“应当告知申请人该行政机关的名称、联系方式”，这恰恰说明其前后表述的不一致和含混不清：前面提到的“能够确定该政府信息的公开机关”中，不应当笼统地提“公开机关”，而应当用“能够确定负责公开该政府信息的行政机关”。2019年新条例第36条中，就特意增加了“行政”两个字。立法是顶层设计，准确且前后一致的表达是最起码的要求。对立法的这种态度，是最基本的要求。

五、搭配要得当

2007年《政府信息公开条例》第21条规定，“对申请公开的政府信息，行政机关根据下列情况分别作出答复”。这个表述的问题在于“答复”的内容究竟是对“政府信息”或者“申请公开的政府信息”，还是对“政府信息公开申请”？虽然只有一字（“的”）之差，但意思差距可就大了。对“政府信息”怎么“答复”，这是明显的语病。故2019年新条例第36条将其修改为“对政府信息公开申请，行政机关根据下列情况分别作出答复”。这就从字面上说得过去了。

第二章

实体性规范

如果说立法对实体性规范的重视不够，听起来有点耸人听闻。但如果将之与程序相比，我国早期立法确实在一定程度上存在只规定程序性事宜，将许多实质性规范留给执法部门、业务部门自己去细化的倾向。

从弘扬法治的角度分析，立法作为制度设计工作，必须在各个环节履行其弘扬法治的职责。程序正义固然重要，实体规范则更为根本。当然，从人类社会管理手段现代化的角度，立法对法治的弘扬与其说是义务，不如说是不得不顺势而为的职责。因为当今社会管理的各个领域都离不开法治方式、法治理念、法治手段的渗透。立法对法治的弘扬是必需的，有些甚至是不自觉的。

第一节　行为主体的设计

行为主体的立法设计，就是要完善行政组织法律制度，通过推进行政主体的机构、职能、权限、程序、责任的法定化，推动行政机关切实做到法定职责必须为、法无授权不可为，勇于负责、敢于担当，坚决纠正不作为、乱作为，坚决克服懒政、庸政，坚决惩处失职、渎职。同时，要推进各级政府事权规范化、法律化，确保各级立法机关不得在法外为行政机关设定权力，从制度上约束各级行政机关没有法律法规依据不得作出减损公民、法人和其他组织合法权益或者增加其义务的决定，坚决消除权力设租寻租空间。

法律是人际规则，主体是其核心要素。行为主体，就是法律行为的实施主体，是法律规范的作用、约束对象。就行政执法而言，就是执法主体以及作为其相对方的行政相对人。

曾经有人囿于对哲学上“主体”概念的僵化“领悟”，将客体概念也引入法学研究领域，甚至不合时宜地将客体理解为主体的对象，即将行政相对人作为客体。从法律上讲，这忽视了一个基本的法理前提，即法律是调整社会关系的规范，法律调整的对象，无论有一方、两方还是多方，都是法律关系的主体，如果非要说法律上也有客体，那只能是作为人的对象的物，如财产等。

一、主体明确的要求

立法中对行为主体设计的首要要求，就是必须清楚、明确，谁是谁、谁该干吗，让守法者一看就明白。但如此基本的标准，在实践中未必都能落实。

（一）行为必须有主体

行为必须有主体，这个要求用于国家立法，是不是太简单粗暴了？或者说算不算对国家立法体制的污蔑甚至诽谤？先不要急着回答这个问题。

明确主体的要求，不是简单地确定法律规范语句的主语问题，而是赋予特定法律制度以灵魂、特定法律行为以主心骨的立法根本性、原则性问题。

首先，看一个谁来“责令改正”的例子。2004 年《公司法》第 206 条规定：“违反本法规定，办理公司登记时虚报注册资本、提交虚假证明文件或者采取其他欺诈手段隐瞒重要事实取得公司登记的，责令改正”，但“责令改正”的主体是谁？没有明确。

当然，从善意角度理解，由于该法前文已经提到了“办理公司登记时”的限定条件，以及“取得公司登记”的结果，显然应当发生于“公司登记”过程中，相应地也理应由“公司登记”机关予以“责令改正”。但这是“猜出来”的，不是法律明确规定的；而且这还是“善意”猜测的结果，如果不是出于善意，会不会猜出立法者其实只是想“吓唬吓唬”造假者，并不一定动真格，是故没有明确执法主体，因为不需要执法。

按照“法无授权不可为”的原则，没有哪个机关执法时敢说这就是对其执法的“明确”授权。鉴于此，2005 年修订《公司法》时，在“责令改正”前加上了“由公司登记机关”，说明立法者对这个问题是认真的。类似的情况下，如果没有明确规定到这种程度，确实就是立法上的失误，至少是立法技术上的重大瑕疵。

其次，看看“招标代理机构的资格”是如何莫名其妙地设定的。这个直到 2017 年《招标投标法实施条例》仍然保留的行政许可，其立法表述非常含糊，从字面上根本看不出该项行政许可是由哪个行政机关实施的：该条例第 11 条第 1 款仅规定“招标代理机构的资格依照法律和国务院的规定由有关部门认定”。其实，法律对此并没有规定，而“国务院的规定”其实就是该条例此处的规定。因此所谓的“由有关部门认定”并没有明确的所指，实际实施此项认定的“有关部门”并不比公安部门、国土部门拥有更多的法定的授权依据。

当然，与上述规定相“呼应”的，还是该条例第 13 条第 1 款“招标代理机构在其资格许可和招标人委托的范围内开展招标代理业务，任何单位和个人不得非法干涉”中的“其资格许可和”，以及第 13 条第 3 款“招标代理机构不得涂改、出租、出借、转让资格证书”。但这些规定仍没有进一步明确“招标代理机构”“资格许可”的实施主体、条件、程序等行政许可设定最基本的内容，很容易让人觉得这就是有关部门“非常巧妙”地“不露声色”地埋在条文中的“闲棋冷子”，但该条例一旦颁布实施，其巨大的行政许可的真身就猛然巍然屹立在广大“招标代理机构”眼前。

2018 年 3 月 19 日，《国务院关于修改和废止部分行政法规的决定》（国务院令第 698 号），删去《招标投标法实施条例》第 11 条第 1 款、第 13 条第 1 款中的“其资格许可和”及第 3 款，至此，该行政许可正式退出历史舞台。

最后，则是一个关于立法中讲政治的例子。2001 年《行政法规制定程序条例》第 12 条规定，起草行政法规，应当深入调查研究。这句话，无论从语言文字还是逻辑角度都没有问题：动宾词组“起草行政法规”是主语，“应当深入调查研究”是具体要求。甚至从政治站位、立法技术及立法制度角度分析也都没有问题：“应当深入调查研究”是对所有参与“起草行政法规”活动者的普遍的统一的要求，没有例外。

作为一个政治原则、工作原则，没有调查就没有发言权，这确实没有问题。但作为一条法律规范，如此泛泛地表述，事实上等于啥都没说。

为此，2017 年该条例修订时，特别明确地规定，“起草行政法规，起草部门应当深入调查研究”，就把“调查研究”的主体落实了。

（二）用语勿引起混淆

“会”既指会议，又指一个机构，通常还是一个拥有重要决策权的议决机构。故在立法中，有时是需要区分二者的。例如，《公司法》自 1993 年颁行、经 1999 年和 2004 年两次修正，其规定“股份有限公司章程应当载明”事项的第 79 条第 1 款最后一项一直有“股东大会认为需要规定的其他事项”的表述，直到 2005 年该法大修，才将表述调整为“股东大会会议认为需要规定的其他事项”，说明立法者已经注意到“股东大会”与“股东大会会议”二者的区分。

当然，此类问题也不能太“较真儿”。同样是《公司法》，直到 2018 年仍有如下的规定：“发行股份的股款缴足后”“发起人应当自股款缴足之日起三十日内主持召开公司创立大会。创立大会由发起人、认股人组成”（第 89 条第 1 款，这一内容自 1993 年《公司法》起就有）；“发起人应当在创立大会召开十五日前将会议日期通知各认股人或者予以公告。创立大会应有代表股份总数过半数的发起人、认股人出席，方可举行”（2018 年《公司法》第 90 条第 1 款）。可见，“创立大会”

也有作为议事、决策机构的“创立大会”，和作为这一功能外在表现形式的“创立大会”的“会议”的区别。

按照新《行政诉讼法》第28条的规定，只要“一方人数众多”，该方“当事人”就“可以”“推选代表人进行诉讼”，而无论其为原告、被告还是第三人。当然，现实中被告“人数众多”的情况比较罕见，但也绝不是只有原告才能“推选代表人进行诉讼”。故不能解释成“当事人推选不出的”，就只能“在起诉的当事人中指定代表人”，从而限制第三人的诉讼权利；更不能解释为如果第三人人数众多又“选不出”代表人，就只能从“起诉的当事人”即原告中为其指定代表人。因为对比新旧司法解释的规定不难发现，原司法解释规定的诉讼代表人就是针对“同案原告”的，故新司法解释沿袭旧制时有可能忽略了新法已将范围扩大到“当事人”，也算是情有可原吧。

（三）指称尽可能统一

2004年的《公司法》第174条中提到的还是“国务院财政主管部门”，2005年修订时，调整为“国务院财政部门”（第164条）。但从后续立法的表述看，虽然“国务院财政主管部门”的表述已经没有了，但“有关主管部门”（2018年《公司法》第88条第2款、第202条、第207条）、“有关部门”（2018年《公司法》第88条第2款）、“国务院授权的部门”（2018年《公司法》第154条第1款）的表述同时存在，说明在指称行政机关时，“主管”之加与不加还没有达成共识。即使“国务院×主管部门”改为“国务院×部门”也不是通例。如2018年《个人所得税法》第11条的“国务院税务主管部门”、2016年《中医药法》第5条的“国务院中医药主管部门”。

从行政法角度讲，各行政机关肯定都是“主管部门”，其主管的最主要领域就是其名称中出现的字眼；但其正式全称中是不会出现“主管”二字的。但作为代称，如指代某一管理领域时，用“××（业务）主管部门”及“主管部门”似乎更规范一些，最重要的是能够让人一眼看出这是在指一个行政机关。

二、行为主体的设立

行为主体的设置，特别是拥有司法权的司法机关的设置及职能调整、拥有行政执法权的行政主体的设置，通常涉及重大的政策考量，属于典型的立法实体内容，因此立法技术可以触及的领域不多。

当然，也确实有一些比较明显的低级错误。

1994 年《预算法》第 72 条规定，各级政府审计部门对本级各部门、各单位和下级政府的预算执行、决算实行审计监督。显然，“各级政府”包括乡级政府，但我国乡镇政府是不设部门的，也就没有该条规定的“审计部门”。对此，2014 年《预算法》修正时，将该处的“各级政府审计部门”修改为“县级以上政府审计部门”，从而堵上了这个漏洞。

1993 年《商标法》第 20 条（“国务院工商行政管理部门设立商标评审委员会，负责处理商标争议事宜”），2001 年前移至该法第 2 条第 2 款，但一字未变。这是立法中有关执法主体内容的系统化、集约化、规范化体系建立的一个重要标志。将“国务院工商行政管理部门商标局主管全国商标注册和管理的工作”（第 2 条第 1 款）与“国务院工商行政管理部门设立商标评审委员会，负责处理商标争议事宜”，放在相隔 18 条的 2 条中规定，如今看来，是在立法草案阶段都不应该出现的立法技术疏忽。但在 1982 年制定《商标法》时，大家都觉得很正常，以致在 1993 年该法修正时，都没有改过来。直到《立法法》实施后的 2001 年，这个问题才显得扎眼，而成为被修正的内容。

三、执法主体的设立

行政行为的实施主体具有法定资格，有两条途径：

一是行政机关依法设立，即依据《国务院组织法》或者《地方人大及地方政府组织法》成立的各级政府及其组成部门，这些都属于主管某一方面行政事务的行政机关，其在法律上的表述是某级政府或者某某行政主管部门。

二是法律、法规授权。有些组织成立时不是行政机关，但作为依法成立的组织，经法律、法规授权成为我国现行法律体制承认的行政主体，可依法作出法律、法规授权其实施的行政行为。

凡没有通过上述途径取得执法主体资格的组织，就是“不具有行政主体资格”的“实施主体”。对此，新旧《行政诉讼法》都明确规定了对其行为的处理标准。但其中最容易引发误解的是新法中提到的规章授权的组织。在旧法中，可以从“适用法律、法规错误”（第54条）找到撤销其行为的理由，因为旧法还没有明确确认违法的判决形式。

从新旧《行政诉讼法》保持一致的这一撤销判决的条件看，规章授权的组织实施的行政行为依法肯定是要撤销的，因为其授权的依据来自规章，而没有法律、法规的授权。由于明确其权力来源的最高规格的规范性文件只有规章，没有法律、法规，在这种情况下，由于其没有可适用的法律、法规，只能认定其没有适用法律、法规，这显然属于“适用法律、法规错误”。

更重要的是，新《行政诉讼法》还特别新增了一种新的判决形式：确认无效。其第75条规定，这种判决首要的适用情形，就是行政行为“实施主体不具有行政主体资格”的“重大且明显违法情形”（“没有依据”尚在其次）。也就是说，实际操作中，规章授权的组织作出的行政行为的“最佳”归宿，是以行政行为有“实施主体不具有行政主体资格”的“重大且明显违法情形”，在“原告申请确认行政行为无效”的前提下，由法院判决被诉行政行为无效。从法律角度看，行政行为被判决无效，比判决撤销还“惨”：判决撤销是自撤销判决生效之日起行为失去法律效力，而判决无效则是自行政行为成立时起就无效，因此种行政行为的主体资格缺陷甚至可以认为其从来就没有有效过。

四、执法主体的协调

行政管理过程中，各行政机关由于事权的交织，需要彼此的协调。这在立法上当然有所体现，但直观的感觉是：有些明显无法行使的职权最终写进了法条，反映出这些条款都是部门之间博弈的产物。

对此，《依法治国决定》特别强调，要明确立法权力边界，从体制机制和工作程序上有效防止部门利益和地方保护主义法律化。对部门间争议较大的重要立法事项，由决策机关引入第三方评估，充分听取各方意见，协调决定，不能久拖不决。

2009年《农业机械安全监督管理条例》第48条规定：“未取得维修技术合格证书或者使用伪造、变造、过期的维修技术合格证书从事维修经营的……限期补办有关手续……逾期不补办的，处违法经营额2倍以上5倍以下罚款，并通知工商行政管理部门依法处理。”这是一种比较典型的“先证后照”体制下的规范思路：

没有相关许可证，就不能再“从事维修经营”，故需要“通知工商行政管理部门”。但“工商行政管理部门”怎么处理呢？由于除本条外，其他法律规范并无这方面的规定，“工商行政管理部门依法处理”实际上是无法落实的。

故2016年该条例修订时，特别明确一点，删去第48条中的“并通知工商行政管理部门依法处理”。由此确立的立法原则是，行政主体各依其法定授权履行法定职责，执法权限或者手段不足的，通过完善立法单独赋权，不能找其他机关“帮忙”，更不能推给其他机关了事。

因此，旧条例修改后，再遇有“逾期不补办”“维修技术合格证书”，“农业机械化主管部门”只有权“处违法经营额2倍以上5倍以下罚款”。而且，在“先照后证”的体制下，工商行政管理部门（市场监管部门）也不能以“违法经营”为由取消涉事企业的营业执照。换句话说，在新的“先照后证”的体制下，是否“违法经营”主要是由各专业管理部门依其法定管辖权限分别把关规范的，工商行政管理部门（市场监管部门）不再行使如此广泛的归口、把总的监管职能。

2007年《民用核安全设备监督管理条例》第25条第2款规定：“民用核安全设备焊工、焊接操作工由国务院核安全监管部门核准颁发资格证书。民用核安全设备无损检验人员由国务院核行业主管部门按照国务院核安全监管部门的规定统一组织考核，经国务院核安全监管部门核准，由国务院核行业主管部门颁发资格证书。”这是一个在规范时即相当复杂，操作起来也相当困难的赋权条款：先将“民用核安全设备”施工人员分为三个工种即“焊工、焊接操作工和无损检验人员”，再分别划归不同的部门组织考核、核准、发证，其间还有程序交织。反映出立法时不同部门之间的博弈。

其实，这三个工种干的就是一个活：焊接。“焊工”与“焊接操作工”之间有时还不太好分工，“无损检验人员”就是事后对焊缝质量进行检验的人员，不太重要的焊接工作或者人手不足时，这三个工种的活儿也可以由一个人来完成，但按该条例的规定，这个人必须同时具备这三个工种的资格证书。当然，为避免串行风险，应当像刑事诉讼中明确规定侦查、起诉、审判职能的分立或者律师不代理双方当事人一样，明令禁止“焊接操作工”兼职“无损检验人员”，即一人不能干两人的活儿。但从该条例的规定看，其第25条第1款只要求“聘用取得”相应“资格证书的人员”，没有禁止这些人员一岗双责。

五、行为主体的调整

行为主体调整最主要的原因是职能调整，有时涉及重大的体制变动而调整。改革开放之初的1983年9月2日，《全国人民代表大会常务委员会关于修改〈中华人民共和国人民法院组织法〉》的决定，就涉及3项比较重大的执法主体及其执法权限的调整。一是删去旧法第17条第3款“各级人民法院的司法行政工作由司法行政机关管理”。二是将旧法第37条第1款“各级人民法院按照需要可以设助理审判员，由司法行政机关任免”修改为“各级人民法院按照需要可以设助理审判员，由本级人民法院任免”。三是删去旧法第42条“各级人民法院的设置、人员编制和办公机构由司法行政机关另行规定”。

行为主体的调整，最常见的是主管部门职能的调整。2001年《职业病防治法》第2条第3款规定：“职业病的分类和目录由国务院卫生行政部门会同国务院劳动保障行政部门规定、调整并公布。”2011年该法修正时，此项业务的主管部门增加“国务院安全生产监督管理部门”为会同单位；但到了2018年该法再次修正，又删除该部门，这是该部门职能调整的一个重要标志和结果。

立法对行政主体的调整，就是从根本上对其行政职权的予夺。《国务院关于修改和废止部分行政法规的决定》（2018年3月19日，国务院令第698号），仅删去了《消耗臭氧层物质管理条例》（2010年）第11条第1款第3项中的“环境保护主管部门”，就取消了由该部门实施的“消耗臭氧层物质的生产、使用单位”“环境保护设施”“验收”的行政许可。修正前的该条第1款要求，消耗臭氧层物质的生产、使用单位除具备法律、行政法规规定的条件外，还应当具备4个条件：一是有合法生产或者使用相应消耗臭氧层物质的业绩；二是有生产或者使用相应消耗臭氧层物质的场所、设施、设备和专业技术人员；三是有经环境保护主管部门验收合格的环境保护设施；四是有健全完善的生产经营管理制度。2018年修正后，其他条件不变，“环境保护设施”的“验收”也依然保留，但不再由“环境保护主管部门验收合格”了。

从立法技术角度看，行为主体的调整，更多的是用语上的与时俱进。如2001年修正的《商标法》第4条，对市场经济主体的称谓进行了调整：从带有深厚计划经济色彩和体制特征，概括也不甚全面的“企业、事业单位”，演化为更具有法治化特色、规范统一的“法人或者其他组织”，这仅仅是21世纪初才完成的立法现实。

近年来，由于改革举措频繁，行政机关的整合渐次铺开，法律修订的一个重要任务，就是随时跟进调整立法中对行政主体的统称。如2018年12月29日全国人大常委会修改2009年《农村土地承包法》第11条、第27条时，将“国务院”部门的表述，从农业等“行政主管部门”调整为相应的“主管部门”。

这种调整之所以频繁且总感觉跟不上改革的时代节拍的根源，是我国的行政管理单法缺乏一部统一的、稳定的编制法的支撑。如果有一部规范政府及其部门设置的编制法，单行立法中只需要明确某事由“某事”“主管部门”负责、法定的职权及职责皆由其行使，而“某事”“主管部门”的确定，不是由单行法逐一明确，而是由各级政府根据编制法，确定在本行政区域内“某事”“主管部门”究竟是哪个部门，然后发一个公告，目前立法中经常需要全国人大及其常委会讨论决策的问题，就可以大大化解分散到全国各级政府中去了。

也许有读者会说，这样一来，全国各地的行政机关的名称不就乱了吗？老百姓不是更不好办事了吗？这个问题，又与我国行政管理的更进一步的深化改革有关了。试想，我们现在的体制下，通过立法不断调整各级政府组成部门的名称，老百姓就都知道办事该找谁吗？

其实，对于老百姓而言，如果办事需要找行政机关，最简单的就是直接去找“政府”，即政府的统一对外接待窗口，至于老百姓要办的事属不属于政府管、属于政府的哪个部门管，都由这个“窗口”来分配，而政府内部应当更清楚各行政机关的事权、职责范围。这样就解决了政府及其部门内部分工经常调整与老百姓办事无所适从之间的矛盾。

目前，各地都在推行以简政放权为核心的“放管服”改革，真正要做的，或者说最终需要解决的，其实就是政府的事政府就要积极去办，不要让老百姓来回折腾。

六、协调机制的改革

中国的法制文化传统，导源于中国的和合文化，表现在法律实践中就是对大量的协调、调解手法的倚重。最终的结果如何实际上已经很清楚了，但要实现法治的规范化与传统的调和倾向之间的融合，还有很长的路要走。

调和倾向在立法中的体现，比较突出的就是行为主体，特别是执法主体设置规范中大量出现有关协调机制的内容，并在改革中不断调整以期完善之。

2001 年《职业病防治法》第 3 条规定，“职业病防治工作坚持预防为主、防治结合的方针，实行分类管理、综合治理”，但对于何谓“综合治理”，没有明确。2011 年该法修正时，增加了“建立用人单位负责、行政机关监管、行业自律、职工参与和社会监督的机制”的表述，从 5 个方面部分回应了什么是对“职业病”的“综合治理”的疑问。而这 5 个方面，将单位（负主责）、行政机关（负责监管）、行业（自律约束）、职工（参与其中的重要当事方、潜在的受害者）和社会（最可依靠的大众的力量）都涵盖了，确实是一个比较全面的“综合治理”的阵容，其应用领域或者发挥作用空间显然不限于职业病防治，而是及于各项法律管理，只需要根据所管理事项的特殊性，增减一两位主体或者当事方即可。而其中的单位、个人、行业、社会以及行政机关，几乎是每个领域都必须存在的。只是在某些情况下，可能存在单位、个人与行业等整合或者融合为一方主体的情形，如在环境保护领域。而《职业病防治法》2011 年修正时，其第 4 条新增的第 3 款中提到的“工会”，其实只是“单位职工”的集体代表而已。故没有单独列入“综合治理”中一方的必要。

2007 年《政府信息公开条例》第 7 条第 1 款在要求确立“政府信息发布协调机制”的基础上，进一步要求“行政机关发布政府信息涉及其他行政机关的，应当与有关行政机关进行沟通、确认”，实践中如果“行政机关发布政府信息涉及”党委、人大、政协等“机关”怎么办？他们不是“行政机关”，但需要与他们协调，不能因为《政府信息公开条例》是行政法规，就不去明确遇到此等情况应当怎么办。事实上，由于《政府信息公开条例》真正涉及的内容是行政机关“发布政府信息涉及”其他类别的机关时应当如何做的问题，这恰恰是行政法规可以规定的。新条例第 11 条第 1 款删除了“行政”二字，很简便地解决了这个问题。

七、执法资格的落实

立法明确主体资格的目的，通常是为行政主体职权服务的，但也不尽然。如行政法学领域规章授权的组织，其组织定位的落实，似乎只要作被告就意味着败诉这一种可能，其法律意义何在呢？

“法律、法规、规章授权的组织”写入司法解释20余年后，终于在2014年成了《行政诉讼法》中的正式文字，只是不知这将有利于还是有碍于对行政行为主体的监督。善意的理解是，法律法规授权的组织可以依法律法规对其明确授权，作出行政行为，从而成为行政行为的主体、行政诉讼的主体，其法定授权也经得起司法审查的考验。但规章授权的组织就不同了，由于没有法律法规明确授予的法定职责，新《行政诉讼法》只是赋予了其在行政诉讼中当被告的程序性权利（如果可以称权利的话，但其实质更接近于应诉义务），并不足以据此认定其有从事其作出的被诉行政行为的法定职权。如此一来，规章授权的主体的命运是很悲催的：一旦当了被告，就只能承担因没有法律法规授权而越权作出行政行为的败诉责任。

早年，可能是出于扩大行政诉讼的对象范围的考虑，一种意见比较倾向于通过司法解释将“法律、法规、规章授权的组织”一并纳入行政诉讼的范围。但这存在3个方面的问题：一是法律依据问题。1989年的《行政诉讼法》第25条第4款的规定，是“法律、法规授权的组织”这一法律概念有据可查的证明。据此不能“解释”说“法律、法规授权的组织”包括规章授权的组织。因为即使在还没有《立法法》的1989年，参与起草《行政诉讼法》的专家们也清醒地知道：法规不包括规章。而且，稍懂法律知识的人都清楚：“法规”和“规章”不是一个词。

二是审理依据问题。《行政诉讼法》自1989年初创至今始终坚持一点，“人民法院审理行政案件”“以法律和”“法规为依据”“参照规章”。[①] 如此一来，“规章授权的组织”作为被告就具有不确定性：规章只是法院审理行政案件的参照，但法院不参照该授权规章，则该组织就不再是“规章授权的组织”。但这只能发生在法院立案后、实体审理过程中。由此对行政诉讼产生的不确定性影响，确实让法院很头疼。

三是裁判结果问题。由于“法院审理行政案件”“以法律和”“法规为依据”“参照规章”，“规章授权的组织”即使成为行政诉讼的被告，其授权依据先天不足，当了被告也很可能意味着败诉。新《行政诉讼法》第2条第2款“前款所称行政

---

① 1989年《行政诉讼法》第52条、第53条，2017年《行政诉讼法》第63条。

行为，包括法律、法规、规章授权的组织作出的行政行为”的规定并不能缓解这一问题，因为其本身说得很清楚“前款所称行政行为”，就是该条第1款所称的可以“依照本法向人民法院提起诉讼”的“行政行为”。新规定只比旧法增加了“规章授权的组织”的行为可诉的规定，相应地也采纳了“规章授权的组织”当被告的意见，但由于新法坚持“参照规章”的老原则，故只是程序性地解决了“规章授权的组织”当被告的问题，而没有多赋予“规章授权的组织”实体法上的权能。“规章授权的组织”当被告只意味着败诉的命运并没有根本改变。

以上分析，不仅是解决“规章授权的组织”是否可以当被告问题的前提，也是确立以下两类主体的被告地位的基础：第一类是行政机关的没有法律、法规或者规章授权的内设机构或者派出机构；第二类是行政机关的法律、法规或者规章授权行使行政职权的内设机构、派出机构或者其他组织。原“98条”第20条第3款将第二类主体表述为“法律、法规或者规章授权行使行政职权的行政机关内设机构、派出机构或者其他组织”，这本身在逻辑上就有歧义，其本意应当是指“行政机关内设机构、派出机构或者其他组织”在“法律、法规或者规章授权行使行政职权的”情况，而不是“法律、法规或者规章授权行使行政职权的行政机关”其“内设机构、派出机构或者其他组织”的情况。这个问题在“163条”第20条第2款中依然存在。当然，有些人可能将此归结为汉语本身的毛病，但在汉语语境下表述法律问题，能够说清楚的还是尽量说清楚为好。同样是在该条中，另一款的规定“行政机关的内设机构或者派出机构在没有法律、法规或者规章授权的情况下”，不就没有这种歧义吗？将上述有歧义的原文修改为“行政机关的没有法律、法规或者规章授权的内设机构或者派出机构”，就没有歧义了，虽然读起来有点别扭，但总比意思上含混不清好。

八、立法不要主客场

2009年《产品质量法》第18条第1款规定：“县级以上产品质量监督部门……对涉嫌违反本法规定的行为进行查处时，可以行使下列职权……”；同条第2款规定：“县级以上工商行政管理部门按照国务院规定的职责范围，对涉嫌违反本法规定的行为进行查处时，可以行使前款规定的职权。”既然如此，为什么不直接规定“县级以上”“产品质量监督部门”“工商行政管理部门按照国务院规定的职责范围”呢？类似的并行表述在该法第 40 条、第 63 条、第 65 条、第 70 条都出现过。这就与我国立法的“主客场”制有点儿关系：该法第 8 条第 1 款、第 2 款规定，国务院产品质量监督部门主管全国产品质量监督工作，国务院有关部门在各自的职责范围内负责产品质量监督工作；县级以上地方产品质量监督部门主管本行政区域内的产品质量监督工作，地方政府有关部门在各自的职责范围内负责产品质量监督工作。

上述局面随着 2018 年机构改革局部得到解决。立法上的表现是：将 2009 年《产品质量法》中的“产品质量监督部门”修改为“市场监督管理部门”，删去第 18 条第 2 款等有关“工商行政管理部门”的规定。这样一改，现实中的主客合为一家了，但修正案的表述仍不可避免地流露着对往昔“主客”之别的余韵。

回避过于明显的立法主场优势的方式是：不要给自己设计太好的差使。

2011 年《自然保护区条例》第 29 条第 1 款规定了“批准”“在自然保护区的实验区开展参观、旅游活动的”“方案”的行政许可。该行政许可按自然保护区的级别（“国家级”“地方级”）分别设计了三级二审或者二级一审的审批，如在国家级自然保护区的实验区开展参观、旅游活动的，由自然保护区管理机构提出方案，经省、自治区、直辖市人民政府有关自然保护区行政主管部门审核后，报国务院有关自然保护区行政主管部门批准。注意，该行政许可的规范对象是“开展参观、旅游活动的”“方案”，而不是“参观、旅游活动”。也就是说，审批的对象都是文件（方案），审批主体可能根本不知道“自然保护区的实验区”长什么样。

于是，这项制度就被删除了：2017 年该法修正时，所有“审”“批”一律取消，只保留了最原始的“由自然保护区管理机构编制方案”以及“严格按照前款规定的方案进行”（在自然保护区组织参观、旅游活动）。

这项改革的重大意义，是从顶层设计的高度，确立了一个行政管理的核心理念：管理者必须管理。

九、立法主体的协调

本节讨论的重点，本来是立法中的主体问题。讨论到最后，发现立法者本身也是其中之一。特别是《立法法》出台后，立法者成为重要的法律活动即立法的绝对主体，有必要讨论一下这个特殊主体及与其密切相关的立法决策协调机制。

2017年12月18日，全国人大常委会办公厅印发《关于争议较大的重要立法事项引入第三方评估的工作规范》的通知。该工作规范是十九届中央全面深化改革领导小组第一次会议审议通过的，是党的十九大之后首要立法体制建设工程成果，是为了深入推进科学立法、民主立法、依法立法，充分发挥社会力量在立法工作中的积极作用，及时妥善解决和处理立法中争议较大的重要立法事项而制定的。其所称第三方评估，是指由利益利害关系方以外的机构（即第三方），运用科学、系统、规范的评估方法，对有较大争议的重要立法事项进行专项研究和综合评估，并提交评估报告，为立法决策提供参考的活动。

委托第三方开展评估，由全国人大常委会法制工作委员会根据工作需要，提出拟评估事项，经征求有关专门委员会、工作委员会的意见后，报请全国人大常委会领导批准。全国人大常委会法制工作委员会作为委托方承担开展第三方评估的具体工作，根据委托事项的具体情况，可以选择高等院校、科研机构、专业智库等单位作为接受委托的第三方。

受委托的第三方应当在相关领域具有代表性和权威性，社会信誉良好；组织机构健全，内部管理规范；有具备相关专业知识和技能的研究力量，有较强的数据采集分析、决策咨询和政策评估经验和能力；在业务关系、机构隶属、资金来源等方面具有独立性，与有关争议方之间没有利益利害关系。第三方可以根据评估需要，采取问卷调查、个案分析、相关立法比较分析、成本效益分析等方法，客观、独立、公正地进行评估，形成第三方评估报告。

第三方评估报告应当作为协调协商处理有关争议事项、研究法律草案修改完善和做好相关立法工作的重要参考。法律草案提请全国人大宪法和法律委员会、全国人大常委会会议审议时，有关工作机构应当汇报、说明第三方评估情况。

十、执法资格的落实

2001年《职业病防治法》第14条第2款规定，“用人单位设有”“职业病的危害项目的，应当及时、如实向卫生行政部门申报”。显然，“向卫生行政部门申报”的规定，过于宽泛了，上至国务院“卫生行政部门”下至县级“卫生行政部门”。2011年该法修正时，增加了“所在地”的限定，看起来似乎好了很多，但“所在地”只是个地域概念，仍不能确定相应部门的级别，因为上至国务院下至县级的所有部门，其“属地”即行政管辖权限都会覆盖到甚至可以说就是用人单位的“所在地”。解决这个问题的办法其实并不复杂：明确县级最为具体，写成“县级以上地方”则涵盖省市县三级地方部门。当然，从立法者角度思考，改成这样（没有什么实质区别），正如原来表述那样，都有其协调难度方面的原因，而不仅仅是个文字表述的问题。

第二节　法定职权的配备

法律是治国之重器，良法是善治之前提。建设中国特色社会主义法治体系，必须坚持立法先行，实现立法和改革决策相衔接，做到重大改革于法有据、立法主动适应改革和经济社会发展需要。要发挥立法的引领和推动作用，实践证明行之有效的，要及时上升为法律。实践条件还不成熟、需要先行先试的，要按照法定程序作出授权，决不能以改革的名义突破法律底线。对不适应改革要求的法律法规，要及时修改和废止。

法定职权的配备，涉及许多领域，如立法权、司法权、监察权等。但作为立法技术研究对象，本书只选取最为常见的职权即行政权的配备作为标本。

原则上讲，行政职权的配备，主要是就行政权的立法性资源的分配，但也不尽其然。所有与行政权的设立、行使及监督有关的环节，都有可能影响行政权的配备，或者影响已经配备的行政权的落实到位。

一、职能与职权辨析

本书的立说之本即写作的出发点，是不探讨学理问题，但有些概念的辨析仍不可避免，如此处的职能与职权就是现实的一例。

立法中许多涉及职权调整的内容，其根源在于主管部门职能的变化。2017 年《职业病防治法》第 79 条、第 80 条规定，对于“未取得职业卫生技术服务资质认可擅自从事职业卫生技术服务的，或者医疗卫生机构未经批准擅自从事职业病诊断”或者“从事职业卫生技术服务的机构和承担职业病诊断的医疗卫生机构违反本法规定”的，“由安全生产监督管理部门和卫生行政部门依据职责分工”采取“责令立即停止违法行为”及相应行政处罚等查处行为。问题是，对于“擅自从事职业卫生技术服务”或者“擅自从事职业病诊断”等行为，如何划分“安全生产监督管理部门和卫生行政部门”的“职责分工”？这确实有点儿难为编制部门的同志。当然编制部门的同志也是非常富有智慧的，不但一眼就看出了其中的利益关系，最终给出的方案也是通过2018年修法，将职业病诊疗监管职责归于一体，较好解决了职责不清的问题。

上述立法原文中的表述是“职责分工”，涉及职责与职能、职权的关系问题。就个案而言，上述立法原文已经不复存在；但这个问题并没有消失。归纳我国立法的实际用语，总的来说，这三种表述都有其基本确定的含义。

行政主体的设定与行政主体可以履行哪些职能有直接关系。在这方面，我国改革开放40多年来的立法实践，真实见证并反映了我们对于职能定位的不断调整。例如，2000年《电信条例》第23条、第24条规定，“电信资费标准实行以成本为基础的定价原则”；“电信资费分为市场调节价、政府指导价和政府定价”。也就是说，直到2000年，我们还认为，“电信资费”定价要“厚道”、要“以成本为基础”；而且怕电信企业不够“厚道”，特别作了“政府指导价和政府定价”方面的制度安排。

但到了2014年，国务院进一步激发市场活力、发展动力和社会创造力，在修改该条例时，明确将“电信资费实行市场调节价”确立为电信定价的基础，取消了“市场调节价、政府指导价和政府定价”的区分及相应内容。至此，电信领域，至少在价格形成机制上实现了政府职能的完全退出。这大大减少了政府特别是中央政府（“政府定价的重要的电信业务资费标准”原来要“报国务院批准”）为制定、审批“电信业务资费标准”而“举行听证会等形式，听取电信业务经营者、电信用户和其他有关方面的意见”等出力而不讨好的麻烦。

当然，政府“依法加强对电信业务经营者资费行为的监管，建立健全监管规则，维护消费者合法权益”仍是必要的，但这种事后基于市场监管职能实施的管理活动，与原来触及非常具体的企业定价的微观管理，已经有霄壤之别。

二、职权配置的依据

2017年《行政诉讼法》第75条有个新规定：行政行为有实施主体不具有行政主体资格或者没有依据等重大且明显违法情形，原告申请确认行政行为无效的，人民法院判决确认无效。显然，“没有依据”比“适用法律、法规错误”[①]更为严重，是更为“重大且明显”的“违法情形”。由此导致的后果已经不是违法的问题了，而是根本就没有法律效力。

具体而言，新《行政诉讼法》第63条规定，“人民法院审理行政案件，以法律和行政法规、地方性法规为依据”，“参照规章”。至于规章以下的规范性文件，连参照都谈不上，如果某行政行为以此等规范性文件为“依据”，法院只能以该行政行为“没有依据”为由，确认其无效。

三、空泛授权即放纵

2015年修正《高等教育法》的一项重要内容，就是改变了高等学校与教育行政部门在“对高等学校的办学水平、效益和教育质量进行评估”这项涉及高等学校办学“指挥棒”的重大事项上的相互关系。1998年该法第44条确立的原则是“高等学校的办学水平、教育质量，接受教育行政部门的监督和由其组织的评估”，2015年修法最大的变化，就是取消了在这一事关学校重大利害的关键领域“接受教育行政部门的监督”的内容。

在评估方面也有两点变化，一是强调“高等学校应当建立本学校办学水平、教育质量的评价制度，及时公开相关信息，接受社会监督”，也就是高等学校要健全自我评价制度，强化自我评价和社会监督。二是“教育行政部门负责组织专家或者委托第三方专业机构对高等学校的办学水平、效益和教育质量进行评估”，这其实与原规定“接受”由“教育行政部门”“组织的评估”，没有实质性的区别，2015年之后仍大规模推行。

考虑到“接受教育行政部门的监督”的空泛性，从本质上分析，“对高等学校的办学水平、效益和教育质量进行评估”这一制度，经过20多年的改革，并没有实质性的变化。于是话题又回到了最基本的层面，这种评估有没有意义，特别是由“教育行政部门”组织是不是必需的？是不是比由社会中介组织或者某个报社来组织，威信更高、社会效果更好？

---

① 2017年《行政诉讼法》第70条第2项规定，行政行为“适用法律、法规错误的”，判决撤销或者部分撤销。

四、法定职权的授受

授受法定职权的要旨，在于主体与权限的合一，在这两个方面语焉不详，职权设定就模糊不清、职权授受就没有到位。2000 年《立法法》第 39 条及 2015 年第 42 条均规定，搁置审议的法律案“由委员长会议向常务委员会报告，该法律案终止审议”。此处没有交代清楚有权决定的主体：“报告”是决定后报备，还是报请决定？ 2023 年《立法法》第 45 条改为：“委员长会议可以决定终止审议，并向常务委员会报告”，明确了委员长会议的决定权；同时明确“必要时，委员长会议也可以决定延期审议”。其实，这些都是委员长会议的权限，因为该法第 29 条第 1 款规定：“委员长会议可以向常务委员会提出法律案，由常务委员会审议。”据此不难推断出委员长会议有权决定“终止审议”或者“延期审议”，前者相当于不再报请常委会审议，或者从常委会撤案；后者则相当于再次报请常委会审议。

行政机关的执法权限有两个来源，或者说法定职权的授受有两种方式：一是组织法规定的基本权力；二是特别法单独授予的权力。但作为行政执法主体中行政机关的有益补充，法律、法规授权的组织由于不是行政机关，即不是依组织法设立的，而是在其设立后由法律、法规授权而成为执法机关的。因此，法律、法规授权组织的执法权，只能是单行立法特别授予的。

当然，除行政机关、法律法规授权的组织外，日常参与行政执法的还有行政机关委托的组织。对此，最核心的问题是这种委托必须有明确的法律法规的授权（不是指行政机关的具体委托），即行政机关依法取得的职权，只有在有法律法规的明确授权时，才可以依据该授权法规定的程序，委托给符合法定条件的组织。在这种职权委托关系中，行政机关委托的组织必须以行政机关的名义行事，由此产生的法律行为也是委托行政机关的行为，相应的法律后果和法律责任也要由该行政机关承担。

关于非行政机关的行政行为的法律效力及责任承担问题，在旧《行政诉讼法》时代也有人关注，但不太引人注目。进入新法时代，这个问题就掩盖不住了。因为新《行政诉讼法》第 2 条第 2 款规定“前款所称行政行为，包括法律、法规、规章授权的组织作出的行政行为”。同法第 75 条明确提到“行政行为有实施主体不具有行政主体资格或者没有依据等重大且明显违法情形”，“法院判决确认无效”。也就是说，至少在行政诉讼领域，被诉的行政行为是可以无效的，当然也是可以违法的，因为只有具备“重大且明显违法情形”的行政行为才是无效的，等而下之者，就是违法的了。

行政行为的成立要件中，是不是必须有“合法”这个前提？从诉讼角度解答，显然未必。如果行政行为都必须具备合法这个要件，违法的行为就不是行政行为，原告哪还有胜诉的希望？行政诉讼哪还有设立的必要？

既然行政诉讼领域中讨论的行政行为，只是形式意义或者说主体意义上的行政行为，其中既有合法的，也有违法的、无效的、可撤销的、可变更的、可责令重作的，那么对作出这些行为的主体，就不能严格要求其为有完全法律授权、法定职权和主体资格无懈可击的“完人”。反之，即使新《行政诉讼法》允许规章授权的组织的行为作为行政行为而被诉，规章授权的组织并不当然地成为合法的行政行为主体。申言之，规章对组织的授权应当成为法院审查行政行为合法性时的一个要点，而不能仅因为新《行政诉讼法》规定了规章授权的组织，就认定此类组织在主体资格认定方面不会存在合法性问题。因为这种审查肯定是在没有法律法规依据的情况下进行的，故只能参照规章，无论怎么审，也不会审出法律法规依据来。

新行诉法的规定，只是重申了一个法治的基本原则：法律、法规、规章授权的组织等行政机关之外的其他组织实施行政行为，必须有合法的授权。

五、法定职权的调整

以行政权中最为核心的自由裁量权为例。为了行政管理的需要，使行政机关能够有效、灵活地处理各种复杂的行政管理事务，应付难以预料的情况，法律、法规往往赋予行政机关在其管理事项内的自由裁量权。自由裁量虽说是由行政机关在一定幅度内有选择性地作出的，但并不意味着行政机关可以绝对自由地行事。行政机关必须在法定范围内，根据实际情况和行政目的行使自由裁量权，只有这样行使自由裁量权作出的行政行为才是合法有效的。

1989年《行政诉讼法》第54条第4项规定，行政处罚显失公正的，可以判决变更。据此，旧法施行期间，法院司法变更权的范围限于行政处罚领域。这是当时行政复议机关与法院在审理行政案件方面最大的权限差异：相对于行政诉讼领域的有限变更权，行政复议机关在这方面的法定优势要明显得多。行政复议机关拥有直接、全面变更被申请人的行政行为的权力，法院只能变更被告的被诉行政处罚决定。《行政复议法》第 28 条从正反两方面对此作了规定，即正面的“内容适当”、反面的“明显不当”，二者都涉及行政法领域的核心概念——自由裁量权。

行政诉讼与行政复议领域的上述差异，随着 2014 年《行政诉讼法》的实施而不复存在。新法第 70 条第 6 项规定，行政行为明显不当的，法院有权判决撤销或者部分撤销；第 77 条第 1 款还规定对行政处罚或者其他某些行政行为的变更判决。如此一来，涉及行政权根基的“行政自由裁量权”，就全面纳入法院的司法审查范围。新《行政诉讼法》这一历史性突破的影响力的大小，只有通过深刻认识“自由裁量权”对于行政机关及其行政权的重要性，才能切实地体会到。

随着新《行政诉讼法》的实施，法院对行政行为适当性的审查范围将扩张到与行政复议机关一样的广度，而其审查力度和热情将会远远超过行政复议机关。行政复议机关再也不用担心那些行使自由裁量权是否适当的案件难以审理的问题了，法院会以空前饱满的热情介入这一领域，完全不给行政复议机关留任何余地，甚至行政复议机关对行政行为是否适当的判断，也将随着其在行政诉讼中当被告的现实，一并成为严密审查的对象。

六、改革调整的职权

“行政机关被撤销或者职权变更”后，有“继续行使其职权的行政机关”的情形，是不是相应地就有“没有继续行使其职权的行政机关”的情形呢？“163 条”第 23 条的规定显然隐含了对此种情况现实性的充分自信，并相应规定了两种不同情况下的处理：被撤销或者职权变更的行政机关不实行垂直领导的，“以其所属的人民政府为被告；实行垂直领导的，以垂直领导的上一级行政机关为被告”。总的意思还是由上一级行政机关为被告。但这种情况应当是暂时的，受最长起诉期限的影响。机构改革最长 20 年后，这类行政行为就不可诉了。而且，从我国机构改革的实践看，“没有继续行使其职权的行政机关的”情况只有一种，就是职权不再存在。因为机构改革方案的核心，就是“行政机关被撤销或者职权变更”后哪个行政机关“继续行使其职权”，而不会因疏忽出现“没有继续行使其职权的行政机关的”尴尬情形，除非真的“没有继续行使”的“职权”了，才会出现“没有继续行使其职权的行政机关的”情况。

可见，行政职权调整还有一种特殊形式：行政职权消失。如食盐专营取消后，食盐专营方面的许多职权，包括许可、处罚、强制等都将不复存在，食盐专营监管机构也会退出历史舞台。此时，既不存在继续行使其职权的行政机关，也不存在可以继续行使的权力。但原食盐监管部门实施的行政行为，如果当事人不服提起行政诉讼怎么办？此前掌握的标准是参照《国家赔偿法》此种情况下确定赔偿义务机关的方法[①]：由作出撤销决定的行政机关或其指定的行政机关作被告。这固然是个办法，但似乎并没有解决问题，在我国改革不断深入的大背景下，作出这类决定的往往是国务院。故司法解释的现有答案，确实给解决这种情形提供了一个新的出路。

其实，这种“走投无路”的局面及由此引出的问题，很可能是一个假象、一个伪命题。如果实施行政行为的行政职权彻底消失，如劳动教养废止后强制劳教权即被撤销，那么原行政行为的法律效力，特别是其执行力即告消失。此时，原行政行为的利害关系人获得“解放”，不再受原行政行为的拘束；他们根本不用提起行政诉讼，从而免除了找寻被告的“烦忧”。

而且在这种情况下，相应立法往往会禁止当事人再翻旧账。2013年12月28日十二届全国人大常委会第六次会议《关于废止有关劳动教养法律规定的决定》，在废止1957年8月1日第一届全国人大常委会第七十八次会议通过的《全国人民代表大会常务委员会批准国务院关于劳动教养问题的决定的决议》及《国务院关于劳动教养问题的决定》，废止1979年11月29日第五届全国人大常委会第十二次会议通过的《全国人民代表大会常务委员会批准国务院关于劳动教养的补充规定的决议》及《国务院关于劳动教养的补充规定》的同时，明确规定：“在劳动教养制度废止前，依法作出的劳动教养决定有效；劳动教养制度废止后，对正在被依法执行劳动教养的人员，解除劳动教养，剩余期限不再执行。”

---

① 1994年《国家赔偿法》初次颁布时其第7条第5款即有此规定，此后历次修正该内容没有变化。

七、监督权集中配置

分析法定的监督权配置的一个重要方法，是不能疏忽行政诉讼、行政复议制度所天然添附的监督效能：凡属于行政复议或者行政诉讼范围的行政行为，当然地纳入层级监督或者司法监督的范围。而且这种监督是由与被监督行政行为利害攸关的行政相对人出于自身利益的权衡提出的，因而是更具体、更及时、更深入的监督。同时，由于行政复议、行政诉讼制度单行法的存在，使这种监督也成为最全面的监督，无须单行法的特别规定而当然地添加到其已经设置的监督体系中。因此，行政复议、行政诉讼的受案范围就是这种监督的效力范围。

理解和把握我国行政诉讼的受案范围，应当特别注意旧《行政诉讼法》第 11 条第 2 款（新法第 12 条第 2 款）的意义：法律、法规规定的可以提起行政诉讼的案件。这一规定从立法技术上保证了在不改变我国现有行政立法体制，甚至不修改《行政诉讼法》的情况下，受案范围也能随着法治化建设的推进而不断扩充。最明显的例子就是《国家赔偿法》对行政诉讼受案范围的扩充，即将行政机关及其行政工作人员行使职权侵犯相对人合法权益造成损害的情形，划入了行政诉讼的受案范围。这就要求行政机关和法院在执法、司法实践中密切关注我国的立法进程，随时纳入最新法律、法规规定可诉的案件，最大限度地依法保护行政相对人的合法权益。

只是现在看来，这个过程及这种做法有点慢。这一历史性荣耀如今已经成为历史。在所有涉及“合法权益”的行政案件都可诉之后，其他法律、法规真没有必要再规定受案范围了。包括《行政诉讼法》本身在内的法律、法规，都不可能找出“合法权益”以外可为行政诉讼保护的合法权益了。

八、裁执权力的分离

党的十八届四中全会通过的《依法治国决定》中提到，要“优化司法职权配置，推动实行审判权和执行权相分离的体制改革试点”。因此在该决定通过后的新《行政诉讼法》审议期间，有关“裁执分离”的议论、建议甚嚣尘上。“裁执分离”的动议几近成功。但其内容却是对现行行政强制体制的重大、实质性调整：由法院负责裁决，由行政机关负责执行。这种意义上的“裁执分离”具有明显的“争权诿责”之嫌（党的十八届四中全会《依法治国决定》所列“立法工作中”的突出问题之一），最终没有通过。仔细分析《依法治国决定》的上述表述，便会发现，《依法治国决定》强调的“审判权和执行权相分离”是建立在“优化司法职权配置”的基础之上的。由此得出的直接结论是，此种新体制试点的对象仅仅是司法职权范围内的“审判权”和“执行权”。具体而言，就是法院系统内部审判庭与执行庭的关系问题，不涉及司法系统外部的行政执行权，也没有要求法院进一步与行政系统分享行政行为的执行权，以实现其与司法的“审判权”的分离。但实践中，倒是确实已经有了法定的“裁执分离”制度，如《行政处罚法》对行政处罚领域的执行体制作了两项重大改革，其一是对自行强制执行权力的普遍规定；其二是对全新的“裁执分离原则”的规定。根据该法的规定，当事人逾期不履行行政处罚决定的，作出行政处罚决定的任何行政机关都有权采取下列措施：（1）到期不缴纳罚款的，每日按罚款数额的百分之三加处罚款；（2）根据法律规定，将查封、扣押的财产拍卖或者将冻结的存款划拨抵缴罚款；（3）申请法院强制执行。当事人确有经济困难，需要延期或者分期缴纳罚款的，经当事人申请和行政机关批准，可以暂缓或者分期缴纳。

上述规定针对当事人逾期不履行行政处罚决定的不同情况，采取了区别对待的方针。这些强制措施是对所有拥有行政处罚的行政机关的强制执行权的统一规定，这就超越了《行政诉讼法》所规定的以申请法院强制执行为主，以行政机关行使固有的强制执行权自行执行为辅的执行格局；代之以申请法院强制执行与行政机关普遍的强制执行权并立，辅之以行政机关固有的强制执行权的新格局。但总的执行方式没有改变，仍以申请法院强制执行和行政机关自己执行两种方式为基本。

“裁执分离原则”是《行政处罚法》专门为罚款的行政处罚规定的执行原则：作出罚款决定的行政机关应当与收缴罚款的机构分离，而其实质是罚款的行政处罚决定的裁决与执行过程在人员、机关、时间、空间上的分离。行政处罚的当事人一般不需要直接向实施行政处罚的机关或其执法人员交纳罚款。但其他行政处罚种类不一定采取这种执行方式。

设立“裁执分离原则”的目的，是防止行政机关在行政处罚过程中兼有行政处罚的裁决权和执行权而可能产生的腐败现象。行政机关如果兼此二权，其罚没的财物就由同一机关管理，此时会出现两种情况：一是行政机关可能自己侵吞其经手的罚没财物或者与财政部门串通，由财政部门返还部分罚没财物；二是行政机关也可能和行政处罚相对人串通，通过私开收据、不开收据或者开大小头、阴阳收据的方法，使罚没财物直接流入个人或者小集体的“小金库”。这表明，行政处罚的裁决权和执行权合一不仅会使国家大量的罚没财物流失，而且容易滋生腐败。当然，最重要的是，由于行政处罚的裁决权和执行权助长的行政执法人员的骄横跋扈，败坏了社会风气，进而对行政机关的形象及行政管理活动的实际效果产生极坏影响。试想，如果行政执法人员实施行政处罚的目的是从中捞取个人好处，再好的法也得不到很好的执行。

“裁执分离原则”是按照职能分离的原则建立的，职能分离首先是行政系统内部行政职能的分离，即行政机关中在同一案件承担调查、追诉、听证、裁决和执行职能的行政人员应当彼此独立，各司其职，这是自己不能作自己法官原则的最起码要求。

九、职权冲突的调适

许多行政管理活动中会出现行政机关之间发生管辖权限争议的现象，如卫生行政执法领域中的县畜检站与县防疫站之间的行政处罚管辖权限之争。这种现象在行政执法中的反映是，不同行政机关对行政相对人的同一违法行为实施两次以上的行政处罚。在行政诉讼过程中的表现则是，不同的行政机关对同一违法行为的处理权限存在争议，一个行政机关对另一个行政机关所作的行政决定有不同看法，以第三人身份加入业已开始的行政诉讼中。法院在审理行政案件、确定被诉行政行为的违法性的同时，也一并审理了行政机关之间的权限争议。

这种职权冲突有积极和消极两种表现形式。积极冲突，是指行政机关就该行政管理事宜或管辖权限的归属，各方都认为自己有行政管理职权，也就是各行政机关“抢”行政管理权。这种情况一般出现在行政管理“有利可图”的领域，行政机关为了自身利益而对行政相对人同时实施管理。行政相对人肯定不希望多头执法、受此“待遇”，宁可“从一而终”。

消极冲突，是指对该行政管理事宜或权限的归属，各行政机关都否认自己有行政管理职能或者职权，也就是各行政机关互相推脱、相互扯皮的情形。这种情况一般出现在行政管理或者行政处罚“徒劳无功”时，行政机关为了逃避职责而对行政相对人的要求不管不问，或者久拖不决。此时，行政相对人一般希望尽快确定行政管理主体以解决问题。

行政机关间的行政权限争议属于行政系统内部的行政争议，无论是积极的，还是消极的，都以在行政系统内部解决为宜。因此，无论从哪种意义上理解对行政机关的行政职权加以协调的含义，也无论这种协调解决的是哪类行政冲突，在行政管理实践中，这种协调功能都是必不可少的。但这一职能的行使不是一般的行政机关所能胜任的，因为它所要解决的问题是行政机关之间的争议，若无一定的级别和行政管理技巧，是无法完成这一使命的。

法院作为审判机关，不可能了解行政系统内部各组成部分、各行政部门之间的复杂关系，由法院解决行政权属争议，仅限于法律对争议双方的职权有明确规定的场合，除此之外，一般应由争议双方的共同上级行政机关出面。

对行政机关的行政管理权限争议的解决方式，虽有上述原则，但就具体的行政案件而言，我国法律在《行政处罚法》以前并没有统一明确的规定，因此在实际操作上也很不一致。出现行政机关互相推诿的情况还比较简单，这时牺牲的一般是管理相对人的利益：没有一个行政机关肯出面保护其合法权益。比较复杂的是，行政机关之间发生积极的权限争议时，往往久拖不决，使行政相对人的权益长时间不能稳定。

《行政处罚法》的颁布，在这一领域率先建立了全国一致的行政处罚权限争议的解决模式。该法第 21 条规定，对管辖发生争议的，报请共同上一级行政机关指定管辖。根据这一规定，行政处罚权限争议，无论是积极的还是消极的，均由争议双方的共同上级行政机关指定其中某个机关（未必是争议机关）为有权管辖机关。共同上级行政机关可以是争议机关共同隶属的政府机关，也可以是争议双方共同所在行政区域的本级政府。

《行政处罚法》第 24 条还规定，对当事人的同一个违法行为，不得给予两次以上罚款的行政处罚。该原则也可用于处理某些行政管辖争议。对同一违法行为依法都有处罚权的 2 个以上的行政机关，其中 1 个已对该行为实施罚款的，其他行政机关不得对该违法行为再给予罚款的行政处罚。

以上所说的均是处理行政权限争议个案的原则，对于一个地区或一个时期内具有普遍性的行政权限争议，《行政处罚法》第 16 条规定，国务院或者经国务院授权的省、自治区、直辖市人民政府可以决定一个行政机关行使有关行政机关的行政处罚权，但限制人身自由的行政处罚权只能由公安机关行使。这一规定允许国务院授权省级政府统一规定本行政区域内具有普遍性的行政权限的归属，即相对集中行政处罚权。

除此以外，《行政处罚法》第 22 条还规定了非行政系统内部的管辖权限争议的解决原则：违法行为构成犯罪的，行政机关必须将案件移送司法机关，依法追究刑事责任。这就在行政机关与司法机关之间划清了彼此的主管范围。

十、职权主义的衰落

职权主义的立法表现形式，就是一种立法时倾向于给公权力机关授权的毛病。职权主义在传统立法中的表现几乎无处不在。举一个很可能意想不到的例子：诉讼代表人的推选。有共同诉讼，就会出现极端的情况：一方当事人的人数众多。对于共同诉讼人的人数众多的情形，为了提高诉讼效率，需要由其推选代表人，这是诉讼程序的基本做法。对此，1989 年《行政诉讼法》没有提及，但依其可以参考《民事诉讼法》的通例，实践中确有这样的做法。于是“98 条”第 14 条第 3 款规定，同案原告为五人以上，应当推选一名至五名诉讼代表人参加诉讼；在指定期限内未选定的，法院可以依职权指定。现在看来，法院“依职权指定”的做法，职权主义的色彩有点扎眼，该规定主要是从诉讼效率角度出发的，故要求当事人必须推选。

上述内容，总体而言虽纳入了新《行政诉讼法》[①]，但修改的内容非常多，可以说已经面目全非。一是推选诉讼代表人的前提，限定为“共同诉讼”；二是推选诉讼代表人的主体扩充到“当事人”，而不限于“原告”；三是推选诉讼代表人行为的属性，即义务改为权利，即“应当”改为“可以”，这与以审判为中心的司法体制改革方向有直接的关系（既然要以审判为中心，就要尽可能赋予所有当事人参加审判的权利，不能随便、普遍地“被”代表）；四是取消了法院指定代表人的做法，既然推选代表人是当事人的权利，“在指定期限内未选定的”，是当事人处分权利的结果，不需要“法院指定”。相应地，司法解释的这一规定取消后，法

---

① 2017 年《行政诉讼法》第 27 条、第 28 条。

院也就失去了“依职权指定”的法定“职权”，从而真正放权给当事人。由此导致的结果，无非“当事人一方人数众多”，主审法官掌控局面会有一些挑战，但不能因噎废食，剥夺当事人平等参加诉讼的权利。

以人民为中心，就必然会以人民的权利为本位，无论行政机关还是法院的公权力，都要退而居其次，依职权干预百姓权利行使活动的事应当越少越好。而且从效果而言，当然也是干预得越少，引发的官民冲突越少。

第三节　授权立法的规矩

立法应当如何授权，这是立法的根本问题，也是立法争端的是非之地。从立法技术上看，对授权立法的要求表现在正反两方面：正面的是劝诫，反面的则是对误区的提醒。

授权立法要以维护人民群众的根本利益作为授权立法的出发点，实行公开立法和开门立法，不断推进立法的民主化和科学化进程；要防止重权力、轻责任，重管理、轻保护的倾向，正确处理公民、法人行使权利和国家机关依法管理的关系；要在授权立法中完善对受权主体行使权力行为的监督、制约机制，保护管理相对人的合法权益。

一、依法授权

早在 2001 年《行政法规制定程序条例》第 11 条第 2 项中，就对行政机关的职能设置有一条明确的原则性要求，即符合精简、统一、效能的原则，相同或者相近的职能规定由一个行政机关承担。也就是说，起草行政法规，必须贯彻“精简、统一、效能的原则”，落实这一原则的最具体的措施，就是在行政法规中涉及部门职能设置的条款中，明确将“相同或者相近的职能规定由一个行政机关承担”。

这一规定在 2017 年该条例修订时未做改动，并成为随后展开的 2018 年党和国家机关大规模机构改革的主要核心原则。

二、切实授权

切实授权，就是要实实在在地授权。设立行政机关的目的，是让其履行相应的法定职责，为此必须为其配备足够的但以必要为限的法定职权。对此的要求是：一定要赋予实质性的管理权。授权太虚最大的问题，还不是执法不力，而是行政机关把更多的精力用在与其他机关争权上：将务虚的授权条款，转化为捍卫行政机关的实权。其结果是行政机关紧盯的重点，不是其对外管理对象是否违法，而是相关、相邻行政机关是否侵越了自己的职权。相关行政机关只关注“锅里的”，却忘了吃饭本身，可以想象行政执法的效力和效果。

2011 年《自然保护区条例》第 27 条第 1 款设定了“进入自然保护区的核心区”的行政许可，2017 年对此的修改涉及两点：一是降低行政许可实施机关的“级别”，原来是只有省级以上人民政府、国务院“有关自然保护区行政主管部门”才有许可权，新法则仅在“进入国家级自然保护区核心区”时，才需要国务院有关部门许可，其他情况下均由自然保护区管理机构许可，取消了省级有关部门的许可权；二是通过赋予实质性的审批权，强调“自然保护区管理机构”的实体性。这样修订，表面上看是“架空”了省级“有关自然保护区行政主管部门”，但是实际上，“自然保护区管理机构”许多都是省级“有关自然保护区行政主管部门”的内设机构或者派出机构。如此修改最重大的意义，是减少了管理层级，落实了特定事由特定的机构管理并由其负责的职权职责相统一的体制。

1994 年《预算法》第 72 条规定，各级政府审计部门对本级各部门、各单位和下级政府的预算执行、决算实行审计监督。显然，“各级政府”包括乡级政府，但我国乡镇政府是不设部门的，也就没有该条规定的“审计部门”。对此，2014 年《预算法》修正时，将该处的“各级政府审计部门”修改为“县级以上政府审计部门”，从而堵上了这个漏洞。

三、适度授权

2007 年《政府信息公开条例》第 4 条是有关“政府信息公开工作机构”的规定，即“各级人民政府及县级以上人民政府部门”“指定”的“负责本行政机关政府信息公开的日常工作”“机构”。

2019 年对该条进行修订时，调整了其职能（原为职责）中的第 2 款第 4 项，即将“对拟公开的政府信息进行保密审查”修改为“组织开展对拟公开政府信息的审查”。这实际上涉及三个方面的调整：一是不再强调“保密审查”，因为严格说来，“对拟公开的政府信息进行保密审查”的职能，还真不是《政府信息公开条例》所能明确的，因为《保密法》已经对“保密审查”的主体、职能、权限和程序等作出明确的规定，《政府信息公开条例》只能顺应这一上位法的相应规定，而不宜规定得太细，以免与其抵触；二是强调“组织开展”，这是更具有“推进、指导、协调、监督”性的工作，也足以表明此项工作并不必然包括本不应当由其实施的“保密审查”等工作；三是“对拟公开政府信息的审查”，涵盖了更广泛的内容，如不宜公开或者不宜在当时由本机关公开，等等。如此看来，新条例的规定既扩大了职能的范围，又恰当地把握了分寸，同时还注意了行使职能的方式，确实较旧规定有明确的提升。

1993 年《商标法》第 6 条规定：“商标使用人应当对其使用商标的商品质量负责。各级工商行政管理部门应当通过商标管理，监督商品质量，制止欺骗消费者的行为。”2001 年修正时，将“监督商品质量”删除了，因为这显然是产品质量监督部门的职责。原《商标法》之所以会这样规定，也有其情理在：既然可以规定“商标使用人应当对其使用商标的商品质量负责”，是不是就可以在规定“各级工商行政管理部门应当通过商标管理”时，“顺手”规定“监督商品质量”呢？现在回头看，这多少有些主场立法、徇私立法的嫌疑，不太合适。

四、慎重授权

1994 年《食盐加碘消除碘缺乏危害管理条例》第 20 条第 1 款规定：“为防治疾病，在碘盐中同时添加其他营养强化剂或者药物的，须经省、自治区、直辖市人民政府卫生行政部门、盐业主管机构批准，并明确销售范围。”由此设定了两项行政许可，即分别由省级“政府卫生行政部门、盐业主管机构”实施的“在碘盐中同时添加其他营养强化剂或者药物”审批，但不包括盐中加碘。且不论这两项审批的实施范围有多大、实施效果如何，却从 1994 年一直保留到 2017 年该条例修订。新规定取消了两项行政许可，只要求“符合《中华人民共和国食品安全法》的相关规定”，至于企业能否做到，则是一个事后依法查处的问题，事前的行政许可是不能再搞了。

事实上，这两项行政许可真正涉及的问题是，是否有必要强制性地向食盐中加碘并在全国强制性推广。如此大范围的人类食品添加行动，在世界历史上绝无仅有，因而其影响也绝无仅有。在中国人民生活困难时期存在（是否广泛还不好说，据说仅是地方病）的碘缺乏症，在中国人民生活显著改善，特别是大量人群经常吃海鲜，已经出现碘摄入量过大的症状时，是否还有必要在全国范围内大规模强制补碘，不仅仅是公共卫生政策问题，更是行政权力配置正当性、合法性的宪法性问题。

五、忌自我授权

政府的权力是国家的权力、人民的权力，不是政府部门自己的权力。这一点体现在立法中，就是有些政府部门在自己管理的行政事务范围内，叠床架屋地设置一些不必要的管理环节，相应地赋予自身大而无当的管理职权。

2011 年《城市道路管理条例》第 10 条第 2 款规定："单位投资建设城市道路的，应当符合城市道路发展规划，并经市政工程行政主管部门批准。"这一规定，早在 1996 年该条例首次颁布时就有，但直到 2017 年才删除。之所以将这项权力列入叠床架屋范围内，是因为其保留的内容，也就是原来就有的"应当符合城市道路发展规划"，本身就是一项由城市建设行政主管部门行使的行政许可：建设项目规划许可。也就是说，即使在 2017 年后，单位投资建设城市道路，仍需要向城市建设行政主管部门申请建设项目规划许可，而这个部门通常就是"市政工程行政主管部门"；而且"单位投资建设城市道路"需要"经市政工程行政主管部门批准"的内容，除了是否"符合城市道路发展规划"，就只有"单位"是否有权"投资建设城市道路"了。

修桥铺路，在中华文化传统中，一直是作为一项美德颂扬的。如今单位自己出钱（投资）建设城市道路，有时甚至还要用自己的地（单位享有使用权），建成后既然属于"城市道路"，就要为城市所共享。这样的好事，唯一需要审查的，只能是是否符合城市道路发展规划，其余的审查都无必要。

那么，上述论述与自我授权有什么关系呢？表面上看确实没有什么关系，但实质上有自身赋予管理职权之嫌。

六、忌空白授权

空白授权，主要的还不是将一个大而无当的行政执法权授予某个特定的部门，而是将一个具体明确的行政执法权，授予了并没有具体所指的"有关部门"。

以行政处罚权为例，2007 年《劳动合同法》第 92 条在规定对“劳务派遣单位”的罚则时，所用表述是“劳动行政部门和其他有关主管部门”。这个“有关”就很不好确定，容易理解成所有部门，只要其认为自己的职权与“劳务派遣单位”“劳务派遣”甚至“劳务”“用工”有关。这个范围就太广了，执行起来会非常混乱。当然，造成这种局面的一个主要原因，是立法者本身也有苦衷：各“有关部门”都想管这事，一时又协调不下来。因此，2012 年新法将此处明确为“劳动行政部门”，这既是我国立法技术完善的标志，也是我国在相应领域管理体制理顺、进步的象征。

2007 年《政府信息公开条例》第 3 条第 3 款只是试探性地规定“县级以上地方人民政府办公厅（室）或者县级以上地方人民政府确定的其他政府信息公开工作主管部门负责”，是否由“政府办公厅（室）”负责“本行政区域的政府信息公开工作”，并没有在条例中明确，而是留给地方“县级以上地方人民政府确定”。但在实际操作中，“政府办公厅（室）”负责完全没有问题，也已经成为各地通行的做法。新条例遂取消选择性授权，而将“推进、指导、协调、监督本行政区域的政府信息公开工作”的职责，全部、统一、明确地赋予“政府办公厅（室）”，实现上下对口、左右看齐。

不仅如此，新条例还增加一款作为第 4 款，明确“实行垂直领导的部门的办公厅（室）主管本系统的政府信息公开工作”，即将垂直领导的部门的信息公开工作主管部门也一并明确了。这是 2007 年条例没有注意或者说疏忽的地方：“县级以上地方人民政府”确实“确定”不了也解决不了“实行垂直领导的部门”的职责分工问题。

七、忌泛泛授权

泛泛授权与上述空白授权的区别是，授权上下一般粗，所有的各级行政机关都有权，体现不了上级行政机关的顶层设计职能，也凸显不了基层行政机关抓落实的职责。

前些年的立法有一个普遍的倾向，就是给各级政府的部门“均衡”授权，让大家都有事干，却忽视了中央单位、国务院部门所肩负的顶层设计、宏观监管职能。近年来，这一趋势正在逐步扭转。如 2013 年《麻醉药品和精神药品管理条例》第16条规定："从事麻醉药品、第一类精神药品生产以及第二类精神药品原料药生产的企业，应当经所在地省、自治区、直辖市人民政府药品监督管理部门初步审查，由国务院药品监督管理部门批准；从事第二类精神药品制剂生产的企业，应当经所在地省、自治区、直辖市人民政府药品监督管理部门批准。"显然，这是一个涉及国务院和省级政府两级政府部门的行政许可，为此还专门把精神药品分为两类并区分原料药和制剂，看起来非常复杂。

2016年该条例修订时，简化为"从事麻醉药品、精神药品生产的企业，应当经所在地省、自治区、直辖市人民政府药品监督管理部门批准"，大大简化了表述，降低了事权分配的复杂程度。其实，只要尽职尽责，省级政府药品监督管理部门照样可以把"麻醉药品、第一类精神药品生产以及第二类精神药品原料药生产"企业的生产管理妥当。只有如此分权，"国务院药品监督管理部门"才能分身研究更重大复杂的问题，如"精神药品原料药"出口引发的国际关切。

1987年《计量法实施细则》第29条第1款中规定"国家法定计量检定机构的计量检定人员，必须经县级以上人民政府计量行政部门考核合格，并取得计量检定证件"。显然，"计量检定人员"的考核发证，并不需要"劳驾"国务院"计量行政部门"，故2016年2月6日《国务院关于修改部分行政法规的决定》中，就将其中的"县级以上人民政府计量行政部门"修改为"县级以上地方人民政府计量行政部门"。考虑到在该行政法规的起草、审议过程中，有关部门肯定是全程深入参与的，那怎么还会出现这样低级的立法技术错误呢？放在2016年"为了依法推进简政放权、放管结合、优化服务改革，国务院对取消和调整行政审批项目、价格改革和实施普遍性降费措施涉及的行政法规进行了清理"的新时代、大背景下看似乎不太可能，但在1987年该细则最初起草时，对行政权的认识可未必都有如今的水平。

八、忌琐屑授权

2011年《城市绿化条例》第24条第1款规定，为保证管线的安全使用需要修剪树木时，必须经城市人民政府城市绿化行政主管部门批准，按照兼顾管线安全使用和树木正常生长的原则进行修剪。从字面上看，这项行政许可有个前提，即"为保证管线的安全使用"，但实际上，城市绿化中真正需要"修剪树木"的，主要也就这一个理由，2017年3月1日该条例修订，[①] 删除第27条第2项，正是“擅自修剪”树木。这样看来，此前，我国审批制度改革的道路还真是任重道远：连树木的修剪都需要审批。

九、忌长臂管辖

落实授权的幅度应当适度的原则，就是不要管得太宽。

2005年《进出口商品检验法实施条例》第33条规定：“国家对进出口化妆品生产企业实施卫生注册登记管理……”乍一看，似乎没什么毛病，但仔细一想，显然有点儿托大。这是一项比较“长臂”的管辖权限，因为涉及的“进口化妆品生产企业”不在境内。当然，考虑到这些企业是要向中国出口化妆品的，要求其接受“卫生注册登记管理”似乎也不是不可以。但按照2003年《行政许可法》就已经确定的“谁许可谁实施”[②]“谁许可谁监管”[③] 的原则，实施该项行政许可的有关部门依法还真的要去“核查反映被许可人从事行政许可事项活动情况的有关材料”，不去现场，似乎不太合适。

但2013年，国务院还是取消了这一规定。一并取消的，还有“国家质检总局或者其授权的出入境检验检疫机构签发的进出口食品、化妆品标签检验证明文件”的做法。之所以如此，主要是“为了依法推进行政审批制度改革和政府职能转变，进一步激发市场、社会的创造活力”，“促进和保障政府管理由事前审批更多地转为事中事后监管”。[④]

十、赋权用语的标准化

通常，对行政权的赋予只需直接表述即可，不需要选择性、权利性赋权时才需要的“可以”的引导，除非同时赋予行政主体多项权力或者裁量权力时。

---

① 《国务院关于修改和废止部分行政法规的决定》（国务院令第676号）。

② 2003年《行政许可法》第22条：行政许可由具有行政许可权的行政机关在其法定职权范围内实施。

③ 2003年《行政许可法》第61条第1款：行政机关应当建立健全监督制度，通过核查反映被许可人从事行政许可事项活动情况的有关材料，履行监督责任。

④ 2013年5月31日通过的《国务院关于废止和修改部分行政法规的决定》。

2009年《兵役法》第12条第1款（每年12月31日以前年满18周岁的男性公民，应当被征集服现役。当年未被征集的，在22周岁以前仍可以被征集服现役），以法律条文的形式，比较鲜明地诠释了法律上公民的义务与公权力的关系。2011年修正该法时新增加的内容（普通高等学校毕业生的征集年龄可以放宽至24周岁），进一步强化了该法的一以贯之的做法。上述规定中，"应当被征集服现役"进一步明确了公民的义务，也落实了《宪法》第55条第2款"依照法律服兵役和参加民兵组织是中华人民共和国公民的光荣义务"的原则。正因如此，我国的兵役制度被称为义务兵役制。同时，上述规定中的"可以"，是一种在立法中比较"罕见"的对公权力进行授权的表述方式，不能理解为"公民""可以"不"被征集服现役"。也就是说，19岁至22岁（大学毕业生延长至24岁）不是公民的免"役"期，而是国家及征兵单位"可以"根据需要扩大征兵范围的缓冲期。

之所以用"仍可以"，是需要表达另一层意思：如某些需要多招一些，或者某省区市需要多招一些，或者需要招一些具有特殊技能的，在这些情况下，只要年龄在19岁至22岁（普通高等学校毕业生在24周岁以下）的公民，仍处于"应当被征集服现役"的法定期间内，国家有随时征召他们的权力，他们有随时准备应召的义务，而没有跟国家谈条件的权利。其中，国家随时征召他们的权力，就是一种可以随时行使的自由裁量权，故可以用"可以"。

第四节　法定职责的确立

职责、职能、职权这几个概念，在中国法学理论界还没有完全达成共识，至少在行政法学领域如此。这 3 个词再加上权利、义务、责任，实际上构成了通常所说的法学基本概念的核心。而这 6 个概念又因在公法、私法或者具体地说在民法、刑法与行政法中，都有不同的含义，使概念的定义和使用问题变得更加扑朔迷离。例如，原《立法法》第 6 条、2023 年《立法法》第 7 条的规定中，在“立法应当”“科学合理地规定公民、法人和其他组织的权利与义务”之外，当然还会规定其“责任”；在规定“国家机关的权力与责任”之外，还应当包括其“职责”，否则“法无授权不可为”固然有了着落，但“法定职责必须为”仍无所依托。

其中最难界定的，就是本章所要讨论的职责。因为在民法和刑法中，职责这个概念似乎没有明确的指向，只需要辨析权利、义务、责任就可以了。而在公法领域，特别是行政法领域，必须厘清职责与其他 5 个概念的关系。

2018 年《刑事诉讼法》中只有一处提到“职责”即其“附则”中的第 308 条第 2 款：中国海警局履行海上维权执法职责。尽管 2018 年机构改革后，中国海警局已经不再是行政机关［“海警队伍转隶武警部队。按照先移交、后整编的方式，将国家海洋局（中国海警局）领导管理的海警队伍及相关职能全部划归武警部队”］，但对其法定职责的这一表述仍支持一个观点：职责不是普通老百姓（包括其组织的公司等民事组织）能有的。

一、法定职责与职权

理解法定职权与法定职责的关系，离不开第三个概念：职能。这三个概念的关系可以简述为：职能是行政机关（可拓展到公权力机关）的事权管辖范围，其具体确定可以由法律概括性地规定，但不一定十分明确，也不需要十分明确；职权是包括行政机关在内的公权力机关为履行其职能而依法获得的公权力保障；职责则是依法确立的公权力机关必须履行的使命。

可见，职责较之职能，更具有法定性的要求。或者说，职能可以不是法定的，但职权必须是法定的；而职责更需要以法定为前提，没有法律的要求，公权力主体就没有职责可言。这正是党的十八届四中全面强调“法定职责必须为、法无授权不可为”的全部精神要旨所在。

理解及界定法定职责必须涤除的一大干扰，是对法定职责与责任特别是法定职责与法律责任关系的误会。通常情况下，只要不使用简称，职责与责任、法定职责与法律责任，大家还都是分得清楚、说得明白的。但一涉及一些似是而非的口号式语言，如有权必有责，有些人就犹豫了：这里的“责”是职责还是责任？显然是后者。

二、法定职责必须为

《依法治国决定》明确提出，“行政机关要坚持法定职责必须为、法无授权不可为”，“坚决纠正不作为、乱作为”。也就是说，享有法定职责就必须有所作为，不能不作为；且履行法定职责必须依法，不得乱作为。中央文件将法定职权与法定职责、作为与不作为的关系表述得如此准确明了，对广大行政机关及其工作人员的思想和观念的震撼力、威慑力，都是史无前例的。

2001年《职业病防治法》第50条第1款规定，“职业病病人依法享受国家规定的职业病待遇”。如果仅作为宣告性条款，这样写也就可以了。但如何操作呢？特别是“职业病病人”享受不到“国家规定的职业病待遇”时，去找谁或者先找谁呢？2011年修法时显然注意到了这个问题，非常巧妙地在上述规定前只增加了“用人单位应当保障”几个字，就基本解决了这个立法及实践中都无法回避的大问题：“国家规定的职业病待遇”由“用人单位”负责“保障”，如果“职业病病人”“享受”不到“依法”应当“享受”的“待遇”，可以通过检举控告、劳动仲裁、诉讼等途径依法要求“用人单位应当保障”。而其“依法”采取救济的法律依据，就是本条的规定，特别是修改后“用人单位应当保障”的规定。否则，即使“国家规定”了“职业病待遇”，职业病人享受不到而找用人单位，用人单位还可以说国家或者法律也没有规定“用人单位应当保障”啊。

三、行政不作为疑云

“行政不作为”，作为一种说法，在行政法领域很常用，但立法上却罕见。新《行政诉讼法》第 26 条第 3 款提到的“起诉复议机关不作为”，是近年来立法领域为数不多的应用实例，但还不能说这是“行政不作为”全面引入立法的范例。

鉴于此，“行政不作为”仍只是学理概念，不能算法律概念。其在法律上的准确表达是“行政机关不履行法定职责”，如新《行政诉讼法》第 38 条“起诉被告不履行法定职责的案件”，同法第 12 条第 1 款第 6 项的规定：法院受理行政相对人“申请行政机关履行保护人身权、财产权等合法权益的法定职责，行政机关拒绝履行或者不予答复”而提起的诉讼。

讨论行政不作为，不可能回避法定职责。但究竟什么程度的职责属于法定职责，学者们往往含糊其词：行政机关的法定职责是由法律、法规或规章所规定的；但究竟何种规定、什么样的具体表述才构成法定职责，则语焉不详。执法实践中大量存在的判断行政不作为的疑难，许多与法定职责的认定不清有关。对此，比较宽泛的理解是，行政机关的法定职权，就是其法定职责。或者说，行政机关具有一般的积极行使其法定职权以保护相对人合法权益的法定职责。反过来说，如果行政机关想证明自己不负有某种法定职责，最简单的办法是证明自己没有特定法定职权。但严格说来，如此界定法定职责确实有点儿不负责任，事实上也与法定职责的实际规范情形有较大的出入。

根据我国宪法确立的“一切国家机关及其工作人员必须全心全意为人民服务”的宗旨和履行有关法律、法规的规定，我国许多行政机关都负有保护公民、法人或者其他组织人身权、财产权的法定职责，如工商机关有保护生产厂家新产品商标权和消费者利益的职责，专利机关有保护发明人专利权的职责，公安机关有保护广大人民群众生命财产安全的职责等。

对行政不作为概念的认定，必须区分不同的认识主体、认定阶段。从行政复议申请范围的角度考虑，凡是行政相对人请求行政机关从事某种活动，行政机关的反应（或者说行为）未符合请求人要求的，从请求人角度讲，就可以称之为不作为。

但行政复议申请阶段讨论的行政不作为，仅仅是申请人一方的“认为”，是一种单方面的主观判断，还不是法律意义的定性。在行政复议审理、决定阶段，还会涉及不作为的法律定性问题，届时，经行政复议对申请人指称的被申请人的“不作为”作出法律定性后所认定的不作为，才是具有法律效力的认定（尽管这种认定往往还需要行政诉讼的进一步验证）。

“不作为”就是行政机关不履行法定职责。这一点，旧《行政诉讼法》已经涉及，但没有明确用这一表述。新行诉法虽然在受案范围一章中仍与旧法保持一致：只说事、不归类。但在后续条文中，确实出现了“不作为”的文字：“复议机关在法定期限内未作出复议决定，公民、法人或者其他组织起诉原行政行为的，作出原行政行为的行政机关是被告；起诉复议机关不作为的，复议机关是被告。”[①]据此，可以进一步确信，立法实践已经承认不作为的学理界定：行政机关不履行法定职责。

四、许可职责的简省

随着“法定职责必须为”观念在行政管理领域的日益普及，行政管理体制改革出现了一个新的动向，就是清减、简省法定职责。行政审批制度改革中对于许多行政许可事项的简并，就附带地产生了这个效果。因为每一项法定的行政许可，都是一项依当事人申请而必须行使的职权，从职责的角度看就是必须履行的法定职责。

2004年《公司法》第175条第1款规定，公司应当在每一会计年度终了时制作财务会计报告，并依法经审查验证。从字面上看，由于没有规定“审查验证”的审查主体、程序等，似乎不能认定其为一项行政许可，或者是一项行政行为的授权依据。但是在实践中，“有关部门”如果将其作为“执法”依据，相应公司也没有办法。事实上也正是如此，否则为什么要在《公司法》中不明不白地写这么一句。

为了强化立法授权的权威性、简政放权、精简审批事项，2005年《公司法》修订时，相应内容调整为“依法经会计师事务所审计”（第165条第1款），从而将一条比较含糊的、行政权介入经济事务的规定，“降格”为平等主体之间的社

① 新《行政诉讼法》第26条第3款。

会中介机构的第三方审计制度。这对于弱化市场上的行政意志、营造宽松的营商环境，都大有裨益。毕竟，对公司财务会计报告最为关注的，也许还不是政府及其主管部门，而是公司的投资人、交易方、公司员工等。将“公司财务会计报告”的“依法审计”交给更为专业、职业的“会计师事务所”，辅之以利害攸关方的“十目所视”，对公司的财务状况，政府也大可以放心了。

五、哗众承诺的简省

大而无当的哗众承诺的简省，涉及实践中更为普遍的另一种现象：由于对“职责”特别是“法定职责”的理解不深不透，特别是对“法定职责必须为”的政治信条缺乏起码的政治敏锐性，更对《行政诉讼法》已有30余年历史的“不履行法定职责”可诉的制度现实信息闭塞，规定行政机关职责、承诺的文件很多。许多县乡一级的政府或者部门，出于对“依法行政”的误解或者一时心血来潮，常用自发文件、公告的形式，承诺一些法律、法规、规章没有规定的“职责”“程序”或者做法，表面上看似乎“有求必应”，实际操作时却虎头蛇尾，颇似当年州官乱点的烟火，让老百姓空欢喜一场。为此，需要对“法定职责”的设定层级有一个底线，这就是规章。规章以下的规范性文件可以规定更为宽泛的承诺，但因为已经不是通常意义上的“法”所设定的，不能作为“法定职责”，强求行政机关应诺。

当然，对于行政机关而言，如果经常通过规章以下的规范性文件滥施承诺、“拍胸脯”大包大揽，事到临头又缩头缩脑、拒不兑现自己的承诺，长此以往，势必严重影响该行政机关甚至整个国家机关的信誉。这个问题，目前可以借用的法定路径，只有通过规范性文件事前的合法性审查、事后的备案审查等机制予以扼制。当然，行政诉讼也不是完全无所作为。对于行政相对人起诉行政机关不履行自己承诺的“职责”的案件，法院也可以受理，但需要教示行政相对人一并请求审查“承诺”文件，在确认行政机关不履行自己承诺的行为因“明确不当”而违法（因无可撤销的内容）的同时，一并确认其“承诺”文件无效。

六、履责期限的价值

由于2014年《行政诉讼法》修正时，其第12条第1款第6项将“行政机关履行保护人身权、财产权等合法权益的法定职责”的范围扩充至“保护人身权、财产权等合法权益”，从而将所有涉及合法权益行政保护的案件都纳入行政诉讼范围。

但原《行政诉讼法》在规定此类案件时，没有明确行政机关不履行法定职责的一般期限，当时及以后的法律法规中对此予以明确的也不多。原司法解释弥补了这一缺漏[①]：除“紧急情况”外，统一规定了一个60日的履责期限；并规定，法律、法规、规章和其他规范性文件对行政机关履行职责的期限另有规定的，从其规定。“98条”依是否属“紧急情况”而对不履行法定职责的上述区分，即一般的法定职责履责期限是60日，紧急情况下涉及人身权、财产权的法定职责，则要特事特办，不能拖至60日，现在看来很有价值，并为新《行政诉讼法》所吸纳。

但“98条”上述规定也有问题：如此一来，行政机关通过的任何规范性文件中就履责时限所作的各种“严于律己”的承诺、表态等，都被视为具有法律效力的履责期限，统一纳入“不作为”案件的认定标准。这一规定的罕见之处在于，将规章及其以下规范性文件，都纳入了法院认定履责期限的依据之列，与《行政诉讼法》一贯坚持的依据法律法规、参照规章原则明显不同。当然，从规范行政机关行为的角度出发，也不全是坏事，“懂事”的行政机关应当由此悟出些门道，对于抑制其“轻诺寡信”会有所帮助。这可以视为司法系统的好意，目的是希望借此提醒行政机关。经过“98条”20年的实践，这个提醒的“人情”已经尽到，如今要严格依法办事了。

通过统一立法规定行政机关履行法定职责的期限，这一本来应当由“行政程序法”规定的重要内容，在该法阙如的情况下，看来也只能由包括司法解释在内的“行政诉讼法”弥补了。于是，新《行政诉讼法》第47条第1款正本清源，在吸收原司法解释合理内容的同时，只授权法律、法规作例外规定，删除了“规章和其他规范性文件”。与此相呼应，“163条”第66条也删除了相应内容，规定原告依据新法上述规定起诉行政机关不作为的，应当在行政机关履行法定职责期限届满之日起6个月内提出，即重申仍适用普通起诉时限。

新司法解释第66条的内容，几乎全文重复新法第46条第1款。其必要性，

---

① “98条”第39条第1款。

或许在于或者说至少实际上弥补了新法第 47 条第 2 款的一个小瑕疵：由于在“前款规定”后增加“期限”，而“前款规定”的内容虽然落脚于“期限”，但不限于“期限”，加上“期限”以排除可能的例外，指向性更加明确，有助于减少不必要的误解。但由此也产生了一个新的问题，就是“前款规定”的并不是“提起诉讼”的“期限”，而是“行政机关不履行的”“期限”，这个期限是“2 个月”，而“提起诉讼”的“期限”通常是“6 个月”，这个“期限”正是由新法第 46 条第 1 款规定的。

此外，行政履责类案件涉及一个非常热门的领域：投诉举报。对投诉举报，收到投诉举报的税务、公安等行政机关拒绝处理或者不予答复，是否可以据此提起行政诉讼？或者说，受理并处理投诉举报是不是行政机关的法定职责？

对此的回答，分两个阵营。决然地说是或者不是，其实都没有参透我国投诉举报制度的真谛。我国的投诉举报分两种，一种是赋予行政相对人投诉举报权，但没有相应地规定收到投诉举报的行政机关有处理的职责，具有代表性的表述是公民、法人或者其他组织有权投诉举报，然后就没有下文了，即对收到投诉举报的行政机关是否有义务或者更准确地说是否有处理相应投诉举报的法定职责，没有明确规定。此时，不能说行政机关负有法定职责，投诉举报人也就不存在要求行政机关履行法定职责的合法权益。

另一种是法律、法规（可以包括规章，因为涉及职责的自我设定）虽然没有明确赋予行政相对人投诉举报权，但明确规定收到投诉举报的行政机关有处理的职责，如明确规定了处理机关、处理程序（特别是处理期限）、处理标准、不处理的法律责任等。此时，可以认定行政机关依法负有处理相应投诉举报的法定职责，拒绝处理或者不予答复的，依法可以对其提起行政诉讼。

当然，严格以是否有法定职责为标准界定投诉举报类不作为案件的可诉性，未被司法解释采纳。“163 条”第 12 条第 5 项采取的是双重标准：首先要求投诉举报人必须“为维护自身合法权益向行政机关投诉”，其次才要求行政机关“具有处理投诉职责”。这种标准看似严谨，但实际上大大限制了此类案件的范围。但从行政系统着眼，必须看到这是司法系统极大的“善意”：即使在法律、法规（包括行政机关严格自律时的规章）明确规定行政机关“具有处理投诉职责”时，仍不承认投诉的行政相对人本身就具有了对其投诉应当得到“处理”的独立的“合法权益”，由此就可以将那些不是“为维护自身合法权益”而只是“向行政机关投诉”的人拒于法院之外，进而可以阻断于行政机关门外，使明确规定行政机关“处理投诉职责”的法律、法规（包括行政机关严格自律时的规章）成为废纸。

七、法定职责的表达

抽象地在理论上辨析法定职责的概念，暂时无法达成共识。但立法及对法律的理解适用一刻都不停歇，也不容停歇。

因此，从现行立法的实际表达来探寻法定职责的实际应用场景，可能是一个比较现实的解决问题的方法。只是现行立法在如何算是明确界定了一项法定职责方面，也没有一定之规。

好在 1989 年《行政诉讼法》第 11 条第 1 款第 5 项早在 30 多年前，就作出一个规定：“申请行政机关履行保护人身权、财产权的法定职责，行政机关拒绝履行或者不予答复的”，属于“人民法院受理”的行政案件的范围。这就为此后 30 多年不作为即不履行法定职责类案件的分析、研究及对相应立法表述的追根溯源，奠定了扎实的实践操作与理论研究的宏大根基。

除了 2017 年《行政诉讼法》第 12 条第 1 款第 3 项（行政许可）、第 6 项（申请履行法定职责）、第 10 项（抚恤金、最低生活保障待遇或者社会保险待遇）规定的 3 种情形外，其他不作为类案件存在的前提是：行政机关必须有相应的法定职责，且申请人正式向其认为有法定职责的行政机关提出了履责申请。现实生活中，这种情形最主要的表现，是目前立法和执法实践中广泛存在的投诉举报制度。

由于现行立法对投诉举报制度没有统一的立法，各单行法对投诉举报的规定不仅用语不尽一致，对行政相对人是否有投诉举报权、行政机关是否必须处理以及对处理行为是否可诉，都没有统一、明确的说法。为了解决这些问题，原国务院法制办行政复议司会同国务院 10 余个部门及 10 余个省级政府法制办的同志，专门于 2014 年末在南京、上海会商。主要成果和共识有 3 点：

一是法定职责的立法表述。法律、法规、规章有下列规定之一的，可以认定行政机关具有处理投诉举报的法定职责：

1. 明确规定行政机关“应当”处理相应投诉举报的；

2. 明确规定负责具体处理的行政机关的；

3. 明确规定处理期限的；

4. 明确规定处理程序的；

5. 明确要求有关行政机关必须答复的；

6. 其他可以认定行政机关有法定职责的情形。

二是有无投诉举报权不影响处理投诉举报的法定职责的判定。无论法律、法规、规章是否规定了行政相对人的投诉举报权，只要没有明确规定行政机关必须处理相应投诉举报的法定职责，行政机关就享有对投诉举报是否处理的自由裁量权。行政相对人向该行政机关投诉举报的，行政机关不予答复或者告知投诉举报人不予处理，投诉举报人对此类答复不服申请行政复议的，不属于行政复议范围。

三是只要存在不履行法定职责的情形，就可以复议或者诉讼。无论法律、法规、规章是否规定了行政相对人的投诉举报权，只要明确规定行政机关处理相应的投诉举报的法定职责，行政机关就应当按照相关规定处理相应的投诉举报。行政机关对投诉举报不予答复、不予受理或者明确拒绝处理的，投诉举报人有权申请行政复议或者提起行政诉讼。

需要特别说明的是，上述三点中，法律、法规、规章都是并列的，这显然与本书强调法律法规与规章的区分有明显的不同。这正是笔者的观点所在：法定职权不可以自相授受，但法定职责就不一定了。如果行政机关，特别是高级别的、具有规章立法权的行政机关自我从严要求，以规章的形式庄严承诺处理行政相对人的投诉举报，到了具体处理这些投诉举报时，能说不是将法律法规的规定置之不理吗？这里面涉及一个重要的行政法治原则，就是信赖保护。

《依法治国决定》提出，要“健全行政裁决制度，强化行政机关解决同行政管理活动密切相关的民事纠纷功能”。由行政机关解决同行政管理活动密切相关的民事纠纷的做法，在我国有悠久的文化传统和丰富的实践经验。行政机关将其法定权力与其投诉举报的法定职责有效衔接、合理嫁接，就可以构建我国新型的行政裁决制度。当然，从行政诉讼角度分析，由于作出具有法律拘束力的行政裁决的权力，需要由法律、法规明确授权。在法律、法规授权之前，行政机关履行其投诉举报职责、解决同行政管理活动密切相关的民事纠纷，主要有两种方式：一是对违法民事侵权行为的一方当事人，根据行政管理方面的法律、法规的规定予以行政处罚；二是在行使行政处罚等法定职权过程中，对同行政管理活动密切相关的民事纠纷进行调解，促使双方达成与行政裁决内容相同的和解协议，解决双方的民事纠纷。但在目前情况下，行政机关不履行其法定的处理投诉举报职责的行为是可以诉讼的；但其不履行调解、不作出行政裁决的行为，因为不是其法定职责，不能提起行政诉讼。

行政不作为类案件的形成必须具备三个条件，其中最基本的，是行政机关有法定职责（另外两个条件是申请和不履责）。既然是法定职责，按一般对“法”的理解，应当是指法律、法规、规章规定的法定职责。在我国，各行政机关依法都有各自的职能分工，即各自的事权（或者说主管、职掌），这是对行政机关法定职责的一个大致的导引。如果行政相对人选择保护机关错误（如寻求工商部门保护环保权益），该行政机关因而拒绝的，行政相对人不应针对该机关提起行政诉讼；即便执意起诉，也会不予受理或者受理后驳回起诉。

八、法定职责的落实

2017 年《行政诉讼法》第 3 条第 3 款明确规定，“被诉行政机关负责人应当出庭应诉”，这是立法明确规定的“被诉行政机关”及其“负责人”共同的法定职责。遍查我国现行立法，如此明确、具体地界定特定个人的法定职责的情形屈指可数，开会、出差、调研等，哪个也没有比法律明文的上述规定更明确的法律依据吧？据此，行政机关负责人不出庭的“正当事由”可能根本就不存在。

更为重要的是，“行政机关负责人有正当理由不能出庭应诉”而应当向法院说明的，一般不能理解为“行政机关”的一个“负责人”不能出庭应诉的正当事由，而应当是该行政机关的所有负责人都不能出庭的正当理由。因为“被诉行政机关负责人应当出庭应诉”不能理解为“被诉行政机关”某个“负责人应当出庭应诉”。许多人，包括某些“立法者”可能不这样理解。应当说，他们都对“行政机关”挺好的，只是他们的善意掩盖了对法律字面含义的理性分析和理解。

同时，在只要“行政机关的正职、副职负责人以及其他参与分管的负责人”出庭就可以满足“行政机关负责人应当出庭应诉”要求的情况下，要为行政机关的所有负责人都不能出庭应诉找到一个“正当理由”，或者说为该行政机关没有一个负责人可以履行法定职责找到一个“正当理由”，的确是非常困难的。通常，“行政机关的正职、副职负责人以及其他参与分管的负责人”少说也有三五个，他们都有正当的理由不能出席通常情况下只有正职才能出席的法定场合，但凡做过公务员的，都难以想象出不能出席的理由，除非他们真不想去。在这种情况下，最值得称赞的，就是那些认同这些理由的“正当”性的法官了；特别是当行政机关只提供一位“行政机关负责人不能出庭应诉的”“正当理由”时。由此可见，现行《行政诉讼法》及其司法解释中有关“行政机关负责人应当出庭应诉”的规定，着实将法院陷于一种两难境地。

九、不作为的法律责任

在认同“不作为”就是“不履行法定职责”的前提下，不作为的法律责任，就是不履行法定职责的责任。不作为，虽然没有强有力的现行立法依托；但不履行法定职责的法律后果，倒是既有法律的明确规定，又有司法的强力实践，更有广大行政相对人的监督。

但在司法实践中存在一个小瑕疵：拖延履行法定职责。

履责判决，或称责令履责判决、履行判决，即法院要求被告履行法定职责的判决，是法院经过对行政案件的审理，认定被告确实有不履行保护相对人的人身权、财产权等合法权益的法定职责的不作为情形，并责成其在一定期限内履行该法定职责的判决。

1989年《行政诉讼法》第54条第3项规定，被告不履行或者拖延履行法定职责的，判决其在一定期限内履行。这是旧法施行时期，履责判决的基本依据。但这个规定确实存在问题，“拖延履行法定职责”，是不是还是履行了，再“判决其在一定期限内履行”，那不构成重复履行了吗？没有这个必要。

新法删除了“拖延履行法定职责”，实际上也确实没必要写。因为到判决时还没有履行的，肯定已经不是拖延了，而就是“不履行”了。法院此时没有必要再为被告“遮掩”。更重要的是，2018年新司法解释第81条第3款已经给被告“留了”后路：原告起诉被告不作为，在诉讼中被告作出行政行为，原告不撤诉的，法院应当就不作为依法作出确认判决。因为在这类案件中，被告在诉讼中才作出行政行为，从法律上讲，已经晚了。如果“原告不撤诉”，法院不能以行政机关已经“作为”为由，驳回原告的诉讼请求，必须“就不作为依法作出确认判决”。这一规定表面上看，似乎还要看情况以具体落实“确认判决”的内容，但实际上，法律已经“就不作为”定性了，而“不作为”就没有依法的。所有定性了的“不作为”，都是违法的不履行或者不及时履行法定职责的行为，都应当确认违法，没有回旋余地。据此，上述规定实际上已经明确地建立了如下规则：原告起诉被告不履行法定职责，被告在诉讼期间履行的，要分别根据原告是否同意撤诉下裁判；仅在判决前“查明被告”仍“不履行法定职责的，判决被告在一定期限内履行”。

第五节　行为内容的规范

本节的初衷，是想讨论对行政行为的规范。

行政行为的规范，是一个横跨行政立法、行政执法与行政司法的综合性议题。其中立法，不是规范行政行为的全部，却是其中最重要的部分和环节。如果不在立法这个源头，从实施行政行为的职权及程序的设定入手，后续的严格执法及执法监督，都将会因无法可依而流于形式。

不仅如此，就本书而言，有相当多的篇幅，如主体、程序、权限、责任等，都涉及行政行为的规范。甚至本书的全部，都可以视为对行政行为的监督。

从以上两个方面看，行政行为的监督都因立论过于宏大，而不宜在一章讨论。

于是退而求其次，可不可以在一章的容量范围内，探讨一下立法对行政行为内容的规范呢？

之所以提出这个问题，是因为随着我国行政立法的发展，虽然还没有对于行政行为的统一实体法典，即行政法法典，但对于行政行为的某些特定类别，如行政处罚、行政许可、行政强制等，单独的立法已经行世多年了。这些单行法的规定，勾勒了相应专门行政法律制度的实体立法要求。虽然这些要求不能泛泛地纳入立法技术的范畴，但也是必须遵循的更为明确具体的依法立法的严格要求。

但为了更加突出这些实体性要求的内容，最终还是决定将其单独列章，这就是本书第三章中各节的由来。

第六节　法律程序的设计

程序存在的价值或者说意义，首先在于其对行为的理性控制。经过多年反复实践打磨出来的做法，如能通过立法固定为法定的办事程序，确实会对提高公权力行为的质量，起到很好的促进、保障作用。

一、程序是理性需求

立法对程序的重视，在跨越 20 年以上的法律文件的立法过程中体现得最为分明。1994 年《预算法》第 42 条仅规定：各级政府预算经本级人民代表大会批准后，本级政府财政部门应当“及时”向本级各部门批复预算。但何谓及时？2014 年该法修正时，对“及时”作了明确限定（2014 年《预算法》第 52 条第 1 款）：本级政府财政部门向本级各部门批复预算是 20 日；各部门向所属各单位批复预算是 15 日。

这一进步，在司法解释领域也有体现。原“98 条”第 25 条规定，当事人解除或者变更委托的，应当书面报告人民法院，由人民法院通知其他当事人。新司法解释（第 31 条）删除了“由人民法院通知其他当事人”的旧规。也就是认为此等事实不必通知其他当事人；其他当事人或许也根本不关心这些事。更重要的是，此等事不会影响其他当事人的诉讼权利和义务，而纯粹是法院与各该有关当事人之间的事。由此可以进一步印证一个论断：行政诉讼法律关系都是一对一地发生在当事人与法院之间的，当事人彼此之间并没有行政诉讼法律关系，所有的接触都必须通过法院中介。

2015 年《立法法》修正时对原第 35 条规定的“重要的法律案”的“草案公布”程序作了 4 处重大的修改（2015 年该法第 37 条、2023 年该法第 40 条）：一是不再需要“经委员长会议决定”。这个环节省略后，与“可以将法律草案公布，征求意见”中的“可以”改为“应当”相结合，进一步确立了公开征求意见的原则。

二是公布的内容，也不限于“法律草案”本身，而是“法律草案及其起草、修改的说明等”，而且特别强调要“向社会”公布，以免在实践中被理解为、执行成向“相关领域的全国人民代表大会代表、地方人民代表大会常务委员会以及有关部门、组织”等的“准内部”公开。三是明确要求，“向社会公布征求意见的时间一般不少于三十日”，以避免上午公布征求意见，下午就正式发布的“夕发朝令”。四是明确“征求意见的情况应当向社会通报”，以避免形式主义。在国家立法中明确作出上述要求，被要求的对象又是最高国家立法机关，充分说明，立法中应当明确的，还是要写在明面上，即使是一般人都知道的规则，也不是其可以不写、简写的理由。

2001年《行政法规制定程序条例》第9条仅规定，对列入国务院年度立法工作计划的行政法规项目，承担起草任务的部门应当抓紧工作，按照要求上报国务院。由于如此“上报国务院”的“行政法规”草案，要转由“国务院法制机构”进行立法审查，如果起草单位在“上报国务院”前没有与“国务院法制机构”进行沟通，“上报国务院”后再由“国务院法制机构”发现的一些问题，就需要退件处理。故2017年修改该程序时，特别增加了一个技术性程序环节：上报国务院前，应当与国务院法制机构沟通（第10条第1款），以解决不必要的文来文往。

2001年《规章制定程序条例》第24条规定了“有关机构或者部门对规章送审稿涉及的主要”“问题有不同意见”的协调程序；对于“不能达成一致意见的”，直接规定“应当将主要问题、有关机构或者部门的意见和法制机构的意见上报本部门或者本级人民政府决定”。2017年修订时，对此略作了调整：“……及时报本部门或者本级人民政府领导协调，或者报本部门或者本级人民政府决定。”也就是在报请“决定”之前，增加了一个并行可选的“领导协调”环节。当然，实际操作时，肯定不会同时既报请协调又报请决定，而只会先非正式地请“领导协调”，协调不成的再报请决定。

二、程序的形式主义

程序本身就是形式，程序的形式主义，就是过分的没必要的程序。法治化需要公权力行使规范化、程序化，但也不能为程序而程序，搞形式主义。

1993年《商标法》第25条第2款仅规定，“转让注册商标经核准后，予以公告”，这一规定过分关注于一个形式性或者说与管理者密切相关的问题：“公告”；但忘记或者疏忽了本条款最需要规定，或者说立法最应当关注的核心问题，即其调整的社会关系的内容：权利义务的归属和转移。故2001年修正时，增加了“受让人自公告之日起享有商标专用权”的规定，说出了最要紧的话。

程序形式主义的另一个极端，是过于表现、宣扬程序正义，不计得失地投入没有意义的表面程序中。2007年《政府信息公开条例》第20条第2款第3项规定，政府信息公开申请应当包括：“申请公开的政府信息的形式要求。”2019年修订时，在此之外，增加了“包括获取信息的方式、途径”，解决了公开渠道的问题，但仍没有填平原来允许申请人选择“申请公开的政府信息的形式要求”的“坑”。当然，这个“坑”在另外的地方基本被填平了：2019年新条例第40条，赋予了行政机关“根据申请人的要求”，结合“行政机关保存政府信息的实际情况”，“确定提供政府信息的具体形式”的自由裁量权，特别提到“按照申请人要求的形式提供政府信息，可能危及政府信息载体安全或者公开成本过高的，可以通过电子数据以及其他适当形式提供，或者安排申请人查阅、抄录相关政府信息”。这样一来，2019年新条例第29条保留给申请人的选择权，基本上被行政机关的上述裁量权控制住了，不会再出现被迫复印一大堆资料的尴尬，以及撕毁借阅的原始档案（危及政府信息载体安全）的风险。

三、控制程序的成本

反对程序的形式主义，最根本的目的或动因，是降低全社会对程序的投入。当然，控制程序成本，不限于行政执法成本，而是及于全社会共同负担的综合成本。要避免行政程序的外部化，避免将行政及整个社会的管理成本外部化。让老百姓跑断腿式的程序，肯定不是经济的程序，因而也是无效的程序。

行政执法程序的设计，要尽可能具有可操作性。实现这一要求的重要一点，就是避免“兴师动众”或者“鞭长莫及”。如2001年《商标法》第44条规定，“使用注册商标”时“自行改变注册商标的”“自行改变注册商标的注册人名义、地址或者其他注册事项的”，“由商标局责令限期改正或者撤销其注册商标”。考虑到“自行改变注册商标的注册人名义、地址”，都是非常具体的“小事”，如此“小事”都要让商标局亲躬，是不是有点儿“兴师动众”？实际操作时则难免因“商标局”鞭长莫及而执行不力。2013年《商标法》修正时，就将这一内容调整为“自行改变注册商标、注册人名义、地址或者其他注册事项的，由地方工商行政管理部门责令限期改正；期满不改正的，由商标局撤销其注册商标”（第49条第1款）。新旧对比，高下立见，如此规定至少有两点比较高明：一是使执法更加贴近基层、贴近一线、贴近实践。“地方工商行政管理部门”更接近商标使用的第一现场，如果没有法律的如是规定，即使他们发现此类问题，也需要移送商标局，而现实生活中绝大多数情况下商标局即使想管也“鞭长莫及”。二是给执法者与守法者彼此一个回旋的余地。由于“商标局撤销其注册商标”是在“地方工商行政管理部门责令限期改正”后，是对“期满不改正”者的进一步措施。如此先礼后兵，充分体现了教育与惩治相结合、法治与德治相统一的法治理念，其立法站位有明显的提升，实际执行效果也不言而喻。

四、法定程序的反复

法定程序是管理程序的凝练，必须相当精粹，反复、重复则是其大忌。

2009年《食品安全法实施条例》第20条中规定，设立食品生产企业，应当预先核准企业名称，依照食品安全法的规定取得食品生产许可后，办理工商登记。在当时普遍实行“先证后照”的管理模式下，“依照食品安全法的规定取得食品生产许可后，办理工商登记”的规定并无不妥。但上述规定的“显眼”之处在于，增加了一句“应当预先核准企业名称”，这本属于“办理工商登记”的程序内容，即使不写，也不会遗漏；但写出来，就显得有点儿重复。

2016年该条例修订的主要任务就是“先照后证”的改革。“先证后照”的顺序颠倒后，“应当预先核准企业名称”与“办理工商登记”的程序就可以合而为一了。但国务院的修订决定更为简捷，直接改为“食品生产经营者应当依法取得相应的食品生产经营许可”。那“办理工商登记”怎么办呢？这里不必再说了。但并不意味着不必再办。

此处的修订，结合2016年《国务院关于修改部分行政法规的决定》中对多部行政法规中的“设立”改为“从事”，都反衬出此前的“先证后照”确实有些逻辑不通：一方面，企业尚没有成立，怎么去办各种许可证，凭什么相信其具有从事行政许可事项的资格和条件？另一方面，所有的设定行政许可的规定，都从

“设立”相应企业入手，这本来不是工商登记需要解决的问题吗？

当然，在任何时代、对任何事，做“事后诸葛亮”都很容易，但从立法往事中汲取营养，何尝不是我们避免后人再当我们的“诸葛亮”的一条门径呢。

五、行政程序外部化

所谓行政程序外部化，曾经是行政机关的一种通病；体现到立法环节，就是将本来应当由行政机关承担的程序义务，转嫁给行政相对人。

行政程序的外部化，与政府信息的内部化、私有化有一定关联。其极端表现，就是“宁让百姓跑断腿、不愿鼠标点一点”：政府本来掌握的或者可以在行政系统内部互联互通的信息，却让老百姓自己复印、往返提供。

2006 年《娱乐场所管理条例》第 11 条分 2 款规定：“申请人取得娱乐经营许可证和有关消防、卫生、环境保护的批准文件后，方可到工商行政管理部门依法办理登记手续，领取营业执照。”“娱乐场所取得营业执照后，应当在 15 日内向所在地县级公安部门备案。”据此，“工商行政管理部门依法办理登记手续”的前提，是“申请人取得娱乐经营许可证和有关消防、卫生、环境保护的批准文件”。但“申请人”取得“营业执照后”，何时取得“有关消防、卫生、环境保护的批准文件”，以及是否能取得这些“批准文件”都是不确定的；即使取得了这些“批准文件”，也未必能领到“营业执照”，而没有“营业执照”依法是不能营业的。

2016 年修订该条例时，将其第 11 条大大简化为：“娱乐场所依法取得营业执照和相关批准文件、许可证后，应当在 15 日内向所在地县级公安部门备案。”

这样一改，不确定的因素似乎更多了，如“相关批准文件、许可证”如何确定？如果申请人“取得营业执照”后就大张旗鼓地开门迎客，根本不去办“相关批准文件、许可证”，“县级公安部门”怎么办？因为依该条规定，“公安部门备案”是在“娱乐场所依法取得营业执照和相关批准文件、许可证后”。

更重要的是，无论是“娱乐场所”的“经营许可”还是“相关批准文件、许可证”，都是和“公安部门”同属行政机关的相关“部门”批的。它们都是行政机关，信息往来应当比老百姓与行政机关之间更为畅通。在政府信息网络已经高度发达、至少投入巨资的今天，还要让经营者去“所在地县级公安部门备案”，是不是有点劳民？更重要的是，怎么保证到“所在地县级公安部门备案”的娱乐场所“营业执照和相关批准文件”是真的呢?

六、程序违法的责任

程序违法即“违反法定程序”，是2017年《行政诉讼法》第70条第3项规定的“法院判决撤销或者部分撤销”的法定事由，其位次与“主要证据不足”“适用法律、法规错误”并列，足见其具有仅次于实体违法的严重性。

但在法律的实施中，需要把握程序违法的尺度：司法执法与行政执法差异很大。例如，遗漏当事人或者诉讼请求，在行政执法领域一般不会造成特别严重的后果，但在行政诉讼中出现此类情况是非常严重的：“原判决遗漏当事人或者违法缺席判决等严重违反法定程序的，裁定撤销原判决，发回原审人民法院重审。”① 因为违反法律规定的诉讼程序，可能影响公正审判。②

此处“违反法定程序”显然与2017年《行政诉讼法》第89条第1款第4项规定的“原判决遗漏当事人或者违法缺席判决等严重违反法定程序”有密切关系。

2017年《行政诉讼法》第91条第5项的上述规定，还有一个重要的源头，就是“98条”第80条，大致对应其前4项：(1)审理本案的审判人员、书记员应当回避而未回避的；(2)依法应当开庭审理而未经开庭即作出判决的；(3)未经合法传唤当事人而缺席判决的；(4)遗漏必须参加诉讼的当事人的。这4项内容都涉及诉讼程序，故可以归纳为“违反法律规定的诉讼程序”，至于是否会“影响公正审判”则不一定，故表述为“可能”。但美中不足的是，新《行政诉讼法》第91条第5项只规定了“应当再审”，没有明确由谁再审以及再审后是否要发回重审，这些都需要司法解释予以明确。

“163条”第109条第3款在此基础上，结合下文提到的“原判决、裁定遗漏诉讼请求”，作了一个将二者合而为一的重申性解释：原审判决遗漏了必须参加诉讼的当事人或者诉讼请求的，二审法院应当裁定撤销原审判决，发回重审。只是如此一来，暴露出新《行政诉讼法》立法中的一个问题，即“遗漏诉讼请求”的定性：属于实体性问题还是程序性问题？从新法第91条第5项、第6项看，规定

---

① 2017年《行政诉讼法》第89条第1款第4项。

② 2017年《行政诉讼法》第91条第5项。

程序问题的第 5 项放在规定实体问题的前几项之后，而“遗漏诉讼请求”的第 6 项又在第 5 项之后。同法第 89 条第 1 款第 4 项中，“遗漏当事人”也属于“严重违反法定程序”。而“遗漏诉讼请求”又与“遗漏当事人”密切关联：“遗漏诉讼请求”显然遗漏的是“当事人”的诉讼请求；新司法解释第 109 条第 3 款将二者并列，则进一步印证了这一点。从诉讼规律或者原理分析，“遗漏诉讼请求”表面上看是个程序问题，但其实涉及最根本的实体问题。试想，在遗漏了所有诉讼请求的极端情况下，案件还有实体问题吗？能说此时的法院进行了实体审理吗？或者说，认定没有审理任何诉讼请求的庭审只违反了法定程序有何法律意义？上升到政治高度，落实中央“以审判为中心”的要求，究竟是以实体审理为中心，还是以审理程序为中心？

当然，从严格依法行政的角度讲，行政执法与司法都是法律的适用，对于法定程序的重视程度，至少在法律层面上，不应当有差异。唯一需要改进的是，对于行政程序的设计本身应当更周详一些，类似通知行政管理相对一方的当事人到场、听取其陈述申辩的情形，也应当提升为正式的行政执法程序，从而为违反法定程序承担相同的法律责任，创造顶层设计方面的基础和前提。

七、程序违法的把握

程序违法，就要承担相应的法律责任，这是程序法治的基本要义。是否有通融的余地呢？如“程序轻微违法”或者程序违法但影响不大。

2017 年《行政诉讼法》对此有所回应。一方面，其第 74 条第 1 款第 1 项规定，“行政行为依法应当撤销，但撤销会给国家利益、社会公共利益造成重大损害的”，“判决确认违法，但不撤销行政行为”，其中显然就包括“违反法定程序”而“应当撤销”的情形。

至于“行政行为程序轻微违法，但对原告权利不产生实际影响的”，严格说来，这种情形仍属于前述应当撤销但撤销会影响公益的情形。原司法解释[①]就不做这种区分，将二者“笼统”在一起。客观地说，新《行政诉讼法》第 74 条第 1 款第 2 项的这一规定，是对新《行政诉讼法》第 70 条规定的“违反法定程序”的

① “98 条”第 58 条。

撤销事由的退让，即原则上“违反法定程序”应当撤销或者部分撤销，对“程序轻微违法，但对原告权利不产生实际影响的”可以网开一面，只确认违法。

事实上，但凡是法定程序，都不会是可有可无的，否则没有必要上升到法定程序的高度；只要是违反法定程序的，情节也不会轻微。至于“对原告权利不产生实际影响”，显然忽略了原告的权利中一项非常重要的宪法权利，即《宪法》第41条第1款规定的“中华人民共和国公民对于任何国家机关和国家工作人员，有提出批评和建议的权利；对于任何国家机关和国家工作人员的违法失职行为，有向有关国家机关提出申诉、控告或者检举的权利……”试想，如果某公民发现某行政机关针对自己实施的某行政行为程序违法，行使该权利向法院（“有关国家机关”）起诉（“提出申诉、控告”），法院能以“行政行为程序轻微违法”，认定“对原告权利不产生实际影响”？这种规定的存在，说明当前对法定程序的维护还是口头上、纸面上的。

由此反观1999年通过的“98条”，其第58条对此问题的态度似乎更易于接受：所有被诉行政行为违法的都一视同仁，该撤销就撤销，除非撤销该行政行为将会给国家利益或者公共利益造成重大损失；不把“程序轻微违法”单列一条予以特别“照顾”，这种“照顾”其实是歧视。这样看来，似乎经过15年司法实践，程序的法律地位不但没提高，反而降低了。新法在这个问题的“最后1公里”上，有“轻微”的但不超过“1公里”的倒退。

但从行政执法的实际效果看，程序轻微违法的案件被撤销后，造成的不良影响（如认为审判机关在替“坏人”说话）与撤销带来的维护法治的收益二者相比，弊小于利。但考虑到新《行政诉讼法》第70条规定的应当撤销的情形中，第3项只规定“违反法定程序”，并没有区分是否“轻微”。在这种情况下，如果法律本身没有明确规定“违反法定程序”的“轻微”等例外，通过司法解释来“硬”解释出此等例外来，是不符合司法解释的本分的扩大解释。这正是原司法解释不做这种解释的原因所在。但如果立法本身作出例外规定，如新法第74条第1款第2项明确规定“程序轻微违法”的例外，就在立法上“自圆其说”了；司法解释再以此为依据，进一步解释出“程序轻微违法”的具体表现，如“163条”第96条，就没有问题了。

按照新司法解释，新《行政诉讼法》第74条第1款第2项的“程序轻微违法”

限于处理期限以及通知、送达等程序轻微违法，但必须在“原告依法享有的听证、陈述、申辩等重要程序性权利不产生实质损害的”[①]前提下。也就是说，只有在原告的重要程序性权利切实得到保障后，期限、送达方面轻微的且确实没有对原告权利产生实际影响的程序违法，才属于可以仅确认行政行为违法、不撤销该行政行为的法定“程序轻微违法”的事由。

① “163条”第96条。

第七节　法定条件的规范

法定条件，是法律规范的硬核内容：无论是行政处罚的条件还是行政许可的条件，都是法律适用时必须深入钻研、反复推敲、认真适用的所在。相应地，这也就应当成为立法时必须慎重考量的一个核心要点。

一、法定条件与善政

党的十八届四中全会《依法治国决定》中首次提到了“良法”与“善治”的关系：“法律是治国之重器，良法是善治之前提。”党的十九大报告进一步引申为“推进科学立法、民主立法、依法立法，以良法促进发展、保障善治”。具体到立法技术领域就是，要想立“良法”推“善政”，必须从法定条件的设立环节起步。

2005 年《公司法》修订，大大放宽了“设立有限责任公司”应当具备的“条件”，2004 年《公司法》第 19 条规定的 5 项条件中，“股东符合法定人数”“股东共同制定公司章程”“有公司名称，建立符合有限责任公司要求的组织机构”都是非常容易满足的形式要件，比较硬性的要求是“股东出资达到法定资本最低限额”，但最难满足的却是“有固定的生产经营场所和必要的生产经营条件”。2005 年该法修订将这一要求修改为“有公司住所”，从而降低了成立公司的难度。如此修改还有一个很重要的原因，就是“有固定的生产经营场所和必要的生产经营条件”这个条件弹性太大，很容易成为公司登记机关及其工作人员“吃拿卡要”、恶性寻租的裁量权依据；另外，在现代市场经济条件下，特别是网络、电商兴起之后，“有固定的生产经营场所和必要的生产经营条件”都不是公司设立的限制性条件了。

不难想象，无论怎么力推“大众创业”“万众创新”，都不如在立法上实实在在地降低公司设立的门槛，让更多创业者成为“老板”。至于他们有没有“老板”气派的宝座，还是只有个小凳子（经营场所和条件），那都不是政府关心的事。

2013年，有关“有限责任公司”的设立条件再次作出重大修改。2013年12月28日（有限责任）公司登记制度实现重大调整：由实缴改认缴的改革。其立法表现是，将2005年《公司法》第23条第2项由“股东出资达到法定资本最低限额”修改为“有符合公司章程规定的全体股东认缴的出资额”。其修改的核心就是从“法定”改为“公司章程规定”，相应地，删除了2005年《公司法》第26条第1款规定的“公司全体股东的首次出资额不得低于注册资本的百分之二十，也不得低于法定的注册资本最低限额，其余部分由股东自公司成立之日起两年内缴足；其中，投资公司可以在五年内缴足”等比较“琐碎”的内容；此外，2005年《公司法》第29条有关“股东缴纳出资后，必须经依法设立的验资机构验资并出具证明”的规定，因实际操作时也暴露出难以监控、虚假出资及虚假验资猖獗且屡禁不止等弊端，而在2013年修改时予以整条删除。

上述修改，结合2013年将实缴制改为认缴制、将出资的“法定”限额修改为“公司章程规定”的认缴额，大大削弱“股东出资达到法定资本最低限额”的约束力度，从而使公司设立的门槛大大降低，为市场经济主体的繁荣、初创公司的蓬勃发展，奠定了制度保障的基础。

这一系列整体性、制度化修改，将（有限责任）公司设立这样的“小事”，由国家通过立法调整，转化为公司自己通过“公司章程规定”，最大限度地实现公司设立人的意思自治。而从其将2005年《公司法》第84条第1款中有关“一次缴纳”或者“分期缴纳”的规定修改为“按照公司章程规定缴纳”的情形看，显然，为了强化公司设立人的意思自治，完全没有必要规定如此“细碎”的内容，而统一交由他们自行协商、达成共识后写入“公司章程”，然后“按照公司章程规定”办就行了，不需要上升到国家立法的层面。由此体现的不仅仅是国家公权与个人私权的边界划分，更是国家治理体系中法治与德治的确当关系。

二、法定条件的设定

许多立法领域，需要设定条件，行政许可条件是特点最鲜明的，但立法的多样性丰富性显然不限于此。

2011年的《农业转基因生物安全管理条例》第16条设定了“农业转基因生物安全证书”的行政许可，但存在两个问题。

一是“从事农业转基因生物试验的单位”“向国务院农业行政主管部门”申请“农业转基因生物安全证书”应当提供的材料，即申请该项行政许可的条件中，规定“应当提供”“农业转基因生物技术检测机构出具的检测报告”。由此带来的模糊空间是，这个“农业转基因生物技术检测机构”是否需要认证、认定、指定或者获得“农业转基因生物技术检测机构”的资质性行政许可？但立法中的模糊，往往会毫不含糊地演变为活生生的现实。立法中很不起眼、轻描淡写的“农业转基因生物技术检测机构”，现实生活中就变成了“农业转基因生物技术检测机构”的资质性行政许可，不获得此项资质的，就不是“农业转基因生物技术检测机构”，也就无权提供“向国务院农业行政主管部门”提出的相应申请中提交“农业转基因生物技术检测机构出具的检测报告”。

当然，立法中并没有明确“农业转基因生物技术检测机构”由哪个机关来认定的问题。但这个问题在现实中根本不存在，未经接收申请“国务院农业行政主管部门”的明示许可或者默示认可，即使“具备检测条件和能力的技术检测机构”也不是能够“出具”“检测报告”的“农业转基因生物技术检测机构”。如此操作的结果，就在事实中确立了“具备检测条件和能力的技术检测机构”的许可主体：“国务院农业行政主管部门”事实上又多了一项行政许可的权力。

二是“国务院农业行政主管部门规定的其他材料”的规定。这一规定，从立法技术上看，就是一个空白授权条款，可以否定该款其他项目的内容，而将实际上设定“申请领取农业转基因生物安全证书”“应当提供”的“材料”的权限，也就是设定“农业转基因生物安全证书”的许可条件的权力，完全地、毫无限制和保留地赋予了“国务院农业行政主管部门”，使之可以不受任何上位法约束地增加该项行政许可的条件。而《行政许可法》第 16 条第 4 款对此的规定是：法规、规章对实施上位法设定的行政许可作出的具体规定，不得增设行政许可；对行政许可条件作出的具体规定，不得增设违反上位法的其他条件。

针对上述两处问题，2017 年修订该条例时分别作了相应的调整：一是删除了“应当提供”“农业转基因生物技术检测机构出具的检测报告”的规定，转而规定“国务院农业行政主管部门收到申请后，应当委托具备检测条件和能力的技术检测机构进行检测”。这样规定，并不是不要中立、独立的检测机构的检测报告，也不是要求特定的“农业转基因生物技术检测机构出具的检测报告”，而只要求“委托具备检测条件和能力的技术检测机构进行检测”。如此一来，实际进行检测的“技术检测机构”才成为与申请方、审核方等距的真正的第三方中立机构。当然，实际操作中仍不免存在如何认定“技术检测机构”“具备检测条件和能力”的问题，对此把握的权力仍不免保留给了实际实施“委托”的“国务院农业行政主管部门”，其在“委托”时仍不免有所偏好和倾向，但这已经是执行环节的问题，较之制度设计环节就预设的行政许可性的前置条件，已经是一个巨大的顶层设计层面的全局性进步。

二是在空泛的“国务院农业行政主管部门规定的其他材料”前，增加了“试验材料、检测方法等”限制性条件。据此，“国务院农业行政主管部门规定”“申请”“应当提供”的“材料”时，原则上只能规定应当提供“试验材料、检测方法”方面的材料，或者与“试验材料、检测方法”类同的材料。

当然，这里也有一个裁量的空间，就是对“等”字的理解，可不可以在“试验材料、检测方法”之后，再罗列与“试验材料、检测方法”毫不相关的其他“材料”？答案显然是否定的，如果允许这样做的话，那上位法还有什么权威？这就是立法技术上所谓的“不抵触”原则的实质要旨所在；也正是《行政许可法》规定“对行政许可条件作出的具体规定，不得增设违反上位法的其他条件”的本质要求所系。

三、法定条件的完善

2001 年《商标法》第 21 条规定，“注册商标需要在同一类的其他商品上使用的，应当另行提出注册申请”。这一法律规范的条件部分，存在两个不周延之处，一是“在同一类的其他商品上使用的”，这显然不能概括已经注册的商标在其他商品上使用的所有可能，存在概括不全、规范不尽的逻辑偏狭。相对而言，2013 年修改后的表述（第 23 条）“在核定使用范围之外的商品上取得商标专用权”，包容范围广泛得多，足以覆盖本条规范所要规范的注册商标扩充权益的范围。二是“使用”的表述，过于直白，显然没有“取得商标专用权”规范。

事实上，这并不是《商标法》的第一次修改使用不当的“使用”二字了。早在 2001 年该法修正时，就删除了 1993 年《商标法》第 12 条中的“使用”，将“申请人在不同类别的商品上使用同一商标的”修改为“申请人在不同类别的商品上申请注册同一商标的”，即将“使用”调整为更为专业的“申请注册”。

考虑到2001年《商标法》删除不适宜的“使用”时，留给2013年《商标法》修正时删除的另一处不太合适的“使用”，就在相邻的两条中，从“责备贤者”的角度讲，真不应当将同样明显的错误，分别在相隔10多年的两次修法中予以修正。

四、法定条件的善解

良法必基于善意。基于善意而立的良法要想实施出善治的效果，还需要执法者、司法者善解法意。

以诉讼中的代表人制度为例，共同诉讼的一方当事人超过多少才“可以由当事人推选代表人进行诉讼”。针对新《行政诉讼法》第28条的这一规定，“163条”在诉讼代表人方面着墨明显加重，用3款予以解释。其中最主要的是对“人数众多”作出解释。“163条”第29条第1款的解释显然提高了门槛：“一般指十人以上”，即一方当事人超过10人的，就可以由当事人自愿推选代表人了。

显然，10人的要求，比原司法解释的5人增加了不少。通常理解，提高门槛总是增加了限制，新司法解释的这一内容是不是一种倒退？如果这样想，那就曲解司法解释的善意了，而其原因则是对诉讼代表人制度的价值内核理解不透：诉讼代表人制度的核心，是为了审判者的便利，以牺牲当事人出庭权为代价换取与诉讼效率的平衡。因此，代表人制度的门槛越低，提起共同诉讼的代价越大，如果将门槛降为2人，就没有共同诉讼可言了。

而提高诉讼代表人门槛，有助于保障诉讼当事人的诉权，推动以审判为中心的司法体制归位。当事人出庭参加诉讼都无法实现，谈何以审判为中心。上述新司法解释，体现了尽可能让所有当事人参加诉讼的立法初衷和司法改革方向。

2000年《立法法》第28条规定了法律案经一次常委会审议即交付表决的条件，即“部分修改的法律案，各方面的意见比较一致的”。显然，这两个条件应当是兼有关系，即必须同时具备，才可以一次审议；否则，应当用“或者”连接这两个条件，以示选择。这一点，从此后的修改中也可以推断出。

2015年该法第30条将相应条件修改为“调整事项较为单一或者部分修改的法律案，各方面的意见比较一致的”。对此，在理解上就增加了一定难度，因为其中出现了一个“或者”。善意地理解应当是：由“或者”连接的两个条件是二选一，而随后的逗号连接的条件与其前的二者是兼有关系，即“调整事项较为单一”且“各方面的意见比较一致”，或者“部分修改”且“各方面的意见比较一致”。

2023 年该法第 33 条再次对此处的条件进行完善，对善意理解的要求更高了，新增加的条件是“或者遇有紧急情形的”。至此，对经一次常委会审议即交付表决的法律案的适用条件有三个：一是调整事项较为单一，各方面的意见比较一致；二是只进行部分修改，各方面的意见比较一致；三是遇有紧急情形。此时，已经可以考虑分项列举了。好在这些条件是由全国人大常委会把握的，其实际操作的过程也是对这些条件的解释过程，这一其他法律适用主体不具备的先天优势弱化了理解本条的难度。

第八节　行政责任的设定

一、责任一定要具体

法律责任一定要明确，这句话好说，但实操不易。唯有进一步明确到相当具体的程度，才能真正落实。因为确立法律责任的目的是追究法律责任。很显然，如果立法时本身就不明确、不具体，谈何追究，法律责任的立法就没有意义。

如行政处罚的罚则，2007 年《劳动合同法》第 92 条只是笼统地规定“劳务派遣单位违反本法规定的”，新法则区分为两种不同情况设定相应的行政处罚：一是“违反本法规定，未经许可，擅自经营劳务派遣业务的”；二是“劳务派遣单位、用工单位违反本法有关劳务派遣规定的”。

罚则实施的可能性与罚则设置的针对性密切相关，同归于责任的具体化。法律责任的设计，必须时刻关注其实施的可能性。这又取决于罚则设置的针对性。如果法律责任设计时，就没有明确的目标指向，如不直接追究个人责任，即使罗列一大堆严厉的责任形式，也无法落实到具体的人。

拒不履行判决、裁定、调解书，社会影响恶劣的，可以对该行政机关直接负责的主管人员和其他直接责任人员予以拘留；情节严重，构成犯罪的，依法追究刑事责任。[①] 此等情形下直接对“该行政机关直接负责的主管人员和其他直接责任人员予以拘留”，这也是新《行政诉讼法》修改中受到普遍关注的内容，其对“拒不履行判决、裁定、调解书”的调控力度，确实是空前的。我国法院有权直接实施司法拘留，不需要另行审判，已经接近于某些国家施行的蔑视法庭罪。其震慑力、影响力，比“依法追究主管人员和直接责任人员的刑事责任”[②] 要强大、有效

① 新《行政诉讼法》第 96 条第 5 项，旧法第 65 条第 3 款第 4 项。

② 1989 年《行政诉讼法》第 65 条第 3 款第 4 项。

很多倍。

2001 年《职业病防治法》第 76 条规定："卫生行政部门及其职业卫生监督执法人员有本法第六十条所列行为之一，导致职业病危害事故发生，构成犯罪的，依法追究刑事责任……"将组织（卫生行政部门）和个人（职业卫生监督执法人员）的法律责任放在一起写起来简便，但操作起来费劲甚至无法落实。2011 年修改这部分内容时，以组织（第 1 款中的"县级以上地方人民政府"、第 2 款中的"县级以上人民政府职业卫生监督管理部门"）的法律责任为重点；在明确组织法律责任的基础上，进而明确组织行为中的个人即"直接负责的主管人员和其他直接责任人员"的责任，层次就区分出来了，责任就落实下去了，实践中就可以具体操作了。

同样还是 2001 年《职业病防治法》，其第 53 条规定，"劳动者被诊断患有职业病，但用人单位没有依法参加工伤社会保险的，其医疗和生活保障由最后的用人单位承担；最后的用人单位有证据证明该职业病是先前用人单位的职业病危害造成的，由先前的用人单位承担"。上述规定涉及两个问题：一是由谁负担，即当时还是先前的用人单位；二是参没参加工伤保险。显然，上述规定将这两个问题纠缠在一起时就产生了诸如"先前的用人单位""依法参加工伤社会保险的"，还要该单位"承担"吗？从而陷入要么字面违反法律的明文规定，要么前后标准明显不一致而自相矛盾的两难境地。

当然，当初立法的本意和初衷是好的：让"造成""该职业病"的"先前用人单位"承担责任，但由于立法技术的原因，没有考虑到"先前用人单位"可能"依法参加工伤社会保险"这种可能，从而给人的感觉是，无论其是否"依法参加工伤社会保险"都要"承担"，以示对其"造成""该职业病"的惩罚。但显然与同条提到的"没有依法参加工伤社会保险"才承担责任的原则相矛盾。

2011 年修改《职业病防治法》时显然意识到了这个问题。采取的补救措施同时涉及政策调整："劳动者被诊断患有职业病，但用人单位没有依法参加工伤保险的，其医疗和生活保障由该用人单位承担。"（该法截至 2018 年 12 月又修正了 3 次，该规定没有改变）

按照新的政策，"劳动者被诊断患有职业病"时的"用人单位"如果"没有依法参加工伤保险"，就要"承担""医疗和生活保障"，这就是其法律责任。这一规定不再纠结于"职业病"是在哪个单位造成的，而以"诊断"出"职业病"时的"用人单位"作为承担主体；同时，新规定明确了旨在强化或者说形成了"依法参加工伤保险"的正向激励，为了避免摊上一个在此前的用人单位罹患的职业病人，用人单位势必积极"依法参加工伤保险"。

新旧制度相比较，新制度的责任承担机制显然更有建设性。事实上，"最后的用人单位有证据证明该职业病是先前用人单位的职业病危害造成的"，肯定会给"最后的用人单位"无限的力量和动机，千方百计通过劳动仲裁、行政复议、行政诉讼甚至行政诉讼与民事诉讼的循环诉讼等手段，拖延"承担"责任的时间，而在这个动辄耗时经年的马拉松式的救济过程中，许多"被诊断患有职业病"的"劳动者"没有撑到胜诉的那一天，案件因此而被撤销了。

二、责任一定要实现

责任的实现，就是法定的责任一定要达到设定责任的目的。做到这一点，很大程度上取决于法律责任的设计艺术，以及对法律责任作用机理的学深悟透。

举证责任，肯定也是一种法律责任。但在一般的立法中，往往没有给予其适当的位置。究其主要原因，倒还不是对这种法律责任的性质认识不到位，而是绝大多数的立法都是实体性规范，其中显然不宜规定具有程序性法律后果性质的举证责任。也就是说，与常见的实体性法律责任不同，举证责任属于程序性法律责任，其本身并无实体性规则，通常只出现在具有程序法律规范的立法中。

但也不是没有例外，早在 2008 年《水污染防治法》第 87 条即规定，因水污染引起的损害赔偿诉讼，由排污方就法律规定的免责事由及其行为与损害结果之间不存在因果关系承担举证责任。更早的 2003 年的《工伤保险条例》第 19 条第 2 款的规定更有知名度和影响力，也更能体现立法者通过善用举证责任制度，实践为人民服务宗旨的崇高职业境界和睿智职业素养：职工或者其直系亲属认为是工伤，用人单位不认为是工伤的，由用人单位承担举证责任。

从更为宏远、深刻的立法技术创新的角度分析，2003 年《工伤保险条例》的上述规定，是现行立法运用举证责任、重构特定法律制度最为典型的例证。

准确理解、适用上述实体立法中有关举证责任分配的规定，还必须从法理上学深悟透举证责任的法律本质和作用机理。否则，良法会因误解而念成歪经。

《行政诉讼法》及其司法解释均在证据部分反复提到“举证责任”，并与被告相联系：被告对作出的行政行为负有举证责任[①]。被告负举证责任，是我国行政诉讼的根本制度、重要原则、鲜明特色。举证责任由被告承担的相对一面自然是行政诉讼的原告不承担举证责任。

尽管如此，作为《行政诉讼法》最高实施机关的司法解释，对被告负举证责任这个基本原则也曾一度提出过不同的意见。这显然与对举证责任法律实质是否切实做到了学深悟透，有很大的关系。学深悟透不在于是否天天学、天天念，更不在于是否天天都在干、都在实践，而在于是否真正用心悟道。

“98条”第27条规定“原告对下列事项承担举证责任”：（1）证明起诉符合法定条件，但被告认为原告起诉超过起诉期限的除外；（2）在起诉被告不作为的案件中，证明其提出申请的事实；（3）在一并提起的行政赔偿诉讼中，证明因受被诉行为侵害而造成损失的事实；（4）其他应当由原告承担举证责任的事项。

按这种说法，原告与被告在行政诉讼中都负举证责任，那还有什么举证责任可言。这种说法本身只能说明对“举证责任”的实质——在一方不能证明时令其承担败诉后果——还缺乏深刻的理解和参悟。这是该司法解释的一大败笔，好在已经被新《行政诉讼法》纠正：一个诉，只能由一方负举证责任。之所以要强调原告的举证义务，而不提其举证责任，旨在突出其与被告之不同——原告不负举证责任，只有举证义务；被告才负举证责任。

如今，“98条”第27条已经废止，其部分内容在《行政诉讼法》第37条、第38条中还有一点影子，但已经有了实质性的转变：彻底否决了“原告负任何举证责任”规定，这是立法改变司法解释的一个突出的例证。

新《行政诉讼法》在第34条确立被告负举证责任的制度基础后，再提及原告、第三人举证时，都没有用“举证责任”的表述。如新法第37条规定，“原告可以提供证明行政行为违法的证据”，这是对举证权利的准确表述，不是对原告举证

① 新《行政诉讼法》第34条。

责任的规定；“原告提供的证据不成立的，不免除被告的举证责任”，就是最好的证明。也就是说，该条明确的是原告的举证权利，对其举证不成立所规定的后果，是恢复被告的举证责任。新法第 38 条第 1 款规定的“在起诉被告不履行法定职责的案件中，原告应当提供其向被告提出申请的证据”，以及第 2 款规定的“在行政赔偿、补偿的案件中，原告应当对行政行为造成的损害提供证据”。原告应当提供证据，这是对原告举证义务的规定，而不是举证责任；而与这种义务不能履行相联系的，是“因被告的原因导致原告无法举证的”，仍“由被告承担举证责任”，这也是原告仅有举证义务、没有举证责任的最好反证。

可见，新《行政诉讼法》对“举证责任”本质的把握更准确了，并通过其具体规定，切实、全面、彻底地纠正了“98 条”第 27 条的错误。

三、没有责任的义务

没有义务就无所谓责任，但没有责任同样也无法确保义务的履行。责任本身的阙如，表现为没有责任的义务，这在立法技术上仅仅是个前后文无法对应的问题，而在现实生活中，就是无视法定义务进而侵犯法律威严的开始。

2014 年《预算法》修正时，增加了一项对我国财税体制而言非常重要的内容（第 55 条第 2 款）：各级政府不得向预算收入征收部门和单位下达收入指标。这一内容，2018 年《预算法》修正时也保留了。这间接说明，一方面，给下级下指标的做法不但有而且相当普遍。另一方面，禁止下指标的要求自 2014 年至今一直在推行，但仍有此类情况出现。

为什么法律明确规定了的，地方政府竟然敢不执行？除了当地政府本身目无法纪外，立法有没有问题呢？也不是完全没有。那就是在该法中搜索不到其他“向预算收入征收部门和单位下达收入指标”的内容，更不用说法律责任了。法律要有威慑力，不但要长出牙来，还要用牙，法律责任就是法律的牙齿。

类似的情况，或者说如此设计法律责任，可以称之为聊胜于无的法律责任。

2004 年《公司法》第 219 条规定了“承担资产评估、验资或者验证的机构提供虚假证明文件的”法律责任，但主要是“由有关主管部门依法责令该机构停业，吊销直接责任人员的资格证书”等行政责任，也就是他们因破坏社会管理秩序和经济秩序而承担的责任。除此之外，他们就不该有别的责任吗？

对这个问题的回答，可以从逻辑和情理两方面考虑，不一定要从公司法或者行政管理专业方面出发。思考的结果是，公司注册及经营过程中之所以需要“资产评估、验资或者验证的机构”提供“证明文件”，是为了防范风险，其保护的对象包括公司的投资人、债权人等。如果这些防“狼”护“羊”的人监守自盗，受害人就有可能包括“公司债权人”，对他们因此所受损失的民事赔偿，也应当成为完整、系统的法律规范的应有内容。而这一点，显然在《公司法》立法之初没有引起足够的重视，到2004年修正时还没有弥补，直到2005年该法修订时才予以考虑：承担资产评估、验资或者验证的机构因其出具的评估结果、验资或者验证证明不实，给公司债权人造成损失的，除能够证明自己没有过错的外，在其评估或者证明不实的金额范围内承担赔偿责任（第208条第3款）。这个责任，对于评估、验资行为而言，还是很重的，比其“所得收入一倍以上五倍以下的罚款”重得多了。从法律责任的设计角度分析，这样的法律责任，才算踩到了点上、把准了违法者的脉。

四、治民的设计倾向

法律责任领域偏重行政相对人，其根源是一种“牧人”思维。中国古代有一种厅局级（地方）干部的官职叫“州牧”，其实就是与“牧马人”对应的“牧人官”。这一点，还是陕北老区人民比较厚道，他们把牲口称“生灵”，如“赶生灵”。

这种思想的孑遗，其实很难消除。法律责任设计领域存在的一个结构性疏忽，是对公权力匹配的法律责任的设计，即如何落实“有权必有责”。如果这一点落实不了，“用权受监督”“侵权要赔偿”都会因无法可依而流于形式。

这一点，习惯性地表现为行政主体作为责任主体的遗漏。行政主体的有些责任是其独有的，或者说具有很强的针对性，如禁止重作的义务和责任。

“禁止重作”，就是不能再作，其实质是剥夺执法者（主要是行政执法主体）因其此前的违法行为（主要是程序违法）而重新作出新的行政行为的权力。

新《行政诉讼法》第71条（旧法第55条）规定，法院判决被告重新作出行政行为的，被告不得以同一的事实和理由作出与原行政行为基本相同的行政行为。原“98条”第54条第3款（“163条”第90条第3款）进一步强调：行政机关以同一事实和理由重新作出与原行政行为基本相同的行政行为，法院应当根据旧

《行政诉讼法》第 54 条第 2 项（新法第 70 条第 2 项：适用法律、法规错误）、第 55 条（新法第 71 条），判决撤销或者部分撤销，并根据该法第 65 条第 3 款（新法第 96 条），按行政机关拒绝履行判决处理。

也就是说，在法院针对行政行为作出的撤销判决及与之紧密联系的责令重作的判决中，需要注意的一个重要问题是所谓的“禁止翻案”原则的具体适用。

“禁止翻案”原则是指，禁止被告在法院判决撤销原行政行为后，又以同样的事实和理由重新作出一个与原行政行为“一模一样”的新行政行为，公然对抗行政审判机关的权威。这既是为了维护行政诉讼判决的严肃性、权威性，也是为了避免循环诉讼，防止行政机关规避法律，侵害行政相对人合法权益。

从新司法解释的规定看，其禁止“以同一事实和理由重新作出与原行政行为基本相同的行政行为”的态度是坚决的，措施是严厉的，这也可以说是法院系统发挥行政审判监督作用，真正让行政诉讼长“牙”的务实之举。

五、责任主体的遗漏

法律规范中主体要素的缺失不全是立法的重大失误，因为有时说不清这样做是不是立法的初衷。这一点，具体到法律责任主体上尤其说不清楚。

2009 年《农村土地承包法》第 61 条是有关“国家机关及其工作人员”“干涉农村土地承包”活动的法律责任的规定，但其提到的“罪状”（违法行为的表现）中，只涉及“干涉承包方依法享有的生产经营自主权”，没有考虑干涉发包方经营自主权的可能。事实上，现实生活中损害承包方生产经营权的行为最严重的恰恰是通过干涉发包方的生产经营权实现的，如要求发包方终止承包经营合同等。按理说，任何对承包经营等双方民事活动的干预，都应当考虑到其影响会涉及双方当事人。

故 2018 年该法相应内容（第 65 条）修改时，将“承包方”调整为“承包经营当事人”。这个在民法领域、合同法领域绝对不会疏忽的问题，到了诸如《农村土地承包法》之类交叉学科、边缘学科的立法项目中，就可能出现这样的问题。那么，为什么当初会出现这种比较明显的单边主体的缺失呢？因为能够“要求发包方终止承包经营合同”的，恰恰可能正是“国家机关及其工作人员”。

六、集体中的个人责任

按照唯物辩证法的一般规律，一具体就深入。但立法中存在的问题恰恰是，许多问题之所以棘手，就是因为具体不下来，因此深入不下去。比如，集体中的个人责任问题。

《公司法》有一个制度非常好。它解决了在民主集中制原则下，参与决策者的个人责任免除问题："董事应当对董事会的决议承担责任。董事会的决议违反法律、行政法规或者公司章程、股东大会决议，致使公司遭受严重损失的，参与决议的董事对公司负赔偿责任。但经证明在表决时曾表明异议并记载于会议记录的，该董事可以免除责任。"这项制度在 1993 年《公司法》（第 118 条第 3 款）中就有，并一直保留了下来（2018 年《公司法》第 112 条第 3 款）。

类似问题，在如《公务员法》等涉及集体决策责任追究的立法中也会遇到。如《公务员法》（2018 年）第 14 条第 4 项规定，"公务员应当履行下列义务""服从和执行上级依法作出的决定和命令"。同法第 60 条规定：公务员执行公务时，认为上级的决定或者命令有错误的，可以向上级提出改正或者撤销该决定或者命令的意见；上级不改变该决定或者命令，或者要求立即执行的，公务员应当执行该决定或者命令，执行的后果由上级负责，公务员不承担责任；但是，公务员执行明显违法的决定或者命令的，应当依法承担相应的责任。

2004 年《公司法》第 60 条规定了"董事、经理不得"为的禁止性规定，但如果他们真这样干了怎么办？当初只想到了一种情况下的法律后果，即"董事、经理""自营或者为他人经营与其所任职公司同类的营业或者从事损害本公司利益的活动""所得收入应当归公司所有"，但其他情形呢？没有交代，或者说没有交代全。2005 年《公司法》修订时，在相应内容后增加了一款（第 149 条第 2 款），明确规定"董事、高级管理人员违反前款规定所得的收入应当归公司所有"，这样就解决了有关行为的基本的、普遍的法律后果的落实问题。

这样的立法技术，显然是进入 21 世纪后我国立法领域取得的进步的体现。

七、责任的平行分类

尽管法律责任的分类，属于一个比较实用化、略微偏理论的议题，本书也不想过多地构陷其中。只是为了排布内容的需要，在此简单说些基本的旨在达成共识的结论。

经过40多年的实践，我国立法中刑事责任、民事责任、行政责任的区分已经非常分明，而且相应的责任单行立法，如刑法、行政处罚法、侵权责任法等，都已经比较完善，行政处罚中财产罚、能力罚、声誉罚等区分都已经深入立法者内心；《立法法》对不同层级、种类的法律规范在法律责任设立方面的授权也比较到位。在这种大背景、大环境下，从立法技术考虑，责任立法最突出的问题，是一些细节上的提醒。当然，立法技术上细节性的错误，放大到立法现实中、成文后，就可能是严重的立法缺陷，这一点不能掉以轻心。

八、几种不起眼的责任

（一）司法建议

《行政诉讼法》第66条第2款规定，法院对被告经传票传唤无正当理由拒不到庭，或者未经法庭许可中途退庭的，可以向监察机关或者被告的上一级行政机关提出依法给予其主要负责人或者直接责任人员处分的司法建议。这是另外一种形式的公告，即向有权处分机关反馈，以此起到警示作用。

值得注意的是，对于被告经传票传唤无正当理由拒不到庭，或者未经法庭许可中途退庭等情形，除了针对个人的发布公告、发司法建议书等措施，在新法第58条还规定了此等情况下针对行政机关的法律责任：可以缺席判决。显而易见，如果行政机关有“经传票传唤无正当理由拒不到庭，或者未经法庭许可中途退庭”等“劣迹”，缺席判决将无威慑力可言。相对而言，针对个人公告、发建议书等形式，由于直接触及个人声望及政治前途，虽然用力不大，效果反而可能更好一些。

除上述行政强制措施外，对妨害行政诉讼行为情节严重以至于触犯刑法构成犯罪的，应移交公安机关、检察机关依刑事诉讼法规定的有关程序追究相应的刑事责任，这可以视为行政诉讼强制措施的一种延伸。

（二）向社会公告

将行政机关拒绝履行的情况予以公告，这是新《行政诉讼法》第96条第3

项对法院强制执行措施的唯一新规，其确立及实际效果的发挥，与新时代全新的政治生态的形成有莫大关系。

表面上看，这一措施弱不禁风，但实际上威力莫测。特别是在全面从严治党和全面推进法治国家的大背景、大前提下，干部的法治意识及相应评价结果对干部的晋升、使用，具有“四两压千斤”的杠杆作用。行政机关的负责人或者其他工作人员，因“拒绝履行判决、裁定”而被法院公告，这是一个巨大的政治污点，将会直接影响相关当事人的政治前途。这一点，尽管并不十分确定、直接，但这正是其威慑力最显著的所在。

（三）向有关机关提出司法建议

向监察机关或者该行政机关的上一级行政机关提出司法建议。接受司法建议的机关，根据有关规定进行处理，并将处理情况告知法院。[①] 这一内容属于老制度，但在新时代是否能够发挥新作用，还需要借力政治生态的持续向好、不断改善；当然，其切实落位，也会反过来促进政治清明。

九、法律责任的递进

法律责任的递进需要解决 3 个问题，或者说以下 3 个因素是不是足以成为法律责任的影响因素：不同的后果、不同的行为、不同的主体。

（一）不同主体的法律责任的递进

不同的后果，显然应当对应不同的法律责任。这一点似乎确定无疑。那不同的行为呢？不同的行为动因、过程、恶性和后果，是不是要有不同的责任，这就有点不能确定了。至于不同的主体是不是要有不同的责任，就更不确定了。

事实上，法律责任要与责任人的认知水平相适应：明白人承担更多法律责任；完全不明白者，就是法律上的无行为能力人；甚至还有知法犯法责加一重。

---

① 新《行政诉讼法》第 96 条第 4 项，旧法第 65 条第 3 款第 3 项。

（二）不同恶性的行为的责任递进

狭义的法律责任递进，就是因拒不承担前一法律责任，而要承担进一步加重的责任。递进的法律责任的极限情形，类似于极限施压，直至就范为止。

2018 年《环境影响评价法》修正草案中，对建设单位环境影响报告书、环境影响报告表编制单位的违法行为规定了法律责任。有的常委会组成人员在审议中提出，应当以最严厉的法律手段治理环境污染，建议在草案中明确规定对犯罪行为依法追究刑事责任。宪法和法律委员会经研究，建议采纳这一意见。2018 年《环境影响评价法》第 32 条在增加第 1 款对“建设单位”明确相应法律责任、第 2 款加重对“编制单位”的相应法律责任的基础上，在第 3 款进一步明确规定，构成犯罪的，依法追究刑事责任，并终身禁止从事环境影响报告书、环境影响报告表编制工作。

当然，上述修改中值得注意的一处是，删除了有关“由授予环境影响评价资质的环境保护行政主管部门降低其资质等级或者吊销其资质证书”，调整为“编制主持人和主要编制人员五年内禁止从事环境影响报告书、环境影响报告表编制工作”或者“终身禁止从事环境影响报告书、环境影响报告表编制工作”，即相应的处罚，已经从资格罚转化为行为罚。究其原因，则是 2018 年修改《环境影响评价法》的一个大动作：对 2016 年旧法第 19 条中“接受委托为建设项目环境影响评价提供技术服务的机构，应当经国务院环境保护行政主管部门考核审查合格后，颁发资质证书，按照资质证书规定的等级和评价范围”这一行政许可的取消。“建设单位”“可以自行对其建设项目开展环境影响评价，编制建设项目环境影响报告书、环境影响报告表”，只要其自以为“具备环境影响评价技术能力”（新法第 19 条第 1 款）。不能不让人慨叹我国行政许可领域改革力度之巨大，进而更让人唏嘘这些年有些“行政主管部门”是不是在“考核审查合格”“资质证书”方面用力过多、过猛，忘记了其“环境保护行政主管部门”应有的初心和使命。

（三）行政与刑事法律责任的衔接

就当前立法中法律责任的设定而言，可以有一个比较“粗糙”的概括：行政处罚泛滥、刑罚缺失。其结果是许多行政管理领域虽然设置了大量的行政处罚，仍然管不住，以致到了纷纷呼吁类似“酒驾”入刑的地步。

从 1982 年《商标法》第 39 条的规定看，那时对法律责任的规定还比较粗疏：“对情节严重的，可以并处罚款”。1993 年该法修正时，就调整为“侵犯注册商标专用权，未构成犯罪的，工商行政管理部门可以处以罚款”。虽然仍比较“原始”，但已经注意到了刑罚责任与行政处罚的区别，在《行政处罚法》出台 3 年前能有这样的规定，也算是一个不小的进步。

十、切割责任的讲究

2007 年《政府信息公开条例》第 22 条对“申请公开的政府信息中含有不应当公开的内容”如何处理作了规定。

但其只考虑了“含有不应当公开的内容”一种情况。实际操作中，申请人“申请公开的信息”，根本不问是不是政府信息，如向政府索要党的文件，司法机关的案卷，人大、政协的提案议案，等等。因此，解决信息切割问题首先需要区分的是，“申请公开的信息”是不是“属于政府信息”，然后再看其是否“含有不应当公开”的内容。2019 年的新条例中，就是如此区分的。至于其表述中，为什么将“含有不应当公开”放在前面，是因为这是首先需要审查的问题。行政机关掌握的信息很多，但无论是从哪个渠道获取的信息，在公开之前都要首先考虑其是否“含有不应当公开”的内容，然后才是是否应当由本机关公开的问题，其中就包括是否“属于政府信息”的问题。不“属于政府信息”的内容，原则上不应当由行政机关公开，自然也不应当由“本”行政机关公开了。

2007 年《政府信息公开条例》第 22 条规定，申请公开的政府信息中含有不应当公开的内容，但是能够作区分处理的，行政机关应当向申请人提供可以公开的信息内容。2019 年的新条例第 37 条在此基础上进一步要求“对不予公开的内容说明理由”。严格说来，这是有一定风险的：如果“不予公开”是因为内容涉密，则“对不予公开的内容说明理由”本身就有泄密的可能。

十一、具体表述的斟酌

2007 年《政府信息公开条例》第 34 条仅提到了“未建立健全政府信息发布保密审查机制的”相应责任。信息公开制度的完善，显然非独木能支，而且立法也确实不能如此简单直白。2019 年新条例第 52 条就改为“未建立健全政府信息公开有关制度、机制的”，不但圆融了许多，概括性也更强了。至于“有关制度、机制”的内容，此处虽未列举，但作为追究其“未建立健全”的法律责任条款，这样写已经足够明了了。

2013 年《商标法》修正时，对“侵犯注册商标专用权”的行为，作了一个更为严谨的界定。2001 年《商标法》第 52 条第 1 项仅笼统地规定未经商标注册人的许可，在同一种商品或者类似商品上使用与其注册商标相同或者近似的商标的。由于原规定并没有注意到对“类似”“近似”等的解释和区分，其规定的重点似乎落在了“未经商标注册人的许可”上。由此给人的印象是，只要“未经商标注册人的许可”，就很容易认定他人构成“侵犯注册商标专用权”。这就太主观、太随意了。在实际操作中，执法者、司法者反而容易为滥用商标专用权者所裹挟，难以判断是非，更不易适用法律。

这里的关键，就是“近似”“类似”必须有一个限度，不能一概而论。2013 年对相关的情形作了明确的区分：第一，“未经商标注册人的许可”的情形，只要“在同一种商品上使用与其注册商标相同的商标”，就构成侵权。第二，“未经商标注册人的许可”涉及“近似”“类似”两种情况。一是“在同一种商品上使用与其注册商标近似的商标”，二是“在类似商品上使用与其注册商标相同或者近似的商标”，这两种情形都涉及“近似”“类似”，但如何区分“近似”“类似”也确实不容易，于是立法者聪明地进行了一个转换，将对“近似”“类似”转化为对是否“混淆”的判断，即在上述两种涉及“近似”“类似”的情形后，统一加了一个程度性限性，即“容易导致混淆的”（第 57 条第 2 项），就把这个问题更为清晰地提出来并更为明确地予以解决了。

十二、攻心为上的机理

1996 年《刑事诉讼法》第 38 条规定，辩护律师和其他辩护人，不得帮助犯罪嫌疑人、被告人隐匿、毁灭、伪造证据或者串供。2012 年修正时，增加了“辩护人是律师的，应当及时通知其所在的律师事务所或者所属的律师协会”，这是更深层次意义上的前后文照应，是真正意义上的制度上的照应，也是更为严格、系统、周延的法律责任追究制度的应然状态。不难想象，有了这一规定，律师作为辩护人对于该条所涉及的犯罪行为将会更为忌惮，因为该类犯罪行为的后果更为严重地影响到其今后的执业前景，这样就既达到了教育与惩罚相结合的目的，又达到了精准惩戒的效果。

十三、举证责任的特殊性

行政诉讼中的举证责任导源于刑事诉讼制度，却最早在立法中呈现。《刑事诉讼法》中首次提到举证责任要晚得多。

行政诉讼的举证责任制度，经过30多年的发展，如今已经精细化到了一定程度："负有举证责任的当事人拒绝到庭、拒绝接受询问或者拒绝签署保证书，待证事实又欠缺其他证据加以佐证的，人民法院对其主张的事实不予认定"[①]，但这一规定并不适用于"行政机关执法人员"，因为他们虽然隶属于"负有举证责任的"行政机关，但通常只是其工作人员，并非负责人，因而不能代表该行政机关成为"当事人"。法院可以在认为必要时要求他们出庭接受询问，甚至要求他们"签署保证书"，但不能以他们"拒绝到庭、拒绝接受询问或者拒绝签署保证书"为由，对被告行政机关"主张的事实不予认定"，即不得以此为由认定被诉行政行为没有事实根据。就本质而言，这种情形属于被告负举证责任的特殊形态，应基于被告作为当事人自己的行为，而不能基于其工作人员的"表见代理"行为。

① "163条"第44条第3款。

第九节　救济和监督渠道

监督，必须从制度设计源头开始。救济，必须以权利的复归托底。将救济与监督渠道放在一起讨论，根本原因在于二者的关系就是一体两面：对于作为行政相对人的公民、法人或者其他组织而言的救济，反过来就是对作为行政管理主体的行政机关的监督；通过健全完善对执法主体的监督体制并确保落实，就可以实现对广大人民群众的合法权益的有效维护和充分保障。

一、不要预设监督的障碍

监督的难度，许多是在制度设计时造成的。

2009 年《农村土地承包法》第 23 条第 2 款（颁发土地承包经营权证或者林权证等证书，除按规定收取证书工本费外，不得收取其他费用）规定的目的是要限制颁证单位乱收费，但其限定性的表述“颁发土地承包经营权证或者林权证等证书”无助于进一步加大限制的力度，却将限制的范围局限于此，反而容易给更大范围的约束制造障碍。类似这样的内容，哪怕只有一个字，都要删除。这正是 2018 年该法修正时所做的。

2006 年《风景名胜区条例》第 28 条第 2 款规定：“在国家级风景名胜区内修建缆车、索道等重大建设工程，项目的选址方案应当报国务院建设主管部门核准。”问题是，“建设主管部门”的专长何在？“修建缆车、索道等重大建设工程”的“选址方案”有何必要非要由“国务院建设主管部门核准”？2016 年该条例修订时，相应行政许可虽没有取消，但实施机关降级为“省、自治区人民政府建设主管部门和直辖市人民政府风景名胜区主管部门”。

原“98 条”关于“法院应当组成合议庭对原告的起诉进行审查”的解释给法院自己设了一个障碍：对所有的“起诉”不能当场拒绝，无论其告的是美国政府还是中国的政协、人大。当然，司法实践中显然未出现这种尴尬，否则也不需要新《行政诉讼法》申明登记立案制。如果所有法院都能做到“应当组成合议庭对原告的起诉进行审查”，对起诉状进行接收、登记还是问题吗？或者说如果法院没有登记、接收起诉状，怎么“组成合议庭对原告的起诉进行审查”？但下级法院实践中的这种变通，是以明确违反最高法院的司法解释作为铺垫的。此种更为严重的尴尬，则是因司法解释本身对原法律条文“法院接到起诉状，经审查”[①]过于慎重的解读造成的。

新《行政诉讼法》给法院解了围，也理顺了行政诉讼审查起诉阶段法院与原告的确当关系：法院不会再因大量无聊的“起诉”而“组成合议庭”进行无意义的审查，不但给自己减了负，也可以当场受理“符合本法规定的起诉条件”案件，大大减轻了原告的诉累。

二、不要忘记程序的作用

从监督角度看，1994年《预算法》第69条的规定可谓严格：各级政府每一预算年度要至少两次向本级人大或其常委会报告预算执行情况。但从实际操作看，由于决算按年度编制，每年报告两次以上的都有可能流于形式。

而从程序角度着眼，考虑到决算是要报人大或其专委会、常委会全面系统地认真审核的，也就是这一次报告是“跑”不了的，再规定每年两次以上，没有针对性；不如再具体、明确地规定一次中期报告，这样更好操作、更易落实。故2014年《预算法》修正时，将上述内容修改为：国务院和县级以上地方各级政府每年6月至9月向本级人大常委会报告预算执行情况（新法第86条）。这里没有提几次，但显然只能有一次，或者说一次足矣。

2014年修正《预算法》时，在新法第77条第1款中增加了一个新制度：国务院财政部门编制中央决算草案，在报国务院审定前，先经国务院审计部门审计。如此规定，不仅仅是一个增加监督的问题，也是审计关口前移、减少违法或者不当的收支、提高决算案质量的重要保障。

① 1989年《行政诉讼法》第42条。

三、可选的监督环节组合

从来就没有最优监督渠道之说，现实中的最优，只能是既有监督渠道的合理的、可行的组合。

一是全序列的公开。最好的监督是从源头上限制权力，最好的救济是从根本上保障权利，包括不增加义务。能够将二者融为一体者不多，公开算是之一。全序列的公开，包括事前、事中、事后的全面的公开。信息披露及信息公开是公认的最有效的监督。2005 年《公司法》修订时，在第 6 条新增加了一款（第 3 款）："公众可以向公司登记机关申请查询公司登记事项，公司登记机关应当提供查询服务"，从而明确了公司登记信息的公共属性，不会再纠缠于公司及公司登记涉及的个人信息的保护问题。也就是说，按照《公司法》的规定，"公司登记机关"负有依"公众""申请""应当提供查询服务"的法定职责，对公众提出的查询申请不能以任何理由予以拒绝或者附加任何条件；同时，公司及公司登记涉及的个人，不得以隐私权保护为由，拒绝或者阻止公司登记机关履行法定职责、"提供查询服务"。

二是决定前的合法性审查。行政机关作出决定前，由其内部的与具体负责的部门、人员以外的其他部门或者人员就其合法性进行审查的做法，是内部纠偏的一种低成本做法，也是中央要求的行政执法"三项制度"内容之一。

三是集体决策。集体决策，显然不是为了分担责任，而是为了更符合法律、更接近真理。

四是行政执法监督。这是行政系统内部的具有督察性质的自我监督，一般通过投诉、举报或者自查来发现，通过按照职能分离原则设立的作出决定的机关以外的其他机构，主要是上级机关的行政执法监督机构实施，其存在的依据是领导机关依法撤销下级机关不适当的决定命令的宪法授权。

五是行政复议。

六是行政诉讼。

七是执行审查。法院对申请执行的行政行为的审查，虽然还不是最后一道防线，但已经接近有效监督的边缘。行政机关需依法申请法院才能执行的行政行为，经制定《行政诉讼法》、原司法解释"98 条"、《行政强制法》、修正《行政诉讼法》、翻新司法解释推出"163 条"等重大立法活动，总趋势越来越明朗：被申请执行的行政行为不可能不经法院起码的合法性审查，就交付强制执行。

八是执行回转。对已经执行的案件，包括执行了的死刑案件，重新翻出来推翻，这样的个案不是没有，宣传效果也不是不大。但确实是凤毛麟角。作为监督环节的制度层级的设计，不可或缺；但作为普通百姓的救济手段，意义不是很大。

四、纳入救济渠道很关键

一项监督制度、一项救济制度，或者一项既有监督又有救济功能的制度，其最终功败垂成，或者说使意欲监督者、企图寻求救济者无功而返，最根本的原因是根本连门都没有进去。

这就是要在制度上为各种对救济的不予受理提供救济的原因。

行政诉讼自确立以来，起诉及受理阶段出现的某些问题一直困扰着理论界及司法实务界。其中最突出的是部分法院对行政相对人起诉权益的剥夺，这正是2014年《行政诉讼法》修正想要着力解决的立案难问题。该病根之所以久治不愈，固然与我国行政诉讼起步阶段法院所面临的来自行政方面的压力有直接关系，但也不可避免地掺杂着部分法官姑息、纵容行政机关，刻意压制行政相对人起诉意愿的不正常情况。

原“98条”第44条第1款概括了应当裁定不予受理（已经受理的裁定驳回起诉）的10多种情形。需要注意的一个变化是，原司法解释比较圆融，采用的是“有下列情形之一的，应当裁定不予受理；已经受理的，裁定驳回起诉”，由于兼顾了“不予受理”和“驳回起诉”两个方面，无论是法院把握还是原告起诉时斟酌，都较为便宜。

新司法解释仅给出了一种可能：“有下列情形之一，已经立案的，应当裁定驳回起诉”[①]，其现实背景是应和新《行政诉讼法》确立的“登记立案制”，将此处罗列的情形，仅适用于“立案”环节的“漏网之鱼”，以此突出“登记立案制”“应立尽立”的要求，避免法院、法官在立案环节对原告起诉“横挑鼻子竖挑眼”，实质上是在起诉阶段对后续审理的行政案件“挑三拣四”“挑肥拣瘦”的横生枝节。但是从实际操作看，既然最高法院有这样的规定，下级法院及其法官肯定不会视

① “163条”第69条第1款。

而不见，而其关注的重点显然不是如何对“已经立案的”“裁定驳回起诉”，而是尽可能将这一标准适用于立案审查阶段，尽可能在立案审查环节将案件“挡”在法院门外，从而避免“裁定驳回起诉”。这一点，从“163 条”第 69 条第 2 款的规定“前款所列情形可以补正或者更正的，人民法院应当指定期间责令补正或者更正”，也可以看出来。除非在立案环节存在审查上的疏漏，才会在立案后需要进行如此弥补。否则，这一工作实际上是与新《行政诉讼法》第 51 条第 3 款规定的“起诉状内容欠缺或者有其他错误的，应当给予指导和释明，并一次性告知当事人需要补正的内容”一并进行、共同完成的。

于是，新旧司法解释的出发点不同、表述各异，但实际执行效果却“殊途同归”：“不符合起诉条件的，作出不予立案的裁定”或者“已经立案的，裁定驳回起诉”。

五、充分用足登记立案制

登记立案制，是《依法治国决定》中就“案件受理制度”改革提出的具体要求：“改革法院案件受理制度，变立案审查制为登记立案制，对人民法院依法应该受理的案件，做到有案必立、有诉必理，保障当事人诉权。”

2014 年的《行政诉讼法》修改的一个显著亮点，就是确立了行政诉讼受理环节的“登记立案”制度，说白了就是当场受理。这是新《行政诉讼法》为了破解行政诉讼“立案难”或者受理难问题，以期彻底释放行政救济的便民红利、充分发挥行政诉讼的功能作用的一大手笔。特别是要求法院在接到起诉状“时”对符合起诉条件的当场决定“登记立案”，强调即时性、当场性，而且是“应当”，这是新行诉法贴近民众的一大创新：既是呼应新法推行登记立案制的顶层设计，也是法院在实践中畅通诉讼渠道的应有作为，有助于减少法院在立案环节过于慎重的考量，更加果断、大胆、担当地处理行政案件。

第三章

模块化制度

本章是否需要独立存在，笔者直到最后交稿，都在犹豫。因为其本身的重要性，这部分内容肯定是要写的，但考虑到本书的定位主要是以问题为导向、探索立法技术完善的路径，故有些已经为立法所确定的成果，如本章所及特定法律制度的标准化、模块化设计，限于篇幅，就不能细表了。读者可以根据本书的指引，在指明的相关立法中，找到法律明文规定的立法技术规范。如行政处罚的设定原则、标准、条件、程序，等等。

制度的模块化设计，是立法中体现法治的最直接表现形式。以突发事件应对为例，世界上确有一些国家，其各类突发事件尤其是自然灾害并不少，但是造成很大损失的情况却不多。之所以能够做到这一点，最重要的是这些国家有相对完备和成熟的应急管理体制、机制和制度。

应对突发事件不能仅仅依靠经验，更重要的应当依靠法制，这是我国在处置各类突发事件的实践中总结出来的经验和教训。事实证明，突发事件的应对，必须实现由个别调整向规范调整的转变，以减少突发事件应对工作中的任意性。

《突发事件应对法》出台之前，我国立法中偶有零星表现，在此之后，所有立法中可能涉及突发事件应对的，都要将其嵌入自身的立法技术体系之中。当然，从立法技术角度讲，则主要是衔接性条款，即将有关的行为范式导入《突发事件应对法》规定的应对体系中。

具体来说，就突发事件应对而言，立法中体现对法治的弘扬，就是在有此等需要的领域，在立法中必须设计相应的应对制度案件。当然，纳入《突发事件应对法》的立法体系之中，也就足够了。

本章是上一章的延续，更准确地说是第五节“行为内容的规范”的扩充。

一般而言，立法的实体内容已经超出了立法技术的范畴。但随着我国立法工作的推进，特别是《立法法》的颁布实施及《行政处罚法》《行政许可法》《行政强制法》《行政诉讼法》《行政复议法》《国家赔偿法》等规范政府行为的法律的陆续出台，特定的行政行为的制度设计，已经有了比较统一的规范。这些规范，不是一般意义或者说狭义上的立法技术的范围，而是广义上的立法规范的范畴。因为在《立法法》奠定的中国当代立法框架内，部门立法必须遵循这些实体性规范。

依法立法如今不仅仅是抽象的、政治的要求，更是立法最基本的规矩。在立法领域及具体立法过程中，再无视这些成文法对整个立法活动的规范效力，已经不是一个法治意识不强的问题，也不是对个人立法技术能力的评价问题，而是将直接造成相应立法成果因违法而失效。

第一节　行政许可的设定

无论是从立法所规范的社会行为的时序逻辑顺序讲，还是从当前立法的热度看，行政许可都是对特定领域的行政行为实施规范首先要处理的问题。

设定行政许可，最权威的指引显然是《行政许可法》。但本节所介绍的，恰恰就是这样一部法律，却在实践中被“非行政许可的审批”打得落花流水，直到其实施 13 年后，才以“非行政许可的审批”自行声明退出历史舞台。但《行政许可法》本身如何元气复苏、活力满满，还要好好看看以下内容，才好作判断。

一、行政许可的功过

行政许可还远未到功成身退的时候，讨论其功过确实有些早。但从行政许可的制度构架角度分析，下述各节讨论的内容，都是表层的、技术性的甚至是立法技术层面的问题，都没有过多触及，更没有解决行政许可的设置冲动问题。

行政许可制度也是由《行政诉讼法》确立的（当时甚至还没有行政许可的统一概念，而试探性地用“申请行政机关颁发许可证和执照”这等非常不专业的表述），并随着行政许可实践，特别是行政审批制度改革的深入而日臻完善，最终催生了《行政许可法》。行政许可的丰富实践决定了行政机关会作出大量“有关行政许可的其他决定”，如要求补正申请材料、逾期不作出行政许可决定、要求增加许可条件、违反法定条件（给他人）颁发行政许可等。故有必要按照《行政许可法》及最新的行政许可实践，对旧行诉法进行完善。

行政许可是指行政机关根据公民、法人或者其他组织的申请，决定允许符合法定条件的行政相对人享有某种权利、获得或者说认可某种法定资格和能力的行政行为。许可证和执照是国家行政许可制度的主要表现形式。

从立法的本意讲，这里所称的许可证和执照代表着整个行政许可制度，即泛指行政许可的各种具体表现形式，凡在实质内容上属于需行政机关许可而享有一定人身权利和自由及财产权利的各种证照、文件乃至口头认可，都在此范围之列。即使有些证照、文件在名称上不被称为许可证或执照，但实质上却具有许可性质，都属于许可证和执照的范围。如行政机关颁发的居民身份证、户口簿、护照、居留证、结婚证，等等。

值得注意的是，《行政诉讼法》起草时，《行政许可法》尚未施行，立法者对于行政许可概念的理解，是所有的经行政机关认可方可为一定行为或者具有相应资格的行政管理事项，其中显然包括概念不太明确的许多行政审批行为。但在《行政许可法》施行之后，行政许可的概念反而更加模糊了：行政审批、行政登记等概念的日益清晰，在掏空《行政许可法》制度基础的同时，也侵蚀着《行政诉讼法》业已确立的、此前并无人置疑的这一领域的行政诉讼案件的受案范围。例如，《行政许可法》出台前，一般认为，行政相对人认为政府或行政主管部门核发的土地所有权证和使用权证、房产行政主管部门核发房产所有权证的行为侵犯其合法权益的，可以对发证机关提起行政诉讼。[①]如果将这类发证行为排除在行政许可之外，则其是否属于行政诉讼范围，就是问题。

结合我国《行政诉讼法》保护公民、法人或者其他组织合法权益的立法宗旨以及有关受案范围的总体规定，凡涉及公民、法人或者其他组织法定权益的各种许可性凭证都属于《行政诉讼法》规定的许可证和执照的范围，都要受行政诉讼制度的保护。既然行政许可制度涉及的所有书面文书都在许可证和证照之列，就没有进一步区分是否属于人身权还是财产权的必要。相应地，加入人身权、财产权的限制是没有依据的，因为有些许可证和执照实际上并非仅关系到公民、法人或者其他组织的人身权和财产权。例如，某些从事教育、文化娱乐、体育活动的许可证件和执照（如许可办学的批件，作为教育、文化娱乐用品的枪支的持枪证或车辆驾驶执照等），如果行政机关违法吊销或者拒绝颁发、不予答复，所侵犯的除人身权和财产权外，实际上还包括公民、法人或者其他组织享有的进行科技、文化和其他文体活动的社会权利和自由。但随着新行诉法将行政诉讼的保护范围，特别是受案范围扩大到所有的合法权益，上述讨论，意味骤减。

---

① 《上海行政审判意见》第 4 条。

二、设定行政许可的难易

什么情况下可以设定一项行政许可？或者说设定一项行政许可究竟有多难？其实，行政许可设定真正的难度，不是设定，而是取消。

设定一项行政许可至少需要多少字？答案是，几个字而已。取消一项行政许可立法上至少需要删除几个字？一字足矣，本书会给出答案。

设定行政许可需要几个字。最初找到的答案是 6 个字："具有相应资质"（2016 年《物业管理条例》第 24 条）。2004 年《道路交通安全法实施条例》第 15 条第 2 款规定，"质量技术监督部门负责对机动车安全技术检验机构实行资格管理和计量认证管理"，由此就设定了"机动车安全技术检验机构""资格"，也就是说，只需要写上"实行资格管理"6 个字，就可以设定一项行政许可了。

随后找到的立法实例是 5 个字，2017 年《国务院关于修改部分行政法规的决定》（2017 年 10 月 7 日，国务院令第 687 号）中，特别明确地规定：删去《道路交通安全法实施条例》第 15 条第 2 款中的"资格管理和"，即不再由"质量技术监督部门""对机动车安全技术检验机构""实行资格管理"，从而取消了该项行政许可。

后来是 3 个字，2008 年《土地调查条例》第 13 条第 2 款第 2 项中规定，承担土地调查任务的单位应当具备"有与土地调查相关的资质和工作业绩"；同条第 3 款规定："国务院国土资源主管部门应当会同国务院有关部门加强对承担土地调查任务单位的管理，并公布符合本条第二款规定条件的单位名录。"2018 年该条例修正时，删除了第 13 条第 2 款第 2 项的"资质和"以及第 3 款的"公布符合本条第二款规定条件的单位名录"。据此，承担土地调查任务单位的"土地调查""资质"的行政许可，也作古了。回想其设定的关键，其实不过是"资质和"3 个字而已，因为其下文规定的"公布符合本条第二款规定条件的单位名录"看不出丝毫行政许可的痕迹。

2017 年《防治船舶污染海洋环境管理条例》第 14 条第 1 款规定，"船舶所有人、经营人或者管理人应当制定防治船舶及其有关作业活动污染海洋环境的应急预案，并报海事管理机构批准"，由此设定的行政许可，在 2018 年取消时只改了

2个字，将上述规定中的“批准”修改为“备案”。就此，基本上可以概括地说，只需要2个字，就可以设定一项行政许可。更准确地说，只需要变更2个字，就可以决定一项行政许可的存亡。当然，还有更极端的，一个字，甚至一字不变，就可以确立、巩固或者废除一项行政许可（答案也在本书中）。

在立法中，依傍同一条款中的其他行政许可随便增加几个字，就足以设定一项独立的行政许可，这在《行政许可法》出台前乃至出台后，都是一项屡禁不止的现象。其结果则是，诸多无用的行政许可大量出现。

其实，立法中的哪一个字不是立法起草者殚精竭虑的凝铸？哪一个字能够逃脱得了立法审查过程中成百上千双甚至上万双眼睛的观望、疑虑和审视？如果说某些立法技术上的问题，可能是出于疏忽，那么，类似行政许可设置这样的“大是大非”问题能够最后成文，都是反复权衡、全力攻坚、不懈运作、多方妥协的结果。

三、行政许可的主体

行政许可的主体，直接决定行政许可的性质。如果不是行政主体，就没有行政许可，或者说相应的制度就不是行政许可。

2007年《城乡规划法》第24条第2款，本是规定“从事城乡规划编制工作”的单位的资质条件，但其中的第2项中“有规定数量的经国务院城乡规划主管部门注册的规划师”的表述，结合同条第3款“规划师执业资格管理办法，由国务院城乡规划主管部门会同国务院人事行政部门制定”的规定，事实上又设立了一种“规划师执业资格”的行政许可。

2015年该法修正时，将第24条第2款第2项的内容调整为“有规定数量的经相关行业协会注册的规划师”，同时又删去第3款。如此一来，“规划师”就不再是“经国务院城乡规划主管部门注册”的了，“规划师”的“执业资格”也不复存在，也不再有相应的“由国务院城乡规划主管部门会同国务院人事行政部门制定”的“管理办法”来进一步规定“规划师”的“执业资格”了（后来，连“会同”似乎也没有了，因为“国务院人事行政部门”改革了）。但注册规划师依然存在，只不过转为“相关行业协会注册”了，因而不再是行政许可。这样，就从法律上取消了“规划师”“执业资格”的行政许可。

2010 年《消耗臭氧层物质管理条例》第 11 条第 1 款第 3 项规定，“消耗臭氧层物质的生产、使用单位”“还应当具备下列条件”“有经环境保护主管部门验收合格的环境保护设施”。2018 年该项行政许可取消，其修改内容仅仅是：删去第 11 条第 1 款第 3 项中的“环境保护主管部门”。也就是说，只要“验收”等行为不是行政机关组织实施的，就不是行政许可。当然，从技术（不是立法技术）角度言之，此等验收还真不是某些“主管部门”能够做得了的。太专业、太技术、太具体，没有多年持续不断的业务水平，只靠“主管”某个行业的行政管理经验，还真干不了这个活，必须借助“主管部门”外的技术专家和专业人员。如今，此类行政许可被取消后，就是这么做的。其实，以前也是这么做的，唯一的区别，就是“主管部门”的一个章，甚至章都是套印的。

2005 年修订《公司法》时，其第 29 条对 2004 年该法第 26 条作了个不太起眼的修改：将“必须经法定的验资机构验资并出具证明”，修改为“必须经依法设立的验资机构验资并出具证明”。从字面上看，只改了 3 个字，将“法定”改为“依法设立”，但实际上触及的是一项行政许可的取消：“法定的验资机构”的确立。因为如果此处不改，有关部门就会据此要求“验资机构”必须取得“法定的验资机构”的资质，才认可其出具的“验资”“证明”。也许有人会说，这不是明明白白地写着“法定”吗？什么法规定了？有关部门会告诉你，正是《公司法》的这一条规定，这不是明明白白地写着“法定的验资机构”吗？难道《公司法》就不是法吗？至于“有关部门”，《公司法》也没有明确，但是不要紧，需要这个“法定的验资机构验资并出具证明”的部门，就是实际上的“法定的验资机构”的许可部门，未经其许可的“验资机构”即使“验资并出具证明”，也是不被承认的。于是一项行政许可就这样莫名其妙地诞生了。

2005 年《公司法》修订后，“依法设立的验资机构验资”应当理解为就是“依法设立”的能够承担“验资”工作任务的机构，如资金实际入账的依法成立的银行以及依法成立的审计师事务所、会计师事务所等。当然，如果公司登记主管部门依然认为，这些依法设立的机构只是依法设立了机构，但没有依法具有“验资”能力，非要由其对这些依法设立的机构是否具有“验资”能力进行审核，进而确定“依法设立的验资机构”，那也没有办法。

这是执法的问题，不是立法的问题。任何社会、任何时代，都不能保证有良法就有善治。良法善治是一个需要长期奋斗的目标，能够做到良法善治的国家，离法治就已经不远了，甚至已经就是法治政府、法治社会、法治国家了。

正是由于这样的立法规定，再想从“依法设立的验资机构验资”中，解释出并执行成既要依法设立机构，又要具备验资能力，确实非常反常识、反法理，总之是非常难。难到什么程度呢？就相当于把“依法设立的验资机构验资”中的两个“资”分别解释成一个是指“资金”，一个是指“资质”。这样一说，即使不搞法律也不常接触立法的人就都明白了：这非得需要美颜功能不可。

因为对历史潮流而言，大势已成；对个别妄图逆历史潮流而动，在既有的法律框架和立法格局内，在执法环节或者个案中，对于蝇营狗苟的一些部门、小团体或者个人利益者而言，则大势已去。

四、行政许可的内容

2018 年 3 月 19 日《国务院关于修改和废止部分行政法规的决定》对 2016 年《物业管理条例》进行了修订，删去《物业管理条例》第 24 条中的“具有相应资质的”。当然，一并调整的还有该条例第 32 条第 2 款的如下内容“国家对从事物业管理活动的企业实行资质管理制度。具体办法由国务院建设行政主管部门制定”，以及删去第 59 条、第 60 条、第 61 条中涉及“物业服务企业”“资质证书”的罚则。也就是说，单纯就《物业管理条例》而言，其“具有相应资质的”的表述，确实不足以设置“对从事物业管理活动的企业实行资质管理制度”，但“具有相应资质的”的表述，确实具有设定行政许可的意思，在立法不规范的情况下，就会在法律实施时操作成为设定行政许可的表述。

《国务院关于修改和废止部分行政法规的决定》（2018 年，国务院令第 698 号）中，涉及《计量法实施细则》的内容中有“轻描淡写”的几个字：“删去第十四条、第十五条”，但其涉及的却是两项重要的行政许可：《制造计量器具许可证》《修理计量器具许可证》，退出了历史舞台。当然，早在 2017 年，全国人大常委会《关于修改〈中华人民共和国招标投标法〉、〈中华人民共和国计量法〉的决定》，就已经将原设定相应行政许可的内容修改为“制造、修理计量器具的企业、事业单位，必须具有与所制造、修理的计量器具相适应的设施、人员和检定仪器设备”。

这两项行政许可，都是1997年《计量法实施细则》立法之初就存在的“元勋”级行政许可，当然其更早的渊源，则是1985年的《计量法》第12条，这是我国行政许可立法最早的立法例。这两项行政许可取消后，《计量法实施细则》就失去了行政许可设定功能。当然，这是简政放权的大势所趋。

五、行政许可的标准

怎样算设定了一项行政许可？如果仅仅规定“从事”某项“加工经营活动，应当按照国家有关规定取得资格认定”，算不算设定了一项行政许可？如2001年《棉花质量监督管理条例》第3条第1款规定，“棉花经营者从事棉花收购、加工、销售或者承储等经营活动，应当按照国家有关规定取得资格认定”。有人认为不是行政许可，因为这一规定既没有明确行政许可的实施主体是行政机关，也没有明确行政许可的条件和程序，完全不符合《行政许可法》第4条规定的“设定和实施行政许可，应当依照法定的权限、范围、条件和程序”的强制性规定，但这种设定不规范的行政许可却在现实中发挥着巨大的作用。

当然，“棉花经营者从事棉花收购、加工、销售或者承储等经营活动”的许可，可能算是“发挥着巨大的作用”的例外，如此“重大”的活动的行政许可取消后，对社会治理的影响是什么？原实施“棉花经营者从事棉花加工经营活动”行政许可的部门说得清楚吗？不管他们是怎么说的，现在肯定是说不清楚了。因为他们已经与其规范对象都退出历史舞台了。

如果说对上述规定是否设定了一项行政许可还有什么疑问和争议的话，2017年该条例修正后，这个问题基本上不存在了：该款整体被删除了。由此“棉花经营者从事棉花收购、加工、销售或者承储等经营活动，应当按照国家有关规定取得资格认定”，确实设定了一项足以影响“棉花经营者”重大权益的行政许可，如今这一行政许可已经没有继续存在的必要，被立法者果断删除了。

进而言之，从完善立法的角度考虑，今后所有立法文件中，至少在行政法规及其以下的有权设定行政许可的法律规范中，凡是没有明确实施主体是行政机关，也没有明确实施行政许可的范围、条件和程序的，相应的内容都应当删除，或者按照《行政许可法》的规定予以完善。

六、行政许可的辨识

这个问题与前几节内容相关。行政许可的标准是立法时应当参考的正向指标，行政许可的辨识，则是法律执行环节如何去理解立法的反向指南。

关于什么样的规定，构成设定了行政许可，在我国立法界并不明确。但诸如2012年《证券投资基金法》第17条（2003年该法已有类似内容）的规定，一般认为属于设定行政许可的法律规范，尽管其用语是比较没有审批属性的"审核"：公开募集基金的基金管理人的法定代表人、经营管理主要负责人和从事合规监管的负责人的选任或者改任，应当报经国务院证券监督管理机构依照本法和其他有关法律、行政法规规定的任职条件进行审核。

确证上述规定属于行政许可的一个常用的证据是，全国人大常务委员会修改《港口法》等七部法律的决定（2015年4月24日）"删去第十七条"。存废之间，不过2年（从实施到废止不到23个月），从其调整范围由"基金管理人"大幅压缩到"公开募集基金的基金管理人"，再到彻底取消，其加速没落的轨迹，是否印证了"其亡也忽"？

但同样是该决定删除的内容："减税、免税的申请须经法律、行政法规规定的减税、免税审查批准机关审批"（2013年《税收征收管理法》第33条第2款），就有不少人认为其不属于行政许可，因为该款内容删除后，按该条第1款的规定即"纳税人可以依照法律、行政法规的规定书面申请减税、免税"，纳税人办理"减税、免税"仍要由有关行政机关申请并由有关机关决定。

全国人大常委会2013年12月28日通过的《关于修改〈中华人民共和国海洋环境保护法〉等七部法律的决定》，对1999年《海洋环境保护法》第43条作了修改：该条第1款原来规定："海岸工程建设项目的单位""编报环境影响报告书。环境影响报告书经海洋行政主管部门提出审核意见"，修改后，删除了"经海洋行政主管部门提出审核意见"的内容；同时在该条第2款增加规定："环境保护行政主管部门在批准环境影响报告书之前，必须征求""海洋……行政主管部门……的意见"。

上述修改的实质，就是取消了"海洋行政主管部门"对"海岸工程建设项目"的"环境影响报告书"的审核（即行政许可）职能。也就是说，立法只需要规定

“经海洋行政主管部门提出审核意见”，就足以设立一项行政许可，但征求“海洋行政主管部门”的意见不属于行政许可，而是行政机关之间的会签程序。这种会签程序中，参与机关某种程度上拥有否决权，但不享有最终授予某项行政许可的决定权。

七、名为验收的许可

1996 年《环境噪声污染防治法》第 14 条第 2 款规定，“建设项目在投入生产或者使用之前，其环境噪声污染防治设施必须经原审批环境影响报告书的环境保护行政主管部门验收”，这种“官方”验收，算不算行政许可呢？此前有争议，学者包括“建设项目”单位，一般认为这显然属于“行政许可”，因为未经此“官方”验收，即“达不到国家规定要求的，该建设项目不得投入生产或者使用”。2018 年 12 月 29 日全国人大常委会《关于修改〈中华人民共和国劳动法〉等七部法律的决定》修正《环境噪声污染防治法》时，将上述内容中的“经原审批环境影响报告书的环境保护行政主管部门验收”修改为“按照国家规定的标准和程序进行验收”。从字面上看，“验收”还是“验收”，但删除了官方色彩后，像褪去了一层印泥，已不属于行政许可，“按照国家规定的标准和程序进行验收”即可，对验收主体则没有再提法律上的限制性要求。按照《行政许可法》，有关方面即“官方”也不宜在其规章及以下规范性文件中设定新要求了。

与上述“行政许可”设定方面的修改相呼应，2018 年《环境噪声污染防治法》第 48 条中，对于“违反本法第十四条的规定，建设项目中需要配套建设的环境噪声污染防治设施没有建成或者没有达到国家规定的要求，擅自投入生产或者使用的”法律责任，由此前的“由批准该建设项目的环境影响报告书的环境保护行政主管部门责令停止生产或者使用，可以并处罚款”修改为“由县级以上生态环境主管部门责令限期改正，并对单位和个人处以罚款；造成重大环境污染或者生态破坏的，责令停止生产或者使用，或者报经有批准权的人民政府批准，责令关闭”。

由此也可以看出，“县级以上生态环境主管部门”对“没有达到国家规定的要求”的“需要配套建设的环境噪声污染防治设施”，虽然不再享有法定的“验收”权，但仍享有事后监管权及相应的认定权，只是这种认定不再是在逐个“验收”

中行使的，而是在个案确有问题实施查处时认定的。

这是一个比较典型的由事前许可调整为事后监管的行政许可制度改革实例。

八、行政许可的次序

行政许可谁先谁后，正如进门的顺序、车上的座次，也很讲究。由此派生出一项声势浩大的改革运动："先照后证。"

2012 年修改后的《劳动合同法》第 57 条第 2 款，增设了一项新的行政许可："经营劳务派遣业务，应当向劳动行政部门依法申请行政许可；经许可的，依法办理相应的公司登记。未经许可，任何单位和个人不得经营劳务派遣业务。"

当然，从立法技术角度，特别是设立行政许可的立法技术角度讲，比较妥当的方法，应当是将"未经许可，任何单位和个人不得经营劳务派遣业务"放在本条最前面，即先规定禁止再规定解除禁止的行政许可，然后才规定许可的条件。原第 57 条仅"劳务派遣单位应当依照公司法的有关规定设立"，这只是"依照公司法的有关规定设立""劳务派遣"公司的公司登记，取得的是营业执照，而不是在此之外从事特定业务的行政许可。这一点，从新法"经许可的，依法办理相应的公司登记"的规定中，就可以看出。同时，2012 年 12 月 28 日全国人大常委会修改《劳动合同法》的决定也明确规定，"本决定施行前经营劳务派遣业务的单位，应当在本决定施行之日起一年内依法取得行政许可并办理公司变更登记，方可经营新的劳务派遣业务"。

这就是典型的"先证后照"的规定，由于"公司登记"还未完成，取得行政许可又必须符合"下列条件"，实际上主要是"公司登记"的条件。由此可能陷入一个死循环：因为没有"公司登记"，所以达不到获得行政许可的条件，而没有行政许可，又办不了"公司登记"。正因如此，才需要进行改"先证后照"为"先照后证"的"行政审批"制度改革。当然，这里的核心问题，还是"公司登记"的实质究竟是什么。如果只是个公司经营现状的簿记，显然不是行政许可。但事实并非如此，在我国"公司登记"就是一种由行政机关实施的、企业从事经营活动本身的基本行政许可，绝不是一项字面上的"登记"那么"随便"的事。

九、行政许可的性质

行政许可是行政许可实施机关的一项法定职责：既是行政许可实施机关的一

项管理手段，更是其必须履行的法定职责，即必须依法受理行政相对人提出的行政许可申请，并依法授予符合条件的当事人以行政许可。

许可证和执照，与人身权利和自由以及财产权利等合法权益，有直接关系。授予申请人行政许可，既是行政机关的职权也是其职责，对于符合条件的行政相对人，如果行政机关推诿或者拒绝，就剥夺、限制了他们应当享有的合法权益。

行政机关对行政许可申请不予答复，完全是官僚主义的不负责任、不履行职责的行为。从理论上讲，这是一种不作为行为，不具有合法性。而行政机关对申请的拒绝则可能是不履行职责的行为，也可能是切实履行职责的行为，即行政机关依法查明公民、法人或者其他组织确实不具备颁发有关证照的条件，因而予以合法合理地拒绝。从理论上讲，这是一种作为行为，有可能不合法，更可能合法。

十、审批惯性的出路

取消行政许可，并不是说行政机关就此放手不管，而是按《行政许可法》第13条规定的精神，由行政机关采用事后监督等其他行政管理方式。

2013年《水文条例》第24条第2款规定，“从事水文、水资源调查评价的单位，应当具备下列条件，并取得国务院水行政主管部门或者省、自治区、直辖市人民政府水行政主管部门颁发的资质证书……”2016年修订时，删除了“并取得国务院水行政主管部门或者省、自治区、直辖市人民政府水行政主管部门颁发的资质证书”，只保留了“从事水文、水资源调查评价的单位，应当具备下列条件……”这有什么区别吗？是否“具备下列条件”由谁把握？

前后条文的区别，就在于由行政许可调整为行政指导：指导有关单位符合“下列条件”。

修订前，是否“具备下列条件”由行政许可实施机关在事前把握，即审批；修订后，是否“具备下列条件”改为事后监管，即修订后的第38条：“不符合本条例第二十四条规定的条件从事水文活动的，责令停止违法行为，没收违法所得，并处5万元以上10万元以下罚款。”可见，这种行政指导也不是完全没有“牙”的，事先的行政指导与事后的行政处罚相结合，可以完全达到同样的效果。

第二节　行政处罚的设定

行政处罚是行政机关根据其职权对有违反行政法行为但尚未构成犯罪者的惩处。由于《行政诉讼法》出台后我国又颁行了《行政处罚法》，行政处罚的确切范围已经相当明确，行政处罚涉及的所有案件也都可以提起行政诉讼。

2014 年《行政诉讼法》修正，这部分内容作了微调：主要是根据《行政处罚法》有关行政处罚分类的规范表述，对旧行诉法的原有表述进行了调整。原有内容列举了几类行政处罚，与《行政处罚法》的规定不尽一致，主要是种类没有《行政处罚法》周全。这与《行政诉讼法》立法在先，《行政处罚法》当时还没有制定直接相关。新规定与《行政处罚法》第 8 条规定的行政处罚种类一致，排列顺序不同。

由此可以看出我国行政立法不断完善的轨迹：先有旧《行政诉讼法》对于行政处罚种类的列举，确立行政处罚作为一种独立的行政行为类别的法律地位；进而在执法实践及司法实践的基础上，结合既有立法探索，制定了《行政处罚法》，进一步规范、完善、统一了行政处罚制度；再在此基础上回过头来完善既有行政诉讼立法。

此前讨论行政处罚问题，往往会提到劳动教养。这个制度于 2013 年 12 月 28 日被全国人大常委会废除了。在此之前，这是个困扰学界与实务界的老难题。目前这个制度已不复存在，但有再讨论一下的必要。

根据国家先前有关规定，劳动教养是行政机关对一贯违法、屡教不改或有轻微犯罪行为尚不够刑事处罚又有劳动能力的人采取的一种惩处性劳动教育措施。劳动教养的期限一般是 1 年至 3 年，从性质和后果看均具有惩罚性，而且比其他行政处罚种类都更为严厉。因此应当属于行政处罚的一种。越来越多的人都趋向于将劳动教养确定为最严厉的一种行政处罚，特别是国务院新闻办公室在向全世界发布的《中国的人权状况》白皮书中，明确将劳动教养列为一种行政处罚。但在其废除前，仍然有观点坚持将其作为一种行政强制措施，而不认为是行政处罚。

特别值得一提的是，许多看似和行政处罚无关的立法，也参与了行政处罚制度的丰满和完善。但从某种意义上说，这属于立法“被表态的”个案。

2004 年《公司法》第 224 条规定，对“冒用有限责任公司或者股份有限公司名义的”除“责令改正或者予以取缔”外，“并可处以一万元以上十万元以下的罚款”。2005 年该法修订时，相应内容修改为“可以并处”。字还是那 4 个字，顺序调整后内容有什么实质性的变化吗？可以说没有，因为前后内容都无非规定可以一并处以罚款。唯一不同的是，“并可处以”不涉及前者即“责令改正或者予以取缔”的法律属性，而“可以并处”就明确地将“责令改正或者予以取缔”的性质等同于罚款即行政处罚了。对“责令改正或者予以取缔”是否行政处罚，适宜《公司法》表态吗？

《公司法》的立法者肯定没有意识到会表这个态，也不想表这个态，但一旦写成了文字，通过为法律，就覆水难收而被迫表态了。这就是立法必须字斟句酌的原因所在，也是其难处所在。因为有时确实是非常认真地对文字字斟句酌了，但由于过于拘泥于细节，仍没有把握住立法的大势以及社会发展的大势。故类似此处这种“被”表态的情形，确实比较少见，也确实难以预料。

有关行政处罚设定的主要立法规范，见《行政处罚法》及《立法法》。由于行政处罚领域的立法已经相当的成熟，甚至可以说已经度过了违法设定行政处罚的“刘易斯拐点”，从立法技术角度讨论这个问题的篇幅可以大大简省了。

从顶层设计的角度考虑，依法改革首先要着眼推进全面依法治国这个大背景，从改革不充分、不适应全面依法治国的体制机制弊端着手，先设计方案，再按立法程序通过后交付执行，切实做到依法改革，进而切实做到深化改革。

立法，特别是那些具有前瞻性的长期发展规划的决策，要进一步加大民主参与的力度。如大幅度降低惩戒体系的复杂度，以便于民众理解、掌握和遵循。改革的目标是整合、构建行政处罚与刑罚紧密衔接的法律责任体系，甚至可以考虑统一适用刑罚、取消行政处罚（以轻罪或者违警罪取而代之），通过慎罚、严罚，使法律责任真正硬起来、实起来，真正树立起国家机器的铁拳形象和权威。要让老百姓明白与其日常生活环境和行为习惯相匹配的法律后果，让每个违法者能通过惩罚真正悔过、服罪。

第三节　强制体制的设定

强制体制涉及行政强制、行政强制执行、司法强制执行，主要是行政强制执行，故主要内容受《行政强制法》《行政诉讼法》的约束。

一、强制体制的范围

从《行政强制法》的列举来看，行政强制执行的实质是一些特定类型的强制措施，可称之为行政强制执行措施。因此，行政强制的本质和主要表现形式就是行政强制措施。

《行政强制法》第 2 条第 1 款、第 2 款规定，行政强制，包括行政强制措施和行政强制执行。行政强制措施，是指行政机关在行政管理过程中，为制止违法行为、防止证据损毁、避免危害发生、控制危险扩大等情形，依法对公民的人身自由实施暂时性限制，或者对公民、法人或者其他组织的财物实施暂时性控制的行为。该法第 9 条规定，行政强制措施的种类包括：限制公民人身自由；查封场所、设施或者财物；扣押财物；冻结存款、汇款；其他行政强制措施。

《行政强制法》第 2 条第 3 款规定，行政强制执行，是指行政机关或者行政机关申请人民法院，对不履行行政决定的公民、法人或者其他组织，依法强制履行义务的行为。该法第 12 条规定，行政强制执行的方式包括：加处罚款或者滞纳金；划拨存款、汇款；拍卖或者依法处理查封、扣押的场所、设施或者财物；排除妨碍、恢复原状；代履行；其他强制执行方式。

虽然行政强制可以区分为行政强制措施和行政强制执行，但就行政诉讼而言，只有行政强制措施和行政强制执行措施可以作为诉讼标的，即被诉行政行为；行政强制执行本身，主要是就其实现行政行为的效果、效力的程序性表现形式而言的，没有具体的可诉性。《行政诉讼法》条文中虽然用了“行政强制执行”的表述，“限制人身自由或者对财产的查封、扣押、冻结等”显然是“行政强制执行措施”，并可以统称为“行政强制措施”。

二、行政强制的概念

与行政法中的许多概念一样，行政强制的概念，最早是由1989年《行政诉讼法》(2017年新法第12条第1款第2项)“非正式”界定的：法院受理公民、法人和其他组织对限制人身自由或者对财产的查封、扣押、冻结等行政强制措施和行政强制执行不服提起的诉讼。

与行政处罚制度相似，行政强制制度也是通过《行政诉讼法》立足，进而不断完善为统一的单行立法。2014年《行政诉讼法》修正，又将《行政强制法》中的成熟内容纳入，从而完善了有关受案范围、申请法院执行等内容的规定。

旧《行政诉讼法》只提到了“行政强制措施”，没有涉及“行政强制执行”，这显然是个缺陷。2014年修法弥补了这一缺陷，结合《行政强制法》的规定，将“行政强制措施和行政强制执行”合称为行政强制，将这类案件统称为行政强制案件，法律依据更加充分了。

三、行政强制的主体

1997年《殡葬管理条例》第20条规定，“将应当火化的遗体土葬，或者在公墓和农村的公益性墓地以外的其他地方埋葬遗体、建造坟墓的，由民政部门责令限期改正；拒不改正的，可以强制执行”。据此，“民政部门”享有了对“拒不改正的”予以“强制执行”的权力。但2011年的《行政强制法》第13条第1款明确规定：“行政强制执行由法律设定。”《殡葬管理条例》属于行政法规，故自《行政强制法》2012年1月1日起施行后，该条例设定的行政强制执行，在法律上已经“名存实亡”了。对此，2011年《行政强制法》第13条第2款还专门留有后手：法律没有规定行政机关强制执行的，作出行政决定的行政机关应当申请人民法院强制执行。据此，从2012年起，“应当火化的遗体土葬，或者在公墓和农村的公益性墓地以外的其他地方埋葬遗体、建造坟墓的，由民政部门责令限期改正”；“拒不改正的”，作出“责令限期改正”决定的“民政部门”从法律上已不能依1997年《殡葬管理条例》第20条的规定“强制执行”，而只能依2011年《行政强制法》第13条第2款的规定“申请人民法院强制执行”。从2012年修订后的《殡葬管理条例》实施起，相应“强制执行”权在立法上不复存在。

这就是前两年许多地方因拆坟而引发大量复议、诉讼案件的原因所在：有些地方确实在施用依据时找到了《殡葬管理条例》的相关授权，却没有注意到更应当注意的法律对这个问题的最新表述。

四、执行体制的设计

执行体制的设计，也存在与赔偿体制设计相同的问题，即已经有一部规范执行的基本法。其他部门单行立法涉及执行的内容，都存在一个如何与《行政强制法》相衔接、相配合的问题：不宜规定得太细，但也不能衔接得太松。

执行体制的设计，既与强制执行权的设定密切相关，又与非诉执行案件的实质性审查紧密相连。如果行政主体依法获得了强制执行权，其有权自行强制执行的行政行为在起诉时效届满后，事实上就成功“躲过”了遭受质疑的风险。但是对于没有法定强制执行权的行政主体，其行政行为即便过了诉讼时效，在执行环节仍需要面对不确定的司法审查。

综观我国行政体制乃至整个强制体制的全貌，有一个现实而恰当的点，即起诉对被诉行政行为的效果，其直观表现，是起诉对被诉行政行为能否强制执行的影响。这与我国目前的强制执行体制密切相关。

我国目前实施的自执行与申请执行并行的行政强制执行体制，最早是由 1989 年《行政诉讼法》确立的。《行政强制法》（2011 年）起草过程中，曾有人提出对现行强制执行体制进行彻底改造，有的甚至建议将强制执行权全部收归法院，以体现公正，另有人建议在行政系统设立专门负责执行的行政执行局，也没多少人呼应。

《行政诉讼法》修改过程中，改革行政强制执行体制的呼声再次涌动，其中叫得最响的，就是“裁执分离”，具体版本有好几个，其中最接近成文的，是由法院“裁定强制执行”，由行政机关负责落实。最终，这种垂帘听政式的改革方案功败垂成。于是，自执行与申请执行相结合的现行体制继续保留。

自执行是作出行政行为的行政机关有权自己执行的行政强制执行方式，如公安、税务、海关等行政机关均依法享有此项权力；申请执行则是自己没有行政强制执行权的行政机关以及虽有强制执行权但执行有困难时申请法院强制执行的执行方式。最初由《行政诉讼法》确立的这一执行体制，经《行政强制法》吸收完善，成为我国行政管理领域非常重要的行政强制制度的基石。

在司法实践中，法院对申请强制执行的案件进行实质性审查已经是施行多年的事实了。早在2000年，原“98条”第6条第1款（同“163条”第6条第1款）早就有“审查”的说法：各级法院行政审判庭“审查行政机关申请执行其行政行为的案件”。“98条”第95条进一步规定：被申请执行的行政行为有下列情形之一的，法院应当裁定不准予执行：（1）明显缺乏事实根据的；（2）明显缺乏法律依据的；（3）其他明显违法并损害被执行人合法权益的。上述内容基本上被《行政强制法》吸收，仅修正了其中的一个比较明显而低级的错误，将“明显缺乏法律依据”增补为“明显缺乏法律、法规依据”。在我国现行法律、法规中，但凡提到“法律”，通常是指全国人大及其常委会制定的法律，而不是笼统地包括法律、法规、规章的“法”。特别是在一个法律文件中，“法律”必须是指同一个概念，不能一会儿指广义的“法”，一会儿指狭义的“法律”。这虽是逻辑上的小问题，却是立法中的大问题。立法不符合逻辑，就肯定不符合法理，更不符合事理、情理，执行起来更是麻烦不断。最终总是成为法律制度修改调整的最直接对象。

比较原“98条”第95条、《行政强制法》第58条和“163条”第161条，可以清晰地看出有关内容是如何经历立法的不断优化而日臻合理、逐步完善的：先是《行政强制法》第58条第1款第2项的一个小变化（这一变化又被“163条”第161条第1款第3项承继），就是在“法律”后增加了“法规”。从而剔除了原“98条”的一个漏洞。显然，“明显缺乏法律依据”但有“法规依据”的行政行为，法院不能不予执行。因为法院审理行政案件都是依据法律、法规，凡有法律、法规依据的行政行为涉诉后，通常会得到法院的支持（如今虽已不是维持，但驳回原告起诉的法律效果是一样的），从而成为法院可以强制执行的判决、裁定的执行标的。那么，同样的行政行为，如果未涉诉而直接向法院申请执行，法院能说其“明显缺乏法律依据”而不予执行。这一点小变化，强化了一个行政诉讼制度自确立以来就已经明确并经此后两次修改都没有变化的基本原则：行政机关作出行政行为、法院审查其合法性，包括申请强制执行时的合法性审查，都秉承同一标准：依据法律、法规，参照规章。

不仅如此，“163 条”第 161 条在《行政强制法》上述改进基础上更上一层楼，增加一项作为其第 1 项：实施主体不具有行政主体资格。显然，其渊源是新《行政诉讼法》第 75 条新增加的无效行政行为的性状：行政行为有实施主体不具有行政主体资格或者没有依据等重大且明显违法情形。法院有可能判决无效的行政行为，显然比“明显缺乏法律、法规依据”更不应该执行。

新司法解释的这一与时俱进之举，实际上是从“98 条”到《行政强制法》再经新《行政诉讼法》直到“163 条”的螺旋上升、日臻完善的过程的最新阶段，即被申请执行的行政行为有下列情形之一的，法院应当裁定不准予执行：（1）实施主体不具有行政主体资格的；（2）明显缺乏事实根据的；（3）明显缺乏法律、法规依据的；（4）其他明显违法并损害被执行人合法权益的情形。[①] 其中，“实施主体不具有行政主体资格的”情形，是新《行政诉讼法》第 75 条新增加的无效行政行为的性状，显然不能执行。

上述规定非常明确地表明，法院对强制执行的审查是涉及认定事实、适用法律直到有效与否等各方面的全面、实质性审查，绝不再是（事实上从来也不是）简单的形式审查。由此带来的挑战是，申请强制执行因此类同于行政诉讼，且不说对执行效率的延阻，对行政诉讼起诉时效制度也提出了挑战：行政相对人完全可以不理会行政机关的行政行为，直到其申请法院强制执行时。

无论行政系统内部对于非诉讼执行行为的司法审查持何种意见，既然强制执行的权力由法院掌握着，只要不从制度根本上实现结构性的改变，则法院的审查就是不可避免的，差异或许会有，但也只能是审查力度上的量的不同。

新司法解释的出台，基本上宣告了上述讨论的终结：法院受理行政机关申请执行其行政行为的案件后，应当在 7 日内由行政审判庭对行政行为的合法性进行审查，并作出是否准予执行的裁定。[②]“对行政行为的合法性进行审查”，这个表述似曾相识，但不是立法的原文，原文是“对行政行为是否合法进行审查”。[③] 二者有区别吗？如果说有者，肯定有其用心。因为经过近 30 多年的努力，申请法

---

① “163 条”第 161 条第 1 款。

② “163 条”第 160 条第 1 款。

③ 新《行政诉讼法》第 6 条，1989 年《行政诉讼法》第 5 条。二者仅差“具体”二字，实质内容没有变。

院强制执行的行政行为的法律地位，终于和涉诉的行政行为一样都要对“合法性进行审查”或者对“是否合法进行审查”。这是司法权与行政权相互关系发展的历史性转折点，从此无论是在名义上还是实际上，所有申请法院强制执行的行政行为都需要经合法性审查。问题是，这一现实是司法解释确定的，立法尚未表态。

五、行政强制的救济

行政强制措施的范围非常广泛。2011 年前，我国没有关于行政强制措施的统一立法，其范围及形式不甚明确。从行政诉讼受案范围的角度看，行政强制措施的范围不明、方式不确定对于保护公民、法人或者其他组织的合法权益反而是有益的，相应地对于监督行政机关依法行使职权也是十分严厉的：正因为没有统一的法律规范，行政机关采取的所有限制、剥夺公民、法人或者其他组织的人身自由、财产权益或者其他权益的行为，都可以视为行政强制措施；同时，由于没有法律的统一规定，行政机关只有在能够找到明确的单行法律或法规规定的前提下，才有权实施行政强制措施，否则就是违法的。这对于限制行政机关滥用职权，制止各种行政执法领域的野蛮行径无疑会起到强大的震慑作用。只是旧《行政诉讼法》的该项规定没有得到切实落实，地方各级法院有意无意地不完全理会该规定的全部内涵，在纠正行政机关的某些明显违法方面的表现不尽如人意。但最高法院一直在努力扩充这类案件的范围：1997 年 4 月 4 日，将计划生育强制措施纳入①，1997 年 10 月 29 日将留置措施纳入②，1998 年 8 月 15 日将少年收容教养纳入③。这几类案件，包括其他涉及行政强制的可诉性问题，随着《行政强制法》的实施，在法律上基本不复存在。这一成果的取得，行政诉讼实践在立法之前所做的大量探索性工作功不可没。

---

① 《最高人民法院关于不服计划生育管理部门采取的扣押财物、限制人身自由等强制措施而提起的诉讼人民法院应否受理问题的批复》。

② 《最高人民法院行政审判庭关于对当事人不服公安机关采取的留置措施提起的诉讼法院能否作为行政案件受理的答复》(〔1997〕法行字第 21 号)。

③ 《最高人民法院关于“少年收容教养”是否属于行政诉讼受案范围的答复》(〔1998〕行他字第 3 号)。

第四节　行政征收的设定

行政征收目前还是个学理概念，因为我国尚未制定统一的“行政征收法”。尽管如此，与行政征收概念相关的立法领域，涉及税收、收费、农村集体土地征收、城市国有土地上的房屋的征收，仅此四大领域的任何一个，都涉及每年数以万亿计的资金，实乃国之大事，不可不察。

一、行政征收的概念

行政征收，是行政法中非常重要的一类行政行为。如果考虑到其发生额，仅就收费和收税两项计，就远远超过行政处罚；如果再考虑到农村土地征收、城市房屋拆迁（前提是国有土地上的房屋征收），涉及的财产权益更是惊人，由此可见其重要性。因为我国还没有统一的行政征收法典，行政征收这个学术概念在立法上还没有定型，与之混用的概念有行政征用、行政征购等。

一般而言，行政征收是指行政主体基于公益考虑，依据法律、法规的规定，运用行政职权，以强制方式取得行政相对人财产的一种行政行为。如农村集体土地征收、税收征收、水资源及排污费的征收等。行政征收有的是有偿的，如土地征收；有的则是无偿的，如税费征收等。有偿的征收类似于征购。因此，行政征收，就是国家行政机关基于法律授权，依法剥夺行政相对人已经依法取得的合法财产或者权益。由于是剥夺合法者的合法财产或者权益，所以必须有更为充分的法律授权，并有公允的对价补偿机制保障。

行政征收的前提显然不是违法，而是为了实现更为广泛、高远的公益目的。正因为行政征收是合法地剥夺合法的权益，从保护财产（无论是公有还是私有）权安全性的角度考虑，必须对行政征收予以严格的限制。否则，后果不堪设想。

二、行政征收的规范

行政征收目前没有统一立法。尽管各类行政征收涉及的财产权益重大，但我国迄今为止没有一部统一的立法规范行政征收行为。其中的原因有很多，涉及的财产权益重大、各方难以达成共识反而成了最主要的原因。正因如此，我国立法采取先程序、后实体的迂回路线，以期借此加以事后的规范，就是可以理解的务实之策。事实上，我国目前制定的各个规范政府共同行为的法律，如《行政处罚法》《行政许可法》《行政强制法》等，都是走的这条路线。而其先声，正是1989年制定的《行政诉讼法》。

三、行政征收的目的

行政征收的设立宗旨和实施目的均宏大高远。

行政征收的设立通常是为了公共利益。如《土地管理法》第2条第4款规定，“国家为了公共利益的需要，可以依法对土地实行征收或者征用并给予补偿”。《国有土地上房屋征收与补偿条例》第2条规定，为了公共利益的需要，征收国有土地上单位、个人的房屋，应当对被征收房屋所有权人给予公平补偿。但迄今为止，现行法未给“公共利益”一个合法的名分。正因如此，新《行政诉讼法》专门将此类行政行为列入可诉案件范围，以期打通事后救济的通道。

四、行政征收的范围

行政征收有广义与狭义之分，如何取舍，与外延或者说范围直接相关。狭义的行政征收，即其字面含义；广义的行政征收，包括行政征用。因为行政征收的本质，是合法取得行政相对人合法拥有的权益；行政征收与行政征用的区别，仅在于行政相对人丧失的是所有权还是使用权。

行政征收范围相当广泛、涉及财产权益十分重大。即使不考虑其他细碎的类别，仅就影响最为广泛的行政征收种类而言，其涉及的财产权益之大几乎可以稳居行政机关各类行政行为之首。其中税收，占全国GDP的15%以上，2012年起每年超过10万亿元（2018年15.6万亿元）；国有土地上的房屋征收，每年涉及的不动产估计也有数万亿元；农村土地征收，也数以万亿元计，每年土地出让金过千亿元的城市不乏其数就是明证。至于各项行政收费，虽然没有权威的统计，但绝不是小数。将上述几项相加，已经是个天文数字；占每年 GDP 比重之高，可想而知。

五、行政收费的用意

要不要对政府信息公开申请收费，曾经是《政府信息公开条例》修订过程中反复讨论的问题，主要的着眼点，就是提高门槛以阻止过滥申请。最终的结果是，从表面上看，2019 年新条例的规定（第 42 条第 1 款："行政机关依申请提供政府信息，不收取费用"）比旧条例表述逻辑有些含混、略显拖泥带水的规定（第 27 条第 1 款："行政机关依申请提供政府信息，除可以收取检索、复制、邮寄等成本费用外，不得收取其他费用"）更决绝了。但实际上，"申请人申请公开政府信息的数量、频次明显超过合理范围的，行政机关可以收取信息处理费"（第 42 条第 1 款）的新规定，赋予了行政机关更为广泛而自由的裁量空间，真正拥有了遏制"明显超过合理范围的"信息公开申请的经济约束手段。

六、行政征收中的行政确认

2013 年《进出口关税条例》第 39 条规定："纳税义务人因不可抗力或者在国家税收政策调整的情形下，不能按期缴纳税款的，经海关批准，可以延期缴纳税款……"2016 年修订时，将"经海关批准"修改为"经依法提供税款担保后"。那么，在统计上是不是就减少了一项行政许可呢？

这要看此处的"经海关批准"算不算行政许可，这是形式判断标准；还要看"经依法提供税款担保后"与原先的"经海关批准"的区分，这是实质标准的判断。

事实上，经海关批准延期缴纳税款，属于海关征收关税权利的一种行使方式，故仍属于行政征收，不是行政许可。另外，改为"经依法提供税款担保后"，是否"可以延期缴纳税款"，还有一个海关是否同意的问题，而不是纳税人自主决定的事。如海关认为，纳税人并没有遇到"不可抗力"，也不存在"国家税收政策调整的情形"，即使当事人"提供税款担保"，海关也可以不同意"延期缴纳税款"。这实质上还是由海关在行使决定权，即"批准"。如果说减少行政相对人负担的话，如此改革，并没有减少；但重要的是，这种“批准”本身就是为纳税人服务的，不构成纳税人的负担。

七、行政征收的调整

行政征收中，税收领域的法律是比较完善的，但仍有些基本的概念没有厘清，如“减税、免税”的认定。

2013年《税收征收管理法实施细则》第43条第1款规定：“法律、行政法规规定或者经法定的审批机关批准减税、免税的纳税人，应当持有关文件到主管税务机关办理减税、免税手续。”这里的办理手续，其实就是根据“法律、行政法规规定或者经”税务“机关批准减税、免税”，原文中“法定的审批机关”其实是一种中国式的客套，在需要越明确越好的法律规范中，最好还是有话直说。

上述规定中更重要的法律问题是，这种“批准减税、免税”的行政行为的性质是什么？即应当将其归于哪个法律类别。这将直接影响其适用哪一部规范政府共同行为的法律。这个问题，学术界没有给出明确的答案，实践中又必须有所回应，故2016年国务院将其纳入“放管服”改革的大盘子，在清理行政法规以决定取消和调整行政审批项目的过程中修改了上述规定：将“法律、行政法规规定或者经法定的审批机关批准减税、免税的纳税人”修改为“享受减税、免税优惠的纳税人”。这个修改充满了政治智慧：不管“批准减税、免税”的行政行为怎么归类，在立法中都可以只说事实、回避不必要的争议。

但真正的问题解决了吗？这个问题本身就是问题。到底要解决什么问题都没有搞清楚，谈何解决问题。真正的问题是，如果“批准减税、免税”属于行政许可，则必须遵循《行政许可法》的规定，否则，现行规定因不与上位法抵触，自然没有什么问题。

从本质上说，“批准减税、免税”是对应负的纳入义务的“减”“免”，是税务机关针对个案决定具体征税额的一种形式：批准减税，就是决定比法定税额少征；批准免税就是不征。这就是税务机关征税决定的本身，而不是一个独立于征税决定的行政审批。因此，“批准减税、免税”就是行政征收行为，不是行政许可。其形式上的表现，即“批准”不能作为其行政行为性质认定的实质标准。试问，行政机关的哪个行政行为，不是内部审批的结果。

总之，如果将征税行为所属的行政征收，列为独立于行政许可的一类行政行为，“批准减税、免税”的行政行为，就是征税行为的一种。但从“放管服”改革的角度讲，在实务中将其模糊处理，并无不可。只是就此项举措的实际效果而言，立法中不写并不意味着现实中不做。但现实中照做，并不一定就是扰民的多此一举。如果纳税人觉得麻烦，正常纳税即可。

八、行政征收的补偿

新《行政诉讼法》将“征收、征用”与“其补偿”并列，是考虑到当前执法环境下非法无偿或者补偿不足的“征收、征用”。但行政征收确实不限于需要补偿的行政征收。最典型的就是税款的征收，是不需要补偿的，更不需要赔偿，因为这是依法实施的合法征收。

关于行政征收是否应当有补偿的问题，立法时有争论，并将这一争论带入新法条文的解释中：新《行政诉讼法》中所指的“征收”不包括征税、收费。因为从字面上看，“征收、征用决定及其补偿决定”，似乎只包括有补偿的征收、征用，才符合该项的要求。但这种顾虑完全没有必要。从汉语字面理解，“征收、征用决定及其补偿决定”的意思是征收决定、征用决定、征收补偿决定、征用补偿四者的组合，并没有因此限定征收、征用必须与其补偿一起决定。如果可以四者取一，则独立的征收决定，就是征税、收费情形。

行政征收中涉及面最广的税收征管不需要补偿。如按照《税收征收管理法》第 2 条的规定，凡依法由税务机关征收的各种税收的征收管理，均适用本法。但该法通篇未提到“补偿”二字。因为《宪法》第 56 条已经明确，“中华人民共和国公民有依照法律纳税的义务”。这是一种没有对价的绝对的义务。

九、行政征收的救济

新《行政诉讼法》第 12 条第 1 款第 5 项规定：法院受理行政相对人“对征收、征用决定及其补偿决定不服”提起的诉讼。由此涵盖 4 类案件或者说 4 类行政行为：行政征收决定、行政征用决定、行政征收补偿决定、行政征用补偿决定。

旧《行政诉讼法》对此没有明确规定，上述规定是《行政诉讼法》修正后新增加的内容。但早在1999年，《行政复议法》第6条第7项规定了行政机关违法征收财物行为的可复议性，其范围包括：认为行政机关违法集资、征收财物、摊派费用或者违法要求履行其他义务的。其范围，不限于“征收、征用决定及其补偿决定”。但由于此类行为肯定涉及行政相对人的财产权，属于可诉范围。

在新行诉法之前，将行政征收纳入行政诉讼范围的法律依据，是旧《行政诉讼法》第11条第1款第7项（非法要求履行义务）或者第8项（侵犯财产权）。但将其排除在行政诉讼范围之外的，却经常有人提到《行政复议法》第30条。该条本是关于复议前置的规定，在行政复议实务界也已经很少有人将其作为界定行政复议范围的标尺。但不少法院认为，对国务院或者省级政府对行政区划的勘定、调整或者征收、征用土地的决定不服提起行政诉讼的，法院不予受理（京高法发〔2006〕212号第4条第1款）。法院之所以在这个问题上采取守势，似乎与此类案件的被告级别较高、案件比较复杂有直接的关系，而与《行政复议法》第30条的规定关系不大。

随着新《行政诉讼法》将行政征收纳入诉讼范围而彻底失去讨论的价值，但与此相关的问题，仍有进一步讨论和澄清的必要。

从新《行政诉讼法》的规定看，“对征收、征用决定及其补偿决定不服的”，可以理解为三者可以分立，即可以对“征收”“征用”及对“征收”的补偿、“征用”的补偿，分别提起诉讼，而不必在对“征收”“征用”提起的诉讼中一并提起对“补偿”的诉讼。即行政征收类案件至少有三类，这三类案件有一定的联系，就是对“征收、征用决定”提起的诉讼，与“对征收、征用”的“补偿决定”提起的诉讼的关系。

当然，也有人认为对“补偿”的诉讼只能在对“征收”“征用”的诉讼中一并提起。理由除了对条文中“及其”的隐喻的揣测外，还有对《国家赔偿法》有关在行政复议、行政诉讼中一并提起赔偿请求的规定的联想。显然，强制性要求当事人一并提起“补偿”请求，正如强制性要求当事人一并提起“赔偿”请求一样无理。《国家赔偿法》在1994年就已经明确规定当事人可以单独提起赔偿请求。实践中，也确实存在大量的赔偿请求，是在行政违法已经认定的情况下单独提出的。而且，从新《行政诉讼法》的规定看，对“行政补偿”案件还有单独的表述，如第38条第2款提到，“在行政赔偿、补偿的案件中，原告应当对行政行为造成的损害提供证据”。如果没有独立存在的“行政赔偿”“行政补偿”案件，立法中这样表述显然是不合适的。法律条文中既然已经有了这样的表述，即使是不经意的，至少说明在立法者当时的印象中，并没有“行政补偿”案件不能独立的禁锢。而且，这样的表述，并不影响其在“行政补偿”一并提起的案件中的适用，因为这些与“征收、征用”一并提起的“行政补偿”案件，仍属于“行政补偿”案件。

第五节　行政给付的设定

财政支出、抚恤金、最低生活保障待遇或者社会保险待遇，行政奖励作为一种行政给付，是一种导向，故可以成为行政指导的手段，但都必须依法支付或获取。这正是从制度设计角度和高度，对包括奖励、政策支持等一系列以政府财政支出为支撑或者托底的行政给付予以规范的原因所在。

一、行政给付原理

新《行政诉讼法》第12条第1款第10项规定，法院受理公民、法人和其他组织对其认为行政机关没有依法支付抚恤金、最低生活保障待遇或者社会保险待遇的行政行为不服提起的诉讼。相比旧法仅涉及“支付抚恤金”，新法将范围扩大到“最低生活保障待遇或者社会保险待遇”。

此项突破的核心价值，是将部分“社会权利”纳入了司法救济的范围。社会权利是一项比较新型的权利，是传统国家不承担、只有现代福利国家才开始承担有限担保责任的权利。如对养老、医疗、工伤、失业、生育等社会行为，早先都由个人或者市场（通过商业保险）解决，国家不承担这方面的职责。但福利国家的概念和相应制度兴起后，社会权利及相应的社会保障，成为国家的法定职责，公民相应地具有了这方面的权利及相关的义务（如缴纳特定社会保险费）。其最初的形态，在我国就是抚恤金。

要求行政机关依法支付“最低生活保障待遇或者社会保险待遇”，属于一种社会权利，是人类社会进入福利国家阶段才出现的国家与人民的新型权利义务关系。

仔细分析“最低生活保障待遇或者社会保险待遇”的新规定，就会发现二者也不完全同质。“最低生活保障待遇”不需要以相对人此前依法履行强制性的交费义务为前提。相对人取得此项要求行政机关履行的法定权利，是基于法律上的平等原则，行政机关依法向达到最低生活保障条件的人支付了“最低生活保障待遇”，同样达到这些条件的其他人就有要求行政机关依法支付“最低生活保障待遇”的权利。

但与“最低生活保障待遇”不同，获得“社会保险待遇”的前提，除依法确立的社会保险待遇支付条件外，还必须有一个更为根本性的条件，即提前支付一定的社会保险费用。否则，当事人不能基于平等原则，并在其他条件具备时享受“社会保险待遇”。

二、行政给付案件

此类案件成立的前提，是行政给付必须是政府（通过特定行政主管部门）依法负有给付的法定职责（似乎不能说是义务）。在此法定前提下，负有相应法定职责的“行政机关没有依法支付抚恤金、最低生活保障待遇或者社会保险待遇的”行政行为，就属于“未履行法定职责的”行政不作为，可以纳入行政诉讼的范围。

这类案件由此具备两个特点：一是这种不作为也可以理解为或者包含否定性作为，即直接拒绝作为或者事实上未作为。二是这种行为涉及的是法定职责未履行，而不是法定义务的未履行。即行政机关作为国家公权力主体，其依法必须为之事，应当称之为法定职责，而不是如普通公民等行政相对人的法定义务。这正如我们常说权利义务对等、常把权利义务并列，但从来不把义务与职责并称。正如私法领域权利义务的对偶关系一样，在公法领域，与权力相对的就是职责，而不是不伦不类的（公法）义务。

此类案件确立初期，仅限于“行政机关没有依法发给抚恤金的案件”，《行政诉讼法》在2014年修正后，增加了“行政机关没有依法支付最低生活保障待遇或者社会保险待遇的”案件类型。

需要特别强调的是，在现代法治社会，抚恤金不是国家的恩赐，而是国家依法对法定范围的伤残人员或死亡人员遗属，为慰抚和保障其生活而发放的专项费用，主要分为两种：一种是伤残抚恤金，发放对象是革命伤残军人、因公致残的职工及其他人员；另一种是遗属抚恤金，发放对象是革命烈士、牺牲人员或其他死亡人员的遗属。

三、给付范围的拓展

随着行政诉讼实践的深入，对抚恤金作广义理解的呼声日高，即凡属涉及公民人身权利和财产权利而又应由行政机关发给的救济金、福利金、保险金、奖励金等都在此范围，都受行政诉讼法的保护。其理由是，所有由行政机关以救济、福利名目支付的款项，都要有一个明确、公开的标准，行政机关就是以此来决定其分发对象的。如果某人认为自己符合这些条件，就可以申请，被拒绝时就可以起诉。因为行政机关的钱不是他们自己的，而是纳税人的。既然如此，其使用就必须符合规范，不能随意发放，这个发放的规范就是法定的有权申请的条件。任何人只要认为符合条件，就可以申请。至于行政机关没有发放标准的问题，这是立法或政策上的失误，甚至可以说是顶层设计方面的不作为，必须予以解决。行政机关不主动解决的，任何人只要在得知其他与己类似的人取得某项政府救助的，都可以其所知道的情况向该政府机关申请同样的待遇，在被拒绝或不予答复时还可以申请行政复议或者提起行政诉讼。不能仅仅以我国社会福利制度尚不发达为由，隐瞒、逃避、拒绝解决发放标准问题。这是性质截然不同的两回事，不能混淆。社会福利制度发达与否是社会发展水平问题，政府的钱如何支配是社会公正与法律规范的问题，可发的钱少，更要依法分配以保证公正；绝不能说发的钱少就可以随便乱发。如果政府的钱可以随便乱发，又怎么保证这些钱不发给了与负责发放的人有特殊关系的人？

正是出于上述原因，新《行政诉讼法》在此有很大突破，新增了两种社会权利：最低生活保障待遇、社会保险待遇。由于该项规定采取的是严格的、具体的逐项列举，没有概括性的“等”字，故涉及社会保障的其他待遇，名义上看仍不能提起行政诉讼。但实际上并不尽然。新修正的《行政诉讼法》第 57 条第 1 款规定，人民法院对起诉行政机关没有依法支付抚恤金、最低生活保障金和工伤、医疗社会保险金的案件，权利义务关系明确、不先予执行将严重影响原告生活的，可以根据原告的申请，裁定先予执行。将这一规定与“行政机关没有依法支付抚恤金、最低生活保障待遇或者社会保险待遇的”[①] 相对照，不难发现立法者据此透

---

① 新《行政诉讼法》第 12 条第 1 款第 10 项。

露的对“社会保险待遇”的理解，至少其中包括“工伤、医疗社会保险金”，从而间接证明“起诉行政机关没有依法支付抚恤金、最低生活保障金和工伤、医疗社会保险金的案件”，都属于行政诉讼（进而也属于行政复议）范围。其中“起诉行政机关没有依法支付”“工伤、医疗社会保险金的案件”，属于新法第 12 条第 1 款第 10 项规定的“认为行政机关没有依法支付”“社会保险待遇的”案件，即工伤保险属于社会保险之一。

尽管如此，就社会福利总体而言，还不是普遍的权利。只有法定的社会福利可以依法维权，泛泛地将社会福利普遍纳入司法救济范围，目前还不是立法现实。平等权是社会权利的法理基础。目前司法所保护的社会权利，限于依法确立的社会福利，即保证依法设立的福利平等但也并非平均地惠及应当依法享有的人。

四、立法完善的努力

更准确地认定社会保险的范围的依据是，2010 年《社会保险法》第 2 条：国家建立基本养老保险、基本医疗保险、工伤保险、失业保险、生育保险等社会保险制度，保障公民在年老、疾病、工伤、失业、生育等情况下依法从国家和社会获得物质帮助的权利。据此，基本养老保险、基本医疗保险、工伤保险、失业保险、生育保险等社会保险，都属于可以依法请求司法救济的范围。

此外，如果法律、法规已经明确了行政机关应当发放某项社会保障待遇，如灾后补助金，行政机关不依法发放，相关当事人仍可依新行诉法第 12 条第 1 款第 12 项的兜底规定，以行政机关侵犯其合法权益为由，提起行政诉讼。

最后需要注意的是，要求行政机关依法支付“抚恤金、最低生活保障待遇或者社会保险待遇的”的范围，表面上看仅限于“抚恤金、最低生活保障待遇或者社会保险待遇”3 类，因为条文中没有“等”“其他”等关键词。但系统分析我国行政诉讼受案范围的规范模式，如果某项具有社会保障性费用的征收是强制性的，这种政府出面“张罗”的社会保障类保险，如第三者强制责任险，一旦出险，承包的保险公司拒绝支付保险待遇或者因该保险公司资不抵债而无力支付，有关行政机关应当成为被告，履行代位责任。当然，可以想象，这种情形是极为罕见的，至今似乎还没有出现过。但不能就此说在法律上不存在这种可能，或者说在其出现时法律上没有规定。

第六节 投诉举报的设定

实体性设定一项法律制度，涉及主体、权限、程序、监督、救济等基本模块。就投诉举报制度的设定而言，特别需要注意的是，投诉举报制度涉及三方主体及相应的权利义务：投诉举报方、被投诉举报方及接收处理方。

一、投诉举报制度的核心要素

投诉举报制度涉及三大要素。一是投诉举报权；二是处理投诉举报的法定职责；三是不履行处理投诉举报的法定职责的法律救济。

第一个问题，已经由《宪法》部分解决了。2018年《宪法》第41条第1款规定：中华人民共和国公民对于任何国家机关和国家工作人员，有提出批评和建议的权利；对于任何国家机关和国家工作人员的违法失职行为，有向有关国家机关提出申诉、控告或者检举的权利，但是不得捏造或者歪曲事实进行诬告陷害。虽然《宪法》中没有明确使用“投诉”“举报”的字眼，但通常认为，这是“中华人民共和国公民”对公权力机关及其工作人员投诉举报制度的宪法根源，也是“中华人民共和国公民”对其他事项的“投诉”“举报”权利的宪法根源，因为这些“投诉”“举报”都可以视为其向公权力机关提出的“建议”。正因如此，我国现行立法中，虽然没有统一的“投诉举报”制度，但有关“投诉举报”的规定却非常广泛，特别是对“投诉举报”权的赋予更是宽泛。

第二个问题，是投诉举报制度的要害，但相对于“投诉举报”权利的普遍授予，这方面的规定要弱得多。对此，《宪法》第41条第2款规定，对于公民的申诉、控告或者检举，有关国家机关必须查清事实，负责处理。任何人不得压制和打击报复。但由于其针对的是“公民的申诉、控告或者检举”，涉及的是“国家机关和国家工作人员的违法失职行为”，这已经通过《行政复议法》《行政诉讼法》建立的相应制度基本落实了。因此《宪法》的这一规定，尚不足以成为公民针对非公权力主体的“投诉举报”的处理职责的法律依据；即使勉强这样理解，也因《宪法》本身的可执行性，不足以成为严格意义上的“法定职责”。

第三个问题，也已经由《行政诉讼法》原则性地解决了。该法第 12 条第 1 款第 6 项规定，人民法院受理公民、法人或者其他组织申请行政机关履行保护人身权、财产权等合法权益的法定职责，行政机关拒绝履行或者不予答复而由申请人提起的行政诉讼。也就是说，只要行政机关不履行处理“投诉举报”的法定职责，“投诉举报”人就可以据此提起行政诉讼（行政复议）寻求救济。于是，这又回到了第二个问题，即处理“投诉举报”的法定职责。

因此，投诉举报制度的核心要素，就是明确处理投诉举报的法定职责。

二、投诉举报权利与处理职责

早期的立法，由于对“投诉举报”的处理职责不太重视，对投诉举报的权利的规定比较宽泛。行政相对人“依法”轻易地获得了投诉举报的权利，但由于无法依法约束公权力机关不处理“投诉举报”的不作为，“投诉举报”的权利又束之高阁。

2007 年《政府信息公开条例》第 33 条“行政机关不依法履行政府信息公开义务”的表述，确实比较宽泛，2019 年《政府信息公开条例》似乎想区分一下：第 47 条提到了“主动公开政府信息或者对政府信息公开申请不依法答复处理”，但仍属于“履行政府信息公开义务”，与第 51 条提到的“政府信息公开工作”差不多。

当然，这都不是最关键的。新条例最重要的修改，是删除了原条例第 33 条第 1 款“收到举报的机关应当予以调查处理”的规定，这一规定确实太宽泛、太不明确了。虽然其前文注明“向上级行政机关、监察机关或者政府信息公开工作主管部门举报”，从本意看，除这些列明的“行政机关”外，其他“收到举报的机关”不“应当予以调查处理”，但申请人就是要向不在此范围内的无关机关“举报”，这些机关实际上很难向“举报人”解释清楚，甚至很难说服因“举报人”以不作为起诉“收到举报的机关”的人民法院别受理此类案件。

新规定只授权行政相对人“可以向上一级行政机关或者政府信息公开工作主管部门投诉、举报”，但没有再要求接到“投诉、举报”的行政机关“应当予以调查处理”，这就省了许多自找的麻烦；加之紧接着规定“也可以依法申请行政复议或者提起行政诉讼”，于是“投诉、举报”权的赋予就是那么一说，没有构成法律上确凿的法定职责，也就没有相应的不作为之诉了。

三、投诉举报制度的完善过程

完善投诉举报制度的实质，是一个矫枉过正的过程：不要轻诺。包括“及时处理”之类的规定，立法时或许觉得只是那么一说，成文后就会有很多人当真了。

2001 年《职业病防治法》第 12 条第 1 款只规定，任何单位和个人有权对违反本法的行为进行检举和控告。这是一个赋权性条款，但由于没有明确处理“检举和控告”的主体及其职责，这样的规定，在现实中是没有执行力和执行效果的。

2011 年该法修正时，增加了“有关部门收到相关的检举和控告后，应当及时处理”，表面看有了“有关部门”“应当及时处理”的规定，似乎落实了职责主体。但实际操作时，仍不免因“有关部门”谁来认定的问题，而使“检举和控告”因收到的部门不认为自己是“有关部门”而难以得到“及时处理”。从立法技术角度考虑，最明显的可改之处，是将“有关部门”修改为此前已经明确了概括职责的“职业卫生监督管理部门”。但如此一改是不是就解决了“收到相关的检举和控告后，应当及时处理”的问题，仍不免让人担心。

四、投诉举报制度的理想模板

目前在投诉举报制度领域，最为完善系统、规范合理的，是《政府采购法》有关“质疑与投诉”的体系化规定。该法早在 2002 年即为此专设一章，规定了一个包括质疑、投诉、复议、诉讼的完整救济链。根据该法（2014 年）的最新规定，这个完整的体系和过程包括以下几个环节。

（一）询问与答复

供应商对政府采购活动事项有疑问的，可以向采购人提出询问，采购人应当及时作出答复，但答复的内容不得涉及商业秘密（《政府采购法》第 51 条）。

由于质疑与答复是在平等主体的“供应商”与“采购人”之间进行的，这个环节主要是一个平等协商的过程。当然也是绝大多数问题得以解决的环节。

（二）质疑和答复

供应商认为采购文件、采购过程和中标、成交结果使自己的权益受到损害的，可以在知道或者应知其权益受到损害之日起 7 个工作日内，以书面形式向采购人提出疑问（《政府采购法》第 52 条）。

另外，采购人收到供应商的书面质疑后，应当在 7 个工作日内作出答复，并以书面形式通知质疑供应商和其他有关供应商，但答复的内容不得涉及商业秘密（《政府采购法》第 53 条）。

这个环节，仍在“供应商”与“采购人”之间进行，因此仍是一个平等协商的过程。但从呼应期限的短时效规定看，已经具备了行政性的因素。更重要的是，这 7 个工作日的质疑时间，是进一步寻求行政性救济的启动前提，不经过这个环节，或者过了这个期限，就丧失了相应的进一步救济权。当然，“知道或者应知其权益受到损害”，弹性和自由裁量空间还是很大的。

特别值得一提的是，《政府采购法》还专门规定了“采购代理机构采购”的质疑答复程序（第 54 条），从而使该法规定的投诉举报制度中，仅“质疑和答复”环节就占了 3 条的篇幅，足见该法对这一“非正式”磋商环节的重视。这也可以说是将矛盾化解在基层、化解在初发阶段的一种有益的尝试。

（三）投诉

质疑供应商对采购人、采购代理机构的答复不满意或者采购人、采购代理机构未在规定的时间内作出答复的，可以在答复期满后 15 个工作日内向同级政府采购监督管理部门投诉（《政府采购法》第 55 条）。

经过两个环节、三种情形、长达 4 个条款的“漫长”铺垫，到了投诉环节，《政府采购法》规定的投诉举报制度才正式登场。这恰恰是该制度系统、完善、周详、全面的原因所在。没有这两个环节的铺垫，将所有矛盾、纠纷都直接推向行政机关，这恰恰是许多行政管理领域的投诉举报制度轻率、草率、形式主义的根源所在。

（四）处理

政府采购监督管理部门应当在收到投诉后 30 个工作日内，对投诉事项作出处理决定，并以书面形式通知投诉人和与投诉事项有关的当事人（《政府采购法》第 56 条）。

上述规定，明确规定了投诉举报制度的“主体”是“政府采购监督管理部门”；其权限是，在处理投诉事项期间，可以视具体情况书面通知采购人暂停采购活动，但暂停时间最长不得超过 30 日（《政府采购法》第 57 条）；“程序”是“收到投诉后三十个工作日内”“对投诉事项作出处理决定”“并以书面形式通知”“当事人”；而监督和救济则在下文。

（五）救济

投诉人对政府采购监督管理部门的投诉处理决定不服，或者政府采购监督管理部门逾期未作处理的，可以依法申请行政复议或者向人民法院提起行政诉讼（《政府采购法》第 58 条）。这样，就把一个完整的制度架构结结实实地搭建起来了。

这一制度的核心，就是“应当”，这是“政府采购监督管理部门”必须履行处理的法定职责、及时“作出处理决定”的最核心的法律规范指示用语。许多部门立法所确立的投诉举报制度中，之所以不够真诚，因而也不够系统、全面、深入、彻底，最根本的差距，就在于没有“应当”二字。

第七节　行政裁决的设定

党的十八届四中全会通过的《全面推进依法治国若干重大问题的决定》提出要健全行政裁决制度，强化行政机关解决同行政管理活动密切相关的民事纠纷功能。但 2018 年《深化党和国家机构改革方案》中，只有重新组建的国家知识产权局有“负责商标、专利、原产地地理标志的注册登记和行政裁决”的职责，说明我国的行政裁决仍处于恢复时期。以行政机关履行准司法职能、解决与其“行政管理活动密切相关的民事纠纷”的行政裁决制度的恢复和发展，还需要立法加把劲儿。

一、行政裁决的概念

行政裁决，是行政机关根据法律的授权并依照一定的程序，以第三者的身份代表国家对平等主体之间发生的与行政管理相关的民事、经济性质的纠纷进行处理或裁断的行政行为。由于其具有司法活动的特点，一般视为行政司法行为。

原则上讲，既然行政裁决是行政机关依职权作出的调整行政相对人权利义务的行政行为，对其不服可以提起行政诉讼。但行政裁决与行政调解密切相关，行政调解不成有权机关可以作出裁决。有强制执行力的行政调解结论就是行政裁决。

此处的关键在于行政裁决的强制执行力。依法不具有行政强制力的行政行为，即使行政机关称之为裁决，因不会实质性触及行政相对人的合法权益，不纳入行政诉讼范围也没有关系。但必须是依法不具有强制执行力，而不是行政机关自己是否认为其具有强制执行力。如果依法不具有强制执行力，而行政机关“强行作出处理决定”，并不能赋予这种处理决定强制执行力，“被处理”的民事争议的双方仍可以对此处理决定不予理会，而直接提起民事诉讼。行政机关非要强制执行其“强行作出的处理决定”，其执行力依法也得不到法院的支持。

与其他行政法律制度一样，行政裁决也与《行政诉讼法》有很深的渊源。由于行政裁决肯定与行政相对人有利害关系，自该法实施后，行政裁决在法理上已经纳入了行政诉讼的范围。当然，实务界未必就此达成共识。

对于行政裁决的可诉性，新司法解释给予了有限的认可："行政机关根据法律的授权对平等主体之间民事争议作出裁决后，当事人在法定期限内不起诉又不履行"，可申请法院强制执行。[①]"163条"的上述规定，已经明白无误地宣告，法院系统是认可行政裁决纳入行政诉讼的，但其给出的条件，即"法律的授权"，却使这一规定虚无缥缈：因为"法律的授权"的裁决在我国目前的法律体系中几乎不存在，从而使这一宣告的现实意义大打折扣。

当然，上述结果的出现，根源还在于，新司法解释对行政裁决的认识。虽然其事实上承认"根据法律的授权"的行政裁决的可诉性，却并不承认这种行政裁决属于行政行为："申请人民法院强制执行生效行政裁决，参照行政机关申请人民法院强制执行行政行为的规定。"[②]如果行政裁决是行政行为，就应当是适用而不是参照。

二、行政裁决的变革

1993年修正《商标法》时，在1982年该法第27条规定的"对已经注册的商标"的争议机制中增加了一款，赋予了"商标局"直接"撤销""违反本法第八条规定的，或者是以欺骗手段或者其他不正当手段取得注册的""注册商标"的权力，同时赋予"商标评审委员会"依申请"裁定撤销该注册商标"的权力，以及"其他单位或者个人""请求商标评审委员会裁定撤销该注册商标"的权利。

考虑到"其他单位或者个人"，是除"注册商标"所有人以外的所有"单位或者个人"，其范围还是相当广泛的。当然，仅仅是这些"单位或者个人"的请求权的赋予，不是"商标评审委员会"必须受理此类请求的职责性规定，更不是"商标评审委员会"必须依申请"撤销该注册商标"的依据。最终的决定权，即认定"该注册商标"是否"违反本法第八条规定的，或者是以欺骗手段或者其他不正当手段取得注册的"的权力，由"商标评审委员会"保留。

1982年《商标法》在1993年修正时，删除了原第29条"商标评审委员会做

① "163条"第158条第1款。

② "163条"第158条第2款。

出维持或者撤销有争议的注册商标的终局裁定”中的“有争议的”表述，就是一个典型的条文在修改前后必须保持一致的例子。因为在旧法中，只规定“对已经注册的商标有争议的”“向商标评审委员会申请裁定”的纠纷处理机制。修改时增加了对“已经注册的商标”“违反本法第八条规定的，或者是以欺骗手段或者其他不正当手段取得注册的”“可以请求商标评审委员会裁定撤销该注册商标”的内容。按照新规定，“商标评审委员会”能够“做出”的裁定的范围，就不限于“对已经注册的商标有争议的”了，故“有争议的”必须删除。

三、行政确认的概念

行政确认，目前还不是一个严格意义上的法律概念，还没有一部高位阶的法律或者行政法规，在全国范围内集中、统一地规范此类行政行为，仅在《土地管理法》《森林法》《草原法》《水法》等单行法中，有详略不一、规范强度不同的提及。

作为一个学理概念，在行政法学界几成共识的是：行政确认，就是行政机关基于对特定领域的行政管理职权，而对行政管理相对人的相关合法权益予以认可、认定等确认权利及相关事实的行政行为。如新《行政诉讼法》提到的“确认土地、矿藏、水流、森林、山岭、草原、荒地、滩涂、海域等自然资源的所有权或者使用权的”。故从本质上讲，行政确认就是一种行政裁决：一种以权利义务的法律认定为内容的裁决。

从行政确认的概念看，其范围不限于财产权，更不仅仅局限于“自然资源的所有权或者使用权”，而可以延伸至所有“合法权益”存在的领域。但从行政诉讼受案范围的角度分析，涉及行政确认的案件中，能够直接地、无可置疑地提起行政诉讼的，当然是对“确认”各种“自然资源的所有权或者使用权”的行政行为不服的案件。至于“自然资源”的类别，虽然新行诉法做了尽可能全面的列举，已经覆盖了“土地、矿藏、水流、森林、山岭、草原、荒地、滩涂、海域”等领域，甚至有些交叉重叠（如“山岭”“荒地、滩涂”等自然资源的所有权和使用权的确认，就与“土地”所有权和使用权的确认相互重叠，这反映了立法者希望尽可能扩大“自然资源”包容范围以扩大可诉范围的良苦用心。但其实没有必要，如果在行政执法或者司法实践中善意理解和解释“自然资源”，其范围肯定是包括新行诉法罗列的那些类别的），但实际可诉的范围，显然不限于已经列明的范围，未列明的领域，就需要善意解释“自然资源”了。

四、行政确认的类别

尽管《行政诉讼法》第 12 条第 1 款第 4 项是 2014 年新增加的，但行政确认类案件，特别是涉及“自然资源”的“所有权或者使用权”的行政确认案件，因属于涉及“财产权”的案件，已经在司法实践中审理很多年了。这些案件包括以下几种类型。

（一）授予自然资源权益的案件

对行政机关作出的授予自然资源所有权或者使用权的行政确认决定不服提起的案件。这是基于对自然资源的原始权利的确认的行政争议引发的行政诉讼案件。一般由被授予自然资源的行政相对人以外的利害关系人，以侵犯了自己已经取得的自然资源的所有权或者使用权为由提出，但个别情况下也会由被授予自然资源的行政相对人提出，理由是未授予其认为应当取得的全部自然资源的所有权或者使用权。

（二）未授予自然资源权益的案件

行政相对人依法向行政机关申请获得自然资源的所有权或者使用权，行政机关拒绝授予或者不予答复的。

（三）解决自然资源权属争议的案件

行政机关依其法定职权，或者依行政相对人申请，作出解决行政相对人之间因自然资源的所有权或者使用权争议的行政处理决定，其中当然包含对自然资源所有权或者使用权的确认。如果当事人对此类行政处理决定不服，也属于行政确认案件。

此外，行政机关处置自然资源权益的案件，也属于可诉的范围，但往往与其他事由重叠。如行政机关通过行政处罚、行政征收、征用，对行政相对人已经获得的自然资源所有权或者使用权作出的处置决定，其核心内容也是对自然资源所有权或者使用权的重新确认，行政相对人依法也可以提起行政诉讼。但行政机关的这类行政行为，因其分别属于行政处罚、行政征收，其可诉事由是重叠的。

五、行政裁决的救济

《行政诉讼法》第 12 条第 1 款第 4 项规定：法院受理行政相对人对行政机关作出的关于确认土地、矿藏、水流、森林、山岭、草原、荒地、滩涂、海域等自然资源的所有权或者使用权的决定不服提起的诉讼。

这是《行政诉讼法》新增加的内容，但不是一类新的行政诉讼案件。在新法之前，由于此类案件属于"认为行政机关侵犯其他人身权、财产权的"为内容的，早已经纳入了行政诉讼实践的范围。

1999 年的《行政复议法》第 6 条第 1 款第 4 项也有几乎完全相同的内容："公民、法人或者其他组织""对行政机关作出的关于确认土地、矿藏、水流、森林、山岭、草原、荒地、滩涂、海域等自然资源的所有权或者使用权的决定不服的""可以依照本法申请行政复议。"

旧《行政诉讼法》没有明确规定此类案件可诉的主要理由是：认为这类行为属于行政机关居间处理民事纠纷的行为，与行政机关管理行政相对人的行为，在性质上完全不同。但这种认识和规定随后遭到了否定，继最高人民法院的相关司法解释规定此类案件可以提起行政诉讼之后，1994 年国务院修改的原《行政复议条例》第 10 条第 1 款第 3 项，将这类案件纳入行政复议范围。但所用的表述恰恰是对居间处理民事纠纷类案件的双重否定："公民、法人和其他组织""对民事纠纷的仲裁、调解或者处理不服的"，"不能依照本条例申请复议"，"但是行政机关对土地、矿产、森林等资源所有权或者使用权归属的处理决定除外。"

需要说明的是，这类行为实际上涉及两种不同性质的行政行为，一种是行政确认行为，如划拨、出让土地或收回划拨、出让土地、确认宅基地、对农村集体土地的登记造册、核发证书、对集体土地用于非农业建设用地使用权的确认，等等；另一种是行政裁决行为，如对土地、森林、水面等自然资源的权属问题发生争议时所作出的裁决决定。当事人对这两种行为不服的，都可以提起行政诉讼，但这两类案件的可诉性都与《行政复议法》密切相关。

根据最高法院的司法解释，行政机关居间对双方当事人之间的民事权益纠纷作出调解或仲裁处理，当事人不服只能相互提起民事诉讼，不能针对行政机关提起行政诉讼。其理由在于，行政机关的调解不是严格意义上的行政行为，因为它不是行政机关对行政相对人的单方意志和行为，更不具有行政职权的强制性，它是当事人双方共同一致的意思表示。

我国行政诉讼受案范围虽不包括行政机关的调解和仲裁决定，但未排除行政机关对民事权益争议作出的其他行政裁决。根据司法解释的规定，除行政调解和仲裁之外，行政机关对民事权益争议作出的其他行政裁决，如行政机关对平等主体间民事赔偿问题作出的裁决或强制性补偿决定，对有关自然资源的所有权或使用权归属问题作出的裁处决定等，当事人不服的，可就该裁决对行政机关提起行政诉讼。

六、行政裁决的执行

新《行政诉讼法》第一次比较明确地提出了"行政裁决"的概念，即"行政机关对民事争议所作的裁决"[①]，作为落实举措，新司法解释将其执行，纳入了行政行为的执行范畴，还特别强调：享有权利的公民、法人或者其他组织申请法院强制执行生效行政裁决，参照行政机关申请法院强制执行行政行为的规定。[②]对此，一定要正确认识，这一规定绝对不是画蛇添足。一般人会认为，既然行政裁决也是一种行政行为，其非诉强制执行当然要按照行政行为的非诉强制执行操作。但这一看法忽略了一点，那就是行政裁决是行政机关"对平等主体之间民事争议作出裁决"，这一前提暗含了相互对立的双方必将有一方应当成为强制执行的积极推动方，如果这一方都不积极申请强制执行，行政机关着什么急？问题恰恰就出在这里，由于新行政诉讼司法解释将行政机关申请置于当事人申请之前[③]，把本来满腔热情的当事人"硬"挡在了本想置身事外的行政机关身后，这才是真正值得注意的"蛇足"所在。

此外，或许是由于《行政强制法》未规定"享有权利的公民、法人或者其他组织申请人民法院强制执行的"制度，"163 条"第 158 条第 2 款仅将这一内容局

---

① 新《行政诉讼法》第 61 条第 1 款。

② "163 条"第 158 条第 2 款。

③ "163 条"第 158 条第 1 款。

限于“行政裁决”。

“163 条”第 158 条，几乎全文照搬了“98 条”第 90 条，尤其是第 1 款；但第 2 款的变化就大有讲究了：将原来的“（具体）行政行为”修改为“行政裁决”，这个出入可就大了：“行政行为”的范围可比“行政裁决”广多了。但仔细分析第 2 款规定，其中既有“行政行为”，又有“行政裁决”：申请法院强制执行生效行政裁决，参照申请法院强制执行行政行为的规定。其中的“行政行为”，似乎确实应相应调整为“行政裁决”，这样才有针对性。“98 条”第 90 条第 2 款的规定，虽然放在规定行政机关申请执行行政裁决的该条第 1 款之后，但前后一致地规定了行政相对人申请法院强制执行（具体）行政行为参照行政机关申请法院强制执行（具体）行政行为的内容。“163 条”第 158 条第 2 款对该款的内容进行修改时，只将条件部分的“（具体）行政行为”修改为“生效行政裁决”，但未在结论部分作相应修改，就显得有点儿“对不上牙”。特别是考虑到“163 条”第 158 条第 1 款规定了行政机关申请强制执行行政裁决的内容，其第 2 款规定行政相对人的此类申请参照前款的内容，才顺理成章，也更有针对性。

当然，行政裁决也是一种行政行为，其申请法院强制执行参照行政机关申请法院执行行政行为的规定，也不会有大的问题，但作为立法，如此规定就有点“前言不搭后语”。而且，“163 条”第 159 条又确实提到了“行政行为确定的权利人申请人民法院强制执行”，说明新司法解释并不仅仅涉及“享有权利的公民、法人或者其他组织申请人民法院强制执行生效行政裁决”。

从司法实践的需要看，确实存在“享有权利的公民、法人或者其他组织申请人民法院强制执行生效行政行为”的现实需要，如果将这一内容单独作为一款规定，而不是将其局限于“行政裁决”的范围，是比较妥当的安排，也是一个更为广大的制度创新。

第八节 行政合同的设定

需不需要制定一部单行的、专门的行政合同法，这个问题过于形而上学了。但行政合同的设定和规范，无论如何从学理上探讨，都只是个范围问题。因为这个立法过程已经开始了，目前需要做的，只是将多大范围的既有规范纳入这一领域。

一、行政合同的概念

新《行政诉讼法》第 12 条第 1 款第 11 项规定：法院受理公民、法人和其他组织对其认为行政机关不依法履行、未按照约定履行或者违法变更、解除政府特许经营协议、土地房屋征收补偿协议等协议的行政行为不服提起的诉讼。这就是饱受争议的行政合同类案件。

之所以没有采用“行政合同”的表述，就是因为这类案件涉及的“协议”是否可以用“行政合同”概括、统称仍存在争议。也可以说，直至新《行政诉讼法》颁布时，至少在我国立法界，对什么是行政合同，还没形成立法意见。

一方面是行政法学界内部对此没有统一认识。既没有对这一概念内涵的一致性认同，也没有对其外延的确切范围的共识；更重要的原因是，部分民法学者不认同行政合同的概念，认为根本就没有行政合同，担心在法律上明确行政合同的概念后，会强化行政机关在此类合同中的强势地位，使民法界鼓吹的契约自由、平等自愿原则遭受冲击。民法学者的这些认识，显然忽视了对国内外行政法领域固有现状的关切：此类行政机关为合同一方，并在合同的签订、履行过程中居强势地位的现实，各国尽然且存续久远。与其因此而在立法上回避这一概念或其表述，不如直面现实，通过司法实践不断完善这一概念及制度的内涵和外延。行政处罚、行政强制、行政许可、行政征收等概念，都经历了一个先由《行政诉讼法》原则性规定，在行政执法及司法实践中不断完善、丰满，最终成为严谨的法律概念并上升为独立的法律制度的过程。行政合同也完全可以走这一道路，只是现在，只能托“行政协议”之名了。

二、行政合同的规范

现行法律体系中，涉及行政合同的立法已经不少，如《土地管理法》中关于集体土地征收补偿的规定、《国有土地上房屋征收与补偿条例》等。

比较容易引起争论的是《政府采购法》。该法规范的政府采购，绝大多数民法学者不认为这是行政合同。只是他们不太好解释的是，既然如此，为什么还要专立一部这样的法，直接适用《合同法》为什么不行。当然，行政法学界也有相当一部分学者没有将政府采购合同视为典型的行政合同。而且特别需要提及的是，政府采购活动会产生一类特殊的因相关合同而生的行政案件，这倒是所有人都不可否认的。而且这类案件及其审理过程、结果，无疑在制度上保障了对相关合同制度的不断规范完善。

《政府采购法》第58条规定，投诉人对政府采购监督管理部门的投诉处理决定不服或者政府采购监督管理部门逾期未作处理的，可以依法申请行政复议或者向人民法院提起行政诉讼。显然，此类案件的诉讼标的，不是政府采购合同本身，而是“政府采购监督管理部门的投诉处理决定”或者“政府采购监督管理部门逾期未作处理的”行政行为。《政府采购法》并未规定政府采购合同双方当事人对政府采购合同本身存在的争议的法律解决途径，但该法第58条的上述规定间接说明，此类争议不走行政诉讼渠道。于是，就只能走“合同”纠纷的一般解决渠道，即民事诉讼。因为该法第2条第4款明确规定，“本法所称采购，是指以合同方式有偿取得货物、工程和服务的行为，包括购买、租赁、委托、雇用等”。如果对此还有什么疑问的话，该法第79条的规定（政府采购当事人有本法第71条、第72条、第77条违法行为之一，给他人造成损失的，并应依照有关民事法律规定承担民事责任），已经足以得出同样的结论。因为该法第79条提到的第71条、第72条、第77条违法行为，都是最典型的合同违约或者通过违法手段骗取对方当事人签订合同等侵权行为。

三、行政合同的救济

因行政机关签署的协议而产生的纠纷，通过民事诉讼渠道来解决，这不是《行政诉讼法》，特别是新《行政诉讼法》实施后就绝迹的现象。而且，从数量上说，这类协议可能比可以提起行政诉讼的协议数量多得多、引发的案件也可能多得多、到法院起诉的也多得多。这类案件，主要是行政机关根据《政府采购法》而实施政府采购活动时引发的案件。

从新《行政诉讼法》的规定看，其认可的“行政协议”主要有三类：一是政府特许经营协议；二是土地房屋征收补偿协议；三是其他由行政机关与行政相对人签订的涉及当事人合法权益的协议。由于立法时对此类协议的类别作了概括性的规定，即有“等”内与“等”外之分。因此，实际可以提起行政诉讼诉“行政协议”类案件，不限于新法上明文列明的三类。

但这不影响对此类案件从行政合同的角度去理解。而且，恰恰是在这个问题上，必须从行政法的角度去理解协议，才能得出此类案件需要通过行政诉讼解决的必要性。否则，如果行政合同是泛泛的协议，为什么不通过民事诉讼呢?

同时，新《行政诉讼法》认可的因此类行政协议起诉的事由有 4 类：一是不依法履行；二是未按照约定履行；三是违法变更；四是违法解除。从字面上看，由于没有“等”字，故起诉时名义上的事由仅限于上述 4 类。但在司法实践中，如果当事人认为行政机关在行政协议执行中的其他行政行为侵犯其合法权益的，仍可以依据新行诉法第 12 条第 1 款第 12 项的兜底规定起诉，法院仍须受理。

四、行政合同的价值

新《行政诉讼法》第 12 条规定的受案范围，以及真正意义上由第 78 条全新打造的履约判决（判决被告承担继续履行责任），这些规定的开创性意义在于，将行政合同正式纳入了行政诉讼范围，成为行政法领域落实平等观念的制度现实，但其所反映的行政法视角的平等观，异于传统意义上民法视角的平等观。

在此之前，有关行政合同存在性问题的争论持续了 20 余年。许多民法学界出身的专家认为，所有公民、法人或者其他组织都是平等的，在法律适用上应当适用同一法律规范；就合同而言，平等主体之间签订的合同，就是民事合同，应当统一适用《合同法》，不应有例外；国家行政机关及其工作人员，都是人民公仆，是为人民利益服务的，他们与人民群众是平等的，其与人民群众签订的合同，也应当适用《合同法》。因此，不应当有行政合同的概念，更不应当为其设定专门的区别于普通民事合同的特别救济程序。

上述论断，正如 19 世纪末 20 世纪初英国学者在考察法国行政法院系统之后，对在英国坚持普通法院、不设行政法院的呼声：所有的人适用同一的法，这是普通法的精神实质，是平等最根本的保障。但问题在于，法律制度的设计必须与社会现实相适应。严格按照前述论断，就不应当有行政诉讼，而应当统一退回到该法颁布 25 年前行政诉讼适用《民事诉讼法（试行）》第 3 条第 2 款的时期。

超过 25 年的司法实践表明，行政诉讼的存在有其现实的合理性，更有利于保护公民、法人或者其他组织的合法权益。忽视中国行政法治的这种现实，用理论上的平等去要求行政相对人坦然面对其与行政主体事实上的不平等，其结果只能是缘木求鱼、南辕北辙。从现实出发，切实认识到行政相对人与行政机关在行政合同订立、履行、调整等方面现实的不平等，并通过行政诉讼，让被告承担举证责任，以平衡双方在行政管理领域事实上的不平等，有其现实的必要性、合理性和适用性。

第九节 行政复议的完善

早在2005年，原国务院法制办筹建原行政复议司时，即着手研究行政复议体制创新，为修改《行政复议法》做准备。当时曾专门组团赴韩国，回国后出版了《韩国行政复议制度》，重点介绍其以行政复议委员会为核心的行政复议体制。行政复议司成立后，从立法策略角度出发，先行出台了《行政复议法实施条例》，但草案第9条“行政复议机关可以设立行政复议委员会、决行政复议案件”的试探性条款，最终没有写入。此后，虽不断研究行政复议体制，但《行政复议法》修订却渐行渐远。随着2014年《行政诉讼法》完成修改，行政复议与行政诉讼的基本关系重新厘定，《行政复议法》修订的必要性大打折扣，更加遥遥无期。但从制度架构的长远看，行政复议作为化解行政争议的专门制度，进一步廓清其与行政诉讼的关系，发挥其独到的效率和专业优势，更好地服务于国家治理体系和治理能力的现代化，还有很多工作可做，还有很多内容可改。

新《行政诉讼法》是《依法治国决定》出台后，国家立法层面采取的第一个实质性重大举措，其中的许多新思路、新概念、新制度，第一时间体现了《依法治国决定》的部署和要求，将对我国的行政立法，特别是行政执法和行政复议产生广泛而深远的影响，需要我们结合《依法治国决定》一并学习、领会、贯彻、落实，并拿出全面、充分的应对方案，适时采取有效的应对措施。例如，分析其大幅度扩大行政诉讼范围、提升行政诉讼审级、确立异地管辖体制、将行政复议全面纳入监督范围等重大立法举措对行政执法、行政复议工作的影响，评估对行政复议工作案件数量、审理标准、监督力度、应诉任务等的影响，进一步明确和适当调整行政复议的制度定位和工作思路，及时通过《行政复议法》的修订，在立法环节采取措施予以有效的应对。

在党的十八届四中全会《依法治国决定》确立的依法执政四维体系，即“完备的法律规范体系、高效的法治实施体系、严密的法治监督体系、有力的法治保障体系”中，行政复议的定位是严密的监督体系的重要组成部分。要把权力真正关在笼子里，既要有完备的法律规范体系，更要有严密的法治监督体系。贯彻落实中央精神，进一步明确行政复议定位。

行政复议要成为化解行政矛盾的基本制度，必须运用矛盾产生、分化的原理，在体制机制上实现与其目标相匹配的功能设计。行政复议制度的设计，要突出其行政特色及其所解决的矛盾的人民内部性，避免与行政诉讼同质竞争。

一、受案范围与申请期限

行政复议的受案范围，解决哪些矛盾可以通过行政复议处理的问题；申请期限，解决经过多长时间，行政矛盾就不再处理的问题。这两个问题，都是行政复议立法及其实施的焦点、热点、难点问题，各方争议很大。但放到行政矛盾化解的语境中，用矛盾分析的方法研究，答案一清二楚：政府怎能有意回避某些行政矛盾，将其划到受案范围之外，或者声明后经过多长时间即不再处理，无论矛盾是否解决？

从全面、有效、彻底化解绝大多数行政矛盾的制度设计前提出发，行政复议的受案范围应当尽可能扩大，将所有因行政职能的履行而产生的行政矛盾，都纳入受案范围（甚至可以没有例外）。即使那些明显不属于行政管理领域的事项，如村委会、物业管理机构等非行政机关的组织的活动引发的矛盾，国防、外交、人事任免、制定规范性文件等行为引发的争议等，都属于广义的行政矛盾，中国的民众也都希望政府能够出面给个说法。更重要的是，这些领域的问题，目前基本上都有相应的行政处理程序，完全可以在保留各自程序特殊性的前提下将其统一到行政复议中，以此表明政府解决行政矛盾的态度，同时在完善统一的程序下，也确实有助于此类矛盾的化解。

至于行政复议申请期限，则应从另一个角度考虑，即行政行为的内容及救济权利的有效告知。目前的问题是，行政机关自己都不清楚其作出的行政行为，有多少是老百姓不满意的。

这与我国缺少统一的行政程序法有关，行政决定没有有效送达，只有行政决定确实交给老百姓，使其不但知道行政决定的内容，而且知道相应的救济权利，才可以谈超过多长时间其权利丧失，即行政复议申请期限问题。为此，有必要在行政复议法中明确最基本的行政程序。例如，规定行政机关作出行政行为应当制作文书，载明行政行为的内容及其事实根据、法律依据和理由，告知当事人不服该行政行为申请行政复议的期限、复议机关或者提起行政诉讼的期限、管辖法院；行政行为自其文书送达当事人起发生法律效力。行政行为的送达方式，参照民事诉讼法的规定。

二、行政复议的主体资格

这涉及申请人资格、被申请人及复议机关确定三个问题。

申请人资格问题，单纯从法律上探讨，非常玄妙复杂。但放在行政矛盾化解的背景下去考虑，答案一目了然。老百姓与政府有行政矛盾，将其挡在门外能解决问题吗？从解决行政矛盾的立场出发，应当降低门槛，甚至不设门槛，将所有声称与政府有矛盾的人，都纳入行政复议中来，听听其意见，然后再决定是否受理、如何处理他们声称的问题。于是，申请人资格问题实际上转化为审理程序及审理能力的问题。只要案件审理人员的水平足够高，审理案件的程序也比较简便，即使这类案件再多，复议机关也不会被压垮，却能有效化解行政矛盾。

被申请人问题，表面上看与受案范围有关，实际上与实质性化解矛盾相连。正规的依法设立的行政机关，包括法律、法规、规章授权的组织，并不存在这个问题，因为在法律上都有一个明确的说法。比较难办的是那些行使行政职能，但又没有行政主体名分的组织，他们的行为一旦纳入复议范围，主体、职权问题就与受案范围纠缠在一起。无论是梳理这团乱麻的思路，还是矛盾化解的基本原理：从化解矛盾的角度入手，根本不必纠缠于这些问题，只需要将申请人的申请引入复议程序，然后责令申请人指称的矛盾另一方提供其履行行政职能的法律依据和事实根据。能够提供并立得住的，就驳回申请人的请求；否则就宣告被申请人无权干涉申请人，或者其行为对申请人无效。如此一来，既解决了矛盾，又处理了案件。如果最终化解矛盾比回答谁是被申请人还简单，为什么不直接化解矛盾呢？

复议机关的确定，正规的行政机关作为被申请人时基本不存在问题，主要问题也出在受案范围及被申请人范围扩大之后。解决这些问题的思路并不难找，关键是想不想把化解矛盾定位为一项政府基本职责，以及贯彻这一基本方针是否坚决。具体思路是，有法定设立依据的，以上级机关、主管机关或者设立机关作为确立复议机关的基本线索；法定依据不明确的，原则上以县级人民政府为复议机关。

三、案前调处机制的设计

解决中国式矛盾必须有中国式思路。行政复议要成为解决中国式行政矛盾的主渠道，必须有符合中国国情和国民性的程序规则。中国式矛盾的产生，很多不是因为利益而是因为伦理的冲突；解决这些矛盾的便捷方法，也要注重伦理方法的作用。这一点，具体到行政复议程序上，就是申请人先向被申请人提出行政复议申请，鼓励双方先行协调、和解。

建立行政机关接受行政复议申请材料制度，就是通过行政机关接收材料后、行政诉讼前的自查、自纠和及时调解、和解，减少行政复议案件的发生，同时落实《依法行政决定》明确要求的行政执法活动合法性审查要求。

被申请人收案后，应当对其受指责的行政行为进行全面自查，发现问题的，及时与申请人和解；确信自己没有问题的，也可以努力说服申请人撤回申请，通情达理的申请人念及行政机关的态度，也会撤回申请；实在做不通工作的，再向复议机关答辩也不迟。

这样做，可以促进行政机关先行介入、自我纠错，避免案件陷入僵局；避免问题上移、矛盾激化，为案前调解创造条件、节省各方当事人时间；还有助于提高政府效能，因为省去了复议机关收案后通知被申请人答辩的程序，减少了行政复议工作量；最后，可以减少行政复议机关应诉量，有效分解行政复议机关当被告的压力。

四、案中调解机制的设计

建立行政复议调解员及案前调解制度，是落实《依法治国决定》关于“完善调解、行政裁决、行政复议、诉讼等有机衔接、相互协调的多元化纠纷解决机制”“加强行业性、专业性人民调解组织建设，完善人民调解、行政调解、司法调解联动工作体系”的具体步骤。通过明确设立行政复议调解员及行政复议案件先行调解原则，加大行政复议过程中的调解工作力度，提高案件和解结案的比例，降低行政复议机关被诉的可能。

作为具有中国特色的行政手段，调解是我们的传统优势，调解先导，在行政复议制度中一定要有充分的体现。具体内容及立法表述是：行政复议机关首长可以根据工作需要，任命兼职或者专职的行政调解专员；行政调解专员可以从政府法律顾问、行政复议人员及其他具有法律专长的人员中遴选。所有行政复议案件应当先进行调解，调解时可以参考行政复议机构提供的调解提纲。除此之外，不必对调解设置硬性要求，特别是不必要求调解必须依法，以赋予调解专员与双方当事人充分沟通交流、彻底化解矛盾的自主地位。

事实上，新行政诉讼法实施后，行政诉讼中的调解范围已经很宽：“行政赔偿、补偿以及行政机关行使法律、法规规定的自由裁量权。”行政复议更应当发挥行政工作的软实力、巧实力。不注重案件的调解工作，解决不了矛盾必当被告不说，影响行政效能才是大忌。

建立政府法律顾问参与行政复议案件审理的机制，就是落实《依法行政决定》关于“建立政府法制机构人员为主体、吸收专家和律师参加的法律顾问队伍”的要求，将行政复议案件的决定列入“重大行政决策”，明确各级复议机关的法律顾问负责合议审理行政复议案件的制度，进而在此基础上尝试更具中立性、专业性和成效性的行政复议委员会议决机制。

五、复议程序及复议决定

审理行政复议案件，必须采取问题导向，直面而不是回避矛盾，并力求彻底解决问题。从全面、彻底、有效、高效化解行政矛盾的角度出发，行政复议程序的设计必须考虑其对案件类型，特别是申请人类型的广泛性的适应能力，不能将行政复议程序做死，不能过分限制行政复议机关解决行政矛盾的灵活性。新行政诉讼法实施后，行政复议机关将全面做被告，以程序违法撤销行政复议决定，将成为某些法院、法官“任性”的最佳事由。如果行政复议程序规定得太细，无异于作茧自缚。行政复议程序方面的立法，要简化到行政诉讼无可审理的程度：只强调行政复议的调解程序，基本不规定审理程序、证据规则等具体内容。这样才能充分发挥行政复议简便快捷专业的优势，避免形式主义，减少成为违反法定程序的靶子，避免行政复议机构无效劳动。

行政复议决定的类型设计也是如此，要从解决行政矛盾的角度出发，确立行政主体不存在、行政职权不存在、行政行为无效、行政行为（特别是规范性文件）对特定当事人无拘束力等行政复议决定类型。如对于非行政主体实施的强制性限制他人权利或者自由的行为，不需要全面审理，只需要认定其不具有相应法定职权，直接宣布其行为无效即可；对于规章以下的规范性文件中存在的类似问题，也可以如此处理。

此外，从行政复议工作角度出发，行政复议立法要未雨绸缪，努力提高工作效能，避免被行政诉讼拖垮。例如，要强化行政复议监督的有效性，将行政复议工作的重点引向处理有问题的行政行为，加大行政复议纠错力度。为减轻行政复议无效工作量，集中精力实施有效监督，立法时可以明确规定，改变原行政行为的行政复议决定，应当说明理由。言外之意，维持的行政复议决定可以不说明理由。这有助于实际工作中推动行政复议决定简明扼要，避免与法院判决雷同，减轻行政复议机关答辩的诉累。

六、行政复议的决策机制

设立行政复议委员会的主要目的，是完善行政复议决策机制，给行政复议机构减压，解决行政复议公正性、权威性问题。行政复议委员会应当定位为复议机关首长的参谋和助手，其运行效果如何，关键看委员怎么选。立法时可以只明确三点：行政复议机关可以设立行政复议委员会，议决行政复议案件；行政复议委员会成员由行政复议机关首长任命；行政复议委员会议决的案件，由行政复议机关首长签发，并可行使否决权。今后，各复议机关可根据自身实际大胆探索。

早在2007年起草行政复议法实施条例时，行政复议委员会制度就已经被提起，但因各种原因错失了机会。经过多年的试点，目前已深入人心，与其被动增加，不如主动争取，具体操作时还可以通过条例调整。

七、复议活动的有效监督

行政矛盾经过行政复议仍没有化解，按说就可以交给法院了。但从行政效能角度着眼，需要权衡法院审判与行政系统监督的行政投入。新行政诉讼法实施后，经复议的案件复议机关基本都要当被告，特别是维持的案件，还要两级行政机关作共同被告，应诉的行政投入是巨大的。与之相比较，上级行政复议机关的监督，案子仍在行政系统内，采取的仍是行政手段，主动权仍在行政机关这边，效率仍可控。即使从这个角度着眼，也有必要充实、完善全面、有效的行政复议监督体制，即规定申请人对行政复议行为不服的，可以向上级行政复议机关申诉；上级行政复议机关认为下级行政复议机关的行为违法或者不当的，有权予以撤销、确认违法、责令其再审或者提审。

上述规定，既可以提高行政效能，也是落实宪法的要求（如《宪法》第 89 条的规定），还是法院的通行做法：三大诉讼法都在立法上，为上级法院保留了对下级法院的判决裁定实施监督的职权和程序（如新《行政诉讼法》第 92 条第 2 款的规定）。

目前存在的问题是，行政复议监督泛化、形式化，有效性、针对性不足。上级复议机关既要自己办案，也要通过个案切实指导、监督下级工作，提高基层通过行政复议解决基层矛盾的能力。这种监督必须是全面的，即国务院监督各级政府、上级行政机关监督下级行政机关；必须是有效的，即有问题才处理、回复，不做无用功。

至于对行政复议监督与行政诉讼并行，并且可能使矛盾上移、上级行政机关不堪重负的担忧，不是没有道理，关键是制度怎样设计。如果行政复议监督定位为全面、有效、纵深的监督，明确问题导向，摆脱无关痛痒的“并无不当”式的太平答复，上级行政机关就能够在有效解决矛盾的同时，不会深陷于程序空转的无聊应付之中。

此外，要充分发挥行政复议完善立法的功效。在国家的矛盾治理体系中，行政复议应当承担惩前毖后的重要使命。惩前，就是消除在行政复议之前，因行政行为引起的行政矛盾。毖后，就是纠正今后可能再次引发类似矛盾的现行立法中的违法不当之处。立法中存在的这些问题，单从字面推敲，未必能够发现。正如嫦娥奔月系统，实验室模拟再充分，仍需要实物检验。立法不但要避免制度设计本身存在明显的漏洞，还要避免良法被无良执法者用于不正当目的的道德风险，即避免制度设计用于庸俗的目的。这一点，因主要涉及合理性问题，行政监督是最有效的手段。为此，要充分发挥政府法制机构既立法又办复议案件的双重职能优势，参考法院行政审判中的司法建议书制度，对所有在行政复议案件审理中发现的制度设计方面的问题，明确规定有权的复议机关应当依法直接修正，或由其法制工作机构向有权立法机关提出立法建议。

建立全面可控的行政复议内部监督体制，就是要明确上级行政复议机关有权对下级行政复议机关依法实施监督，对下级行政复议机关违法或者不适当的行政复议决定作出处理的，应当书面通知当事人。这也是落实《依法治国决定》“解决依法纠错、维护裁判权威”的要求，既解决依法纠正下级行政复议机关的违法或者不当，维护行政复议决定的权威，又可抑制“虚假、恶意、无理”的申请请求，避免冗务缠身。

第四章

篇章与结构

第一节　篇章结构的摆布

一部法律文件的篇章结构的摆布，肯定属于该项立法活动中最需要明确的三大任务之列。从某种程度上说，一部立法的篇章结构，就是其制度的基本脉络，而其核心内容，从其篇章目录中，就能窥其大概。

一、篇章结构的布局

篇章结构，是一部立法的骨架。立法正如作文，首先必须谋篇，其次布局，最后才是填充内容。因此，一部法律的调整，如果没有动到篇章层面，应当不算太大的调整。但如果一部法律真的出现了增删章节的情形，那肯定就是重大调整。在此，先举几个当代现行立法重大调整的鲜活实例。

2014 年《行政诉讼法》大幅度修改的一大重要成果，就是将旧法第九章“侵权赔偿责任”全部删除。原因是 1994 年颁布的《国家赔偿法》已经涵盖了该章所有必要的内容。如此一来，新法实施后，有关国家赔偿的问题，特别是赔偿程序及对赔偿决定不服的救济渠道问题，主要由《国家赔偿法》规定。

2011 年 3 月 16 日国务院决定修改《出版管理条例》时，增加一章，作为第六章，章名为“监督与管理”。这是加强事中、过程管理，减少不必要、作用不大的事前审批式管理方式的一个重要的信号。

我国《人民法院组织法》《人民检察院组织法》，最初是 1979 年制定的。当时规定了一些诉讼制度和诉讼程序，如合议制度、辩护制度、回避制度、两审终审制、审判监督程序和检察机关行使职权的具体程序等。随着我国诉讼制度不断完善，2018 年修订《人民法院组织法》《人民检察院组织法》，未再重复这部分内容。

《刑事诉讼法》作为刑事诉讼法治化的基本法，由于内容多、条文多，采取了分编的结构，但各编内章节的数量、各章内法条的数量也是差异较大。有的章多达 54 条（第二编第二章“侦查”从第 113 条开始至第 166 条），有的章仅有 1

条（第一编第九章“其他规定”）。这样做反映的一个基本的考虑，就是让主要的内容，从目录上就能看得到且便于查找、检索。例如，该法的五编分别是第一编总则，第二编立案、侦查和提起公诉（即审前程序），第三编审判，第四编执行，第五编特别程序。而每编内的各章，也都以刑事诉讼中的核心制度为单位，单独设章，避免重要的内容在目录上看不到而湮没。例如，第一编总则就细分为 9 章，除第一章任务和基本原则、第九章其他规定外，其他各章都是针对刑事诉讼中的一项专门制度，如管辖、回避、辩护与代理、证据、强制措施、附带民事诉讼、期间与送达等。可见，要让主要的制度在目录中“出镜”“露脸”，显然要比内容的均衡更为重要。

二、章节名称的取舍

如果说法律是分类的艺术，章名就是分类的结果，是法律分类的“艺术之花”。章节名称这个环节出了问题，可是门面上的事，马虎不得；通常也不会出什么大的或者明显的问题。但有些不大不小的问题也值得注意。

如 2004 年《公司法》第七章的标题是“公司合并、分立”。但其具体内容中，包括“增资”（第 187 条）、“减资”（第 186 条）的条文。虽然内容不多、只有 2 条半（还有第 189 条第 2 款），但考虑到该章总共只有 7 条，不在本章标题中提及似乎也有点儿说不过去。故 2005 年该法修订时，对应的第九章标题中增加了“增资、减资”。

另如在行政诉讼及行政强制领域，申请执行曾因分类原因而比较复杂。拨开重重迷雾、将制度简化归一的一个重要原因，恰恰是司法解释对《行政诉讼法》“执行”一章章名的重新发掘和利用。申请法院强制执行的具体程序，在《行政诉讼法》中未有明确规定，主要依据司法解释。原“98 条”虽然将行政强制执行区分为行政诉讼强制执行与非诉行政强制执行，并相应规定申请执行期限：个人申请执行的均为 1 年[①]，行政机关、法人或者其他组织都是半年（180 天）[②]。

“163 条”新司法解释的重大创新之一，是将“申请执行的期限”统一为“二

① “98 条”第 84 条第 1 款。

② “98 条”第 88 条。

年”[①]，不再区分申请人是谁，相应地也不再区分被执行的标的是否经过了行政诉讼。因为新司法解释将所有涉及执行的内容，统一放在第十二部分“执行”中规定，其中的内容，如果未作特别的说明，显然应当包括新《行政诉讼法》中涉及的所有执行事宜，既包括对“法院发生法律效力的判决、裁定、调解书”的执行，也包括对“行政行为在法定期间不提起诉讼又不履行的”执行。

可见，这个“二年”的申请期限，是所有申请法院强制执行的案件的最长申请期限，但“申请执行时效的中止、中断，适用法律有关规定”[②]。之所以这样说，是因为“163 条”随后又就非诉行政强制执行作了特别规定：自被执行人的法定起诉期限届满之日起 3 个月内提出；逾期申请的，除有正当理由外，法院不予受理。[③]也就是说，没有强制执行权的行政机关申请法院强制执行其行政行为，最早不能早于被执行人的法定起诉期限届满之日，并应当在该日起 3 个月内提出，最迟不能晚于“法律文书规定的履行期间最后一日起”[④]“二年”[⑤]。

这一结论的得出，源于富有高度立法语言技巧的表述：一是“163 条”第十二部分冠名为“执行”（当然这是《行政诉讼法》自始以来的优良传统），既没有用“行政诉讼强制执行”，也没有提“申请法院强制执行”，而是以“执行”笼统地概括所有的涉及行政行为、行政诉讼的执行，甚至没有排除“有强制执行权的行政机关”不“申请法院”的自行强制执行其行政行为；二是在“163 条”第十二部分“执行”中的第 153 条第 1 款先是规定，“申请执行的期限为二年”，并没有区分是哪一种强制执行；随后又在该条第 2 款中 4 次提到“法律文书”，而没有像前一条那样列明是“发生法律效力的行政判决书、行政裁定书、行政赔偿判决书和行政调解书”，说明其立法的初衷，就是要将这一期限广泛适用于《行政诉讼法》可能涉及的所有“执行”，不限于“发生法律效力的”行政诉讼裁判文书的执行，当然要包括未经诉讼的行政行为的申请执行。

① “163 条”第 153 条第 1 款。
② “163 条”第 153 条第 1 款。
③ “163 条”第 156 条。
④ “163 条”第 153 条第 2 款。
⑤ “163 条”第 153 条第 1 款。

三、章节内容的设定

2005年《公司登记管理条例》第九章“年度检验”，在2014年修订时被删除了。如果年度检验仅仅是“公司登记机关”每年都得从事的重复劳动的话，删除了也没有什么可惜的。但该章第62条规定：“公司应当向公司登记机关缴纳年度检验费。年度检验费为50元”（更严格的还有后面的第76条：“公司不按照规定接受年度检验的，由公司登记机关处以1万元以上10万元以下的罚款……”）。该条与第九章中的其他条款一样，都非常简短，短得让人不免生疑：莫非该章乃至整个年检制度，都是冲着这条来的？因为这些条款规定的年检，确实没多少实质性可检内容。

从立法技术上考虑，如果当初立法时，不单独设第九章，只在附则或者其他随便什么地方，最好是在某条的一款中插入上述第62条的内容，该制度或许还能持续几年。但估计不会拖到“公司登记机关”被合并。

“163条”明确了申请法院强制执行的期限是“被执行人的法定起诉期限届满之日起三个月内提出”，这比“163条”第152条第1款规定的申请执行“发生法律效力的行政判决书、行政裁定书、行政赔偿判决书和行政调解书”的2年期限大大缩短了。其依据是《行政强制法》第53条“自期限届满之日起三个月内”的期限，即该法颁布时“申请行政复议或者提起行政诉讼”的“法定期限”。

由此反观《行政强制法》，该法虽然在第四章规定了“行政机关强制执行程序”、在第五章规定了“申请人民法院强制执行”，但并没有规定“发生法律效力的行政判决书、行政裁定书、行政赔偿判决书和行政调解书”的强制执行问题。这充分说明，《行政强制法》真是关于“行政强制”的法，不涉及司法强制执行；其中有关“申请人民法院强制执行”的内容，涉及的仍是未经诉讼的（即非诉）的行政行为的强制执行，只不过执行主体是人民法院。

四、章节内容的调整

章节内容的调整，通常出现在修法时。一部成文立法到了调整章节内容的程度，说明其整个制度架构发生了重大的变化。比较著名的如《宪法》中增加监察委员会一节，虽然仅仅是一节，却是对我国宪法体制，特别是国家监督体制的根本性调整。

普通立法的章节被大幅度调整的，通常涉及相应制度被根本性调整的领域。近年来在我国的行政审批制度改革中，落实到立法上条文修改幅度最大的，恐怕无出《对外承包工程管理条例》2017年的修订之右的了：删去《对外承包工程管理条例》第二章即“对外承包工程资格”，删去第24条。

五、篇章巨变的寓意

创新的内容，总是需要不同以往的形式来包裹和容纳。作为立法活动“立改废释”完整过程的重要组成部分，法律的修改，特别是体现在结构上的篇章“大动干戈”，总是最直接地反映法律制度时代变迁的历史方位。

再审审查程序，新旧《行政诉讼法》都没有涉及，2000年的旧司法解释（“98条”）也着墨不多；只有2002年的《关于规范人民法院再审立案的若干意见（试行）》有些比较具体的规定。

到了2018年，新司法解释风格大变，对再审非常重视，不但条文大增，而且对决定实体审查前的审查程序，进一步细分为立案和审查两个阶段，审查的时间[①]甚至比实体审理的时间还长[②]：按照新《行政诉讼法》第88条的规定，二审案件的审理期限是3个月，再审案件的原审生效判决是二审作出的，再审时限也是3个月；而“163条”第112条规定的“再审申请案件”“应当自再审申请案件立案之日起六个月内审查”，更重要的是，这个期限是从“再审申请案件立案之日起”开始计算的，但“再审申请案件立案”没有明确的期限！因此，再审立案后的审理期限只有不到3个月，但再审案件经过“立案”“审查”阶段，最终进入“实体审理”前，拖延几年、十几年并不为怪，据了解目前最长纪录是23年，当然那是刑事案件。由于这个期限不受最长起诉期限的限制，行政案件中长于20年也不奇怪。

六、立法宗旨的确立

立法宗旨，均体现于每部法律的第1条。每部法律的第1条，决定一部法的

---

① “163条”第112条。

② 新《行政诉讼法》第88条。

品位、格调和水平。因此，立法宗旨往往是一部法修改时首先要考虑的内容、经常要考虑的内容，也是经常修改的内容。

2017 年《行政诉讼法》第 1 条将“解决行政争议”纳入立法的基本宗旨，是顺应时代大潮作出的历史性制度安排。早在 2000 年，原“98 条”第 61 条即规定，被告对平等主体之间民事争议所作的裁决违法，民事争议当事人要求人民法院一并解决相关民事争议的，人民法院可以一并审理。这一规定的出发点自然是非常好的，但现实比这要复杂。故这一内容被新《行政诉讼法》第 61 条吸纳后，仍有赖于新司法解释的进一步明确，赋予其许多新的适应当前新时代变化的内容：新司法解释用整个第十部分予以进一步细化，充分体现了对解决争议（不限于单纯的行政争议）的重视。

在解决争议这个问题上，与新法相比，原司法解释的规定预设了一个自相矛盾的前提：“被告对平等主体之间民事争议所作的裁决违法。”显然，案件还没有审理，仅仅处在“民事争议当事人要求人民法院一并解决相关民事争议”的阶段（此时甚至可能连被告都还没有确定，故新法所用“行政机关”更为确当），以这一结论为前提，不用说这样的逻辑循环“民事争议当事人”跳不出来，就是对法院来说，也不好把握：如果经一并审理得出的结论与“被告对平等主体之间民事争议所作的裁决违法”的预设不符合，如何向公众特别是“民事争议当事人”交代？

新《行政诉讼法》避免了这个问题，“在涉及行政许可、登记、征收、征用和行政机关对民事争议所作的裁决的行政诉讼中”，这个表述相当“中性”，特别是其中的“涉及”，非常传神。不仅将这类案件的范围大为拓展，而且将立案的门槛降低：只要“涉及”，就可以“申请一并解决相关民事争议”。

而且，通过强调“解决行政争议”[①]，行政诉讼理念由此明显转变。

在此之前，无论是《行政诉讼法》还是《行政复议法》，都采取“三目标论”：保证裁决机关公正、及时审理行政案件，保护公民、法人和其他组织的合法权益，监督行政机关依法行使职权。上述三大目标，充分“照顾”到了行政争议案件审理的三方主体，却唯独疏忽了这三者之间可能存在的利益冲突。例如，几乎在所

---

① 新《行政诉讼法》第 1 条。

有行政案件中，保护行政相对人的合法权益，与监督行政机关依法行使职权，往往是鱼和熊掌难以兼得。为避免这种同时追三只兔子的尴尬，2007 年的《行政复议法实施条例》率先将“解决行政争议”明确为行政复议制度的重要目标，从行政争议发生及化解的角度，整合了行政争议解决机制的目标定位体系问题，抓住了监督行政机关与保障相对人合法权益这对二律背反的矛盾体的“牛鼻子”，也解决了裁判主体审理案件的公平与效率问题。据初步统计，我国各级各类行政机关作出的各类行政决定，每年数以十亿计，但申请行政复议或者提起行政诉讼的案件，每年只有 10 余万件，即仅有万分之一的行政行为引发了行政争议。故一般看来，凡是没有申请行政复议或者提起行政诉讼的案件，基本上都可以视为行政相对人的合法权益没有受到侵犯、对行政机关的监督没必要启动的情形。同样，对于那些已经提起并进入审理程序的案件，只要当事人撤回复议申请或者撤诉，既意味着行政争议已经不复存在，也可以视为行政相对人的合法权益没有受到侵犯、对行政机关的监督没必要启动的情形。因此，以行政争议是否存在或者已经解决，作为行政复议、行政诉讼的底线目标，可以同时兼顾行政相对人、行政机关及审理机关三方的诉求。

七、开篇先确立原则

开篇先确立原则，是立法的基本技术要求，正如按照法治思维，成事必先立规一样。先确立原则，再细表具体规范，就是先定规矩，再予执行的法治原则翻版。这里的开篇是广义的，不限于一部法律法规的第一章第一条，而是指某一法律制度规范伊始，先确定该制度应当遵循的、普遍适用于各种立法场合的基本原则。

如 2004 年《公司法》第九章“外国公司的分支机构”开篇，就以该章第 1 条（第 199 条第 1 款）作出原则性规定：外国公司依照本法规定可以在中国境内设立分支机构，从事生产经营活动。“依照本法规定可以”可以理解为经申请批准再领取营业执照的实质性内容，即相当于在中国设立新的公司的流程。也可以理解为仅适用中国公司设立分公司的流程，甚至可以理解为不需要再走什么手续就可以直接“在中国境内设立分支机构，从事生产经营活动”，即享受外商企业的超国民待遇。

对于这样一个涉及国际关系、外资准入等非常敏感话题的大是大非问题，还是郑重明确一下比较好。果然，该章的第 2 条接着规定了外国公司在中国境内设立分支机构的一系列程序规定（第 200 条等）。既然如此，又何必再规定前述原则性有余、精准性不足的“原则性规定”呢？

2005 年该法修订后，这类易生歧义的限定确实没有了。但原则本身的原则性、普遍性反而更强了。

八、关键内容不可少

对行政诉讼证据的审查，本来是整个行政诉讼中最富有戏剧性、最抓眼球，也是对法官及诉讼当事人最有挑战性、最有可能改变案件走向的诉讼环节。但旧《行政诉讼法》对此却没有正面提及。新《行政诉讼法》弥补这一疏漏，增加了第 43 条，专论行政诉讼证据的审查。该条共 3 款，分别确立了当庭质证制度、证据审查的基本要求和非法证据排除规则。

上述原则和制度，虽然都是我国诉讼法学界讨论了很多年，并且在其他诉讼领域已经施行了很多年的“老”制度，但将其引入行政诉讼仍有不可估量的重大意义。最重要的是，这些制度可以通过行政诉讼，让广大行政机关工作人员及行政相对人，熟悉、认可、信仰这些制度，进而促进其引入行政执法程序，推动我国行政执法程序的法治化、现代化。

九、依内容确定位置

最终决定章节名称的是章节的内容；最终决定内容位置的是其本身。

2018 年“163 条”删除了原司法解释“按照审判监督程序决定再审的案件，应当裁定中止原判决的执行；裁定由院长署名，加盖人民法院印章”① 中关于署名、盖章的规定。这确实是当初的一个瑕疵。这一规定仅在“裁定中止原判决的执行”的规定中出现，没有普遍性和必要性。这一内容不应放在这里，而应当放在“裁定适用于下列范围”的原“98 条”第 63 条、现“163 条”第 101 条第 3 款（第 1 款规定裁定的适用范围、第 2 款规定可上诉的裁定种类）。现 2018 年“163 条”

---

① “98 条”第 77 条第 1 款。

第 101 条第 3 款恰恰就是这样："裁定书应当写明裁定结果和作出该裁定的理由。裁定书由审判人员、书记员署名，加盖人民法院印章。口头裁定的，记入笔录。"该规定区分口头裁定与书面裁定，并对书面裁定作出了明确的要求，除说明理由外，最重要的就是署名的变化，由原来的法院院长署名，调整为"审判人员、书记员"共同署名。事实上，对于裁定，如此署名、"加盖法院印章"已经足以彰显其权威性，要求必须"由院长署名"确实没有太大必要，实际操作时也不可能，套院长署名印也只是流于形式。

2000 年行政诉讼原司法解释是从立案角度罗列应当不予立案的情形的，2018 年的新司法解释第 69 条只强调：有下列情形之一，已经立案的，应当裁定驳回起诉。从实质性内容看，二者的规定没有根本区别，但反映的倾向性则是明显的：新司法解释更强调立案的当然性、前置性，即在一般情况下要先立案。这在新司法解释中已经有所体现：7 日内仍不能作出判断的，应当先予立案。当然，更重要的理由也许是，新《行政诉讼法》明确规定了"驳回原告的诉讼请求"[①]，但没有正面规定"驳回起诉"[②]。这与旧《行政诉讼法》不同，旧法既没有规定"驳回原告的诉讼请求"，也没有规定"驳回起诉"，司法解释的空间反而更大一些。

特别值得一提的是，上述条文内容虽然既涉及"裁定不予受理"，又涉及"裁定驳回起诉"，在原"98 条"中却放在"审理与判决"部分；新司法解释中相应内容只涉及"裁定驳回起诉"，却将其移至"起诉与受理"，这是一个明确的倾向或者暗示："163 条"中的该条所涉及的内容，虽以"已经立案"为条件、以"应当裁定驳回起诉"为结果，但完全可以适用于"立案之前"作为立案的标准，而相应的处理，就是"裁定不予受理"。在这方面，原"98 条"的表述似乎更"圆熟"一些："有下列情形之一的，应当裁定不予受理；已经受理的，裁定驳回起诉。"新司法解释之所以明知这样表述貌似更可取，仍只单方面强调"经立案的，应当裁定驳回起诉"，显然是在立法确立了立案登记制后的不得已之举。这从其将这

---

① 新《行政诉讼法》第 69 条。

② 新《行政诉讼法》第 91 条第 1 项提到了"驳回起诉"：驳回起诉确有错误的，人民法院应当再审。但在此前的条文中，没有正面规定人民法院何时、如何"驳回起诉"。

一条前移到“六、起诉与受理”就很能看出这种“情绪”来。如是回过头来评述原“98条”的规定，显然将这一内容放在“六、审理与判决”部分也不是没有问题。因为其既涉及“起诉与受理”阶段的“裁定不予受理”，又涉及“审理与判决”阶段才能作出的“裁定驳回起诉”。折中的结果是，这部分内容放在“审理与判决”部分似乎更合适一些。

从程序角度考虑，“163条”第69条第3款的规定，实际上也是限定法院审查起诉状、裁定不予受理的程序：法院经过阅卷、调查或者询问当事人，认为不需要开庭审理的，可以径行裁定驳回起诉。这一规定显然是针对该条第1款所列情形而言的。当然，在以审判为中心的诉讼体制改革进程中及到位后，所有的案件都要开庭审理。对驳回起诉的案件可以不开庭审理，可能是为数不多的例外了。

由此看来还存在一个问题，就是无论裁定不予受理，还是驳回起诉，通常都会操作成“不需要开庭审理”，也不“组成合议庭”，较之于原“98条”第32条第1款要求“组成合议庭对原告的起诉进行审查”后再“裁定不予受理”，无形中降低了法院“推案”的程序难度。

十、不同立法的分工

新旧《行政诉讼法》都规定，法律对提起行政诉讼的期限“另有规定的除外”。这就是对法定期限的但书。这个问题，要从“另有规定”说起。虽然，这种表述已经越来越少了。

法定期限，即《行政诉讼法》和其他法律、法规直接规定的期间，除法律另有规定外，法院不能依职权或当事人的请求任意改变，因而也称不变期间。如《行政诉讼法》第46条规定，公民、法人或者其他组织直接向人民法院提起诉讼的，应当自知道或者应当知道作出行政行为之日起6个月内提出，法律另有规定的除外。《森林法》规定[①]，当事人对人民政府（对林权争议）的处理决定不服的，可以在接到通知之日起1个月内，向人民法院起诉等，就是法定的起诉期间。对于这种法定期间，法院、当事人和其他诉讼参与人必须无条件遵守，

① 《森林法》(2009年)第17条第3款。

即使法院也无权变更。

但在具体确定某一特定的期间时，应处理好各种不同效力层级的法律规范之间的关系，本着“法律优位于法规、特别法优位于普通法”的原则处理。也就是说，凡法律与法规之间就期间的规定不一致的，从法律的规定；特别法的规定与普通法的规定不一致的，从特别法的规定。例如，就行政诉讼而言，《森林法》有关行政诉讼的规定相对于《行政诉讼法》就是特别法，而《行政诉讼法》则是普通法，《森林法》有关林权争议行政裁决的起诉期间（1个月）的规定，效力高于《行政诉讼法》的规定（6个月），在法律的具体适用上，就应以《森林法》的规定为据。当然，《行政诉讼法》对此有特别规定的，如规定其他法律的此类规定无效（此时，该规定成为特别法）或者其他法的此类规定在该法之前（此时，适用新法优于旧法原则）的，仍应适用《行政诉讼法》的规定。

不过从近年来的立法特别是法律修订的实践看，值得注意的一个立法动向是，由于《行政诉讼法》《行政复议法》两法的存在及日益深入人心，其他法律、行政法规已经很少规定行政诉讼、行政复议的具体事项了，上述“另有规定的除外”的法律似乎越来越少了：许多曾经规定过此类期限的，纷纷在修改时删除了此类“另类”规定，呈现出一种“向基本法靠拢”的立法标准化倾向。

究其主要原因，不是不重视这两项工作，而是确实没有这个必要了。例如，已经废止的《治安管理处罚条例》规定的起诉期间仅5天，并因此成为各行政诉讼教材中反复提及的典型；废止该条例而代之的《治安管理处罚法》仅规定“被处罚人对治安管理处罚决定不服的，可以依法申请行政复议或者提起行政诉讼”（第102条），将起诉、复议期限的决定权交还各基本法，不再单独规定。《森林法》等，也有类似的现象，体现出我国立法的进步。

又如行政复议案件的审理期限是行政复议机关作出复议决定的法定最长期限。对此，《行政复议法》和旧《行政诉讼法》都有规定。原因是《行政诉讼法》早于《行政复议法》，当初起草《行政诉讼法》时一并附带设计了行政复议制度，但确实没有想到会再立一部独立的《行政复议法》，因此有关行政复议制度的核心内容都规定在旧《行政诉讼法》中了，包括行政复议案件的审理期限。但随着行政复议制度的日益壮大，单独的《行政复议法》出台后，二法的规定就显得重复（但此后《行政诉讼法》一直未修改，故这种局面维持了15年）。直到新行诉法修改，这个问题才解决，其第45条删除了旧法第38条中规定行政复议期限的第1款。至此，行政复议的审理期限转由《行政复议法》第31条单独规定。

由此产生的变化是，原《行政诉讼法》第38条第1款（行政复议机关收到申请书之日起2个月内作出行政复议决定，法律、法规另有规定的除外）失效，其规定的例外情形也一并失效。

而按照《行政复议法》第31条，行政复议的审理期限是60日（实践证明，将2个月改为60日，还是增加了些计算上的小麻烦，确实没有必要），但例外的情形有很大的不同。

一是行政复议审理期限只能由法律规定。因该项例外与旧《行政诉讼法》的规定（法律、法规另有规定的除外）不一致，需要借用新法优于旧法、特别法优于普通法的法理来衔接二者。

二是法律规定的例外情形仅限于"法律规定的行政复议期限少于60日的"情形。法律规定的行政复议期限长于60日的，哪怕是规定有可能长于60日的"2个月"也不行。据此，通过废除旧《行政诉讼法》关于复议审理期限为2个月的规定的做法，从另一个角度解决了二法字面上冲突的问题。

三是因"情况复杂，不能在规定期限内作出行政复议决定的，经行政复议机关的负责人批准，可以适当延长"，"但是延长期限最多不超过30日"。据此，行政复议的最长审理期限是90日。

第二节　条款内容的细化

法律规范中条款的设定，没有一定之规，但要注意两点：一件事尽可能在一条中表述，一条中最好只表述一件事。相应地，同条的各款之间，因表述的是一件事，从而存在逻辑上的关联和时间上的先后。

一、原则性条款设计

正如一部法律文件通常采取“先总（则）后分（则）”“先（实）质后量（具体）”的表述体系一样，就立法中的具体制度规范而言，也有一个“先原则后措施”的总的规律、要求。其中很重要的一点，就是要有原则性条款。原则性条款的嵌入，与法律概念的界定类似，也需要恰当的表达形式和嵌入时机。但就原则性规定与概念式定性规定而言，原则性规定更重要，因此更要靠前摆布。

以农村土地承包权利登记制度为例，2009年《农村土地承包法》第23条规定：“县级以上地方人民政府应当向承包方颁发土地承包经营权证或者林权证等证书，并登记造册，确认土地承包经营权”，并没有就该项制度作一个总括性、原则性、前提式的规定。2018年修改该条内容时，增加规定：“国家对耕地、林地和草地等实行统一登记”。这一开宗明义的原则性规定，将与农村土地承包有关的登记事宜，纳入国家统一的不动产登记制度中，使之存续有了统一的制度基础，为下文进一步规范、今后统一实施，特别是与不动产统一登记制度的其他组成部分相互衔接、贯通、影响、完善，奠定了基础、创造了条件。

再以“劳务派遣”制度的规范为例，2007年《劳动合同法》第66条规定：“劳务派遣一般在临时性、辅助性或者替代性的工作岗位上实施”，没有明确劳务派遣与一般用工的关系，难以给人以我国劳动用工制度的整体印象，很容易被执行为以“劳务派遣”为主的格局。故新法修改时，首先明确“劳动合同用工是我国的企业基本用工形式。劳务派遣用工是补充形式”。其次再对“劳务派遣”作进一步具体的规定。这种原则性规定与具体性制度相衔接、相配套的规范体系，既是法律规范体系的一般形态，也是对制度设计的基本要求。

二、条款项目的设置

条款项目的设置，有一个类似提取最大公约数的逻辑整合过程：相类同的内容尽可能放在一条中。这一要求或者说做法，虽并不尽然，但不相类同的内容，绝不能放在一条中，却是肯定的，否则必然影响理解。

法律文件中条款的设置，也没有一定之规。在同一个法律文件中，有的条文特别长，款项也特别多，如 2018 年《预算法》第 22 条共有 8 款 677 字；有的条文则只有一句话、半行字，为什么这样安排，不好解释。唯一能看出一些端倪的，是立法修正案中对某些条款的合并或者拆分。如 2014 年修正《预算法》时，即将 1994 年《预算法》第 17 条、第 18 条合并，作为新法第 26 条第 1 款、第 2 款。单独作如此的调整，属比较罕见的情形，其理由可以从旧法的条文中看出一些眉目：这两条中分别有“各部门编制本部门预算、决算草案”“各单位编制本单位预算、决算草案”的类似表述，表明这两条是近似规范，这是将其合并为一条的最主要原因。

“163 条”第 160 条第 3 款规定，需要采取强制执行措施的，由本院负责强制执行非诉行政行为的机构执行。这一内容既没有主语也没有适用条件，只有“需要”，这显然不是条件。

由于上述内容是规定在法院对申请其执行的行政行为应当进行合法性审查那一条中的，给人的感觉好像是法院在此审查期间“需要采取强制执行措施”的授权。产生这种疑问是因为该条第 2 款规定了“应当听取被执行人和行政机关的意见”，据此大可以理解为对不听从法院传唤或者通知，前往规定时间、规定地点被“听取”意见的“被执行人和行政机关”所采取的强制执行措施。但这需要把针对“被执行人和行政机关”采取的强制措施，理解为“强制执行措施”。不是不可以这样理解，因为其发生毕竟是在申请法院强制执行的过程中，法院采取的任何强制措施，都可以归类为“强制执行措施”。只是这样理解，确实有些牵强。

故善意理解，此处规定的“需要采取强制执行措施的，由本院负责强制执行非诉行政行为的机构执行”[①]，是就申请法院强制执行行政行为的全过程而言的，而不是就法院“对行政行为的合法性进行审查”的7天或者30天内“需要采取”的强制措施而言的；尤其是不能理解为在此期间针对“被执行人和行政机关”所采取的强制措施。但这样理解的话，更大的尴尬就产生了：既然是如此不同的两码事，为什么规定在一条中。

新《行政诉讼法》第94条[②]规定：当事人必须履行法院发生法律效力的判决、裁定、调解书。对于这一宣告性规定，如果没有相应的后手作为依托、倚靠，其实施效果如何，可想而知。故新《行政诉讼法》第95条随后规定，公民、法人或者其他组织拒绝履行判决、裁定、调解书的，行政机关或者第三人可以向第一审法院申请强制执行，或者由行政机关依法强制执行。

新法的这两条规定，直接修改自旧法第65条的两款。从逻辑关系及表述形式角度分析，其内容直接相关，写在一条中给人以严密有序、环环相扣之感。当然从内容上看，新法的修改，对诉讼强制执行的表述更准确，更直接地道明了诉讼强制执行与行政强制执行的关系。与原规定相比，新法的最大创新，在于明确了“依法强制执行”[③]，包括向“法院申请强制执行”和“由行政机关依法强制执行”。原条文将向“法院申请强制执行”与“依法强制执行”并列，不仅从逻辑上和表述形式上错乱了二者的关系，更重要的是无法直接从表述中体会出“由行政机关”自行强制执行的蕴含。新法仅仅增加“由行政机关”5个字，就把规矩说清楚了。当然，不加这几个字，也能理解出肯定是“由行政机关”。但需要推理得出。立法应疏密得当，规范明确，就是要把最简单的规则写出来、写明白。

2015年修正后的《立法法》第98条第3项规定：“自治条例、单行条例报送备案时，应当说明对法律、行政法规、地方性法规作出变通的情况”，这一规定似乎应当是针对所有“自治条例和单行条例”，而不限于“自治州、自治县的人民代表大会制定的自治条例和单行条例”。也就是说，这一内容不应当放在第

---

① “163条”第160条第3款。

② 旧法第65条第1款。

③ 旧法第65条第2款。

3 项，而应单独作为一款来规定。当然，也有可能是《立法法》就是以此区分两种不同层级的“自治条例和单行条例”。自治区的“自治条例和单行条例”因其制定机关的级别较高，效力层级也较高，即便对“法律、行政法规”有所变通也会比较慎重而确当，因而无须说明。这一点，还可以从以下事实得到进一步的佐证：自治州、自治县制定的“自治条例、单行条例”就其“对法律、行政法规、地方性法规作出变通的情况”进行说明时，其中的地方性法规，主要就是自治区制定的。更重要的是，上述规定中还没有明确自治区制定的自治条例和单行条例的备案问题。

三、条款的原则性和集约性

法律要确立原则，就不能太啰嗦。

法律条文的简约，有时简化的不仅仅是文字，更重要的是条理的集约。

2001 年《商标法》第 4 条第 1 款、第 2 款规定，“自然人、法人或者其他组织对其生产、制造、加工、拣选或者经销的商品，需要取得商标专用权的，应当向商标局申请商品商标注册”，“自然人、法人或者其他组织对其提供的服务项目，需要取得商标专用权的，应当向商标局申请服务商标注册”，共 109 字，存在明显的重复的内容：“自然人、法人或者其他组织”“对其”“需要取得商标专用权的，应当向商标局申请”“商标注册”重复表述两遍。

之所以有如此大量的重复，原因就在于《商标法》在 1982 年立法时，该条本来只有一款，即有关商品商标的规定。后来因 1993 年该法修正时新增了有关“服务商标”的规定，故增加了一款。随着我国商标制度的不断发展完善，商品商标与服务商标作为最主要的商标类型已经为大家所熟知，同时又有新的商标类型出现，如集体商标等。此时，已经没有必要为了突出服务商标与商品商标的区分而保留分立的两款了，而且考虑到该条位于总则部分，其核心规范主旨，就是确立“取得商标专用权”必须注册商标的原则。故将二者合并的时机已经成熟。

2013 年修改为“自然人、法人或者其他组织在生产经营活动中，对其商品或者服务需要取得商标专用权的，应当向商标局申请商标注册”，共 53 字。这是通过合并同类表述实现立法言简意赅的典范。当然，这个过程是建立在我国立法界立法规范化、系统化认知的基础之上的，更是建立在部门法特别是《商标法》对其自身分类理论及实践操作认识不断提高、深化的基础之上的。更重要的是，由于二款的合并，也省去了其他新类型的商标专用权如何保护、是否需要注册才能得到保护等一系列新问题。

由此不难发现，原则要想成为经久的、名副其实的原则，必须只作原则性规定。

四、分项列举的时机

法律条文内款项的设置，也没有一定之规。一般而言，意思连贯、前后衔接紧密的内容，尽可能放在一款中表述；需要分段表述的，列款或者分条表述。在一款中，项目的设置也是如此。分别代表不同的情形，每种情形的文字又比较多的，分项表述，如《行政诉讼法》中有关受案范围的列举式规定；如果每项的内容过于简短，分项表述时条文从字面上看都显得“字大行疏”，就有必要合并各项改为连续表述。如 2014 年修正《预算法》，就将 1994 年《预算法》第 19 条第 2 款、第 3 款，共分 10 项表述，每项都不超过 1 行、多数只有几个字，却要占用 12 行的篇幅。2014 年《预算法》即取消分项表述修改后的条文，至少从字面上看紧凑了很多。

是分项列举，还是不分项、不分款平铺直叙，如何是好，有时确实比较难以抉择。基本的原则是，可以分列表述的内容超过 3 项的，最好分款、分项。

例如，2004 年《公司法》第 60 条规定了 3 款“董事、经理不得”为的禁止性规定，第 61 条又规定了 2 款，此外还有第 62 条。由于所述内容至少主语相同，故“董事、经理不得”至少重复了 5 次。而且，在这种叙述方式下，每条中列 3 款已经可以说是上限了（这也是其不得不分条的原因所在），故在表述时不得不尽可能将不同的内容归并到一款中，逻辑层次及相互关系的表述难免显得比较拥挤和错杂，许多内容还不免挂一漏万。

2005 年修订这部分内容时，改为分项规定（第 149 条第 1 款），以“董事、高级管理人员不得有下列行为”为统领，内容增加到 8 项之多。其中有多项内容是新增加的，包括兜底的“违反对公司忠实义务的其他行为”。这些内容显然是此前的分款、分条规定不能也不便容纳的。

五、款项结构的齐整

立法既然是语言的艺术，就不可能不追求语言本身的对仗与工整。从立法技术角度看，立法的表述当然要追求字面上的齐整。只是在确实无法做到时，才按照内容为上的原则，以合理的逻辑顺序作为优先考虑。

以“款”特别是“项”的形式并列在一起的事项，其文字上的齐整统一与否，一眼就看得出来。更重要的是相互之间的逻辑一致性，这一点虽然看不出来，但能够很明显地体会出来。例如，立法中并列的词语的排列，正如并列的事项的排列一样，也是有讲究的，其排列的最基本的规则，就是要与所列词语的表意在逻辑、事理上相一致。2004 年《公司法》罗列董事会职权的第 46 条第 7 项规定：拟订公司合并、分立、变更公司形式、解散的方案。这一排序的理由是前 3 种情况下，公司都没有解体。但按另一个标准分类，公司的合并、分立，都是在公司形式不变的情况下进行的，解散就更不会涉及公司形式的变更了，故可以将变更公司形式排在最后；同时，从词形上看，将合并、分立、解散放在一起也更齐整一些；此外，就难度及对公司的影响而言，公司形式变更也是最复杂的。上述三重因素决定了，2005 年修订《公司法》时词序调整为“公司合并、分立、解散或者变更公司形式”（第 47 条）。

原“98条”第63条集中列举了裁定的适用范围，即法院可以作出的15类裁定，“163条”第101条第1款予以全面继承，仅对其中的个别名称根据新《行政诉讼法》的规定作了调整，如不予立案取代不予受理：（1）不予立案①；（2）驳回起诉②；（3）管辖异议③；（4）终结诉讼④；（5）中止诉讼⑤；（6）移送或者指定管辖；（7）诉

---

① 新《行政诉讼法》第 51 条第 2 款，第 52 条，“163 条”第 55 条第 2 款，第 56 条第 1 款，第 57 条，第 60 条第 1 款，第 67 条第 2 款。

② “163 条”第 26 条第 1 款，第 69 条第 1 款、第 3 款，第 82 条，第 93 条，第 94 条第 2 款。

③ “163 条”第 10 条第 2 款。

④ “163 条”第 88 条，还可以包括“163 条”第 121 条“裁定终结再审程序”。

⑤ 新《行政诉讼法》第 61 条第 2 款。

讼期间停止行政行为的执行或者驳回停止执行的申请[①]；(8)财产保全[②]；(9)先予执行[③]；(10)准许或者不准许撤诉[④]；(11)补正裁判文书中的笔误；(12)中止或者终结执行[⑤]；(13)提审、指令再审或者发回重审[⑥]；(14)准许或者不准许执行行政机关的行政行为[⑦]；(15)其他需要裁定的事项。这是对行政诉讼中裁定种类的集中列举，其中前3种裁定可上诉[⑧]。如果从立法技术上挑理，还真能找出几块“骨头”来。

由于新旧司法解释基本一致，既存的一些表述逻辑上的问题得以延续。最突出的表现有三：表述不规范、欠统一；标准不严谨、欠条理；列举不全面、欠规整。当然，这似乎是所有立法都难免的通病，特别是概念的归类方面，即使再周详、完善的立法，也会因分析、评判视角的不同而提出一些“公说公有理”的意见来。

立法中条款项目的表述齐整，不仅仅是指文字形式上的表现，也包括所列内容的周全。仍以上述集中列举的裁定为例，其绝大多数都是《行政诉讼法》及其司法解释中已经明确提到的裁定。故从立法技术上考虑，凡是《行政诉讼法》及其司法解释中已经明确提及的裁定，都应当在此列明，这是司法解释发挥规范裁定种类作用的重要表现，漏列就是立法技术上疏忽；但对于《行政诉讼法》及其司法解释没有明确提到的裁定，如“中止诉讼”，新《行政诉讼法》第61条第2款只提到了其中的一种情况，“163条”第87条只列明了可以中止诉讼的情形，而没有明确用什么裁判形式，对此，就可以集中列明，作为明确裁定适用的司法解释，也是说得过去的，相应地避免存在漏列的问题。新司法解释中提及但没有

---

① 新《行政诉讼法》第56条。

② “163条”第76条、第77条。

③ 新《行政诉讼法》第57条。

④ 新《行政诉讼法》第62条，“163条”第60条第1款、第2款，第79条第1款，第143条。

⑤ “163条”第118条。

⑥ 新《行政诉讼法》第89条第1款第4项“发回原审人民法院重审”，“163条”第122条，“163条”第109条第1款“指令原审人民法院依法立案或者继续审理”，第118条第2款“上级人民法院决定提审或者指令下级人民法院再审的，应当作出裁定”。

⑦ “163条”第155条，第156条，第160条第1款、第2款，第161条第1款。

⑧ “163条”第101条第2款。

列入的裁定至少包括：转为普通诉讼[①]、准许或者不准许参加诉讼[②]、准许或者不准许再审[③]、准许或者不准许撤回再审申请[④]等。

表述用语的一致，也是齐整的一个方面。如“不予立案”以裁定为之，是《行政诉讼法》的一贯传统[⑤]，只是称谓不同。旧法称受理为“立案”、称不立案为“不予受理”，前后明显不一致，但完全没必要。新法弥补了这个缺陷。

不予立案裁定书最基本的内容是：载明不予立案的理由。不仅新《行政诉讼法》强调[⑥]，新司法解释也予以重申[⑦]。这已不是对此问题的重视了，而是立法对行政案件“应立尽立”目标的坚守，是具体落实登记立案制、解决行政诉讼立案难的制度设计。

既然立法及司法解释都作了如此的强调，不予立案裁定书需要载明的“不予立案的理由”，就不能简单表述为“不符合起诉条件”，而必须围绕《行政诉讼法》及其司法解释对“起诉条件”的要求，明确具体地阐明“不予立案的理由”。具体明确到什么程度呢？司法解释作出了最好的表述。

“不符合起诉条件”等可以作出不予立案裁定的情形很多，司法解释没有如“驳回起诉”那样明文列举具体的情形，但考虑到“不予立案”与“驳回起诉”二者密切的、实质性的关系，所有可以“驳回起诉”的理由，都是应当先予“不予立案”的，故法院在裁定“不予立案”时，可以反过来参照新司法解释关于“驳回起诉”情形的集中列举（如“163 条”第 69 条）及其他可以裁定“驳回起诉”的情形（如“163 条”第 93 条等）。

六、表述顺序的优化

新旧条文对比，2012 年《刑事诉讼法》有一处修改意蕴深远，即将公权力机

---

① 新《行政诉讼法》第 84 条，“163 条”第 105 条第 2 款。

② “163 条”第 27 条第 2 款。

③ “163 条”第 114 条，第 116 条，包括第 124 条规定的“裁定再审”。

④ “163 条”第 115 条第 2 款。

⑤ 新《行政诉讼法》第 51 条第 2 款，旧《行政诉讼法》第 42 条。

⑥ 新《行政诉讼法》第 51 条第 2 款。

⑦ “163 条”第 55 条第 2 款。

关的义务性规范调整到公民权利性规范之前。1996 年《刑事诉讼法》是先规定公民有权申请解除期限届满的强制措施，再规定公检法必须按时放人。2012 年《刑事诉讼法》将这个顺序颠倒，其体现的立法指导思想，就是以民为本的权利本位思想，即公权力机关必须首先依法办事，仅在其不依法办事时，公民才有必要或者说有权要求其依法办事。这应当成为依法治国大背景下的新常态。相比较而言，1996 年《刑事诉讼法》的规定似乎在暗示，公民必须随时关注本方的强制措施期限，一旦期限届满就及时提醒公权力机关。这就颠倒了政府与人民、公权力与公民权利之间的关系。

1993 年《公司法》第 133 条共 2 款，分别规定“公司向发起人”等“发行的股票，应当为记名股票”；“对社会公众发行的股票，可以为记名股票，也可以为无记名股票”。这一规范模式一直延续到 2004 年。表面上看，上述内容似乎是表述顺序问题：应当先说后者再说前者，给读者以先总后分的整体感、层次感。其实，应当说，在 1993 年立法之初，可能还没有那么强的先原则后例外、先定义后规范、先总述后分述等立法规律性认识。故行文时是按照对要表述内容的重要程度的认识来排列表述顺序的。只是到了这一条时，由于第 2 款本身具有部分总体性介绍股票种类的意思，故将其放在后面作为第 2 款，感觉有点不太对劲，但又说不出什么原因。

2005 年《公司法》修订时，直接将该条的内容及表述顺序进行了调整，将第 2 款改为第 1 款，同时将其内容改为对概念的分类：公司发行的股票，可以为记名股票，也可以为无记名股票。这样一来，该第 1 款就同时具有了罗列股票种类及公司发行股票的原则性规定的双重功能，将其放在第 1 款就更加名正言顺了。由此确立立法技术原则时，对于具有 2 个以上子概念的法律概念而言，原则上在第 1 款列明其所有子概念及与种概念的关系，然后在后续条款中，具体解释或者规定子概念涉及的法律规则。

例如，2011 年《行政强制法》第 2 条第 1 款规定，本法所称行政强制，包括行政强制措施和行政强制执行。随后在第 2 款界定行政强制措施，在第 3 款界定行政强制执行。可以说，这一新的立法技术，是进入 21 世纪后才在我国立法中逐渐普及的，2005 年《公司法》修订时，正是这一立法技术逐步引入的时期。

七、排序逻辑的一致

法律规范内容的排列，从来不是随随便便的事。其基本的规则，就是逻辑一致。这一要求不限于一条之内，也包括整部法律文件中各章、各节、各条以及条内的各款、各项、各目，无论多么“卑微”的细部，都不能任性乱排。

2001 年《行政法规制定程序条例》第 3 条规定，“制定行政法规，应当遵循立法法确定的立法原则，符合宪法和法律的规定”，将“应当遵循立法法确定的立法原则”置于“符合宪法和法律的规定”之前，是否合适？故 2017 年修订时，调整了二者的顺序。

但该条修订时还同时在“符合宪法和法律的规定”前，增加了“贯彻落实党的路线方针政策和决策部署”，这是加强党对立法的全面领导的体现，与党必须在宪法和法律范围内活动并不抵触。即“贯彻落实党的路线方针政策和决策部署”，与“符合宪法和法律的规定”并不矛盾，在“符合宪法和法律的规定”的前提下“贯彻落实党的路线方针政策和决策部署”，与将“遵循立法法确定的立法原则”置于“符合宪法和法律的规定”，显然不是一个层级的问题。

相对而言，2017 年《行政法规制定程序条例》第 3 条“贯彻落实党的路线方针政策和决策部署，符合宪法和法律的规定，遵循立法法确定的立法原则”，与 2017 年《规章制定程序条例》第 3 条第 1 款“制定规章，应当贯彻落实党的路线方针政策和决策部署，遵循立法法确定的立法原则，符合宪法、法律、行政法规和其他上位法的规定”相比，后者的逻辑一致性更强一些。

八、但书的结构要求

法律条文中的但书，是不是需要“但是”指引，这个问题，如果单纯从现代汉语的表述看，并不需要。但是对比我国近几十年立法表述习惯的演进，似乎加“但是”指引更受推崇，此时，就没必要省这两个字。表达清楚更要紧。

《行政强制法》第 56 条以两款规定“人民法院接到行政机关强制执行的申请”后应当如何处理：第 1 款的规定非常明确，即“人民法院接到行政机关强制执行的申请，应当在五日内受理”。第 2 款却又规定了“行政机关对人民法院不予受理的裁定”的“异议”程序，完全“暴露”了第 1 款只不过是原则性的宣示。严格按照该法规定，法院也不是“有求必应”、逢申请必受理，也需进行必要的审查，并有可能裁定不予受理。这就给司法解释提供了创意空间：只要求法院立案受理“符合条件的申请”（“163 条”第 155 条第 3 款）。这样一来，《行政强制法》与新司法解释的要求，就融洽地实现了统一。而这一问题的产生，很大程度上是因为第 1 款、第 2 款之间的转折关系，没有用但书的形式予以指引。

《公司法》自 1993 年颁布，历经 1999 年、2004 年修正，对于“股东大会”“作出决议”的“表决”权重的表述都是原则上“必须经出席会议的股东所持表决权的半数以上通过”，“公司合并、分立或者解散公司”等重大“决议”，“必须经出席会议的股东所持表决权的三分之二以上通过”，但二者之间，没有“但是”，完全由语义转折来传达但书的意思，相信读者会懂的。但是，2005 年该法修订时，增加了“但是”的表述。显然，立法的倾向性已经非常明确，就是再理所当然的意思，如果实在是事关理解、属于重大情势，就要通过更细密的文字表达清楚。在今后的立法中，凡是涉及但书的转折性表述，“但是”都不再省略。

当然，这里的“今后”，按理说应理解为自 2005 年之后，这是以立法主体的统一性给出的理想条件。但实际上未必尽然，不能确保 2005 年以后的所有立法都能严格执行这一要求，但这应当是方向。

九、兜底条款的设计

2004 年《公司法》罗列董事会职权的第 46 条所列的 10 项内容，都是具体的事项，没有兜底条款，这一立法格局，自 1993 年《公司法》就是如此。2005 年修订时，增加了一个兜底条款：公司章程规定的其他职权。但显然不能就此说 1993 年《公司法》起草时，我国立法界还不知道兜底条款，因为 1993 年《公司法》中的其他条款中，是有兜底条款的。如规定有限责任公司经理职权的第 50 条第 1 款第 8 项，就是个兜底条款：公司章程和董事会授予的其他职权。

总的来说，作为一个立法技术的基本原则，分项列举的事项，通常都可以加一个兜底条款，除非有明确的立法旨意即只想规定限定范围内列明的内容的，才不用兜底条款。但这在立法技术上，是有相当风险的，因为难免会有遗漏。

不过有一点是必须牢记的，就是对于公权力的设定而言，按照法无授权不可为的基本法理原则，通常是不用兜底条款给权力留白的。

需要提醒的是，兜底性规定一定要慎用。如 2018 年《公司法》修正只涉及一条，即“公司不得收购本公司股份”的例外。修正草案中曾有“法律、行政法规规定的其他情形”的兜底性规定，有的人大常委会组成人员提出，股份回购特别是上市公司的股份回购，对债权人和投资者利益都有重大影响，应当慎重稳妥对待，法律对股份回购的情形及方式等规定要清晰、明确，不宜规定兜底条款或例外情形。宪法和法律委员会经研究，建议对草案作以下修改：一是删去第 1 款第 6 项中的“避免公司遭受重大损害”；二是删去“法律、行政法规规定的其他情形”；三是明确要求上市公司因第 1 款第 3 项、第 5 项、第 6 项情形收购本公司股份“应当通过公开的集中交易方式进行”，删去“国家另有规定的除外”。

2013 年《商标法》修正的一个显著特点，就是其对立法技术的高度重视。不仅“毫不留情”地将“仅仅”改为“仅”突出地写在文字中（通常只需要表述作了个别文字调整即可），而且明确地纠正了一个非常明显的逻辑性表述错误，即 2001 年《商标法》第 11 条第 1 款第 3 项（兜底条款）“缺乏显著特征的”中遗漏的“其他”二字。综观 2001 年《商标法》第 11 条第 1 款，都是在表述“不得作为商标注册”的“标志”，其中第 1 项是说“仅有本商品的通用名称、图形、型号的”标志，第 2 项是表述“仅仅直接表示商品的质量、主要原料、功能、用途、重量、数量及其他特点的”标志。即使不懂商标法甚至不怎么懂法的人，都能看出来，这里的“仅”就是“意犹未尽”的意思。哪个意思不够呢？第 3 项概括出来了，是“缺乏显著特征的”。既然第 1 项、第 2 项都是“缺乏显著特征”，第 3 项再这么写，就犯了逻辑重叠的错误。但这个错误在 2001 年立法时，没有引起足够的重视，于是就通过了。2013 年，这个问题终于提到了桌面上，于是就改了过来。这是如何写兜底条款的一个非常重要、具有标志性意义的立法事件。所有在此之后的立法中不符合这一原则的，都不仅仅是形式逻辑没有学好的问题，而是立法体系中没有对既有错误予以铭记并避免再犯的立法机制缺失的问题。而本书虽然不能承担这一重大而深远的制度设计重任，却有助于在一定程度上弥补这一缺憾。

第三节　前后内容的照应

立法是系统性、全局性工程，不仅每句话都不能错，各句话放在一起也不能错或者相互龃龉。这确实需要大智慧。正所谓“上智立法”，确实不是瞎说，不是自我标榜。但正因如此，立法中出了纰漏，便会贻笑大方。

一、基于法理的照应

前后内容的照应，有时并不仅是基于逻辑的、语义的，还应当包括甚至可以说主要考虑基于法理、法律制度本身内在的制度架构，来实现上下文及整个法律规范体系的“前后照应”。

2015 年《立法法》新增的第 13 条确立了全国人大及其常委会暂时调整或者暂时停止适用法律的部分规定的制度，但没有明确下一步怎么办的问题。2023 年《立法法》第 16 条新增的第 2 款弥补了这一从法理上显然很容易推断出来的疏漏，即相关事项“实践证明可行的，由全国人民代表大会及其常务委员会及时修改有关法律；修改法律的条件尚不成熟的，可以延长授权的期限，或者恢复施行有关法律规定”。

1996 年《刑事诉讼法》第 36 条第 1 款规定：“辩护律师自人民检察院对案件审查起诉之日起，可以查阅、摘抄、复制本案的诉讼文书、技术性鉴定材料”，2012 年《刑事诉讼法》修改为辩护律师“自案件移送审查起诉之日起，可以向犯罪嫌疑人、被告人核实有关证据”，“自案件移送审查起诉”显然是指移送“人民检察院”“审查起诉”，省略了旧法中的“人民检察院”，并不影响表意的完整性，这就是利用制度本身的内涵简化条文的立法技术。而且，“自人民检察院对案件审查起诉之日起”的确定性，显然不如“案件移送审查起诉之日”准确，因为“移送”后至“对案件审查”之日，可能因为工作关系而有多日甚至多个月的迟延。2012 年《刑事诉讼法》显然比 1996 年《刑事诉讼法》的表述更就事论事，因而更周延、更严谨。

新《行政诉讼法》第56条第1款规定了裁定停止执行的4种情形：被告认为需要停止执行的；原告或者利害关系人申请停止执行，法院认可的；法院认为应当停止执行的；法律、法规规定停止执行的。

这些情形中，“被告认为需要停止执行的”，法院其实是可以不作出裁定的。因为这种情形主要适用于被告依法有权自行强制执行的场合，被告完全可以不主动启动自行强制执行程序，而无须在法院裁定后才这样做。至于被告依法无权自行强制执行的，只需要不向法院申请强制执行即可，而不必由此类被告主动申请法院“停止执行”，司法实践中也极少有此种情况；因为没有相关当事人的申请，法院是不会主动执行的。可见，“被告认为需要停止执行的”，只能算是新《行政诉讼法》第56条第1款确定的“诉讼期间，不停止行政行为的执行”原则的一个例外，而不是法院“裁定停止执行”的现实可能。

此外，即使是在“原告或者利害关系人申请停止执行”的情况下，法院仍有可能基于其自由裁量权，作出“不停止执行的裁定”，即驳回申请的裁定；但在其他情形下法院作出此等裁定的可能性微乎其微。

二、基于事理的照应

1993年《商标法》第19条规定，对初步审定的商标，自公告之日起三个月内，任何人均可以提出异议。无异议或者经裁定异议不能成立的，始予核准注册。2001年修正时，在无异议前增加了一个限定词：“公告期满”。显然，没有“公告期满”的限定，“无异议”就没有所指。

“163条”第108条第3款有一个变化，就是将“答辩状”分送的范围，由原来的“当事人”缩减为“上诉人”。也就是说，在上诉案件中，“上诉状副本”是“按照其他当事人或者诉讼代表人的人数提出”[1]并“发送其他当事人”[2]的，但答辩状则只“发送上诉人”。这一新规无疑会令“其他当事人”略有微词，至少会让他们在想看看答辩状时比较麻烦。这难免会使新规定的实际实施效果打一些折扣，

---

① “163条”第108条第1款，原“98条”第66条第1款。
② “163条”第108条第2款，原“98条”第66条第2款。

至少是增加了一些不必要的争执。

仔细从立法技术角度分析，上述规定有一点不太明确，就是有“诉讼代表人”时，当事人“应当按照其他当事人或者诉讼代表人的人数提出上诉状副本”，实际操作时应当理解为只按“诉讼代表人的人数提出上诉状副本”，不用给每个“其他当事人”都准备一份。但如果又规定“原审法院收到上诉状”“应当”“将上诉状副本发送其他当事人”，因为“其他当事人”应当比“诉讼代表人”人数多，提出上诉的当事人提交给法院的“上诉状副本”就不够法院发了。

其实，这个问题的核心，是一个立法语言标准化的问题，即前文提及的下文一定要有回应：既然前文规定“当事人提出上诉，应当按照其他当事人或者诉讼代表人的人数提出上诉状副本”，下文中只需要在“将上诉状副本发送其他当事人”后增加“或者诉讼代表人”，就万无一失了。当然，也有同志会问，这不是太啰唆了吗？确实，避免这种啰唆也不是没有办法：诉讼代表人本身就是当事人，他们是具有双重身份的当事人，诉讼代表人制度已经有专门条款规定，在文书送达等其他领域，只需要规定“其他当事人”，“其他当事人”推选了“诉讼代表人”的，法院会依“诉讼代表人”的代表权限，向其发送“上诉状副本”的。

三、修法的协同并进

早在1993年修正后，《商标法》第4条第2款就已经增加了关于服务商标的规定：“企业、事业单位和个体工商业者，对其提供的服务项目，需要取得商标专用权的，应当向商标局申请服务商标注册。”但没有一并对立法宗旨进行相应修正，其第1条仍只“促使生产者保证商品质量和维护商标信誉”。这个任务是在随后的2001年第二次修正时完成的：首次将保护“商品”与“服务”商标的内容在立法宗旨中并列：“促使生产、经营者保证商品和服务质量，维护商标信誉。”这是一个比较典型的立法前后，特别是修法时前后照应、联动修改的实例。

这一点，1993年《商标法》修改时并不是完全没有注意到，其第29条的修正就是一个典型的条文在修改前后保持一致的例子。1982年《商标法》于1993年修正时，删除了原第29条“商标评审委员会做出维持或者撤销有争议的注册商标的终局裁定”中的“有争议的”表述。因为在旧法中，只规定“对已经注册的商标有争议的”“向商标评审委员会申请裁定”的纠纷处理机制。修正时增加了对“已经注册的商标”“违反本法第八条规定的，或者是以欺骗手段或者其他不正当手段取得注册的”“可以请求商标评审委员会裁定撤销该注册商标”的内容。按照新规定，“商标评审委员会”能够“作出”的裁定的范围，就不限于“对已经注册的商标有争议的”了，故“有争议的”必须删除。

类似这样的问题，不是一个确立原则的问题，而是一个原则确立后如何切实贯彻执行的问题。上述例子充分说明，即使如立法这样亿万人瞩目、万千人经手的大事，也难免出现小的疏漏。

四、前后内容相协调

2015 年的《立法法》第 33 条规定，法律委员会（现为宪法和法律委员会）根据有关审议意见对法律案进行统一审议，提出修改情况的汇报或者审议结果报告和法律草案修改稿，对重要的不同意见应当在汇报或者审议结果报告中予以说明。这一规定中出现了两处“汇报”，但前者有“修改情况的”限定，后者没有；考虑到二者就在相邻的两个单句中，很容易“善意”地理解为后者可以省略前者的限定。但是，“汇报”前的修饰可以省略，与之并列的“审议结果报告”是不是也可以在随后简化为“报告”呢？只省略、简化其一，显然失之偏颇。于是，该法 2023 年修改时，第 36 条中还是加上了限定，确保了前后内容的统一协调。

2017 年《行政诉讼法》第 64 条中“本法第五十三条规定的规范性文件”的表述，有一定的不确定性：是否包括规章？该第 64 条规定的“经审查”的规范性文件，显然不包括规章。但该法第 53 条有 2 款，其第 2 款虽然明确规定“前款规定的规范性文件不含规章”，但正是这一附加性的解释，使该条“规定的规范性文件”包含了“规章”。当然，如此“细微”的立法逻辑问题，许多同志可能不以为然，但在我国立法技术已经日臻完善的今天，特别是《立法法》已经颁布 20 年后的今天，这已经不是小问题、小技巧了。

1996 年《刑事诉讼法》第 216 条第 2 款规定：“罪犯在暂予监外执行期间死亡的，应当及时通知监狱。”“通知监狱”但没有通知“看守所”，就属于前后没有照应。通过分析上下文之间的对应关系，会发现一些比较初级的错误，如明显的遗漏。1996 年《刑事诉讼法》第 115 条中的“对于扣押的物品和文件，应当会同在场见证人和被扣押物品持有人查点清楚”，前半句刚提到的“物品和文件”，到了下半句就只剩下“物品”，没有再提到“文件”了。2012 年《刑事诉讼法》第 140 条即将此修改为“对查封、扣押的财物、文件，应当会同在场见证人和被查封、扣押财物、文件持有人查点清楚”，新条文中“财物、文件”实现了前后照应，克服了 1996 年《刑事诉讼法》中存在的问题。

此外，上述规定中的“持有人”，新旧《刑事诉讼法》（2012 年第 140 条、1996 年第 115 条）的规定一致，但存在一个共同的错误，即“被查封、扣押财物、文件持有人”，与“由侦查人员、见证人和持有人签名或者盖章”中的“持有人”应当是同一人，但在其“签名或者盖章”之后，甚至在此之前，就已经因为“扣押”的缘故，而不是其原持有的“财物、文件”的“持有人”了。此时，要求将“一式二份”的“清单”“一份交给持有人，另一份附卷备查”，是不是应当“交给”原“持有人”？因为此时的原“财物、文件”可能已经另有该程序环节所确定的新的“持有人”了。更好的办法，应当是规定清单一式三份，一份交“查封、扣押”的执行人，“一份交给持有人，另一份附卷备查”。

五、邻近关系的顾忌

2004 年的《公司法》第 135 条规定，“国务院可以对公司发行本法规定的股票以外的其他种类的股票，另行作出规定”，此处，“本法规定的股票以外的其他种类的股票”，可以简化为“本法规定以外的其他种类的股票”，这是该法 2005 年修订时确认的改法。之所以可以这样省略，主要原因有二：一是两个“的股票”离得非常近，文字上的省略读者可以一眼看出；二是“其他”二字具有重要的指代所省略字词的意义，这是此处可以做如此省略的更重要的理由。

由此也提示了“其他”的另一种功能，即提示与之类似的省略内容。而且在“其他”使用时，其所代指的那一类概念并不一定已经表述过，而可以在其他后表述而省略前一次表述。

六、确保实质性照应

立法的逻辑标准或者说严格要求是，就特定法律制度领域而言，其所有的规范都必须是逻辑自洽的，无论是什么时代、由谁制定、什么层级的规范性文件，当它们"组装""拼接"在一起构成某一完整法律制度的有机整体时，彼此都不能存在逻辑上不相合、法理上不相通、情形上不相融的"致命伤"。这就是法律制度规范的"逻辑自洽"：首先必须达到自身内部相互之间的和谐、融洽。

即使仅在单行立法中，做到这一点也并不容易。举个简单的例子，2014 年《行政诉讼法》修正时增加了一个新规定："口头起诉。"该规定绝不能算新，因为在行政管理领域，类似规定早在 2006 年《行政复议法实施条例》中就出现了。而在行政管理领域，行政相对人口头向行政机关提出申请，行政机关即必须采取积极措施的例子更是信手拈来。报警，就少有书面形式的。

既然立法规定了口头提起行政诉讼，相应的制度就必须配套以确保其落实。但实际做法中出现的问题，就属于上述"逻辑自洽"原则的现实难度所在。

例如，如果执行该制度的法院仍遵循老传统、旧惯例，认为起诉状必须符合一般的形式，那就要自找麻烦了。严格说来，行政诉讼的起诉状应当符合一定的要求。但由于新《行政诉讼法》第 50 条第 2 款开创性地规定了口头申请制度。行政诉讼由此进入了一个不平则鸣、无须下笔的新时代。

要求起诉状必须符合一定的形式要求，在旧法时期是必需的。当然，这也得辩证地看，即便在旧法时代其第 42 条在强调法院对行政诉讼的起诉审查时，特别提到了"法院接到起诉状，经审查……"但这仅表明当时我国的行政诉讼采行书面起诉原则，不能口头起诉。但笔者早就建议对这一条件宜从宽把握，只要是书面形式的起诉状即可，至于起诉状的内容是否全面、要求是否合理、文笔是否流畅等在所不问。[①] 对于起诉状文不达意之处，法院有权要求原告修改，或者经询问原告后直接改正，但绝不能以此为由不予受理。

新《行政诉讼法》第 50 条第 1 款要求，起诉应当向人民法院递交起诉状，并按照被告人数提出副本。取消了旧法规定的实际上也并没有得到严格执行的"经审查"，并进一步在第 2 款明确规定，书写起诉状确有困难的，可以口头起诉，由法院记入笔录，出具注明日期的书面凭证，并告知对方当事人。这样一来，行政诉讼的起诉状的内容以及起诉的程序，都彻底简化了。特别是"书写起诉状确有困难的"规定，无论是针对法律水平不高写不出规范起诉状的，还是当时手受

① 参见郜风涛、张越：《行政应诉工作指导》，人民出版社 2008 年版，第 28 页。

伤“书写”“确有困难的”，都确实体现了以人民为中心的政治站位，具有很高的政治情怀。

七、慎用“以下简称”

2014 年修正《预算法》时，对 1994 年《预算法》第 13 条第 2 款作了一处微调：将“审查和批准本级政府决算（以下简称本级决算）”调整为“审查和批准本级决算”。这一修改有一大一小两项意义。从小处说，新法解决了旧法将“本级政府决算”“简称”并替代“本级决算”的概念错误，至少从制度上、概念上和逻辑上宣示，“县级以上地方各级人民代表大会常务委员会”的“监督”对象，是“本级总预算”等，而不限于“本级政府决算”。从大处说，或者从立法技术的根本上说，立法中确实要少用、慎用“以下简称”。因为立法是一项严肃而重大的制度建设过程，法律条文中的每一句话，都有可能拿出来单独适用。如果需要单独适用的法律规则条文中，有“以下简称”涉及的内容，其条文的意思就不完全是字面上的，而是需要结合规定“以下简称”的前文来一并理解，这在引述条文时是很危险的，很容易因漏引了“以下简称”的原始表述而引发误解。故重要的法律文件，如《宪法》《刑法》《刑事诉讼法》《民事诉讼法》《行政诉讼法》都没有“以下简称”；只有《国境卫生检疫法》等非常专门的法律，才对“国境口岸”等该法中最重要并且为其业内熟知、通用、常用的概念，在该法开篇予以界定时使用一两次“以下简称”。

总之，从数量上看“以下简称”在立法中并不罕见，专业性很强的部门立法，特别是行政法规中还是很常见的。但其运用必须坚持以下两个原则：

一是慎用、少用。就是仅在专业性非常强的领域，对相应规范性文件中最重要并且为其业内熟知、通用、常用的概念，可能偶尔为之。

二是早用。就是按照我国立法已经形成的立法体例，在总则或者开篇部分，特别是作为宗旨的第 1 条之后、用于界定“本法”适用范围的第 2 条中，结合对最重要概念的界定使用。

第四节　数理逻辑的用场

本节的核心，就是解释或者分析几个核心的逻辑概念在中国立法中的现实表现。这几个连词、介词、副词等包括：和、与、或、与或、与非、非或等。其立法表述语言，有的有直接对应，有的对应不准，如“与非”“非或”的区别、对应的中文词及确当表述的选用等。

一、分类的数理逻辑

立法是分类的艺术，因此立法中最耗时的议题，是对不同情形的列举，其所要遵循的基本原则，就是允执厥中，避免过犹不及。具体的立法技术，包括兜底条款，以及与其最相类似的等内、等外等的规定。

立法上分类的结果或者说表现形式，就是列举，特别是在“项”“目”层级的列举，要求列举不能遗漏，更不能相互交叉重叠。

如何提高立法分类的质量，这需要学一点数理逻辑。罗素说过，数理语言是人类最精准的语言。相应地，数理逻辑就是人类最单纯、最准确的逻辑。数理逻辑的分类方法和技术细节，如对分类项之间“与”“或”关系的区分，显然将有助于立法技术的提升。

二、列举的全面性

（一）列举全面需要相关专业支撑

2013 年《民办教育促进法》第 30 条规定，“民办学校应当依法保障教职工的工资、福利待遇……”民办学校只需要“依法保障教职工的工资、福利待遇”，就够了吗？

在立法中，涉及列举的，都必须注意是不是穷尽了所有合理的可能。显然，对于“教职工”的保障而言，绝不可能局限于“工资、福利待遇”，应当还有别的，能列举穷尽吗？也不容易。于是，2016 年该法修正时，相应内容调整为“工资、福利待遇和其他合法权益”，至于还有哪些“合法权益”，这个问题需要由各相关的“法”来确定，但至少包括《民办教育促进法》已经明确了的“工资、福利待遇”，其他权益，只要是“法”定的，也就由此成了《民办教育促进法》予以保障的。这样，就解决了列举不尽的问题。

（二）列举全面需要常理常识帮助

与此相类似，2013 年《民办教育促进法》第 37 条第 2 款规定，民办学校收取的费用应当主要用于教育教学活动和改善办学条件。这一规定对民办学校而言，非常重要，因为这涉及其收费的用途，如果不加以限制，则可能导致其乱用；如果限制得太死，又会影响民办学校的办学积极性。

从逻辑、情形角度考虑，民办学校收取的费用如果只是主要用于“教育教学活动和改善办学条件”，则只考虑了教育的一个方面，即学生的学习教育方面；是不是也要考虑另一个方面，即老师方面的福利待遇。

2016 年该法修正时，对此作了补充：“民办学校收取的费用应当主要用于教育教学活动、改善办学条件和保障教职工待遇。”但是显然，此次修正并没有放弃该法此处历来形成的一个好传统，就是立法尺度的拿捏，其标志性的用语就是“主要”，至于除其列举的三项“主要”用途之外，还可以用于哪些领域，那就是一个守法与执法时分别自由裁量的过程。

按照如上逻辑对比分析的路径立法，应当不会遗漏某些特定方面的问题，这就是立法技术的增益。

三、“等”字的准确使用

讨论立法中的列举，绕不开“等”字。在汉语中，“等”并不一定包括对未尽事宜的概括，而极有可能是对已列举事项的大致认可。例如，人身权、财产权等合法权益，确实是指所有的合法权益。有没有“等”，不影响意思的表述，“等”字之前的内容及“等”字本身都是多余的。

但有时，“等”字又确实不可或缺，尤其是不完全列举时。

要求发给抚恤金、最低生活保障待遇或者社会保险待遇的案件，也属于新《行政诉讼法》有所创新的类别，即突破旧法“抚恤金”的局限，拓展到“最低生活保障待遇或者社会保险待遇”。由于新法规定中没有“等”字，故严格从字面理解，不可类推到所有社会保障待遇的救济，但考虑到我国社会保障立法尚处于起步阶段，“社会保障”与“社会保险待遇”的区分应当说还没有在法律上真正固定下来，故可以将目前我国由政府强制推行的各种具有保险形式的社会保障机制，都纳入“社会保险”的范畴，并对凡属于这个范围的案件，即行政相对人要求给予“社会保障”的所有案件，都归于此类，从而纳入行政诉讼的范围。

值得注意的是，新《行政诉讼法》第 57 条第 1 款规定“人民法院对起诉行政机关没有依法支付抚恤金、最低生活保障金和工伤、医疗社会保险金的案件……可以根据原告的申请，裁定先予执行”，说明在新法体系内，社会保险至少包括工伤、医疗社会保险。

如此一来，等内、等外的问题实际上并不存在了。

四、可能情形的逻辑排查

可能情形的排查，并不完全是个逻辑问题，更多的是要靠经验和学识。没有专业基础知识以及通识、常识的加持，仅靠抽象的逻辑思辨，是不可能想象出可能的情形的。这一点在立法中，表现得尤为突出。

2000 年《立法法》第 91 条规定，对有关审查主体提出的“同宪法或者法律相抵触”的书面审查意见，制定机关应当在两个月内研究提出是否修改的意见。只有“修改”一种可能吗？有人会说，修改包括了废止。但是 2023 年该法修改时，新法的第 112 条第 2 款中，在“修改”之后明确增加了“或者废止”，说明在立法中，“修改”不包括“废止”。

值得注意的是，2015 年在对该条进行修改时，新增加的第 2 款中已经提到了“制定机关按照所提意见对行政法规、地方性法规、自治条例和单行条例进行修改或者废止的，审查终止”。这样看来，至少在 2015 年《立法法》修改时，相应问题就应当被发现并纠正。

2004 年《公司法》就董事会的召集和主持，列举了 3 种情形：一是董事长召集和主持；二是董事长因特殊原因不能履行职务时，由董事长指定副董事长或者其他董事召集和主持；三是三分之一以上董事可以提议召开董事会会议。虽然只涉及 3 种情形，却有 2 种情形规定得不周详。一是在“董事长因特殊原因不能履行职务时”，仍规定“由董事长指定”，这在有些情况下是不可能的，如董事长因脑梗昏迷，神志都不清楚了，还怎么指定；二是“三分之一以上董事可以提议召开董事会会议”，但谁来主持的问题还是没有解决。针对这些问题，2005 年修订时就从逻辑和事理出发，排除了一些事实上不可能的情形：第一种情形是原则或者说理想状态，即董事长召集和主持。第二种情形又分两种可能，一是董事长不能履行职务，二是董事长不履行职务，包括其故意不召集、不主持董事会的；无论哪种可能，都由副董事长召集和主持。第三种情形是副董事长也不能履行职务或者不履行职务的，包括没有副董事长的情形，都由半数以上董事共同推举的那名董事召集和主持；此时，半数以上董事推举的董事，已经相当于董事长了，当然可以召集和主持董事会了。如此规定，既没有遗漏重要的情形，也避免了不可能进行下去的死循环。

五、排序的弦外之音

2009 年《兵役法》第 39 条第 1 款规定，“预备役士兵的军事训练，在民兵组织、预备役部队中进行”。显然，旧法的排列顺序是由“松”到“紧”，正规化程度递增，但最多也就是在“预备役部队中”训练，由此训练出来的“预备役士兵”能够适应现代战争的需要吗？不好说，因为这种训练算不算“军事训练”都是个问题。

2011 年修正时，相应内容调整为“预备役士兵的军事训练，在现役部队、预备役部队、民兵组织中进行”（第 41 条第 1 款）。新法的规定，将“现役部队”排在第一位，即“实战优先”。

由此可见，立法中的每一个字、每一个标点符号，甚至字词的不同排序，都不是单纯的立法技术问题，而是需要仔细考量、高度重视的顶层设计问题。

六、兼有关系的把握

兼有关系作为最基本的数理逻辑关系，表达的是二者或者多者的共同属性，不仅指时间、空间上的物理意义上的同时空，还表达在客观同时空前提下的相互协作，即共同做某事，如法律上共犯。

汉语中表述兼有关系的字词，最常见的是“和”“与”，更为讲究的是“会同”，“联袂”当然也有这个意思，只是在立法中很难用得上。

2000年的《立法法》第90条中就规定，对合宪性审查或者违法审查的要求，由常务委员会工作机构“分送”有关的专门委员会进行审查、提出意见。该规定在2023年修改为：“由全国人民代表大会有关的专门委员会和常务委员会工作机构进行审查、提出意见”，此处的“和”怎么理解？是两个主体共同协作、一起完成吗？此时最好的说法是“会同”；还是两个主体分别就同一请求“进行审查、提出意见”？此时的“和”是指二者都是承办主体，不同于此前的一方负责“分送”，接受的一方负责审查、提出意见。考虑到此处的要求只是提出意见，并不是作出最终决定，二者分别还是共同审查，区别不是很大。

但从2023年《立法法》第111条第1款对2015年该法第99条第3款的修改来看，立法已经在有意把握“和”的准确意思了：2015年《立法法》第99条第3款的表述是：“有关的专门委员会和常务委员会工作机构可以对报送备案的规范性文件进行主动审查。”2023年《立法法》第111条第1款将原来的“和”改成了“、”，据此，新的审查机制是二者分别进行主动审查，而不再受是否还要共同审查的困扰了。类似地，2023年该法修改时，还特意将2015年该法第38条、第41条第3款、第60条第2款中的“法律委员会和”中的“和”修改为“、”，目的就是强调“法律委员会”（现为宪法和法律委员会）与有关单位是分别独立工作，而不是共同工作。

“并”与“和”在逻辑上都表示兼有关系，但通常用于更宏大的场合。立法中，“并”字的使用，绝大多数情况下都是多余的，至少从语义上看是如此。因为在汉语中，用“、”“，”“；”分开的句子成分，本身就蕴含着并列的意思，解读者凭对汉语的理解和把握，应当不难区分其中“并”的含义。但立法实例中也会看到，立法者对是否用“并”、何时用“并”，有时还是很费思量的。

例如，2004年《公司法》第57条第1款第3项中有这样的表述：“担任因经营不善破产清算的公司、企业的董事或者厂长、经理，并对该公司、企业的破产负有个人责任的”，其中的“并”字，因在“对”前，两个虚词连用，略显拖沓，2005年该法修订时（第147条第1款第3项）就删除了。但这一改动显然不能理解为对作为并列意思引导语的“并”字的一概删除。因为2004年《公司法》同条同款下一项中，也有一个同样功能的“并”字：“担任因违法被吊销营业执照的公司、企业的法定代表人，并负有个人责任的”，2005 年修法时就没有删除。从语感上判断，显然是用“并”比不用要好得多。此处缺了这个“并”字，递进的意思就没有了。

由此确立的原则是，“并”字原则上尽量少用，可用可不用的尽量不用；但带有递进、因果含义的“并”字，不能省略。

七、“和”的错用

中国的立法中，对于“和”的运用有些泛滥，对于带有选择性的“或者”的使用不足，立法中许多误用的“和”，都是因为没有恰当地理解文中“或者”的本意的缘故。

2000 年《立法法》第 43 条规定：“国务院、中央军事委员会、最高人民法院、最高人民检察院和全国人民代表大会各专门委员会以及省、自治区、直辖市的人民代表大会常务委员会可以向全国人民代表大会常务委员会提出法律解释要求。”此处的“和”“以及”怎么理解？是不是所有这些机关只能共同提出法律解释请求？这个明显的问题经过 20 余年的时间考验，其中还经历了 2015 年的该法修改，没有出现什么问题，因为该条适用的情形确实少之又少，但这显然不是其继续存在的理由。2023 年该法修改时，通过两处调整解决了这个问题：一是将该条分为两款，从而规避了对“以及”一词理解上的偏差；二是将“和”改为“、”，将原来的兼有关系改为选择关系。也就是说，此处的修改从权威立法者的角度明确了“、”具有“或者”的功能和语义。

2004 年《公司法》第 184 条第 1 款规定，“公司合并可以采取吸收合并和新设合并两种形式”。从公司合并的实务角度看，公司合并要么采取“吸收合并”的形式，要么采取“新设合并”的形式，正如该法该条下一款所言：“一个公司吸收其他公司为吸收合并，被吸收的公司解散。二个以上公司合并设立一个新的公司为新设合并，合并各方解散。”前者由于没有“新设”新的公司，故称“吸收”；后者由于“新设”了新的公司，虽然实质上可能确实有“吸收”，但从形式上、表面上看不出来，故称“新设”。也就是说，对于公司合并而言，“吸收”“新设”这两种只能采其一，不可能二者兼用，故表示“兼得”即“与逻辑”关系的“和”字来连接“吸收合并”“新设合并”，在现实中是不可行的，这种表述方式在逻辑上就是错误的。为此，2005 年将“和”改为“或者”(《公司法》第 173 条第 1 款)。

2009 年《兵役法》第 39 条第 2 款的主语是：“未服过现役的编入预备役部队、预编到现役部队的预备役士兵和基干民兵。”大家难免疑惑：“基干民兵”有“未服过现役的编入预备役部队”的吗？当然，比较准确的理解可能是，“未服过现役的编入预备役部队、预编到现役部队的预备役士兵”以及“基干民兵”。之所以如此，是在汉语中“、”与“和”都有并列连词作用，在二者混合排列的情况下，很难区分出二者连接的词的先后、主次关系。

为了把内容表达清楚，2011 年该法修正时，相应内容调整为：“未服过现役预编到现役部队、编入预备役部队和编入基干民兵组织的预备役士兵”(第 41 条第 2 款)。这样一来，逻辑层次就很清楚了，因为主语有了主干，即“预备役士兵”，具体分为三种情况，即“未服过现役预编到现役部队”的预备役士兵、“编入预备役部队”的预备役士兵以及“编入基干民兵组织的预备役士兵”。

从立法的如此修改反过来看原来的规定，确实有很多需要推测的成分，而且可以推测出许多不同的情况。而法律规则的确定性，就是要尽最大可能减少推测的成分，让法律规则在任何人看来，都清清楚楚。

反过来说，对于那些需要解释，特别是需要了解立法情况的核心参与者解释的内容，其解释往往有辩解的成分。国外有些国家的宪法及法律实施惯例是，法律由司法者解释，不允许立法者自行解释。其初衷固然是避免“立法者执法”“言出法随”，但更重要的考虑是，只有普通的执法者、司法者、守法者都能够达成共识的理解，才是法律规范实际表达出来的意思。其他的需要推测、需要解释才能发现的意思，恰恰是需要立法技术的完善予以过滤掉的内容。否则，就是立法审查没有尽职尽责。

八、“或者”的“射程”

“或者”的射程，即其语义连接强度，是“或者”作为连词，对其连接的词语、词组及句子成分等，有多大的影响范围。也就是其作为连词，在语句中发挥连接作用的强度，涉及对其连接的主词的关联词的作用距离。

2012 年《税收征收管理法实施细则》第 23 条规定："生产、经营规模小又确无建账能力的纳税人，可以聘请经批准从事会计代理记账业务的专业机构或者经税务机关认可的财会人员代为建账和办理账务……"据此，"代为建账和办理账务"的"机构"或者"人员"，都需要"经批准""或者经税务机关认可"，这是两项彼此独立、互不相同的行政许可。追溯历史发现，这一制度架构，至少在 2002 年该行政法规制定之初就存在。

2013 年，国务院"为了依法推进行政审批制度改革和政府职能转变，进一步激发市场、社会的创造活力"，"促进和保障政府管理由事前审批更多地转为事中事后监管"，在清理有关行政法规基础上，将上述第 23 条修改为："生产、经营规模小又确无建账能力的纳税人，可以聘请经批准从事会计代理记账业务的专业机构或者财会人员代为建账和办理账务。"也就是删除了"财会人员"前的"经税务机关认可"。

那么，"财会人员""从事会计代理记账业务"还需不需要审批呢？从字面上看，"或者"连接的内容在逻辑上是等价的，"财会人员"并不比"专业机构"特殊，"专业机构"须"经批准从事会计代理记账业务"，那"财会人员""从事会计代理记账业务"同样需要"经批准"。

九、"或者"的使用风险

2009 年《兵役法》第 5 条规定，"编入民兵组织或者经过登记服预备役的称预备役人员"。据此，"经过登记服预备役的"属于"预备役人员"，没有问题。那么"编入民兵组织"算不算"预备役人员"？根据常识判断，"民兵组织"可是够松散的，只要"编入民兵组织"就算"预备役人员"。

问题还是出在"或者"上，或者说如何理解"或者"的法律意蕴上。广义地理解上述规定，"编入民兵组织""服预备役""或者经过登记服预备役"的都算"预备役人员"。也就是说，如果将"或者"两边所连接的词理解为"编入民兵组织"和"经过登记"，而将"服预备役"理解为同时与这二者相联系并限定此二者的共同界定词，而不是将"或者"两边所连接的词理解为"编入民兵组织"和"经过登记服预备役"，上述"潜在"的问题就不存在了。但仍然不太容易排除的疑问是，既然是与"经过登记服预备役"相对称，"编入民兵组织""服预备役"就不需要“经过登记”了，那不还是可以由“民兵队长”之类的人决定，还是不够严肃，无法实现管理的规范化、集约化、系统化。

2011 年《兵役法》修改时将原规定明确修改为：“经过登记，预编到现役部队、编入预备役部队、编入民兵组织服预备役的或者以其他形式服预备役的，称预备役人员”，将提到句首的“经过登记”，作为所有“服预备役”的先决条件，再进一步明确“编入民兵组织服预备役”，如此一来，“编入民兵组织”“服预备役”就不再是一件让人觉得比较随便的事了。

十、厘清“和”“或者”的关系

（一）“和”“或者”的正确用法

1996 年《刑事诉讼法》第 115 条、2012 年《刑事诉讼法》第 140 条中前后一致的如下规定“由侦查人员、见证人和持有人签名或者盖章”，比较好地集中诠释了“和”“或者”的用法：3 个词（含）以上并列时，最后 2 个词之间用“和”，其他词之间用“、”；2 个词并列的，可以用“和”“或者”，也可以用“、”，但需要区分“和”“或者”的意思时，必须用“和”或“或者”。

在上述规定中，“侦查人员、见证人和持有人”三方面的人，因为是 3 个不同角色的代表，必须分别、同时“签名或者盖章”，故用“和”而不能用“或者”。“签名或者盖章”，则是二选一的，既可以签名，也可以盖章，但没有必要既签名又盖章。也就是说，“侦查人员、见证人和持有人”三方必须至少各派出 1 名代表，但允许三方派出的代表都用签名的方式、都用盖章的方式或者有的用签名的方式、有的用盖章的方式。

在立法实践中，客观地说，这样的实例应该不少，但如此集中的例子还真比较罕见。对于立法者而言，要想使立法不出雷人之语，就必须注意到这种区别，并准确地知其然且知其所以然。这是对立法者的起码要求。

（二）“和”指别无选择的共同

1989 年《行政诉讼法》第 11 条规定，“人民法院受理公民、法人和其他组织对下列具体行政行为不服提起的诉讼”，其中的“和”所表述的意思是，“公民、法人和其他组织”三类主体、在同一时间、“一起”“共同”提起诉讼。但法意显然不是如此。立法的本意是，无论是公民、法人还是其他组织，只要有其中之一，就可以提起行政诉讼。2017 年《行政诉讼法》第 12 条修改为“人民法院受理公民、法人或者其他组织提起的下列诉讼”。

（三）选择情境下应当用“或者”

1996 年《刑事诉讼法》第 110 条规定：“任何单位和个人，有义务按照人民检察院和公安机关的要求，交出可以证明犯罪嫌疑人有罪或者无罪的物证、书证、视听资料。”

此处的两个“和”其实都是指“或者”。因为“人民检察院和公安机关”的意思是二者共同，在未移送审查起诉之前，只有公安机关需要此项授权。当然，本条也可以理解为，要求“任何单位和个人”“交出可以证明犯罪嫌疑人有罪或者无罪的物证、书证、视听资料”，必须有“人民检察院和公安机关”的共同授权；或者说，即便在侦查阶段，如果公安机关需要“任何单位和个人”“交出可以证明犯罪嫌疑人有罪或者无罪的物证、书证、视听资料”，必须请求检察机关提前介入，由二者共同向有关“单位和个人”提出这一要求。但从法理及刑事诉讼制度本身出发，显然不能作这样的字面理解。反过来就说明，立法在这个方面，没有达到让人毋庸置疑的严格要求。当然，从该条中同时出现的“单位和个人”的表述看，或许在刑事诉讼理论界“和”的意思就是“或者”的意思。当然，也有一种可能，就是立法者根本没有计较这些鸡毛蒜皮的小节。但确实不像，因为同一条文中，“有罪或者无罪”的表述说明，立法者还没有糊涂到将其混同“有罪和无罪”的程度：一个人要么有罪，要么无罪，不可能“有罪和无罪”。

（四）“和”表示的“兼有”有些绝对

2013 年《公司法》将 2005 年第 77 条第 1 款第 2 项的“发起人认购和募集的股本达到法定资本最低限额”，修改为“有符合公司章程规定的全体发起人认购的股本总额或者募集的实收股本总额”。去除这一修改涉及的制度调整因素，单纯从逻辑结构分析，可以将其提炼为将“认购和募集的股本”修改为“认购或者募集的股本”，因此可以视为对“和”与“或者”逻辑关系的矫正。因为“和”表达的是“兼有”，即同时具备的关系；而“或者”表达的是“各具有其一”以及同时“兼有”等多种可能“具有其一”即可。结合法理，该条规范的制度含义就是，只要“有符合公司章程规定的全体发起人”筹集的“股本总额”就行，而无论是“认购的”“募集的”还是“认购的”加“募集的”。原2005年《公司法》的规定则要求必须既要有“认购的”又要有“募集的”，这显然是表述时没有表达清楚。

事实上，类似上述问题在2005年修订《公司法》时，已经注意到了：2004年《公司法》第16条第2款中的规定“通过职工代表大会和其他形式，实行民主管理”，明显是个“病句”：因为“和”就是“同时”“一并”之意，这实际上要求“通过”所有“形式”“实行民主管理”，而不限于“通过职工代表大会”或者“其他形式”，这在逻辑上、现实中都是不现实的。而其实际的意思是，只要通过某种“形式”，如“职工代表大会”，但不限于此，“实行民主管理”就行，而不必穷尽“民主管理”的所有形式。即使法律这样要求，现实中也不可能穷尽所有的民主管理形式。对于这一“不可能实现的要求”，2005年《公司法》修订时明智地克服了，方法也十分简单，只需要将“和”改为“或者”就明确了。

十一、否定关系的表达

否定关系，就是逻辑上的“非”。在立法上则主要是排除、免除。

“不”表示否定。但在法律上，表达否定关系的用语，不限于“不”。

行政诉讼中的被告是否需要提交答辩状，特别是不提交答辩状是否也会产生败诉的后果这个问题，目前还有争议。但在行政复议领域，已没有争论的必要。行政复议领域与新《行政诉讼法》第34条相对应的，是《行政复议法》第23条及其实施条例第46条。其中《行政复议法》第23条第1款与新《行政诉讼法》第34条第1款（被告对作出的行政行为负有举证责任，应当提供作出该行政行为的证据和所依据的规范性文件）相比，对行政机关的义务明显增加：“被申请人应当自收到申请书副本或者申请笔录复印件之日起十日内，提出书面答复，并提交当初作出行政行为的证据、依据和其他有关材料。”《行政复议法实施条例》第46条进一步表述为：被申请人未提出书面答复、提交当初作出行政行为的证据、依据和其他有关材料的，行政复议机关应当决定撤销该行政行为。该表述中，“未”所表达的否定性含义，及于“、”“和”连接起来的三种肯定情形“提出书面答复、提交当初作出具体行政行为的证据、依据和其他有关材料”，即对三者之间“与”关系的否定，其逻辑等价的表述，就是“非”关系的选择：未“提出书面答复”、未提交当初作出行政行为的证据、未提交当初作出行政行为的依据，三者的关系是“或”的关系，仅具其一，就应当决定撤销原行政行为。

十二、排除范围与否定逻辑

排除范围与否定逻辑中，比较容易出问题的是否定词的覆盖问题：如“不得”后或者“不成立”前，经过“和”“或者”、顿号、逗号、分号后，是否还有否定性？如“原告申请被告履行法定职责或者给付义务理由不成立的”（新《行政诉讼法》第69条）。

许多行政行为的作出程序，不是法律、法规而是以规章或者规章以下规范性文件规定的，甚至是由行政机关自行选择的。有人认为，这些程序在不违背法理、法的目的或法的基本原则和公正要求的前提下，应当视为合法程序。从严格依法行政角度讲，扩大法定程序范围对于约束行政权力、保护相对人的合法权益是件好事。当然，扩大“合法程序”范围，只能加重对被告作出原行政行为是否“程序合法”的审查力度，无论对法院还是被告，都是一件责任加重但值得去做的事。

同理，对“合法程序”的上述理解思路，也可以用于对“法定职责”的诠释。行政机关具有法定职责，就“应当”针对行政相对人的申请采取履行法定职责的行动，即作出相应处理；不采取相应行动甚至不予答复的，即不履行法定职责。

这个问题进一步涉及否定性作为是否属于不作为的问题。例如，行政相对人申请行政机关颁发许可证或者申请其保护自身财产权，行政机关明确告知申请人不符合颁发许可证的条件，或者以不符合提供保护的条件为由拒绝提供相应保护，是否构成行政不作为？

这个问题，理论价值大于实践意义。因为这种情形属于作为与不作为的交叉地带，视争论各方对“作为”“不作为”概念的界定和理解。但在实践中，无论就此争论的结论如何，都不影响原告起诉、法院受理，连法院判决驳回原告诉讼请求，适用的都是同一个法条（新《行政诉讼法》第69条）。因此，“认真”争论没有意义。

十三、连词连用的境界

新《行政诉讼法》第92条第1款一个子句中同时出现两个“或者”的情形：“或者发现调解违反自愿原则或者调解书内容违法”。尽管如此，其规定本身并没有什么问题，但在有些立法中，就难以自圆其说了，这与汉语中“和”“或者”的使用规范不统一、没有达成共识也没有固化为“规范”有关。

2000年《立法法》第76条第2款规定，“地方政府规章由省长或者自治区主席或者市长签署命令予以公布”。这有问题吗？显然有点儿，但不是原则性的。原文是不是想强调前二者比后一者重要，当然，前二者平级、后一者与前二者的关系不确定：如果是直辖市的市长，则平级；如果是地级市的市长则差一级。但关键问题是，《立法法》中的该条是在解决“聚义厅”的问题吗？既然不是，那就回归其本源，就是一个签署主体问题，故“省长或者自治区主席或者市长”，两个“或者”连用的做法，如今改为“、”加“或者”的格局：“地方政府规章由省长、自治区主席、市长或者自治州州长签署命令予以公布”（2015年《立法法》第85条第2款）。

由此得出的提醒或者说立法技术规则是，尽可能避免连用连词。

2015年修正后的《立法法》第58条第2款规定：“法律签署公布后，及时在全国人民代表大会常务委员会公报和中国人大网以及在全国范围内发行的报纸上刊载”，其中的“和”与“以及”并列，其深意往往被忽视，误以为改成“、”更经得起推敲。其实不然，现代汉语还真没有对标点符号如此精确的指意规则。

“和”也并不比“以及”更能明确地区分亲疏远近。2000年《立法法》第62条第1款规定：“行政法规签署公布后，及时在国务院公报和在全国范围内发行的报纸上刊登。”这里的公布渠道只有2种，用“和”一点儿问题也没有。到了2015年修正该法时，为适应政府信息化的需要和现实，增加了一个渠道：“中国政府法制信息网。”此时，如果还只是要求3种渠道平行发布，没有主次，加个“、”也没有问题。但现实的要求却不是这样：“国务院公报和中国政府法制信息网”上登载，要特别强调其权威性、版本性。于是2015年《立法法》第71条第1款表述为：“行政法规签署公布后，及时在国务院公报和中国政府法制信息网以及在全国范围内发行的报纸上刊载。”

与该法前文提到的“法律”的刊载情形相同，由此基本可以断定，我国立法已经从“法律”上明确了“和”与“以及”的立法层级。通过“和”并列的法律概念的立法层级高于通过“以及”并列的法律概念的立法层级。

进一步确认上述结论的，是同法第三处类似的规定。2000年《立法法》第70条第1款的规定，“地方性法规、自治区的自治条例和单行条例公布后，及时在本级人民代表大会常务委员会公报和在本行政区域范围内发行的报纸上刊登”，在新法中修改为“及时在本级人民代表大会常务委员会公报和中国人大网、本地方人民代表大会网站以及在本行政区域范围内发行的报纸上刊载”。这更为清晰、形象地展示了我国立法者，对“和”“以及”“、”三者之间的逻辑层级关系的理解：“和”是更高层级的并列关系的指示词、连接词，“以及”是次一级逻辑关系的指示词、连接词，“、”的属性取决于其所依附的“和”等连接词；当次一级并列词数为2个时，只用“以及”，不用“、”；当次一级并列词数为3个及以上时，先用“、”，最后用“以及”收尾。当然，也可以在并列词数为2个时，只用“、”不用“以及”，这一点，在2015年《立法法》第79条第1款得到了进一步的验证。

2015年修正后的《立法法》第86条第1款规定：“部门规章签署公布后，及时在国务院公报或者部门公报和中国政府法制信息网以及在全国范围内发行的报纸上刊载”，“或者”“和”“以及”连用。按照前述规则，就可以比较准确地理解了：“国务院公报”“部门公报”属于最高层面暨具有版本效力，二者之间用“或者”相连，指明其中的选择性关系，因为部门规章只有部分在国务院公报上刊载，但必须在本“部门公报”刊载；上述两个之后，具有同等版本效力的，是“中国政府法制信息网”；之后，才是“在全国范围内发行的报纸上刊载”，但由于用的是“以及”，不是选择性的，即必须“在全国范围内发行的报纸上刊载”，而不能在上述版本级途径刊载后，即可不再“在全国范围内发行的报纸上刊载”。

当然，也必须看到，在上述规则中，连词所连接的主词的排列排序，也起了关键性的作用。为了强调“全国人民代表大会常务委员会公报”作为“法律文本为标准文本”的重要性，将其放在首位，与之并列并具有仅次于其权威性的是“中国人大网”，在二者之后，才是“全国范围内发行的报纸”等。如果打乱这个顺序，是否还能有这样明确的规范结果，就不好说了。

当然，立法中几乎不太可能出现这样的错误，因为立法对于语词排序的基本规则是按机关的大小排序。因此，只要遵循这个规则，再结合对“和”“以及”等连词的一些近似约定俗成的潜规则，基本可以保证连词连用时对各主词之间地位关系的准确指示，不会产生严重的歧义。

十四、说法值得商榷

立法中的逻辑，至关重要，违反逻辑很可能就导致违反法理。数理逻辑不能作为立法的依据，但正如常识、常理和法理一样，可以帮助我们作为防范立法失误的重要提醒。

“163 条”第 28 条规定，应当追加的原告，已明确表示放弃实体权利的，可不予追加；既不愿意参加诉讼，又不放弃实体权利的，应追加为第三人，其不参加诉讼，不能阻碍人民法院对案件的审理和裁判。但这只能证明，司法解释认可“应当追加的原告”在某种情况下，可以转作第三人。但还不能充分地证明，立法认可的第三人都可以成为原告。当然，司法实践中肯定不会出现这样的情况：法院在决定不予立案或者裁定驳回起诉的理由中，明确告知提起诉讼的公民、法人或者其他组织，因其只“同案件处理结果有利害关系”，尚看不出其“同被诉行政行为有利害关系”，故不能作为原告起诉，只能先等等，看有没有“同被诉行政行为有利害关系”者起诉，再通知其（作为第三人）参加诉讼。

类似情况，“163 条”对“规范性文件一并审查”显然非常重视，不仅规定了审查的标准，还规定了审查的思路和方法：“可以从规范性文件制定机关是否超越权限或者违反法定程序、作出行政行为所依据的条款以及相关条款等方面”[①] 进行审查。这一规定，实际上只是重复了司法审查最主要的两个方面：是否超越权限或者违反法定程序。至于“作出行政行为所依据的条款以及相关条款”则不知所云，很可能是个病句。不仅如此，新司法解释还非常认真地明确了“规范性文件不合法”的 5 种具体情形[②]，包括越权、与上位法抵触、非法设定义务或者减损权益、违反法定程序等。这 5 种情形具其一，法院就可以认定“规范性文件不合

① “163 条”第 148 条第 1 款。

② “163 条”第 148 条第 2 款。

法”“不作为认定行政行为合法的依据，并向制定机关提出处理建议”[①]。

事实上，即使法院经审查没有发现规范性文件有这 5 种情形中的任何一种，并由此得出规范性文件合法的结论，仍不能将其“作为认定行政行为合法的依据”，还必须进一步要求被告提供其作出行政行为依据的法律、法规。由此可见，法律依据“规范性文件的一并审查”的规定忙活了半天，最多只是为了“向制定机关提出处理建议”，连直接宣告其违法都不行。

在这个问题上比较明显的法律错误是，“人民法院经审查认为行政行为所依据的规范性文件合法的，应当作为认定行政行为合法的依据”[②]。表面上看，这只是反向重复新《行政诉讼法》第 64 条的规定，但紧跟这句话（以“；”分隔开），就正向重复了新《行政诉讼法》第 64 条的规定（人民法院在审理行政案件中，经审查认为本法第五十三条规定的规范性文件不合法的，不作为认定行政行为合法的依据，并向制定机关提出处理建议）：“经审查认为规范性文件不合法的，不作为人民法院认定行政行为合法的依据，并在裁判理由中予以阐明。”前后两句的意思，差得太多了。新《行政诉讼法》第 64 条的规定没有错：规范性文件不合法，则肯定不能作为行政行为合法的依据；但这句话反过来说，即其否命题，就不能保证其正确。不但按照形式逻辑会得出这样的结论，即使在法理上、按照现行法的明确规定，规范性文件合法，仍不能作为行政行为合法的依据，因为行政行为只能以法律、法规为合法的依据，规章作为依据都不踏实，更不用说规范性文件了。上述错误的原因，从立法技术上或者逻辑上分析，就是混淆了充分条件和必要条件的关系，混淆了正命题与其否命题的对应关系。

---

① 新《行政诉讼法》第 64 条。

② “163 条”第 149 条第 1 款。

第五节 语义逻辑的协调

通用语言、法律语言，是相互关联但不完全重叠、统一的语言系统。法律语言与通用语言的统一，有个度的问题，但法律语言必须以通用语言为基础，法律用语是沟通二者的纽带，亦可以说是二者区别的标志。

一、概念层面上的协调

无效行为与“不产生外部法律效力的行为”，是新《行政诉讼法》同时并分别涉及的两类行为，二者肯定有密切的关联，但如何区分二者，确实是个难题。为了避免由此引申而来的过于复杂的学理思辨，姑且简而言之：二者大致类同。

“163条”第1条第2款第5项规定，“行政机关作出的不产生外部法律效力的行为”不属于行政诉讼范围。这类行为包括两类，一是只对内有效的行为。如限制本行政机关工作人员出国等。二是虽然对外但没有法律效力的行为。如倡导市民走斑马线、一天不开车、上海以外其他地区的垃圾分类等。

与此对应的原“98条”的表述是“对公民、法人或者其他组织权利义务不产生实际影响的行为”，新旧司法解释最直观的差别就是增加了“行政机关”，或者说原来没有强调行政机关。由此产生的法律效果是，“行政机关作出的不产生外部法律效力的行为”不属于行政诉讼范围，但非行政机关“作出的不产生外部法律效力的行为”，却不再被排除在行政诉讼的受案范围之外。

由此牵涉到新《行政诉讼法》规定的确认无效判决[①]。行政行为有实施主体不具有行政主体资格或者没有依据等重大且明显违法情形，原告申请确认行政行为无效的，法院判决确认无效。但是，此类案件也符合“行政机关作出的不产生外部法律效力的行为”的外部特征，其结果也是由法院“判决确认无效”。如果“行

① 新《行政诉讼法》第75条。

政机关作出的不产生外部法律效力的行为”不可诉，法院就不能立案，自然不会“判决确认无效”，由此产生的问题真的不容忽视。

如何区分这两种情形，是需要协调法律规定与司法解释的一个根本问题，其难度首先是字面上如何解释得通的问题，然后才是司法实践中如何具体操作的问题。后一个问题比较容易解决。法院可以针对不同情况，其实也就是不同法院、不同法官根据各自的不同理解，对有些案件以“不产生外部法律效力的行为”为由不予受理，已经受理的驳回起诉；对有些案件又以“行政行为有实施主体不具有行政主体资格或者没有依据”为由“判决确认无效”。需要注意的是，“重大且明显违法情形”显然不宜作为第一个问题的区分标准，因为太“主观”了，不足以掩盖在法律规定可以“判决确认无效”的同等情况下，将“行政机关作出的不产生外部法律效力的行为”解释为不可诉的难题。

当然，从实际效果看，无论是法院以“不产生外部法律效力的行为”为由不予受理，还是受理后“判决确认无效”，对于特定的“行政行为”而言，都是对其法律效力的否定，对相对人而言，都可以起到免除该行为“滋扰”的效果。对绝大多数老百姓而言，结果能够如此，已经足矣。

此外，“不产生外部法律效力的行为”与作为兜底条款的“对公民、法人或者其他组织权利义务不产生实际影响的行为”，二者有密切的关系，“外部法律效力”与“实际影响”，二者在法理逻辑上几乎等价，甚至可以说是同义反复。当然，也可以辩称“外部法律效力”更强调法律方面的影响，即法律效力。但同理也可以辩驳“实际影响”在法律上就是法律方面的影响力，亦即法律效力。

二、语句层面上的协调

（一）无主语

没有主语或者主语不对，怎么办？

1996 年《刑事诉讼法》第 216 条第 2 款规定：“罪犯在暂予监外执行期间死亡的，应当及时通知监狱。”这句话没有主语，形式主语是“罪犯”。而如果以“的”字结构为主语，仍没有解决主语明确的问题。而此句的主语，应当就是该义务性规范的义务主体。不明确这一点，实际操作中难免出现推诿、扯皮或者责任无法落实的问题，如此一来，明确的法律规定，在现实中无法得到具体的、实际的落实。

上述问题，在“应当及时通知监狱”之前，加上“执行机关”[①] 就解决了。

法律规范明确具体，这是规则落实的前提，该省的必须省，不该省的，一个字、一个标点符号也不能省。一句话没有主语、一项责任没有责任主体，表面上看，这样的问题，立法上似乎不会犯，但实际上却屡禁不止。

（二）双主语

没有主语不行，主语太多也不行。

1996 年《刑事诉讼法》第 33 条规定，“公诉案件自案件移送审查起诉之日起，犯罪嫌疑人有权委托辩护人”。严格从语法角度讲，这句话存在双主语，“自案件移送审查起诉之日起”这个介词短语不应当有主语，其逻辑主语也不是“公诉案件”，而应当是“犯罪嫌疑人”，因为“公诉案件”不存在“委托辩护人”的问题，真正委托辩护人的，应当是“犯罪嫌疑人”。故 2012 年该法修正时，改为“犯罪嫌疑人自被侦查机关第一次讯问或者采取强制措施之日起，有权委托辩护人”，表述就清晰多了。

三、条款层面上的协调

新《行政诉讼法》第 13 条（原第 12 条，内容未作修改）规定了不能作为行政诉讼案件受理的 4 类事项，即法院不受理的行政案件，其立法目的是进一步明确行政诉讼受案与不受案的界限，使法院受理和审判行政案件的权限更为清楚，也便于公民、法人或者其他组织具体掌握，以免行政案件发生后出现投诉路径错误。这样的规定是比较适合我国行政诉讼制度刚起步，公民、法人或者其他组织对行政诉讼尚不够熟悉的实际情况的。

除此之外，“98 条”第 1 条第 2 款在《行政诉讼法》排除条款[②] 的基础上，对行政诉讼的范围作了进一步的界定，列举了行政诉讼不予受理的另外 5 类情形（刑

---

① 2018 年《刑事诉讼法》第 268 条第 4 款。

② 旧《行政诉讼法》第 12 条，新《行政诉讼法》第 13 条，二者一字不差。

事侦查行为、行政调解行为、行政指导行为、重复处理行为及不产生实际影响的其他行为），限于非行政行为以及对当事人没有实际影响的行为。“163 条”秉承旧制，在保留“98 条”规定的不予受理上述 5 类情形基础上，又增加了 5 个新的类别（无效行为、过程性行为、协助执行行为、层级监督行为、信访处理行为）。

从以上计数不难发现，“163 条”有一个或可称“缺陷”也可以说没有必要的修改：未将《行政诉讼法》第 13 条列明的 4 类不予受理案件纳入其“解释”，一上来就直奔刑事侦查行为等而去。旧司法解释则在此之前，有一句转致规范：原《行政诉讼法》第 12 条规定的行为。司法解释必须遵循法律原文，法律已经规定的，可以不重复，但就明确列举的事项而言，予以转引还是必要的。新《行政诉讼法》就经常采用这种立法技术，如其第 49 条第 1 款第 1 项规定：“原告是符合本法第二十五条规定的公民、法人或者其他组织。”

四、制度层面上的协调

新《行政诉讼法》第 26 条第 2 款规定，经复议的案件，复议机关决定维持原行政行为的，作出原行政行为的行政机关和复议机关是共同被告。这是新法区别于旧法的一大创新。旧法第 25 条第 2 款规定，复议机关作出维持决定的，不当被告。由于复议机关即使严格依法行政、切实从申请人角度出发改变（特别是撤销）原行政行为，也可能要承担作被告的风险，这一规定遂在现实生活中成为行政复议机关规避监督职责的一大门径。如此现状，成为行政诉讼、行政复议两法修改时需要破除的阻碍行政复议制度发挥其应有作用的机制性障碍。

复议机关维持原行政行为的决定，只是进一步确立了该行政行为对公民、法人或其他组织权利义务的拘束力，该行政行为并未因行政复议发生实质性的变化，以作出原行为的行政机关为被告，理论上无可厚非，却是实实在在地产生了弱化、虚置行政复议制度的实际效果，促使国家层面上通过立法予以克服。

破解这一体制性障碍，是修改《行政诉讼法》需要解决的重要问题之一。可选的方案主要有三：一是维持原状，这个方案最先被否决。二是复议机关都不作被告，即无论复议决定维持还是改变原行政行为，行政复议申请人如果还不满意，复议决定失效，申请人以原行政行为实施机关为被告提起行政诉讼。这样做的好处是，免除复议机关当被告之忧，促使其尽可能在复议阶段解决争议，但由于这个方案没有据理力争，所以没能写入立法草案，没有进入立法者的法眼。三是现行的方案，全当被告。这是新《行政诉讼法》所有修改内容中，对行政机关，特别是享有行政复议权的高级别行政机关，影响最大、最出乎意料的。因为在历次论证中，学界及行政复议实务界普遍接受经复议的案件复议机关一律不当被告的方案。第三种方案推行的结果是，复议机关更侧重于维持，而且只需要针对复议中的程序问题答辩；改变则需要单独当被告，所有的问题都得自己扛。其结果是，行政复议体制的此项改革似乎难以达到其最初的目的。但是，从出发点考虑，无论是新《行政诉讼法》修正前曾拟议的行政复议机关都不当被告，还是现在板上钉钉的都当被告，都是为了解决行政复议机关议而不决、为避免当被告"甘当"维持会的现象。

鉴于行政复议机关维持原行政行为则与被申请人一起当被告的新规定，新《行政诉讼法》第 79 条规定，复议机关与作出原行政行为的行政机关为共同被告的案件，人民法院应当对复议决定和原行政行为一并作出裁判。

但是需要"啰唆"一句的是，新《行政诉讼法》第 26 条第 2 款只将"复议机关决定维持原行政行为的，作出原行政行为的行政机关是被告"的结论修改为"作出原行政行为的行政机关和复议机关是共同被告"，却很可能是"忘记"修改其条件"复议机关决定维持原行政行为的"，而 2007 年出台的《行政复议法实施条例》第 48 条第 1 款已经规定："申请人认为行政机关不履行法定职责申请行政复议，行政复议机关受理后发现该行政机关没有相应法定职责或者在受理前已经履行法定职责的"或者"受理行政复议申请后，发现该行政复议申请不符合行政复议法和本条例规定的受理条件的"，行政复议机关应当决定驳回行政复议申请。当然，该条例的该款规定也有瑕疵，就是其第 1 项有关不作为案件的"驳回"似乎是行政复议请求，而不是行政复议申请。尽管如此，仍不能掩盖新《行政诉讼法》对此等表面上未"维持"原行政行为、实际上原行政行为没有改变的"经复议的案件"，复议机关如何当被告的问题。这个疏漏，由新司法解释弥补了：新《行政诉讼法》规定的"复议机关决定维持原行政行为"，包括复议机关驳回复议申请或者复议请求的情形，但以复议申请不符合受理条件为由驳回的除外[①]。这一解释反过来说明，立法的原文中看不出或者没有规定这层意思。

---

① "163 条"第 133 条。

五、法理层面上的协调

依法理，违法的行政行为就应当撤销，确有应当撤销但会损害公益而不予撤销的立法例。这是在更高层面上的立法协调技术，是法律规定与法理逻辑、事理逻辑，乃至政治逻辑相贯通、相协调的立法典范。

这类判决确认违法的情形，都属于2017年新《行政诉讼法》第70条第1款应当撤销的6种情形，即被诉行政行为：（1）主要证据不足的；（2）适用法律、法规错误的；（3）违反法定程序的；（4）超越职权的；（5）滥用职权的；（6）明显不当的。但是，如果在具体个案中，撤销行政行为会给国家利益、社会公共利益造成重大损害，法院通过利害相权，认为撤销行政行为所维护的法治权威的利益，与因此而给国家利益、社会公共利益造成的重大损害相比，结果将是一个明显的负利益，法院有权不撤销该被诉行政行为，而是判决确认该行政行为违法。不难想象，法院据此享有的自由裁量权力之巨大：无论是撤销某行政行为对维护法治权威的利益，还是因撤销该行政行为而给国家利益、社会公共利益造成的损害，其估算，都没有客观的标准，需要因个案的性质、双方当事人的情况，以及当时的法治环境等而明显不同。因此，世界各国在立法中，一般对此类自由裁量权的授予都十分审慎，有些西方国家甚至一律禁止此种例外，严格规定该撤销就撤销，不留姑息迁就的种子。只有在东方国家（最主要的就是日本），才有这样的规定，即情况裁决。因容易滥用，普遍认为要从严掌握，该撤销的就撤销。只是一旦成文，就没有“该”了。

我国最早明确规定这种“不宜撤销的行为”的，是1999年通过的“98条”中的第58条。自“98条”2000年开始实施，此类判决就成为法院的一种合法的判决形式，但实际适用的情况并不普遍。与“98条”同年的《行政复议法》第28条第1款第3项也规定了“确认判决”，但没有明确裁量适用的具体情形，实践中，行政复议机关通常会参考法院的做法，但实际适用的也不多。

原“98条”在确立情况裁决制度时，实际上用了第58条、第59条两条的内容，体现在这两条用语上的一个变化是：第58条是“会给国家利益或者公共利益造成重大损失的”，第59条是“会给国家利益、公共利益或者他人合法权益造成损失的”，这种区别决定了前一种情况下判决确认违法，后一种情况下还是要撤销，但是要采取一些补救措施。由于新《行政诉讼法》比较集中地承继了“98条”中第58条的内容，而将“98条”中第59条的内容拆散后分布在不同的条款中（如判决被告重新作出行政行为，一并规定在新法第70条），上述用语的区别就不太明显了。或者说，新法对“98条”中第59条规定的判决撤销后的补救措施，在分散吸收到各相应条款中时，没有再附加“将会给国家利益、公共利益或者他人合法权益造成损失的”的限定性条件，这实际上进一步扩大了相应跟进、补救措施的适用空间，将更多的自由裁量权留给了主审法院及其法官，而不必再受损害情形的拘束。

例如，确认违法后，对“造成损害的，依法判决承担赔偿责任”，原司法解释如是规定，新法第76条也有明文。二者相比较就会发现，新《行政诉讼法》在立法的格局及体系化上，较原“98条”有很大的提升而新《行政诉讼法》则更强调立法的结构统一与完整，确保“能够想到的都规定到位”。

六、勾连关系的观照

2004年《公司法》第57条第1款罗列了“不得担任公司的董事、监事”等的情形，该条第2款还进一步明确了“公司违反前款规定选举、委派董事、监事”等的法律后果：该选举、委派或者聘任无效。但是从以上两款可以推想出的一个疑问是，如果这些人已经被任命了，但“在任职期间出现本条第1款所列情形的”，怎么办？2004年《公司法》对此没有回应，2005年修订该法才予以纠正（2005年《公司法》第147条第3款：董事、监事、高级管理人员在任职期间出现本条第一款所列情形的，公司应当解除其职务）。当然，旧法的上述立法结果是自1993年该法颁布延续下来的，但其在2005年予以调整的原因有二：一是立法技术以及对立法中相应逻辑勾连关系的理解已经上升到更高的认识层面；二是借2005年《公司法》大修机会，将此前认为可改可不改的内容，都一并修改了。

立法中逻辑勾连关系的重要性，还有很多例子。如2009年《农村土地承包法》第41条规定，“承包方有稳定的非农职业或者有稳定的收入来源的，经发包方同意，可以将全部或者部分土地承包经营权转让给其他从事农业生产经营的农户”。这一规定存在两个问题，可以概括为考虑了不该考虑的、没有顾及该顾及的。一是“承包方”是否“有稳定的非农职业或者有稳定的收入来源”，是否应当成为其“土地承包经营权转让”时必须考虑的因素，或者成为限制性的条件？二是是否“经发包方同意”，“承包方”就可以将“土地承包经营权转让”“给其他从事农业生产经营的农户”，而无论受让方是否“本集体经济组织”的成员？这两个问题，都涉及“土地承包经营”的法律实质，可以说，是属于该制度及其相应立法的实质性、实体性内容，不应当或者说也无法从立法技术上予以解决或者避免。但是，如果考虑到该法总则部分的第 3 条第 2 款明确规定，“农村土地承包采取农村集体经济组织内部的家庭承包方式”，“农村集体经济组织内部”这个原则或者说限制性条件，应当成为该法所有后续内容的逻辑前提和基础。该法后续的条文与该原则性限制前提不一致的，不仅构成制度设计内部的相互“抵触”，而且本身也构成立法技术上的逻辑冲突。

通过这个实例①，可以进一步明确看出，立法中的逻辑是与立法的实体问题紧密相连、交织难分的。也可以说，立法技术性审查不能仅以形式性审查与实质性内容审查相对独立为借口，完全推卸对法律规范中制度性悖谬或者逻辑错误的审查疏漏之责。反过来，运用立法技术中的逻辑、语义分析方法，对实质性制度设计的内容进行剖析、梳理，也是发现顶层设计特别是专业性非常强的技术性立法中错误的一个非常有效而实用的方法。

七、兜底条款的作用

比较新《行政诉讼法》第 70 条和第 77 条第 1 款的规定不难发现，新法对行政行为“明显不当”的撤销判决的适用范围很广，即没有设置具体的类别限定；但对于变更判决的范围，却有明显的限定，即局限于“行政处罚明显不当，或者其他行政行为涉及对款额的确定、认定确有错误的”案件，法条中甚至没有概括、兜底的“等”或者“其他”等预留拓展空间的表述。实际执行时又会如何？

从法理上分析，这完全没有必要。对于“明显不当”的行政行为的撤销或者部分撤销，常常意味着被告必须进一步采取补救措施，无论法院是否如法条规定

---

① 2018 年《农村土地承包法》第 34 条：“经发包方同意，承包方可以将全部或者部分的土地承包经营权转让给本集体经济组织的其他农户，由该农户同发包方确立新的承包关系，原承包方与发包方在该土地上的承包关系即行终止。”

的那样“判决被告重新作出行政行为”。而被告重新作出的行政行为又可诉，从而有可能使行政机关陷入对法院意图“屡猜不中”的尴尬境地既给行政相对人增添诉累，又严重牵涉法院、行政机关精力。

解困之道，就是将那些因“明显不当”而可能被撤销或者部分撤销，并判决或者没有判决“被告重新作出行政行为”的案件，尽可能转化为准变更判决：实际操作时，法院可以适用调解条款，在明确原告的意愿、被告的法律底线的情况下，提出原告可以接受、被告也没有法律上反对理由的调解方案。“不明事理”的被告当然可以依法抗拒，此时法院就可以“明显不当”为由反复作出撤销并责令“被告重新作出行政行为”的判决，直至符合此前的调解方案为止。

另如“163 条”第 1 条第 2 款第 9 项规定，“行政机关针对信访事项作出的登记、受理、交办、转送、复查、复核意见等行为”不属于行政诉讼范围。这类行为是行政机关多年来必须面对的顽症。

根据《信访工作条例》第 31 条的规定，对信访人提出的申诉求决类事项，有权处理的机关、单位应当区分情况，分别按照诉讼、仲裁、行政复议等法定途径解决，信访人应当依照有关法律、行政法规规定的程序向有关机关提出。其中也包括行政相对人依据法律、法规的规定，请求行政机关履行法定职责或者依法向行政机关投诉举报的案件。这类案件与应当通过诉讼、仲裁、行政复议解决的投诉请求一样，应当通过法定途径解决，而不应当转入信访渠道。上述规定还意味着，所有应当通过法定途径解决的案件，最终也只能在穷尽法定途径后终了，而不能再转入信访渠道，成为信访案件。

由此确立的规则是，通过法定渠道解决与进入信访渠道解决，二者必选其一，也只能选择其一，不能再行交叉。据此，行政机关针对信访事项作出的登记、受理、交办、转送、复查、复核意见等行为，属于信访处理行为，由此产生的争议，只能在信访渠道内解决或者终了，不能再进入诉讼等法律途径。

八、语不通则意不明

法律条文的表意重复，有时是法理逻辑混乱的结果。其具体表现，则是同条不同款之间的内容重叠。如 2017 年《河道管理条例》第 14 条分两款规定：“堤防上已修建的涵闸、泵站和埋设的穿堤管道、缆线等建筑物及设施，河道主管机关应当定期检查，对不符合工程安全要求的，限期改建。”“在堤防上新建前款所指建筑物及设施，必须经河道主管机关验收合格后方可启用，并服从河道主管机关的安全管理。”之所以要分两款规定，就是为了区分“已修建”与“新建”。但从第 2 款的规定看，由于有“必须经河道主管机关验收合格后方可启用”的规定，使得紧随其后的“并服从河道主管机关的安全管理”，容易被理解为“启用”后要“服从河道主管机关的安全管理”，从而与第 1 款规定的“已修建”情形下的“安全管理”重复。

其实，之所以产生这样的“疑问”，还在于“必须经河道主管机关验收合格后方可启用”。而这句话的目的，本来是要设定一项“在堤防上新建前款所指建筑物及设施”的“验收”的行政许可的。按照简政放权的改革要求，既然“堤防上已修建的”“前款所指建筑物及设施”要服从“河道主管机关”“定期检查”等“安全管理”措施，对“新建”“建筑物及设施”的“验收”可以合并到这种日常管理中去，而不必单独设立一项行政许可。故该条例 2017 年 3 月刚刚修订后不久，2017 年 10 月国务院又决定对该条第 2 款进行修改，其实就是删除了“必须经河道主管机关验收合格后方可启用”的表述及其设定的行政许可。

这一修改一并解决了一个立法技术问题，该第 2 款的文字重新调整后，因为省去了中间横插出来的上述枝节，变成“新建前款所指建筑物及设施”应当“服从河道主管机关的安全管理”，从而与第 1 款的规定在时间和逻辑上都严格对应，不再有重叠之嫌。

由此得出的规律性的认识是，那些在表述的文字上、逻辑上存在疑点的制度，总是最容易成为改革的对象。反过来看，要想使一项法律制度经得起历史的考验，首先要过文字关、逻辑关；立法技术上先天不足的制度，正如有基因缺陷的生物体，更易夭折。

第六节　事理逻辑的顺畅

立法中强调事理顺畅，就是先明其理、再疏其义；情理即善意，善意证良法。

立法之所以要合乎事理、循乎情理，是因为事理、情理即常理、常识；是因为老百姓守法最根本的原因、成本最低的方法，不是直接看法律文本，而是明白、理解、信服法中的道理。这一点，无论是从人民主权的国家观，以人民为中心的政治观，还是从人民代表大会制度基础上的法律观，都说得过去。

立法违背人民普遍的信条、具体的法律规范明显与老百姓的认知相悖，能说这样的立法是人民意志的体现吗？能说这样的法律规范的制定过程体现了民主立法的精神、履行了民主立法的程序吗？

一、立法要考虑情理

2009 年《兵役法》第 52 条规定：革命残废军人（即残疾军人）“乘坐火车、轮船、飞机、长途汽车，优先购票，并按照规定享受减价优待”。一般而言，这没有问题。但随着我国的日益开放和国际化，残疾军人在境外“乘坐火车、轮船、飞机、长途汽车”，是否能够落实“优先购票，并按照规定享受减价优待”？

但从立法上，首先要考虑这是不是一个问题。大而化之者，显然会觉得没必要，甚至会哑然。但从 2011 年修正后的《兵役法》第 57 条看，立法者显然没有这样草率，新增的“乘坐境内运行的”限定性条件，说明其没有回避、充分考虑了这个问题并正面予以回答。由此得出的启示是，立法是周密的系统工程，每个环节都要考虑到，万不可想当然，更不要动不动就哑然。

1996 年《刑事诉讼法》共有 3 处提到“怀孕”，第 60 条的表述是“正在怀孕、哺乳自己婴儿的妇女”；第 211 条是“罪犯正在怀孕”；第 214 条规定“可以暂予监外执行”的情形包括“怀孕或者正在哺乳自己婴儿的妇女”。前后对比不难发现，只有第 214 条的表述比较严密，说明“正在怀孕”的表述确实是有问题的。因为汉语中“怀”是个很重要的动词，所有的“怀”都是正在，没有不是正在的，否则就是“流产”等。当然，“流产”也没有必要用“正在”流产的立法表述。

2012 年该法修正后，“怀孕”共出现了 8 次，其中只有 1 次出现在“罪犯正在怀孕”中。新法中“怀孕”出现频次增多，当然不是因为刑事案件中“怀孕”者增多，而是因为人权保障观念及制度落实的结果。保留的这一处，直到 2018 年修法依然存在，其中的一个重要原因是“罪犯正在怀孕”中的“正在”有支撑语感的作用，如果删除，读起来不顺。

二、合事理则合法理

立法的逻辑周延性，往往就是其事理的周延性。这提醒立法者，凡是逻辑上不周延的，事理上也往往有缺失；由此可以从逻辑常识出发，反过来检省立法设计的具体制度的现实性、可行性。

1994 年《预算法》第 38 条规定，地方各级政府在人大举行会议时要向大会作关于本级预算草案的报告。但只提到了“预算草案”没有提到其执行情况。这在逻辑上显然存在有始无终的不对称性。而实际生活中也确实是如此，因为人大对政府的预算监督的重点，不是草案写得好不好，更重要的恐怕是最终执行的效果如何。这一点，20 年后才在 2014 年修改《预算法》时得到弥补（新法第 47 条）：国务院在全国人大举行会议时，向大会作关于中央和地方预算草案以及中央和地方预算执行情况的报告；地方各级政府在本级人大举行会议时，向大会作关于总预算草案和总预算执行情况的报告。

2013 年以前的《商标法》，只是禁止“同中央国家机关所在地特定地点的名称或者标志性建筑物的名称、图形相同的”标志作为商标，这比较容易理解，如不能申请将“中南海”“怀仁堂”“新华门”“西花厅”等注册为商标，但没有将“中央国家机关的名称、标志”排除在外，2013 年修法时才弥补了这个疏漏。

三、尊重常识即事理

立法的逻辑，有时就是事理的逻辑、情理的逻辑。说得更直白点儿就是立法需要写明的内容，就是平常人、理性人平时做事时需要考虑的内容。

尽管立法都经过千百万人精雕细琢、反复打磨，但有些内容的疏漏仍不可避免。《公司法》自1993年颁布，历经1999年、2004年两次修正，都有关于股份有限公司“申请设立登记”应“向公司登记机关报送下列文件”的规定（第94条），其中第1项、第2项，都是“有关主管部门的批准文件”和“创立大会的会议记录”，通篇下来也没有提及“公司登记申请书”。难道设立股份有限公司如此重大之事，不需要一个综合性申请，只需要提交一堆实质上属于该申请“附件”的证明材料吗？

这个问题，终于在2005年该法修订时予以解决，其第93条将“公司登记申请书”列为“申请设立登记”“报送下列文件”的第一项。

立法中涉及的许多问题，特别是专业领域的立法中涉及的问题，有些是非常专业的，即使是法律方面的专家，有时也不便多说。即使是《公司法》这样的单行法，不是搞这个领域的法律专家，也有不太明白的地方。尽管如此，有些问题，却也无须如此讳莫如深。例如，2004年《公司法》第177条第2款规定，公司的法定公积金不足以弥补上一年度公司亏损的，在依照前款规定提取法定公积金和法定公益金之前，应当先用当年利润弥补亏损。这一规定涉及公司法定公积金的使用，看起来非常专业。但从逻辑和常识出发不难发现，公司的亏损具有不确定性，有的是连年亏损，有的是隔年亏损，仅“弥补上一年度公司亏损”可能还不够。例如，公司前一年巨亏，“上一年度”未能弥补就挂在了那里，是不是就算“上一年度”的亏损了？显然不能，如果“上一年度”没有亏损或者只是微亏，是否也可以“在依照前款规定提取法定公积金和法定公益金之前，应当先用当年利润弥补亏损”？这都成了问题。总之，从逻辑和常识出发，不能“新官”不理“上一年”的旧账，也不能一方面挂着前些年的亏损旧账无法“弥补”，另一方面“法定公益金”却又在不断积累。

这一问题，通过2005年的《公司法》修订一并予以解决了，而且解决的方法极为简单，仅将“上一年度”改为“以前年度”即只改了两个字，就把这个立法者解释不清楚，执法者、守法者操作不明确的问题解决了（2005年《公司法》第177条第2款）。

四、实然与应然的界限

立法上的应然，一般表述为“应当”。但在日常生活中，只有实然，没有应然。

立法如果不顾及现实，其规定的“应然”往往难以成为实然。

2007 年《政府信息公开条例》第 21 条第 1 款第 1 项规定，“对申请公开的政府信息，行政机关根据下列情况分别作出答复”：“属于公开范围的，应当告知申请人获取该政府信息的方式和途径”。但“属于公开范围的”并且“已经主动公开”了的，才有可能通过告知申请人获取方式和途径的方式，向其公开该政府信息。也就是说，应然并不就是实然。将二者混为一谈，实践中就会无所适从：明明“属于公开范围”但确实没有公开过，也就没有“获取该政府信息的方式和途径”，法条却要求“应当告知申请人获取该政府信息的方式和途径”，这不是难为人吗？2019 年新条例将前提修改为“所申请公开信息已经主动公开的”，才解决了这个问题。

另一种情况是，2007 年《政府信息公开条例》第 21 条第 1 款第 2 项规定，“属于不予公开范围的，应当告知申请人并说明理由”，这是法条规定的应然，但行政机关实际操作时，可能以“属于不予公开范围”为由决定“不予公开”，因此，作为程序性规范，真正需要解决或者规范的，是实际操作的实然过程，而不是法条规定的应然状态。故 2019 年新条例将相应内容修改为“行政机关依据本条例的规定决定不予公开的，告知申请人不予公开并说明理由”。也就是说，无论实际作出的决定是不是符合制定法规定的不予公开条件，但只要“决定不予公开”，就要“告知申请人不予公开并说明理由”，这就是程序性规定的实质。

五、避免繁复许可

2018 年 12 月 29 日全国人大常委会修正《职业病防治法》，对该法第 43 条第 1 款规定的“职业病诊断”体制作出重大调整：由原来规定的“医疗卫生机构承担职业病诊断，应当经省、自治区、直辖市人民政府卫生行政部门批准”，修改为“职业病诊断应当由取得《医疗机构执业许可证》的医疗卫生机构承担”。

在此之前，“职业病诊断”是大事，早在 2001 年该法颁布时，其第 39 条即规定“职业病诊断应当由省级以上人民政府卫生行政部门批准的医疗卫生机构承担”。这一规定有歧义：“省级以上人民政府卫生行政部门批准”的究竟是什么？是“承担”“职业病诊断”，还是“医疗卫生机构”本身？从字面上理解，显然是指“卫生行政部门批准的医疗卫生机构”承担，而不是指“卫生行政部门批准的医疗卫生机构”再经“卫生行政部门批准”承担。

2011 年 12 月 31 日该法修正时，相应内容调整为“医疗卫生机构承担职业病诊断，应当经省、自治区、直辖市人民政府卫生行政部门批准”。（2011 年《职业病防治法》第 44 条第 1 款）。这进一步明确了 2001 年立法的初衷。

这个“新”规定仍有一点儿歧义：“医疗卫生机构承担职业病诊断，应当经省、自治区、直辖市人民政府卫生行政部门批准”，那么非“医疗卫生机构承担职业病诊断”，是不是可以不“经省、自治区、直辖市人民政府卫生行政部门批准”？这是存在问题的。

但不管怎样理解，大致的意思或者立法的本意、精神还是尽人皆知的：“职业病诊断”这等大事，必须由“医疗卫生机构”承担，并且还需要单独就此进行审批，即使已经取得《医疗机构执业许可证》的医疗卫生机构也必须如此。

无论怎样理解，到了 2018 年，有关的一切（因为自始至终的歧义，都不好意思称其为制度）都不复存在了。今后，只要是“取得《医疗机构执业许可证》的医疗卫生机构”，都可以“承担职业病诊断”了，而不需要再就“职业病诊断”这件事另外申请独立的资质了。新规定在这一点上，写得非常明确、周延，不容曲解。

由此可见，过于繁复的行政许可，不但不合情理，而且有的还不合逻辑。或者说，许多立法中的规定之所以容易出现逻辑上的问题，与其本身事理、情理不通有一定的关系。因为毕竟合理的，都是合逻辑的；不合逻辑的，通常也是不合理的，甚至是不合法的。

此外，“职业病诊断”必须“应当”由“医疗卫生机构承担”的制度设计本身，也有一个问题，就是如何保证诊断者的专业性。这一点，在《职业病防治法》明确设立对个体的“职业卫生技术服务资质”的情况下，更显得逻辑上不尽周延：如何保证“医疗卫生机构”必然具备“职业病诊断”资质的医生？因为真正作出“职业病诊断”的，只能是作为自然人的医生，而不是机构。机构在法律上的地位，显然无法弥补其在医疗诊断中的“无灵魂”状态，面对潜在的“职业病”患者，机构只是一块牌子而已。

当然，辩驳者可以说，该法在明确“职业病诊断”应当由“取得《医疗机构执业许可证》的医疗卫生机构”承担的原则后，紧接着就规定，医疗机构应当具备的首要条件，就是“具有与开展职业病诊断相适应的医疗卫生技术人员”，但仔细想想，为什么不直接规定“医疗卫生技术人员”几人以上可以共同作出“职业病诊断”呢？他们的角色和职责、任务，不就是作出诉讼法中通行的一种具有法律意义的专业性证据：鉴定意见吗？

从立法技术角度着眼，“职业病诊断”制度设立的目的中，就有尽量不“开胸验肺”的善意，只是到了执行阶段设置的行政审批，背离了初衷。

六、顾及大众的认知

2004 年 8 月 28 日全国人大常委会决定修改《公司法》，其内容只有一条，就是删去第 131 条第 2 款，即“以超过票面金额为股票发行价格的，须经国务院证券管理部门批准”。作为一项由“国务院证券管理部门”实施的行政许可，其管控的内容却极其具体：“以超过票面金额为股票发行价格的。”在股票交易高度电子化的当代，大多数人没有见过真正的纸质股票，让他们理解“以超过票面金额为股票发行价格的”确实有些困难，更不用说理解设定此项行政许可的重大且紧迫的现实意义了。

顾及大众的认知，就是要尽可能避免事理不通的规范，删除就是办法之一。

2011 年《渔港水域交通安全管理条例》第 10 条规定，“在渔港内的航道、港池、锚地和停泊区，禁止从事有碍海上交通安全的捕捞、养殖等生产活动；确需从事捕捞、养殖等生产活动的，必须经渔政渔港监督管理机关批准”。这属于典型的原则与例外相结合的立法表述语言。

但其存在的最大问题，是法理上说得过去、情理上说不通：既然是“在渔港内”，且是“有碍海上交通安全的捕捞、养殖等生产活动”，有那么迫切的“需要”非要在这种地方“捕捞、养殖”吗？为什么这时候不“一禁了之”？根本原因，是对行政许可的依赖惯性，或者说对保留一丝权力的惯性思维。

当然，这一规定早在该条例初次制定的 1989 年就有。但在 30 多年后的今天看来，不仅从行政审批制度改革的角度看不合时宜，即使从一般情理上分析，也没有这个必要。故 2017 年修正时，删除了“网开一面”的规定、堵死了这个不必要的漏洞。

2008 年《证券公司风险处置条例》第 12 条第 1 款中规定：“证券公司出现重

大风险，但具备下列条件的，可以直接向国务院证券监督管理机构申请进行行政重组。”据此，“行政重组”是依申请的行为，甚至都可以不视为行政行为，而是“证券公司”经申请、“国务院证券监督管理机构”核准后的“自我”救赎。这样的规定，不能算违反法理，但违反事理：实践中因“证券公司”往往不会主动、及时申请而无法操作；同时，“国务院证券监督管理机构”未经“证券公司”申请，不能“贸然”行事，这是不是有点儿被动？

故2016年将上述内容修订为“可以由国务院证券监督管理机构对其进行行政重组”，将“行政重组”重新掌握在了行政主管部门手中。

七、考虑义务人感受

2009年《兵役法》第33条规定，“学员因患慢性疾病或者其他原因不宜在军事院校继续学习，经批准退学的”，“由入学前户口所在地的县”级“人民政府接收安置”。从字面看，这种“接收安置”是无条件的，安置的标准也是不明确的，实际操作时如果有关当事人提出无底线的安排要求怎么办？故2011年该法修正时，“接收安置”前增加了“按照国家有关规定”的限制性条件。

当然，正如本书中多处讨论过的，“国家有关规定”也是比较传统的说法，与“法律法规”的规定有差距。但在“法律法规”没有规定或者规定得不够时，勉强可以抵挡一阵。只是其拘束力、有效性确实经不起承担“接收安置”一方的纠缠，只能暂且作为按下需要“接收安置”一方的纠缠这只“瓢”的权宜之计。

八、贴近执法的实际

2019年《政府信息公开条例》第29条规定，“采用书面形式确有困难的，申请人可以口头提出，由受理该申请的政府信息公开工作机构代为填写政府信息公开申请”。旧条例第20条也有类似的规定。新条例好在还在同条规定了“申请”应当“向行政机关的政府信息公开工作机构提出”，算是预先有个交代，便于落实。原条例要求“由受理该申请的行政机关代为填写政府信息公开申请”，具体的办事机构都没有落实，让一个“行政机关代为填写政府信息公开申请”，这现实吗？

但新旧条例共同存在的问题是，“政府信息公开申请”连影儿还没有，哪来的“受理该申请的政府信息公开工作机构”？如果“政府信息公开工作机构”不想受理，不正好就可以通过不代写申请达到目的吗？而且其理由还相当充分：无论依法该不该其受理，其拒绝受理后自然就不是受理机构，因此不应当由其代写申请书；而没有申请书自然就不会有受理机构，因而其不受理也就顺理成章。

九、没有必要的大度

1996年《刑事诉讼法》第33条规定，分别按“公诉案件”“自诉案件”之别，确定“犯罪嫌疑人有权委托辩护人”的最早时间，2012年新法则从“犯罪嫌疑人有权委托辩护人”的最早必要时间入手，显然更合理、更有针对性、更具有可操作性。

更具体言之，“公诉案件自案件移送审查起诉之日起”，显然有点晚。而“自诉案件的被告人有权随时委托辩护人”看似“宽宏大量”，实则没有必要，因为现实生活中根本拦不住：自诉案件的被告人往往都有自由之身，他们实际上随时可以找人咨询潜在的被诉威胁或者风险，立法规定或者法院、检察院限制其“委托辩护人”的时点，实践中也无法落实。

在新行政诉讼司法解释确立现行的再审立案审查程序之前，最高法院的《关于规范人民法院再审立案的若干意见（试行）》也规定了类似的前置审查程序。[①] 但与“163条”的新规相比，《关于规范人民法院再审立案的若干意见（试行）》的规定所确立的再审审查程序，显然没有新司法解释确立的体系公正、规范。基本的根源是，此前我们一直对再审不够重视，认为那是对当事人额外的“恩典”，根本不是诉讼民主体制下确立的百姓的法定权利。因此，更强调原终审法院的自我反思。

十、事理的与时俱进

2013年《饲料和饲料添加剂管理条例》第15条第1款规定：“申请设立饲料、饲料添加剂生产企业，申请人应当向省、自治区、直辖市人民政府饲料管理部门提出申请。”其中“设立饲料、饲料添加剂生产企业”的表述，在该条例1999年版第8条、2001年版第9条、2011年版第14条都出现过，有什么问题吗？

---

① 《关于规范人民法院再审立案的若干意见（试行）》第6条。

在先证后照的大格局下，当然要先申请取得“饲料、饲料添加剂生产企业”的生产许可证，“方可办理企业登记手续”（1999 年版第 8 条第 2 款）。

但在《行政许可法》（2003 年）尚未出台的 1999 年、2001 年，证和照的关系属不属于行政许可还有争议，相互关系更是不甚明确的时候，上述规定，怎么理解？这就是现实的逻辑与法律冲突的表现。以当时的现实逻辑即今天的历史逻辑来看，这是天经地义的，那个时代的人谁也没有觉得有什么问题。但在今天看来，不仅其法理逻辑很值得推敲，就是其形式逻辑，也存在重大问题：生产饲料、饲料添加剂，非得先设立“饲料、饲料添加剂生产企业”吗？当然不必，任何企业，只要满足“设立饲料、饲料添加剂生产企业”同样的条件（2017 年版第 14 条），就可以“申请从事饲料、饲料添加剂生产的企业”（2017 年版第 15 条），而不必另行单独申请设立一个专门的“饲料、饲料添加剂生产企业”。

类似上述“申请设立”改为“申请从事”的做法，不限于此，《音像制品管理条例》于 2016 年修订时也有类似的操作，只不过是将原条例第 17 条第 3 款中的“审批设立音像制作单位”修改为“审批从事音像制品制作业务申请”。那为什么不统一改为“申请”从事音像制品制作业务，以实现行政法规在表述上的统一呢？而且同一条例的同一条内，就同时出现这两种不同的表述：原条例第 20 条第 1 款中的“设立音像复制单位”于 2016 年修改为“申请从事音像制品复制业务”；然而第 2 款中的“审批设立音像复制单位”仍修改为“审批从事音像制品复制业务申请”。

其实，这就是个简单的立法技术问题，但由于对立法技术本身不够重视，于是各部立法的起草者、起草单位从维护立法稳定性，本着“能不改就不改”原则，哪怕是无关紧要的一个字，也不会轻易修改，其结果就是不明就里者看到的维护专业立法特色的倔强和未必的坚强。

十一、避免琐碎立法

法律是国之重器，立法是治国之大事，小小不然的琐事，通过社会、民众自身的道德约束、风俗规制可以很好调整的，就不要麻烦立法、动用法器了。

2011 年《城市绿化条例》第 11 条第 3 款规定，“城市的公共绿地、居住区绿地、风景林地和干道绿化带等绿化工程的设计方案，必须按照规定报城市人民政府城市绿化行政主管部门或者其上级行政主管部门审批”，即这些“城市的公共绿地”“绿化工程的设计方案”必须经过“审批”。而从该条第 1 款（至今仍保留）的规定看，这些“绿化工程的设计方案”是“委托持有相应资格证书的设计单位承担”的。

同时，该条例第 16 条规定：城市绿化工程的施工，应当委托持有相应资格证书的单位承担。绿化工程竣工后，应当经城市人民政府城市绿化行政主管部门或者该工程的主管部门验收合格后，方可交付使用。这又设定了 2 项行政许可：“城市绿化工程”“施工”单位“资格”“绿化工程竣工”“验收”。也就是说，“城市绿化工程”从设计到完工，仅此一个条例就至少设定了 4 重许可（审批）：设计单位资质、设计方案审批、施工单位资质、工程竣工验收。

故 2017 年 3 月 1 日《国务院关于修改和废止部分行政法规的决定》（国务院令第 676 号）删除了较为琐碎的后 3 项许可，只保留了设计单位资质。

十二、符合现行体制

“163 条”要求“作出生效裁判的人民法院应当向规范性文件的制定机关提出处理建议，并可以抄送制定机关的同级政府、上一级行政机关、监察机关以及规范性文件的备案机关”[①]，实际操作时也可能存在行文上的问题。因为随着我国依法行政进程的推进，行政机关制定规范性文件的约束条件越来越多，相应地限制了低级别行政机关制定规范性文件的现实可能性，实际上规范性文件的制定机关的行政级别，特别是能够在行政机关的行为中明确引用作为“依据”的规范性文件的制定机关的级别，已经动辄就是省级政府或者国务院部门了，有时甚至直接就是国务院。而我国目前绝大多数案件是由基层人民法院审理的，少数由中级人民法院审理，即使考虑到经过上诉才确定的“作出生效裁判的法院”的因素，顶多也只能到高级人民法院。要求这些法院直接向“制定机关提出处理建议”，并抄送“制定机关的”“上一级行政机关、监察机关以及规范性文件的备案机关”，为了对案件审理结果关系不具有决定性的此等事项，绝大多数情况下需要直送国务院或者国家监察委员会，如此行文的现实可能性，实在难以想象。

---

① “163 条”第 149 条第 1 款。

特别是要求“人民法院认为规范性文件不合法的，应当在裁判生效后报送上一级人民法院进行备案。涉及国务院部门、省级行政机关制定的规范性文件，司法建议还应当分别层报最高人民法院、高级人民法院备案”[①]，更会增加主审法院，特别是其中占绝大多数的基层法院如此照办的精神压力，促使绝大多数法院、法官在绝大多数情况下避之唯恐不及，降低“认为规范性文件不合法”的概率。

相对而言，“规范性文件不合法的”，人民法院“在裁判生效之日起三个月内，向规范性文件制定机关提出修改或者废止该规范性文件的司法建议”[②]的做法比较可行，也符合一并审查制度的设立初衷。但也存在“提出具体修改意见”的工作难度和工作量问题，疲于应付案件量的法官们很可能没有这个精力。

当然，对于共同制定、联合发文的规范性文件，人民法院只能向“该规范性文件的主办机关或者共同上一级行政机关发送司法建议”[③]。但如此一来，“修改或者废止该规范性文件的司法建议”的落实又要打一个大大的折扣。这一切，都反衬出行政诉讼中“一并审查”规范性文件的“鸡肋”。

还有，新司法解释要求“接收司法建议的行政机关应当在收到司法建议之日起六十日内予以书面答复。情况紧急的，人民法院可以建议制定机关或者其上一级行政机关立即停止执行该规范性文件”[④]。这一点问题倒不是很大，主要原因很可能不是这些“行政机关”都积极配合、按期回复、照办，而是极少有行政机关会接到这样的司法建议。

---

① “163条”第150条。

② “163条”第149条第2款。

③ “163条”第149条第3款。

④ “163条”第149条第4款。

第七节 法理逻辑的通透

重复表述，是研究立法现象时经常遇到的问题，也是本书多层次、多角度反复提及并竭力排布篇章文字以图治愈的一个症结。笔者经过反复比对研究发现一个规律，表述的重复，归根结底还是因为法理的混乱。

立法是法理的现实，法理是立法的抽象。法理从来都没有远离立法；立法更不可能须臾离开法理，更不用说背离法理了。法理与事理、情形二者之间的关系究竟有没有区分？法理即事理，说得通吗？这些问题，留待读者思考。

一、违背常理亦违背法理

立法必须符合常理，当然更要符合法理。通常情况下，二者是密切联系的。

1996 年《刑事诉讼法》第 164 条规定“判决书应当由合议庭的组成人员和书记员署名，并且写明上诉的期限和上诉的法院”。这里有一个违反常理的疏忽，即并不是所有的判决书都是由“合议庭”合议的，故判决书署名时，不是“应当由合议庭的组成人员和书记员署名”，而是“应当由审判人员和书记员署名”，而这正是 2012 年《刑事诉讼法》修正的内容（第 197 条）。

二、违背法理亦违背常理

1996 年《刑事诉讼法》第 214 条第 3 款规定：“对于罪犯确有严重疾病，必须保外就医的，由省级人民政府指定的医院开具证明文件，依照法律规定的程序审批。”其中“依照法律规定的程序审批”存在两个问题，一是根本没有“法律规定的程序”可供依照，除非将“法律”解释为有关机关的擅自规定甚至是“以言代法”“朝令夕改”，为某些部门及人员提供“寻租”的借口与托词。二是这种“审批”没有必要，即使冠之以“依照法律规定的程序审批”的名号，其实质也是一个事实判断，其主要的根据是基于医学专业技术的事实认定，有关“审批”机关或者人员显然并不具有这方面的专业素质。只需要督促这些有专业素质人员认真办事，确有必要时设定复核、质疑或者投诉的机制或者程序即可。

三、法理逻辑要与时俱进

2001 年《印刷业管理条例》第 43 条规定，印刷业经营者被处以吊销许可证行政处罚的，应当按照国家有关规定到工商行政管理部门办理变更登记或者注销登记；逾期未办理的，由工商行政管理部门吊销营业执照。据此，只要印刷业经营者的许可证被行政处罚吊销的，无论其是否“按照国家有关规定到工商行政管理部门办理变更登记或者注销登记”，工商行政管理部门都会按期“吊销营业执照”。那为什么不在立法中明确要求作出“吊销许可证行政处罚的”行政机关直接通知“工商行政管理部门”立即“吊销营业执照”？

这种情况不是孤案。2011 年《音像制品管理条例》第 46 条、2011 年《出版管理条例》第 70 条，都有几乎完全相同的表述。当然，这些条文如今都不存在了。

但现实问题却是，如果“逾期未办理”但“工商行政管理部门”仍不“吊销营业执照”怎么办？这就是现实逻辑，法律的逻辑如果不周延，现实中肯定会出现让其尴尬的案件。

当然，纠正上述问题也非常简便，2016 年 2 月 6 日《国务院关于修改部分行政法规的决定》只用了几个字：“删去第四十三条。”

《依法治国决定》明确提出，“健全以公平为核心原则的产权保护制度”；“创新适应公有制多种实现形式的产权保护制度，加强对国有、集体资产所有权、经营权和各类企业法人财产权的保护”；“保护企业以法人财产权依法自主经营、自负盈亏，企业有权拒绝任何组织和个人无法律依据的要求”。为落实上述要求，新《行政诉讼法》扩充了司法保护经营自主权的范围。

旧法对此类案件的表述是“认为行政机关侵犯法律规定的经营自主权的”。尽管旧法有这样的限定，但实践中，一般从全面保护公民、法人或者其他组织合法权益着眼，对旧法所称“法律”作广义的理解，即认为应当包括宪法、法律、法规和规章，凡上述法律文件所确定的经营自主权，都在行政诉讼制度的保护之列。由此，法律规定的经营自主权是指各种企业和经济组织依照宪法、法律、法规和规章的规定对自身的机构、人员、财产、原材料供应、生产、销售等各方面事务自主管理经营的权利。

尽管学理上往往对“法律”作广义的解释，但现实生活中行政机关侵犯企业经营自主权的现象非常常见，而基于该权利提起的诉讼案件却明显偏少，其原因有二：一是法院对“法律”的理解偏狭隘，使得据此起诉的公民、法人或其他组织因满足不了法院提出的要其找到“法律”规定的企业经营自主权的要求，而使其诉讼请求得不到实现；二是公民、法人或者其他组织即使明确认识到行政机关违法行使职权侵犯了自己的经营自主权，但因惧于行政机关手中掌握的“实权”，害怕秋后算账而不敢起诉，也是制约这类案件提起的主要原因。这种情况大量发生的结果，必然使企业的经营活动处在强大的行政权控制之下，企业的经营自主性无法释放，社会主义市场经济也难以发挥其应有的活力。要扭转这种局面，除了要从法理上理顺行政机关与公民、法人和其他组织的正当权利与义务关系以外，另一个重要的治本措施，就是进一步完善立法。这要从两个方面着手，其一是完善行政组织立法，使行政机关真正为其违法行为承担责任；其二是使那些故意刁难管理相对人而又屡教不改者，通过承担行政法责任使其引以为鉴，并将严重的害群之马清除出执法队伍，以整肃行政执法风气，还企业以自由经营的空间。

同时还应看到，企业经营自主权必须是法定的才能够得到诉讼救济的说法，在理论上是解释不通的。因为这必然造成的后果是，企业必须有“法律”的依据才能使其经营自主权得到救济，而行政机关却没有法律的依据就可以侵犯企业的经营自主权，这明显违背了行政机关必须依法行使职权的要求。

正是基于上述道理，新法顺应民意、遵循法理作了相应修改。新法第 12 条第 1 款第 7 项规定，法院受理行政相对人认为行政机关侵犯其经营自主权或者农村土地承包经营权、农村土地经营权的案件。即新法取消了限制受案范围的限定词“法律规定的”，只要行政相对人认为行政机关侵犯其“经营自主权”，就可以起诉，而不论该“经营自主权”是否是“法律规定的”。

四、躲避自相矛盾的陷阱

2000 年《立法法》第 53 条第 2 款规定，“法律部分条文被修改或者废止的，必须公布新的法律文本”，其中的“法律部分条文被修改或者废止的”确实容易引起歧义。如果想包括“法律条文”被“废止”的意思，那不已经包括在“法律条文”被修改中了吗？如果想包括“法律”“废止的”意思，又与后面“必须公布新的法律文本”相龃龉。之所以称“法律”被“废止”而不是被“修改”，不正是以有没有“新的法律文本”为区分标准的吗？如此看来，原条文无论如何想为先贤长者“隐”，都不太好说得通，最终还是修改一下、分开来说最好——“法律被修改的，应当公布新的法律文本。”“法律被废止的，除由其他法律规定废止该法律的以外，由国家主席签署主席令予以公布。”（2015 年《立法法》第 59 条第 2 款、第 3 款）

1996 年《刑事诉讼法》第 42 条第 2 款规定，“证据有下列七种：……鉴定结论……”“鉴定结论”① 作为证据的一种，未经法院审查认定，怎么可能成为“结论”？故 2012 年《刑事诉讼法》将其更名为“鉴定意见”②，就比较到位了，因为这是鉴定人给出的对事实材料的一种认识，能否证明案件事实，还需要法庭的进一步审理、查明。也就是说，“证据必须经过查证属实，才能作为定案的根据”，在此之前不可能是“结论”。

五、语义逻辑即法理逻辑

所谓语义逻辑即法理逻辑的意思是，如果法律规范在字面意思上都有问题，法理上往往也站不住脚。这一点，在政治上也是正确的，即立法必须以人民为中心，确保人民当家作主。要做到这一点，立法就必须让人民看得懂、理解得了，以便于遵循。因为广大人民群众可能不懂法律规范背后的法理，但应当能看出立法语言本身存在的表述上的问题。而表述的问题，许多正是法理的问题。

新《行政诉讼法》第 50 条第 1 款规定，起诉应当向法院递交起诉状，并按照被告人数提出副本；取消了旧法③ 规定的实际上也并没有得到严格执行的人民法院接到起诉状后的“经审查”。该条第 2 款明确规定，书写起诉状确有困难的，可以口头起诉，由人民法院记入笔录，出具注明日期的书面凭证，并告知对方当事人。上述规定有两个要点值得注意。

---

① 1996 年《刑事诉讼法》第 42 条第 2 款第 5 项。

② 2012 年《刑事诉讼法》第 48 条第 2 款第 6 项。

③ 1989 年《行政诉讼法》第 42 条。

一是在第 1 款中，如果案件有第三人，“起诉状”“副本”由谁提供？是第三人到法院查阅后复印或者摘抄吗？这个问题确实有些细碎。如果《行政诉讼法》这样的行政诉讼“基本法”绝口不提这事儿，当然也就没有必要提类似的问题。既然已经规定到了被告，帮第三人多问一句，立法者、释法者及具体案件中的主审法官，都不应当太生气。当然，立法时也许更多考虑的是起诉时第三人存在的现实性。这不是问题，立法可以规定“原告根据起诉状中对方当事人的人数提出副本”，从而与该条第 2 款的内容一致。

二是在第 2 款中，“告知对方当事人”的表述比较新颖、亲民。从该款规定语义看，这里的对方当事人，不就是前款提到的“被告”吗？如果除此之外还有别人，那是不是在原告“向法院递交起诉状”时，也应当一并给这个“对方”准备一份“起诉状”呢？

事实上，在起诉的这个环节，原告可以初步确定本案的当事人，包括其认为的第三人，如共同作出被诉行政行为的另一行政机关，但原告不想告该机关，只想让该机关作为第三人参加到诉讼中来。

但无论如何，在一条范围内，前后两款分别用不同的词语表述相同的语义，无论是从语义统一的形式逻辑角度，还是从更为深远的法理逻辑分析，都值得推敲。

六、表述清晰即逻辑通透

《行政诉讼法》明确了被告负举证责任的基本证据制度，但作为案件的主审法院，必须掌握调查、取证的主导权。法院在行政诉讼中收集与保全证据的权力，是其行政审判权顺利行使不可缺少的。

在这个问题上，法院的中立站位非常重要：虽然不能缺位，主动放弃自己对事实审的主导权，但首先要保证不要越位，绝不能置被告举证责任于不顾，过于积极地投身于自行调查取证或者过分要求原告、第三人举证。法院对证据的收集，必须严格建立在被告负举证责任、原告及第三人承担必要举证义务的立法格局之上。具体分三个层次：一是要求当事人举证[①]；二是向有关当事人调取证据[②]；三是

---

① 新《行政诉讼法》第 39 条。

② 新法第 40 条。

原告或者第三人申请法院调取证据[①]。新法的上述三项内容，旧法第 34 条只涉及前两项，第三项是新法新增的。新法在这个问题上对旧法的对应性改造和完善，使行政诉讼中法院调取证据的整个制度更合理、更完善了。

至于申请法院调取证据的程序，早先的规定比较抽象："法院对当事人调取证据的申请，经审查符合调取证据条件的，应当及时决定调取；不符合调取证据条件的，应当向当事人或者其诉讼代理人送达通知书，说明不准许调取的理由"[②]，至于如何把握"调取证据条件"则语焉不详。新司法解释第 39 条则明确得多：当事人申请调查收集证据，但该证据与待证事实无关联、对证明待证事实无意义或者其他无调查收集必要的，人民法院不予准许。

七、顺应法理以理顺程序

行政诉讼中的驳回起诉或者赔偿请求，放在一起，因为二者都属于"拂逆"原告诉讼意愿的裁定：前者否定了其整个起诉行为，后者则否决了其具体的诉讼请求。

（二审）驳回起诉，是"对原审法院立案、不予立案或者驳回起诉错误"[③]等情形的一种二审处置方式，即"第一审人民法院作出实体判决后，第二审人民法院认为不应当受理的，在撤销第一审人民法院判决的同时，可以发回重审，也可以迳行驳回起诉"[④]。2018 年新司法解释删除了"可以发回重审"，弥补了原规定的问题：既然该款各项规定的共同前提是"人民法院审理二审案件和再审案件中，对原审法院受理、不予受理或者驳回起诉错误的"，故第 1 项中的"实体判决"所针对的情形（似乎在任何情况下"不予受理或者驳回起诉"都不应当算"实体判决"，由此引发了一个不必要的法理概念之争。如果该项原条文直接写"原审法院立案错误"，其实也没多几个字，却可以省不少的口舌），自然不可能是"不予受理或者驳回起诉"错误，而只能是"受理"错误，即"不应当受理"。纠正这一错误的简单快捷方式，当然是"迳行驳回起诉"，而不宜"发回重审"。如果真

---

① 新法第 41 条。

② 《证据规定》第 25 条第 1 款。

③ "163 条"第 123 条。

④ "163 条"第 123 条第 1 项，对应"98 条"第 79 条第 1 项。

“发回重审”，无论一审法院再作出什么判决，都不可能纠正其早先“不应当受理的”错误；案件发回一审法院重审后，一审法院唯一能做的，就是裁定驳回起诉。既然如此，二审法院在二审时裁定“迳行驳回起诉”不就可以了吗？为什么还要让一审法院再审理一遍？新司法解释正是这样规定的，从而避免不合法理也不合情形的“折腾”。

八、理顺各方的法律定位

1996年《刑事诉讼法》第47条（证人证言必须在法庭经过公诉人、被害人和被告人、辩护人双方讯问、质证，听取各方证人的证言并且经过查实以后，才能作为定案的根据）中讯问的删除，是对旧刑事司法观念清算的应然之笔。在“文革”及随后相当长的一段时间里，公诉人与被告人的法律地位是不平等的，1996年《刑事诉讼法》中的“讯问”就是二者法律地位最明显的例证。当然，从逻辑上分析，“讯问”的存在确实营造了一个悖论，公诉人问被告人是“讯问”，那被告人问公诉人怎么办。这个逻辑死结是通过当时的法律现实解决的，被告人只能坦白以求从宽，绝不允许其反问，反问就是抗拒。只有在2012年《刑事诉讼法》确立了无罪推定原则之后，公诉人才在法律上与其平等的被告人在程序上周旋。这就是中国刑事领域巨大进步的真实写照。

九、法理指导表述合理化

1996年《刑事诉讼法》第47条（证人证言必须在法庭经过公诉人、被害人和被告人、辩护人双方讯问、质证，听取各方证人的证言并且经过查实以后，才能作为定案的根据）的修改，涉及多处现代汉语迅速进步后的立法跟进现象，因为“经过查实以后”的表述，在现在，无论怎么看都觉得别扭：“经过”和“查实”都是具有结果意思的汉语动词，二者叠用，现在看来已经完全没有必要。

当然，本条的修改，还解决了1996年《刑事诉讼法》中一个现在看来比较初级的表述逻辑错误，“证言必须在法庭上”质证。这没有问题，但的确不能保障每个案件中都能够“听取各方证人的证言”才能“查实”。不仅如此，既然是说证人证言的认定问题，又何必扯出“听取各方证人的证言”。这本身就是逻辑学上忌讳的循环论证。

第八节　歧义表达的克服

立法如能避免歧义，则几可远大谬矣。但这确实很难，不仅如此，即使仅仅分析出造成歧义的原因，都已经非常了不起了。

一、歧义诱因

立法的一个首要原则，是该简则简。但简洁不是简陋。过于简约的表述，有可能表义不明、表意不确，需要执法者、司法者、守法者去猜，那就是通常所说的歧义了。由此所致的歧义就是因过简而陋。

如“经最高人民法院批准，高级人民法院可以根据审判工作的实际情况，确定若干人民法院跨行政区域管辖行政案件”。这句话的歧义在于：最高法院批准的究竟是什么？是“高级人民法院”“根据审判工作的实际情况”“确定”的“若干人民法院跨行政区域管辖行政案件”，还是“高级人民法院可以”“确定”“法院跨行政区域管辖行政案件”。前者批复的是具体的几个法院，这些法院是由高级法院确定的；后者则只是授权高级法院可以确定“跨行政区域管辖行政案件”的法院，并不需要高级法院具体上报具体的“若干法院”，最高法院也不需要随时、逐一批复各省级高院不断报来的请示。

二、指代不明

避免因简生歧，就要做到能简尽简但绝不因文害义。有可能产生歧义的则不简，特别是慎用某些指代意思不明或易生歧义的代词。

2000 年《立法法》第 10 条第 2 款、第 3 款都有“该项”的表述：“被授权机关应当严格按照授权目的和范围行使该项权力。”“被授权机关不得将该项权力转授给其他机关。”2015 年修正时，均将“该项”修改为“被授予的”，用名词替换代词，反映出明确指代的针对性的重要性和新时尚。

新《行政诉讼法》第 47 条第 2 款规定，“公民、法人或者其他组织在紧急情况下请求行政机关履行保护其人身权、财产权等合法权益的法定职责，行政机关不履行的，提起诉讼不受前款规定期限的限制”。

这一规定是在原“98 条”有关规定基础上在“前款规定”后增加“期限”。因为“前款规定”的内容虽然落脚于“期限”，但不限于“期限”，如对期限的限定性条件；加上“期限”以排除可能的例外，指向性更加明确，有助于减少不必要的误解。但由此也产生了一个新的问题，就是“前款规定”的并不是“提起诉讼”的“期限”，而是“行政机关不履行的”“期限”，这个期限是“2 个月”，而“提起诉讼”的“期限”通常是“6 个月”，这个“期限”是由新法第 46 条第 1 款规定的。

三、以偏概全

以偏概全，算不算歧义，学者们有争论。

1996 年《刑事诉讼法》第 55 条第 2 款在 2012 年修改时，有一个小的变化：将“未及时报告的”修改为“未履行保证义务的”。因为从该条前款规定的内容看，是关于“保证人应当履行”的“义务”；而“发现被保证人”有“违反”“规定的行为”“应当及时向执行机关报告”，仅是保证人“未履行保证义务”之一，而不是该条要规定的内容的全部。故 2012 年《刑事诉讼法》的修正解决了 1996 年《刑事诉讼法》“以偏概全”的一个小失误。

1996 年《刑事诉讼法》第 114 条规定，“在勘验、搜查中发现的可用以证明犯罪嫌疑人有罪或者无罪的各种物品和文件，应当扣押”。2012 年将“在勘验、搜查中”修改为“在侦查活动中”，扩大了该条适用的范围，也纠正了 1996 年《刑事诉讼法》立法中存在的以偏概全，或者说概括不全的错误。因为“勘验、搜查”只是“侦查活动”的两种类型，但显然不是其全部。什么时候用“侦查活动”这类种概念，什么时候用“勘验、搜查”等概念，什么时候用“勘验、搜查”等“侦查活动”，立法中都有鲜活的实例，也都有相应的讲究，准确地反映了立法者在遣词造句中的权衡和考量。

2000 年《立法法》第 10 条第 2 款规定，“被授权机关应当严格按照授权目的和范围行使该项权力”。显然“授权决定”的内容不限于“授权目的和范围”，严格说来，这种现象也属于“以偏概全”，但比较隐蔽，因此很容易落入其窠臼。2015年该法修正时，将上述内容修改为“被授权机关应当严格按照授权决定行使被授予的权力”，这就能够达到全面的效果了。

四、表意错误

如这样的表述，“在发现不应当拘留的时候”，后被简化为“发现不应当拘留的”。“在什么时候”，固然是汉语中的关于精确时间点的标准搭配，但就立法而言，并不总是适宜的，因为有时想表达的，可能不是时间，而是情形。本条恰恰就属于这种情形。“在发现不应当拘留的时候”，重点在强调发现了“不应当拘留的”情形的时点。以“发现不应当拘留的”取而代之，就不仅仅是一个简化了“在什么时候”的表述的问题，而是调整了法律规范产生作用的条件。相应地，执行效果也就并非在特定的“时候”应当干点儿什么，而在于就指定的情形，即“不应当拘留的”，应当如何处理。

2012年《刑事诉讼法》对旧法第47条的修改，至少有两处没有将“能改尽改”的原则落实到位。一是“法庭查明证人有意作伪证或者隐匿罪证的时候”，直接用“的”字结构即“法庭查明证人有意作伪证或者隐匿罪证的”，就可以了，理由同前述实例；在当代汉语看来，立法中出现“的时候”的表述，确实过于保守：基本上都可以用“时”或“的”字取代这3个字。二是“以后”也完全可以改成“后”，中国当代立法中，单用“后”而不用“以后”的情况越来越普遍。

1996年《刑事诉讼法》第64条第2款规定：“拘留后，除有碍侦查或者无法通知的情形以外，应当把拘留的原因和羁押的处所，在二十四小时以内，通知被拘留人的家属或者他的所在单位。”拘留后，真正需要通知“被拘留人的家属”的，是“被拘留人”被“拘留”的事，可以一并告知“拘留的原因”，但“羁押的处所”是否有必要告知，确实值得研究。1996年《刑事诉讼法》规定告知“羁押的处所”肯定是不担心劫走“被拘留人”，但由此引发“被拘留人”亲友到其“羁押的处所”要人，也是很麻烦的。故2012年《刑事诉讼法》对此作了模糊处理，即“应当在拘留后二十四小时以内，通知被拘留人的家属”。此处的技巧在于“通知”，并未提及“通知”的内容，更未再明确提及“拘留的原因和羁押的处所”。

2001年《职业病防治法》第14条第1款规定，“在卫生行政部门中建立职业病危害项目的申报制度”。“在卫生行政部门中”“建立”“制度”，这是什么意思？建立内部规章制度？显然，这里想表达在某一领域内建立某种制度的意思，但当初的起草者直接将这一制度理解或者表述为“自家”的制度了。2011 年该法修正时，改为“国家”建立制度，大家就都明白了。

五、误导性表述

如果说歧义性表述只会引起些执行中的疑难的话，那误导性表述的后果可能导致倾向性的错误。

2000 年《人民币管理条例》第 13 条规定：“未经中国人民银行批准，任何单位和个人不得研制、仿制、引进、销售、购买和使用印制人民币所特有的防伪材料、防伪技术、防伪工艺和专用设备。”据此，是不是只要经批准，“任何单位和个人”都可以“研制、仿制、引进、销售、购买和使用印制人民币所特有的防伪材料、防伪技术、防伪工艺和专用设备”呢？为什么还这样写呢？

于是，2014 年 7 月 9 日《国务院关于修改部分行政法规的决定》（国务院令第 653 号）将上述内容中的“未经中国人民银行批准”修改为“除中国人民银行指定的印制人民币的企业外”。从内容看，二者实质上是一样的。但如此一来，申请“中国人民银行批准”的“单位和个人”肯定就大大减少了。

六、转折性歧义

立法中的许多条款，虽然没有用“但是”引领，但也具有但书的意思，此时，一定要注意其用词，以避免歧义，特别是有可能颠覆前款原则性规定时。

例如，2004 年《公司法》第 177 条第 1 款规定，公司分配当年税后利润时，应当提取利润的百分之十列入公司法定公积金；该条第 3 款规定，公司在从税后利润中提取法定公积金后，经股东会决议，可以提取任意公积金。严格说来，该条第 1 款规定“公司法定公积金”、第 3 款规定“任意公积金”，各说各的，后者不应视为前者的“但书”。但是，第 3 款确实规定了不同于前者的例外的内容，特别是其中的“任意”，如果不加限定，是否可以理解为可以不受该条“从税后利润中”提取“公积金”的总约束条件呢？显然不应当这样理解，否则，“公积金”的提取“任意”到可以从“税前利润”提取的程度，国家的税收将如何保障？

立法者当初可能根本没想这么复杂，一般人也会想当然地认为既然是规定“公积金”的，而且前面已经说了“从税后利润中提取法定公积金后”，怎么还能再从“税前”利润中提取公积金呢？立法的严谨性和执法严肃性，要求法律规范必须防备所有的可能，更何况此处还有“任意”一词呢？

于是，2005年《公司法》修订时，就在“任意”前加了一个略显重复的限定：“还可以从税后利润中提取任意公积金”，从而避免了歧义。

七、语义的明确表达

2023年《立法法》第7条第2款规定：“法律规范应当明确、具体，具有针对性和可执行性。”显然，法律规范的“针对性和可执行性”都是建立在其内容及表述的“明确、具体”的基础之上的。虽然这是2015年该法修改时才增加的内容，却是立法最基本的要求。

立法语义的明确表达，需要解决一个根本性的问题，即一个国家的通用语言文字规范或者标准与立法语言的关系。因为对于所有守法者，以及绝大多数执法者、司法者而言，其理解法律的基本工具，是该国的通用语言文字。如果一国的通用语言文字与立法语言之间，表意差异过于明显，就会出现法律实施的难题。破解这个难题之道，似乎不是民众去适应立法，而是立法必须顺应民众，用民众能够理解的语言，表达需要民众遵守的法意及相应法律规范。

在立法技术层面，语义与表述的统一，不同于概念本身的统一，但两者密切相关。与对概念定义的明确统一要求相对应，对立法中语义表达的要求也是如此。

语义的准确表达，是立法的基本要求。就是要用文字，把立法所要表达的意思鲜明地、准确地表达出来。语义的明确表达有两重含义，一是明，二是确。

明，就是要鲜明地提出规则，不能隐而不发、意犹未尽，要做到知无不言。

确，就是要准确地表述规则，不能含混不清、词不达意，要做到言而有信。

通常对语义明确表达的理解，重在准确一端，但就立法而言，说在明处也很重要，甚至更为重要。

2004年《公司法》第118条第2款规定，“出席会议的董事和记录员在会议记录上签名”，到了2005年该法修订时，改为“出席会议的董事应当在会议记录上签名”（第113条第2款），即增加了“应当”一词。本来，原规定中隐含着“应当”的内容，但也可以说隐含着的是“可以”，为了明确，就要在字面上表达出来，不能让执法者、守法者去猜，也不必再请教参与过立法的人或者看他们写的释义。

2000年《立法法》第91条第2款规定：“全国人民代表大会法律委员会和有关的专门委员会审查认为行政法规、地方性法规、自治条例和单行条例同宪法或者法律相抵触而制定机关不予修改的，可以向委员长会议提出书面审查意见和予以撤销的议案，由委员长会议决定是否提请常务委员会会议审议决定。”2015年修正时，将“可以”改为“应当”，将两可之间的“提出书面审查意见和予以撤销的议案”修改为比较明确具体的“提出予以撤销的议案、建议”，充分说明《立法法》对备案审查制度的高度重视。但是仍可以更进一步的是明确主体和程序、赋予公民提起针对相应立法的诉讼权。这样，类似的权力就可以更容易地落实为具体的案件，相关的立法失误就更有可能通过上下联动的积极、进取的立法审查诉讼，及早发现、及时纠正。

2001年《职业病防治法》第7条规定“国家鼓励研制、开发、推广、应用有利于职业病防治和保护劳动者健康的新技术、新工艺、新材料”，2011年该法修正时，在“鼓励”之后增加了“支持”，从比较空泛的口头、精神“鼓励”为主，拓展到更为实际的政策、土地、资金等“支持”的范畴。虽然出现在总则部分一个倡导性条款中，但至少可以为分则部分进一步落实或者其他下位阶规范性文件进一步加大“支持”力度，创造了条件。

第九节　删繁就简的尺度

立法语言的提炼与凝练，这是一个大题目。

立法是针尖上跳舞的艺术，既要简约，又要达意，必须删繁就简，但又不能因陋就简。立法的语言应当尽可能简明扼要，力戒啰唆；但也不能因文害义，删繁就简也要有一个度的权衡。本节就探讨一下这个极限的尺度。

所有成熟的语言，都应当具备避免重复的语言技术技巧，这种技巧在日常用语中可能没有必要强求，但在立法的表述中却是最基本的要求。立法语言最基本的要求就是，在词能达意的前提下，字越少越好。

但由此产生的问题是，由于不必要甚至错误的“简化”，字没有省多少，意思却已经完全改变，出现了不应有的表义错误。为此，有必要花开两朵、各表一枝：本节分析立法表述中可以精简的内容，意为锦上添花之用；下一节则罗列一些可能的以及已经做实并为后续立法所修正的立法疏漏。

2000 年《立法法》第 90 条规定，国务院等有权主体认为行政法规等规范性文件同宪法或者法律相抵触的，可以提出审查要求，“由常务委员会工作机构分送有关的专门委员会进行审查、提出意见”。此处的“专门委员会”具体指谁？是“常务委员会”的“专门委员会”吗？回答此类问题，千万不要想当然，因为这些问题本身就不是用来回答的，而是提出问题，进而暗示解决问题的方向和思路的。很多人觉得上述问题根本不是问题，甚至认为只有不了解我国人大体制及组织架构的人才会提这样的问题。于是，相关的规定一直延续了 20 余年。直到 2023 年《立法法》第 110 条在“有关的专门委员会”前增加“全国人民代表大会”，很多人才幡然醒悟：对啊！只有全国人民代表大会才有专门委员会啊！但正因为如此，是不是就不必用“全国人民代表大会”的限定了？

这就涉及删繁就简的尺度了：立法为了体现其神圣、庄严，有些表述是不能够随便乱简的，这就是为什么 2023 年《立法法》中反复出现“全国人民代表大会和全国人民代表大会常务委员会”没有都像第 11 条第 11 项、第 12 条、第 13 条第 3 款等条款中那样简写为“全国人民代表大会及其常务委员会”。而“全国人民代表大会常务委员会”在该法第二章第三节中都简化为“常务委员会”，原因就在于该节名为“全国人民代表大会常务委员会立法程序”。

本节的内容大致分四个部分：一是正面阐述该有的必须有，二是正面分析该简的如何简，三是反面论证不该有的坚决删，四是反面分析如何避免因陋就简。

一、该有的必不可少

（一）守法的前提不能省

2004 年《公司法》第 59 条第 1 款规定，“董事、监事、经理应当遵守公司章程”。没错，他们作为公司的“人”特别是公司的“领导”，当然要“遵守公司章程”，但仅此足矣？显然不够，他们作为社会的一分子，特别是作为公司的经营管理人员，还要“遵守法律、行政法规”，特别是与公司的经营管理有关的“法律、行政法规”。

或许有人会说，如此显明的道理还需要法律规定吗？《刑法》中的绝大多数条款，难道仅仅是为了告诉潜在的犯罪分子杀人越货需要判多少年、让他们精确计算犯罪成本吗？《刑法》中最重要的一条内容，是“同犯罪作斗争”，包括每个人的自律、守法。也就是不能因人人都知道犯罪是不对的就把《刑法》简化为只规定刑罚。

正是基于正面劝导的必要性，以及教育与惩罚相结合的德治与法治紧密结合的理念，我国立法中普遍要求其所调整的社会关系的当事人必须首先守法。类似的规定不可或缺。

更需要注意的是，2004 年《公司法》第 63 条中有明确的规定：“董事、监事、经理执行公司职务时违反法律、行政法规或者公司章程的规定，给公司造成损害的，应当承担赔偿责任。”这说明，当初立法时考虑到了“董事、监事”不仅要遵守“公司章程”还要遵守“法律、行政法规”。如此看来，前述的立法中对遵守“法律、行政法规”的忽略，固然有认识没有跟上的原因，但主要还是一个立法技术运用不娴熟的问题。这进一步说明逻辑对位、外延周全的逻辑方法，在立法技术中突出重要的警示、提醒功能和意义。

为了弥补此前立法的不足，2005 年《公司法》修订时特别增加了董事、监事、高级管理人员“应当遵守法律、行政法规”的内容（第 148 条第 1 款）。

（二）必要的限定不能省

与 2018 年新行政诉讼法司法解释第 101 条集中罗列的其他裁定种类相比，“诉讼期间停止行政行为的执行或者驳回停止执行的申请”的表述，顿显冗长。同样“顿显冗长”的还有“准许或者不准许执行行政机关的行政行为”。只有将二者放在一起时，才发现“立法者”的苦衷，“诉讼期间”的限定词，确有必要。

裁定固然是针对诉讼中的程序性事项作出的，所有裁定针对的事项都应当是在“诉讼期间”。为数不多的例外是，新《行政诉讼法》第 97 条规定的行政机关“申请人民法院强制执行”“在法定期限内不提起诉讼又不履行的”行政行为，“163 条”第 160 条第 3 款称之为“强制执行非诉行政行为”。

如果不加“诉讼期间”的限定，上述两种“停止执行”的裁定就难以区分。除非在特定的上下文语境中，新《行政诉讼法》第 56 条第 1 款、第 2 款，就用过简称。第 1 款中用的是“裁定停止执行”，第 2 款中用的是“停止执行或者不停止执行的裁定”，但该条有“诉讼期间，不停止行政行为的执行”的原则性规定作为前提和导引。没有这样的语境、泛泛地放到整个行政诉讼语境中，“裁定停止执行”具体何指，就会有误解。

二、用重复强调重点

1996 年《刑事诉讼法》第 35 条中有“辩护人的责任是……维护犯罪嫌疑人、被告人的合法权益”的表述，2012 年将“合法权益”修改为“诉讼权利和其他合法权益”，强调合法权益主要包括“诉讼权利”，但不限于此。这是立法中一种常见的、正确的表示强调的方法。

将这种强调方法重复使用的例子是，1996 年《刑事诉讼法》第 14 条第 1 款中“人民法院、人民检察院和公安机关应当保障诉讼参与人依法享有的诉讼权利”。2012 年修改为“人民法院、人民检察院和公安机关应当保障犯罪嫌疑人、被告人和其他诉讼参与人依法享有的辩护权和其他诉讼权利”。其中“犯罪嫌疑人、被告人和其他诉讼参与人”“辩护权和其他诉讼权利”，都使用了必要的重复以示强调的手法。

行政诉讼中，只要法院准许撤回再审申请或者按撤回再审申请处理后，该申请人就永远丧失了申请再审的权利，即使其再次申请再审，法院也不予立案[①]，但是，如果该当事人在“知道或者应当知道”“有新的证据，足以推翻原判决、裁定”“原判决、裁定认定事实的主要证据不足、未经质证或者系伪造”“据以作出原判决、裁定的法律文书被撤销或者变更”“审判人员在审理该案件时有贪污受贿、徇私舞弊、枉法裁判行为”等新《行政诉讼法》第 91 条规定的情形的，仍有权自知道或者应当知道之日起 6 个月内提出再审申请。[②] 此等例外涉及的情形，正是 2018 年新行政诉讼法司法解释第 110 条规定的，都属于非常明显可以判定原生效判决、裁定“确有错误”的情形。同一内容规定了两遍，由此可见对这类情形的重视。

但是通常，这不是立法强调某个问题重要性的习惯做法。通常情况下，产生重复的最主要原因，是起草时的疏忽，仅在很少的情况下是用重复的方式以示重视或者强调。

2017 年《行政诉讼法》第 92 条第 2 款规定，最高法院发现地方各级法院，或者上级法院发现下级法院的已经发生法律效力的判决、裁定确有错误，或者调解违反自愿原则或者调解书内容违法的，有权提审或者指令下级人民法院再审。《行政诉讼法》第 93 条第 1 款也有类似的规定：最高人民检察院对各级人民法院已经发生法律效力的判决、裁定，上级人民检察院对下级人民法院已经发生法律效力的判决、裁定，发现有本法第 91 条规定情形之一，或者发现调解书损害国家利益、社会公共利益的，应当提出抗诉。

上述规定，主语用“上级法院（检察院）发现下级法院（检察院）”足以概括，但如果要表达最高法院（检察院）对各级地方法院（检察院）、上级法院（检察院）对下级法院（检察院）的意思，则必须这样写。当然，这里的“上（下）级”特指“上（下）一级”。

---

① “163 条”第 115 条第 4 款。

② “163 条”第 115 条第 4 款。

此类案件有三个特点：一是上级法院从下级法院的生效判决、裁定或者调解中发现。现行表述将30多年前的原文“上级人民法院对下级人民法院”[①]拆成“最高法院对地方各级法院”“上级法院对下级法院”分别表述。二是再审事由与本院院长发现的情形一样，都是新《行政诉讼法》第91条规定的8种情形之一。三是上级法院的处置有两种选择，可以提审，即亲自审理；也可以指令下级法院再审，包括指令下级其他法院再审。

无论是“上级法院发现”，还是“本院院长发现”，都属于法院系统内部自查的范畴。新《行政诉讼法》第92条在旧法第63条基础上，有明显扩张，主要是增加了最高法院对再审案件发现权的表述。当然，这类案件，以前不是没有，而是包夹在“上级法院”之中，没有这么明显罢了。

三、运用立法的成果

立法技术的精进，不是部门法单打独斗的功劳，而是大家齐心协力的结果。

1989年《行政诉讼法》第53条规定：“人民法院审理行政案件，参照国务院部、委根据法律和国务院的行政法规、决定、命令制定、发布的规章以及省、自治区、直辖市和省、自治区的人民政府所在地的市和经国务院批准的较大的市的人民政府根据法律和国务院的行政法规制定、发布的规章。”“人民法院认为地方人民政府制定、发布的规章与国务院部、委制定、发布的规章不一致的，以及国务院部、委制定、发布的规章之间不一致的，由最高人民法院送请国务院作出解释或者裁决。”2014年该法修正时，改为第63条第3款“人民法院审理行政案件，参照规章”后，核心内容只有“参照规章”。

之所以会有如此的简约效果，要归功于2000年出台的《立法法》。在该法已经明确了“规章”的概念后，就不需要再用“国务院部、委根据法律和国务院的行政法规、决定、命令制定、发布的规章以及省、自治区、直辖市和省、自治区的人民政府所在地的市和经国务院批准的较大的市的人民政府根据法律和国务院的行政法规制定、发布的”规章的表述了；在《立法法》已经明确（与其配套的行政法规《法规规章备案审查条例》相配合）规章的冲突规范的情况下，也就不

---

① 1989年《行政诉讼法》第63条第2款。

需要再规定规章冲突的解决途径了，不用再经最高法院报国务院协调了。

关于“发行公司债券”“必须符合”的条件，2004 年《公司法》第 161 条用了 6 项予以明确，2005 年该法修订（第 154 条第 2 款）时，将其简化为“公司发行公司债券应当符合《中华人民共和国证券法》规定的发行条件”。此外，2004 年《公司法》第 162 条关于“不得再次发行公司债券”的情形、第 163 条关于公司内部的发债决定程序、第 164 条及第 165 条关于公司债券的核准程序等内容，也一并省略了。如此修改除了简省篇幅，还有两大好处：一是将专业的事由专业的法规定；二是《公司法》可以不必经常调整相关内容，而相关内容会随着《证券法》的调整而随时调整。

2004 年《公司法》第 189 条规定：公司因不能清偿到期债务，被依法宣告破产的，由人民法院依照有关法律的规定，组织股东、有关机关及有关专业人员成立清算组，对公司进行破产清算。显然，上述规定包括了一些“有关企业破产的”内容，但显然既不全面也不系统。这些内容，在我国已经有专门的“有关企业破产的”法律规定之后，更显得没有必要在《公司法》这样的企业组织法中分别规定。故 2005 年《公司法》修订时，相关内容直接简化为一句话：“公司被依法宣告破产的，依照有关企业破产的法律实施破产清算”（第 191 条），其实就是点到为止，也已经足够了。

四、通用制度的借用

2004 年《公司法》第 175 条第 2 款，规定了“财务会计报告应当包括”的内容，2005 年该法修订时，则以“财务会计报告应当依照法律、行政法规和国务院财政部门的规定制作”（第 165 条第 2 款）取而代之。此处涉及的省略规则或者称技巧，就是通用制度的整体借用，如借用完整的会计制度的既有体系，省去对“财务会计报表”的具体要求，在强化相应要求的权威性、准确性的同时，也省去因会计制度调整，而不得不对《公司法》进行的相应修改。

另如，原“98 条”第 9 条第 2 款规定“既可以向被告所在地人民法院提起诉讼，也可以向原告所在地人民法院提起诉讼，受诉人民法院可一并管辖”。新“163 条”第 8 条第 2 款将其简化为“由被告所在地或者原告所在地的人民法院管辖”。既然是管辖，只说由哪个法院管辖就行了，不用提原告向哪个法院起诉，管辖法院确定了，原告向哪个法院起诉就一并确定了。这就是诉讼的基本原理在立法中的应用，不运用这些原则和知识，立法的表述就会非常复杂、冗长，因为必须表述许多不必表述或者顺理可知的内容。

五、条文间相互借力

删繁就简的方式中，还有更直接的，就是直接引述同法中的其他条文。

2004 年《公司法》将“有限责任公司的设立和组织机构”（第二章）与“股份有限公司的设立和组织机构”（第三章）分章规定，故 2004 年《公司法》第 27 条有关有限责任公司“股东”“出资”方式的规定，与其第 80 条有关“股份有限公司”（发起人）“出资”方式的规定，除主体外实质性内容外几乎完全相同。2005 年该法修订时，第 83 条直接规定：发起人的出资方式，适用本法第 27 条的规定。

1996 年《刑事诉讼法》第 31 条规定，“本法第二十八条、第二十九条、第三十条的规定也适用于书记员、翻译人员和鉴定人”。但该第 31 条所在的“第三章回避”除该条外就只有第 28 条、第 29 条、第 30 条三条。故 2012 年修正时改为“本章关于回避的规定”，如此一改，字数大大简省，意思也更清楚明了。

六、条文合并的捷径

如果两个条款中，绝大部分文字都一致，这反而是执法者、司法者、守法者最忌惮的。

2004 年《公司法》第 40 条规定，“公司可以修改章程。修改公司章程的决议，必须经代表三分之二以上表决权的股东通过”。该条前一条即第 39 条第 2 款中也有“……决议，必须经代表三分之二以上表决权的股东通过”的字句，所不同的是第 40 条的主语是“公司”、第 39 条第 2 款的主语是“股东会”。但从第 40 条的实际内容看，“经代表三分之二以上表决权的股东通过”肯定是借助股东会的形式。因此，这两条的内容完全可以合并，不仅可以减少一条，而且可以大大简化表述。2005 年修订后的该法第 44 条正是这样修改的。

七、点到为止的精妙

1996 年《刑事诉讼法》第 118 条关于“查封、扣押、冻结”物“经查明确实与案件无关的”如何“退还”的问题，原规定是比较“啰唆”的“退还原主或者原邮电机关”，新规定则是非常简洁的“予以退还”，“原路”退还即无论从哪儿“查封、扣押、冻结”都予以恢复原状即可，其中当然包括“退还原主或者原邮电机关”。但如此“简化”处理很可能避免了原规定情况下究竟是“退还原主”还是退还“原邮电机关”无所适从的问题。因为涉及退还“原邮电机关”的，无非指“邮件、电报”，“退还原主或者原邮电机关”有可能都不合适：“邮件、电报”的“原主”究竟是发件人还是收件人？不是从“原邮电机关”“查封、扣押”的“邮件、电报”，是否也要退还“原邮电机关”？类似这样的问题，规定得越多，反而不如“予以退还”更便于操作。

八、白描比简称更简

2001 年《职业病防治法》第 43 条第 2 款规定，“卫生行政部门和劳动保障行政部门接到报告后，应当依法作出处理”。2011 年改为：“接到报告的部门应当依法作出处理。”这显然比“卫生行政部门和劳动保障行政部门接到报告后”，要简单不少。

九、活用统称简称

2001 年《职业病防治法》第 2 条第 2 款中有“企业、事业单位和个体经济组织（以下统称用人单位）”的表述，2011 年该法修正时，将“以下统称”改为“等”，这一修改历经 2016 年和 2017 年两次修正，直到 2018 年仍予以保留。

也就是说，对于某一规范性文件中需要反复使用的简称，可以用部分罗列、简单枚举后，以“等”字收尾，并以“等”字后作为概括的“种概念”，即通常简称、概指的概念，在该规范性文件的下文中，作为这一概念的简称，而不必再用“以下统称”或者“以下简称”的表述赘述这层意思。

但这种方法也有其不可行之处。2011 年《职业病防治法》第 9 条新增的第 4 款中“县级以上人民政府安全生产监督管理部门、卫生行政部门、劳动保障行政部门（以下统称职业卫生监督管理部门）”的“以下统称”，就不能改为“等”，因为其中罗列的 3 个部门既不能少更不能多，如果改为“等”，就会有不止一个部门将自己视同为“职业卫生监督管理部门”，整个职业病监管体系反而更乱了。

十、约定俗成的简称

立法是为普通人立规的事，更应当照顾普通人的感受、习惯。

接受广大民众约定俗成的法律概念，这是顺应潮流的政治选择。如2009年《兵役法》第36条规定“民兵是不脱离生产的群众武装组织”，其中的“脱离生产”，有个更通行的说法“脱产”。故2011年该法修正时就改用“脱产”了（第38条第1款）。

另如“发回作出生效判决、裁定的人民法院重新审理”[①]，可以简称为“发回原审人民法院重审”或者“发回重审”。这两种称谓都已经被新《行政诉讼法》采纳，该法同时分别在不同的条款中使用“发回原审人民法院重审”[②]“发回重审”[③]，“发回重审”的使用频次还更高一些。新司法解释中，“发回重审”[④]则比“发回原审人民法院重新审理”[⑤]“发回作出生效判决、裁定的人民法院重新审理”[⑥]，出现的概率更高。由此甚至可以说，“发回重审”从字面上看“不明不白”，但属于更为“常用”的法律术语。

十一、以顺序换空间

2015年《立法法》第72条第2款中，增加了“法律对设区的市制定地方性法规的事项另有规定的，从其规定”的内容。但从上下文看，还有可以进一步在文字上简化、在逻辑上捋顺的提升余地和优化空间：旧条文的规定是，有立法权的市级人大及其常委会“可以制定地方性法规”，报省级人大常委会“批准后施行”；新法由于增加了新内容，于是写成“法律对设区的市制定地方性法规的事项另有规定的，从其规定。设区的市的地方性法规须报省、自治区的人民代表大会

---

① “163条”第122条。

② 新《行政诉讼法》第89条第1款第3项、第4项。

③ 新《行政诉讼法》第82条第3款，第89条第2款。

④ “163条”第11条第1项，第75条第2款，第101条第1款第13项，第109条第3款及第5款。

⑤ “163条”第109条第2款。

⑥ “163条”第122条。

常务委员会批准后施行”，从而两次出现了“设区的市”的“地方性法规”的表述。当然这样写也有其不得已之处，将有关其他“法律对设区的市制定地方性法规的事项”的规定的内容，放在《立法法》对此规定的后面，显然是顺理成章的。但也不是没有更好的处理方式，那就是将新增加的内容，放在本款最后，并对其文字略作调整为“法律对设区的市制定地方性法规另有规定的，从其规定”，删除“的事项”的限定。

这样处理有四个好处：一是文字大为简化，省去了不必要的重复；二是意思更加连贯，对立法流程的描述一气呵成，没有停顿和转折；三是逻辑更加严谨，先把本法要交代的事交代完，再说其他法律的规定，避免给人一种在不同法律之间跳来跳去的散乱感；四是授权更为充分，其他法律对“设区的市制定地方性法规的”规定，不再局限于其可规定的“事项”，而可以包括其他更为广泛的内容。事实上，即使《立法法》明确规定其他“法律对设区的市制定地方性法规另有规定的，从其规定”，其他法律作为相应领域的特别法，仍可以在“事项”之外，就主体、权限、程序、责任等范围广泛的内容，“对设区的市制定地方性法规另有规定”作出授权或者限制性规定。

十二、一字之省的道理

1996年《刑事诉讼法》第51条规定，人民法院、人民检察院和公安机关“对于有下列情形之一的犯罪嫌疑人、被告人，可以取保候审或者监视居住”。其中的“对于”在2012年改为“对”。考虑到1996年《刑事诉讼法》第133条中“对直接受理的案件”用的是“对”不是“对于”，说明在1996年《刑事诉讼法》中二者交叉混用。这也正是2012年《刑事诉讼法》将其简化、统一的理由所在。

类似的例子还有，2009年《农村土地承包法》第47条规定，“以其他方式承包农村土地，在同等条件下，本集体经济组织成员享有优先承包权”。2018年修改时，将“享有优先承包权”改为“有权优先承包”，表面上看只是减少了一个字，但从立法语言的文字风格看，体现的是一种共同的简约达意、生动有力的风格，彰显立法对精细化的追求。

十三、正反兼顾的抉择

法律规范只需要正面规定，还是要正反两方面都说到？

事实上，从中国的立法实践看，正反两方面都说不在少数。2014 年《预算法》修订时，新法第 57 条第 2 款，在原来规定“各级政府、各部门、各单位的支出必须按照预算执行”的基础上，进一步规定，“不得虚假列支”。也就是说，既从正面要求“必须按照预算执行”，又从反面要求“不得虚假列支”。显然，这构成了逻辑上和事实上都不应该有的重复。但要从根本上强调一件事，并不需要三令五申。

2000 年《立法法》第 91 条第 2 款“由委员长会议决定是否提请常务委员会会议审议决定”中的“是否”一词是否必要？或者说，在有关主体认为被审查的规范性文件“同宪法或者法律相抵触而制定机关不予修改的”情况下，委员长会议会决定不提请“常务委员会会议审议”吗？从法理和常理两个方面来看，但凡需要决定的场合，确实都有肯定和否定两种可能，但这两种可能都蕴含在“决定”之中，因此“决定是否”中的“是否”似乎是没有必要的。但 2000 年该法中出现的 9 处“是否”，仅此一处作了调整可见在这个问题上确实有正反兼顾的必要，不能简单地一概而论。

十四、重复的限定

2015 年《立法法》增加的第 13 条规定：“全国人民代表大会及其常务委员会可以根据改革发展的需要，决定就行政管理等领域的特定事项授权……”2023 年删除了“特定事项”前的限定词“行政管理等领域的”。如此修改，可以视为对此类授权范围的扩大，即不限于“行政管理领域”；但更可以理解为对原有表述中不必要的重复修饰的立法技术修正。因为“行政管理等领域”如果按等外列举理解，本来就有不限于“行政管理领域”的意思，完全起不到限定授权范围的效果。同时，“特定事项”本身就是指不确定的事项，需要结合授权决定予以具体明确，加之“全国人民代表大会及其常务委员会”在我国拥有全面的立法权，只要相应授权不与宪法相抵触，完全可以不限于“行政管理领域”。由此可见，2015 年立法时的表述确实有保守、重复之嫌。

同时，原条文“授权在一定期限内在部分地方暂时调整或者暂时停止适用法律的部分规定”的表述中，“一定”显然是不确定的，既然已经决定授权了，就应当在授权决定中明确“规定”，而不能再停留在“一定”状态；而“部分地方”只强调了授权的“地域”范围，无法覆盖主体、事项、权限、领域等更为广泛的“范围”。可见，在立法中，重复限定与模糊限定往往相伴而生，最终殊途同归于表意不准确。

2002年《互联网上网服务营业场所管理条例》第10条规定，“设立互联网上网服务营业场所经营单位，应当向县级以上地方人民政府文化行政部门提出申请，并提交下列文件……”2016年该法修订时，将“设立”改为“从事”，并相应删除了第11条第1款“文化行政部门应当自收到设立申请之日起20个工作日内作出决定”中的“设立”。即使没有将上一条中的“设立”改为“从事”，下一条“设立申请”中的“设立”是不是也是多余的？答案显然是肯定的。

立法中前后条文之间的关系，不仅仅是时序上先后为次，在语义上也是紧密相连的。前一条规定“提出申请”，后一条再提到“申请”，肯定应当是指该“申请”。再对该“申请”前加限定词，并不能进一步明确其所指，反而啰唆。

避免重复的限定，就是要去除不必要限定的累赘。

原“98条”第84条第1款规定，“申请人是公民的，申请执行生效的行政判决书、行政裁定书、行政赔偿判决书和行政赔偿调解书的期限为1年，申请人是行政机关、法人或者其他组织的为180日”。“163条”第153条第1款将其大幅精简为：“申请执行的期限为二年。申请执行时效的中止、中断，适用法律有关规定。”

从文字上看，新旧对比，立觉“163条”第153条第1款的新条文简约明快。这不光是由不再区分申请人类型而形成的，更是因为去除了没有必要的限定性赘语“生效的行政判决书、行政裁定书、行政赔偿判决书和行政赔偿调解书”。因为前一条已经交代了，申请法院强制执行的范围是“发生法律效力的行政判决书、行政裁定书、行政赔偿判决书和行政赔偿调解书”，要是都这样强调的话，每次提到强制执行都会连篇累牍。

但比较让人难以理解的是，仅仅隔了一条，“163条”第154条第1款规定，发生法律效力的行政判决书、行政裁定书、行政赔偿判决书和行政调解书，由第一审人民法院执行。对照新旧条文，该条涉及的内容，一字未改。但对照前后条文，特别是已经修改的第 153 条第 1 款，“163 条”第 154 条第 1 款仍有进一步精简的空间，这还不完全是出于对文字简化的苛求，而是一部立法性文件前后统一的结构化需要。

十五、不必要的列举

2009 年《兵役法》第 55 条规定，“现役军人牺牲、病故”“其家属无劳动能力或者无固定收入不能维持生活的，再由国家定期发给抚恤金”。这一规定至少有两个问题，一是如果“其家属无劳动能力”但有“固定收入”“能维持生活的”，是否还要再“发给抚恤金”？如其家属已退休多年、年老体衰、卧床不起，完全没有劳动能力，但有丰厚的退休金、养老金，完全“能维持生活”，这时还需要国家定期发给抚恤金吗？二是“其家属”有“无劳动能力”，与“国家定期发给抚恤金”之间到底是什么关系？现实中有这种情况，许多有劳动能力的人照样没有固定工作、固定收入，“不能维持生活”。而“国家定期发给抚恤金”的最终目的，显然不是使其恢复劳动能力，而仅仅是使其“能维持生活”。从这个意义上讲，在决定是否“再由国家定期发给抚恤金”这个问题上，有“无劳动能力”并不是决定性的考量因素，甚至有“无固定收入”也不是必须考虑的，能“不能维持生活”才是最根本的。

故 2011 年《兵役法》修正时，上述内容调整为现役军人“遗属无固定收入，不能维持生活，或者符合国家规定的其他条件的，由国家另行发给定期抚恤金”。（第 59 条）如此修改，基本解决了上述疑问，但仔细考虑，还不够彻底。由于修改后的内容，采取“，”与“或者”关联使用的句子结构，实际上将“无固定收入”“不能维持生活”“符合国家规定的其他条件的”三者并列起来，只要具备其一，就可以享受“由国家另行发给定期抚恤金”。如此一来，仍不免存在“无固定收入”但因有大笔遗产而“能维持生活”，仍从国家领取“抚恤金”的现象。

当然，如果此类“抚恤金”制度的构建初衷，是消除“现役军人”对“牺牲、病故”的后顾之忧，那就应当按照均等原则仅以“现役军人”“牺牲、病故”为前提，普遍给遗属发抚恤金；但如果这项制度只是为了对其遗属的生活状况予以“填平补齐”，就需要考虑有无固定收入、能不能维持生活等因素。目前的制度构架似乎属于后者，故有必要进一步明确或者以“不能维持生活”作为唯一的抚恤标准，并辅之以“符合国家规定的其他条件”，而不要在此之外，再开更大的口子。

十六、简写的不确定性

所谓简写，就是用诸如“前条”之类的省略语，但这是有风险的。

2004 年《公司法》第 191 条中提到该条的“前条”，2005 年该法修订时，相应的第 184 条就只能将其修改为“本法第一百八十一条”。因为此次修订时中间增加了 2 条。但第 182 条也没有再用“前条”，也采取了“本法第一百八十一条”的表述。

显然，“前条”比“本法第一百八十一条”要简省得多。但“前条”是相对定位，后者则是绝对定位。从意思表示的准确性考虑，“前条”确实有一点点不明确的地方，就是没有明确“前”几条，也就是说，“前条”可以理解为“前一条”也可以理解为本条之前所有各条。此外，从立法的稳定性角度考虑，如果立法修改时“前条”与本条之间增加了条文，“前条”就必须相应修改。当然，这种可能性极小。

此外，“前条”本身就难得一用，其他隔着一条以上的相互引用条文的情况，都是“直呼其名”，不用“前条”也多不了几个字。

综合上述理由，弃用“前条”也有说得过去的道理。但从此后的立法例看，“前条”的表述还有立法在用，如《证券法》（2014 年）第 54 条、《审计法》（2006 年）第 46 条。但也仅此两法而已，由此得出的结论，恰恰不是“这确实不是一个十分普遍的问题”，而是说类似“前条”之类的用法快要退出历史舞台了。

十七、不能因陋就简

由于“原判决遗漏当事人”属于新《行政诉讼法》明确列举的“严重违反法定程序”[①] 的情形，足以导致“裁定撤销原判决，发回原审人民法院重审”[②] 的后果，

① 新《行政诉讼法》第 89 条第 1 款第 4 项。

② 新《行政诉讼法》第 89 条第 1 款第 4 项。

故必须共同进行诉讼的当事人没有参加诉讼的，法院应当依法通知其参加[①]。其中的“必须”的共同诉讼，是指按照新《行政诉讼法》第27条，当事人一方或者双方为两人以上，因同一行政行为发生行政争议，法院必须合并审理的诉讼[②]。

而申请参加诉讼，正是2018年行政诉讼法司法解释在作出上述认定时在同一条、款[③]中一并规定的：“必须共同进行诉讼的当事人没有参加诉讼的，法院应当依法通知其参加；当事人也可以向法院申请参加。”这一规定的本意，特别是其中的“当事人也可以向法院申请参加”，固然可以理解为前半句所指的“必须共同进行诉讼的当事人”；但由于表述时的原因，“当事人”也可以理解为不限于“必须共同进行诉讼的当事人”，而是其他与被诉“行政行为有利害关系”“有权提起诉讼”的“公民、法人或者其他组织”。[④]

立法者可能仅仅是为了简化一下表述，但执法者、守法者就可能理解为不同的内容。由此产生的后果是，如果“当事人”据此向法院申请“参加诉讼”，而法院以其不是“必须共同进行诉讼的当事人”，故先是没有“依法通知其参加”，后也没有在其申请后裁定“准许参加诉讼”，该当事人一再“碰壁”后很可能就会以“其人之矛攻其人之盾”：以“原判决遗漏当事人”为由申请再审。

而且，2018年司法解释在规定“当事人也可以向法院申请参加”之后的紧接着的一款中，也是直接规定“法院应当对当事人提出的申请进行审查”，没有限定只能是对“必须共同进行诉讼的当事人”的申请进行审查。按照立法的一般解释规则，前款对特定概念的限定，不足以“波及”后一款。

此外，既然司法解释允许“当事人也可以向法院申请参加”，通常情况下，或者说从“及时审理行政案件，解决行政争议”[⑤]的立法宗旨出发，法院也应该以行政诉讼的立案标准，即“行政行为的相对人以及其他与行政行为有利害关系”，宽大为怀，尽可能准许当事人提出的参加诉讼申请，尽可能将利害关系人纳入“以审判为中心”的诉讼过程，避免此后的麻烦和纠缠。

---

① “163条”第27条第1款。
② “163条”第27条第3款。
③ “163条”第27条第1款。
④ 新《行政诉讼法》第25条。
⑤ 新《行政诉讼法》第1条。

此外，逻辑和情理、事理中应当考虑或者预见到的内容，也不宜忽略。

2001年《规章制定程序条例》第17条第3款规定，“规章送审稿的说明应当对制定规章的必要性、规定的主要措施、有关方面的意见等情况作出说明”，既然提到了“有关方面的意见”，是不是要考虑到或者遇到“重大意见分歧”甚至“协调”不下来的情况？对此，2017年该条例修订时，在“有关方面的意见”后增加了“及其协调处理情况”的内容。

特别是在该条例后续条文中有相当篇幅规定“不同意见”的协调处理程序时，更有必要在前文中予以规定、埋下伏笔，以为呼应。

更重要的是，既然不同意见的协调处理是起草过程中的重要工作内容，其有关情况就更应当成为“规章送审稿的说明”中“当仁不让”的内容了。

当然，上述规定中，确实有一个兼容性很强的“等情况”托底，“及其协调处理情况”也可以视为“等情况”中的应有之义，而不予挑明。但对于此等从逻辑上或者情理上、事理上能够“顺理”推断出来的内容，即使有“等”字在后面兜底，也不妨或者说最好“知无不言”地将最明显、最经常能够想到的内容，先罗列出来，再以“等”字涵盖未尽的事宜。

第十节　避免重复的技巧

要言不烦、大道至简。立法是语言艺术之花，立法工作的全部要旨，就在于如何以最精简的文字，全面准确地表达议定的规矩。因此，立法技术中相当重要的一块，就是如何使法律的语言更为言简意赅。本书的许多章节，都涉及并围绕这个主题，但都基于不同的切入点；其中有重复，这是为了避免立法时不重复。

本节先分享几个避免重复的经验，再罗列立法中重复的教训。

一、归并进而省略

2004 年《公司法》（第 169 条第 2 款第 3 项）中还有这样的规定，记名公司债券的存根簿上应当载明“债券总额，债券的票面金额，债券的利率，债券的还本付息的期限和方式”。显然，作为共同限定词的“债券”是可以归并进而省略的，但这自 1993 年《公司法》颁布就一直延续下来的规定（条款项序都没有变），2005 年（第 158 条第 2 款第 3 项）修订该法时才调整为：“债券总额，债券的票面金额、利率、还本付息的期限和方式。”

二、通过转引避免重复

为了避免过多重复其他立法中的规定，可能通过“依法”予以转引，这涉及法律规范的参互引用，是“依法”的正面效果。2001 年《行政法规制定程序条例》第 11 条第 1 款规定，“起草行政法规，除应当遵循立法法确定的立法原则，并符合宪法和法律的规定外，还应当符合下列要求”。上述内容，几乎全文抄录了该条例第 3 条的规定“制定行政法规，应当遵循立法法确定的立法原则，符合宪法和法律的规定”，这在立法技术上，就叫重复。简化的技术也很简单，直接点条号即可。

又如，2001 年《商标法》第 57 条第 1 款规定了“在起诉前向人民法院申请采取责令停止有关行为和财产保全的措施”的内容，该条第2款规定：人民法院处理前款申请，适用《民事诉讼法》第93条至第96条和第99条的规定。

显然，涉及民事诉讼的内容需要适用《民事诉讼法》的相关规定。原来的规定，就其实质内容本身而言，无可厚非。美中不足的是，太啰嗦了。故在2013年《商标法》修正时，只用了两个字就解决了上述一款才解决的问题："依法"（第65条）。更能说明问题的是，2001年《商标法》第58条的第2款至第4款，都是对法院如何保全证据的具体规定，2013年修正时，也都删除了，仅在第1款中增加“依法”2字。由于这两处修改中涉及的内容，无论是法院实施的证据保全还是财产保全，都应当并且已经规定在《民事诉讼法》中了，其他法律文件只要明确要求法院“依法”操作，依什么法的问题法院及所有相关方都是十分清楚的。其他立法就不应再重述《民事诉讼法》中的规定。也就是说，对于某部立法中涉及的需要引用其他法律规范及制度体系的内容，只需要表述为“依法”即可，必要时，可以进一步表述为依某一特定法即可。

当然，由此产生的问题是，“依法”有时过于笼统，不好判断依哪部法、依该法的哪一具体内容，仍会使立法空泛化。随着我国立法信息化辅助技术的逐步推进，在利用信息技术手段解决了此前法律之间相互转引、一部法修改后其他相关法来不及修改或者修改时照顾不全而使转引规范“迷失”的问题之后，我国的立法确实也可以考虑所有的转引都具体到条款，但应保障相应条款一旦修改，必须对相关法律文件一并联动修改。这个工作量，需要有立法信息技术的加持。

三、利用语境简化表述

立法中的语境，就是条文构成的意思表达氛围。利用语境简省文字，有相当的风险，通常不建议采用，以免弄巧成拙。但在个别情况下，也确实不能太教条。上下文及整部法中都明了的内容，不必重复。

2004年《公司法》第32条规定：“股东有权查阅股东会会议记录和公司财务会计报告”，这里的“公司”一词显然是多余的，甚至“财务”一词都是。

《劳动合同法》2012年修正时，将原第57条中的“注册资本不得少于五十万元”修改为“注册资本不得少于人民币二百万元”。虽然是2012年才增加的内容，但在中国的立法中，是否需要强调“人民币”，确实不是个新问题。笔者查了一下改革开放以来的立法，在法律条文中提及钱款数额时，很少在前面强调“人民币”，只有金融（《中国人民银行法》专设第三章“人民币”）、税收、保险及涉外立法中比较常见。《行政处罚法》《治安管理处罚法》等与大众联系比较密切的立法，提到了罚款计价单位“元”，但没有提“人民币”。

四、制度构造型重复

立法最根本的重复，是制度建构中的叠床架屋。与个别文字、语句、条文的重复相比，多重授权、重复监管等制度构造上的叠床架屋型重复，才是后果最严重的，也是近年来行政审批制度改革最大的着力点和成果富集区。

尽可能避免多重许可、重复许可，既是行政管理体制改革的重点，也是立法源头治理的关键。

2013年12月全国人大常委会修改《海关法》时，删除了2013年6月刚修正的《海关法》第11条第1款中有关“报关人员必须依法取得报关从业资格”的规定，即只要求“进出口货物收发货人、报关企业办理报关手续”“必须依法经海关注册登记”，“进出口货物收发货人、报关企业”“未依法经海关注册登记，不得从事报关业务”。也就是只管机构而不再对机构及其工作人员（报关员）实施双重资质（格）许可。这也算是简化行政许可强度的一个方向。

按照2003年《港口法》第37条第2款的规定，原则上“不得在港口进行可能危及港口安全的采掘、爆破等活动”，“因工程建设等确需进行的”，须“报经港口行政管理部门批准”，其中“依照有关水上交通安全的法律、行政法规的规定须经海事管理机构批准的，还应当报经海事管理机构批准”。据此，“因工程建设等确需”“在港口进行可能危及港口安全的采掘、爆破等活动”，需要经两个行政机关批准，即有2项行政许可：一是“报经港口行政管理部门批准”，其设定依据就是《港口法》第37条第2款规定；二是“报经海事管理机构批准”，其设立依据是“有关水上交通安全的法律、行政法规的规定”。2015年修改《港口法》时，专门对此处的双重行政许可进行了调整，“报经港口行政管理部门批准”的行政许可继续保留；“报经海事管理机构批准”的行政许可予以废除，具体表述为“港口行政管理部门应当将审批情况及时通报海事管理机构，海事管理机构不再依照有关水上交通安全的法律、行政法规的规定进行审批”。据此，立法实际上是合并了上述两项行政许可，即一方面要求保留了行政许可权的“港口行政管理部门应当将审批情况及时通报海事管理机构”，通过加强行政机关之间的信息交流，达到行政许可的效果，避免因行政许可取消所造成的管理真空和监管漏洞。另一方面禁止“海事管理机构”“再依照有关水上交通安全的法律、行政法规的规定进行审批”。之所以说此等表述非同寻常地“强硬”，是因为通常情况下，只需要明确“海事管理机构”不再审批，甚至什么也不说，只删除原条文中的相应内容，即删除“依照有关水上交通安全的法律、行政法规的规定须经海事管理机构批准的，还应当报经海事管理机构批准”，在严格依法行政的法治国家，就可以达到目前的立法效果。与《港口法》同时修改的《税收征收管理法》中，对“减税、免税”的审批的取消，采取的就是这个办法，直接删除“减税、免税的申请须经法律、行政法规规定的减税、免税审查批准机关审批”，就算完整了。

而 2015 年《港口法》的修改之所以特别强调“海事管理机构不再依照有关水上交通安全的法律、行政法规的规定进行审批”，就是为了以全国人大常委会的名义，郑重提醒“海事管理机构”并向全国乃至全世界宣告，即使“有关水上交通安全的法律、行政法规的规定”没有修改，中华人民共和国领域内的“海事管理机构”也不得再“依照有关水上交通安全的法律、行政法规的规定”进行此项审批了。

当然，从完善立法体制的角度着眼，更为稳妥，或者说更为柔性化，不这么“强硬”的做法是，一并修改“有关水上交通安全的法律、行政法规”中有关“因工程建设等确需”“在港口进行可能危及港口安全的采掘、爆破等活动”，需要“报经海事管理机构批准”的“法律、行政法规”，删除其中有关此类事项须“报经海事管理机构批准”的内容，从而从根本上消除“海事管理机构”再“依照有关水上交通安全的法律、行政法规的规定进行审批”的制度基础。

未采取上述措施的原因有四：一是立法工作量可能比较大；二是可能存在挂一漏万的情形；三是“海事管理机构”“依法审批”的意愿非常强烈，不如此表述，达不到取消此项行政审批的目的；四是避免翻案，即重新恢复审批。这种恢复，还真不见得是在《港口法》中翻案，而是在“有关水上交通安全的法律、行政法规”中迂回。如此一来，即使 2015 年《港口法》修改后或者同时一并修改了“有关水上交通安全的法律、行政法规”，谁能保证多年后，不再在制定新的或者修改旧的“有关水上交通安全的法律、行政法规”时，不小心又卷土重来？后来，《港口法》又在 2017 年、2018 年密集修改过两次，上述规定未出现反复。

五、技术失误性重复

立法中有些问题的发生，是比较简单粗暴的，确实说不清为什么会这样。但从立法技术上分析，完全属于技术性失误，比较容易判断，也好修改。

原“98 条”第 44 条第 1 款第 10 项规定，“诉讼标的为生效判决的效力所羁束的”，应当裁定不予受理，后修改为“诉讼标的已为生效裁判或者调解书所羁束的”。为生效裁判所羁束，当然就是为生效裁判的效力所羁束。在法律语言的语境下，“的效力”就是多余的，“生效”已经包含了“效力”既存的事实和语义。

原“98 条”第 61 条规定，“民事争议当事人要求人民法院一并解决相关民事争议”。这也是个明显的赘语，重复使用的“民事争议”，新法“当事人申请一并解决相关民事争议”的表述，不仅仅是个更为简洁的问题，还避免了许多不必要的枝节，如“申请”与“要求人民法院”相比，更好地摆正了“当事人”与法院的确当关系。

六、条文内容的重复

2013 年《粮食流通管理条例》第 9 条第 1 款规定，“取得粮食收购资格，并依照《中华人民共和国公司登记管理条例》等规定办理登记的经营者，方可从事粮食收购活动”。该条例第 10 条又规定：“取得粮食行政管理部门粮食收购资格许可的，应当依法向工商行政管理部门办理设立登记，在经营范围中注明粮食收购；已在工商行政管理部门登记的，从事粮食收购活动也应当取得粮食行政管理部门的粮食收购资格许可，并依法向工商行政管理部门办理变更经营范围登记，在经营范围中注明粮食收购”，其实质就是“依照《中华人民共和国公司登记管理条例》等规定办理登记”，这一内容已经在第 9 条第 1 款中说明白了。

故 2016 年修订该条例时，果断删除了第 10 条。至于同时对第 9 条第 1 款所作的修改（依照《公司登记管理条例》等规定办理登记的经营者，取得粮食收购资格后，方可从事粮食收购活动），只是对表述顺序的调整，不涉及第 10 条赘述的问题。也就是说，新条例顺应先照后证的行政管理体制改革思路，对证、照关系的调整，不是当初立法时多写了一条的借口。

2004 年《公司法》第十章“法律责任”中，第 218 条至第 223 条连续 5 条中，每条都有“构成犯罪的，依法追究刑事责任”的表述。但该章其他条文中，也涉及法律责任，特别是行政责任，就没有这样的规定。抛开这些条款中刑事责任是否必要这个实质性问题不谈，仅从立法技术角度考虑，如此“频繁”地重复这一规定，是不是有点儿“啰唆”？故 2005 年修订《公司法》时，所有条款中的类似表述都删除了，只在最后合为一条（第 216 条）“违反本法规定，构成犯罪的，依法追究刑事责任”。不亦简乎？不亦足矣？

七、语义重复

语义重复，是相对比较隐蔽的重复。1996 年《刑事诉讼法》第 74 条规定：“犯罪嫌疑人、被告人被羁押的案件，不能在本法规定的”“期限内办结，需要继续查证、审理的”“可以取保候审或者监视居住”，“需要继续查证、审理”，就属于没有必要的重复。因为只要是“犯罪嫌疑人、被告人被羁押的案件，不能在本法规定的侦查羁押、审查起诉、一审、二审期限内办结的”，首先要解决的问题不是是否“需要继续查证、审理”，而是是否要解除“羁押”，即变更强制措施。同时，“不能在本法规定的侦查羁押、审查起诉、一审、二审期限内办结的”案件的后续处理，也不限于“需要继续查证、审理”，多说的这一解除“羁押”条件，没有使条文更加严谨，反而留了不必要考虑却又考虑不周的逻辑陷阱，2012 年《刑事诉讼法》采取一分为二的方式，予以剔除了。

八、词义重复

词义重复，是更为直观的重复。字面上反复出现的字、词是最直观的证据。当然，词义重复时语义往往也是重复的，除非相同的字词具有不同的词义，这在法律界比较少见，甚至是立法的大忌。

原“98 条”第 44 条第 1 款第 4 项规定，“法律规定必须由法定或者指定代理人、代表人为诉讼行为，未由法定或者指定代理人、代表人为诉讼行为的”，应当裁定不予受理。“163 条”第 69 条第 1 款第 4 项改为：“未按照法律规定由法定代理人、指定代理人、代表人为诉讼行为的"，省略、删除了不必要重复的"必须由法定或者指定代理人、代表人为诉讼行为"。显然，一句话里出现了两处"法定或者指定代理人、代表人为诉讼行为，未由法定或者指定代理人、代表人为诉讼行为的"，这本身就是词义重复最明显的标识，是立法、修法时必须重点关注的内容。

九、用词重复

2004年《公司法》第25条"股东不按照前款规定缴纳所认缴的出资"的表述，有点令业外人士摸不着头脑："所认缴的出资"究竟出了没出、缴了没缴？对业内人士而言，其实在法理上也已经是多余的了。因为"前款"已经"规定"了许多有关"股东应当足额缴纳公司章程中规定的各自所认缴的出资额"的内容了，到了第2款，"缴纳出资"就足以表达清楚了。这正是2005年修订《公司法》时修订的内容。

2005年类似的修订还有2004年《公司法》第26条规定的"股东全部缴纳出资后，必须经法定的验资机构验资并出具证明"中，"全部"也是多余的。因为一般理解，"缴纳出资后"就是"全部"缴纳出资的意思，如果没有缴全，那就还没有缴纳完，就不应当用"后"。

2007年《政府信息公开条例》第24条第2款，是有关信息公开延期答复的内容，其中有"延长答复的期限最长不得超过15个工作日"的规定。由于此前的该条上文一直在说"延长答复"的情形，故没有必要再说"延长答复的期限"，直接说"延长的期限"即可。2019年新条例第33条就是这么改的，可见立法者对此等二字之省，还是非常认真、非常在意的。

十、节外生枝

节外生枝，属于比较低端的重复，不光是不必要，而是产生了更不良的后果。正所谓一字一是非，一字亦是非。

原《兽药管理条例》第12条第2款（2004年、2014年均如此）规定，"兽药生产许可证""有效期届满，需要继续生产兽药的，应当在许可证有效期届满前6个月到原发证机关申请换发兽药生产许可证"。此处的"原发证机关"，就是前面提到的"许可证"的发证机关，加不加"原"都不会引起歧义。但在现实中就不一样了，如果生产企业在有效期内经营场所变更的，其所在地有行政许可实施权的行政机关已经不是“原发证机关”了，怎么办？真要突破《行政许可法》规定的属地管辖原则，回“原籍”办理？当初加“原”时，可能真没想这么多。

故2016年《国务院关于修改部分行政法规的决定》(国务院令第666号)，非常认真地专门将该条例中的5处“原发证”机关(部门)均修改为“发证”机关(部门)(另4处在第23条第2款、第24条、第34条、第70条第1款)。这充分说明，立法一字千金，一个都不能多。

十一、同义反复

2004年《公司法》第136条规定，“股份有限公司登记成立后，即向股东正式交付股票”，显然，此处“登记”与“成立”并列，有些累赘。从股份有限公司成立的过程看，申请登记是必经程序，《公司法》(2018年第6条)直到现在还是这样规定的：“设立公司，应当依法向公司登记机关申请设立登记。”正因如此，公司一旦设立了，或者说成立了，肯定已经“登记”过了。故2005年《公司法》修订时，将原条文中的2处“公司登记成立”都改成“公司成立”了。

当然，类似这样精细化的、可改可不改的修改，只适宜在2005年《公司法》修订这样的时机进行。在需要逐条列明修改内容的修正模式下，有些修改的内容由于过于具体而显得过于招摇，反而就不适宜进行了，立法者有时也怕这个。

1993年《商标法》第30条第1项的规定，属于明显的同义反复的重复如：“自行改变注册商标的文字、图形或者其组合的”，因为同法第7条就有“商标使用的文字、图形或者其组合”的表述。当然，这个表述不尽完善、概括不全，故2001年《商标法》修正时，对应的第8条修改为“可视性标志，包括文字、图形、字母、数字、三维标志和颜色组合，以及上述要素的组合，均可以作为商标申请注册”，这样一来旧法的上述规定就更麻烦了。但关键在于，1993年的《商标法》第30条第1项所要规定的是违法“使用注册商标”的法律责任，而不是界定什么是商标。故此处完全没有必要自找麻烦，直奔主题地说“自行改变注册商标的”该怎么处罚就行了，还有必要解释什么是“改变注册商标”吗？而这正是2001年修正《商标法》时该条修订的唯一内容。

十二、易生歧义的絮语

这类多余的话之所以表意不明，与意思表达的严谨度有关。但其结果，也不限于产生歧义，而是节外生枝甚至颠覆立法目的，2004 年《公司法》第 178 条规定：股份有限公司依照本法规定，以超过股票票面金额的发行价格发行股份所得的溢价款……应当列为公司资本公积金。值得讨论的是其中的“依照本法规定”，具体所指是“本法”（2004 年《公司法》）第 131 条第 1 款的规定：股票发行价格可以按票面金额，也可以超过票面金额，但不得低于票面金额。这一规定属于一个赋权条款，允许“股票发行价格”“超过票面金额”，但并不是强制性规定。因此，2004 年《公司法》第 178 条特别强调“依照本法规定”，没有意义；但是，如果确实写明“依照本法规定”，却不免“发人深省”，只是不知会想到什么地方去，但立法者当初可能真的没想那么多。但既然已经立成了法，立法者就管不了别人想不想这么多了。本着这个原则，2005 年修订《公司法》时，就把这个无用的“絮语”给删除了（2005 年《公司法》第 168 条）。

正因如此，立法的基本原则是，辞达而已，绝不多说一个字。

2004 年《公司法》第 184 条第 1 款规定，“公司合并可以采取吸收合并和新设合并两种形式”。此处的“两种形式”逻辑上、字面上都不能说错，但没有必要。

2001 年《规章制定程序条例》第 11 条第 1 款规定，“规章制定工作计划，报本部门、本级人民政府批准后执行”。显然，“规章制定工作计划”是用来指导、谋划、安排立法工作的，经“批准后”肯定是要“执行”的，是否有必要强调“执行”呢？ 2017 年修订该条例时，将“执行”修改为“向社会公布”。显然，这是一个新的更需要明确的内容，但也解答并回避了上述问题。

十三、重复限定的累赘

一部法律文件中，先行界定某一法律概念的含义，进而展开规范，是一项越来越普遍适用的立法技术。由此产生的立法技术规则是，已经界定过或者描述过的法律概念，就不要再次重复定义或者重复已经定义的内容。

2007 年《政府信息公开条例》第 24 条第 3 款规定，“申请公开的政府信息涉及第三方权益的，行政机关征求第三方意见所需时间不计算在本条第二款规定的期限内”。但考虑到此前的第 23 条已经明确规定，“行政机关认为申请公开的政府信息涉及商业秘密、个人隐私，公开后可能损害第三方合法权益的，应当书面征求第三方的意见”。因此，“行政机关征求第三方意见”，肯定是因为而且只能是因为“申请公开的政府信息涉及第三方权益的”，故这个前提就是当然的，进而是可以省略的。而且，如果立法要表达（无论基于什么理由）“行政机关征求第三方和其他机关意见所需时间”都“不计算在前款规定的期限内”的意思，更不能设置此等不必要的限制条件。2019 年新条例第 33 条正是这样修改的。

2001 年《行政法规制定程序条例》第 7 条第 1 款规定，国务院有关部门认为需要制定行政法规的，应当向国务院报请立项。据此，“行政法规”的“立项”肯定是由国务院部门报送的。既然如何，此后再规定有关“行政法规”的“立项”事宜时，就不必再重复“部门报送”了。但第 8 条第 1 款仍规定“国务院法制机构应当根据国家总体工作部署对部门报送的行政法规立项申请汇总研究”，此处“部门报送的”就是多余的重复定义。2017 年该条例修订时，删除了这 5 个字。

2007 年《政府信息公开条例》第 14 条第 2 款规定，行政机关“在公开政府信息前”，应当依照保守国家秘密法等有关规定“对拟公开的”政府信息进行审查。事实上，“对拟公开的”已经明确了保密审查肯定是“在公开政府信息前”进行的，相应的限定就是多余的，故 2019 年修订该条例时删之（第 17 条第 2 款）。

十四、“依法”导致的啰唆

2007 年《政府信息公开条例》第 20 条规定，“公民、法人或者其他组织依照本条例第十三条规定向行政机关申请获取政府信息”中的“依照本条例第十三条规定向行政机关”，显然是多余的，无论其是否“依照本条例第十三条规定”，甚至是否“向行政机关”提出信息公开申请，都不影响其申请政府信息公开行为的定性及相应的处理程序。具体而言，该条例第 13 条仅仅是规定除行政机关依本条例主动公开的内容外，还可以依申请获取政府信息，这样一个授权性决定，确实没有多少可供行政机关行使职权时“依据”的内容。

故 2019 年新条例（第 29 条）直接规定“公民、法人或者其他组织申请获取政府信息的，应当向行政机关的政府信息公开工作机构提出”。这一规定，解决了向谁提出、谁来处理、谁负责公开等问题，非常重要，却恰恰是旧条例疏忽的。

第五章

字词与语义

字词与语义是立法技术的核心，整个立法技术体系的全部内容，无非就是用大多数人都耳熟能详的字词及其通行的语义来表达特定法律规范的内容。在这个由法意（立法者头脑中的规则）到字词再到对法律条文中的字词的理解的双向互动中，需要借助立法技术实现从法意到规则，直至落实为秩序的全息立体变换。在这个过程中，立法的愿景显然应当力求完美，但法律条文的现实却往往难以尽如人意。

2023 年《立法法》第 109 条第 3 项规定，“自治条例、单行条例报送备案时，应当说明对法律、行政法规、地方性法规作出变通的情况”；第 5 项规定，“经济特区法规、浦东新区法规、海南自由贸易港法规报送备案时，应当说明变通的情况”。同一条中有关“变通情况”的说明用了不同的表述，其中有什么深意？

2023 年《立法法》共 6 次出现“变通”。事实上，2000 年的《立法法》中就已经有“变通”的规定（出现了 4 次，主要列举变通的情形），其前面都有“法律、行政法规、地方性法规”之类的限定；2015 年《立法法》增加了 2 处要求对“变通情况”进行说明的条款，“变通”前面也都有“法律、行政法规、地方性法规”的限定。但2023年《立法法》则在“经济特区法规报送备案”的说明部分增加了“浦东新区法规、海南自由贸易港法规”报备说明要求，但同时一并删除了原来对“经济特区法规报送备案”的说明部分中“法律、行政法规、地方性法规”的限定。

由此可见，这就是一个简单的表述不同的现象，是不是违反了表述统一的要求呢？对此，要想解释清楚还真不容易，这里面可能大有学问。但换个思路看，也很简单：很可能就是校核时没有注意到表述统一的问题，这就是立法技术所要解决的最基本问题。

跳出作为国家基本法律的《立法法》起草、审议这样宏大的叙事，对于绝大多数从事立法工作及其他要求较高的文字工作的业务人员，类似上述的表述中的字词的运用，以及对相关字词的语义的理解，必须秉承最基本的要求：尽可能表述统一、前后一致，除非有更为深远的寓意，否则不轻易挑起读者的疑虑。

第一节 概念的明确统一

法律概念界定的基本要求是，在每部法律规范甚至整个法律体系中，每个特定的法律概念的含义必须是明确的、唯一的、统一的。

概念的明确统一有两个意思，一是概念本身定义明确、界定清楚、没有歧义。二是概念在上下文中始终保持含义的统一，没有自相矛盾。

因此，本节包含两个方面的内容：概念定义的明确、概念语义的统一。

概念的明确统一属于广义的语义统一。因为绝大多数情况下，语义主要是名词的语义。但具有名词特征的动词的语义，有时也会遇到如何保持前后语义一致的问题。

一、界定法律概念的必要

法律是分类的艺术，概念是分类的成果。立法必须首先界定概念，其中最核心的，是涉及该立法调整范围的概念。这就是立法必须首先界定概念的必要性。

立法中可不可以用“生活困难的农村居民”之类的表述？《耕地占用税法（草案）》中就曾用过，由全国人大常务委员会委员和有关方面提出[①]，其具体含义、标准、范围不够清楚，可操作性不强，影响税法的权威性，后修改为“符合农村最低生活保障条件的农村居民”[②]。从而将“生活困难”的基础，建立在“最低生活保障”的法律概念之上，为“生活困难”的客观界定及标准的与时俱进，创造可持续的条件。

新《行政诉讼法》并没有打算给行政合同下定义，但其实际规范结果，就

---

① 全国人大宪法和法律委员会关于《耕地占用税法（草案）》审议结果的报告（2018年12月23日）。

② 2018年《耕地占用税法》第7条第4款。

是相应概念的法律化。为了避免引起不必要的纷争，减少提案获得通过的阻力，2014 年修正《行政诉讼法》时，没有明确提出“行政合同”的概念，而是用列举加概括的方式提出可以提起行政诉讼的“协议”。但无论是学界还是立法、司法实务界，都将这一规定视为“行政合同”纳入行政诉讼的开局之作。因为所有法律人都知道，合同就是协议而同的结果，协议就是合而同之的过程的名词化。由此可见，即使立法时由于各种无奈而避开了特定法律概念的定义环节，但出于相应法律规则适用的需要，执法、司法、守法、释法主体都不得不为必需的法律概念“拟制”一个法律上的渊源，即概念的法律定义。

二、法律概念界定的影响

法律概念的明确界定，是特定法律制度设计、实施的核心问题。提出明确的法律概念，是某一领域顶层设计已经完工的标志。明确统一的法律概念，也是某一领域制度已经基本完善的标志。

如行政诉讼领域，“因不动产”的含义如何理解、界定，就直接影响案件的受案范围。

新《行政诉讼法》第 20 条规定：“因不动产提起的行政诉讼，由不动产所在地人民法院管辖。”“163 条”第 9 条第 1 款对此进一步解释：此处的“因不动产提起的行政诉讼”是指因行政行为导致不动产物权变动而提起的诉讼；不动产已登记的，以不动产登记簿记载的所在地为不动产所在地；不动产未登记的，以不动产实际所在地为不动产所在地。

所谓不动产，是指形体上不可移动或者移动就会损失其经济价值的财产，如土地、建筑物、水流、山林、草原等。不动产案件的特殊地域管辖是各诉讼制度的惯制，根本原因是便于就地就近调查、勘验、测量，自然也更便于法院就地执行。

“因不动产”，是纠纷或争议的内容包含了主体所拥有或者认为拥有的不动产的物权。引起纠纷的事由主要有以下几种：一是因不动产所有权、使用权发生纠纷；二是因建筑物的拆除、翻修、改建、扩建等；三是因污染不动产。

将“因不动产”解释为“因行政行为导致不动产物权变动”，从字面上看，范围有明显的缩小。实践中“因不动产”而兴讼的行政案件，最主要的当然是“因行政行为导致不动产物权变动”，但从逻辑上分析应当不限于此，实践中也确实能够找出许多例外来。考虑到“因不动产”的行政行为遵循严格的地域管辖原则，即由当地行政机关实施特定的、可能被诉的“因不动产”的行政行为，并按照一般管辖原则确定了管辖，故不会有人太计较此事。

当然，更重要的是，有关“因不动产”甚至“不动产”的规定，仅涉及管辖和最长起诉期限等内容，并不涉及受案范围。无论“因不动产”在多大程度上限制了“涉及”不动产的案件的范围，都只影响管辖或者最长起诉期限，不涉及案件是否能够受理。只要这类案件能够受理，是就被告还是就不动产，都不是太大的事儿，而且通常情况下二者高度吻合。故对“因不动产”的上述解释，即使在学理上有争论，在实践中也不会太引人注目。

当前涉及不动产的行政诉讼中真正比较敏感的问题是，行政许可、登记、确权机关作出的行政行为，是否也要受这一特别管辖条款的约束。如国务院部门授予位于某省的矿产资源以探矿权、采矿权的案件。严格从法理分析，看不出有排除的理由。

由于行政机关职权范围的确定本身就遵循属地管辖原则，因此，行政诉讼的一般地域管辖与特殊地域管辖在绝大多数情况下是重叠的。例如，规划行政主管部门核发建设工程规划许可证、人民政府或行政主管部门核发土地所有权证和使用权证、房产行政主管部门核发房产所有权证等，均属此类。

但确有一些情况，要另当别论。例如，当事人因国有资产产权界定行为提起行政诉讼的，应当根据不同情况确定管辖法院。如北京市原有区、县级政府的土地管理行政主管部门，均改制为市国土资源主管部门的派出机构。如果各区、县分局以自己的名义作出行政行为，应当以市国土资源局为被告，管辖法院为市国土资源局所在地的基层法院；土地管理部门作出的行政行为与不动产有关的，由不动产所在地法院管辖，即由作出该行为的区县土地管理部门所在地的基层法院管辖。

三、定义法律概念的原则

定义法律概念的原则，在法律上并不存在，在理论上也不好厘定。但有一个通行的标准，就是不能对随后的法律规范的设定制造障碍。也就是说，概念的定义要经得起后续立法条文中同一概念反复适用时的逻辑严谨性的考验，如果没有自相矛盾，能够自圆其说，概念定义就算成功了。

《行政处罚法》第 41 条规定了不成立的行政处罚行为：行政机关及其执法人员在作出行政处罚决定之前，不依照该法第 31 条、第 32 条的规定向当事人告知给予行政处罚的事实、理由和依据，或者拒绝听取当事人的陈述、申辩，行政处罚决定不能成立；当事人放弃陈述或者申辩权利的除外。行政行为不成立意味着该行为还不能成为行政行为，当然不产生任何法律效力。

但问题是，不是行政行为的"行政行为"是否可以起诉？这就要适用新《行政诉讼法》有关无效行政行为可诉的规定了。现实生活中也确实需要对"不成立"的行政行为起诉，以通过法定程序"做实"其"不成立"的法律定性。这类案件，在新《行政诉讼法》有关无效行政行为可诉的规定之前，很容易陷入逻辑旋涡而最终导致法院不予受理：行政行为不成立，就是其不是行政行为，而行政诉讼的标的只能是行政行为，因此"本院裁定不予受理"。如此一来，本来立法是想突出对此类严重违法（重大且明显违法）行为的否定力度，到头来却给了它"翻身"的机会：因为法院不受理，反而可以逍遥法外了。

不成立的行政行为不可诉的悖谬，相信会通过新《行政诉讼法》有关无效行为可诉性的规定，而逐渐淡出人们的视线。

四、概念定义确定性原则

概念明确，或者说概念的确定性，是立法的第一步。立法中许多争论到最后，概念问题一直都是核心议题。如 2019 年初进入立法技术审查的《化妆品管理条例》，部务会讨论的核心议题还是什么是化妆品，牙膏算吗。

概念明确，是概念含义统一的前提，二者甚至就是一个意思：概念的含义明确了，自然也就统一了。而概念明确统一，是所有立法必须遵循的首要逻辑原则。

2009 年《兵役法》第 6 条规定，"由于服兵役而产生的权利和义务，除本法的规定外，另由军事条令规定"，其中的"军事条令"，在我国《立法法》2000 年出台后，这个词的具体含义及如何适用就比较尴尬了。为了统一起见，2011 年《兵役法》修正时，将相应内容调整为"其他相关法律法规"，体现了法治统一原则。

事实上，如此修改后，并不影响“军事条令”的相关规定的效力，当然，这些“军事条令”必须上升到“法律法规”的层级。从法治统一的原则讲，如果某个师、团、营、连出的文件，也往“军事条令”上靠，“由于服兵役而产生的权利和义务”还是没有权威性，这样的“空头”支票（对应权利）或者“口头”要求（对应义务），在我国日益强调法治的现实生活中也难以得到有效的落实（如对安置单位提出的要求），反而有损“军事条令”的尊严。

五、概念定义专一性原则

概念定义的专一性，就是一个概念只有一个定义，同时这个定义也是唯一的，其他概念不可能再用这一定义。据此，概念定义的专一性，就是其确定性。

“本辖区内重大、复杂的案件”是《行政诉讼法》用来界定中级法院、高级法院及最高法院管辖的标准用语，分别出现在该法第15条第3项、第16条、第17条。“163条”第5条将《行政诉讼法》第15条第3项中的“本辖区内重大、复杂的案件”界定为下列情形之一：（1）社会影响重大的共同诉讼案件；（2）涉外或者涉及香港特别行政区、澳门特别行政区、台湾地区的案件；（3）其他重大、复杂案件。显然，这一解释也适用于《行政诉讼法》第16条、第17条，高级法院和最高法院可以据此确定自己的管辖。

相比“98条”，“163条”最主要的创新，就是删除了“被告为县级以上人民政府，且基层法院不适宜审理的案件”由中级法院审理的规定[①]。因为这一内容已经被新《行政诉讼法》第15条第1项部分吸收。

与原“98条”相比，新《行政诉讼法》与新司法解释相结合，对“本辖区内重大、复杂的案件”的限定，可以说已经尽了最大的努力。特别表现为两点：一是新《行政诉讼法》吸收了原司法解释的内容，“不适宜”这个裁量因素自然消失；二是“涉外或者涉及香港特别行政区、澳门特别行政区、台湾地区的案件”前的“重大”，在新司法解释中也删除了，从而使所有涉外、涉港澳台的案件无论是否“重大”，统一划归中级法院管辖，基层法院不再审理此类案件，无须考虑是否“重大”，故也无须裁量。

---

① “98条”第8条第1项。

如此双管齐下之后，“重大”“不适宜”等原司法解释中的不确定限定词模糊“本辖区内重大、复杂的案件”的具体所指的可能性大大降低。

当然，只要“其他重大、复杂案件”的兜底条款尚存，究竟何谓“重大、复杂”等问题，很大程度上就仍属于司法自由裁量范畴：如果上级法院认为某案件属于其辖区内重大、复杂的案件，就可以受理该案，从而确定对该案的管辖权。仅有的例外是，没有更高级的法院认为其也有管辖权。因为更高级的法院管辖的也是其“辖区内重大、复杂的案件”，如果该更高级的法院认为某案件属于此类，则其管辖权的确立优先于其下级法院。例如，有地方高级法院此前曾指出，“重大案件”，包括重大涉外和重大涉及港澳台的案件：涉外和涉港澳台的一般行政案件，应当由基层法院管辖，重大的涉外和重大的涉港澳台的案件，由中级法院管辖。[1] 显然，这是对最高法院的原司法解释中“重大涉外或者涉及”港澳台的案件的进一步“解释”：“重大涉外或者‘重大且’涉及”港澳台的案件。由此暴露出汉语的不严谨之处：“重大涉外或者涉及香港”究竟是指“重大涉外”或者“涉及香港”，还是指“重大涉外”或者“重大且涉及香港”？这就是本书讨论过的修改词（“重大”）的“射程”问题：“重大”是否能够越过“或者”及于后一“涉”？对此问题的不同回答，就是立法技术中常说的“歧义”。该地方法院之所以会“故意”作此“解释”，恐与其涉及港澳台案件较多，不加“重大”中级法院无法承受有关。虽然，就具体问题而言，已经不复存在，但教训仍在。

六、概念含义统一性原则

注意，本部分讨论的是概念含义的统一，而不是概念定义的统一。概念定义的统一的必要性，只出现在重复定义的场合，这在立法中是较为罕见的疏漏。

概念含义的统一，就是要在整个法律文件中保持语义的统一，不能出现同样的概念有不同的含义、不同表述的概念有相同的含义的情形。要求立法必须逻辑统一、概念内涵一致的最主要原因，是避免表意的错乱。但这也正是立法的为难之处。

例如，“法律”“决定”等表述，都是立法中经常会用到的，有时甚至是无法

---

① 京高法发〔2006〕212号第5条。

替代的。但如果不注意这些概念如“法律”的广义与狭义之分，“决定”在诉讼法等特定法律规范中的特定所指，就会出现因用语不慎而使执法者、司法者、守法者无所适从的尴尬。

基本的规则是：至少在同一法律文件中，同一字词表述必须且只能有唯一的含义。按照这一原则，许多法律文件专门设章、节或者在特定条文中，对该法律文件中重要的、反复出现的基本语词进行界定；立法中缺少这一环节的，由司法解释予以弥补。

以下是“法律”不能乱用的例子：原“98 条”第 5 条、“163 条”第 2 条第 4 款均对《行政诉讼法》中规定的“法律”作了明确的限定，当然这两处针对的，都是“法律规定由行政机关最终裁决”的规范中的“法律”。按说，《行政诉讼法》中所有单独提到“法律”的地方，其“法律”的含义都应当照此处的解释理解。面对这么一个简单的问题，对如何理解“法律”作出专门解释的“98 条”本身，也没有“独善其身”，其第 95 条第 2 项提到“明显缺乏法律依据”。这一内容为《行政强制法》吸收后，该法也一并修正了这个比较明显而低级的错误，将“明显缺乏法律依据”增补为“明显缺乏法律、法规依据”。这个问题说大不大，说小也不小。因为在我国现行法律、法规中，但凡提到“法律”，通常是指全国人大及其常委会制定的法律，而不是笼统地包括法律、法规、规章的“法”。特别是在一个法律文件中，“法律”必须是指同一个概念，不能一会儿指广义的“法”，一会儿指狭义的“法律”。这是逻辑上的小问题，但都是立法中的大是非。立法不符合逻辑，就肯定不符合法理，更不符合事理、情理。

另如，行政诉讼法新旧司法解释均规定，再审案件的审理程序，依原生效判决、裁定适用的程序，即发生法律效力的判决、裁定由一审法院作出的，按照一审程序审理，所作的判决、裁定，当事人可以上诉；发生法律效力的判决、裁定由二审法院作出的，按照二审程序审理，所作的判决、裁定，是发生法律效力的判决、裁定；上级法院按照审判监督程序提审的，按照二审程序审理，所作的判决、裁定是发生法律效力的判决、裁定。[①] 相应地，按照一审程序审理的再审案件，

---

① “163 条”第 119 条第 1 款，同“98 条”第 76 条第 1 款。

适用6个月[①]的审理期限，按照二审程序审理的再审案件，适用3个月[②]的审理期限，均自再审立案的次日起算[③]。

问题在于，“163条”在新《行政诉讼法》之外，创设了一套立案、审查、再审的复杂程序，“163条”第112条所说的“再审申请案件立案”，与其自身第50条第2款规定的“再审立案”，可能无法保持一致。以二审程序审理再审案件为例，其审理期限是“自再审立案的次日”起3个月，而决定是否再审的审查期限是从“再审申请案件立案”次日起6个月。除非将“163条”第116条第1款规定的“裁定再审”视为“再审立案”。但如此解释仍不能避免同一个法律文件中，同一个法律用语“立案”指不同的意思、不同的法律用语指代同一事项。由此可见立法的难处：隔着62个条文，已经很难照顾到前后表述的统一性。但对立法的要求却是，别说62个条文，即使是隔着62年的不同时期的立法，也是同样的标准。对立法者而言，这就是其必须担当的使命。

七、二次定义与重复定义

立法讲究简洁，法律概念的界定更不能拖泥带水。

概念的二次定义，就是概念的重复定义，其突出的表现或者说遗憾就是，没有充分利用既定的概念去简化文字，却用重复的概念定义词句稀释了立法主旨。

2004年《公司法》第2条规定，本法所称公司是指依照本法在中国境内设立的有限责任公司和股份有限公司。也就是说，《公司法》中凡提到“公司”，就是指“有限责任公司和股份有限公司”。这样一来，2004年《公司法》第3条第1款再规定“有限责任公司和股份有限公司是企业法人”，显然就多余了，故2005年《公司法》修订时更正为“公司是企业法人”，删除了为前条所界定明确、在该条款中已经多余的“有限责任公司和股份有限”等字。

类似的不简洁的情况，该条中还有两处：第2款、第3款在分别规定“有限责任公司”和“股份有限公司”的责任时，都有“公司以其全部资产对公司的债

① 新《行政诉讼法》第81条。
② 新《行政诉讼法》第88条。
③ “163条”第50条第2款。

务承担责任”的规定，显然，从合并“同类项”的角度，这两处规定都可以合并到有关“公司”的第1款规定中，这正是2005年《公司法》修订时完成的。

此类不简洁还称不上语病，后果也不严重，自1993年该法初颁就“与生俱来”。该法虽经1999年、2004年2次修正，但都没有克服。从2004年以前《公司法》各版本中存在的类似情况看，普遍存在没有充分利用第2条中对“公司”的定义以简化行文的问题，如第8条规定“设立有限责任公司、股份有限公司”（2005年改为“设立公司”）。说明这确实不是个语法问题，而是一个立法技术还不够发达、完善，在运用相关立法技术以使法律规范言简意赅方面还缺乏自觉、自信，手法、技术也不够娴熟的问题。

至于2005年《公司法》修订后，其第6条第1款仍规定：符合本法规定的设立条件的，由公司登记机关分别登记为有限责任公司或者股份有限公司。这就不是一个可以简化的内容了，因为按照该条的规定，设立公司，应当依法向公司登记机关申请设立登记。但最终的登记结果，却需要依据申请设立的公司类型分别予以登记，不能笼统地登记为“公司”。这恰恰是新法娴熟运用文字简化技术，同时又能准确表达立法本意的高明之处。因为下文确实又明确提到“不符合本法规定的设立条件的，不得登记为有限责任公司或者股份有限公司”，即对应不同的申请，有不同的“设立”条件和登记结果。这与2004年之前不加区分地一概使用同一表述，立法技术已经有了明显的螺旋式提升。

八、相关法律概念的协同

在行政诉讼中研究行政强制执行，其固有的难题是在我国现行的行政强制执行体制中如何厘定、廓清几个表述相似、外延重叠的概念：行政强制执行、行政行为的强制执行、行政诉讼的强制执行、非行政诉讼的强制执行。

概括说来，行政行为的强制执行包括行政诉讼强制执行及非诉强制执行，可不太严谨地称之为行政强制执行。

《行政诉讼法》规定的执行，是司法执行（或称狭义的行政诉讼的强制执行）与行政执行（狭义的由行政机关自行实施的强制执行）的结合，《行政强制法》出台后已经统一为行政强制执行。这一概念既可以在行政诉讼法中应用，也可以在行政法领域中适用。因为即使是在行政法范畴内，其所指的对于行政决定的强制执行也是既包括无强制执行权的行政机关申请法院强制执行，又包括有强制执行权的行政机关的自强制执行。正是在这个意义上，《行政诉讼法》奠定了我国行政强制执行制度的基础。

从行政行为执行的角度着眼，行政诉讼只不过是在行政行为执行过程中所经过的一次法律设定的考验而已。其法理逻辑是，所有的行政行为，绝大多数以当事人自觉履行为常态；余者又分 2 类，要么明示不服而复议、诉讼，要么默示而“静候”强制执行，反正都没有得到主动自觉的履行。

当事人明确表示不服而提起行政复议或者行政诉讼的行政行为，经行政复议、行政诉讼或者先经行政复议又经行政诉讼后，有的不复存在（撤销）、有的发生改变，但都会与行政复议、行政诉讼案件的执行合而为一，其实质和主要内容仍是原行政行为的执行；当事人默示不服的，其实就是既不复议，也不自觉履行诉讼，需要行政机关自行或者申请法院强制执行，这类案件遂成为非诉执行案件，其为数甚至超过了提起行政诉讼的案件。

通过上述简要分析，可以得出一个基本结论：在行政诉讼中讨论执行问题，总是不可避免地陷入行政行为的执行与行政诉讼裁判结果的执行的纠缠之中。从法律上分析，二者可以分得很开，但由于我国特有的现行的行政行为的执行体制，决定了二者总是在实践中互相嵌套。但只要厘清了二者的法律关系，这种“你中有我、我中有你”的二元格局，未必因此失去中国特色之美。

为了区分二者，可以将单纯的行政行为的执行称为行政强制执行；将行政诉讼裁判结果的执行简称为诉讼强制执行或者司法强制执行。无论怎么称呼，二者的实质或者说核心内容，都是被诉或者未诉的行政行为的强制执行；两类强制执行的执行主体都既有行政机关又有法院，既有行政因素又有司法参与；而且最重要的是，尽管设置了两类不同的行政强制执行机制，二者都指向一个共同的尴尬境况：“执行难。”

“执行难”，被列为我国司法（特别是行政诉讼）领域的三大顽疾之一。《依法治国决定》特别强调，要切实解决执行难，制定强制执行法，规范查封、扣押、冻结、处理涉案财物的司法程序。加快建立失信被执行人信用监督、威慑和惩戒法律制度。依法保障胜诉当事人及时实现权益。

诉讼法领域研究“强制执行”，通常针对法院生效判决、裁定的强制执行。《行政诉讼法》在参照《民事诉讼法》规定法院生效判决、裁定的执行制度的同时，在其“执行”一章中对我国行政行为的强制执行制度，即行政机关申请法院强制执行已生效的行政行为，一并作了规定。其结果（更确切地说是其原因）是，绝大多数行政机关依法并不享有自行执行其作出的已经生效的行政行为的权力，需要申请法院强制执行。

如此一来，《行政诉讼法》再次承担起中国行政法“母法”的神圣使命，在行政强制法颁行之前，承担着规范我国行政强制执行的使命。这一使命从确立之日起至单行实体法出台，存续长达22年，仅从这一点看，《行政诉讼法》确实是一部奠定我国行政法治基础的非常具有前瞻性的先进法典、经典法典、模范法典。

2011年《行政强制法》颁布实施后，延续并强化了上述行政强制执行体制。2014年《行政诉讼法》修正，曾讨论过对行政强制执行体制“大动”，如确立法院裁决强制执行案件、由行政机关负责或者说具体实施强制执行的体制，但最终未获通过。

九、法律概念统一的界域

概念的明确统一不限于一部法内部，还要扩充到整个法律规范体系。使法律体系成为一个内部概念统一、逻辑严密、相互自洽、彼此不抵触的整体，是法治的前提，也是法治的目标。因此不是要等法律体系的这个条件具备了，才去建设完备的法治体系，而是要在不断完善这个法律体系的过程中，一并开拓全面依法治国的新征程。

2013年修正《商标法》时，其修改决定第53条明确规定，将（2001年《商标法》）第62条中的“行政处分”修改为“处分”。如此修改的原因，是不是该条规范的适用对象是“从事商标注册、管理和复审工作的国家机关工作人员”，其中可能有不是行政机关的“国家机关工作人员”，故只能用“处分”不能用“行政处分”？显然不是。“从事商标注册、管理和复审工作的”工作人员中，可以有部分人不是“国家机关工作人员”，但上述修改的原因，是对应《公务员法》的规定而作的统一调整，及于《公务员法》相应调整后的所有的法律、法规、规章。早在2005年《公务员法》通过，同时宣布全国人大常委会1957年10月23日批准、国务院1957年10月26日公布的《国务院关于国家行政机关工作人员的奖惩暂行规定》、1993 年 8 月 14 日国务院公布的《国家公务员暂行条例》废止，自那时起，我国的《公务员法》中就已经没有“行政处分”而只有“处分”了。即在《公务员法》作出相应调整后，在我国，“行政处分”这个概念在法律上已经为“处分”所取代。

但从我国立法看，2018 年《产品质量法》第 65 条中仍有“各级人民政府工作人员和其他国家机关工作人员有下列情形之一的，依法给予行政处分”的规定，可见，要么是 2013 年《商标法》的修正确实有点儿超前，要么就是 2018 年《产品质量法》有点儿滞后，但最根本的原因应当是，我国从事顶层设计的最高立法体制中仍缺少一种基本的统一立法技术规范的底层运作机制。

十、概念调整表象的腠理

法律概念的统一适用，首先是其实质内涵的统一，而不仅仅是其字符的表面一致。如果法律概念的语义发生变化，立法在表面上的一致恰恰可能成为执法、司法乃至守法各行其道、乱作一团的始作俑者。

2011 年《农业转基因生物安全管理条例》第 22 条规定，“农民养殖、种植转基因动植物的，由种子、种畜禽、水产苗种销售单位依照本条例第二十一条的规定代办审批手续。审批部门和代办单位不得向农民收取审批、代办费用”。该条例第 21 条规定“单位和个人从事农业转基因生物生产、加工的，应当由国务院农业行政主管部门或者省、自治区、直辖市人民政府农业行政主管部门批准”。2017 年该条例修改时，删除了第 22 条的内容。那么，怎么理解这一修改？是不是可以就此得出“农民养殖、种植转基因动植物的”不算“从事农业转基因生物生产、加工”的结论？还真不好说。因为如果善意地理解原条文，确实可以看出该条文对“农民”深沉的关爱：不但“由种子、种畜禽、水产苗种销售单位”“代办审批手续”，而且“审批部门和代办单位不得向农民收取审批、代办费用”。也就是说，对于此项行政许可，农民既不用操心、费力，也不用破费。但仔细一想，这样的行政许可，还有什么存在的必要？尤其是在“种子、种畜禽、水产苗种”的生产已经有一系列行政许可的前提下，更显得这种办好事的规定，多少有些不合理。2017 年对该条例的修改，果断地删除了该条的规定。

单凭修订后（即删除了有关“农民养殖、种植转基因动植物的”规定后）的

“从事农业转基因生物生产、加工”的保留条文，真看不出为什么“农民养殖、种植转基因动植物的”就不算“从事农业转基因生物生产、加工”。因此，从表面上看，2017 年立法的上述修订，是取消了原来明确规定了的“农民养殖、种植转基因动植物的”行政许可。但这一修改同样可以理解为对原有规定的立法技术上的完善，即原来规定将“农民养殖、种植转基因动植物的”单独列于“从事农业转基因生物生产、加工”之外，完全没有必要；将有关“农民养殖、种植转基因动植物的”内容删除，并不影响该领域原有的行政许可体制。或者说，删除了“农民养殖、种植转基因动植物的”规定，只是删除了这个多余的规定本身，其所规定的行政许可范围，仍蕴含在“从事农业转基因生物生产、加工”的行政许可之中而继续存在。也就是说，条文虽然改了，但“农民养殖、种植转基因动植物的”，仍然还是需要许可，只是依据的条文不同了而已。

第二节　常用术语的斟酌

常用术语的斟酌，是在辨析常用法律概念基础上，进一步在立法时妥善运用。

本节与“常用小词的统一”有区别，也有联系。常用术语的斟酌，是就术语的内涵的准确把握及合理运用而言的，强调的是质的、内在的逻辑统一和协调，影响立法表述的实质性意涵。而常用小词的统一，只是对可选用语的统一，是形式上的、表象的统一和齐整，不影响意思，只影响感观。

本节列举的这些术语的统一，可以说都是立法上的“孤证”。但考虑到我国的法律、行政法规的立法主体都是单一的，虽然从没有确立过遵循先例的原则，但其既往先例，特别是曾经明文纠正过的旧法的文字表述，是具有相当的“统治”力的，其“射程”，无论是在时间上，还是在影响其他立法的范围上，都足以超越任何个人的学术权威和著述。

一、职务、职权

2005年修订《公司法》时，有一个不太起眼的调整，就是将“董事长不能履行职权”修改为“董事长不能履行职务”，即将“职权”修改为“职务”。

按照通行的法理，公司是私法人，公司对外以及公司内部各组织机构及其人员对内，都只享有法定或者相互之间约定的权利，而不享有任何公权力。故董事长拥有并履行的，只能是职务，不能是职权。但仔细核查了一下《公司法》，特别是1993年草创时期的《公司法》，才发现其“职权”“职务”是混用的。如第105条中有“董事长因特殊原因不能履行职务时”，第114条则有“董事长行使下列职权”，这种状况一直延续到2004年。也就是说，该法在1999年及2004年修改时，这类问题都没有被发现，或者发现了也不想在这样一字对一字的明显修改的方式中突出这个问题。大规模的修改则有所不同，具体文字修改是只做不说的。

从2005年《公司法》的修订看，这些文字修改，都属于普通的立法技术，虽部分已经做了修改，但仍保留了相当多的场合中的“职权”，如股东大会及董事会的职权、经理的职权等。因为确实有些场合适宜于用职权，不适宜于用职务。

从长远看，私法人对内、对外都不拥有“权力”，最好也不用更容易产生“权力”联想的“职权”，类似的私法规范中，私权利主体因职务而享有的“职权”，可以用“权利”替代。当然，这有一个比较漫长的说服、适应相应法理及语言习惯的过程。

总之一句话，现阶段在私法领域，私法主体因职务而享有的权利，仍可以用“职权”，这是一个立法技术及法理上可以进一步探讨的问题，但必须统一使用，不能同一主体、同一事项一会儿用“职务”，一会儿用“职权”，这属于立法文字错误，没有继续探讨以文过饰非的必要。

进一步探讨这个问题，可以从《监察法》中找寻有关“公职人员”与行使公权力的人员以及其他人员之间的关系。如其对监察对象的认定，就提到了“其他人员”。当然，该法也有因意见分歧较大而未能实现统一的留白，即监察范围。

二、管辖、主管

行政诉讼管辖，是关于法院之间受理第一审行政案件的分工，即规定某个特定案件应当由哪个法院受理与审判，公民、法人或者其他组织要向哪个法院起诉的问题。

需要特别强调的是，并非所有法律文件中使用的“管辖”一词都是指上述狭义的“管辖”。特别容易混淆的，是将不同领域对案件的主管与管辖混称的情况。如“163条”第57条规定，“法律、法规未规定行政复议为提起行政诉讼必经程序，公民、法人或者其他组织既提起诉讼又申请行政复议的，由先立案的机关管辖；同时立案的，由公民、法人或者其他组织选择……”此处的管辖，实际上涉及两类不同的纠纷裁决机制的主管，即案件归行政复议机关主管，还是归法院主管。在不严格的情况下，统称其为管辖也没有问题，至少不会引起严重的误解和错判。

三、有权（力）、有权（利）

行政诉讼中，原告一方是只享有私权利、不享有公权力的公民、法人或者其他组织，与之相对的则是享有国家公权力的行政机关，故行政诉讼中原告和被告双方法律地位平等的一个重要体现，是《行政诉讼法》中有关“有权”的规定。不仅有“权力”叫“有权”，有“权利”也称为“有权”。如公民、法人或者其他组织“有权”依法向法院提起诉讼[①]，当事人在行政诉讼中“有权”进行辩论[②]，此处的“有权”是“有权利”。而同法有关法院“有权”、检察院“有权”的规定，则是指“有权力”。这从一个细微之处，体现出我国的立法者及国家治理环境中，对“权力”与“权利”二者关系的平等性的认同。

四、职责、职能

2019 年对 2007 年《政府信息公开条例》的修订，从信息公开的范围（第 2 条）看，新旧条例的规定有文字上的差异，但没有实质性的不同：从字面上看，“行政管理职能”似乎要比“职责”宽泛一些，但究竟宽多少，不好说。按照党的十八届四中全会《依法治国决定》的表述，“行政机关要坚持法定职责必须为、法无授权不可为”。因此，“行政机关在履行职责过程中制作或者获取的”信息，是在其必为状态下获取的信息，但“行政机关在履行行政管理职能过程中制作或者获取的”信息，则是在其可为的情况下获取的信息，当然也包括必为的状态下获取的信息，二者一比，新条例规定的范围，从逻辑上讲，就比旧条例要大一些。

进而从条例第 4 条第 2 款将“政府信息公开工作机构的具体职责是”的表述改为“政府信息公开工作机构的具体职能是”看，2007 年《政府信息公开条例》在这个词的使用上，确实不如新条例严谨。当然这不是该条例独有的问题，在类似这样细密的用词把握上，许多规范性文件包括某些法律，都存在同样的问题。只有随着我国法治化进程的整体推进，随着行政法对基本术语概念的研究和立法技术的不断完善，类似的用语才会逐步精细化，更加合法合理、更加切题、更加

---

① 新旧《行政诉讼法》第 2 条。

② 新《行政诉讼法》第 10 条、旧法第 9 条。

贴近行政管理的实际。

五、依据、适用、援引、比照与参照、引用

依据、适用、援引、比照这 4 个词，都是用来配合表述法律规范的实施力度的，所强调的都是必须严格遵照实施的，但使用“参照、引用”时执行者就有很大的自由裁量权，甚至可以作为不依据、不适用、不援引、不比照的委婉说法。

（一）“适用”与“参照”

2001 年《规章制定程序条例》第 37 条第 2 款规定，“修改、废止规章的程序，参照本条例的有关规定执行”。显然，“规章的修改、废止程序”与规章的起草程序，有绝大的相似性，其决策程序甚至可以说是完全相同的，故此处不应当用“参照”而应当用“适用”。2017 年该条例修订时，相应内容如是作了调整。

新[①]旧司法解释对比，“参照”改为“适用”。二者的区别在于，“参照”类似于参照规章，主审法院及其法官有裁量权限，可以适用也可以不适用；“适用”则几乎接近于依据，即只要是“关于期间、送达、财产保全、开庭审理、调解、中止诉讼、终结诉讼、简易程序、执行等，以及人民检察院对行政案件受理、审理、裁判、执行的监督”的内容，《行政诉讼法》没规定、《民事诉讼法》有规定的，就要依据《民事诉讼法》的规定办，主审法院及其法官没有选择适用的自由裁量权。

司法解释的这一变化，源于《行政诉讼法》对这一问题给予了足够的重视。新《行政诉讼法》在“比照”的基础上更进一步，直接规定“适用”，而且前面没有加看似授权性实为限制性的“可以”，从而实质上要求各级法院“应当适用”；而且在“适用”事项的范围上，也比“98 条”较为笼统的规定更加明确，凡涉及“期间、送达、财产保全、开庭审理、调解、中止诉讼、终结诉讼、简易程序、执行等”，“以及人民检察院对行政案件受理、审理、裁判、执行的监督”等方面的内容，只要《行政诉讼法》未规定，都可以而且应当“适用”《民事诉讼法》的相关规定。[②]

---

① “163 条”第 101 条。

② 新《行政诉讼法》第 101 条。

（二）“比照”与“参照”

原“98条”第97条曾规定：法院审理行政案件，除依照行政诉讼法和本解释外，可以参照民事诉讼的有关规定。此处虽然也是“参照”，但更准确的用语应当是“比照”，即在《行政诉讼法》及司法解释对行政案件的审理未作规定，而民事诉讼方面有类似规定的，可以比照民事诉讼的做法。这种比照适用的拘束力要强于对规章等规范性文件的“参照”适用：法院没有审查的权利，只有在同等情况下比照适用的义务。新司法解释对此态度更为明确：直接将“参照民事诉讼的有关规定”，改为“适用《中华人民共和国民事诉讼法》的相关规定”。

（三）“援引”与“引用”

根据新《行政诉讼法》第63条（旧法第52条、第53条），法院审理行政案件，依据法律、法规，参照规章。因行政诉讼是在行政机关第一次适用相应法律依据作出行政行为之后的第二次法律适用，被告在第一次法律适用时适用的由行政机关制定的规章以下的规范性文件，也会在行政诉讼中涉及。对此，新旧司法解释均规定①，法院审理行政案件，可以在裁判文书中引用合法有效的规章及其他规范性文件。

注意此处用语的区别：同条上一款对法院适用最高法院司法解释的用语是“援引”，一字之差，大有乾坤。“援引”的“援”，就是支援、补强，对应的法律含义是“依据”。“引用”则是个中性词，当事人的话加上引号出现在“裁判文书中”，也算是引用，但没有什么法律效力。这也正是法院在裁判文书中“引用”的“合法有效的规章及其他规范性文件”的法律定位：不足以作为行政行为合法的“依据”，但可以告诉世人，有“规章及其他规范性文件”的相关规定这么回事，至于其法律含义，自己体会。

六、决定、裁定

2013年《商标法》第36条在修改2001年《商标法》第34条的规定时，刻意引入了“决定”“裁定”的区分，即无论是“商标局”还是“商标评审委员会”“做

① “163条”第100条第2款，原“98条”第62条第2款。

出的”“驳回申请决定、不予注册决定或者复审决定”，统一称“决定”，不再称“裁定”。“裁定”这个词唯一地留作“维持注册商标或者宣告注册商标无效的裁定”（如2013年《商标法》第46条）这种情形。比较《商标法》对“决定”“裁定”的区分标准，只有一个标准，就是重要性或者说结论性：凡是涉及商标注册或者有效与否的重大的、结论性的决定，才称裁定。其他的程序性的决定，如“驳回申请决定、不予注册决定或者复审决定”，因重要性不足，只能称“决定”。类似的表述方式，在《行政复议法》中也出现过，如国务院的行政复议决定，因是终局的，故称最终裁决。但总的来说，对“决定”“裁定”的这种区分，还具有相当的不确定性，还没有成为我国立法中标准统一、判据鲜明的做法。

七、公开、公布

从2019年《政府信息公开条例》第23条中“行政机关应当建立健全政府信息发布机制”的表述看，新条例严格区分政府信息的“公开”与“发布”。“政府信息发布机制”是政府信息公开的方式之一，因而不能与政府信息公开本身混同。具体而言，“政府信息发布机制”不是单纯的“新闻发布会”，而是“将主动公开的政府信息通过政府公报、政府网站或者其他互联网政务媒体、新闻发布会以及报刊、广播、电视等途径予以公开”的常态化工作机制。

八、“依法”是限定还是开脱

依法立法，是党的十九大之后才被纳入对立法工作的新要求。“依法”的含义，以及谁依法、依法对谁，都有很多斟酌的空间。

“163条”第1条第2款第1项规定，“公安、国家安全等机关依照刑事诉讼法的明确授权实施的行为”不属于行政诉讼范围。特别强调这一点的原因是，这类行为的实施主体虽是公安、国安等行政机关，但其行为的性质具有司法性，是国家行政机关行使的有刑事诉讼法明确授权的刑事司法行为，不是行政行为。

“163条”的上述规定，很大程度上是执法实践“倒逼”的结果：在此之前的1995年9月18日，《公安部法制司对〈关于解除刑事强制措施后，是否可以提起行政诉讼的请示〉的答复》规定：公安机关在办理刑事案件中依法对被告人采取取保候审等刑事强制措施，是刑事司法行为，不是行政行为，根据《行政诉讼法》的规定，不属于行政诉讼受案范围，解除刑事强制措施后也不能提起行政诉讼。虽然这一“解释”还算不上“行政解释”，也没有相应的法律效力，却反映了现实的需要。

“163 条”的上述规定中最重要的限定词是“依照《刑事诉讼法》的明确授权”，即只有负有执行《刑事诉讼法》的法定职责的行政机关、严格依照《刑事诉讼法》规定的职权和程序实施的行为，才属于“依照刑事诉讼法的明确授权实施的行为”，才能够排除在行政诉讼受案范围外，要严格控制对此的扩大解释。1991 年 6 月 18 日，《最高法院行政审判庭关于公安机关未具法定立案搜查手续对公民进行住宅人身搜查被搜查人提起诉讼法院可否按行政案件受理问题的电话答复》指出，公安机关在侦破刑事案件中，对公民的住宅、人身进行搜查，属于刑事侦查措施；对于刑事侦查措施不服提起诉讼的，不属于行政诉讼调整范围；如果公安机关在采取上述措施时违反法定程序，可以向该公安机关或其上级机关及有关部门反映解决。显然，上述电话答复的表述仍没有“98 条”严谨，因为公安机关在刑事案件中、行使行政权采取的对公民住宅、人身的搜查，并不一定都是依《刑事诉讼法》的明确授权，如公安派出所在接到报案后，没有立案，也没有合法搜查手续，在没有掌握任何证据的情况下，即对作案怀疑对象的住宅、人身进行搜查。由于既未依《刑事诉讼法》的规定立案，又未具备合法搜查手续即采取强制措施，此等行为就难说是“依照刑事诉讼法的明确授权”的行为。当然，有关机关或者个人可以通过事后自称在侦破刑事案件而予以规避，这是个采取倒签日期等手段，伪造立案、搜查手续的行为，严重者构成伪造国家公文罪，不过取证认定很难，更不用说定罪了。但不能由此排除这种可能性，更不应该在顶层制度设计时，为其预留开脱罪与责的幌子。

九、“改变”的确切所指

严格说来，“改变”不是一个法律术语。但自 1989 年《行政诉讼法》以是否“改变”原行政行为，作为复议机关是否当被告的判断标准后，被研究了 30 多年。直到 2018 年，最高法院的“163 条”，还在解释什么叫“改变”。

与旧法相比，一般地域管辖最主要的例外也有重大的变化，就是经复议的案件，无论结果如何，都可以由复议机关所在地法院管辖，而不必如旧法时代那样，仅在复议机关“改变”原行政行为时，才可以由复议机关所在地法院管辖。因为新法第 26 条第 2 款的突破性规定，“经复议的案件，复议机关决定维持原行政行为的，作出原行政行为的行政机关和复议机关是共同被告”。如此一来，只要是“经复议的案件”，复议机关都要当被告，都“可以由复议机关所在地法院管辖”就是顺理成章的了。

至于“改变原行政行为”的确切所指，原“98 条”第 7 条解释为：（1）改变原行政行为所认定的主要事实和证据的；（2）改变原行政行为所适用的规范依据且对定性产生影响的；（3）撤销、部分撤销或者变更原行政行为处理结果的。

新“163 条”第 22 条基本上全盘否定了上述规定：《行政诉讼法》第 26 条第 2 款规定的“复议机关改变原行政行为”，是指复议机关改变原行政行为的处理结果；复议机关改变原行政行为所认定的主要事实和证据、改变原行政行为所适用的规范依据，但未改变原行政行为处理结果的，视为复议机关维持原行政行为。对比前后的规定，最大的变化，就是更强调“改变”的实质，而不是形式；进一步明确了“改变”的内涵及具体情形。

最重要的一点是，在旧法时代，“复议机关改变原行政行为”是其是否当被告最核心的标准。到了新法时代，这已经“沦为”复议机关是独立当被告还是共同当被告。“改变”的重要性，显然已经今非昔比了。

前后司法解释内容上的这一变化，一定程度上存在“找平衡”的考虑。在旧法强调“复议机关改变原行政行为”才当被告的时代，一定程度上存在有意扩大“复议机关改变原行政行为”的范围，以便将尽可能广泛的复议机关纳入被告的范围。如今复议机关都要当被告了，则有意压缩了复议机关单独当被告的范围：“复议机关改变原行政行为所认定的主要事实和证据、改变原行政行为所适用的规范依据，但未改变原行政行为处理结果的”，以及“复议机关以违反法定程序为由确认原行政行为违法的”，都视为复议机关维持原行政行为。

至于“复议机关确认原行政行为无效，属于改变原行政行为”，这是新《行政诉讼法》的规定，旧司法解释显然无从涉及。

十、负责人概念的立法统一

新《行政诉讼法》本身关于行政机关负责人出庭应诉的规定只有 1 条，更准确地说只有第 3 条第 3 款。新司法解释却在其总共 11 个部分中，专辟其一狠抓落实，充分表明对此事的重视。无论行政机关负责人出不出庭，都不应当甚至也不会影响行政诉讼裁判结果。如果行政机关负责人出庭能够影响甚至左右案件审理的方向，那才真是此项制度设计的败笔；除非行政机关负责人出庭，反而会对行政机关更为不利。但这既不符合国情、民俗，也不足以形成正向的激励机制。既然行政机关负责人出庭并不影响诉讼的审理结果，非要其出庭，目的何在、制度价值几何，值得从代理制度的原理出发分析其利弊。但有论者认为“这一规定与普适性法理不符”似乎又言重了，其“对于解决中国特殊问题可能是有用的”的推测，反倒有“可能”是符合立法初衷的。

“负责人”这种表述，多在行政机关内部通行，在我国法律中并不常用。《宪法》中没有提及“负责人”。不同年代先后制定的法律法规中，偶有用到“负责人”的，用意也并不齐整。

《国务院组织法》规定各部设部长 1 人，副部长 2 人至 4 人；各委员会设主任 1 人，副主任 2 人至 4 人，委员 5 人至 10 人；[①] 但没有概括称为“负责人”。仅在第 11 条规定直属机构、办事机构设置时，提到每个机构设“负责人” 2 人至 5 人。直属机构、办事机构非国务院组成部门，有关其设置的规定，特别是有关其负责人的规定，不能倒推至国务院组成部门。

《地方各级人民代表大会和地方各级人民政府组织法》第 17 条规定，县级以上的地方各级人民政府组成人员和人民法院院长、人民检察院检察长，乡级的政府领导人员，列席本级人民代表大会会议；县级以上的其他有关机关、团体负责人，经本级人民代表大会常务委员会决定，可以列席本级人民代表大会会议。显然，此处的负责人，指的是各单位的“主要”负责人，不是《国务院组织法》中可以达 2 人至 5 人的“负责人”。因为该法第 62 条第 2 款规定：地方各级政府分别实行省长、自治区主席、市长、州长、县长、区长、乡长、镇长负责制。该法

① 《国务院组织法》第 9 条第 1 款。

第28条第3款、第47条第3款有关质询的规定中提到的负责人[①]，也是指这个意思。

据此，“163条”第128条第1款对《行政诉讼法》第3条第3款规定的解释，即“行政机关负责人”包括行政机关的正职、副职负责人以及其他参与分管的负责人，不能作为这些“副职负责人以及其他参与分管的负责人”在其所在行政机关委任或者自居为“负责人”的法律依据，仅可作为这些“负责人”所在行政机关“应付”“行政机关负责人应当出庭应诉”的法定职责之用。

对此，“163条”第128条第2款有笼统的进一步呼应：行政机关负责人出庭应诉的，可以“另行”委托一名至二名诉讼代理人。这一解释，如果是就行政机关的正职或主要“负责人”而言，显然没有问题，因为他们是该行政机关的法定代表人，即《行政诉讼法》第31条第1款中的当事人，其在履行“行政机关负责人”应当出庭的法定职责的同时，还有权（即“可以”）“委托一至二人作为诉讼代理人”。这是其当然的诉讼权利，而不是额外获得的利益，无须“另行”。仅在“副职负责人以及其他参与分管的负责人”出庭以“权当”履行“行政机关负责人”应当出庭应诉的法定职责时，因为他们已经是作为该行政机关的委托代理人而不是法定代表人出庭。可见，“163条”在现行法的基础上，额外（即“另行”）给派“负责人（副职或者参与分管的）出庭应诉的”行政机关解释出其他“当事人、法定代理人”所没有的、多委托一名诉讼代理人的权利，以作为其支持“行政机关负责人出庭应诉”制度的激励机制。这充分体现了法院系统对这一制度的重视程度，也确实说明行政机关要积极配合的必要性。

上述解释的出台，大大降低了行政机关履行“负责人出庭应诉”职责的难度。与此相比，“163条”第129条第1款的规定应当不在话下：涉及重大公共利益、社会高度关注或者可能引发群体性事件等案件以及法院书面建议行政机关负责人出庭的案件，被诉行政机关负责人应当出庭。不少行政机关的同志认为，这一规定的自由裁量空间太大，“重大公共利益、社会高度关注或者可能引发群体性事

---

① 《地方各级人民代表大会和地方各级人民政府组织法》第28条第3款规定，质询案以口头答复的，应当由受质询机关的负责人到会答复；质询案以书面答复的，应当由受质询机关的负责人签署，由主席团印发会议或者印发提质询案的代表。

件等”的标准，就是主审法官的一句话。但这些同志忘记了，在法律已经明确“被诉行政机关负责人应当出庭应诉”的情况下，所有案件都“应当出庭应诉”，无论其是否“涉及重大公共利益、社会高度关注或者可能引发群体性事件等案件”，也无论法院是否“书面建议行政机关负责人出庭的案件”。在如此明确的法律授权前提下，将“应当出庭”的范围作一些限制，委屈的是谁，还需要进一步解释吗？如此自我设限性的解释，是法院系统顶着违法解释的风险，对行政系统表现出的极大的迁就和善意，绝不能理解为进一步明确或者加重责任。

十一、保全及财产保全的精确区分

2018 年行政诉讼司法解释中有这样一个规定：人民法院对于因一方当事人的行为或者其他原因，可能使行政行为或者人民法院生效裁判不能或者难以执行的案件，根据对方当事人的申请，可以裁定对其财产进行保全、责令其作出一定行为或者禁止其作出一定行为。①

上述规定，较之原司法解释②，最重要的创新有三：一是扩大了保全措施的范围，即不再局限于“财产保全”，而是扩大到行为，包括作为和不作为。新司法解释似乎也不愿意继续沿用“财产保全”这个概念，而宁愿用一个普通名称构成的不宜称之为法律术语的称谓：“对其财产进行保全”。二是扩大了保全措施的适用范围，新司法解释整合了原司法解释分散于案件审理与判决、执行分两处规定的内容，使保全措施的适用范围不再局限于申请法院强制执行的申请，而是可以在案件审理的全过程都可以申请。三是规定了紧急情况下的立即执行，相应地，就将原司法解释中规定的“人民法院审理起诉行政机关没有依法发给抚恤金、社会保险金、最低生活保障费等案件，可根据原告申请，依法书面裁定先予执行”③一并涵盖了。

---

① “163 条”第 76 条，其第 1 款改编自“98 条”第 48 条第 1 款。

② “98 条”第 48 条、第 92 条及法行〔2000〕21 号。

③ “98 条”第 48 条第 2 款。

第三节　表述齐整的价值

表述的明确统一，是对立法表述内容的实质性要求；表述的齐整一致，则是对文字排列等的形式要求。表述形式的统一，不是遣词造句的问题，也不是概念统一的问题；而是在概念明确、含义统一、表述也清楚准确的基础上，尽可能用同一个表述用语、文字工整地表达同一个法律概念的问题。

一、齐整不光为好看

表述齐整，是表述内容一致基础上的更高文字修炼要求。立法语言的简洁，很大程度上与表述的齐整有关。

例如，2004 年《公司法》第 118 条第 1 款规定，“董事会会议，应由董事本人出席”；“董事因故不能出席，可以书面委托其他董事代为出席董事会”。在这里，一共出现了 3 个“出席”，说的都是出席董事会。除第一个“出席”因主语也正是“董事会”从而不需要明确表述为“出席董事会”外，后面两个出席，都可以加“董事会”，也可以不加，都不影响意思的表达。但旧立法却只加了一个，即有的省略了、有的没有省略，感觉就很不舒服。这种不舒服，可能没有两个都加甚至三个都加“董事会”时显得那么累赘，或许正因如此而逃过了 1993 年、1999 年、2004 年 3 次立法过程的严密审核，直到 2005 年才改之。

二、参差不齐的代价

因为文字校对错误，而被直接地予以指正的例子，2013 年《商标法》对旧法中“仅仅”的修改，是比较突出的：将第 11 条第 1 款第 2 项中的“仅仅”修改为“仅”。

本来，“仅仅”或者“仅”在中文中都可以指同样的意思，文学作品、普通人行文时根本不必细究二者的区别。但在立法中，这却可以成为一个“严重的”

立法失误，特别是在同条同款同项，或者说前后两项所在上下两行直接对应的位置上，忽然多出一个字来，虽然“仅仅”是一个完全不影响任何表意的“仅”字：因为该条该款该项的上一项恰恰也有一个用“仅”字的表述。对此，立法者作了明确的回应，“仅仅”就是“仅”的意思，以后不再两个词都用了，只用“仅”。当然，2013 年以后的立法，“仅仅”确实非常少见。但让笔者没有想到的是，2013 年以前的立法中，无论是法律还是行政法规，都没有使用过“仅仅”，尽管党的十二大报告、党的十三大报告中都出现过，甚至《共产党宣言》（中译本）中都使用了多次“仅仅”，但在中国当代的立法中使用“仅仅”的立法例只有这一次，且与“仅有”等“仅”字同时出现在一个法律文件中情形，确实也只有 2001 年的《商标法》，也正是在该法 2001 年的修改决定中一并出现的。因此，可以说，“仅仅”二字可能再也不会出现在中国的立法中了，它将作为一个教训，刻印在我国立法技术史及当代资深立法专家的记忆中。

三、内容齐整是根本

2004 年《公司法》罗列董事会职权的第 46 条第 9 项规定：聘任或者解聘公司经理（总经理）（以下简称经理），根据经理的提名，聘任或者解聘公司副经理、财务负责人，决定其报酬事项。其中有一个比较明显的遗漏，就是涉及“公司副经理、财务负责人”的事项中，除了“聘任或者解聘”以外还有“决定其报酬事项”；但在涉及“经理”的事项中，则只有“聘任或者解聘”而没有“决定其报酬事项”的内容。这从逻辑上和事理上讲，显然是不齐整的，“经理”就不关注或者不需要考虑其“报酬”吗？但要将这一因素同时规定，就有一个动词搭配的问题，因为“聘任或者解聘”都是动词，可以直接使用，而“报酬”是个名词，必须为其搭配一个动词，即“决定”。于是，2015 年修改《公司法》这一部分时，就统一用“决定”统辖“聘任或者解聘”及“报酬事项”三大事项，并覆盖“经理”“副经理”“财务负责人”3 类人员，不但结构上和逻辑上都均衡、齐整了，事理上、法理上也通透了。

四、从用语统一做起

这个要求并不复杂，通俗而言，就是用词上的统一。

文学作品中，用不同的词指代同一个人或物，这是文采的需要甚至必需。在法学论述中，也不成为问题。但在立法上，同时用不同的表述指代同一概念，这属于违反基本逻辑的现象，通常要尽量避免。

2007 年《政府信息公开条例》第 7 条在有关“政府信息公开”的规定中忽然文风一变，采用了“行政机关发布政府信息”的表述，其中有何深意？没有。就是用语错误，2019 年新条例将“发布”恢复为“公开”，很好地回答了这个问题。

《公司法》自 1993 年直至 2004 年都有这样的规定（一直是第 92 条）：“创立大会应有代表股份总数二分之一以上的认股人出席，方可举行”（第 1 款），“创立大会对前款所列事项作出决议，必须经出席会议的认股人所持表决权的半数以上通过”（第 3 款）。立法中，同一条文的前后两款，分别用“二分之一以上”“半数以上”，这一内容在 2005 年《公司法》修订时就统一了。说明在立法之初，确实可能存在文字上把关不严的问题。

在行政法领域讨论行政复议问题时，在上下文有明显的照应、不影响理解的情况下，将“行政复议”简称“复议”是没有问题的。但在新《行政诉讼法》的规定中，至少涉及两类复议：行政复议（第 18 条第 1 款）和司法复议（包括上一级法院的复议，如第 59 条第 3 款；主审法院的复议，如第 55 条第 4 款、第 56 条第 2 款）。

新《行政诉讼法》中根本没有“行政复议”的表述，其所有规定中都只提“复议”。至于是“行政复议”还是“司法复议”，需要结合上下文去猜。司法解释在这个问题上更让人难以理解，既有用“行政复议”，也有用“复议”指代的行政复议，如“163 条”第 59 条中有“公民、法人或者其他组织向复议机关申请行政复议”的表述。这就是个比较严肃的立法技术问题了。

五、并列事项的齐整

“163 条”第 69 条简化了原司法解释的表述，删除了有些项中的“起诉人”，体现了前后并列事项的一致性。因为该条所有各项前，都可以加“起诉人”3 字，有的加、有的不加，说明当初起草时考虑不周或者审查不严。当然这种现象在所有立法活动中都难免发生，立法的日臻完善也就体现在这些“小节”中。

类似的情形，在绝大多数立法中都会遇到。由于其最为明显，尤其需要重视。

六、法律引据的统一

2004年《公司法》第150条第1款规定，“……股东可以依照民事诉讼法规定的公示催告程序，请求人民法院宣告该股票失效”，2005年该法修订时，将其中的“民事诉讼法”修改为“《中华人民共和国民事诉讼法》”。这也就是说，法律文件中引用其他法律规范的，应当用其全称。但这一条显然在很多法律中没做到。如很多法律的立法宗旨中都有“根据宪法”制定本法的表述。但写明“根据《中华人民共和国宪法》”的，只有《继承法》《全民所有制工业企业法》等屈指可数的几部。说明在正式的法律文本中，引用其他法律时，用不用其全称，仍在探索中。

一般而言，如果仅说依据民事诉讼法，是指广义的民事诉讼法律制度，包括但不限于《中华人民共和国民事诉讼法》。而后者，则仅指全国人大通过的那部单行法律。立法中通常引用的恰恰是单行法意义上的某个法律文件，即要加书名号。包括在介绍某一法律制度，甚至向全国人大或者全国人大常委会汇报某部法律的修改情况时，按理都是指特定的某部单行法律，但都没有用书名号。

七、用足概念的功能

概念，望文生义，就是概括之念，这是概念在汉语中的意思。中国当代立法很好地领会了这层含义，在立法中大量使用概括的方法界定概念，在赋予概念定义的同时，一并举例例证了该概念的内涵和外延。

反过来看，既然这种方法在立法中界定了概念，在进一步的释法、执法、司法、守法中，就不能脱离这一概念界定方法及界定结果，另搞一套解释。

1996年《刑事诉讼法》第117条第1款规定：“人民检察院、公安机关根据侦查犯罪的需要，可以依照规定查询、冻结犯罪嫌疑人的存款、汇款。”2012年将“存款、汇款”修改为“存款、汇款、债券、股票、基金份额等财产”。这一修改非常必要。主要倒还不是因为新增加了“债券、股票、基金份额”等新时代日益重要的资产形态，而是“等财产”这一概括性的种概念的兜底。

原来的表述局限于“存款、汇款”，在实践中难免会受到当事人的质疑：法律只授权“查询、冻结”“存款、汇款”，其他的财产形态则无权过问，更不用说“冻结”了。同样道理，如果仅增加“债券、股票、基金份额”还是解决不了全部问题，因为当事人只要换个财产持有方式，如买成“纸黄金”，又不能“查询”了，甚至是明知道其有“纸黄金”也不能“冻结”。

但也必须看到，1996年《刑事诉讼法》的规定也许根本就不是考虑不周、列举不全的问题，而是想明确限定以约束“人民检察院、公安机关”在“侦查”过程中“查询、冻结犯罪嫌疑人”“财产”的权力，即限于明确列举的“存款、汇款”，不能及于其他“财产”。

八、表述与语境统一

概念表述一致，最根本的原理也是最难掌握的标准，就是要与其表述语境统一。

1996年《刑事诉讼法》第20条第2项规定，“中级人民法院管辖”“可能判处无期徒刑、死刑的普通刑事案件”。“普通刑事案件”这个表述由来已久，至少在1996年时就有，但都没有在该法中明确其含义。但当时的条文中包含“反革命案件”“外国人犯罪的刑事案件”，还比较好理解，文字上也看不出什么问题。但2018年修改该法时，删除了“反革命案件”“外国人犯罪的刑事案件”，此时再用“普通刑事案件”，就是不必要的重复和啰唆了，故“普通刑事”也一并删除了。

九、避开简称的陷阱

简称是保证表述统一的重要方式，但也可能因前后文既用简称又用全称而不统一，当然，这是极为低级而且严重的立法技术失误。

管辖确定法院对特定案件的审理权限。管辖确定后的法院，就是案件的审理主体。对此，新《行政诉讼法》统一称之为“第一审人民法院”或者“第二审人民法院”，但从不用“一审人民法院”或者“一审法院”等简称。

新司法解释就没有立法那么讲究。“163条”第75条第2款出现了“一审法院”的表述，而不是类同同款中同时出现的“第二审”那样称之为“第一审法院”。“163条”中其他条文中，通常用“第一审人民法院”“第二审人民法院”，仅在第119条第1款中使用了“第一审法院”“第二审法院”的表述。但已足以说明新司法解释的用语没有经过严格的文字规范统一。

当然，在新司法解释即“163 条”中，也经常出现“原审法院”与“人民法院”并用的情形（如第 123 条）。“163 条”第 75 条第 2 款出现了“一审法院”的表述，而不是类同同款中同时出现的“第二审程序”那样称之为“第一审法院”。“163 条”中其他条文中，则通常用“第一审法院”“第二审法院”（均只出现在“163 条”第 119 条第 1 款），更多的则是“第一审人民法院”“第二审人民法院”。如此普遍地出现有时加“人民”有时不加“人民”的情形等不齐整表述的现象，应该是立法上的一个大问题。

新《行政诉讼法》共 173 处提到“法院”，其中 172 处用的都是“人民法院”，唯一一处单用“法院”的，是第 99 条第 2 款的“外国法院”。这从正反两方面说明：中华人民共和国的法院，都是人民法院；在中华人民共和国的立法中，对中华人民共和国的法院的规范表述是“人民法院”，“法院”作为其简称，只能出现在非正式的法律文本、学术论文、图书资料中。

第四节　常用小词的统一

立法中，特别是成文法律规范的修正案中，有没有单独就一个字“较劲”的？真有，但是不多。修正案明确旨在统一文字表述的情形，看不出明确的指向，可以说并没有确定的标准，却逐渐通过立法的约定俗成或者说对当代汉语的语感，而归于一致。在此罗列一些，可以作为立法实践中的指引。

一、“帐簿”改为“账簿”

为一个名词或者说实词专门写一条修正案的情形，还真不多。

2013 年修改《商标法》的决定中特别提到：将第 55 条改为第 62 条，将第 1 款第 2 项中的“帐簿”修改为“账簿”。立法修正案中单独纠正个别字词，确实比较罕见。但更不同寻常的是，这次纠正并不具有普遍性。

一方面，“帐簿”引入《商标法》，是在 2001 年修正案中新增加的条款中。此前的 1982 年、1993 年《商标法》中均没有相应内容，故肯定不是此前两个版本之错。而且笔者查了一下 1978 年版的《现代汉语词典》，其中只收录了“帐簿”，甚至没有收录“账”这个字，仅在“帐”字中提到该字旧体字中包括“帳”和“賬”。另一方面，查了一下现行立法，目前立法中确实“帐”“账”通用。如 2018 年的《产品质量法》第 18 条、2017 年的《海关法》第 45 条、2015 年的《税收征收管理法》第二章第二节的标题中，用的都是“帐簿”。当然，用“帐簿”的立法例更为普遍一些。

虽然没有找到一部立法中同时使用“帐”“账”二字的明显错误，但确实有“异动”的例子。如 2018 年、2009 年的《产品质量法》用的都是“帐簿”，2000 年的《产品质量法》反而用的是“账簿”。另外，《海关法》《税收征收管理法》中，也有类似的情况。

这样看来，“帐簿”还是“账簿”，就不是一个简单的文字表述的问题了，而是我国最高立法机关的文字把关系统中，对此类问题没有统一的协调机制。尤其是在立法中已经明确作出具体的、不容置疑的修订的情况下，没有考虑到此前立法的普遍情况，也没有成为此后立法的普遍遵循。

帐簿最早的出处，可能与帐房有关。而帐房，又与私密保护有关：在古代，既有房，房内又有帐，算是双重保护了。由此也决定了帐簿与现代社会场景的历史跨度。当代人想当然地以为帐簿就是账面之簿，因此总是写错，甚至到了立法上还改不过来。

二、“必须”“要”统一为“应当”

2015 年修改《立法法》时，特意将原第 53 条第 2 款中的“必须”替换为第 59 条第 3 款的“应当”，这似乎是中国法律语言标准化的标志性现象。因为早在 10 年前，2004 年《公司法》第 130 条规定的股票的发行“必须”同股同权，在 2005 年该法修订时，相应内容就已经改成“应当”（第 127 条第 1 款）了，只是那时的趋势性还没有如今这样明显。

2009 年《兵役法》第 48 条第 4 项“交通运输部门要优先运送应召的预备役人员和返回部队的现役军人”中的“要”，也在 2011 年修改时改为“应当”了。

三、“得”改成“予”

2007 年《政府信息公开条例》第 23 条规定，“行政机关认为申请公开的政府信息涉及商业秘密、个人隐私”“第三方不同意公开的，不得公开”“行政机关认为不公开可能对公共利益造成重大影响的，应当予以公开”。“不得公开”与“应当予以公开”，其实涉及一个共同的意思，却用了不同的词“得”和“予”，二者至少在这种场合，没有区别。故没必要用两个不同的表述。故在 2019 年新条例中，将前面的“得”改成了“予”，实现了二者统一。

四、“可”统一为“可以”

2005 年《公司法》修订时，其第 136 条中的“可以”就是由 2004 年该法第 141 条的“可”改过来的。

五、“可以”不如“予以”

2007年《政府信息公开条例》第14条第4款规定，“经权利人同意公开或者行政机关认为不公开可能对公共利益造成重大影响的涉及商业秘密、个人隐私的政府信息，可以予以公开”，其中的“可以予以公开”，就是“可以公开”的意思，当然这样表述有点儿随意，比较正规化的语言是“予以公开”，2019年新条例中就是这样修改的。

六、“以”字的构词功能

汉语中，“以”字可广泛用于构词。但“以外”“以后”都是可以简化的：在立法上，“以外”与“外”没有区别，“以后”就是“后”。

1996年《刑事诉讼法》第64条第2款规定：“拘留后，除有碍侦查或者无法通知的情形以外，应当把拘留的原因和羁押的处所，在二十四小时以内，通知被拘留人的家属或者他的所在单位。”同一条中，出现了没有加“以”的“后”和加了“以”的“以外”。特别值得一提的是，2012年该条修改后，“拘留后”“情形以外”仍然保留；但同条新增内容中，出现了“有碍侦查的情形消失以后”的表述。

同一条中，有的“后”前有“以”，有的“后”前无“以”，这应当不是因为现代汉语已经精细到了区分如此细腻的情形来决定是否用“以”的程度，而只能说是立法起草人当时不经意的取舍，新旧条文中的“拘留后”，难道就不可以写成“拘留以后”？但既然“木已成舟”，后人也就不再计较是否“萧规曹随”了。

七、“以下”改为“下列”

这样改好在哪儿，脱开立法还真不好说。但在立法条文中，特别是与“：”相连时，“下列”明显优于“以下”。因为“以下”有一种自此以下直至文末的感觉，而“下列”则仅指以“下”所“列”，不容人多想。

从立法技术上分析，2014年《行政诉讼法》修改时，新法第96条将旧法第65条第3款的“以下”改为“下列”，反映出我国立法技术和用语的演进。在2011年出台的《行政强制法》中就已经不用“以下”，全用“下列”了。原《行政诉讼法》"以下""下列"并用，但以"下列"居多。新法修改时，仅有的几处"以下"不再使用（旧法第 31 条改为新法第 33 条、旧法第 54 条拆分），唯一一处由"以下"改为"下列"的，就是新法第 96 条。至此，新法罗列各项内容的引句中，没有"以下"，统一改用"下列"。

八、"以前"还是"前"？

2004 年《公司法》在期限的规范中常用的"以前"，如"应当于会议召开十五日以前通知全体股东"（第 44 条第 1 款），"召开股东大会年会的二十日以前"（第 176 条第 2 款），2005 年统一修改为"前"。

从 2005 年《公司法》修订时，将原 2004 年《公司法》第 177 条第 1 款中的"可"调整为"可以"（2005 年《公司法》第 167 条第 1 款）、2018 年修改《农村土地承包法》将该法第 1 条指明立法宗旨的"为"修改为"为了"等几个事例看，将"以前"改为"前"多少有点儿逆规范化、齐整化的潮流而动。

但作为重要反证的是 2018 年的《宪法》中，类似的情况下用的还是"以前"，如第 60 条第 2 款。而且 2018 年《宪法》中就没有类似 2005 年《公司法》中在期限规范中单独使用"前"的范例，在 2018 年《宪法》中，可用"以前"也可以用"前"的场合有 3 处，但 2 处用了"以前"；只有一处用了"前"，而且这一处所在的"就业前"显然比"就业以前"顺口。这一切都说明，将"以前"改为"前"不具有普遍性或者说还没有适用的共识和强制性。

九、"为"改为"为了"

2018 年 12 月 29 日全国人大常委会修改《农村土地承包法》时，将该法第 1 条指明立法宗旨的"为"修改为"为了"。

第五节　遣词造句的分寸

都说立法是文字的艺术，但深入研究过立法文献后会发现，立法何止是文字的艺术，立法是民族语言的艺术巅峰。国家通用语言文字最精当、最璀璨、最智慧的应用，都应当、实际上也必然会在立法中有所体现。

一、出神入化的境地

（一）一字删掉一项行政许可

一字之改而改一项制度，这可以说是达到了立法中职权予夺的文字极限。

2006 年、2013 年《进出口商品检验法实施条例》第 6 条第 1 款均规定："进出境的样品、礼品、暂准进出境的货物以及其他非贸易性物品，免予检验。但是，法律、行政法规另有规定的除外。"从字面上看，这是一条"免检"赋权条款，却非常"巧妙"地"埋"设了一道门槛即一项行政许可："货物""暂准进出境"的行政许可。更有立法研究价值的是，此项行政许可的实施机关，应当是"货物""进出境"审批机关，而 2005 年《进出口商品检验法实施条例》第 2 条第 1 款明确规定，"中华人民共和国国家质量监督检验检疫总局（以下简称国家质检总局）主管全国进出口商品检验工作"。当然，如果看一下 2018 年的机构改革方案（国家质量监督检验检疫总局的出入境检验检疫管理职责和队伍划入海关总署），真不得不佩服该条例（2006 年）起草者的预见力。

更为精妙的是，2017 年 3 月 1 日《国务院关于修改和废止部分行政法规的决定》（国务院令第 676 号）中只改了一个字，就解决了一项行政许可的去留问题：将《中华人民共和国进出口商品检验法实施条例》第 6 条第 1 款中的"暂准"修改为"暂时"。如此一改，该条例明确了一个原则："暂时进出境的货物""免予检验"，至于货物是否可以"暂时进出境"，本来就不是该条例规定的内容。

（二）汉语的精妙

《刑事诉讼法》有关监视居住处所的修改，很能体现该法修改者的中文造诣，值得其他法律领域的立法者、修法者、释法者借鉴、学习。1996年《刑事诉讼法》第57条第1款第1项的规定是，“被监视居住的犯罪嫌疑人、被告人”“未经执行机关批准不得离开住处，无固定住处的，未经批准不得离开指定的居所”。也就是说，1996年《刑事诉讼法》充分考虑了“被监视居住”人的居住条件，针对有“住处”和“无固定住处”两种情况，分别规定了相应的要求。但实际上没有这个必要，“执行机关”只需要指定“执行监视居住的处所”就可以了。这正是2012年《刑事诉讼法》第75条第1款第1项的规定：“未经执行机关批准不得离开执行监视居住的处所。”最精妙的恰恰就是此处的“处所”，正好是从1996年《刑事诉讼法》规定中的“住处”和“居所”中各取一字；这两字都是相应动宾结构中的宾词、名词，由此组成一个新的名词；省略的动词“住”“居”恰恰是“监视居住”制度中的名词化的动词“居住”。由此产生的错位，正是汉语的精妙之处：中文中“居住”与“处所”的对应有时是必需的，有时只取其一，就可以表达完整的意思。

（三）斟酌的技巧

2015年《立法法》第61条第3款规定，法律标题的题注应当载明制定机关、通过日期。经过修改的法律，应当依次载明修改机关、修改日期。这里的“依次”，就很有讲究。因为在“应当依次载明修改机关、修改日期”的前一句中，也提到“应当载明制定机关、通过日期”，但没有“依次”。其道理在于，后面的“应当”所要求的是“经过修改的法律”；相应地，前面的“应当”，针对的就是没有“经过修改的法律”的“标题的题注”，在这些没有“经过修改的法律”的“标题的题注”，要“载明制定机关、通过日期”，其顺序显然是“制定机关”在先、“通过日期”在后，不能违反这个“次”序，因此也无须再强调“依次”。真正需要强调“次”序的，是“经过修改的法律”，需要将每“次”修改的“制定机关、通过日期”“依次”载明；当然，其“依次”的标准，就是修改时间了。如修改次数较多，因而比较具有典型性的刑法的题注的内容就比较丰富，确实有必要“依次”：从1979

年7月1日第五届全国人大第二次会议通过，到2017年11月4日发布的《刑法修正案（十）》，前后跨越近40年、修改10余次，故题注就有300多字，不“依次”真有点儿乱。

二、准确表达的风尚

2005年修订《公司法》时，有一处不太起眼的修改：将原第14条“公司从事经营活动，必须遵守法律”的规定，修改为“公司从事经营活动，必须遵守法律、行政法规”。

从《公司法》上下文的表述体系看，该法中既大量使用“依照本法”的表述，也有“依法”的表述，特别是2005年该法修订时，特意将原2004年该法第11条的“依照本法”修改为“依法”、将第16条中“公司职工依法组织工会”修改为“公司职工依照《中华人民共和国工会法》组织工会”，说明在新（至少在2005年修订后）《公司法》行文中，对于“依照本法”“依法”“依照法律”还是“依照法律、行政法规”，是相当严肃认真的。这也应当成为我国立法中普遍的、基本的遵循。

三、循规蹈矩的艺术

立法是定章立制的工程，也是循规蹈矩的艺术。首要原则是依法：立法首先要依法立法，遣词造句的首要考虑，就是必须用法言法语、中规中矩。

2011年《兵役法》修正，有一个不太引人注目但意义深远的内容，就是将2009年该法第51条第1款中的“革命残废军人”改为“残疾军人”。印象中，“残废”用于称普通人，早在很多年以前就已经退出立法，特别是法律的表述体系。但用于称军人，并且是“革命军人”，一直保留到2009年。

近年来我国的法律法规（包括最近修订过因而刚失效的），只有15件中出现了“残废”一词；而与之对应的法律法规中，则有181件使用“残疾”一词。但在这些使用“残废”一词的法律文件中，还有三个重量级的现行有效的法律文件：《宪法》（2018年）、《刑法》（2018年）和《民法通则》（1986年），换句话说，其他法律法规中将“残废”改为“残疾”，是与《宪法》不一致的。

按照《宪法》第45条第2款、第3款规定，“国家和社会保障残废军人的生活，抚恤烈士家属，优待军人家属”。“国家和社会帮助安排盲、聋、哑和其他有残疾的公民的劳动、生活和教育”。从《宪法》的这一规定来看，“残疾”与“残废”还真不是一个用词转化的问题，而是有特殊的蕴含。因此，2011 年《兵役法》将“革命残废军人”改为“残疾军人”，不符合《宪法》的规定。

考虑到《刑法》（2018 年）以及《民法通则》（1986 年）中也是既有“残疾”又有“残废”，我国大量立法，特别是近年来的立法中纷纷舍弃“残废”而用“残疾”，这还真是个问题。当然，单纯从立法技术上讲，如果《宪法》把这个问题统一了，其他就都不是问题了。

四、一字之差的进步

个别文字调整有的是无须特别说明的，如 2017 年 12 月 22 日《国务院关于修改〈行政法规制定程序条例〉的决定》的最后，就规定“此外，对条文顺序和个别文字作相应调整和修改”。这里的“个别文字”，可以理解为与“条文顺序”“调整和修改”有关的“文字”，如旧法中引述该法的条文的顺序发生变化后，就要对转引条文中涉及“条文顺序”的“个别文字”进行调整。但有时也确实包括其他的“个别文字”的调整。其中就包括纠正一些早期立法中的不宜明示的错误。但只要是在修改立法的决定中明确作出调整的“文字”，哪怕仅仅是“个别”的，如一个字，也体现了立法者修改时的意志，需要引起特别的重视。

“以事实为根据、以法律为准绳原则”中，后一个“以”可不可以省略？“以事实为根据、法律为准绳原则”。这是个汉语表述的问题，因为这句话本身就是从领导人讲话流传下来的。而按照汉语的一般表述风尚，类似的对称是最好的。

新《行政诉讼法》第 51 条第 1 款规定：人民法院在接到起诉状时对符合该法规定的起诉条件的，应当登记立案。此即直接、当场立案。当场登记立案，即当场受理，显然是新《行政诉讼法》实施后才有可能的制度，但从立法条文的演化看，其确立却仅在一个“时”字之间，由此不能不令人慨叹立法的神奇与神圣。

原《行政诉讼法》第 42 条规定：人民法院接到起诉状，经审查，应当在 7 日内立案或者作出裁定不予受理。相应地，原“98 条”第 32 条第 1 款规定，人民法院应当组成合议庭对原告的起诉进行审查。符合起诉条件的，应当在 7 日内立案；不符合起诉条件的，应当在 7 日内裁定不予受理。新《行政诉讼法》第 51 条第 1 款确立了直接立案，甚至可以做到当场立案，只要法院委派的负责立案工作的法官业务足够过硬、获得足够授权。而其核心要旨、制度转换的关键字，就是在接到起诉状“时”。一个“时”字，强调了新法环境下，“接到起诉状”的即时性、当场性。即时性，对法院而言是果敢、权威；当场性，对行政相对人而言就是便捷、高效。由此确立了新《行政诉讼法》最好践行初心使命、最贴近百姓、最符合民心、最体现公正为民的一大创新。

2013 年修改《商标法》的决定特别提到将第 56 条第 3 款修改为：“销售不知道是侵犯注册商标专用权的商品，能证明该商品是自己合法取得并说明提供者的，不承担赔偿责任。”（第 64 条第 2 款）实际上只改了一个字：删除了“能证明该商品是自己合法取得”后面的那个“的”字。因为该句的主语是一个“的”字结构，不删除句中的“的”，句末的“的”字结构就不“纯粹”了，由于已经使用了“并”字以并联两个“的”字结构的情形，故第一个“的”字必须删除，这就是立法的严谨性所在。在这类问题上，必须拿出“锱铢必较”的劲头来，字字斟酌、不容含糊。

2013 年《商标法》第 10 条修改时，在罗列不得申请商标的标识时，在“外国的国家名称、国旗、国徽、军旗”后，增加了一个“等”字，即不限于“外国的国家名称、国旗、国徽、军旗”，与之类似的其他“标志”，也不能以与之“相同或者近似的”“标志”在中国申请商标注册。

当然，2013 年修法时，在“但该国政府同意的除外”中，增加了一个“经”字。这不但解决了这一制度如何操作的程序性问题，也一并解决了如何证明“该国政府同意”的实质性问题。也就是说，在申请此类商标注册时，需要一并提供这方面的证明；这类证明的取得，可以与“该国政府”通过函件等信息往来的方式完成，但实际上几乎不可能实现。

五、避免词义的重复

避免词义的重复，就是要充分注意前后内容的呼应，避免上下文，尤其是同一条款中，已经出现在“帽子”里的内容，绝对不要再在其下的项、目中出现。

原《行政诉讼法》第 44 条规定，“诉讼期间，不停止具体行政行为的执行。但有下列情形之一的，停止具体行政行为的执行：（一）被告认为需要停止执行的；（二）原告申请停止执行，人民法院认为该具体行政行为的执行会造成难以弥补的损失，并且停止执行不损害社会公共利益，裁定停止执行的；……”这个多余（“裁定停止执行”）的错误太明显了。因为该款列举的所有各项，就是“有下列情形之一的，停止具体行政行为的执行”，其中的每一项情形发生时，都是要“裁定停止执行的”。“帽子”里既然交代了，具体到各项就不需要一一重复了；尤其是有的项中重复、有的项中又没有重复，更让人觉得基本的文字关都没把住。

原“98 条”第 67 条第 1 款“第二审人民法院审理上诉案件”中“第二审”显属赘语。第二审法院就是上诉审法院，二审法院审理的，肯定也就是上诉案件，故二者同义反复，只取其一即可。新《行政诉讼法》第 87 条就只规定“人民法院审理上诉案件”。同样的情况还有“98 条”第 70 条：第二审人民法院审理上诉案件，需要改变原审判决的，应当同时对被诉具体行政行为作出判决。

六、不要随便加“法定”

立法不仅仅是语言的艺术，更准确地说是语言艺术的精华。一国通用语言的最高境界，就是其立法语言的精粹程度，这一高度，是通过立法用语的推敲实现的，是一个不断发展、日臻完善的过程。

行政诉讼中，侵犯经营自主权类案件在 1989 年旧法中就有：“认为行政机关侵犯法律规定的经营自主权的”，新法取消了“法律规定”的限制，案件范围内涵的减小，必将意味着外延的扩大。在新法语境下，只要起诉人“认为行政机关侵犯其经营自主权”，无论其“认为”有没有“法律规定”作依据，法院、行政机关都不能再要求其提供“法律规定”，进而限制原告的诉权及其行使。这一改变，从法理上深度挖掘，实际上是在行政诉讼及相应行政管理案件中，落实了一个基本的民法原则：经营自由权本位原则，即只有法律可以限定“经营自主权”；没有“法律规定”，行政机关干预“经营自主权”就是此处可诉的“侵犯其经营自主权”。

按照为中央《依法治国决定》所明确的“法无授权不可为”原则，也可以得出同样的结论，没有“法律规定”，即“法无授权”，行政机关不得“侵犯其经营自主权”。

因同类行政案件法院可以决定合并审理而成为共同诉讼的情形包括：(1)两个以上行政机关分别对同一事实作出行政行为，公民、法人或者其他组织不服向同一法院起诉的；(2)行政机关就同一事实对若干公民、法人或者其他组织分别作出行政行为，公民、法人或者其他组织不服分别向同一法院起诉的；(3)在诉讼过程中，被告对原告作出新的行政行为，原告不服向同一法院起诉的；(4)法院认为可以合并审理的其他情形。①

上述第1种情形中，删除了原相应内容中“依据不同的法律、法规”的限定性要求，很有必要。不同行政机关无论是否根据“不同的法律、法规”，只要是针对同一事实作出的行政行为，就足以构成共同被告。原司法解释可能没有顾及一种可能，即不同行政机关，如不同级别的行政机关，确实有可能依据同一法律、法规针对同一事实作出不同的行政行为。此时，也是可以构成共同诉讼的。而且强调“依据不同的法律、法规”的不妥，还可以从同款第2项反衬出来：第2种情形未再强调这一条件，但也会有这种可能；第2种情形可以不强调的原因是，这一条件确实不是决定性因素。

七、名词动用的风险

决定是法院在诉讼过程中依法就案件审理过程中的特殊问题所作的判定，适用于回避、处罚等特殊问题。因决定仅适用于审判过程中的程序性事项，不涉及案件的实体内容，故决定不可以上诉。个别决定可以申请原法院复议，如罚款、拘留的决定。

需要强调的是，此处所讲的决定，是名称指一类诉讼法律文书，即以“决定”的形式作出的决定，但新《行政诉讼法》中提到的涉及法院的“决定”，许多是动词“决策”意义上的决定，并不都是以“决定”文书形式作出的。如下级人民法院对其管辖的第一审行政案件，认为需要由上级人民法院审理或者指定管辖的，

---

① “163条”第73条，在“98条”第46条基础上改造而成。

可以报请上级人民法院“决定”[①]，此处的“决定”就是指实质意义的决策，其外在表现形式，就是指定管辖的“裁定”。

但在“下级人民法院对其管辖的第一审行政案件，认为需要由上级人民法院审理或者指定管辖的，可以报请上级人民法院决定”[②]的表述中，“报请……决定”显然不是就法院的“判决、裁定、决定”的决策形式而言的，而是就决策本身需要“报请上级”定夺的实质动词意义而言的。因为在中文中，裁定、决定都可以作动词，词性、词义都相近。当然，从立法技术完善的角度讲，为了避免诸如此处的不必要误会，大可以在裁定用于重要的程序性事宜的共识基础上以及《行政诉讼法》有部分裁定直接在条文中写明的立法惯例下，直接用“报请上级人民法院裁定”的表述。

八、自我构陷的尴尬

立法中要避免两种自找的麻烦，就是自我设限与设陷。

2002 年、2013 年《民办教育促进法》第 18 条均规定，“民办学校取得办学许可证，并依照有关的法律、行政法规进行登记，登记机关应当按照有关规定即时予以办理”。此处的“即时”，日常生活中很好理解，但在立法中就有些费解。

从简政放权、便民服务的角度讲，如果能够做到“即时”办、马上办、一次办，那当然好了。但如果现实中做不到，特别是还要加上一个“按照有关规定”的限制性前提，那就是明摆着不可能“即时”办。

可见，这里加上“按照有关规定”的本意，还是考虑到现实中不可能“即时”办，但强调要尽快办的意思。只是这样的文字写在立法中，确实没有多大的作用。

为此，2016 年该法修改时，相应内容修改为：“登记机关应当依法予以办理”，其中的“依法”既不像“按照有关规定”那样随意，也不像“即时”那样轻佻，在比较强烈的对比中，突现出立法语言及其背后所要承载的立法制度的庄严与持重。由此催生的立法技巧是，立法者的“明哲”是要为执法者、司法者“保身”，其实也就是避免自己把自己请入瓮。

---

① 新《行政诉讼法》第 24 条第 2 款。

② 新《行政诉讼法》第 24 条第 2 款。

在规定法律文书的递送期限时，“发送”与“送达”一字之差，却会产生截然不同的效果。特别是对于那些仅有几天的期限而言，用词不慎，就会在执行中导致很大却没有必要的忙乱甚至程序违法。原《行政诉讼法》第 43 条及新法第 67 条第 1 款都是对答辩状转送的规定，其前后表述都是“人民法院应当在收到答辩状之日起五日内，将答辩状副本发送原告”。看来“发送”早已有之，此处的“发送”确实比“送达”好。试想，在快递业相对不发达的 20 世纪 90 年代，要求法院在收到答辩状之日起 5 日内将副本送达原告，无疑会把法院整得非常狼狈。

类似的担心，在原《行政诉讼法》中确实没有成为现实，说明其立法技术细节方面的考虑还是比较周全和细致的。但司法解释就有所不同，原“98 条”第 66 条第 3 款规定，“原审人民法院应当在收到答辩状之日起 5 日内将副本送达当事人”。

新司法解释发现并在近 20 年后不太“及时”地制止了类似的尴尬：“163 条”第 108 条第 2 款、第 3 款，就是将原用的“送达”修改为“发送”。新司法解释修改后的这一明显变化，确实是设身处地为下级法院着想。原来规定的 5 日内“送达”，即使在快递业非常发达的今天，也是非常紧张的。改为“发送”后，大大减轻了法院的送达责任。

九、关注用词的语境

立法语言中的语词，在表意时也创造了总体的语境，成为其他语词选择时必须斟酌和协调的用词语境。

2011 年修改《职业病防治法》时将原第 32 条第 1 款、第 64 条第 4 项中的“如实告知”修改为“书面告知”。但 2001 年《职业病防治法》中，除上述 2 处已经被修改的“如实告知”外，还有 2 处（同一条中）没有修改。这 2 处“如实告知”的上文是：用人单位与劳动者订立劳动合同（含聘用合同）时。显然，订立劳动合同肯定是书面的，就没有必要再强调在合同中“书面告知”了，只要强调合同中包含“如实告知”的内容，就是“书面告知”了。反之，如果在这种情况下仍修改为“书面告知”，反而让人觉得相应立法在文字上没有注意语言基本的逻辑条件和环境。

2019 年对原 2007 年《政府信息公开条例》进行修订时，第 6 条“应当发布准确的政府信息予以澄清”制度得以继续。社会治理不能全靠“谣言止于智者”，政府有时必须主动出击。但旧条例中的限定语“在其职责范围内”，则显得有些保守和多余，故予以删除。因为此前第 5 条规定的“行政机关公开政府信息，应当”“遵循”“合法”“的原则”，其实就已经包括了“在其职责范围内”的内容了。

2001 年《职业病防治法》第 14 条第 2 款规定，“用人单位设有依法公布的职业病目录所列职业病的危害项目的”，此处的歧义源于“设有”，感觉似乎是“用人单位”故意设立“职业病的危害项目”。2011 年修改该法时，将相应内容修改为“存在”，这是一种现实状态，不再有主观成分及主观“臆断”的可能，显然清楚明了得多。

第六节　语法与字词搭配

搭配，是语言艺术的精髓之一，也是不同语言之间差别的显眼之处。如中文中数量词的搭配，就是语感的突出代表。搭配结构的推敲，是对立法语言的提炼与凝练。立法中的搭配涉及两个层次，一是句子结构层面的搭配，如动宾搭配，属于语法层面的问题。二是字词层面的搭配，如名词与及物动词、数词与其量词的搭配等。

汉语与拼音文字，除了切入点因视觉与听觉的不同而产生的差异以外，最大的不同，可能就是汉语更强调或者更重视搭配的禁忌。目前最容易发现的，就是动宾搭配的禁忌。

字词搭配中比较常见的一个风险点，是动词（包括表态动词）、连词等，都有其覆盖范围，直观地表述就是“射程”。如情态动词的覆盖范围就是，在经过“和”、“或者”、顿号、逗号、分号后出现的动词，是否还受“应当”的“节制”。

本节主要讨论汉语中字词搭配的某些不得触碰的底线、红线，属于根本性规范。但除此之外，立法作为一个国家最高级别的文字成果，仅满足未达下限的要求显然是不够的。还有一些合理性的要求，也是必须满足的，以达到锦上添花的效果，这些内容也是本书绝大多数章节关注的。

一、主语错置

2004 年《公司法》第 177 条第 5 款规定：股东会或者董事会违反前款规定，在公司弥补亏损和提取法定公积金、法定公益金之前向股东分配利润的，必须将违反规定分配的利润退还公司。从字面上看，“必须将”“利润退还公司”的主体，即本句的主语是“股东会或者董事会”。但从逻辑上和情理上分析，股东会或者董事会只是错分了利润，此时利润已经到了股东手里，不在“股东会或者董事会”手里，让他们怎么“退还”？ 2005 年《公司法》修订时，修正了这个问题：“股东必须将违反规定分配的利润退还公司”（第 167 条第 4 款）。

二、主谓搭配

主谓搭配，是动词搭配在语法中的另外一种表现形式或者再现情境。动词搭配，既是一个中文语法问题，有时也是一个语义逻辑问题，甚至涉及法律规范的实质意思的准确表达。

例如，1994 年《预算法》第 60 条中规定，编制决算草案要“做到收支数额准确”。就反映预算最终执行情况的决算而言，关键究竟是收支的数额准确，还是收支本身？故 2014 年修正该法时，修改为“收支真实、数额准确”。从文字角度讲，新旧一比高下立见。而且不仅如此，新法修改的核心，是强调“收支”的真实性，避免虚假列支。当然，严格从逻辑上争辩，“收支数额准确”确实包含“收支真实”，虚假的收支根本没有发生，谈何数额，更谈不上数额准确。但如果立法起草者这样为自己辩解，那就不是不讲法理、语法、逻辑的问题了。

三、动宾搭配的禁忌

汉语中对于动宾搭配的要求，往往超过对名词的限定词的要求。

如新《行政诉讼法》第 73 条的规定中，有“人民法院经过审理，查明被告依法负有给付义务”的表述，严格从立法技术角度分析，给付义务是“查明”的吗？从诉讼实践角度讲，“给付义务”正如法定职责，有些是需要从法律上“查找”依据的，有些则需要从现实中查明特定个体与法律规定的契合点。因此，“查明”的表述，有点别扭，但没有全错，只是要避免片面地理解为只是查明“事实”，更重要的是要查明“依据”。

更准确的说法似乎是“查明被告没有依法履行给付义务的”。这既与该条对法律假设的处理“判决被告履行给付义务”相吻合，又与其上一条即新法第 72 条“查明被告不履行法定职责”的规定相呼应、相统一。事实上，法院经过审理“查明被告依法负有给付义务的”，并不适宜一律“判决被告履行给付义务”，特别是又“查明”被告已经履行了“给付义务”时。此时的情形，正是新法第 69 条中明确的“原告申请被告履行法定职责或者给付义务理由不成立的，人民法院判决驳回原告的诉讼请求”，说明无论是法理逻辑上还是现实生活中，确实存在虽然“查明被告依法负有给付义务”但并不能据此“判决被告履行给付义务”的现实可能性。既然立法已经对此有明确的预判，反过来看司法解释此处的规定，可能确实有一个前后衔接的问题。

另如“原审判决遗漏了必须参加诉讼的当事人或者诉讼请求的，第二审人民法院应当裁定撤销原审判决，发回重审”[①]的表述，就易生歧义：“必须参加诉讼的当事人或者诉讼请求的”怎么理解？有必须参加诉讼的诉讼请求吗？改成“遗漏了诉讼请求或者必须参加诉讼的当事人”，就通顺一些。但进一步改为“遗漏了必须审理的诉讼请求或者必须参加诉讼的当事人”，单纯从文字表述逻辑周延方面看似乎更好一些；但结合诉讼实践就会发现问题：有不必审理的诉讼请求吗？

1993年《商标法》第12条规定，“同一申请人在不同类别的商品上使用同一商标的，应当按商品分类表提出注册申请”。“使用”显然不是规范用语，更重要的是，“使用同一商标”不是专属于商标注册环节的事，针对性也不强。既然是规范商标注册环节的内容，当然是“申请注册”更为规范了。而且，“同一申请人在不同类别的商品上使用同一商标的”，从商标制度本身看并没有问题，因为商标注册不是强制性的。总之，原表述从各个方面看，都不是妥当的立法表述。

四、动词连用的混乱

2004年《公司法》第8条第2款规定，“法律、行政法规对设立公司规定必须报经审批的”，由于“规定必须报经审批”全是动词，如此密集地连用，感觉很不舒服。故2005年修改为“法律、行政法规规定设立公司必须报经批准的”，一下子疏朗了许多。至于这究竟是纠正了“对”字结构使用不当，还是动词过于密集地使用，则是个纯学术问题，暂可放在一边。

五、定语即定性

1989年《行政诉讼法》一并设定行政复议制度的基础条款是第37条，现为新法第44条。新法修改时对该条第1款作了“小修”，充分体现了当代立法严谨性的与日俱增：删除了“先向上一级行政机关或者法律、法规规定的行政机关申

① “163条”第109条第3款。

请复议”中的“上一级”。据此，行政复议的概念须重新定义为：行政相对人先申请行政机关处理，对行政机关的处理仍不服的，再向法院提起诉讼的诉前行政救济制度。究其原因至少有以下两个。

一是《行政复议法》规定了原级复议。这是原《行政诉讼法》出台时所没有的新情势。故新法只能强调“先向行政机关申请复议”，不能再提“上一级行政机关”。

二是原《行政诉讼法》第 37 条前后两款的规定本身就不一致。第 1 款的表述是“先向上一级行政机关或者法律、法规规定的行政机关申请复议”，第 2 款又表述为“先向行政机关申请复议”。当然，产生这个问题的原因，固然可以用第 2 款重复第 1 款的内容时所采取的必要的省略；而且旧法此后的其他涉及行政复议机关的条款中，也都没有再提“上一级”。但就立法本身而言，同一法律概念前面加不加限定词，是非常慎重的。如提及法院时，加不加“上一级”，甚至加“上一级”还是“上级”，都是需要反复掂量、认真权衡的。尤其是在同一条中，上下两款的表述不一，难免让人产生不同的理解、解释。而每次出现理解和解释的必要时，首先想到的应当是：当初是不是写错了。新《行政诉讼法》就着《行政复议法》有关原级复议的规定，修改这一内容，还是非常果断的，但也不排除没考虑这层意思而只是清除字面障碍的可能。

尽管如此，仍有必要提及的是，新《行政诉讼法》在作上述修改、删除“上一级”三个字的同时，又增加了有争议的两个字“决定”：旧法规定“对复议不服再向人民法院提起诉讼”，新法强调“对复议决定不服”。显然，“对复议不服”的范围大于“对复议决定不服”，难道新法据此收窄了“经复议的案件”可诉的范围？但也不像，因为就在紧随该条后的新法第 45 条中仍规定“复议机关逾期不作决定的，申请人可以在复议期满之日起十五日内向人民法院提起诉讼。法律另有规定的除外”。除非其中的“法律另有规定的除外”就是指新法第 44 条中的新规定。但还是不像，因为新法第 26 条第 3 款仍明确规定：“复议机关在法定期限内未作出复议决定，公民、法人或者其他组织”“起诉复议机关不作为的，复议机关是被告”，说明没有复议决定的案件，照样可以起诉。由此不能不说，新法第 37 条给“复议”增加的“决定”二字，很有可能是疏忽了。

六、定语的“射程”

定语的射程，就是定语可以修饰进而影响的词的多少或者说范围。2004 年《公司法》第 169 条第 2 款第 3 项规定，记名公司债券的存根簿上应当载明“债券总额，债券的票面金额，债券的利率，债券的还本付息的期限和方式”。显然，“债券”用得太多了。之所以不敢像 2005 年那样修改为：“债券总额，债券的票面金额、利率、还本付息的期限和方式”（第 158 条第 2 款第 3 项），主要是在立法技术上担心“债券”的长臂管辖不够。当然，新法在修改时也充分考虑到了这个问题，同时为了强调和分级，故没有简化到只用一个“债券”。

2007 年《政府信息公开条例》第 21 条第 3 项规定，“依法不属于本行政机关公开或者该政府信息不存在的，应当告知申请人”。实际操作中，“该政府信息不存在的”很好理解，但其前面还有一个必须与其联系起来理解的“依法”，就让经办人员及申请人都很困惑，经办人员很难向申请人解释，于是有些申请人就以此为突破口“难为”经办人员及其所属信息公开义务机关：“依法”怎么可能“该政府信息不存在”？

事实上，“不属于本行政机关公开”“该政府信息不存在”这两种情形，不可能同时出现，但立法将其并列在一起，且因为“不属于本行政机关公开”属于法定情形，于是前面加上一个“依法”没有问题，但没有考虑到对“或者”之后的“该政府信息不存在”的辐射效果，于是就出现了现实操作中的龃龉。

2019 年新条例第 36 条将这两种情形分开规定，其中，“该政府信息不存在”既然不是因为“依法”，而是因为“经检索没有所申请公开信息”，那就直说，不要用“依法”来搪塞；至于“所申请公开信息不属于本行政机关负责公开的”，虽然是基于法律的规定，但也没有必要过分强调，也没有再出现“依法”的标签。从而解决了这个问题。

七、限定失范

法律是规范的语言表达，规范是对社会行为的约束和限定，因此立法中各种限定是最常见的。但立法者一定要牢记：别只顾限定别人，忘记了自己笔下的文字之间，也有限定失据的问题，如重复限定、限定欠妥等。

（一）定语与主词同义

定语是修饰、限定主词的。主词中已经蕴含的意思，就不需要定语多此一举了，否则就是实质性的重复限定，尽管没有语词的直接重复那么显眼。

1996年《刑事诉讼法》第92条第2款规定："传唤、拘传持续的时间最长不得超过十二小时。"文中的"最长"，是后置定语，用于限定"时间"，但显属多余；如此表态，日常生活中虽然无关紧要，立法中也无可厚非，但2012年修改时还是删了。1996年之所以用"最长"，与当时的时间观念或者对法律上期间概念的理解有关：期间、期限显然都是指最长时间（包括对最短期限的规定，其实质仍是"最短"的最长时间）。新法的修改，同时是对法理逻辑的澄清。

（二）不当限定导致的法意重复

2013年《民办教育促进法》第64条规定，"社会组织和个人擅自举办民办学校的，由县级以上人民政府的有关行政部门"采取"责令限期改正"等措施。2016年修改该条内容时，在进一步明确"有关行政部门"的同时，在"县级以上人民政府"前增加了"所在地"的限定词，有没有必要？按照地域管辖的一般原则，所有"县级以上人民政府"中，哪个的所在地不包括该"县"？

进而言之，按法理及常识，行政机关查处违法行为，遵循属地原则，故所有与上述类似的情形，都应当加上"所在地"，除非需要进一步明确属地管辖的。但查询我国当代立法发现，规定明确限定"所在地"的并不多。例如，2017年的《中小企业促进法》第17条第3款规定，地区性中小银行应当积极为其"所在地"的小型微型企业提供金融服务。据此可以断定，该法应当是比较熟悉"所在地"的意义和用法的，但该法提及"县级以上人民政府"的"监督检查""处分"等职责时，都没有加"所在地"的限定。

（三）用词不当导致的语义重复

1994年《预算法》第32条规定，各级政府预算应当设置预备费，用于"自然灾害救灾开支及其他难以预见的特殊开支"。由于历史的局限性，当时仅考虑到了"自然灾害救灾开支"。当然，按照预算法定原则，依照该规定，在其修改之前，除了“自然灾害救灾开支”，其他情况下就只能以“其他难以预见的特殊开支”的名目，使用预备费了，显得过于笼统。2014 年该处修改时，一方面，在“自然灾害”外增加了“等突发事件处理增加的支出”，从而使预备费的使用名目更加明确、具体。另一方面，删除了“及其他难以预见的特殊开支”中的“特殊”，既然是“其他难以预见”的开支，就已经属于“不同寻常”的情形了，再去确定其是否“特殊”已没有必要，实际操作时也难免叠床架屋。由此确定的原则是，立法语言最重要的要求就是“辞达”。这甚至不是一个修饰性用语的使用要注意繁简得当的问题，意思表述清楚是最低标准也是最高要求。除此之外，没有必要增加任何不必要的修饰、限定词。

（四）不当限定词导致的不合情理

2009 年《兵役法》第 55 条规定，“现役军人牺牲、病故”“其家属”“不能维持生活的，再由国家定期发给抚恤金”。或许有人会问，“国家定期发给抚恤金”怎么理解，是每隔多少天或者每月、每年固定日期“发给抚恤金”吗？

法律的权威在于实施。既然立法明确“定期”，对有些人在有些情况下就有可能成为问题。如某军属每月 25 日左右会领到一笔数额可观的“抚恤金”，但某月这笔“抚恤金”迟至 28 日还没有发放；当日该军属死亡。该军属的亲属讨要这笔本应“定期”发放的“抚恤金”怎么办？

2011 年《兵役法》修改时，对此作出了明确的回应，将“定期发给抚恤金”调整为“发给定期抚恤金”（第 59 条），基本上解决了必须“定期”发放抚恤金的技术操作上的难题。相比较而言，“发给定期抚恤金”就比较容易操作些：只要每月发抚恤金就行，提前、滞后几天都不能再较真了。

八、名词配伍

名词与名词的搭配，类似中药的配伍。随着落实习近平总书记关于中医药工作的重要论述，配伍这个概念日益深入人心。其在法学特别是立法领域的最突出、传神的表现，就是词与词之间的配伍禁忌。

立法条文中动宾搭配的重要性，已经引起了足够的重视，因为搭配不妥，读起来就非常别扭。但名词对名词的搭配，在中文中也很讲究，但立法时有时可能还不是那么在意。

例如，2004 年《公司法》第 133 条第 1 款规定，“公司向发起人”“法人发行的股票，应当为记名股票，并应当记载该发起人”“法人的名称”。显然，发起人如果是自然人，“记名”时称“名称”似有不妥，但又似无伤大雅，故自 1993 年以来一直如此。但到了 2005 年修订《公司法》时，就在“名称”后增加了“或者姓名”。当然，再进一步较真的话，似乎在“名称”前增加“姓名或者”更好，因为“发起人”配“姓名”、“法人”配“名称”，这样在文字的顺序上都严格对应了。估计此等“吹毛求疵”的要求目前还没有提上立法的议事日程。当然，更有可能是根本没有在意这个问题。因为就在《公司法》规定上述内容的下一条即 1993 年《公司法》第 134 条，就已经在“股东名册”应当“记载下列事项”中将“股东的姓名或者名称及住所”作为第 1 项。这样看来，原《公司法》自 1993 年直到 2004 年，其有关记名“股票”“应当记载该发起人、机构或者法人的名称”的规定，甚至在 2005 年该法修订后的内容中关于“记名股票”“应当记载该发起人、法人的名称或者姓名”的规定，都存在比较低级的文字错误，前者是遗漏了“或者姓名”；后者则是没有将“姓名”放在“名称”前面，并保持这种局面一直到 2018 年《公司法》第 129 条第 2 款。因为错过了 2005 年该法修订的好时机，再单独改这样的问题，确实不能不考虑为尊者讳的顾虑的因素。

九、字词搭配的转换

1996 年《刑事诉讼法》第 75 条规定，人民法院、人民检察院或者公安机关对于被采取强制措施超过法定期限的犯罪嫌疑人、被告人应当予以释放、解除取保候审、监视居住或者依法变更强制措施。2012 年修正时将“超过法定期限”，改为“法定期限届满”，只是换了个词，但感觉立马大变。这还不仅仅是个语感的问题，而是涉及行为的定性。“超过”显然是指向违法的，而“届满”则是在法定范围之内的。二者涉及的关键时间节点，完全就是同一时刻：“届满”是法定期限的终点，“超过”则是始于此法定期限终点的违法时间的始点。也就是说，“届满”之后，哪怕只有 1 秒，就是“超过”之时，合法与违法，就在这一瞬间。一词之改，感觉立变，不能不叹服立法语言艺术的魅力。

十、“的”字结构

作为法律规范的假设部分性状描述标识的“的”字的普遍适用，似乎也是进入21世纪后才逐渐普及的。2004年《公司法》第167条的规定中只有“公司发行公司债券”的表述，没有用“的”，2005年该法修订时，相应条款（第156条）才增加了“的”：“公司以实物券方式发行公司债券的”这似乎应当成为此后立法必须加“的”字的一个分水岭。

2009年《兵役法》第51条规定，“现役军人，革命残废军人，退出现役的军人……应当受到社会的尊重，受到国家和人民群众的优待”。与“现役军人”并列的“退出现役的军人”中“的”字，是否有必要？如果有必要，“现役军人”也应当表述为“现役的军人”。事实上，在汉语中，“的”作为定语的提示词，很多情况下可有可无，关键是行文上要保持前后或者整体上的一致和统一。因此，2011年修正该法时，特意删除了“退出现役的军人”中“的”字。

2001年《职业病防治法》第54条第2款规定：“用人单位发生分立、合并、解散、破产等情形的，应当……”2011年修改为“用人单位在发生……等情形时，应当……”这是一个将通用化的“的”字结构，调整为“在”“时”的表述的例子。其用意是在“时”前进行相应工作，而“的”字结构往往可以理解为或者操作为“的”后，对于已经“解散、破产”“的”，立法的规定已经无法落实了。但就个案而言，此处的修改仍没有解决真正需要或者想要解决的问题：在“用人单位”“分立、合并、解散、破产等情形”前“按照国家有关规定妥善安置职业病病人”。当然，真要想解决这个问题，办法很简单，将“时”改为“前”即可。立法时觉得这不是个问题，但操作时可能就成为该条款无法落地、落实、落细的最后一公里、最后一根稻草。

1996年《刑事诉讼法》第45条第3款中的“的”字结构，即“凡是伪造证据、隐匿证据或者毁灭证据的”，显然是指人，而不是指事。这一点，是从紧接着的下文，即“无论属于何方，必须受法律追究”推断出来的。这说明，在我国的立法语言中，“的”字结构具有广泛适用性，既可以指人、指物，又可以指事、指情形。

第七节　指代偏移的陷阱

法律中的表述，主要以名称为主，但也少不了代词。由此可能引发的风险，就是指代不明、指代倒错等指代偏移的陷阱。立法中如果存在这些风险，更会使执法者、司法者，更重要的是数以亿计的守法者无所适从。为此，立法需要一些运用指代的技巧。

一、更明确地表达

2015年《立法法》第99条第3款是新增的：有关的专门委员会和常务委员会工作机构可以对报送备案的规范性文件进行主动审查。单看该款，看不出其中的“规范性文件”的范围。即便看该条的前两款，由于只规定了对“行政法规、地方性法规、自治条例和单行条例”的提请审查和申请审查，仍看不出“备案的规范性文件”的范围。由此可见，原条文由于增加了新的内容，造成同一条文中规定的内容不同；同时，对不同的内容指代存在不确定性。

要想解决这个问题，必须回到法律原文中，找有关“备案”的规定，以确定“备案的规范性文件”的范围，但如此得来的结论就具有了解释的成分，难免仁者见仁、智者见智。为了避免这些麻烦，2023年《立法法》第111条直接采取了“对报送备案的行政法规、地方性法规、自治条例和单行条例等”的表述，避免了误解以及“解释”的必要。

当然，从立法技术角度看，新法中由于将上述内容单设一条，并增加了一款，而两款中涉及的备案审查对象并不完全相同，此时，再笼统地用“备案的规范性文件”固然可以简化文字，但表意的准确性、针对性就会受到影响。

2013年《商标法》有一个不太明显的改动，纠正了2001年《商标法》第33条一个不太明显的错误，就是在下文明确规定“人民法院应当通知商标复审程序的对方当事人作为第三人参加诉讼”的情况下，仍在前文规定“当事人对商标评审委员会的裁定不服的，可以”“向人民法院起诉”。原规定的立法思路是，赋予“商标评审委员会”“对初步审定、予以公告”的“裁定”的双方当事人，即“异议人和被异议人”，同等的对“商标评审委员会”的此类“裁定”不服提起诉讼的权利。而事实上，由于是对商标“初步审定、予以公告”的不服诉讼，在下文将赋予“异议人”“作为第三人参加诉讼”的权利的情况下，只需要将起诉权赋予“被异议人”就足以保护双方的权利。

之所以说上述问题不太明显，原因有二，一是该条的内容比较复杂，不深入研究真看不出其中的对错所在；二是是否有必要只赋予一方当事人起诉权，也确实值得商榷。

与2001年《商标法》第33条略微有点犹豫的规定不同，2013年修改《商标法》时，即明确地只赋予“被异议人”对“商标局做出不予注册决定”“不服”，进而向商标评审委员会和人民法院寻求救济的权利。其立法的出发点在就在于，对于“商标局做出不予注册决定”，对类似于“始作俑者”的异议人，应该没有什么可以“不服”的，故也没有赋予其进一步主动启动法律程序、寻求救济的权利；仅赋予其在法院作为第三人参加诉讼的权利。从制止滥用救济权利的角度讲，这一出发点显然没有问题，但按照《行政诉讼法》及《行政复议法》的起诉（申请复议）标准，即与行政行为的利害关系的角度把握，似乎仍可以提起行政复议或者行政诉讼。

2000年《立法法》第48条规定：“法律草案的说明应当包括制定该法律的必要性和主要内容。”此处的“该”确实多余（2015年删除）。这一点新法在该条中增加“修改法律”的“法律草案”的情形后，更显然如此。因为在“制定”法律的情形中，因“该”法律尚不存在，尚可以因此说用“该法律”的表述不合适。但在“修改”法律的情形，因“该法律”确已存在，是不是就可以用“该”了呢？也没有必要。因为从前后文看，没有其他的干扰因素会使读者误解还有“该法律”以外的其他“法律”。在这种情况下，强调“该”法律就完全没有必要。2015年《立法法》第59条第3款规定，“法律被废止的，除由其他法律规定废止该法律的以外，由国家主席签署主席令予以公布”。此处的“该法律”就是必需的，因为出现了两部不同的法律。

二、简称的学问

原告，是已经立案的行政案件中发动诉讼的一方当事人。其在起诉前，是行政行为的相对人；其在起诉过程中，是“起诉人”。

“起诉人”这个称谓，原“98条”中曾频繁出现。但在新《行政诉讼法》及新司法解释即“163条”中，包括由原“98条”转化而来的条文中，“起诉人”都销声匿迹了：有的改成了“当事人”，如“98条”第32条第3款改为新《行政诉讼法》第52条；有的仍用比较“累赘”的“公民、法人或者其他组织”，如“98条”第43条第1款吸纳为新《行政诉讼法》第48条第1款。新法及新司法解释之所以没有采纳“起诉人”这个概念，还是因为其不够规范。虽然起诉了，但立案之前，仍不能算是原告，其身份还是更接近案件的当事人，或者更为通行的“公民、法人或者其他组织”。

三、慎用代词“其”

2014年《行政诉讼法》第12条第1款第7项规定：“认为行政机关侵犯其经营自主权或者农村土地承包经营权、农村土地经营权的。”此处的“其”需要结合上下文及法理逻辑来理解，不能按形式逻辑理解。如按形式逻辑理解，本项中的“其”应当指距离“其”最近的“行政机关”，但本项中的“其”指原告。

与此形成对照的是，原“98条”第6条第1款及“163条”第3条第1款均规定：各级人民法院行政审判庭审理行政案件和审查行政机关申请执行其行政行为的案件。显然，此处的“其”指代的，是距离“其”最近的“行政机关”。这也是通过理解立法规范的法律逻辑而判断出来的，而不是按形式逻辑或者语言本身的意思解读出来的。

这就存在相当的风险，因为所有的法律规范，都需要普通人去理解，他们首要的出发点是日常生活中通用的语言。如果根据通用语言判读出来的内容，与法律规范的意思不一致，就会出现遵循和执法时的冲突。老百姓按字面意思理解法律，与执法者、司法者按“法律”的意思理解的法律，二者的差异，只会使老百姓既怀疑立法，更不相信执法和司法，从而势必使法律的实施出现守法者不知道如何守法，或者守法者自以为守法，实际上却守“错”了法的尴尬。

其对法治的戕害无疑是根本性的：法律得不到普遍的遵守，执法者或者司法者如何“奈何”得了泱泱不“守法”的民众：法不责众，有时不是不作为，而是无法作为。

但用“其”更麻烦的，是指代不明：都不知道指谁。如有司法解释中有这样的表述：“（五）对征收、征用决定及其补偿决定不服的”。此处的“其”涉嫌指代不明。应当是指“征收、征用”，但按形式逻辑理解，应当指“征用”，比较妥帖的表述是“对征收、征用决定及相应的补偿决定不服的”。

类似地，1993 年《商标法》第 14 条规定，“注册商标需要改变文字、图形的，应当重新提出注册申请”。2001 年修改时将“文字、图形”改为“其标志”。此处的“其”，就是必需的。没有这个“其”，作为主语的“注册商标”就成了一个意志主体，给人的感觉是“注册商标”要“改变”什么。而实际的意思是注册申请人要“改变”“注册商标”的“标志”。

只是这一处修改，由于与“文字、图形”改为“标志”一并完成，其标识性被掩盖或者淡化了。而将“文字、图形”改为“标志”，也是因为“文字、图形”不能表述、涵盖“标志”所代表的更为广泛、更符合新的商标概念的整体意思。

四、“前者”与“后者”

执行保全，是新司法解释的创新之举。但瑕不掩瑜的是，其规定（原“98 条”也有类似规定[①]，但仍局限于诉讼过程中）还是略有些问题：“行政机关或者行政行为确定的权利人申请人民法院强制执行前，有充分理由认为被执行人可能逃避执行的，可以申请人民法院采取财产保全措施。后者申请强制执行的，应当提供相应的财产担保。”[②]这一规定有一个不足之处，就是其中的“后者”，真不知其具体所指。因为“后者”二字之前是个句号，前一句中一共出现了“四者”：“行政机关”“行政行为确定的权利人”“法院”“被执行人”。当然了，许多人会说，这还不明白，“后者”显然是“行政机关或者行政行为确定的权利人”二者中的“后者”了。确实，起草者中有相当多的人是这样考虑的，否则也不会如

---

① “98 条”第 94 条。

② “163 条”第 159 条。

此轻易地用“后者”这样的方式指代。但如此理解的“后者”，仅仅是这句话中提到的“前者”或者“前二者”中的后者，为什么不可以理解为“后二者”或者后面提到的二者中的“后者”？甚至还可以问，为什么不是指前者“行政机关”后的所有“三者”，即“后三者”呢？这三者，不都是“前者”的“后者”吗？这看似绕口令式的诘问，实质上指向一个立法的基本原则：代词指代的唯一性。如果做不到这点，就不要用代词，宁可用名词，哪怕不厌其烦如“公民、法人或者其他组织”。

此处的“后者”，肯定不是指“前者”“行政机关”，但也确实很难明确究竟是文字顺序上排在其后出现的“行政行为确定的权利人”“人民法院”“被执行人”三者中的哪一者。但这个问题是从原“98 条”的相应规定中“传承”过来的，故不能苛责后者（人）：规定这一内容的“163 条”第 159 条，与“98 条”中与之对应的第 92 条，真的是严格意义上的一字不差，连“具体”行政行为中的“具体”的情形都不存在。

“善意”地理解，此处的“后者”当指“行政机关或者行政行为确定的权利人”中的后者，即“行政行为确定的权利人”，从法理的逻辑上推理，也只能对该“后者”才有必要要求其“提供相应的财产担保”。但对立法的要求，显然不能建立在要求执法者、司法者、守法者据法理理解或者“猜”的水平上。

单纯从执行角度考虑，上述规定似乎限定了执行保全的申请人只能是“行政机关或者行政行为确定的权利人”，而且只能在“申请人民法院强制执行前”提出。那么，进入诉讼之后，“有充分理由认为（法院裁判生效后的）被执行人可能逃避执行”，是不是也不能申请执行保全呢？显然不是。对法律的理解不能孤立地看一条一款，必须融会贯通才能学深悟透。

事实上，上述规定确实仅仅是对于申请法院强制执行时申请人可以采取的救济措施。对于已经进入诉讼程序甚至尚未起诉但有意起诉的案件，新司法解释早已准备了充分的依据，来确保经诉讼的案件执行到位：对于因一方当事人的行为或者其他原因，可能使行政行为或者法院生效裁判不能或者难以执行的案件，根据对方当事人的申请，人民法院可以裁定对其财产进行保全、责令其作出一定行为或者禁止其作出一定行为；当事人没有提出申请的，人民法院在必要时也可以裁定采取上述保全措施。[①]

五、指向对称概念

法律中最可怕的，就是对象错误。如误杀。虽然用错了“其”不会有这么严重的后果，但立法中也要尽量避免如下的可能。

“人民法院对于因一方当事人的行为或者其他原因，可能使行政行为或者人民法院生效裁判不能或者难以执行的案件，根据对方当事人的申请，可以裁定对其财产进行保全、责令其作出一定行为或者禁止其作出一定行为。”[②] 原条文确实比较复杂，精读后，是不是觉得其中的“其”有点莫名其妙的感觉？

“根据对方当事人的申请，可以裁定对其财产进行保全”中的“其”，从法理上讲，显然是指“对方当事人”的相对方，即因该“一方当事人的行为或者其他原因，可能使行政行为或者人民法院生效裁判不能或者难以执行”的那一方当事人。但在汉语中，“其”总是指“其”前面出现的那个名词，而很少会指该名词相对的另一个名词。

六、节外生枝的指代

1993年《商标法》第22条规定，“对初步审定、予以公告的商标提出异议的，商标局应当听取异议人和申请人陈述事实和理由”，其中的“申请人”，指代就可能不清楚。

之所以出现这样的问题，概因基于不同的程序来指定名称：“申请人”是就注册申请而言的，“异议人”则是对“注册申请”的异议程序而言的。因此，异议人也有可能就是申请人，如一同提出注册申请的其他申请人。

这种情况恰恰是商标注册异议最常发生的形态：一同提出注册申请的其他申请人，互为竞争同一注册商标的对手，一人得手，其他申请人如果不甘心，可不就成了异议人。

在这种情况下，用“被异议人”指代异议人的相对一方当事人，总是对的。

---

① “163条”第76条第1款。

② “163条”第76条，其第1款改编自“98条”第48条第1款。

这不仅把被异议人一方说清楚了，而且把异议的双方都说清楚了。否则，由于商标注册的申请人及利害关系人的多样可能性，不仅异议人与申请人的关系比较难以说清楚，被异议人与申请人的关系也说不明白。但无论三者的关系如何，就本条规范的实质内容而言，只要把“异议人和被异议人”或称“异议双方”乃至“异议各方”，作为异议当事人的关系说清楚了，即足矣。这种直奔主题的解决问题方式，完全避开了没有必要、无中生有的“申请人”，使规则本身想表达的听取当事双方乃至当事各方的意见的意思，表述得清清楚楚。

这一思路也为后来2001年新增的第43条第2款采用，即用“对方当事人”来指代争议的另一方：“当事人对商标评审委员会的裁定不服的，可以自收到通知之日起三十日内向人民法院起诉。人民法院应当通知商标复审程序的对方当事人作为第三人参加诉讼。”

七、范围无限大

指代最大的风险，是有时难以估量其扩大的倍数。从1996年《刑事诉讼法》第38条的“辩护律师和其他辩护人”到2012年《刑事诉讼法》的“辩护人或者其他任何人”，范围扩大的倍数数以千百计。因为1996年《刑事诉讼法》该条规定的适用主体，局限于诉讼程序中的“辩护人”，每个当事人仅有一两个“辩护人”而已，而2012年《刑事诉讼法》该条规定的则是“任何人”，当然首先是“辩护人”但已不限于几个“辩护人”，而是适用于所有人、一切人。显然，1996年《刑事诉讼法》的规定太局限了，非“辩护人”“帮助犯罪嫌疑人、被告人隐匿、毁灭、伪造证据或者串供”“威胁、引诱证人改变证言或者作伪证以及进行其他干扰司法机关诉讼活动的行为”，竟然在立法中没有明确禁止！这样的疏漏，在2012年《刑事诉讼法》中就予以避免了。旧法的上述错误，就属于典型的以偏概全的逻辑错误，具体到立法上，就是禁止范围不够。

八、谁是“推荐的人”

可委托代理人的广泛性，是落实以人为本政治原则、权利本位等法律原则的重要体现。新旧《行政诉讼法》对可委托的代理人的范围，规定得都比较宽泛，新法又作了进一步的扩充、有不小的改进：表述更合理、意思更明确、操作更规范了，可以委托的代理人范围更广了。

旧《行政诉讼法》规定的代理人的范围[①]就十分广泛，包括律师、社会团体、提起诉讼的公民的近亲属或者所在单位推荐的人、经法院许可的其他公民等。但现在看来，旧法的表述确实不耐推敲、说得不太清楚。一是不太清楚“推荐的人”究竟是谁推荐的，是“提起诉讼的公民的近亲属”“推荐的人”，还是“提起诉讼的公民的近亲属”“所在单位推荐的人”，抑或“提起诉讼的公民”“所在单位推荐的人”，还是“律师、社会团体、提起诉讼的公民的近亲属或者所在单位”“推荐的人”？因为中文中“或者”的用法，没有权威的界定，即使在严格要求尽可能避免歧义的立法中，也是如此，稍不注意就可能引起误会。二是“人民法院许可的其他公民”，更是多此一举，很容易陷法院于不中立的纷争中。此外，旧法规定的“受委托为诉讼代理人”的范围也太小了。旧法的规定字面上看似乎仅针对“提起诉讼的公民”，没有充分考虑被告及第三人的情况，也不太在意“提起诉讼的”法人或者其他组织委托代理人的问题。如被告的工作人员就不能“受委托为诉讼代理人”，原告或者第三人为法人或者其他组织时，也面临同样的问题。

新法的规定[②]基本解决了这些问题：“当事人所在社区、单位以及有关社会团体”推荐的公民可以作为委托代理人。旧法规定的“经人民法院许可的其他公民”，由于可能影响法院的中立地位，在新法中取消了。

不仅如此，新规定的最大亮点，就是化解了旧规定中的逻辑纠结，对旧法中表述不清的规定，通过分类，澄清了模糊之处，并进一步扩充了可以委托为代理人的范围：一是将“基层法律服务工作者”纳入，使之在这一领域与律师同权。二是允许当事人委托自己的工作人员，为扩大行政机关作为被告时委托代理人的范围埋下了伏笔。这样一来，无论哪类当事人，都可以视自身情况或者组织形式作出抉择：自然人可以委托其近亲属或者其雇佣的工作人员，法人或者其他组织可以委托其工作人员。三是法院不再参与当事人的选择和确定，即不再指定，而是由“当事人所在社区、单位以及有关社会团体”推荐，从而更加超脱，更有可能专注于审判，避免冗务的滋扰。

---

① 旧《行政诉讼法》第 29 条第 2 款。
② 新《行政诉讼法》第 31 条第 2 款。

需要特别指出的是，按照现行法的规定，自然人也可以委托其所在单位的工作人员，即其同事，作为诉讼代理人，而无论委托人是否该单位的“领导”或者控制人。因为新法规定的实质是将“推荐”与“委托”分离，“当事人所在单位推荐的公民”，并不一定必须是委托人的下属，那反而有“以权谋私”之嫌。

九、“本级”是哪一级

2002 年《退耕还林条例》第 20 条第 1 款规定：省级“政府林业行政主管部门根据国家下达的下一年度退耕还林计划，会同有关部门编制本行政区域内的年度退耕还林实施方案，经国务院林业行政主管部门审核后，报本级人民政府批准实施”。该项规定存在两个问题：一是其中的“本级”指哪一级，是离其最近刚出现的“国务院林业行政主管部门”的“本级”，还是作为全句主语的“省级政府林业行政主管部门”的“本级”？从语义逻辑上分析，二者都有可能；从事理逻辑上判断，似乎“省级”更靠谱一些。二是“经国务院林业行政主管部门审核”有没有必要。因为“国家下达的下一年度退耕还林计划”，肯定是要“经国务院林业行政主管部门审核”的，下达到省级落实时，还需要再回过头来“审核”一遍以示重视？可能在该条例最初立法时觉得这样做很正常，并不觉得麻烦，但十几年后放在“简政放权”“取消和调整行政审批项目”的新的时代背景下考量，则觉得有些不合时宜。

2016 年国务院修改该条例时，删除了“经国务院林业行政主管部门审核后”，一下子同时解决了上述两个问题。

第八节　助词与介词结构

汉语中，助词、介词都是小词，其在现代汉语中的作用，甚至不如古汉语，至少从使用量上看，似是如此。但由于汉语不通过字形变化表意、表时、表态，对时态、语态的表达，多通过助词、介词。因此，“被”等标志性助词很重要，“等”字在法律语言中的意味，与实词不相上下。

一、助词逐渐边缘化

尽管在有些场合，表语态、时态的小词不可或缺。但在更多的场合，助词在立法中可有可无，如“着”字的用法：“体现并反映着行政诉讼的客观规律”，与“体现并反映行政诉讼的客观规律”也差别不大；数量词的使用也是如此：“任何一个法律部门都有自己的基本原则”，完全可以用“任何法律部门都有自己的基本原则”替代。

总的来说，助词在立法中非常边缘化。至于何时用，何时弃，全凭语感吗？大致如此。连介词结构的使用，也多多少少地取决于语感，没有太多可讲的道理。

二、介词结构的简化

2009 年《农村土地承包法》第 39 条第 1 款中的表述“承包方可以在一定期限内将部分或者全部土地承包经营权转包或者出租给第三方，承包方与发包方的承包关系不变”，前半句的核心表意结构是“承包方”“将”“土地承包经营权”“转包或者出租”。考虑到“转包或者出租”本身就是动词，更准确地说是及物动词，故可以直接带宾语，而不必用“将”字结构来表示动词性含义。故 2018 年该法修改时，就将该内容的整体表述结构，调整为更为简洁的“动宾”结构：承包方流转土地经营权。这代表着中国当代立法表述习惯的演化方向：减少或者弱化“把”“对”“将”等间接表述结构的出现比重，转而用直接的“动宾”结构，使立法语言更加短促、简洁、有力，体现规范的严肃性和指向性。

当然，上述表述的修改，还有一个重要的原因，就是原表述用一个表述体系，表达了两层意思：首先是赋权，即“承包方可以”流转土地经营权；其次才是对此的提供，即“承包方与发包方的承包关系不变”。而从法理上分析，有保障的权利才是权利，既然“承包方与发包方的承包关系不变”的担保已经明确，土地流转就可以放心大胆地干了，“可以”是当然的。不说“可以”反而显得立法更为果断、干脆，没有拖泥带水。

三、时限起点的统一

1993 年《商标法》第 21 条中展现了一个关于期限的较老的表述：“在收到通知十五天内”，后改为“自收到通知之日起 15 日内”。从当代法律语言的语感或者表述习惯看，似乎后者更通行一些。因此，此处的修改，不仅仅是个标准化的问题，也是一个表述逻辑更清晰的问题。但是，立法中，时限起点的表述，是否统一用“自”引领，不好说。因为此处的修改，毕竟只是孤证。但从现行立法中的查找结果看，凡出现“日内”表述的，前面几乎都用“自”引领。

四、“被”很重要

中文没有别的办法表示被动语态，“被”是最常用的标志词。有没有“被”，代表着主动语态与被动语态之别。由于中国古代并没有现代汉语（其实更主要是外来语，如英语）意义上的被动语态，故许多不太喜欢西语的资深立法者，不太熟悉主动语态与被动语态的区别，也不喜欢在立法中使用，于是就出现了下面的倾向性表现。

2007 年《政府信息公开条例》第 32 条第 4 项规定，政府信息公开工作年度报告应当包括“因政府信息公开申请行政复议、提起行政诉讼的情况”，这是什么意思？难道是说行政机关“因政府信息公开申请行政复议、提起行政诉讼的情况”？字面上似乎就是这个意思，因为同为原条例第 33 条第 2 款规定，“公民、法人或者其他组织认为行政机关在政府信息公开工作中的具体行政行为侵犯其合法权益的，可以依法申请行政复议或者提起行政诉讼”。此时，再怎么从立法背景解释，都是多余的，并且也只能说明一点，当时就是写错了。但立法就是这样，一字之错，往往要搁那里好多年供人“指指点点”，以此处遗漏的“被”字为例，直到12年后的2019年，新条例才在第50条第1款第3项中补齐：“因政府信息公开工作被申请行政复议、提起行政诉讼的情况。”

五、“在”的用法

在汉语中，或者在立法中，“在”是个非常常用的介词。但其使用也在立法语言演化的过程中，出现了归一的现象。如作时间副词的导引时，有时就可以省略，预示着“在”字的这种功能，可能要逐渐淡出立法圈了。

如“163条”第114条、第115条第1款、第115条第2款，连续3处出现“审查再审申请期间”，都没有用“在”，更没有用比较“老土”的“在……时候”，也不影响理解。此外，“在……日内”被“自……日内”取代似乎也是大势所趋。

六、慎用“对”字结构

“对”字结构，在立法中经常使用，如2004年《公司法》第8条第2款规定，“法律、行政法规对设立公司规定必须报经审批的”，虽然有“对”的引领，但如此密集的动词连用，语感还是很不舒服。故2005年修订时，改为“法律、行政法规规定设立公司必须报经批准的”，一下子就疏朗了许多。至于这究竟是因为纠正了“对”字结构的使用不当，还是因为避免了动词过于密集的使用，才有这样的效果，并不重要。此类问题在立法上最好的解决办法，就是凭立法起草者及审议者的语感。当然，这必须与大众的语感相吻合、相一致。

此外，动宾骨架的“对”字结构，往往也可以转化为相应的动宾结构。表面上看这是个用语习惯问题，但从语感角度判断，能够直接用动宾结构表述的句子，感觉语气更紧凑一些。例如，2004年《公司法》第39条第2款规定，“股东会对公司增加或者减少注册资本、分立、合并、解散或者变更公司形式作出决议，必须经代表三分之二以上表决权的股东通过”。由于“对”后面的介词宾语“公司增加或者减少注册资本、分立、合并、解散或者变更公司形式”非常长，而本句的谓语又是“作出决议”，直接改为股东会“作出……的决议”的句式，也是完全可以的。2005年《公司法》第44条，就是这么改的。

七、慎用“由”字结构

“由”字结构在立法中高频出现，2008 年《专利法》中出现了 25 个“由”字，2000 年《专利法》中也有 24 个。说明“由”通常无可替代。但用得不好，读来难免味同嚼蜡，不得不慎。2004 年《公司法》第 117 条规定的“董事会会议应由二分之一以上的董事出席”，其中“由”“出席”的搭配就不太妥当。2005 年改为“有”“出席”。当然，不排除 1993 年该法就有的“由”字，就是“有”字，用拼音输入法时打错了。

八、多重介词的使用

与其他语言相比，汉语中的介词属于小词。许多在其他语言中必不可少的介词，在汉语中是可以根据上下文的意会，而省略不用的，尤其是多重介词连用的时候。多重介词连用，是指多个介词连续套叠使用，如“公司在从税后利润中提取法定公积金后”，其中“在”与“后”搭配表示时间、“从”与“中”配合表述处置关系。当然，在日常用语中，特别是口语中，由于不必表述逻辑层次过于复杂的意思，多重介词连用及相应省略的情况不多。但法律语言由于要表达比较严谨的意思，逻辑层次不能乱，故多重介词连用的情形就会比较明显，为了避免因省略而“词不达意”，有必要探讨是否可以省略的问题。

“公司在从税后利润中提取法定公积金后”出自 2004 年《公司法》第 177 条第 3 款，“在”“从”两个介词连用，是否可以省略？从语法上讲，最好不省；但从语感看，显然有些累赘。最重要的一点是，无论是“在”还是“从”都可以独立完成复合介词的功能，即以一顶二，这就是汉语介词搭配的灵活性所在。故 2005 年《公司法》修订时（第 167 条第 3 款），就省去了其中的一个介词“在”，但实际上，如果省去另一个介词“从”，也是说得通的。

由此确立的规则是，立法表述中，要尽量避免同时出现两个以上介词连用的情形；可以用两个以上介词的，在不影响意思表达的情况下，尽可能省略其中可有可无的那个或者那几个。

九、介词结构的重叠

1989 年《行政诉讼法》第 11 条第 1 款规定："人民法院受理公民、法人和其他组织对下列具体行政行为不服提起的诉讼"："对拘留、罚款、吊销许可证和执照、责令停产停业、没收财物等行政处罚不服的"。其中的问题是，前后出现了两个"对"字结构，明确是重复了"对""不服的"结构。因为"对"字结构下，其下（即"下列"）各项，都受"对"字统辖，都是"对"字结构的内容，因此都应该保持名词属性，不需要也不应当再用"对"字。更重要的是，尽管重复，并无益于表达，这就更没有必要了。

新法修改时，取消了题首"帽子"里的"对"字结构，直接说"人民法院受理""下列诉讼："其下具体罗列的，都是"对"特定行政行为"不服的"，二者相结合，就是一个完整而不重复的意思表达了："人民法院受理""对"特定行政行为"不服的""诉讼"。

十、不可乱用"可以"

2004 年《公司法》第 33 条规定："股东按照出资比例分取红利。公司新增资本时，股东可以优先认缴出资。"此处的"可以"没有体现优先的实质，或者说弱化了"优先"的力度：本来是必需的，如今变成不确定的了。

实际上，如果不是"按照实缴的出资比例"，就没有"优先"可言，或者说"优先"得没有那么公平。因为"优先按照实缴的出资比例认缴出资"有两层含义，一是优先于非股东认缴出资；二是同为股东的，先按照实缴的出资比例认缴出资。这样，正常情况下可以保证股东出资比例不变，相应的股权比例也不变。

第九节 数字与标点符号

在一国之中，就文字而言，所谓严格的标准，就是适用于重大、历史性场合的文字的使用标准。立法就是这样的场合，甚至可以说是最应当适用“严格”标准的场合。

本节讨论两个问题：前半部分讨论立法中的数字与数学问题，后半部分讨论立法中标点符号的使用问题。这两个问题，都不是立法中的重大问题，立法实践中涉及的内容也不是很多，这正是将其合而论之的原因所在。但也绝没有小到可以忽略的程度。数字或者标点符号出了问题，那才是立法中最显眼的问题呢。

中国历史上虽然有“句读”之学，但没有发明或者运用标点符号。由于没有标点符号，所谓的“句读”之学，仍是“心”学，很难让人心服这就是作者的当时所想。有了标点符号，大量难以或者不必用文字表述的内容，都可以用一个个简单明了的“符号”传情达意了。

一、人数的计算

通常，立法不会涉及数学问题。但也不排除用数理逻辑优化立法的空间，尤其是避免违背最基本的数学常识、犯常识性错误，否则笑话可就闹大了。

立法是文字的艺术，但也少不了数理逻辑、情理逻辑的应用，甚至少不了数学。立法中出现计算错误，后果就是混乱、不必要的混乱。

2004 年《公司法》第 35 条第 2 款规定，“股东向股东以外的人转让其出资时，必须经全体股东过半数同意”。这一规定存在两个逻辑或者说情理上的问题。一是股东半数同意是指人数还是表决权数。因为股东的“含金量”是不同的，故《公司法》中有按其实际出资比例或者股权比例计算表决权重的规定。在这种情况下此处仍规定“股东半数”显然就是按人头算数了，这似乎不太合理。好在该条后续内容规定，“不同意转让的股东应当购买该转让的出资，如果不购买该转让的出资，视为同意转让”，这样一来，就把前面的问题掩盖了。但仍然解决不了的问题是，不同意转让的股东应当购买该转让的出资的出价，可能远远低于股东以外的人。当然，如是规定也有另外一种可能，就是小股东人数居优时，可以轻易阻止大股东向股东以外的人转让股份。二是全体股东包括了“向股东以外的人转让其出资”的那部分股东，如果他们的人数已经超过“全体股东过半数”，则这条规定本身已经没有意义。正是由于存在上述问题，2005 年《公司法》修订时将这一规定修改为“股东向股东以外的人转让股权，应当经其他股东过半数同意”。这样一来，就将“向股东以外的人转让其出资”的那部分股东排除在表决基数之外了，没有“向股东以外的人转让其出资”的股东此时才有可能真正决定是否允许某些股东“向股东以外的人转让”其出资的问题。

另如，被诉行政机关负责人出庭应诉时的诉讼代理人的人数。根据《民事诉讼法》第 48 条第 2 款，法人由其法定代表人进行诉讼。其他组织由其主要负责人进行诉讼。按照新《行政诉讼法》第 3 条第 3 款，如果被诉行政机关主要负责人出庭，由于其本人是法定代表人，即当事人，故可以再委托一人至二人作为诉讼代理人；由于主要负责人在被诉行政机关的班子里肯定是少数，其出庭的情况更是极少数，其他负责人出庭就成为落实上述制度的主要情形、大概率事件，其他负责人不是法定代理人，其本人是不是已经“占”了一个代理人“指标”？

对此，“163 条”第 128 条作出变通解释。首先是在第 1 款扩大了“负责人”的范围：行政机关负责人包括行政机关的正职、副职负责人以及其他参与分管的负责人。其次是在第 2 款中将出庭应诉的负责人视同法定代表人，可以另行委托一名至二名诉讼代理人。这样就摆脱了行政机关负责人出庭应诉，在委托代理人时因名额不足，业务与法律两个方面难以兼顾的两难境地，为全面“依法”推进行政机关负责人出庭制度扫除了一个障碍。

二、收费的标准

由于《诉讼费用交纳办法》大大简化、明确了诉讼收费的种类和标准，早先经常讨论的费用计算方法问题不复存在。就法律本质而言，行政诉讼的收费问题不是个数学问题，甚至不是个法律问题，而是一个民主政治的导向问题。

《诉讼费用交纳办法》第 13 条将案件受理费分为 6 类：（1）财产案件；（2）非

财产案件；（3）知识产权民事案件；（4）劳动争议案件；（5）行政案件；（6）当事人提出案件管辖权异议的案件。其中行政案件又分为 2 类：一是商标、专利、海事行政案件；二是其他行政案件。商标、专利、海事行政案件每件交纳 100 元；其他行政案件每件交纳 50 元。由于不再包括其他费用，这个收费标准是比较低的。

按照这种分类方法，行政案件是与财产案件、非财产案件并列的案件类型，而不再存在涉及财产的行政案件。这一点，从知识产权案件区分“没有争议金额或者价额的”案件与“有争议金额或者价额的”案件的规定中，可以得到进一步的印证。这样一来，行政案件无论是否涉及财产，都只能按明文规定的行政案件的收费标准收取案件受理费。有些法院按行政案件所涉及的财产标的收费的做法，就没有法律根据了。

这一成果的取得，是行政法学界和实际工作部门长期争取的结果。因为许多同志认为，对于行政案件不应分为财产案件和非财产案件，更不应按案件争议财产的价额或金额计征案件受理费，而应一律按件计征。其理由在于：首先，任何行政案件所争议的标的，主要的都不是财产问题，而是行政机关的行政行为是否合法、合理的问题，至于案件所涉及的财产金额或价额，只是行政行为所导致的后果，而不是行政案件所争议的主要问题本身，对此类案件不能视为财产案件；其次，行政行为所处理或所涉及的财产，有时难以估量或者金额、价额巨大，如涉及大片国土、水体、滩涂的划拨以及珍惜文物、重大罚没物资等，如果以金额或价额按比率计征案件受理费，其巨额费用无论是作为原告的公民、法人或者其他组织，还是作为被告的行政机关都难以承担，特别是行政机关作为国家管理部门本身并不是经营性单位，其行政行为所处理的财产也不归其所有，若以财产金额或价额按比率计征案件受理费，一旦败诉，从经费来源看也无力承担巨额的受理费，从而间接影响其行政管理活动的主动性。

总之，一方面，行政诉讼的标的主要是被诉行政行为的合法性，从这个角度看，行政案件主要的都不是财产案件；另一方面，既然公民、法人或其他组织只有在认为自己的合法权益受到行政行为侵犯时才提起行政诉讼，则行政案件完全不涉及财产问题又是不可能的。这样一来，如何解决诉讼费的收取问题就成为一个比较棘手的问题。这一问题的解决，应从《行政诉讼法》的立法本意出发，即以行政诉讼作为一项民主制度的发展潜力入手，从其存在的社会效果着眼，而不应从些许诉讼费上计较。更不能因诉讼费的收取问题妨碍大局，使行政诉讼的顺利发展，为区区诉讼费所困扰。如果能将认识统一到这一点上，则行政诉讼的收费问题就不是什么大不了的问题了。

三、次数必须明确

一个不重视数字的国家，不是一个文明国家；一个不讲数学的法律体系，也肯定没有现代化。

1989 年《行政诉讼法》对法院作出的罚款、拘留决定，当事人不服的，仅简单规定“可以申请复议”，但没有限定次数，更没有明确向哪一级法院复议。司法实践中就“贯彻”成原级复议，因不中立而无效果。新法就此修改为“可以向上一级法院申请复议一次”，已经达到了目前完善立法技术所可能达到的极致。

四、准确使用序数词

序数词与基数词相对，是表示顺序的。由于立法的篇章节条款项目，都是按顺序排列的，因此序数词是法律适用时引据条文的必备工具，也是立法时引述其他法律规范条文时的基本表达手段。

关于法律条文中条款项目中的项的指称，有称“前款第（二）项”的。这似乎是顺理成章的，因为在条文中，“项”的序号就是带“( )”的。但在汉语中，序数词是由标志字“第 + 数字”构成的，而带“( )”的数字，显然已经不是数字，因此也就不应当再作为项序了。或者说，在法律规范中，作为项的序号的“(数字)”，等同于“第 + 数字”，“(二)”在法律条文中的意思就是“第 2 项”，但脱离了法律规范的上下文本环境用了“第”之后，就得“脱”“( )”。

2011 年修改《兵役法》时，就将原来 2009 年该法第 61 条第 2 款中的“前款第（二）项”修改为“前款第二项”。当然，这一修改并不具有普遍性，许多法律中的类似内容，并没有作统一修改。

“163 条”第 2 条第 1 款在对《行政诉讼法》第 13 条第 1 项规定的“国家行为”进行解释时，对法条中的“项”的援引，使用的是“第一项”的表述，而此前的“98 条”的相应内容中则用“第（一）项”表述。

这事看似不大，却反映了我国立法语言向社会语言，或者说通用语言文字“退让”或者“迁就”的历史轨迹。当然,《国家通用语言文字法》也是我国的一部语言文字方面的基本法，法律文件作为适用《国家通用语言文字法》的国家立法行为的载体和表现形式，固然有其内在的规律和要求，但形式上显然不能偏离通用语言文字太远，因为法律的理解者都是借助通用语言文字作为媒介，理解法律的本意的。这个问题，即立法语言与通用语言文字的关系，需要好好研究。

与准确使用序数词相关的一个问题，是法律规范中条款的定位问题，这也有一个规范化的问题，但其中的规律性还不明显：是相对定位还是绝对定位？

2007 年《政府信息公开条例》第 24 条第 3 款规定，“行政机关征求第三方意见所需时间不计算在本条第二款规定的期限内”，2019 年该条例修订时，将其中的“本条第二款”改为“前款”，这一立法实例至少表明，在我国立法中，“前”指“前一”。至于是不是存在将绝对定位的“第二”改为相对定位的“前一”的趋势，则不好说，因为立法中也确实有反向修改的例证。

五、“：”的含义及应用

“：”主要有三个作用，一是表示“包括如下内容”；二是强调以下内容；三是与“即”同义。

立法中准确使用“：”的最主要效果，就是简洁。新《行政诉讼法》第 33 条“证据包括：”仅 4 个字，原来是“证据有以下几种：”。能够如此简化的最主要的原因，是“：”功能的发挥。“：”本身就包含了“以下”的意思，就种类事项的列举而言，甚至可以说“：”就是“以下几种”的意思。

六、“、”的含义及应用

标点“、”，通常用于区隔相同词性的词，其基本规则是区隔的词在 3 个及以上时，除最后两个词之间用“和”“或者”外，其他词之间用“、”。也有两个词并列直接用“、”，不用“和”“或者”的情形。如 2023 年《立法法》第 5 条将原规定“维护社会主义法制的统一和尊严”修改为“维护社会主义法制的统一、尊严、权威”，连用了两个顿号而没有用“和”。

但在有“和”“或者”等表意连词引领时，“、”的意思与引领词一致。例如，2023 年《立法法》第 112 条第 1 款中“也可以由宪法和法律委员会与有关的专门委员会、常务委员会工作机构召开联合审查会议”，此处的“联合审查会议”显然是由三方共同召开的，其中的“、”的意思等同于“与”。

此外，上述表述还透露了另一个立法技术细节，就是在我国的立法表述中“和”与“与”的区分：“和”用于命名；“与”不用于命名，但用于名称中已经有“和”时替代“和”的连词作用。当然，如果名称中已经有了“和”，再用连词“和”，这此前只能是个偏好问题，但有了2023年《立法法》，此处的“明示”仍执迷不悟，那就是不规范的问题了。

不过立法现实中，这种混同的“失误”也不是没有，1996年《刑事诉讼法》第114条第1款规定：“在勘验、搜查中发现的可用以证明犯罪嫌疑人有罪或者无罪的各种物品和文件，应当扣押。”2012年《刑事诉讼法》第139条第1款中“各种物品和文件”改为“各种财物、文件”。但从该条第2款“对查封、扣押的财物、文件，要妥善保管或者封存，不得使用、调换或者损毁”看，两词或者多词使用“、”“和”“或者”时，究竟如何是好的问题，仍没有找到标准和答案：由于该款同时使用了“、”分隔两词、“或者”连接两词、“、”与“或者”并用连接三词三种不同的手法，某种程度上还把上述标准问题，进一步复杂化了。

“163条”在“因同类行政行为发生的行政案件”与“法院认为可以合并审理并经当事人同意的”之间，罕见地使用标点符号“、”取代了“，”。此处的立法技巧说明，在这种情况下，必须两个条件同时具备，才构成共同诉讼。当然，通常这类共同诉讼需要由法院来“撮合”，法院当然是“认为可以合并审理”的，只是还需要“当事人同意”。

可能产生歧义的是，对“法院认为可以合并审理并经当事人同意”的限定，是否及于“因同一行政行为发生的行政案件”。理解的关键是对标点符号“、”作用的理解。一般而言，从断句和逻辑分类功能的角度分析，“，”强于“、”，加之“或者”的存在，“因同一行政行为发生的行政案件”与“因同类行政行为发生的行政案件、人民法院认为可以合并审理并经当事人同意的”行政案件，是相对应的；“因同一行政行为发生的行政案件”，不需要“法院认为可以合并审理并经当事人同意”，也是共同诉讼，因此属于“必须共同进行诉讼”。新司法解释第27条第1款有关“必须共同进行诉讼的当事人”的规定，将上述可能的歧义突现出来，说明上述歧义不是虚拟的，而是现实的，并已成为一个司法解释都不能回避的问题。

当然，这是单纯从文字本身的逻辑关系推导出来的结论，如果将法理、立法的原则和精神等因素考虑进去，这种“理解”未必站得住脚。因“同类行政行为发生的行政案件”当事人的权利，与“因同一行政行为发生的行政案件”的当事人的权利，二者是否有高低、先后之分？如果没有，为什么前者需要征求当事人的意见，后者不需要？当然，也有人直接将“、”理解为优先级高于“，”，从而直接得出这一结论，也不必太与之一般见识、非要达到这种认识水平。

七、“，”的含义及应用

标点符号有时比文字更达意。句读，古称小学，是中国古代学文的必修课。但中文引入标点符号后，这门学问，基本就消失了。因为作者可以通过标点，直接与读者款曲相通，文字表达也更传神了，无须“句读”学家在中间做媒介了。

即使如此，在现代汉语中，断句仍然是非常重要的，有促进表意清晰、强化表意的作用。

“，”有时甚至可以当作“应当”用。2004 年《公司法》第 187 条第 2 款规定“股东认购新股应当按照本法设立股份有限公司缴纳股款的有关规定执行”。2005 年该法修订时直接将“应当”改为“，”。因为规范语言“不重自威”，上述规定即使没有“依照本法”的加持，也是必须遵循的，这在法律上，就是“应当”。

2012 年《刑事诉讼法》第 34 条将原来“被告人是盲、聋、哑或者未成年人而没有委托辩护人的”的“而”字，用“，”取代，伴随语义的转折有明显的断句，表达更清晰。

1996 年《刑事诉讼法》第 75 条规定：“人民法院、人民检察院或者公安机关对于被采取强制措施超过法定期限的犯罪嫌疑人、被告人应当予以释放、解除取保候审、监视居住或者依法变更强制措施。”2012 年修正时，“犯罪嫌疑人、被告人应当”改为“犯罪嫌疑人、被告人，应当”。此处的“，”，用得很有必要。原句“人民法院、人民检察院或者公安机关对于被采取强制措施超过法定期限的犯罪嫌疑人、被告人应当予以释放、解除取保候审、监视居住或者依法变更强制措施”，在汉语中不算太长，但在立法中就算比较长的了。尤其是句中出现了“采取”等多个动词、“对”“被”等多个语助词以及多个“、”，不妥当断句，影响识读感觉。在长长的由介词短语修饰的主语后，加一个“，”，显然有助于条文的理解和适用。

2004 年《公司法》第 179 条第 1 款规定:“公司的公积金用于弥补公司的亏损，扩大公司生产经营或者转为增加公司资本。”该款规定了公司的公积金的 3 种用处，在第一种、第二种用处之间，用了“,”，严格说来，不甚妥当，尤其是与“、”相比时。于是，2005 年制定《公司法》时，将这个“,”非常低调地、不易被人察觉地但是坚定不移地改成了“、”(第 169 条第 1 款)。立法者的心思，就是这样缜密。立法工作的精进，就在这点滴之间。

2014 年《预算法》对原 1994 年《预算法》第 35 条第 2 款的修改可以提供一些进一步的指引:“编制预算草案的具体事项，由国务院财政部门部署”中的“,”可以删除。由此确立的使用原则是，如果句子不是太长，如没有超过 2 行，可以考虑不使用“,”断句;但如果句子太长，可以考虑在主谓两大表述部分之间，用“,”断句;如果句子还太长，还可以用“,”多次断句。

如 2014 年《预算法》修正后，其第 32 条第 1 款规定:各级预算应当根据年度经济社会发展目标、国家宏观调控总体要求和跨年度预算平衡的需要，参考上一年预算执行情况、有关支出绩效评价结果和本年度收支预测，按照规定程序征求各方面意见后，进行编制。这一内容，先是删除了 1994 年《预算法》第 25 条“中央预算和地方各级政府预算，应当参考上一年预算执行情况和本年度收支预测进行编制”中的“,”，但由于增加了新的内容，出现多重谓语成分，故分别用“,”予以区隔，至最后的谓语主干“进行编制”时，虽然只有 4 个字，但仍可以用“,”将其分离出来，以示强调的同时，有助于厘清全句的主干、准确理解把握全句的本意。

八、“;”的含义及应用

“163 条”第 108 条第 3 款、第 4 款分别规定:“原审人民法院应当在收到答辩状之日起五日内将副本发送上诉人。对方当事人不提出答辩状的，不影响人民法院审理。”“原审人民法院收到上诉状、答辩状，应当在五日内连同全部案卷和证据，报送第二审人民法院;已经预收的诉讼费用，一并报送。”

第 4 款的分号用得好。但第 3 款就没有用分号。原因是第 3 款两句之间，主语不同，意思有转折，或者说，说的根本就不是一回事，故用“。”分隔，以示区别。

第 4 款两个半句之间，主语相同、意思是顺承关系，用“；”恰如其分。

1994 年的《预算法》第 71 条规定：各级政府财政部门负责监督检查本级各部门及其所属各单位预算的执行；并向本级政府和上一级政府财政部门报告预算执行情况。在两个单句中直接用“；”，“级别”似乎太高了。故 2014 年该法修订时，将“；”换成了“，”。由此强化的规则是，“；”用于进一步区分由“，”分开的句群，而不宜直接当“，”使用。

第六章

情境与时代

第一节 立法语气和情感

立法技术的探讨，到了探究“语气和情感”的份上，会不会有故弄玄虚之嫌。笔者一开始也不自信，但在党的十九大将“文化自信”纳入“四个自信”后，特别是进一步学习了习近平总书记关于文化自信的重要讲话之后，笔者认为，中国当代立法在立法语气与情感方面的投入，已经足堪以一章介绍之。

一、语气和缓更利于推进落实

原“98条”第13条第4款规定：前三款规定的期限，从受诉人民法院收到起诉状之日起计算；因起诉状内容欠缺而责令原告补正的，从人民法院收到补正材料之日起计算。修改后的“163条”第49条规定：行政诉讼法第51条第2款规定的立案期限，因起诉状内容欠缺或者有其他错误通知原告限期补正的，从补正后递交人民法院的次日起算。新旧相比，有三点变化：语气更和缓（如责令改为通知）、表意更准确（“之日起计算”改为“次日起算”）、逻辑更严谨（如在内容欠缺后增加“有其他错误”）。对原告来说，显然更易于接受遵循。

对行政相对人如此，对公权力机关也是一个道理。

法院系统力推“相关行政执法人员出庭说明”，并将这一做法写入司法解释、成为各级法院实际审判操作的依据[①]：（1）对现场笔录的合法性或者真实性有异议的；（2）对扣押财产的品种或者数量有异议的；（3）对检验的物品取样或者保管有异议的；（4）对行政执法人员身份的合法性有异议的；（5）需要出庭说明的其他情形。上述情形都取自《证据规定》，但视角发生了变化：由原来的“行政执法人员作为证人出庭作证”，调整为“出庭说明”，语气柔和了许多，但更重要的是免除了“行政执法人员”的“证人”名分，其担负的责任大为降低，这

① “163条”第41条，这是《证据规定》第44条的内容。

对于提高行政执法人员出庭率，实有很大帮助。这也是适应中国国情采取的立法举措：强调行政执法人员作为“证人”的出庭作证义务，过于严肃，致使相关人员视为畏途而能躲则躲，实践中操作效果并不理想，是促成这种改变的最主要原因。

二、用语谦和更可能表意准确

就功能和作用而言，新《行政诉讼法》修正了旧法“定案的根据”的表述，“认定案件事实的根据”[①]从字面上看似乎比“定案的根据”更谦和一些，因为定案的根据显然不限于证据一端。从行政诉讼制度的发展角度看，这一修正与2002年颁布的《最高人民法院关于行政诉讼证据若干问题的规定》实现了统一：该规定开宗明义“为准确认定案件事实”。但从三大诉讼法的表述看，却并未显露走向统一的迹象，而只是《行政诉讼法》在刑事诉讼、民事诉讼规定间的摇摆。《民事诉讼法》的类似表述是：“证据必须查证属实，才能作为认定事实的根据。”[②]《刑事诉讼法》则是：“证据必须经过查证属实，才能作为定案的根据。”[③]三大诉讼法对同一内容表述不一，表面上看是不同立法年代的历史使然，实质上则从一个细微的侧面反映了我国法治统一的程度。

三、态度亲民更体现以人为本

2001年《出版管理条例》第23条规定，“出版单位发行其出版物前，应当按照国家有关规定向国家图书馆、中国版本图书馆和国务院出版行政部门免费送交样本”。表面上看，“发行其出版物前”表述有点多余，既然“按照国家有关规定”“免费送交样本”，那么“国家有关规定”中肯定会规定送交时限的。但更根本的问题却是主管部门的以民为本的“服务态度”。

出版物不是一本一本印的，在“发行其出版物前”“送交样本”，是不是要先印几本送过去，这样损失还小一点？但更深层次的问题是，如此规定，如果出版

---

① 新《行政诉讼法》第33条第2款。

② 《民事诉讼法》第63条第2款。

③ 《刑事诉讼法》第50条第3款。

单位“送交样本”后迟迟等不来回应而开始发行，此时再说“样本”存在问题，甚至勒令收回，是否会面临出版单位的反弹？

上述规定看似问题不大，操作起来却可能有许多不好应对的“小问题”。故2011年该条例修订时，直接将“发行其出版物前”删除了。按理，“国家有关规定”也不宜（严格从《行政许可法》角度讲，则“不能”）再规定“发行其出版物前”“送交样本”了，即不能事先而只能事后“送交样本”。但无论国家有关规定怎么规定，至少该条例本身看上去没有那么麻烦了。

四、斟酌用语传导认真的态度

2007年《政府信息公开条例》第18条规定，“属于主动公开范围的政府信息，应当自该政府信息形成或者变更之日起20个工作日内予以公开”，2019年新条例将其中的“予以公开”改为“及时公开”，显然是再好不过了。因为这一内容本身就是有关时限的规定，20个工作日就是至少4周，几乎就是1个月，规定“及时公开”就是明确要求有关行政机关“抓紧”办理，不要非等到“20个工作日内”的期限届满之时。

2014年《行政诉讼法》第58条对原法第48条有关当事人出庭应诉要求的修改，有两个变动：一是将“两次合法传唤”改为“传票传唤”，既具体了“合法传唤”的法定形式为“传票传唤”，同时将“两次”减少为一次，虽然没有明说，但显然不会提供第二次机会。二是将承担法律责任的前提条件，或者说对当事人诉讼义务的要求，调整为更加全面的“无正当理由拒不到庭，或者未经法庭许可中途退庭的”。因为原来仅涉及“无正当理由拒不到庭的”，概括不全，司法实践中常见的当事人“咆哮法庭”后“愤然”扬长而去的做法，法庭却束手无策，戕害司法权威。至于文字上将“视为”改为“可以按照”，不仅仅是一个与下文的“可以”呼应的问题。“可以按照”显然比“视为”更严谨一些、理据更充分一些，虽然二者的意思差不多。但从立法实践看，似乎目前还没有注意到二者这层意义上的区分。

2007年《政府信息公开条例》第20条规定，申请获取政府信息的，应当“采用书面形式（包括数据电文形式）”，2019年新条例第29条的相应内容修改为“采用包括信件、数据电文在内的书面形式”，新旧条例都存在一个问题：数据电文的记录方式，如果不打印出来，应当不是“书面形式”。这一问题，在2015年《行政诉讼法》修正时出现过，该法证据部分的第33条，在“书证”“物证”“视听材料”等证据类型后，新增加了“电子数据”。显然，所有以现代电子技术存储介质为依托的“电子数据”，无论其内容是“文字”还是“视听材料”都可以称为“电子数据”，但将以非纸质的“电子数据”形式存在、通过“互联网”递交的申请，称为“书面形式”，似乎有些不妥。

无论是从数理逻辑还是语义逻辑分析，“采用书面形式（包括数据电文形式）”的表述，都有自相矛盾之嫌。当然，新条例也没有解决这个问题。如果改成“文字形式”，就会好一些。因为从新旧条例前后一致的规定看，与“书面形式”对应的替代方式，就是“采用书面形式确有困难的，申请人可以口头提出”。可见，真正需要的，是与口头对应的文字的东西，而不一定必须是打印或者写出来的严格传统意义上的书面申请。

五、表述坚定才能为实施撑腰

2018年新行政诉讼法司法解释有关回避的内容，[①] 几乎是照抄旧例，唯一的变化，就是明确规定“对当事人提出的明显不属于法定回避事由的申请，法庭可以依法当庭驳回”。这对于维持主审法官的权威，无疑具有重要的意义。

在上述新要求施行后，曾经一度让法院特别是合议庭、主审法官感觉非常麻烦和尴尬的滥用回避请求权的现象，有望得到极大遏止。有些当事人特别是有缠诉、闹访倾向的原告或者第三人，希望通过“行使”申请回避的诉讼权利，以发泄心中怨气，也因此基本可以打消了，除非主审法官无法识破其中的伎俩。

六、立法者犹豫则执法者彷徨

新《行政诉讼法》的表述中多次出现“不履行或者拖延履行法定职责”，但在“法定职责”前是否增加“保护人身权、财产权等合法权益”的限定，有不同的表述。表述的不同，反映出立法者的犹豫，当然也不排除这仅仅是立法技术上的瑕疵，本身并没有多少深意，却可能动摇执法者、司法者的内心确信，直接影

① “163条”第74条，与“98条”第47条大同小异。

响他们的判断：落实时会出现偏差甚至是前后不一。

立法者的犹豫会影响执法的坚决，司法解释的含糊也会有同样的效果。新《行政诉讼法》第51条第2款有关法院"应当接收起诉状"的规定，解决的是一个最基本、最起码的司法公信力问题：行政相对人向法院提交起诉状，法院要么不收、要么收了不打收条以致后来石沉大海却无从查找。有了这一规定，今后法院在接待要求提起行政诉讼的当事人时，无论其起诉状写得多么不堪，即无论"内容欠缺"到何种程度、"其他错误"多到什么程度，都得先把"状子"收下，即"应当接收起诉状，出具注明收到日期的书面凭证"。

而且，按照新法的明文规定，出具书面收据不能拖延，应当"当场"完成。从条文的字面看，"对当场不能判定是否符合本法规定的起诉条件的，应当接收起诉状"，已经是对"不能"当场"判定"进而"登记立案"的让步了，即对不能当场"登记立案"的退一步要求，因此是非常明确的，应当没有其他解释的空间。对此，2018年新行政诉讼法司法解释有所涉及，但态度似乎不够鲜明："163条"第53条第2款规定：对当事人依法提起的诉讼，人民法院应当根据行政诉讼法第51条的规定接收起诉状。以这样的文字解释法律条文，没有错但也没有用，甚至会有反作用。"应当根据行政诉讼法第51条的规定接收起诉状"看似什么也没说，但也可以理解为：最高法院并没有明确要求法院应当无条件"当场"接收起诉状。如此一来，倒是给下级法院省了事，但也给新《行政诉讼法》力推的登记立案制制造了障碍。如果实际执行的效果真的不尽如人意，只能逼着立法者在下一次修改《行政诉讼法》时进一步明确规定：当事人提起诉讼，法院应当当场接收起诉状或者制作口头起诉笔录。

七、以大局为重

立法是妥协的产物，但有的妥协实在是有点儿大。当然，这也可能正是所谓大势所趋，即使一时情感上接受不了，也得以大局为重。

再审案件尽管来源大不相同，但审查其是否应当再审的实质性要件的核心要旨是共通的：确证"原判决、裁定、调解书确有错误，需要再审"[①]。但案件的来源，

① "163条"第126条。

在一定程度上反映了法律对其认为“确有错误，需要再审”的权重或者通俗地说“分量”的不同。在权重的最底端，当事人申请再审的，一般不会轻易得到认可，否则就会颠覆二审终审制；在权重的最高端，最高法院或者上级法院指令再审[①]的案件，审查工作由最高法院或者上级法院完成，下级法院只有遵照执行。

即使检察院抗诉的案件，是否再审，也是需要审查的。否则就不需要“自收到抗诉书之日起三十日内作出再审的裁定”[②]了，也不存在“法院在审查抗诉材料期间”[③]了，而是应当如原“98条”第75条规定的那样“应当再审”。这是新司法解释的一大突破，反映出新的历史时期法检关系的新动向。当然，从字面上看，新司法解释没有提到30日内审查后认为不适合再审的怎么办。显然，应当依法办，即不进入再审程序。至于出现这种情况时，法院如何回复检察院，确实比较让人为难。“163条”第124条第2款给出了一个提示：审查抗诉材料期间当事人达成和解协议的，可以建议检察院撤回抗诉。

比抗诉案件更进一步的是，对于再审检察建议的案件，法院不但要审查，而且可以“决定不予再审”[④]。

上述内容，老百姓可能觉得无所谓甚至都没看出什么来。但作为司法解释，要通过有关方面这一关，各方面真是都做到了切实落实“以审判为中心”。

2018年新行政诉讼法司法解释特别规定，法院在审查抗诉材料期间，当事人之间已经达成和解协议的，法院可以建议检察院撤回抗诉。[⑤]这种情形，应当是检察院撤回抗诉的主要缘由。检察院作为国家司法机关，不应当随意抗诉然后又任性撤回。但其抗诉的目的，显然主要是扶助在行政管理及行政诉讼程序中均处于弱势地位的行政相对人。如果抗诉材料在法院审查期间当事人和解、案件已经事了，就没必要抗诉了。

新司法解释之所以要特别强调这一点，也与新《行政诉讼法》确立的扩大调解范围以便实质性解决行政争议的立法指导思想有关。也可以说，之所以在法院

① 新《行政诉讼法》第92条第2款。
② “163条”第124条第1款。
③ “163条”第124条第2款。
④ “163条”第126条。
⑤ “163条”第124条第2款。

“审查抗诉材料期间”，会出现“当事人之间已经达成和解协议的”情形，这绝对不是偶然的，更不是巧合，法院的调解在其中发挥了重要的作用：至少是法院的“通风报信”直接、间接促成了当事人“和解”，这种和谐局面，最终避免了法院的生效判决、裁定最终被证明“确有错误”，或者抗诉被证明确无“错误”的双向尴尬。几个回合、几个方面相互交织的错综复杂的关系，折射出司法体制改革在这一领域的重大突破。

八、与人方便自然也与己方便

2007 年《政府信息公开条例》第 25 条第 2 款规定，申请人有证据证明与其自身相关的政府信息记录不准确的，有权要求更正，提供该政府信息的行政机关无权更正的，“应当转送有权更正的行政机关处理”。此处的“应当”体现的态度是相当的决绝，很有些从严治官、治吏的威严。但是否有必要，值得商榷。2019 年的新条例中变了一个说法：不属于本行政机关职能范围的，行政机关可以转送有权更正的行政机关处理并告知申请人，或者告知申请人向有权更正的行政机关提出。其中最大的变化，就是将一条路走到黑的“应当”，改成了两条路可选的“可以”，在大大减轻行政机关工作负担的同时，也为申请人提供了一个自主选择的机会。

2014 年修改《预算法》时，将 1994 年《预算法》第 33 条规定的“各级政府预算应当按照国务院的规定设置预算周转金”中的“应当”，改为“可以”，即从强制性义务，变成了选择性权利。但由于该条规范约束的是“国家机关”，其作为公权力机关的选择权与强制性义务，区别不太明显。加之“预算周转金”作为“调剂预算年度内季节性收支差额”的技术性工作，其存在的必要性有目共睹，在这种情况下，即使设置为选择性权利，也会成为普遍遵循的实践。

这反过来说明一点，对于那些通常情况下有益无害、肯定会为规范对象所遵循的技术性规范，与其设定为强制性义务，不如设定为选择性权利。如此设置，体现出立法者的亲善本旨，其对于良法善治的推动作用，从普遍情理、公众心理角度考虑，也值得推崇。

九、权衡正话反说与有话直说

正话反说还是有话直说，逻辑上没有区别，日常交流时意思上的区别似乎也不大。但在立法表述时，这就是个问题。

2007 年《政府信息公开条例》第 7 条第 2 款在规定经批准的信息公开的原则时规定，“未经批准不得发布”，新条例第 11 条第 2 款将其修改为“经批准予以公开”。为什么要这样改，最直接的原因有二：一是省一个字，二是脑子少转一道弯。除此之外，还有什么值得一说的理由？立法，就是要简单明了。

十、语气的变迁反映时代进步

立法的进步，是时代进步最真实的写照。把制度建设的成果写进宪法、法律，是立法最大的成效。由此一并写入法律文件的，还有每个时代点点滴滴的进步。

“回家过年”的规定，最能反映中国立法的时代性进步。2012 年《刑事诉讼法》第 103 条第 3 款在“期间的最后一日为节假日的，以节假日后的第一日为期满日期”之后，非常人性化地规定“但犯罪嫌疑人、被告人或者罪犯在押期间，应当至期满之日为止，不得因节假日而延长”，从而部分解决了回家过年的问题。

立法对时代的映照，不仅仅体现在实质性的内容上，也展现在立法技术上。

新《行政诉讼法》第 51 条规定“补正”时，用语完全是中性的，前面没有加任何“要求”“责令”等祈使用语。这些规定以立法明文规定的方式，把法院置于非常谦抑的位置。[①] 也就是对于存在比较严重问题的起诉状，即“起诉状内容欠缺或者有其他错误的”，法院只能采取“指导和释明，并一次性告知当事人需要补正的内容”的方式，“劝说”当事人改正起诉状中的内容欠缺或者有其他错误，不得直接“以起诉不符合条件为由不接收起诉状”。

之所以强调是“劝说”，不仅是因为条文中确实没有用“应当”“责令”等硬词，更重要的是因为新法第 50 条第 2 款规定了口头起诉制度。既然当事人都可以一个字不写、不交起诉状而直接口头起诉，法院怎么可以对撰写了起诉状的当事人、以其“起诉状内容欠缺或者有其他错误的”，而责令其如何如何呢？

至于起诉状中显著轻微的问题，法院应当怎么办呢？“内容欠缺或者有其他错误”属于起诉状中比较严重的问题。由此进一步阐发的一个结论是，对于等而

---

① 原“98 条”第 32 条第 4 款的表述远没有这么客气：“因起诉状内容欠缺而责令原告补正。”

下之的小问题，法院当然更要“和颜悦色”地向当事人询问以便完善起诉状，而不仅仅是板起脸来“指导和释明”。当然，这一切也都是为了法院特别是其负责立案接待的工作人员好。如果不注意这些“细节”，把当事人惹毛了，当事人要求口头起诉，还不是要由负责立案接待的工作人员“记入笔录”，其实就是代当事人起草一份符合要求的起诉状。这个工作岂不是内容更多、责任更重？

从立法指导思想和立法思路上深入分析，新《行政诉讼法》确立“登记立案制”的高明之处，在于不但如旧法一样重申对明显的、有文书可究查的不予受理的救济措施，更重要的是对不收起诉状、不合理地要求补正、不出不予受理决定、置之不理等推事、推案行为的救济和矫治。这是立法者针对我国近30年行政诉讼的现实暴露出来的痼疾、顽症的一次系统的制度性矫正。

另外，2014年《行政诉讼法》第25条规定的实质是，原告必须与行政行为有利害关系，这与旧法中的“认为行政行为侵犯其合法权益”相比，只是改变了一个评价的角度或者说评价的主体，表面上看没有大的区分。仅在细微处较真时才会隐约感觉到，新规定似乎更强调原告标准的客观性，淡化起诉权的主观性。不可否认，将“认为”替换、隐去后，多多少少会消磨掉原告方的一些热情，增加法院方面审查起诉时的底气，势必影响行政诉讼制度预期的发展方向。

2014年《行政诉讼法》修正，共同诉讼领域最重大的变化，就是强调必须“经当事人同意”。立法既然有这样的规定，法院则不能从诉讼经济角度，强制当事人参加他们并不情愿的共同诉讼。这是立法顺应权利时代的标志性进程，既是当事人对其程序权利的意思自治的必然要求，也是立法对当事人诉讼权利的尊重的现实体现，体现在立法的表现形式上，则是一种有事好商量的姿态和语气。

第二节　良法的善意表达

党的十九大提出要“推进科学立法、民主立法、依法立法，以良法促进发展、保障善治”。这一精辟论述，道明了良法与善治的确当关系。

在现代法治国家，政治文明更多地体现在法治文明上。在国家的法治体系中，立法“分配正义”，执法“输送正义”，司法“矫正不义”。发展环境中最根本的是制度环境。提供稳定、统一、公开、可预期的制度环境，保证各种创新机制有效运转，保证市场公平竞争，为企业、社会提供优质、高效的服务，就是良法善治的重要目标之一。

具体到立法工作，就是要树立正确的法律价值观，切实认识到法的功能不仅仅是管理和惩罚，更重要的是确定行为规则。制定规则要考虑是否有利于发展，是否有利于创造规范有序、公开透明、宽松开放、稳定可预期的市场环境。立法要重在确立解决问题的机制，反映经济和社会发展规律。法律是规律，是理性认识，是实践经验的科学总结，它源于实践，又高于实践。

一、良法是善治的前提

良法是善治的前提。新《行政诉讼法》第 51 条第 3 款的规定“起诉状内容欠缺或者有其他错误的，应当给予指导和释明，并一次性告知当事人需要补正的内容。不得未经指导和释明即以起诉不符合条件为由不接收起诉状”，至少有 3 项创新性举措：一是指导和释明制度，即对行政诉讼当事人的教示、引导、说明、解释义务的确立和履行；二是一次性告知制度，即对起诉状审查后发现其存在“内容欠缺或者有其他错误”的，要在“指导和释明”的基础上，“一次性告知当事人需要补正的内容”；三是类似的制度设计成为法律上的基本要求，最初也是 2003 年《行政许可法》的创新，其第 32 条第 1 款第 4 项规定，“行政机关对申请人提出的行政许可申请”，发现“申请材料不齐全或者不符合法定形式的，应当当场或者在五日内一次告知申请人需要补正的全部内容”。

当然，关于“补正”的上述新规定，必须从以下几方面善意理解、妥善实施，才能最大限度释放立法所欲追求的良法善治效果。

补正，补何者之正？这是补正制度的根本问题。但恰恰在这个问题上，字面的理解与权威解释存在巨大的差异，很大程度上抵消了立法者的初衷，难免让只看字面的当事人怅然若失。

补正，涉及立案审查的客体，二者应当是统一的、同一的。立案审查的客体、对象是什么，补正的客体、对象就是什么。对此，《行政诉讼法》最初的规定是“人民法院接到起诉状，经审查，应当在七日内立案或者作出裁定不予受理”①。“115 条”也规定“人民法院接到原告的起诉状，应由行政审判庭进行审查”②。新《行政诉讼法》增加规定“起诉应当向人民法院递交起诉状，并按照被告人数提出副本”③。同时仍保留了接到、接收“起诉状”并审查是否“符合本法规定的起诉条件”的规定④。上述所有规定中，提到的都是“起诉状”，没有提其他任何“材料”的事。但在《行政诉讼法》实施 30 多年后，特别是在新行政诉讼法着意通过确立“登记立案制”敞开收案大门、降低立案的门槛的情况下，2018 年新行政诉讼法司法解释有了新规定：“依照行政诉讼法第四十九条的规定，公民、法人或者其他组织提起诉讼时应当提交以下起诉材料……”⑤并相应规定：“依照行政诉讼法第五十一条的规定，法院应当就起诉状内容和材料是否完备以及是否符合行政诉讼法规定的起诉条件进行审查。起诉状内容或者材料欠缺的……”⑥这些“材料”有的是相当难以准备的，如“原告与被诉行政行为具有利害关系的材料”，很容易在司法实践中演化为奇葩证明。

而新《行政诉讼法》第 49 条规定的是起诉“应当符合”的“条件”，没有提

---

① 原《行政诉讼法》第 42 条。

② 原“115 条”第 40 条。

③ 新《行政诉讼法》第 50 条第 1 款。

④ 新《行政诉讼法》第 51 条各款。

⑤ “163 条”第 54 条第 1 款。

⑥ “163 条”第 55 条第 1 款、第 2 款。

到起诉“应当提交”哪些“材料”，甚至没有提到起诉状；该法第51条有关立案审查的规定，针对的对象或者说客体，也仅仅是“起诉状”，也没有提到起诉“应当提交”哪些“材料”。表面上看，新行政诉讼法司法解释根据新行政诉讼法有关起诉条件的规定，相应规定满足这些条件的“证明材料”无可厚非。但由此在“起诉状”之外多出来的起诉“证明材料”及其对这些“证明材料”的审查，无形中赋予法院在实际操作时人为设置起诉条件、增加起诉难度的裁量空间，从而将相当一部分案件的当事人的起诉热情，消磨甚至拖垮在准备这些“证明材料”的路上。

补正，涉及对“起诉状内容欠缺或者有其他错误”的理解。从字面上看，“内容欠缺或者有其他错误”，立法都是只就起诉状本身提出要求，不能作扩大解释。但“起诉状内容”也确实有不同的理解，广义的理解应当包括单行的起诉文书及其附件等起诉材料；狭义的理解则仅指单独的起诉文书本身，不包括用以支持起诉的其他材料。

二、良法要遵循客观规律

良法，是善政的法治化。善政，就是符合客观规律的治理。遵循客观规律，既是良法的必要，也是良法的必需。考虑到法律的主要调整对象是人类社会生活，故其遵循客观规律的主要领域是经济社会规律，特别是市场经济规律。对于作为市场经济主体的企业而言，就是要将属于企业的事务交给企业自主决定。

1995年《中外合作经营企业法实施细则》第35条第1款规定了合作企业成立后委托合作各方以外的他人经营管理的内容；同条第2款规定，中外合作经营企业“成立后委托合作各方以外的他人经营管理的”，还要由“审查批准机关”再把把关：“将董事会或者联合管理委员会的决议、签订的委托经营管理合同，连同被委托人的资信证明等文件，一并报送审查批准机关批准”，真正体现了“扶上马”再“送一程”的善意，只是送得有点儿远。同一内容，在该条例1995年制定时就有，历经2014年、2017年3月的两次修订都没有动。2017年11月17日《国务院关于修改部分行政法规的决定》中，才“为了依法推进简政放权、放管结合、优化服务改革”，在“国务院对取消行政审批项目涉及的行政法规进行”清理时，将上述第2款整体删除，从根本上取消了上述不必要的行政许可。

但从《行政许可法》的角度分析，在《行政许可法》实施后，上述行政许可就已经“岌岌可危”了。因为该法第 14 条第 1 款规定，“本法第十二条所列事项，法律可以设定行政许可。尚未制定法律的，行政法规可以设定行政许可”。考虑到《中外合作经营企业法实施细则》本身就是《中外合作经营企业法》的实施细则，《中外合作经营企业法》没有设定的行政许可，其实施细则不能在已经“制定法律的”情况下再“设定行政许可”。

当然，《行政许可法》第 14 条第 2 款也为国务院设定行政许可留了口子：“必要时，国务院可以采用发布决定的方式设定行政许可。实施后，除临时性行政许可事项外，国务院应当及时提请全国人民代表大会及其常务委员会制定法律，或者自行制定行政法规。”这里的“发布决定的方式”最著名的实践，是决定确需保留的行政许可的“412 号令”，但不同于“国务院令”形式发布的行政法规。

三、良法要防范道德风险

处理良法与善治关系的第一个回合，就是解决善意立法与道德风险的关系。

立法中的许多制度设计，是需要充分考虑人性的善恶的。通过基于人性善恶的分析、判断，设计环环相扣的法律责任体系，不容任何执法者、司法者、守法者钻法律的空子，是每个立法者、每部立法，都必须过关的必修课。例如，2013 年《商标法》第 64 条第 2 款规定，销售不知道是侵犯注册商标专用权的商品，能证明该商品是自己合法取得并说明提供者的，不承担赔偿责任。表面上看，这一条很宽大为怀，许多经营者就此低价买入有注册商标标识的产品，以为只要“证明该商品是自己合法取得并说明提供者的”，就“不承担赔偿责任”，却忘记了该条规定在设计之初埋进去的两个“扣”。一是要“说明提供者”，其实就是要“供”出“上家”，而且有时也确实不好“说明提供者”；二是要“合法取得”，明显低于市场价购入，显然不是“合法取得”。如此一来，表面看起来比较容易满足的免责条款，对于实际参与经销“侵犯注册商标专用权的商品”者来说，以自己“不知道是侵犯注册商标专用权的商品”或者“自己合法取得”为由规避法律的制裁，这条路没想象的那么通畅。

虽然 2002 年、2016 年的《环境影响评价法》第 19 条第 3 款均明确规定，“为建设项目环境影响评价提供技术服务的机构，不得与负责审批建设项目环境影响评价文件的环境保护行政主管部门或者其他有关审批部门存在任何利益关系”。

但在“国务院环境保护行政主管部门考核审查合格后，颁发资质证书”，编制单位“按照资质证书规定的等级和评价范围，从事环境影响评价服务”的制度前提下，“环境保护行政主管部门”既是环境影响评价编制单位的资质审批单位，又是其成果即“建设项目环境影响评价文件”的“审批部门”。新法修改后，虽然只去除了“编制”资质，仍保留了“建设项目环境影响报告书、环境影响报告表”审批制度。

新《行政诉讼法》在旧法第39条第1款后新增1款，作为其第46条第2款：因不动产提起诉讼的案件自行政行为作出之日起超过20年，其他案件自行政行为作出之日起超过5年提起诉讼的，人民法院不予受理。上述内容虽然是新法中的新规，但早在2000年，“98条”第42条即有此规定。《最高人民法院关于如何执行〈最高人民法院关于执行《中华人民共和国行政诉讼法》若干问题的解释〉第四十二条的规定的请示的答复》（2002年8月2日，〔2002〕行他字第6号）进一步明确，行政机关在《行政诉讼法》实施之后即1990年10月1日以后作出的行政行为，当事人不知道该行政行为内容的，其起诉期限的计算应当适用上述规定。该解释实际上将“98条”第42条的时间效力追溯到《行政诉讼法》实施之日。如此算来，上述内容的施行，也与《行政诉讼法》几乎同时。这些规定，现均被新《行政诉讼法》的规定所吸收。

此即提起行政诉讼的最长起诉期限，自行政行为作出之日起计算，超过最长起诉期限，即使“行政行为作出”后根本没有送出、更没有送达相对人，相对人也失去了起诉的权利。这样的结果，看似不太可能，但至少从立法技术角度分析，现行条文没有采取避免这种“道德风险”的措施。现实生活中没有产生这样的实例，只能说行政机关大多还在凭良心办事。

规范行政行为的作出、成立、生效的要件，特别是与送达的关系，是行政程序法当然应当包含的内容。但由于我国目前没有一部统一的行政程序法典，相应的内容只能靠《行政诉讼法》《行政复议法》等规范政府共同行为的法律法规或者参考最高法院的司法解释，提供一些比较统一的说法。但整部《行政诉讼法》（2017年）、《行政复议法》（2017年）都没有关于行政行为成立、生效的统一明确的规定。只有《行政复议法》（2017年）第31条第2款、第3款有关行政复议决定的作出、送达和生效的规定，或可以作为行政行为作出、送达和生效的统一规范的参照：行政复议机关作出行政复议决定，应当制作行政复议决定书，并加盖印章；行政复议决定书一经送达，即发生法律效力。

考虑到行政复议决定是上级行政机关依法对下级行政机关的行政行为的合法性、合理性审查后作出的更为“高级”的行政行为，以其“作出”“送达”“成立”“生效”标准要求较为“低级”的未经行政复议的行政行为，只能说标准有点高。即便如此，从法律对行政行为决定“作出”“送达”“成立”“生效”的要求看，达到其标准也并不太难：一是作出行政决定要以书面形式；二是行政行为“作出”的法定要件是“加盖印章”；三是行政决定一旦“加盖印章”，行政行为即成立；四是行政行为应当送达；五是行政行为的决定书一经送达，即发生法律效力。

类似地，新《行政诉讼法》第 85 条对一审判决、裁定的规定是，当事人不服法院的一审判决、裁定，有权在判决书送达之日起 15 日内、裁定书送达之日起 10 日内，向上一级法院上诉；逾期不上诉的，一审判决或者裁定发生法律效力。一审判决、裁定只有送达当事人才算成立，至于此前如何作出，不影响当事人诉权的行使。法律通过设定一个外部化的“送达”程序，划清了一审判决、裁定成立的内外部界限。

相比较而言，《行政诉讼法》仅将“行政行为作出”这样一个纯属行政机关自行操作的内部性事务，作为区分当事人外部程序权利，即起诉权起算的时点，确实存在一定的“道德”风险。当然也充分体现了立法包括司法实务界对行政执法实践的理解和宽容。但厚爱不能代替严管，比较厚道的规定至少应当是，将“行政行为作出之日”修改为“行政行为送达之日”。当然，由于目前没有行政程序法，行政行为如何对外送达也没有统一明确的规定，行政行为实际送达的方式也不统一规范。但“送达”毕竟是一个外部化的过程，内部的“作出”，即便有“加盖印章”的规定，也都是机关大门内发生的，当事人真有可能过了 5 年，甚至 20 年都没有看到。

四、良法要把善意说尽

2017 年《行政诉讼法》第 51 条第 1 款明确规定，“人民法院在接到起诉状时对符合本法规定的起诉条件的，应当登记立案”。2018 年新行政诉讼法司法解释从其中的“时”善意地解释出应当“当场”登记立案。与新《行政诉讼法》的上述立法创新相类似，最具影响力的是2003年的《行政许可法》第32条规定：行政机关对申请人提出的符合该条的行政许可申请，“应当受理”。这种便民、快捷的行事方式，显然非常有利于行政相对人，但对于负责接待当事人、负责受理案件的办案人员来说，要求也是非常高的。这正是此类做法难以推进的最主要原因，因此实际操作时，很难操作出“当场”来。如果在立法时在“应当受理”前都加上“当场”两个字，那效果必然是更好的。

在《行政诉讼法》30多年前起草时，最大的担心是行政诉讼泛滥，故对起诉的审查比较谨慎。旧法第42条强调法院接到起诉状后的“审查”。新法更强调效率：“接到起诉状时”“对符合本法规定的起诉条件的”以“登记立案”为原则。

同时，旧法在强调法院的起诉审查时，特别提到了法院的审查“须在接到起诉状”后进行，表明当时的立法初衷是，我国行政诉讼采行书面起诉原则，不实行口头起诉。尽管如此，笔者曾明确指出①，对这一条件应从宽把握。

对立法的这种善意理解，如今已转化为立法的善意表达：书写起诉状确有困难的，可以口头起诉，由法院记入笔录，并告知对方当事人；②起诉状内容欠缺或者有其他错误的，应当给予指导和释明，并一次性告知当事人需要补正的内容；不得未经指导和释明即以起诉不符合条件为由不接收起诉状。③至于“告知对方当事人”的，显然不是口头起诉时，也不是在“记入笔录”之后。只有经法院审查、确定立案后，才可能而且肯定要告知对方当事人，但形式变成了送达上述相当于起诉状笔录的副本。

当然，在特殊时期，法院也会适用特殊的规定。例如，最高法院《关于在防治传染性非典型肺炎期间依法做好人民法院相关审判、执行工作的通知》（法〔2003〕72号），要求各级法院对政府及有关部门为防治“非典”而采取的各类具体行为提起的行政诉讼，书面告知暂不予受理。

行政诉讼在案件立案环节的主要制度调整，在于新法对具体程序的进一步明确和便民化规定，其第51条在整合旧法第42条及原“98条”第32条规定的基

---

① 郜风涛、张越：《行政应诉工作指导》，人民出版社2008年版，第28页。

② 新《行政诉讼法》第50条第2款。

③ 新《行政诉讼法》第51条第3款。

础上，分别规定了法院“接到起诉状”后应当采取的4种应对方式，即“登记立案制”的四大构件。

2001年《职业病防治法》第10条只规定，要“提高劳动者的自我健康保护意识”，2011年该法修正时，调整为“提高劳动者的职业健康意识、自我保护意识和行使职业卫生保护权利的能力”，将孤立的“自我健康保护意识”扩充与之并列的“职业健康意识”，并增加“行使职业卫生保护权利的能力”，从纵横两个方面，全面增强了保障“劳动者”“职业病防治”的意识和能力，达到了“言必尽”的立法效果。

五、良法的人性化考量

2011年《兵役法》新增加的对“普通高等学校毕业生”（即通常所说的大学毕业生）的2年延期规定，至少有两方面考虑。一方面，这有利于大学生正常完成本科学历，因为我国目前6岁入学、6年小学、3年初中、3年高中、4年本科（个别专业长于4年）的学制下，正常就学的大学生，24岁以前都可以本科毕业，此时再让他们履行服兵役的义务，恰恰体现了我国兵役制度的人性化。另一方面，这样做能够征集到具有普通大学学历的高素质的新兵，有助于提高我国军人的综合素质，适应现代高科技军事技术对军人提出的新的更高要求。

事实上，现代化战争，真正需要年轻力壮者沙场肉搏的机会，已经越来越少了。年龄大点儿、知识多点儿，反而更适宜“信息技术+机械化装备”的现代化战争。既然脑子比身体更有用，年龄就不应当成为障碍。

六、推动积极行政

在国家的法治化治理中，行政机关的作用不可低估。从立法角度保障行政职能的发挥，必须在赋权时就强调行政职能的主动性、开放性，推动勤政为民。

在2019年《政府信息公开条例》修订过程中，条例起草部门选取25个国务院部门以及12个地方共517个行政机关，进行不予公开事项专题调研，集中分析这些机关近3年所有拒绝公开的处理决定，从中归纳总结行政机关对于政府信息公开的实际承受度，以此作为确定豁免事项的实践基础。

2005年《公司登记管理条例》第57条规定：“公司登记机关应当将登记的公

司登记事项记载于公司登记簿上，供社会公众查阅、复制。”这种做法说明两点：一是“公司登记事项”不属于商业秘密，而是可以公开的，因为“社会公众”中无论谁，都可以“查阅、复制”；二是“公司登记机关”有公开的义务，这就是“应当”的意思。

但“记载于公司登记簿上，供社会公众查阅、复制”，还只是比较消极、被动的公开。“社会公众”必须去“公司登记簿”存放地才能看到，而且可能同时只有一人能看，因为“公司登记簿”从字面上理解，只需要准备一本就行。但现实中，“公司登记簿”既要供“社会公众查阅、复制”，“公司登记机关”还要“将登记的公司登记事项”往上记。

因此，2014年该条例修订时，上述内容大幅度修改为：“公司登记机关应当将公司登记、备案信息通过企业信用信息公示系统向社会公示。”这下就方便多了。

七、促进简政放权

2013年12月28日《计量法》作出两处修改：一是删去第10条第2款中的“并向国务院计量行政部门备案”；二是将第14条中的“国务院计量行政部门”修改为“省、自治区、直辖市人民政府计量行政部门”。这两项修改的主旨只有一个，就是简政放权：删去第10条第2款中的“并向国务院计量行政部门备案”，算是取消该项备案，属于简政。对于第14条，则是将执法机关从“国务院计量行政部门”修改为省级计量行政部门，这就是典型的放权。

根据2018年12月29日对2015年《老年人权益保障法》的修正，独立的“设立养老机构”的行政许可，随着对旧法原第44条的修正，不复存在。

原第44条第1款的规定是“设立公益性养老机构应当向县级以上人民政府民政部门申请行政许可；经许可的，依法办理相应的登记”。新法删除了其中的“向县级以上人民政府民政部门申请行政许可；经许可的”，保留了“应当”“依法办理相应的登记”。但保留的“相应的登记”，属于注册“设立公益性养老机构”的工商登记，而不是“向县级以上人民政府民政部门申请”“设立公益性养老机构”的“行政许可”。不仅“设立公益性养老机构”的行政许可被取消了，2015年《老年人权益保障法》第44条第2款规定的“设立经营性养老机构应当在工商行政管理部门办理登记后”，“向县级以上人民政府民政部门申请行政许可”的规定，也取消了。即无论是原来“先证后照”的“设立公益性养老机构”，还是“先照后证”的“设立经营性养老机构”，现有都统一为“设立养老机构”的注册登记，而不再需要事前或者事后也进入该行业、该领域的资质类行政许可了。唯一保留的，就只有一个自由往来性的第 3 款中规定的“备案”了。

相应地，2018 年的新法删除了规定“设立养老机构，应当符合下列条件”的旧法原第 43 条，以及规定“未经许可设立养老机构的”法律责任的第 78 条，因为这些行政许可条件和法律责任，都已经不需要了。

当然，新法第 43 条前 2 款的规定，仍保留了“设立公益性养老机构”与“设立经营性养老机构”的程序性区别，即前者“应当依法办理相应的登记”，后者“应当在市场监督管理部门办理登记”。这个尾巴，还需要今后的改革为之疗伤。

另如，2012 年《机动车交通事故责任强制保险条例》第 5 条第 1 款规定：“保险公司经保监会批准，可以从事机动车交通事故责任强制保险业务。”当然，这一规定于 2006 年该条例初颁时就有，只是针对的是“中资保险公司（以下称保险公司）”。但 2016 年 1 月 13 日国务院第 119 次常务会议通过，2 月 6 日公布的《国务院关于修改部分行政法规的决定》对该条例的修订，将上述规定中的“经保监会批准”删去了。

八、循善意以修法

行政许可制度改革的总体规律和路径，是删除没有必要、难以约束、发挥不了作用的不良的行政许可设置，以期从源头上实现良法善治的目的。

2005 年《重大动物疫情应急条例》第 21 条规定，除“动物防疫监督机构”外，“其他单位和个人”“采集”“重大动物疫病”“病料”须“经国务院兽医主管部门或者省、自治区、直辖市人民政府兽医主管部门批准”，由此设定了“采集”“重大动物疫病”“病料”的行政许可。

但“重大动物疫病”都是偶发、突发的，“动物防疫监督机构”通常不是离现场最近的，而离现场最近的“其他单位和个人”，往往很难事先取得“国务院兽医主管部门或者省、自治区、直辖市人民政府兽医主管部门批准”，从而导致无法及时“采集”“重大动物疫病”“病料”。当然，这也不会出什么大事，因为“重大动物疫病”已经发生了，“动物防疫监督机构”通常也会及时赶到现场。但这恰恰说明，还有什么必要由“国务院兽医主管部门或者省、自治区、直辖市人民政府兽医主管部门批准”？

至于这项行政许可取消后如何善后，2017 年修订后的《重大动物疫情应急条例》第 21 条给出了一条新思路：“其他单位和个人采集病料的，应当具备以下条件……”也就是说，尽管不需要事前再由“国务院兽医主管部门或者省、自治区、直辖市人民政府兽医主管部门批准”，但也不是随便什么单位或者个人都可以随便“采集”“重大动物疫病”“病料”，因为这毕竟涉及“重大动物疫情”以及由此可能导致的二次传染。因此，只有“具有与采集病料相适应的动物病原微生物实验室条件”，并且“具有与采集病料所需要的生物安全防护水平相适应的设备，以及防止病原感染和扩散的有效措施”的单位或者个人，才可以“采集”“重大动物疫病”“病料”。如此规定并严格落实，已经足以保障人畜安全了。

与上述修改相适应，该条例第 47 条规定的罚则中“情由”也由“擅自采集”改为“不符合相应条件采集”，体现了立法技术上所要求的“因果相适应”原则。

九、为善意理解立法创造条件

立法史上有些例子，很经典地诠释了良法善治。1996 年《刑事诉讼法》第 60 条第 2 款中曾有“嫌疑人、被告人，如果患有严重疾病，或者是正在怀孕”的表述，2012 年《刑事诉讼法》第 65 条的类似表述中，就没有再用“正在怀孕”的表述，而是直接用了“怀孕”。因为中文中的“怀孕”，本身就有英文中现在进行时的意思，即使没有“正在”，也不会理解为已经流产了。

立法表达善意的另一个例证，是教示制度的普遍确立：“侦查机关在第一次讯问犯罪嫌疑人或者对犯罪嫌疑人采取强制措施的时候，应当告知犯罪嫌疑人有权委托辩护人。”（2012 年《刑事诉讼法》第 33 条第 2 款新增的内容）这是在原有“人民检察院自收到移送审查起诉的案件材料之日起三日以内，应当告知犯罪嫌疑人有权委托辩护人”基础上，将告知义务的范围进一步扩大到“侦查机关”；将告知权利的期限，从“人民检察院自收到移送审查起诉的案件材料之日起三日以内”，向前延伸至“侦查机关在第一次讯问犯罪嫌疑人或者对犯罪嫌疑人采取强制措施的时候”，充分体现了立法者保障犯罪嫌疑人获得辩护权的初衷，由此确立的法律规则就是良法。

从新《行政诉讼法》第 51 条第 2 款的规定（“接收起诉状”应当“出具注明收到日期的书面凭证”）看，在已经当场决定立案的情况下，显然没有必要“出具注明收到日期的书面凭证”；即使其他法律文书不能制备，《立案通知书》至少应当保障。

回想当初原《行政诉讼法》规定立案受理环节的程序时，其第 42 条只是规定“人民法院接到起诉状，经审查，应当在七日内立案或者作出裁定不予受理”，但“98 条”第 32 条第 1 款解释出“人民法院应当组成合议庭对原告的起诉进行审查”，组成合议庭并不难，但显然不能当场组成，只能回去慢慢商量。当然，没有这一司法解释，也不会有今天新《行政诉讼法》登记立案制的创新。

十、为良善适用立法奠定基础

1996 年《刑事诉讼法》第 97 条规定，“侦查人员询问证人，可以到证人的所在单位或者住处进行”。2012 年修正后，增加了“在现场询问证人，应当出示工作证件，到证人所在单位、住处或者证人提出的地点询问证人”的内容。“证人提出的地点”这是非常具有人性化、充分尊重证人权利和便利的一项新规定。改得不多，但指向性非常明显，那就是对国家机关的权力方面的约束越来越严，对公民的权利的赋予和保护越来越充分。

有些类型的案件似乎天生就不适宜再审。对此，最高法院没有提及，但最高检却明确规定，对解除婚姻关系或者收养关系的判决提出的申请，人民检察院不予受理（2001 年《抗诉规则》第 6 条第 2 项）。这样规定的合理性在于，解除婚姻关系或者收养关系的判决一旦发生法律效力，很可能导致不可逆的后果，如离婚一方再婚。如果决定再审，再审法院将面临进退维谷的境地。此时不受理再审，不但可以肯定程序自身的价值，而且对维护社会关系稳定也具有非常重要的意义。

2013 年《商标法》修正时，即从 2001 年该法第 20 条的要求“在不同类别的商品上申请注册同一商标”“应当按商品分类表提出注册申请”，调整为“可以通过一份申请就多个类别的商品申请注册同一商标”。考虑到 2001 年《商标法》第 20 条的规定，是在修改 1993 年《商标法》第 12 条的类似规定的基础上得来的，但那次修改只是文字修改，其核心意思，即“在不同类别的商品上申请注册同一商标”“应当按商品分类表”分别“提出注册申请”，没有改变。由此再回溯到

1993年《商标法》的修正，该处也有一个细微的修改，即删除了1982年《商标法》第12条中的表述“分别”。显然，“不同类别的商品”确实“应当按商品分类表分别提出注册申请”，但只要按“商品分类表提出注册申请”，肯定是“分别”提出注册申请，故“分别”就没有必要。虽然只多了2个字，而且不是确属多余的，但立法也予以简化了。当然，类似“按商品分类表分别”这样的表述，并不保证所有的立法文件都予以简化。

可见，“分别”二字的删除并没有实质性改革必须“分别”申请的制度，因为“应当按商品分类表”“提出注册申请”，即使没有“分别”，也必须“分别”提出申请。1993年对“分别”的删除，只能理解为是在立法技术上对实质上已经成为重复或者“赘语”的“分别”的文字调整，并没有实质性触及立法中由来已久的一个虽然不太“劳民伤财”，但确实比较“浪费纸张”的“分别”申请制度。直到30多年后的2013年，《商标法》才在这个小问题上，作了一点儿实质性的“让步”，允许“商标注册申请人可以通过一份申请就多个类别的商品申请注册同一商标”。

由此看来，2013年的这一修改，还真是来之不易，仔细琢磨，确实不能说乏善可陈，因为其确实回应了那句有关迟来的正义的诘问。只是不知这项改革有没有引起大家的足够注意，特别是其中体现的立法者、执法者对民力的体恤和善意。

尽管有法律的明确规定和最高法院的司法解释，实践中仍难以避免有些法院不严格适用，而希望把法律上再明白无误的文字理解为“再等等”。而且这是有传统的。原《行政诉讼法》第42条也有类似的规定：“人民法院接到起诉状，经审查，应当在七日内立案或者作出裁定不予受理。”据此，“法院接到起诉状，经审查”即可作出受理与否的决定，并没有排除当场受理的可能。原“98条”对此的解释却是，法院应当组成合议庭对原告的起诉进行审查。[①] 从而断送了当场立案的可能。自我国行政诉讼制度确立之初，法院即自行确立了集体审查起诉状的“传统”，无论实际操作时执行的力度如何，至少司法解释是这样要求的。这无疑大大增加了行政案件立案的难度，这也正是新《行政诉讼法》想要通过“登记立案制”破除的持续30年的“沉疴”，但其难度可想而知。

① “98条”第32条。

十一、善治是良法应然但未必的归宿

有良法，未必有善治。因此不能说善治是良法的归宿，而只能说善治是良法预设的目标，是努力遂行良法的善意的不断但难以最终臻至的过程。

第三节 时间节奏的把握

法律规范中，时间是一个基本的要素。法律探讨及规范社会生活的本质，很多是矫治那些在错误的时间发生的事。如行政执法领域的“先裁决后取证”等。

一、法定时效的本质

法定时效期间是指当事人不行使权利的状态持续到法定期限后，即丧失请求权的制度。其制度目的是惩戒那些“权利上的睡眠者”，以便尽快使行政法律关系确定下来，这是行政效率优先与公民权利保障相互均衡的必然结果；同时，从调查取证的角度看，及早起诉与审理也有利于案件的公正合理解决。

法定时效的核心要旨，是依法赋予历史长河中的某一瞬间以法律上的意义，这个历史瞬间的确定需要两个因素：要么是起止点，要么是起止点之一加时长。其中的起止点，就是法律上的期日；其中的时长，就是法律上的期间。

但是实际上，对于司法实践有意义的法定时效，总是既与期间有关又与期日有关。而且在现实中，时点往往比时间更关键。这话虽有点夸张，但过得不多。

之所以强调这一点，还有一个重要的情理，就是无论在法学研究领域还是实务操作领域的绝大多数情况下，研究原则本身的时间、精力和篇幅，总是远远少于对例外的探究。在时效制度领域，期限、时间就是原则，期日、时点就是例外。

时点比期限更重要的一个应用场景，就是缩短期限但明确起点，以便更有效地利用时效制度。

再审程序既不是行政诉讼的必经程序，也不是独立审级，而是法院对业已生效但确有错误的判决、裁定等进行拨乱反正的特殊程序，法律没有规定也不可能规定明确的诉讼时效，而是授权有关法院在发现错误后随时启动。新司法解释补齐了新《行政诉讼法》中没有规定的审查期限，[①] 但其起点是“立案之日”，这个期日，距离法院收到申诉状的时间有多远，不确定；距离法院终审裁判作出之日的时间长短，也不确定。这反过来说明，时点有时比期限本身更重要。没有起始时点哪有期限？

新司法解释将当事人申请再审的期限从原来的两年[②]，大大缩短为半年：当事人向上一级法院申请再审，应当在判决、裁定或者调解书发生法律效力后六个月内提出。[③] 从字面上看，上述期限大大缩短了，但由于新司法解释从申请再审时限的角度，特别强调了以下 4 种情形必须在“知道或者应当知道之日起六个月内提出”的特殊情形：（1）有新的证据，足以推翻原判决、裁定的；（2）原判决、裁定认定事实的主要证据是伪造的；（3）据以作出原判决、裁定的法律文书被撤销或者变更的；（4）审判人员审理该案件时有贪污受贿、徇私舞弊、枉法裁判行为的。[④]4 种情形的规定，使得再审申请的时限变成了弹性时限，其最长期限，甚至可能逼近行政诉讼最长起诉期限的 5 年或者 20 年（涉及不动产的案件）。

而且，“自知道或者应当知道”的内容，显然不是“判决、裁定或者调解书”或者这些文书“发生法律效力”的事实，而是“有新的证据”“主要证据是伪造”等 4 种情形的事实。这些事实的出现及对其“知道或者应当知道”，实际上是一个不确定的时间，也许只有几天，但也许是几年或几十年。对此，新司法解释没有限制。其所限制的，仅仅是“自知道或者应当知道”这 4 种所列“情形”“之日起六个月内提出”再审申请。无论此前等了多少时间才出现这些“情形”，但在此后，特别是“知道或者应当知道之日起”，就只有六个月的时限了。

显然，这 4 种情形，是新《行政诉讼法》第 91 条规定的申请再审的 8 项事由的节选，不能算是对应的解释。这是其强调期限的原因所在。

二、设定期间要依法

权利的行使，既需要空间又需要时间，限定了这两个方面，权利就具体了，

---

① “163 条”第 112 条。

② “98 条”第 73 条。

③ “163 条”第 110 条。

④ “163 条”第 110 条。

无法具体的权利，就根本不是权利。具体体现到立法上，违法设定期限的做法，是最为普遍的限制权利行使的“手法”。

1996 年《刑事诉讼法》第 96 条第 1 款规定了“犯罪嫌疑人在被侦查机关第一次讯问后或者采取强制措施之日起，可以聘请律师为其提供法律咨询、代理申诉、控告”等内容，但 2012 年修正时将整条都删除了。因为这是一条职权性条款：将犯罪嫌疑人可以聘请律师为其提供法律咨询、代理申诉、控告的权利，限制在“在被侦查机关第一次讯问后或者采取强制措施之日起”。这一条删除后，犯罪嫌疑人可以聘请律师为其提供法律咨询的期限从何时开始计算呢？根本就没有这个限制了：犯罪嫌疑人乃至任何人，从其出生至死亡之间的任何时间，都“可以聘请律师为其提供法律咨询、代理申诉、控告”，这是《宪法》第 41 条第 1 款[①]赋予所有中国公民的权利，《刑事诉讼法》作为下位法显然不能限制、剥夺这一权利。故原来的规定只能删除。2018 年《刑事诉讼法》的规定是：犯罪嫌疑人、被告人除自己行使辩护权以外，还可以委托一至二人作为辩护人。

不必要的公权力的普遍、宽泛设置，曾经是我们立法上的一个普遍现象。上述修改充分说明，不是只有行政管理领域的立法即行政立法，存在值得商榷、最终被修改的权力设置。

三、期限延阻的应对

有法定的诉讼时效，现实中就会有其延误和阻滞，故立法通常会对法定期限延阻时的应对予以规定。《行政诉讼法》[②]虽明确了期间等该法没有规定的可适用《民事诉讼法》的原则，仍专门规定了期限延阻的应对，只是新旧法留给法院的自由裁量权有了很大变化。

旧《行政诉讼法》第 40 条规定：“公民、法人或者其他组织因不可抗力或者其他特殊情况耽误法定期限的，在障碍消除后的十日内，可以申请延长期限，由人民法院决定。”新法将上述内容一分为二，其第 48 条第 1 款规定：“公民、法人

---

① 中华人民共和国公民对于任何国家机关和国家工作人员的违法失职行为，有向有关国家机关提出申诉、控告或者检举的权利。

② 新《行政诉讼法》第 101 条，旧法没有规定，但“98 条”第 97 条规定，人民法院审理行政案件，除依照行政诉讼法和本解释外，可以参照民事诉讼的有关规定。

或者其他组织因不可抗力或者其他不属于其自身的原因耽误起诉期限的，被耽误的时间不计算在起诉期限内。”新法以“其他不属于其自身的原因”替代“其他特殊情况”，用语更准确了。“不属于其自身的原因”强调非因原告方自己的原因，与“不可抗力”匹配更为得当，也更能凸显立法为当事人耽误期限网开一面的真诚用意。更重要的是，由于本款是新法将旧法的同一内容一分为二后，强调耽误期限的客观原因的部分，故其实质性内容是计算方法：“被耽误的时间不计算在起诉期限内”，对此没有回旋的余地，根本没有给法院或者主审法官留裁量空间或者在个案中解释、适用法律的权限的意思。

从立法史角度分析，上述变动是立法与司法解释互动的绝佳例子。当初，旧《行政诉讼法》“不可抗力或者其他特殊情况”的表述，何谓“特殊情况”仍需明确。于是“98条”第43条就解释为“不属于起诉人自身的原因”。新的立法时机到来，立法者发现，所谓“特殊情况”，尽管不限于“不属于其自身的原因”一种情况，但这种“特殊情况”确实有相当大的概括性，足有必要将其具体、明确规定：直接改过来，也不用再解释了。

值得一提的是，“98条”第43条中还有一句话：因人身自由受到限制而不能提起诉讼的，被限制人身自由的时间不计算在起诉期间内。这种情况并不必然影响当事人诉权的行使，故最终没有写入新法。司法实践中，主审法院是否会将某些“被限制人身自由”的情形，在个案中理解为“不属于起诉人自身的原因”？这个问题看似简单，但实践中法院面临只能二选一的情况。

因为新《行政诉讼法》第48条第2款规定：公民、法人或者其他组织因前款规定以外的其他特殊情况耽误起诉期限的，在障碍消除后十日内，可以申请延长期限，是否准许由法院决定。表面上看，这只是对旧法第40条的后半部分和“98条”第43条（“由于不属于起诉人自身的原因超过起诉期限的，被耽误的时间不计算在起诉期间内”）的承继，但实际上更为复杂，新法大大限制了法院这个方面的裁量权。

四、期限时长的设置

《商标法》于1982年就颁行了，但直到2013年修正时，才对初步审定的时间作了明确的规定“商标局应当自收到商标注册申请文件之日起九个月内审查完毕，符合本法有关规定的，予以初步审定公告”。

当然，不能不考虑的一个因素是，1982 年《商标法》颁布之初，注册商标的申请量与现在不可同日而语，如果当时就规定 9 个月的审查期限，确实影响注册商标的审查效率。但在 2013 年，第一次规定初步审查期限，就规定个有零有整的 9 个月，确实让人有点疑惑：如果确实需要较长的审查时间，为什么不整年整年地规定？ 9 个月，是立法史上比较少见的期限规定，而且仅仅是对“符合本法有关规定的”“初步审定”。确实让不太熟悉商标业务的外行人不容易理解。我国的《反倾销条例》《工伤保险条例》《饮料和饲料添加剂管理条例》虽然也有 9 个月的期限的规定，但法律中确实比较罕见。

2007 年《政府信息公开条例》第 31 条要求“各级行政机关应当在每年 3 月 31 日前公布本行政机关的政府信息公开工作年度报告”。落实这个要求，对于各级政府部门而言，似乎太宽松了：上一年的年度工作报告，要到下一年过了四分之一才公布。但对于上级政府而言，因要汇总本级政府部门的情况，时间就显得有点儿局促，而且越是层级高的行政机关越是如此。由于期限是对“各级行政机关”提出的，如果下级在截止日期报上来，上级机关根本没时间汇总；如果提前要求下级机关上交，又会面临“条例可不是这样规定”的软钉子。

2019 年的新条例第 49 条充分考虑到了这个实际操作时才会发现的问题，明确区分“县级以上人民政府部门”（1 月 31 日前）与“县级以上地方人民政府”（3 月 31 日前）两个层次、两个类别，分别规定了不同的报送及公开年度报告的期限。表面上看，上述规定只涉及截止时点，但实际上是期限时长的规定。因而不必挑明的时间起点，当然是 1 月 1 日。因为如果不是数字造假，此前显然是无法完成年度报告的。

五、计时单位的选择

期限计数单位如年、月、日的选择，属小节，但也有大文章。

1996 年《刑事诉讼法》第 196 条规定，二审法院受理上诉、抗诉案件，“应当在一个月以内审结，至迟不得超过一个半月”。从法理角度分析，这种表述不够严肃之处在于，“至迟”怎么可以突破“应当”划定的界限。但这个问题，比起“半月”来，那真不算是事儿。

按照当代公历，一个“月”有 28 天、29 天、30 天、31 天共 4 种可能。半月于是就有 14 天、14 天半、15 天、15 天半共 4 种可能。一天有 24 小时，故半天就是 12 小时。之所以要关注如此具体的细节，是因为既然明确规定要“在一个月以内审结”“至迟不得超过一个半月”，那就必须考虑这一个半月的起点是哪一天的几点，以确定那个半月在几时结束。这对于个案的当事人而言，可能有实质性的区别。

上述问题，终于在 2012 年克服了：一是总体时间进一步延长至 2 个月，比“至迟”还“迟”，“至迟”想解决的问题就此不复存在。二是明确只有一个标准，不能在“应当”之外再有例外。

另如原“98 条”第 39 条第 1 款中规定的履责期限为 60 日，在吸纳为新《行政诉讼法》第 47 条后，修改为 2 个月。这一小小的变化，从司法实践看，确实有必要。因为 60 日计算起来，虽然不是太复杂，但确实也需要脑筋转点弯。因为一个“月”有 28 天、29 天、30 天、31 天共 4 种可能，每个不同的月份，计算这 60 天都会有不同的结果。立法一旦明确后，多一天、少一天，对当事人权益保障就成败攸关了。

“98 条”第 84 条第 1 款曾有规定，申请人是行政机关、法人或者其他组织的，申请执行的期限为 180 日。说实在的，实践中，180 天的申请期限真不是太好算。这个问题已经由新司法解释克服了，“163 条”第 153 条第 1 款不再区分申请的情形，统一规定“申请执行的期限为二年”。

就此专门检索了一下“163 条”，整部新司法解释中，以天计算的最长期限已降到 90 天，但同时大量存在的是“三个月”。60 天的时间都转成“两个月”了，为什么 90 天还要继续一天一天算呢？更不好解释的是，为什么还要 90 天与三个月并存在一个法律文件中。显然，从人性化、便民化角度出发，90 天完全可以简化为 3 个月。但与旧司法解释相比，已经表明对这一问题的重视了。

从“163 条”的总体规定看，小于一个月的期限，如 3 天、5 天、7 天、15 天，大量存在。也没有别的改法。30 天和一个月可以替换，但必须统一。确有必要在立法上明确：凡是 30 天及以下的期限，都用天为计数标准，最长就是一个月；凡是超过 30 天的，就用月数，最多不超过 12 个月；再长的就用年了，但也不必用半年之类的表述，实在需要时用年、月结合的方式。

当然，类似的立法技术规范的问题，最好由全国人大法工委出一个标准，大家以后立法时就不会“五花八门”了，执行时也就不需要计算器了。

六、时点设置与挪移

（一）计时节点的设置

2001年《行政法规制定程序条例》第7条第1款规定，“国务院有关部门认为需要制定行政法规的，应当于每年年初编制国务院年度立法工作计划前，向国务院报请立项”。有人会问，如果在“国务院年度立法工作计划”编制的前一年12月30日左右，向“向国务院报请立项”，行不行？从上述表述看，也行也不行。之所以不行，是因为不是在“每年年初”；之所以行，是因为这也是在“编制国务院年度立法工作计划前”。由此可见，这里的“每年年初”，确实陈述了一个事实：“编制国务院年度立法工作计划”确实是在“每年年初”。但上述条文所要规定的，显然不是“编制国务院年度立法工作计划”的期日，而是报请“制定行政法规”“立项”的关门时间。因此，“每年年初”多余，其存在不但没有强化已经明确了的，而且混淆了需要明确的。事实上，报请“制定行政法规”“立项”的时间，通常恰恰多在“每年年初编制国务院年度立法工作计划”的前一年年底。

基于这些因素，2017年该条例修订时，此处的内容相应修改为：应当于国务院编制年度立法工作计划前，向国务院报请立项。当然，这个表述相当“笼统”，没有具体到月日，执行起来会不会有问题呢？不会的。因为其中涉及的都是中央大部委的大事，规定得太细，反而“见外”了。

（二）起点不能不确定

2009年《兵役法》第21条第2款规定，退出现役的士兵，由部队确定服预备役的，“在回到本人居住地以后的三十天内”办理预备役登记。这里的期日（即时间节点），选择为“回到本人居住地”，这是一个十分不确定的时间，如果其不“回”怎么办？如何确定其“居住地”也是个问题：“居住地”究竟是其原户口所在地、安置地，还是其目前“住”的地方？将一项严肃的法定义务的起始点定为如此不好确定的一个时点，显然不利于该义务的依法履行。从根本上说，则是立法在界定该义务的履行时，有不便执行的瑕疵。故 2011 年修改该法时，相应内容调整为："自退出现役之日起四十日内，到安置地的县、自治县、市、市辖区的兵役机关办理预备役登记。"如此规定，就把"天时、地利、人和"三个方面的问题都解决了，堵塞了因随意"理解"而逃避法定义务履行的漏洞。

（三）不确定的终点

《行政诉讼法》明确规定由被告负举证责任的最主要原因，与被诉行政机关在作出被诉行政行为之前的证据收集活动有关。其当初为作出行政行为而收集的证据，正是行政诉讼中要求其向法院提供以证明其作出的行政行为合法、合理的证据。正因如此，立法才明确要求被告在进入诉讼后必须履行举证义务，如举证不能即承担败诉的法律后果。

落实这一原则性制度的关键，需要首先明确被告有义务向法院提供的证据的收集时点。对此，新《行政诉讼法》第 34 条（旧法第 32 条）第 1 款都没有强调作出被诉行政行为"时"，只要求"应当提供作出该行政行为的证据"。但在新法第 36 条第 1 款、第 40 条这两个新增条款中，又都提到了"作出行政行为时"收集的证据问题：法院"不得为证明行政行为的合法性调取被告作出行政行为时未收集的证据"[①]，这句话旨在从反面重申："被告作出行政行为时""收集的证据"，才是真正能够"证明行政行为的合法性"的证据。同时充分说明，新法已经意识到一"时"之差的法律意义：这个"时"字，非常重要。没有"时"的要求，被告就可以在"作出行政行为"后到诉讼前，继续收集其可能被诉的行政行为需要的证据，而法院并不能禁止。法律所禁止的，仅仅是"在诉讼过程中"（新法第 35 条）继续收集这方面的证据。

"163 条"第 13 条中出现过"行政机关作出行政行为时"，但说的不是证据的事，而是依据的事：债权人以行政机关对债务人所作的行政行为损害债权实现为由提起行政诉讼的，法院应当告知其就民事争议提起民事诉讼，但行政机关作出行政行为时依法应予保护或者应予考虑的除外。此外，"163 条"第 63 条也提到了"行政机关作出行政行为时"。

---

① 新《行政诉讼法》第 40 条。

相对而言，《行政复议法》第 23 条的规定更为“严格”：被申请人应当“提交当初作出行政行为的证据”；相应地，《行政复议法实施条例》第 46 条就更为“严厉”了：被申请人未依照行政复议法第 23 条的规定提交“当初”作出行政行为的证据的，视为该行政行为没有证据。这样一来，甚至都不用规定“在行政复议过程中，被申请人不得自行向申请人和其他有关组织或者个人收集证据”[①]。因为即便其收集了新的证据，也已经不是“当初”的了。

（四）期限起点的挪移

新《行政诉讼法》第 46 条第 1 款规定，公民、法人或者其他组织直接向人民法院提起诉讼的，应当自知道或者应当知道作出行政行为之日起六个月内提出。与旧《行政诉讼法》第 39 条类似规定相比，新法的革新体现在扩充了起算点的范围，即不限于知道，也将应当知道包括进去。当然，即使在旧法时代，按照当时的司法解释，[②]“知道或者应当知道”就已经并列使用了。新法修改时未一并解决的一个多年老问题是，未将知道的内容由“知道作出行政行为”修改为“知道行政行为”。现实生活中，“知道作出行政行为”与“知道行政行为”相差太远了。如果行政机关不严格履行送达、告知义务，只告诉相对人有这么回事，即告诉其“作出行政行为”而不告诉其“行政行为”，相对人即使“知道作出行政行为”，由于对“行政行为”不明就里，还是不足以充分、有效地行使其起诉权利。

“知道作出行政行为”与“知道行政行为”的区分的现实性，新旧司法解释都意识到了，说明是一个需要解决的老问题。“163 条”第 65 条规定：公民、法人或者其他组织不知道行政机关作出的行政行为内容的，其起诉期限从知道或者应当知道该行政行为内容之日起计算，但最长不得超过新《行政诉讼法》第 46 条第 2 款规定的起诉期限。这一司法解释，事实上已经将《行政诉讼法》规定的“知道作出行政行为”解释为“知道行政行为”了。

此外，但书的规定也可以进一步改进。“法律另有规定”产生的问题是，有

---

① 《行政复议法》第 24 条。

② “98 条”第 41 条。

些法律规定的起诉期限很短，如 1989 年的《环境保护法》第 40 条[①]规定的起诉期限只有 15 日。相比较而言，《行政复议法》第 9 条的类似规定就仁厚得多：法律规定的申请期限超过 60 日的除外，因此，尽管《环境保护法》规定的复议申请期限也是 15 日，但由于上述规定，《环境保护法》的规定无效。由此产生的结果是，一旦行政相对人耽误了 15 日的起诉期限但还没有达到 60 日的，可以先通过申请行政复议挽回。

七、因果逻辑的时序

事物的前因后果不能颠倒，这才符合逻辑，但这算数理逻辑还是事理逻辑、法理逻辑？本书暂将其放在事理逻辑部分讨论。因为事物的时序，就是事物发展规范的历史逻辑。这是常识，亦即常理。

2004 年《公司法》第 191 条规定，“公司依照前条第（一）项、第（二）项规定解散的，应当在十五日内成立清算组”。“十五日内”怎么理解？从字面理解，应当是指“公司依照前条第（一）项、第（二）项规定解散的”“十五日内”，公司都解散了，再“成立清算组”还有意义吗？这一错误自 1993 年该法颁布时就存在（该条至 2004 年没有修正过），说明其隐藏得还是比较深的。但发现这一问题，并不需要太多公司法的知识，只需要一点儿根据常识、不唯书只唯实地挑战权威的胆识。

这个问题，在 2005 年该法修订时一揽子解决：增加的内容正是“解散事由出现之日起十五日内成立清算组”，从而把清算组的成立移到了“解散”之前。

八、立法中的节假日

1996 年《刑事诉讼法》第 79 条规定了期间的计算，2012 年修改时解决了个别情况下能否“回家过年”的问题：新增的第 103 条第 4 款中“期间的最后一日为节假日的，以节假日后的第一日为期满日期，但犯罪嫌疑人、被告人或者罪犯在押期间，应当至期满之日为止，不得因节假日而延长”的规定，解决了法定期间在大年初一届满，“以节假日后的第一日为期满日期”因而不能回家过年的问

---

① 现行《环境保护法》（2014 年）已经删除此规定。

题。本来，规定“期间的最后一日为节假日的，以节假日后的第一日为期满日期”是为了照顾非公权力一方，因为公权力机关在“节假日”往往是不上班或者虽有值班人员但不处理相应日常业务的。这样，非公权力一方涉及的期限的最后一天如果是节假日的，实际上就会减少不止一天。

“163条”第48条第3款提到“节假日”，没有“法定节假日”，这个问题，是当前立法中的一个普遍问题，而且其实是个大问题，尤其是在进入“光棍节”等网节、洋节泛滥的网络时代后。但对于我国立法，最新的《民事诉讼法》（2017年）、《刑事诉讼法》（2018年）等基本法律用的都是“节假日”，不强调“法定”；只有《行政许可法》等个别法提到“法定节假日”。显然，所有国家机关在计算期间、期日时，事实上都是以法定节假日为标准，或者说推定“节假日”就是“法定节假日”。这个问题在今后立法中值得注意。

九、指示时间的介词

在中文中，表示时间的状语，可以直接用表示时间的词，而不用标志性的“在”等介词引导。如2009年《兵役法》第25条第2款中有“在战时”的表述，即在发生战争的时期。这里的“在”，即使不用，也不影响表达。故2011年该法修正时，即将相应内容修改为“战时”。

当然，修改后的内容有了一个新的搭配，“战时根据需要”，从语感角度着眼，此时更不应当用“在”。这或许也是删除“在”的更应当考虑的因素。

第四节　立法创新与传承

改革开放的40余年，面临人类历史百年未有之大变局，也是中国立法突飞猛进的40余年，其间经过的创新与传承的风风雨雨，注定是百年未有的，甚至可能是人类立法史上千年难遇的。但改革与创新必须通过立法充分展现，才能通过执法贯彻到位。

经过40余年的改革开放，我们成功地摸索出一条具有中国特色的社会主义道路，初步建立了中国特色社会主义制度体系，这是在总结人类几百年社会主义构想与实践的经验、吸取其他社会主义国家的教训，在经济、政治、文化、社会等诸多具体领域积极探索，才聚沙成塔、集腋成裘的。其中的一条重要经验，就是要充分重视制度建设的重要性，发挥立法固化改革成果的功效，及时把顶层设计转化为制度现实。

一、全球格局的变迁

从1993年到2001年，虽然仅过了8年，我国法治文化的进步却是跨越性的。1993年的《商标法》第25条第1款规定“转让注册商标”时，只要求“转让人和受让人应当共同向商标局提出申请”。仅此就够了吗？在当时看来，似乎没有问题。但在现在看来，这显然是在以行政管理关系代替民事权利义务转移关系。2001年修法时虽然弥补了这个存在了20年的毛病（1982年《商标法》第25条就是这样规定的），加入了商标转移双方签订协议的内容，自然也就包含了双方此前议价、协商的过程，更符合法律关系演进的合理历程：“转让注册商标的，转让人和受让人应当签订转让协议，并共同向商标局提出申请。”

这一切，都与中国入世直接相关：相关立法的修改，正是中国的入世承诺。1993年《商标法》第21条规定“商标评审委员会做出终局决定”在2001年修正时也取消了，修改为第32条第2款：“当事人对商标评审委员会的决定不服的，可以自收到通知之日起三十日内向人民法院起诉。”

1993 年《商标法》第 38 条第 2 项罗列的情形，即“销售明知是假冒注册商标的商品的”，仅仅是“销售侵犯注册商标专用权的商品的”（2001 年修正后对应的第 52 条第 2 项表述）一种情形，显然存在以偏概全或者说概括不全的问题。从中可以看出一个趋势，就是我国早期的立法，更倾向于从表面现象的角度，罗列侵权行为的表现，而疏忽了对被侵犯的权利本身的声张和保护。后期的立法则有明显的改观，更强调权利本身的确立和自我保护、自力救济，这是我国立法逐步从肤浅走向深刻、从表面走向内核、从概括走向抽象、从现象走向规则的深化历程的真实写照。

当然，“侵犯注册商标专用权”的表述，1993 年的《商标法》中不是没有，紧随上述条文的第 39 条就有。但从其立法的前后一贯性及行为概括的统一性看，显然没有自始至终、一以贯之地使用。这也从另一个侧面，说明一个规律：一国立法体系的成熟，有时还真不能仅凭其个别用语的变化，还要看其使用一整套成熟的立法话语体系的自觉性和连贯性。偶一为之、前言不搭后语地立法是一个层次，始终如一并一以贯之，显然又上了不止一个台阶。

二、社会巨变的影响

2019 年《政府信息公开条例》在新增加的第 24 条中，特别强调“各级人民政府应当加强依托政府门户网站公开政府信息的工作，利用统一的政府信息公开平台集中发布主动公开的政府信息”。这一变化充分说明，仅仅经过 2007 年至 2019 年的 12 年间，我国政府信息公开的主渠道，也可以说是政府与公众接触、沟通的主渠道，已经发生了根本性变化。传统的“报刊、广播、电视”已经退到相对次要、辅助性、宣传性的境地，而“具备信息检索、查阅、下载等功能”的政府信息公开平台，以其突出的性能优势，赢得了与其他媒介和渠道的竞争。

2010 年 12 月 29 日国务院第 138 次常务会议通过的《国务院关于废止和修改部分行政法规的决定》提出：“为进一步深入贯彻依法治国基本方略，维护社会主义法制统一，全面推进依法行政，国务院在 1983 年以来已对行政法规进行过 4 次全面清理的基础上，根据经济社会发展和改革深化的新情况、新要求，再次对截至 2009 年年底现行的行政法规共 691 件进行了全面清理。”经过清理，国务院决定，对部分行政法规中明显不适应社会主义市场经济和社会发展要求的规定作出修改。

如1986年《铁路货物运输合同实施细则》第3条第2款规定："铁路货物运输合同，应按照优先运输国家指令性计划产品，兼顾指导性计划产品和其他物资的原则，根据国家下达的产品调拨计划、铁路运输计划和铁路运输能力签订。在签订国家指令性计划产品运输合同中，如不能达成一致意见，可逐级报请双方上级主管综合部门处理。其他货物运输，由托运人与承运人协商签订货物运输合同。"改革开放之初的这些文字，如今看来确实有点刺眼，故整个删除了。

另如，有些行政法规，1983年《金银管理条例》第1条、第30条第2项，1992年《国库券条例》第11条第2款中关于"投机倒把"的规定，到2011年也终于改掉了。

1986年《土地管理法》第2条第3款规定：国家为了公共利益的需要，可以依法对集体所有的土地实行征用。2004年《土地管理法》第2条第4款明确规定：国家为了公共利益的需要，可以依法对土地实行征收或者征用并给予补偿。2010年上述决定中，专门拿出相当篇幅来明确既往行政法规中"征用"的具体含义，特别是其与"征收"的区别。

如果不考虑历史因素，以我们现在的眼光和意识，"征收"与"征用"二者的区分是非常明显而简洁的："征收"就是永久的所有权的变换；"征用"则是暂时的、占用状态的变化。这种区分，显然是基于对所有权法律概念的明确界定。

在我国2011年之前的行政法规立法中，对上述区分以及作为其基础的所有权制度，特别是与国家相对的私人所有权的理解和运用，与现在是有很大区别的。但从2011年国务院统一这个概念时涉及的立法文件看，似乎不完全与时代相关，还与相应立法涉及的实体法领域有关。更深入分析则会发现，这种区分其实也只不过是不同领域所涉及的"物"的所有权概念和制度在改革开放40多年间的进化速度不同造成的。

根据2011年国务院的决定，2000年《森林法实施条例》第16条"勘查、开采矿藏和修建道路、水利、电力、通讯等工程，需要占用或者征用林地的"中的"征用"也应当修改为"征收、征用"。

根据2011年国务院的决定，将下列行政法规中的"征用"修改为"征收"：

1988年《城镇土地使用税暂行条例》第9条，1993年《土地增值税暂行条例》第8条，1998年《电力设施保护条例》第1条，《城市房地产开发经营管理条例》第42条，《基本农田保护条例》第15条，《土地管理法实施条例》第2条、第20条第1款、第23条、第25条、第26条第2款、第45条，2001年《长江三峡工程建设移民条例》第11条第2款、第12条。在这些行政法规条文中，虽然已经出现了“征收”“征用”并用的现象，但当时的并用仍没有建立在明确二者含义区分的基础上，其所用的“征用”还是“征收”的意思，如1998年《土地管理法实施条例》第2条第2项、第3项规定，下列土地属于全民所有即国家所有：“农村和城市郊区中已经依法没收、征收、征购为国有的土地”“国家依法征用的土地。”当然，在《土地管理法》已经明确区分“征收”“征用”的法律概念的前提下，1998年《土地管理法实施条例》这样混用二者的情形，不应算作概念不清，而主要是立法技术上的错误。

三、法治环境的变迁

从1996年《刑事诉讼法》第34条的“人民法院可以指定”“律师为其提供辩护”，到2012年《刑事诉讼法》第34条的“本人及其近亲属”“申请”由“法律援助机构”“指派律师为其提供辩护”，这一变化，强化的是当事人的自主选择权，弱化的是法院的职权性行为，更符合现代社会的意思自治和权利本位原则。

1996年《刑事诉讼法》第34条只对“可能被判处死刑”的实行强制代理，2012年《刑事诉讼法》第34条扩充到“被判处无期徒刑、死刑”，进一步体现了扩展“辩护权”适用范围的立法指导思想。这一点，与新《行政诉讼法》降低代理人的资格条件有异曲同工之妙。

上述变化，如果与行政法领域的变化相比，又是小巫见大巫了。在此，举个行政“调解书”在立法上的历史变迁的例子。

《行政诉讼法》及其司法解释，都没有将行政“调解书”明文直述为“行政强制执行标的”，但从其条文的规制体系中，可以体会出这一内容乃至其不断演进的过程。

从条文的字面看，新旧《行政诉讼法》都规定，“公民、法人或者其他组织对行政行为在法定期限内不提起诉讼又不履行的，行政机关可以申请人民法院强制执行，或者依法强制执行”[①]，即对非诉强制执行的标的，前后完全一致（一字不差，“具体”除外），没有任何变化。

但对经行政诉讼的案件，原《行政诉讼法》的规定只涉及“法院发生法律效力的判决、裁定”[②],2014年《行政诉讼法》增加了“调解书”[③]。而新司法解释则进一步扩充了“行政赔偿判决书”[④]，并大大扩充了调解协议的可执行范围：从“行政赔偿调解书”扩充至“行政调解书”，一下子跳出了行政赔偿的局限，将所有行政调解工作的成果，都纳入司法强制执行的范畴。不过，对比新《行政诉讼法》的规定，新司法解释的扩充存在如下立法技术上的风险：

一是“行政”的限定似是蛇足。新司法解释在表述上非常“罕见”地将4类执行标的都增加了“行政”的限定，似乎唯恐解读者淡忘这是行政诉讼的执行；新《行政诉讼法》则都没有“行政”的限定。其道理在于，法院在审理行政案件时，可以一并审理相关的民事案件，新司法解释还为此列了一个专题“相关民事争议的一并审理”。既然要一并审理，就要一并判决，于是就会出现民事判决书、民事裁定书、民事赔偿判决书和民事调解书。

二是“行政赔偿判决书”与“行政判决书”并列，逻辑上有问题。因为“行政判决书”应当包括“行政赔偿判决书”，将种属概念并列，为形式逻辑所力避，故为立法之大忌。涉及行政赔偿内容的判决固然有其特殊性，但就执行而言，与其他行政判决没有本质的区别，至少没到需要“另表一枝”的程度。

这一点，从新司法解释的规定，“人民法院判决行政机关履行行政赔偿、行政补偿或者其他行政给付义务，行政机关拒不履行的，对方当事人可以依法向法院申请强制执行”[⑤]，也可以得到间接印证：在该第2款的规定中，与“行政赔偿”义务并列的，还有“行政补偿或者其他行政给付义务”，既然“行政赔偿判决书”可以与“行政判决书”并列，确立“行政补偿或者其他行政给付义务”的法律文书是不是也需要单列出来？当然，确立这些义务的独立的法律文书可

---

① 新《行政诉讼法》第97条，旧法第66条。
② 旧法第65条第1款、第2款。
③ 新《行政诉讼法》第94条、第95条。
④ “163条”第152条第1款。
⑤ “163条”第152条第2款。

能并不存在，而是统一于“判决书”中，由此更显出前引表述在逻辑和审判实际上的突兀。

三是独立的“行政赔偿判决书”即使有也很少。通常行政赔偿请求在提起行政诉讼时一并提起，这类案件占行政赔偿案件的绝大多数；新《行政诉讼法》第76条甚至明确规定，“人民法院判决确认违法或者无效的，可以同时判决责令被告采取补救措施；给原告造成损失的，依法判决被告承担赔偿责任”，即在此种情况下法院可以径行判决被告赔偿，无论原告是否提出了相应请求，无形中又进一步增加了此类包含行政赔偿内容的判决的数量和占比；仅在行政行为已经被原机关、复议机关或者法院确认违法，但赔偿义务机关拒绝赔偿的情况下，固然可以单独提起行政赔偿之诉，但其判决仍是“行政判决”，其主要内容仍是行政行为是否合法、适当等定性内容，最后才有具体的赔偿数额。

四是新司法解释仅规定“对方当事人可以依法申请法院强制执行”，没有规定“或者由行政机关依法强制执行”，也是一个比较明显且完全可以避免的闪失。产生这一问题的根源，更主要地可能要归因于新司法解释“新瓶装旧酒”未注意“与时俱进”。

新司法解释的上述问题即使存在，也没有任何过错，因为“98条”第83条就是这样规定的，前后一字不差。问题的关键可能不在其本身，而在于1999年的表述，20多年后回头看，更能清晰地感到异样，这是新时代赋予我们的新的敏感性，也是我国法治建设进程和成就折射出的光芒照进我们的思域的成果。

四、实践做法的引入

立法创新从来就不是书斋里冥想的结果，实践做法的引入既有现实倒逼的因素，更主要的是民主政治的实然结果和社会管理的现实需要。

判决驳回原告的诉讼请求，是新《行政诉讼法》第69条规定的判决形式。作为取代维持判决的结案方式，是行政诉讼最主要、最常用的判决形式，其案件占比最大的地位无可动摇。而且随着我国法治化进程的不断深入，其占比只会越来越高。

驳回判决旧法中没有。但在新法以驳回诉讼请求取代旧法的维持判决之前，司法实务界就已经基于实践需要，通过司法解释，确立了驳回诉讼请求的判决类型。新法的现行规定，是对已有司法解释的立法化。同时，在新法基础上，新司法解释又有进一步的拓展，如规定原行政行为合法、复议决定违法的，法院可以判决撤销复议决定或者确认复议决定违法，同时判决驳回原告针对原行政行为的诉讼请求。①

有一种观点认为，驳回起诉裁定或者驳回诉讼请求判决的前身，就是旧法规定的维持判决。其实不然。在旧法时代，裁定驳回起诉、判决驳回诉讼请求和维持判决，这三种案件处理方式和处理结果是同时并存的。

当然，2014 年《行政诉讼法》生效前，维持判决是受理案件中最重要，至少在数量上适用得最多的判决类型。如今，维持判决作古，取而代之的驳回判决在适用条件或者判决依据上，二者几乎完全一致。仅有的不同是，对于“原告申请被告履行法定职责或者给付义务理由不成立的”情形，也适用驳回判决。

《行政复议法》在立法之初也没有设计驳回行政复议申请或者驳回请求的决定形式。其初衷，是想让行政复议机关尽可能多地受理案件，避免因种种借口拒不受理行政复议案件的现象。但在实践中也确实存在某些不符合受理条件的案件，因立案审查不够严谨或者审查期限已过而受理的情形。对于这些案件，《行政复议法》提供的现行决定类型都不合适，各地区、各部门的行政复议机关都强烈反映。《行政复议法实施条例》第 48 条顺应这一要求，补充规定了驳回申请这一行政复议决定形式。

五、制度衔接和进化

立法是多方面进步的体现，也是漫长历史进程的缩影。立法的过程，就是一个制度传承与衔接的过程，也是一个在传承与衔接中不断进化的过程。

（一）历史印迹的擦除

立法中的历史衔接和进化，最突出地表现为历史印迹的擦除。

2001 年《商标法》第 6 条规定，“国家规定必须使用注册商标的商品，必须申请商标注册”，2013 年将“国家规定”改为“法律、行政法规规定”，显然是立

---

① “163 条”第 136 条第 5 款。

法的一大进步，只可惜是在如此晚近的2013年。也就是说，我国法律中直到《立法法》颁行13年后，才未成体系地消除了“国家规定”之类如此含义模糊的规定。同时，此处修改也从反面诠释出，所谓“国家规定”，只能是“法律、行政法规规定”，部门规章无权代表国家“规定”任何权利义务性的规范。

（二）制度演化的轨迹

将2001年《商标法》第18条规定的由“国家认可”的“具有商标代理资格的组织代理”，修改为2013年《商标法》第18条“依法设立”的“商标代理机构办理”，再结合前述2001年《商标法》第6条的内容是2001年该法修改时从1993年《商标法》第10条的“国家指定的组织代理”调整而来的，可以梳理出这一历史性的轨迹：从1993年之前行政强制性、管制色彩、审批意味非常浓的“国家指定”，到2001年只象征性地改了一小半的“国家认可”，再到2013年向所有“依法设立”的“商标代理机构”开放，一项对外国人的商标注册的代理许可的取消，竟然需要20年的历程。由此不难看出改革的难度会有多大、思想解放的幅度还有多广。

仔细从立法技术推敲，2001年修正《商标法》时，用“国家认可”代替了1993年《商标法》中的“国家指定”，其实还是差不多，仍是一种许可性质的执业资格。这里的关键就是国家，如果不是“国家认可”，那就没有多少行政许可的属性了。其实，这类事完全可以由行业组织或者中介机构去“认可”，甚至认不认可都没有关系。这不是个资质水平的问题，而完全是一个国家意志的问题。2013年修正《商标法》则不再在这个问题上兜圈子，直接将此类商事活动，向全行业开放了，所有“依法设立的商标代理机构”，都可以从事这项涉外业务了。

此外，从立法技术上分析，2013年《商标法》新增加的第18条第1款，也是一个制度原则的铺垫性规定，即在《商标法》自1982年以来30余年立法史的基础上，第一次给商标代理制度确立了一个基础定位型的原则，即意思自治原则：申请商标注册或者办理其他商标事宜，可以自行办理，也可以委托依法设立的商标代理机构办理。据此，申请商标注册或者办理其他商标事宜，都可以以“自行办理”为原则，以委托办理为例外。这就从根本上确立了商标业务当事人的独立主体地位。自1982年制定《商标法》以来，在商标事务领域若明若暗地实行了30余年的以代理（甚至强制代理）为原则、自行申报为例外的商标制度体制，被彻底颠覆了。当然，从实际操作看，由于商标业务的日趋复杂性，商标代理的业务量，特别是通过商标代理办理商标注册的比例，可能都会有很大的提高。这与法律原则的调整本身无关，更不能因此否定上述法律制度调整的开放性、进取性意义。正如注册商标从强制性推行向自愿注册制原则过渡的意义，不因注册商标申请量的大幅度提高而轻易能够抹杀一样。

（三）规范形式的变迁

另一个具有鲜明历史特征的立法史现象，就是从“红头文件”至“规范性文件”再到法律法规规章的变迁。行政诉讼中的规范性文件，又称一般规范性文件，是指规章以下的具有普遍约束力的行政决定、命令的总称，是由国务院部委直属机构、省级政府、省自治区政府所在地的市、经国务院批准的较大的市及其他设区的市政府、地方政府所属部门等各级各类行政机关制定的行政规范。

规范性文件是“红头文件”最主要的组成部分，但其如今的法律地位和社会地位，都今非昔比，最主要的原因是随着我国法治的不断深入，法律、法规、规章等“黑头文件”的作用日益扩充和彰显，极大地挤压甚至禁绝了“红头文件”生存的空间。其中出力最多、影响最大、最系统全面的就是《立法法》。

2015年3月15日，十二届全国人大三次会议决定对《立法法》进行修正。此次修正的一大亮点是严格约束“红头文件”。新增的第80条第2款、第82条第6款规定：没有法律或者国务院的行政法规、决定、命令的依据，部门规章不得设定减损公民、法人和其他组织权利或者增加其义务的规范，不得增加本部门的权力或者减少本部门的法定职责；没有法律、行政法规、地方性法规的依据，地方政府规章不得设定减损公民、法人和其他组织权利或者增加其义务的规范。规章尚且如此，规章以下的规范性文件就更不能作这类规定了。目前地方实施的限行、限购措施，无论基于规章还是规范性文件实际上都违反了“职权法定”原则。

1998年的《高等教育法》在规定高等教育的任务时，已经基本实现了当代化。2015年修正时，仍在“培养具有创新精神和实践能力的高级专门人才，发展科学技术文化，促进社会主义现代化建设”等任务之前，将培养高级专门人才的“社会责任感”放在首位，充分体现了其对高等教育任务和目的的定位排序中，对社会责任的重视程度。

2015 年修正《高等教育法》的一大重点，就是允许设立营利性高等学校。其立法表现，就是删除了原 1998 年该法第 24 条中规定的设立高等教育“不得以营利为目的”。在 1998 年立法时，确实难以想象：高等院校竟然可以盈利。

六、立法与立法互动

（一）《立法法》的制定

2014 年《行政诉讼法》修正时，删除了旧法第 53 条第 2 款的规定：“人民法院认为地方人民政府制定、发布的规章与国务院部、委制定、发布的规章不一致的，以及国务院部、委制定、发布的规章之间不一致的，由最高人民法院送请国务院作出解释或者裁决。”这项修改，极大地简化了参照规章的程序：实质上大大加强了法院对规章的选择性适用权。其实质，是将规章之间冲突的问题，通过赋予人民法院选择性参照的自由裁量权的方式解决了，不再寻求行政系统的越界解决，保证了司法的效率。同样地，根据新法第 64 条的规定，对于规章以下的规范性文件，新法授权法院直接作出不合法的认定，明确其“不作为认定行政行为合法的依据”，而不需要任何“请示”“协调”和“同意”。至于事后“向制定机关提出处理建议”，此处的“建议”只是一个客气的说法，法院已经依法“认为”制定机关的“规范性文件不合法”了，建议的内容也只能是礼貌性地告诫制定机关：赶紧废止吧！

对新《行政诉讼法》第 64 条的上述规定，特别是规范性文件“不作为认定行政行为合法的依据”的内容，或许有些同志，特别是行政机关的同志还心存侥幸，以为这是新《行政诉讼法》对规范性文件审查制度的网开一面：只是“不作为认定行政行为合法的依据”，还不能彻底一棍子打死。当然，严格从立法技术角度分析，新《行政诉讼法》第 64 条的规定确实容易引人误解：既然该法已经明确人民法院审理行政案件以法律法规为依据、参照规章，则规章以下的规定性文件，即“本法第五十三条规定的规范性文件”，无论是“国务院部门和地方人民政府及其部门制定的规范性文件”合不合法，都不能作为行政行为的依据，当然更不能“作为认定行政行为合法的依据”了。对此，必须旗帜鲜明，否则就会引起不必要的误解。

但是，不得不承认，如果没有2000年出台的《立法法》的支持，上述变化是不可想象的。要是没有1989年《行政诉讼法》的诞生，没有由此引发的每年数以万计直至十万件计的行政诉讼案件，以及其中的每个案件都要引述的两个条文："人民法院审理行政案件，以法律和行政法规、地方性法规为依据"（1989年《行政诉讼法》第52条第1款）"人民法院审理行政案件，参照""规章"（1989年《行政诉讼法》第53条第1款），很难想象，仅过了10年，我国就已经具备了出台一部世界范围内都比较少见的《立法法》的制度探索和实践积极的所有必要条件。

（二）国家赔偿立法

1989年的旧《行政诉讼法》专设一章：第九章，规定了“侵权赔偿责任”，即行政机关因行政侵权而应承担的赔偿责任：行政侵权赔偿责任。同时，该章还明确了如何通过行政诉讼追究该责任，于是，就有了行政侵权赔偿诉讼。

1994年《国家赔偿法》出台后，出现了如何协调其中的行政赔偿与行政侵权赔偿诉讼二者关系的问题。旧《行政诉讼法》中的第九章，虽然依然存在，但实际上已经完全被架空；直到2014年新《行政诉讼法》才将该章彻底拿掉，从根本上消除了上述问题，但行政赔偿诉讼依然存在。

新法删除该章，却未作任何交代，甚至没有将原该章中的任何内容转移至该法其他章、节、条、款、项、目，可见该章已经多么多余。由此也可以看出，行政侵权赔偿诉讼已经在《行政诉讼法》之外，发展到了何种独立的程度。

行政赔偿作为国家赔偿的一种，随着《国家赔偿法》的贯彻实施，影响日益广泛。但在此之前，行政赔偿制度即通过行政侵权赔偿诉讼先行确立了。这是《行政诉讼法》在规定行政复议、行政强制等制度之外又一立法亮点和功勋。一部法为后世至少4部法奠定制度框架和基础，不能不赞叹其先进、高明和深谋远虑，仅凭这一点，将其称为中国法治进程的奠基之作，量不为过。

当然，更广泛意义上的行政赔偿诉讼早在《行政诉讼法》出台之前就已存在，在实体法上适用《民法通则》（已失效）第121条：国家机关或者国家机关工作人员在执行职务中，侵犯公民、法人的合法权益造成损害的，应当承担民事责任。在程序法上适用《民事诉讼法（试行）》（已废止）第 3 条第 2 款，法律规定由法院审理的行政案件，适用本法规定。也许正是由于这段历史，有学者曾认为行政赔偿诉讼乃至行政诉讼属于特殊的民事诉讼，不过这种观点目前基本上已经销声匿迹了。

（三）行政强制立法

修正后的新《行政诉讼法》，总的来说，执行方面没有大动。条文由原来的 2 条增加到 4 条，是因为将原来的第 65 条拆成了 3 条，内容稍作添益。其中最主要的原因，就是《行政强制法》的出台，分摊了《行政诉讼法》执行方面的大量工作。

对比新旧司法解释，在执行部分的变化也不大。其中最主要的原因，在于《行政强制法》于 2011 年通过，此时距离旧司法解释即“98 条”出台已经 12 余年。在此期间，“98 条”基于原《行政诉讼法》的规定所确立的申请法院强制执行的主要制度内容，已经为《行政强制法》所吸收，成为其第四章“行政机关强制执行程序”，特别是第五章“申请人民法院强制执行”两章的核心内容。故新司法解释可以进一步完善的空间不大，主要的变化，就是应对《行政强制法》的规定，增加了与《行政强制法》相互衔接的内容，如“163 条”第 155 条第 2 款等；有些内容，如第 155 条第 3 款的一部分，就来自《行政强制法》第 56 条。

值得注意的是，“执行对象为不动产的，由不动产所在地的基层人民法院受理”的表述，在 2000 年（“98 条”第 89 条第 1 款）、2018 年（“163 条”第 157 条第 1 款）的司法解释中一脉相承，其间在 2011 年的《行政强制法》第 54 条中变成了“执行对象是不动产的，向不动产所在地有管辖权的人民法院申请强制执行”，由此可以看出我国立法与司法解释在更广范围地互动：2000 年实施的司法解释的内容，不仅可以被新《行政诉讼法》吸收为条文，也会在其他法律中出现，成为推动更为广泛的行政实体、程序立法的精神动力和思想源泉。

（四）申请执行制度

申请法院强制执行，从某种意义上说，是可以与行政诉讼并列的制度。

“公民、法人或者其他组织对行政行为在法定期限内不提起诉讼又不履行的，行政机关可以申请人民法院强制执行，或者依法强制执行。”[①] 此即申请法院强制执行制度，早在《行政强制法》出台的22年前，即由原《行政诉讼法》于1989年设定了[②]。更不寻常的是，在《行政强制法》出台后，新《行政诉讼法》修改时该条竟然一字未改[③]（“具体”除外）。需要略作解释的是，旧法第65条第2款中虽然也有“行政机关可以向第一审人民法院申请强制执行，或者依法强制执行”的规定，新《行政诉讼法》将其修改为“行政机关或者第三人可以向第一审人民法院申请强制执行，或者由行政机关依法强制执行”，之所以旧法第66条类似的表述没有修改，原因在于，旧法第65条第2款的规定确实有点小“毛病”，即表述不够直接，看不出“由行政机关依法强制执行”的意思，甚至会误解为只要是法院的判决、裁定，行政机关除“可以向第一审人民法院申请强制执行”，还可以直接依据《行政诉讼法》的规定，作为立法授权依据、直接“依法强制执行”，而无论该行政机关是否获得《行政诉讼法》以外的其他法律对其强制执行自己作出的行政行为的特别授权。

如果说，在《行政强制法》出台之前，申请法院强制执行仅有上述规定、略显寂寞孤单的话，《行政强制法》出台后，这一局面有很大的改观。

《行政强制法》专设第五章：申请人民法院强制执行，对行政机关如何申请法院强制执行，作了明确的规定。因此，相对于旧《行政诉讼法》实施起至《行政强制法》开始实施期间，行政机关申请法院强制执行的程序更加细致、完善了。

七、立法与释法互动

《行政诉讼法》自1989年通过到2014年修正，25年保持金身不破，实属中国当代立法史的奇迹。但如果考虑到这25年间1990年、2000年两次大的司法解释，1994年《国家赔偿法》、1996年《行政处罚法》、1999年《行政复议法》、2000年《立

---

① 新《行政诉讼法》第97条，旧法第66条，一字不差，“具体”除外。

② 原《行政诉讼法》第66条。

③ 新《行政诉讼法》第97条。

法法》、2003年《行政许可法》、2011年《行政强制法》，哪一项立法、释法活动不与行政诉讼制度息息相关。可以说，这25年间，虽然《行政诉讼法》的旗帜屹然不动，但行政诉讼的制度已经风生水起地发生了巨变。

举几个较专业的例子，体会一下立法与释法怎样互动。这些内容读起来有些艰涩：立法从来不是件省心的事，得有些“虽千万人，吾往也”的气概和担当。

（一）无效判决的引起

新《行政诉讼法》第74条第2款与原“98条”第57条第2款有相互交叉重叠的承继关系。但新法第74条第2款只规定了“法院判决确认违法”，而原“98条”第57条第2款则规定了法院“确认被诉行政行为违法或者无效的判决”，未包括在新法第74条第2款中的“判决无效”的内容，就成了新《行政诉讼法》第75条的一部分。新《行政诉讼法》第75条明确列举了判决确认无效的至少两种情形“行政行为有实施主体不具有行政主体资格”和“没有依据”，这显然是比原“98条”第57条第2款笼统规定“确认无效”有了巨大进步。同时，新《行政诉讼法》第75条没有提及“行政行为依法不成立”，从而避免了原司法解释将行政行为“不成立”与“无效”并列所带来的混乱。

在立法最终审议通过的稿子之前，曾有动议：对可确认无效的行政行为，不设起诉时限。其理由是，对于“实施主体不具有行政主体资格或者没有依据等重大且明显违法情形”的行政行为，不能因原告超过法定起诉期限未及时起诉而任其堂而皇之地“既往不咎”。但从立法过程看，立法者显然考虑到了，在新《行政诉讼法》确立确认违法之诉后，最高法院在修改其贯彻该法的司法解释时，会将这一内容再次写入。因为无效的行政行为，自始无效，不因时效而发生法律效力。

（二）开庭审理的论争

旧《行政诉讼法》第59条规定：法院对上诉案件，认为事实清楚的，可以实行书面审理。据此，行政诉讼二审有书面审和庭审两种方式。但新法对此作了重大修改。虽然立法时并没有想废除书面审，但从字面上看，已经很难领会立法者的初衷了。

“98条”第67条第2款规定：当事人对原审法院认定的事实有争议的，或者二审法院认为原审法院认定事实不清楚的，二审法院应当开庭审理。这一内容，是在原《行政诉讼法》第59条确立上诉案件“认为事实清楚”可以书面审的立法约束条件下，向“以审判为中心”迈出的非常值得肯定的一步。但还显然不够，或者说这样的案件事实上占上诉案件的绝大多数，仅仅这样规定还不如直接全面确立“上诉审开庭审理”原则、废止“二审书面审”原则。

新《行政诉讼法》第86条在采纳司法解释相应内容的基础上，进一步明确，“上诉案件”“应当”“开庭审理”，这是原则，仅在“当事人”“没有提出新的事实、证据或者理由，合议庭认为不需要开庭审理”的个别情形下，才可以不开庭审理。二审案件常态与例外的这种对调，不仅是个更贴近实际的立法选择问题，也是个诉讼理念上更贴近群众、更以人为本、更强调司法为民的政治抉择。

上述规定的例外是，经过阅卷、调查和询问当事人，对没有提出新的事实、证据或者理由，合议庭认为不需要开庭审理的，也可以不开庭审理。[①] 这是全面禁绝书面审理的明确依据：即使不开庭审理，也需要“调查和询问当事人”。由于在“也可以不开庭审理”的规定之前，“阅卷”“调查”和“询问当事人”3种方式是并列的，所用连接词为“和”而不是“或者”，严格从字面上看，不能只“阅卷”而不“调查”和“询问当事人”。但如果“调查”或“询问当事人”是必经程序，“也可以不开庭审理”就没有实质意义了：“调查”或“询问当事人”只不过是非正式开庭而已。而且从新法第87条确立的“全面审查原则”看，也可以推断出，新《行政诉讼法》全面禁绝了书面审理：二审法院审理上诉案件，应当对原审法院的判决、裁定和被诉行政行为进行全面审查。要实现全面审查，就无权如旧法那样[②]“认为事实清楚的，可以实行书面审理”；即使不开庭审理，也需要“调查和询问当事人”，不能只在办公室“阅卷”。这种“审理”方式，不能说是开庭审理，但显然更不同于书面审理。

除此之外，二审开庭审理程序与一审基本相同。如二审程序中，对当事人依

---

① 新《行政诉讼法》第86条。

② 旧《行政诉讼法》第59条。

法提供的新的证据，法庭应当进行质证；当事人对一审认定的证据仍有争议的，法庭也应当进行质证。

至于二审审理的内容，旧《行政诉讼法》未明确。“98条”第67条第1款只规定：第二审法院审理上诉案件，应当对原审法院的裁判和被诉行政行为是否合法进行全面审查。这一内容，为新法所吸收。新法第87条规定，法院审理上诉案件，应当对原审法院的判决、裁定和被诉行政行为进行全面审查。

不过值得注意的是，新《行政诉讼法》似乎仅在二审环节使用了“全面审查”的表述：在一审环节，仅在其第43条第2款提到了“全面、客观地审查核实证据”。由此从语义逻辑上推断，二审环节中出现的“全面审查”表述，仅是就二审法院对“原审法院的判决、裁定和被诉行政行为”进行的“全面审查”，也就是既要审一审法院的判决、裁定，也要审被诉行政行为，而不能只审其一。这个意义上的“全面审查”，显然还不是一般意义上的、突破“不告不理”的诉讼基本原则，在原告诉讼请求之外对被诉行政行为的法律适用、事实认定的全面审查。

（三）发回重审的情形

新法规定的情形：（1）原判决认定基本事实不清、证据不足的[①]；（2）原判决遗漏当事人或者违法缺席判决等严重违反法定程序的[②]，显然是吸收原“98条”的规定，但侧重点又有所不同。原“98条”的规定是“原审判决遗漏了必须参加诉讼的当事人或者诉讼请求的，第二审人民法院应当裁定撤销原审判决，发回重审”[③]。新《行政诉讼法》的规定，采纳了其“遗漏”“当事人”的情形，并将适用范围进一步扩充为“遗漏当事人”而不限于“遗漏了必须参加诉讼的当事人”；但没有采纳其“遗漏”“诉讼请求”的情形，但这一点，为新司法解释所继承[④]，并有进一步的拓展[⑤]。

对发回重审的案件，新司法解释在新《行政诉讼法》的上述两种情形的基础

---

① 新《行政诉讼法》第89条第1款第3项。
② 新《行政诉讼法》第89条第1款第4项。
③ “98条”第71条第1款。
④ “163条”第109条第3款。
⑤ “163条”第109条第4款、第5款。

上，将“遗漏了……诉讼请求”，包括“原审判决遗漏行政赔偿请求”，作为与“遗漏当事人”并列的“严重违反法定程序”的情形，予以进一步扩充解释，但其结论，仍是“第二审法院应当裁定撤销原审判决，发回重审”[①]。这种规范模式，与常识略有出入：按常理，对原审没有查清事实的似乎更应该发回重审，对原审程序错误的更应该径行改判。既然立法已经如此规定，两种情形又各占一半，很难归纳出其中确立的原则是什么。

（四）申请执行的期限

“163条”将申请执行的最长期限由半年（180天）、一年，统一延长到2年[②]，特别是对法人或者其他组织而言，相当于延长了4倍。之所以有如此巨变，最根本的原因，还是与我国行政强制执行思路的调整有很大干系，也与《行政强制法》在新旧司法解释颁行之间出台有莫大关系。该法虽然没有扩大行政机关的行政强制执行权，但加大了行政机关在行政强制执行过程中的义务：有强制执行权的，要按该法第四章“行政机关强制执行程序”的规定执行，没有强制执行权的，也要按该法专设的第五章“申请人民法院强制执行”照办，其中特别规定，行政机关申请法院强制执行前，应当催告当事人履行义务；催告书送达10日后当事人仍未履行义务的，行政机关可以向所在地有管辖权的法院申请强制执行。[③]

八、立法技术的发展

2001年对原《商标法》的修正，删除了原第42条“本法的实施细则，由国务院工商行政管理部门制定，报国务院批准施行”。这显然是《立法法》实施的直接结果，由国务院部门或者直属单位制定、报国务院批准施行规范性文件，由于说不清究竟是属于行政法规还是部门规章，程序上也不符合《立法法》的规定，在《立法法》实施后，逐渐退出了历史舞台。

2017年《行政诉讼法》第47条第1款中的“法律、法规对行政机关履行职

① “163条”第109条第3款。

② “163条”第153条第1款。

③ 《行政强制法》第54条。

责的期限另有规定的，从其规定”，限定了“另有规定”的范围。原“98条”第39条规定，只要有“规范性文件”“另有规定的”，都算数。这当然可以说是司法谦抑、尊重行政的典范，一定程度上也反映了法院审理行政案件的现实，但更主要的则是司法实践迁就行政执法现实的无奈。在立法对“行政不作为”还不太重视，有关法律、法规的相应规定还比较“稀缺”时尚情有可原，在中央《依法治国决定》已经明确“法定职责必须为”的今天，再这样随便就说不过去了。为此，新《行政诉讼法》明确将规定例外的法律渊源限定为“法律、法规”，其他规范性文件的“另有规定”无效，即只有“法律、法规”“另有规定的，从其规定”。

由此产生的一个值得探讨的问题是，如果“规章和其他规范性文件”确实另有规定，包括在新《行政诉讼法》后还没有来得及修改或者根本没有意识到需要修改，特别是作出了比新《行政诉讼法》规定的2个月期限更短的规定时，法院如何处理？这涉及政府诚信或者说行政相对人信赖利益保护的问题。对此，法院依法当然可以不支持行政相对人的主张，但确实有必要对制定“规章和其他规范性文件”的行政机关提出司法建议。

九、专业领域的进步

立法，总是与特定的专业领域相对应，立法的创新，基础是相应管理领域的技术性进步。从这个意义上说，立法者必须了解甚至要达到洞悉该领域学术前沿成果的知识储备或者预见能力。

1996年《刑事诉讼法》对侦查终结、提起公诉和作出有罪判决均规定了“案件事实清楚，证据确实、充分”的证明标准。2012年《刑事诉讼法》在此基础上进一步明确了认定“证据确实、充分”的3个条件，以便更准确地适用这一标准，即定罪量刑的事实都有证据证明；据以定案的证据均经法定程序查证属实；综合全案证据，对所认定事实已排除合理怀疑。

单纯从刑事诉讼理论角度看，新增加的内容无疑是我国刑事诉讼领域落实其自身最基本的罪刑法定原则的一个巨大进步，但就立法技术而言，则没有更多讨论的必要。因为每个法律领域都会有自己的特点和基于这些特点的创新。这些创新确有部分也是立法技术的创新，但就上述条文而言，则主要是刑事诉讼，或者其他法律部门自身的制度创新，只是采用了最基本的法律表达方式，故不是立法技术这门学科讨论的重点。

2001年《商标法》第8条规定，“任何能够将”“商品区别开的可视性标志”“均可以作为商标申请注册”。

“可视性”“标志”，确实有点重复。“标志”本身，就是一个并联复词，“标”和“志”都有记号的意思，都含有“可视性”“可识别”的本义。将这么多“可视性”的意思重叠在一起，并不能起到强调规则本身的效果。更重要的是，2013年《商标法》中要在商标中增加“声音”的内容，这就最终决定了“可视性”作为商标的“标志”性特征，确实要退出历史舞台了。从这个角度看，2001年修正《商标法》时才增加的对商标“标志”的“可视性”特征的概括，不完全是当初立法时的错误，而是彼时的这种概括后来已经包容性不足了。进一步反思这个列举、概括、再提炼的过程，还可以得出一个立法上的教训，就是慎用不必要的概括，尤其是本身就有重复内容的概括。因为概括作为对实质规律性、共性的提炼，本身就要“合并同类项”、去除重复的内容。从这个意义上说，2001年立法时增加“可视性”这个标志性的用语，还是有其不够周延的地方。

但也必须看到，2001年《商标法》第8条之所以增加“可视性”的提示，是因为该条的内容是在1993年《商标法》中“文字、图形或者其组合”的基础上，大大扩充至“文字、图形、字母、数字、三维标志和颜色组合”这一更为丰富的内容，而这些内容，倒是确实可以用“可视性”来概括。

因此，回顾往事，不能将当初立法的局限性归咎于认识的层级，而应当看到立法不断完善的过程中，确实有一些技术性的因素。从这个角度讲，“商标制度”本身进一步超越“可视性”的范畴，向更广大的“标志”范围迈进，进而包括“声音”等“可听性”内容，才是立法最终又“扬弃”“可视性”这一学理概括的更根本的原因。

十、学理研究的深入

2012年《刑事诉讼法》第一次提及“举证责任”的概念，并明确“公诉案件中被告人有罪的举证责任由人民检察院承担”，“自诉案件中被告人有罪的举证责任由自诉人承担”。也就是说，在刑事诉讼案件中，证明被告人有罪的举证责任由“控”方承担。这个概念，1989年《行政诉讼法》就有了，故2012年看到这一幕时，确实有点儿恍如隔世。

1996 年《刑事诉讼法》第 38 条第 2 款规定，违反前款规定（辩护律师和其他辩护人，不得威胁、引诱证人改变证言或者作伪证以及进行其他干扰司法机关诉讼活动的行为等）的，应当依法追究法律责任，但仅此而已。增加规定："辩护人涉嫌犯罪的，应当由办理辩护人所承办案件的侦查机关以外的侦查机关办理"，这是回避制度的一种特殊的运用，反映出我国刑事司法领域学理研究、实务运行与制度建设同步推进的最新成果。表面上看，似乎没有必要，而且可能还效率低下。因为该条所规定情况下的"辩护人涉嫌犯罪"，"办理辩护人所承办案件的侦查机关"本来是最了解情况的，由他们来办理新生的"辩护人涉嫌犯罪"的案件，本来是效率最高的。但恰恰是"辩护人所承办案件的侦查机关"，最容易构陷"辩护人涉嫌犯罪"。如果由他们来继续承办该新生案件，将难以向世人证明"看得见的公正"。因此，基于与"信任不能代替监督"同样的道理，2012 年《刑事诉讼法》作出了现行的"英明"规定。这倒不是说 1996 年《刑事诉讼法》的规定就是错的，而只能说 2012 年《刑事诉讼法》的规定反映了我们对刑事诉讼制度内在原理与规律的进一步、不断深化的最新认识。类似的原理和原则，也可以扩充到其他领域。

在"财产保全"等诉讼保全领域的学理研究成果，显然为 2014 年《行政诉讼法》所吸收，但作为"163 条"第 101 条集中罗列的裁定之一，"财产保全"的表述显然没有与时俱进，或者说不足以概括新《行政诉讼法》、新司法解释实施后所有的相关裁定类别。正如裁定"准许或者不准许撤诉"一样，财产保全裁定也有"准许或者不准许"两个方面。更重要的是，新司法解释创新、拓展了诉讼中保全措施的种类和范围，不再局限于"财产保全"，而是扩展到依申请或者依职权决定对"财产进行保全、责令其作出一定行为或者禁止其作出一定行为"（"163 条"第 76 条第 1 款），相应地对此类裁定的表述也变成"采取保全措施"（"163 条"第 76 条第 1 款）或者"裁定采取保全措施"（"163 条"第 76 条第 1 款）。比照其他集中列举的裁定的名称，此种裁定不应再用"财产保全"指代，而应当用"准许或者不准许采取保全措施"指代，或者用简称"准许或者不准许保全"指代，因为"163 条"第 76 条第 4 款、第 77 条第 4 款都有"当事人对保全的裁定不服的，可以申请复议"的表述；第 78 条也有"保全限于请求的范围"的表述，说明

"保全"已经取代原来的"财产保全"，成为独立存在的诉讼法律制度和可以独立使用的诉讼法律术语。

也就是说，此种裁定，不限于财产保全。虽然条文中特别提到了"被保全财产所在地"，这仅仅是确定管辖系属的需要；对裁定的具体所指，仍用了"申请保全"或者"申请采取保全措施"的表述，而不是申请采取财产保全。相应地，保全措施的内容也应当或者说可以包括"责令其作出一定行为或者禁止其作出一定行为"。

就非诉强制执行行政行为的财产保全[①]而言，行政机关或者行政行为确定的权利人申请法院强制执行前，有充分理由认为被执行人可能逃避执行的，可以申请法院采取财产保全措施。此种裁定，新司法解释特别强调"财产保全"。但从法理上作贯通式理解，似乎也应当包括"责令其作出一定行为或者禁止其作出一定行为"。之所以如此规定，似乎还与不同起草者对"保全"的理解差异有关：有的已经扬弃了"财产保全"的局限，于是写下了新司法解释第76条特别是其中的"责令其作出一定行为或者禁止其作出一定行为"的字句；有的则因怕担责任、怠于创新等原因，仍停留在"财产保全"的习惯语境，总是在其他条文中往回"找补"。立法于是就成了这种撕扯的聚合物：有的地方改了，有的地方照旧。

十一、语言本身的进化

现行《刑事诉讼法》是改革开放以来、我国厉行法治进程中最早制定的几部法律之一。该法1979年7月1日由第五届全国人大通过，1996年3月17日第八届全国人大第一次修正。随后年间，一些全国人大代表和有关方面陆续提出修改完善刑事诉讼法的意见和建议。中央关于深化司法体制和工作机制改革的意见也就进一步完善刑事诉讼制度提出了具体明确的要求。十届全国人大期间，全国人大常委会法制工作委员会按照常委会立法规划的要求，一直在对该法执行情况和执行中出现的问题进行跟踪了解、调查研究。因此，到2018年该法修正时，距离其最早的版本，已经有将近40年的历史跨越了。而恰恰是这40年，很可能是中华民族历史上变化最大的40年，而其中最显著的变化，正是发生在《刑事诉

① "163条"第159条。

讼法》所在的法治领域。不仅如此，这40年间，中国人民的精神面貌、物质文化生活水平，也都发生了历朝历代都很难想象的巨大变化。这一系列变化，最终反映到人们的语言文化中，2018年《刑事诉讼法》修改的很多内容其实不是刑事诉讼法本身的事项，而是中国现当代汉语变化后，如何让“80后”“90后”更好地理解中国法律制度的问题。因为这些新生代的语言表述体系，已经与1979年“文化大革命”刚刚结束时的话语体系产生了质的区别。

1996年《刑事诉讼法》第71条第2款中“除”“无法通知的情形以外”，2012年《刑事诉讼法》修改为“除无法通知的以外”，说明新时代的立法趋势是，尽可能用“的”字结构替代“的情形”“的时候”等如今看来没有太大必要的“赘语”，也发挥“的”字结构更为广大的包容性和实用性。

1996年《刑事诉讼法》第43条中“除特殊情况外，并且可以吸收他们协助调查”中的“并且”二字，“其他非法的方法收集证据”中的“的”字，在2012年《刑事诉讼法》中都删除了，因为确实没有必要，而且啰唆。也许此处的“并且”，在起草1996年《刑事诉讼法》时代的语言环境中，是非常“顺嘴”的，但显然，到了2012年，已经明显地让人感觉到一种“旧时代”的气息。这就是法律语言随时代语言氛围的变化而与时俱进的一个很好的例子。这两处同处于一条的“个别文字”修改反映出，我国的立法工作越来越精细化了，很多可改可不改的内容，都一并作了完善处理。

十二、时代变迁的渗透

时代的变迁，无时不影响着立法。立法的完善，是时代进步的缩影。

2011年修正原《兵役法》第54条时，明确标明的修改内容只有一个字：删除“优待的标准”中的“的”（2011年《兵役法》第58条）。这也充分说明，立法中的每个字，即使是可有可无的一个“的”字，也是需要仔细权衡的。当然，这里面还有一个不可忽视的因素是，经过多年的发展和应用，随着军人优待制度日益法治化、普遍法、社会化，对军人的“优待标准”逐渐固化为一个专有名称，而不再是泛泛的“优待的标准”，从而创造了删除其间的“的”字的客观条件。

在诉讼主体制度的丰富与完善方面，新司法解释（“163条”）较其前身（“98

条”）着力、着墨都更为深厚。扩充的重点，还是“98 条”第 14 条第 2 款中比较笼统的对“不具备法人资格的其他组织起诉”的规定。原规定只强调了负责人作为诉讼代表人问题，对于具体情况下确认原告身份的情形，显然没有新司法解释丰富。这也从一个侧面反映了我国改革开放后市场经济不断渗透、市场主体类型日益丰富的现实。

当然，有些问题，如农村土地承包人等土地使用权人对行政机关处分其使用的农村集体所有土地的行为不服，是否可以自己的名义提起诉讼？“98 条”第 16 条曾专门提及，“163 条”未再规定，其道理很显明：这样的问题，已成为常识，融入大家对“其他与行政行为有利害关系的情形”[①]中，不再需要单独解释。

“163 条”第 15 条第 1 款还规定，未依法登记领取营业执照的个人合伙的全体合伙人为共同原告；全体合伙人可以推选代表人，被推选的代表人，应当由全体合伙人出具推选书。这一内容，比原“98 条”第 14 条第 1 款规定的“其他合伙组织提起诉讼的，合伙人为共同原告”，翔实了许多，充分体现了这些年我国在市场主体领域法治化的深入、精微程度。

1996 年《刑事诉讼法》第 64 条第 2 款规定：“拘留后，除有碍侦查或者无法通知的情形以外，应当把拘留的原因和羁押的处所，在二十四小时以内，通知被拘留人的家属或者他的所在单位。”2012 年修正时，删除了关于单位的规定。“通知被拘留人”“所在单位”显然不可能都通知到“被拘留人”“所在单位”的法定代表人，无法确保“通知被拘留人的家属”。于是，原法条规定的结果是，公检法机关说我已经“通知被拘留人”“所在单位”了；而其所在单位的人则说，是收到了，法律也没有规定让我去“通知被拘留人的家属”；况且，公检法机关都没法“通知被拘留人的家属”，我怎么就能够通知得到。由此可见，世易时移，变法宜也。

① “163 条”第 12 条第 6 项。

第五节　法律修改的时机

法治的一大特点，就是要确保法律具有稳定性。法治的可预期性，植根于其稳定性。法律的修改时机，最基本的决定因素，是法律本身的立法质量。

提高制度建设质量的总体要求是，遵循并反映经济和社会发展规律，紧密结合改革发展稳定的重大决策，体现、推动和保障发展这个执政兴国的第一要务，为在经济发展的基础上实现社会全面发展，促进经济、社会和生态环境的协调发展，提供法律保障。

一、修改频次

法律规范的修改频次越低、修改内容越少，反而说明当初的立法质量不低。如1993年底颁布的《公司法》，虽然在1999年、2004年、2005年、2013年、2018年都进行了修改，但考虑到1999年修改只涉及两条、2004年仅删了一款，只有在2005年作了大幅修订，可见，1993年《公司法》的立法水平还是相当高的。

二、与时俱进

2009年《兵役法》第36条规定的“民兵的任务”中，曾提到“维护社会治安”，2011年该法修正时调整为“协助维护社会秩序”，其中的核心是“协助”，即从“打头”退至“帮忙”。为什么会有这样的变化，因为在一个法治国家，无论是“维护社会治安”还是“维护社会秩序”，都是要由依法设立的专门机关通过依法履行职权来实现的；“民兵”，显然不适宜从事这样的工作。

类似的制度调整，已经不属于立法技术范畴，而属于制度设计的核心领域了。立法技术是为法律制度的构建和表达服务的，二者有界限，但有时很难区分，从提高立法质量的共同方向着眼，也没有必要分得太细。

三、急用先改

修法的一个重要时间节点，是配合上位法或者相关法的联动式修改。

2018年12月29日，十三届全国人大常委会第七次会议通过了《关于修改〈中华人民共和国劳动法〉等七部法律的决定》，在审议期间，有些常委委员提出，修正案草案按照机构改革的要求对一些主管部门的表述作了相应调整，还不全面、不统一，常委会近年来通过的一些修改决定中已将环境保护、工商行政管理等部门的表述作了修改，建议本次修改中对此一并统筹考虑。宪法和法律委员会经研究，建议采纳这一意见，在修正案草案中增加相关内容，对环境保护、工商行政管理等部门的表述统一作相应修改。

另如，行政诉讼的原告，通常是认为自己的合法权益受到行政机关侵害而起诉，法院确定其为行政诉讼当事人。这种意义上的原告，只是私益诉讼的原告，在公益诉讼大量涌现后，原告的定义需要重新定义：为自己的合法权益或者公益而起诉、经法院立案予以确认的行政诉讼当事人。新旧概念的差分，就在于公益诉讼的涌起。

2017年6月27日，十二届全国人大常委会第二十八次会议通过《全国人民代表大会常务委员会关于修改〈中华人民共和国民事诉讼法〉和〈中华人民共和国行政诉讼法〉的决定》。该决定涉及的核心内容，就在要在我国民事、行政诉讼中全面建立由检察机关主动发起的公益诉讼制度。就行政诉讼制度而言，仅涉及新法第25条增加一款，作为第4款："人民检察院在履行职责中发现生态环境和资源保护、食品药品安全、国有财产保护、国有土地使用权出让等领域负有监督管理职责的行政机关违法行使职权或者不作为，致使国家利益或者社会公共利益受到侵害的，应当向行政机关提出检察建议，督促其依法履行职责。行政机关不依法履行职责的，人民检察院依法向人民法院提起诉讼。"此项修改决定自2017年7月1日起施行。

回望《行政诉讼法》立法的历史不难发现，其自1989年颁布至今只改过两次，第一次是2014年几乎涉及所有主要条文的翻天覆地的大修，第二次就是2017年仅加一款的小修。如此鲜明的对比至少说明或者昭示着两点。

一方面，第二次修正的内容确实重要，已经容不得再等几年与其他值得修改的内容一揽子修改。确实，公益诉讼，特别是由检察机关牵头提起的公益诉讼在我国的骤然勃兴，有其历史的偶然性，但也可以视为历史的必然性，那就是我国监察体制在当时（2017 年中）已经不可动摇的发展趋势。由于此前作为检察机关重要职能的反职务犯罪的全部职能，都调整到新成立的监察委，检察机关确实有必要开拓新的业务领域。公益诉讼显然就是一个新的核心业务增长点。

另一方面，2017 年修正本身，可以作为今后立法的一个标杆、一个可资遵循的先例：已经取得绝大多数人一致认可的制度创新或者调整，完全可以按照急事先办原则，成熟一条甚至成熟一款，就修改一条甚至一款，不必等着“攒堆”集中立法。这种类似单条过会的立法程序创新，似可以并在某种程度上已经成为我国立法的新常态，也确实解决了当前改革力度不断加大、国际国内形势迅速变化情势下，立法及时适应时代和现实需求的问题。

四、按期过渡

2004 年《拍卖法》第 68 条规定：“本法施行前设立的拍卖企业，不具备本法规定的条件的，应当在规定的期限内达到本法规定的条件；逾期未达到本法规定的条件的，由工商行政管理部门注销登记，收缴营业执照。具体实施办法由国务院另行规定。”

这是一个过渡性、衔接性条款，按理说，也就是几年工夫就应当调整到位并相应删除该条。但直到 2015 年 4 月 24 日，全国人大常委会《关于修改〈中华人民共和国电力法〉等六部法律的决定》，才删除了该条。而按照《拍卖法》当初的安排，“具体实施办法由国务院另行规定”。

五、适时放权

就权力的授受而言，有权者的适时放权对于受权者而言就是相关权力的适时赋予。正如我国制度设计中普遍采用的先行试点一样，许多制度的演进和完善都可以在立法的文字变动中找到蛛丝马迹。

2000 年《立法法》第 90 条从主体角度入手，将我国立法领域的合宪性审查和违法审查机制分为两个层次：国务院、中央军事委员会、最高人民法院、最高人民检察院和各省、自治区、直辖市的人民代表大会常务委员会认为行政法规、地方性法规、自治条例和单行条例同宪法或者法律相抵触的，可以向全国人民代表大会常务委员会书面提出进行审查的要求，由常务委员会工作机构分送有关的专门委员会进行审查、提出意见；其他国家机关和社会团体、企业事业组织以及公民认为行政法规、地方性法规、自治条例和单行条例同宪法或者法律相抵触的，可以向全国人民代表大会常务委员会书面提出进行审查的建议，由常务委员会工作机构进行研究，必要时，送有关的专门委员会进行审查、提出意见。上述规定中第二类案件中的“研究”二字，在2023年《立法法》中修改为“审查”（第110条第2款），从而实现了对“常务委员会工作机构”的表面意义上的放权。之所以这样说是因为尽管其字面表述改成了“审查”，但真正要作出实质性决定时，即经审查认为确有“必要时”，还需要“送有关的专门委员会进行审查、提出意见”，进而“向委员长会议提出予以撤销的议案、建议，由委员长会议决定提请常务委员会会议审议决定”。（第112条第3款）

尽管如此，上述从咨议性的“研究”到实权性的“审查”的文字变化，反映了我国立法在维护宪法权威、从源头实现法制统一方面所作的努力及取得的成果，常任制的专门机构对存在合宪性、合法性问题的规范性文件的专业化审查，将有助于此类审查经验的积累，推动我国合宪性审查制度的提质增效和长远发展。

近年来，我国立法的一大亮点，就是集中地修改了大量法律、法规。其中的主要内容，涉及行政审批制度改革。更准确地说是对法律、法规设定的合法的行政许可的废除。这些法定行政许可的取消，从行政机关这一面看是简政；其另一面就是放权于民、放权于社会，当然也有放权给下级。

2018年《国务院关于修改和废止部分行政法规的决定》对原2011年《城市房地产开发经营管理条例》进行了修订，将其第17条第2款有关“房地产开发项目竣工后，房地产开发企业应当向项目所在地的县级以上地方人民政府房地产开发主管部门提出竣工验收申请。房地产开发主管部门应当自收到竣工验收申请之日起30日内，对涉及公共安全的内容，组织工程质量监督、规划、消防、人防等有关部门或者单位进行验收”的规定，修改为：“房地产开发项目竣工，依照《建设工程质量管理条例》的规定验收合格后，方可交付使用。”而2017年《建设工程质量管理条例》第16条第1款、第3款规定：“建设单位收到建设工程竣工报告后，应当组织设计、施工、工程监理等有关单位进行竣工验收”“建设工程经验收合格的，方可交付使用”；该条第 2 款规定了“建设工程竣工验收应当具备”的“条件”。从表面上看，还是需要“进行竣工验收”，但由于 2017 年《建设工程质量管理条例》规定的“竣工验收”是由“建设单位”“组织设计、施工、工程监理等有关单位进行”的，不属于行政许可。而建设单位作为业主方，自行组织对建设项目的验收，正如私人装修后进行验收一样属于人之常情，是业主的自主选择和固有权利。至于其如何组织这类验收，也都是其权利范围内的事。

市场经济条件下，管理者应当秉承的法治思维是：相信百姓，无论是建设单位还是私人装修业主，都有意愿和能力维护自身权利；政府把这些完全可以由市场或者通过中介机构解决的“私事”“小事”，放权给市场、公民或其组织去处置。

六、促进自治

法治社会的前提，必须是一个人人平等的社会。没有人与人之间普遍的平等，人身依附关系甚至奴隶制依然存在的地方，严格来说还不完全是平等社会，更谈不上法治社会。

建立在人人平等基础上的法治社会，也应当是一个，甚至应当首先是一个自治的社会。国家介入的领域和时机，仅限于自治解决不了问题时。因此，促进社会的自治，是促进社会成熟、自信的很重要的方面。

2015 年 4 月 24 日《城乡规划法》修改的核心内容，是取消了“规划师执业资格”，其立法表述，就是将该法第 24 条第 2 款第 2 项由“有规定数量的经国务院城乡规划主管部门注册的规划师”修改为：“有规定数量的经相关行业协会注册的规划师”，同时“删去第三款”即“规划师执业资格管理办法，由国务院城乡规划主管部门会同国务院人事行政部门制定”。

从上述修改，可以对依法设立行政许可进行两点解读：一是“相关行业协会注册”，不算行政许可；只有由“国务院城乡规划主管部门注册”才是。二是要求“有规定数量的经相关行业协会注册的规划师”不算是行政许可。

相应地，既然“规划师”不再由“国务院城乡规划主管部门注册”，“规划师执业资格管理办法”也就没有必要由“国务院城乡规划主管部门会同国务院人事行政部门制定”，已经制定的自然就失效了。

七、自我完善

2013年12月28日的修法决定，删去了2005年《公司法》第7条第2款中的“实收资本”后，“公司营业执照”避免了理论上的随时因“实收资本”的变化而不断补正的麻烦。事实上，这种麻烦在现实中并不会普遍存在，没有哪个地方的工商部门会及时依法跟进“实收资本”的动态变化，从而使原有的有关“公司营业执照应当载明公司的”“实收资本”的规定很难落实。

改变这种局面的唯一办法，只能是修改法律。这反过来说明，当时的要求太过于严苛了、太没有必要了、太脱离实际了。立法有时也不得不“屈就”现实。

八、优雅退出

2012年11月9日，为维护社会主义法制统一，全面推进依法行政，国务院对现行行政法规进行清理后，废止了5件行政法规，其中包括《非贸易非经营性外汇财务管理暂行规定》（1994年3月24日国务院批准1994年3月29日财政部令第7号发布）、《事业单位财务规则》（1996年10月5日国务院批准1996年10月22日财政部令第8号发布）、《行政单位财务规则》（1998年1月6日国务院批准1998年1月19日财政部令第9号发布）。

这实际上是一项由来已久的持续性努力的一部分，即逐步让原来由国务院批准、国务院部门发布的行政法规，体面地退出历史舞台。因为《立法法》早就规定：“国务院根据宪法和法律，制定行政法规”（2000年《立法法》第56条第1款、2015年《立法法》第65条第1款、2023年《立法法》第72条第1款），“行政法规由总理签署国务院令公布”（2000年《立法法》第61条、2015年《立法法》第70条、2023年《立法法》第77条）。

第六节　立法的监督体制

立法是国家最高层面的权力行为。立法的监督，只能是基于最高立法者的意志，由其确定监督的体制和形式。

一、宪法监督

党的十八届四中全会《依法治国决定》强调宪法监督："完善全国人大及其常委会宪法监督制度，健全宪法解释程序机制。加强备案审查制度和能力建设，把所有规范性文件纳入备案审查范围，依法撤销和纠正违宪违法的规范性文件，禁止地方制发带有立法性质的文件。"于是，有人呼吁司法化的合宪性审查、立法审查等，也有人比较低调地倡议推动既有的法规规章备案审查制度的实质性审查。

也就是说，宪法监督包含两个层次。一是对宪法自身的监督，这似乎不是个法律问题。二是基于宪法而对宪法的下位法的监督，重点是这些下位法是否违背宪法。这个意义上的宪法监督，其实就是合宪性审查。目前的主要渠道是规范性文件的备案审查。

从我国近年来立法领域的最新动向看，加强对立法的宪法监督有两个主要的着力点：一是强化对存在合宪性、合法性问题的规范性文件的审查，2023 年《立法法》通过强化主动审查、备案审查，明显加大了这方面的作为力度。二是加大了法律等规范性文件及相关材料的公开范围，从而让更多的公民、法人或者其他组织了解各类规范性文件的内容及背景材料，为进一步实施监督营造氛围和基础。

在公开方面，2023 年《立法法》第 62 条第 2 款对旧法第 58 条相应内容的修改体现了两个鲜明的特点：一是扩大了必须公开的范围，从法律文本本身，拓展到"法律文本以及法律草案的说明、审议结果报告等"，显然，这些资料都不是秘密，而且其公开显然有助于对法律的理解、适用和监督。二是进一步强化了公开的义务，"应当"的使用改变了原条文对此的模糊态度，使公开的要求不仅仅是“及时”而是“应当及时”。

二、司法监督

对法律规范的司法监督，是法治理想与现实交汇点的一个热门话题，但目前基本是冷处理之中，即在既有的行政复议、诉讼体制内，探索对各层级规范性文件的不同深度的由程序性、形式上的表面化审查，向实质性审查的历史性进程。

新《行政诉讼法》第 13 条第 2 项规定，“行政法规、规章或者行政机关制定、发布的具有普遍约束力的决定、命令”，不属于行政诉讼范围。根据“163 条”第 2 条第 2 款的解释，这类行为是指行政机关针对不特定对象发布的能反复适用的规范性文件。这一解释与此前[①]保持一致。

“行政法规、规章或者行政机关制定、发布的具有普遍约束力的决定、命令”，属于学界所称之抽象行政行为。但抽象行政行为的范围不限于此。

抽象行政行为与规范性文件这两个概念是同义词，前者为学界所习用，后者为实务界所接受。二者的结合点或者说统一于规范性文件是抽象行政行为的结果。行政机关制定规范性文件，学理上称为抽象行政行为，以与行政行为相区别。

抽象行政行为、规范性文件（或称行政规范性文件）、《行政复议法》第 7 条提到的“规定”，甚至有些学者语义不太清楚地提到的“文件”，其含义是基本统一的，都是指行政机关制定的具有普遍约束力的决定命令的总称。

易言之，抽象行政行为是各级、各类行政机关针对广泛、不特定对象作出的具有普遍约束力的行政行为，其表现形式，包括国务院制定、发布的行政法规，国务院各部委制定发布的部门规章，地方省级政府、设区的市政府制定发布的地方政府规章，各级各类行政机关发布的具有普遍约束力的决定、命令等。

真正具有立法监督意义的司法审查，在我国目前既没有立法，也没有实践。前述广义的规范性文件中、规章以下（不含规章）的部分，名义上纳入了行政复议、行政诉讼的审查范围。但正如本书反复强调的，对此等范围的规范性文件的“司法审查”，没有多少法律意义。因为此等范围的规范性文件本身就没有任何法律效力，其中有相当一部分属于“地方制发带有立法性质的文件”。

---

① “98 条”第 3 条。

三、破题之光

“抽象行政行为不可诉”这个判断，因新《行政诉讼法》第53条第1款规定“公民、法人或者其他组织认为行政行为所依据的国务院部门和地方人民政府及其部门制定的规范性文件不合法，在对行政行为提起诉讼时，可以一并请求对该规范性文件进行审查”，而有了新的理解：规章以下的规范性文件，可以在行政诉讼中一并提起，成为司法审查的标的。虽然权威部门的有些同志认为，这仍不算是将规章以下规范性文件纳入行政诉讼范围。但从实际出发，这与将其纳入，已经差不多了。当然，如果立法明确规定可以直接起诉、彻底赋予老百姓提起防卫性诉讼的权利，而不必“以身试法”，等到这些规范性文件实施、变成损害其合法权益的行政行为后起诉，政治效果、社会效果和法律效果肯定会更理想。

新《行政诉讼法》虽然在抽象行政行为可诉性问题争论了25年后，毅然决然地拒绝做实质性松动，但还是释放了不少形式上的缓和信号，为抽象行政行为最终纳入司法审查范围，进一步向前铺就了引导路径。

一是全面取消了“具体行政行为”的表述，将所有可诉的行政行为，直称“行政行为”。这就为“抽象行政行为”纳入诉讼范围，扫清了概念上的障碍。下一步，只需要将其从排除条款中删除，抽象行政行为概念就不存在了，所有行政行为就真的可诉了。

二是确立了对“抽象行政行为”的一并审查制度。新《行政诉讼法》第53条第1款对此有明确规定。但留了一个致命的但书：“前款规定的规范性文件不含规章。”这进一步提醒人们，规章仍不可提请一并审查，抽象行政行为的司法审查之路依然漫长。这一点，可以从党的十八届四中全会《依法治国决定》中揣摩出来，其对规范性文件的态度仍没有松口的迹象、仍置于现行备案审查制度的渠道之中：加强备案审查制度和能力建设，把所有规范性文件纳入备案审查范围，依法撤销和纠正违宪违法的规范性文件，禁止地方制发带有立法性质的文件。

三是进一步明确了对规范性文件一并审查的处理：新法第64条规定，法院在审理行政案件中，经审查认为本法第53条规定的规范性文件不合法的，不作为认定行政行为合法的依据，并向制定机关提出处理建议。当然，这一条的形式意义大于实际意义。由于新旧《行政诉讼法》都规定，人民法院审理行政案件，以法律和行政法规、地方性法规为依据，参照规章。[①] 因此，规章以下的规范性文件，对法院来说等于毫无意义的“空气震动”，根本不用理它：法院既不依据也不参照的鲜明态度，就是对规章以下规范性文件最严厉的蔑视；无论对其是否审查，都与行政诉讼案件审理结果无关。

四、独到之处

无论是行政复议，还是行政诉讼，都在慎重地试探着规范性文件监督的司法化，其原因就在于，非经司法化的程序，规范性文件中存在的问题可能根本发现不了，也解决不好。

2001 年《商标法》第 56 条第 1 款规定，“侵犯商标专用权的赔偿数额，为侵权人在侵权期间因侵权所获得的利益，或者被侵权人在被侵权期间因被侵权所受到的损失”。这一规定存在两个方面的用语不当，一是不该限定的限定了，即上引规定中的两处“在侵权期间”，意思仿佛是说，只有在侵权期间侵权获得的利益或者被侵权人遭受的损失，才是计算侵权损害赔偿的依据。但实际操作时，如何确定“侵权期间”本身就是个问题，即使确定了这个期间，能说获益或者致害仅发生在此期间吗？既然需要确定的是“侵权损害赔偿”，那直接算总账就行了，完全没有必要节外生枝，先确定一个侵权期间，再计算在此期间的损益。故 2013 年修法，将“在侵权期间”的不必要限定都取消了。

二是该限定的没有限定，即没有对被侵权人因被侵权所受到的“损失”作必要的限定，如“实际损失”。从我国法律的一般赔偿原则看，赔偿的基础是“实际损失”，而不是所有损失。这是一个基本原则，或者说计算的起点、原点。在“实际损失”之上，或者以“实际损失”为基础，处以惩罚性的赔偿，则是赔偿政策的问题，而不是赔偿起算标准的问题。正是在这一点上，2013 年《商标法》既明确“赔偿数额”要“按照权利人因被侵权所受到的实际损失确定”，同时又允许“对恶意侵犯商标专用权，情节严重的，可以在按照上述方法确定数额的一倍以上三倍以下确定赔偿数额”，这样既体现了科学严谨的法治态度，又展现了宽严相济的法律责任确立原则，这与笼统地将“损失”混为一谈，多也行、少也可的随意

① 新《行政诉讼法》第 63 条。

性立法及不可避免的选择性执法，水平和境界有着显著的区别。

类似这样的问题，如果不是在司法案件中，通常是很难发现的：没有实践，何来真知。这也反过来说明，类似这样的问题，最好在司法案件中随时发现、随时解决，这就是规范性文件司法审查的现实必要性。

第七章

释法与适用

第一节　解释法律的原则

本节讨论的原则，都是法律解释的基本原则、核心制度。本章主要介绍在解释法律的原则立法中的概括表现，具体细节性的讨论，是本章其他各节讨论的重点，如依字面解释法律、循法理解释法律、按善意解释法律等。

一、释法为何重要

如何将案件推到门外？方法之一，就是将其指为“重复起诉”。

解释“重复起诉”的本质，是解释“重复”。对此，原“98条”规定行政机关“驳回当事人对行政行为提起申诉的重复处理行为”不可诉[①]、“起诉人重复起诉的”应当裁定不予受理或者驳回起诉[②]。或许，当时的立（释）法者普遍觉得“重复”言简意赅、没有解释的必要。但实践过程中发现，情况并非如此。

为此，新司法解释专门对“重复起诉”作了进一步解释：当事人就已经提起诉讼的事项在诉讼过程中或者裁判生效后再次起诉，同时具有下列情形的，构成重复起诉：（1）后诉与前诉的当事人相同；（2）后诉与前诉的诉讼标的相同；（3）后诉与前诉的诉讼请求相同，或者后诉的诉讼请求被前诉裁判所包含。[③]上述解释的内容比较简单明了，重点是必须严格把握“同时具有下列情形”这个基本点，即三种情形兼而有之者，才属于“重复起诉”，才能“痛下杀手”“驳回起诉”或者不予受理。否则，即使只具其二、其一，也不能“滥杀无辜”。例如，即使前后两诉“当事人”“诉讼标的”都相同，并且，“后诉的诉讼请求”“包含”“前诉裁判”，而不是“被前诉裁判所包含”，即当事人在后诉中提出了新的诉讼请求，

① 原“98条”第1条第2款第5项。

② 原“98条”第44条第1款第8项。

③ “163条”第106条。

此时都不能视为“重复起诉”。

从新司法解释的字面意思看，“重复”的标准还是相当高的，几乎可以说只要在当事人、诉讼标的和诉讼请求上有一点不同，就不能认定为“重复”；想通过借用“重复起诉”，将当事人“堵”或者“怼”在法院门外，看来越来越困难了。这其实不是法律解释技术的进步，而是解释思路的转化：都要推行“立案登记制”了，“重复起诉”的作用就已经过季了。

二、不要无中生有

法律之所以需要解释，是因为有不“明白”的问题。但有些问题，不会有解。

某个案件是否应当受理？受理后遇到“难以抉择”的案件应当如何应对？这样的问题，曾经长期“折磨”着我国行政诉讼的理论界和实务界。在行政诉讼制度正式建立 30 年后的今天回过头来看，这些问题的提出，本身就是个思维方法的问题；解决这些问题的根本思路，也只能是通过调整思路来找出路：只要没有不予受理的情形，就立案。按照这个思路办案，是否还存在“难以抉择”的案件？

也就是说，如今的立法并不认可所谓“难以抉择”的情形。无论法院能不能判定是否符合本法规定的起诉条件，都必须及时决断是否立案。于是问题来了：对于当场不能判定是否符合本法规定的起诉条件，立法并没有要求起诉方提供任何补充材料，只是多给了法院 7 天时间。7 天就能解决判定的问题吗？这个疑问，正是现行法倾向于法院在第一时间、当场决定是否立案的原因所在。

三、必要时才解释

何时才需要解释法律，即解释的必要性，对此没有一定之规，只能因时而化。

“163 条”第 30 条第 1 款规定，行政机关的同一行政行为涉及两个以上利害关系人，其中一部分利害关系人对行政行为不服提起诉讼，法院应当通知没有起诉的其他利害关系人作为第三人参加诉讼。该款的规定与原“98 条”的既有规定[①]几乎一字不差。但由于“163 条”第 27 条新规定了必要的共同诉讼，即“必须共同进行诉讼”，其中特别强调“因同一行政行为发生行政争议”这一基本条件。

---

① “98 条”第 24 条第 1 款。

在这种新情况下，关于“第三人”的内容还能不能继续适用，就是个问题了。

例如，因同一违法事实被处罚的两个以上共同违法行为人，如果有人对违法行为的定性、违法事实的认定及违法责任分担有异议而提起诉讼，则由此引发的撤销或改判的结果就会影响他人而使之具有了法律上的利害关系，故应作为第三人参加诉讼。另如，限期拆迁行政案件中，没有申请参加诉讼的被拆迁人。[①] 这些“第三人”如果自觉意识较强，是完全可以起诉并以共同原告身份参加诉讼的。

第三人与共同诉讼人的关键区别，就是“没有起诉”，如果因为已经提起诉讼或者因为已经申请参加诉讼而成为当事人，就应当按照新《行政诉讼法》第 27 条的规定，列为共同诉讼人。

值得注意的是，新《行政诉讼法》第 27 条、第 28 条都是讲共同诉讼，而且是在第 25 条规定完原告、第 26 条规定完被告后。故其有关第三人的规定，是在共同原告、共同被告都确定之后，才涉及第三人。当然，第三人也可能成为共同诉讼当事人，即当多人为共同第三人时。

需要注意的是，因“行政机关的同一行政行为”涉诉的上述情形，属于“163 条”第 27 条规定的“必须共同进行诉讼”的情形之一，但不是其全部，故上述情形的处置，应当受更具有一般性的“必须共同进行诉讼”的有关规定的约束。如“必须共同进行诉讼的当事人没有参加诉讼的，人民法院应当依法通知其参加；当事人也可以向人民法院申请参加”。而“163 条”第 30 条第 1 款正是这样规定的。可见，即使没有“163 条”第 30 条第 1 款的进一步规定，单纯从“163 条”第 27 条的更为一般性的规定中，也可以推导出这一结论。

“163 条”第 27 条第 1 款引入了必要的共同诉讼的概念：“必须共同进行诉讼”。至于哪些是“必须共同进行诉讼”，该条第 3 款有进一步的解释：“当事人一方或者双方为两人以上，因同一行政行为发生行政争议，人民法院必须合并审理的诉讼。”但有所不同的是，“必须共同进行诉讼”是就已经起诉案件的合并审理，当事人的诉讼法律地位不因案件合并审理而变化；新司法解释想说明的是，在如果这些当事人分别起诉就必须合并审理的案件中，当事人没有以起诉的方式参加诉讼的，应当通知其作为第三人参加诉讼；当事人已经申请作为第三人参加诉讼的，

---

① 《上海行政审判意见》第 19 条。

当然应当应允。但一定不要混淆的是，如果“必须共同进行诉讼的当事人”已经分别起诉的，他们都是原告，法院只能将其案件合并审理，而不能将其诉讼地位在合并审理后变为第三人。

四、解释不是重复

“163 条”要求，“人民法院判决撤销原行政行为和复议决定的，可以判决作出原行政行为的行政机关重新作出行政行为”[①]，其意思也是强调法院有“可以”一并作出也可以不作出“重作判决”的自由裁量权，即使是在一并“判决撤销原行政行为和复议决定的”情况下。这个问题，也属于新司法解释“多虑”的情形。其实，只要已经明确法院判决撤销原行政行为时可以一并判决原行政机关重作行政行为，在复议机关一并当被告的情况下，一并撤销复议决定并不影响“法院判决撤销原行政行为时可以一并判决原行政机关重作行政行为”这一规则的实施。因此，这类司法解释属于在另一个规范文本中，重复已经明确了的规则。

原“98 条”第 81 条分两款规定：“再审案件按照第一审程序审理的，适用行政诉讼法第五十七条规定的审理期限。”“再审案件按照第二审程序审理的，适用行政诉讼法第六十条规定的审理期限。”新司法解释即“163 条”修改为：再审案件按照第一审程序或者第二审程序审理，分别适用新《行政诉讼法》规定的上述一审或者二审审理期限，自再审立案的次日起算。[②]新司法解释实际是将旧解的两款合而为一，文字确实精简了许多。但如果考虑到审理期限只是程序的一个组成部分，这一规定仍显多余：“163 条”第 119 条第 1 款统一明确，再审的案件，发生法律效力的判决、裁定是由第一（或二）审法院作出的，按照第一（或二）审程序审理，其中就包括了审理期限的程序性规定。当然，对原司法解释的老规定、老传统，新司法解释予以简化但保留，也不失为传承。

五、按逻辑解释法律

新《行政诉讼法》第 51 条第 3 款明确规定：“起诉状内容欠缺或者有其他错

---

① “163 条”第 136 条第 3 款。

② “163 条”第 50 条第 2 款。

误的，应当给予指导和释明，并一次性告知当事人需要补正的内容。不得未经指导和释明即以起诉不符合条件为由不接收起诉状。”那么，法院对其认为需要补正的起诉状，是否可以暂不接收，直接指导、释明并“一次性告知当事人需要补正的内容”后，要求起诉人在指定时间一并提交起诉状？从新《行政诉讼法》第51条第3款的规定看，似乎并未明确。但结合该条上下文看，特别是其第1款规定的“法院在接到起诉状时”，法院作为国家公权力机关，其作出的任何行为都要遵循法律的规定，即“法无授权不可为”。既然新《行政诉讼法》第51条以“法院在接到起诉状时”为前设条件开始规范“补正”等行为，在法条没有明确对法院如何处理其已经“接到”的“起诉状”之前，“起诉状”就算“砸”在法院手里了。

进一步解开上述死结的规定，是“163条”第55条第2款：“当事人拒绝补正或者经补正仍不符合起诉条件的，退回诉状并记录在册”。显然这是将“接收起诉状”作为提出“补正”要求的前提，即“接收起诉状”在先，否则何来“退回诉状”之说。

六、依传统解释法律

依传统解释法律，其实质是依惯例解释法律。解释者所要做的，只是把“业内”的规矩公布于众而已。因此，依传统解释法律，就是依惯例、依普遍做法解释法律，或者说将“业内”的普遍做法，以法律解释的形式，使之成文化。这方面，司法解释是最典型的。之所以会有这样的局面，与我国立法的一个潜在的指导思想有关，那就是立法要尽可能原则一些，不要说得太细琐，更不能说得太直白。

但法律是用来贯彻执行的，立法时没有说明白，就必须通过司法或者执法环节“硬”去落实。有些“意思”比较简单，直接通过个案就解决了：尽管法律的条文比较简约，还好大家都可以理解，也没什么分歧，就直接执行了。但有些就不一定了，没有进一步的解释，就可能执行得五花八门。

例如，法院有保障当事人诉权行使的法定职责。这一结论，是参照与行政诉讼法相对应的行政法对“行政机关法定职责”的界定得出的结论。因为《行政诉讼法》第3条第1款中也出现了“应当”：“人民法院应当保障公民、法人和其他组织的起诉权利，对应当受理的行政案件依法受理”，这是行政法及行政诉讼领域中界定不作为案件中被告是否具有法定职责的黄金法则。立法明确法院保护当事人诉权的法定职责意味着：

首先，当事人的诉权当然还是主要由当事人自己去实现。这是私权利行使的基本原则。如果当事人主动放弃行使诉权，法院不能主动干预。从我国行政机关每年作出数以十亿计的行政行为，而每年起诉的案件仅数以十万计的强烈对比，即真正进入诉讼程序的案件都是“万里挑一”，可以得出结论，我国当事人行使诉权的积极性、主动性，相比于法治发达国家，是非常怠惰的。

其次，法院必须保护当事人已经表达了的行使诉权的意愿。按照《行政诉讼法》的新规定，当事人只需要向法院口头声明起诉，甚至不用提交起诉状，法院都要想办法“记入笔录”[①]，以保障当事人的“起诉权利”能够切实实现。

最后，法院疏于履行此项法定职责要承担法律责任。这方面的规定，进一步从反面印证了，法院切实负有的是保障当事人诉权的法定职责，而不是受理案件的法定义务。具体的规定包括：新《行政诉讼法》第51条第1款的“应当登记立案”，同条第4款的“上级人民法院应当责令改正，并对直接负责的主管人员和其他直接责任人员依法给予处分”。

总之，依传统解释，是需要一定的“资历”的，“业内”资深人士都不行，必得是“业内”的机关才镇得住场子。最终变成依职权来解释法律。

---

① 新《行政诉讼法》第50条第2款。

第二节　法律解释的主体

法律解释的主体，随法律解释概念的不同理解而不同。但通常而言，就是有法律解释权的主体。对于没有法定解释效力的主体的解释而言，没有人会太在意，也就没有太大的意义。

确有所谓权威观点之说，但那是西方某些国家，如英国的传统，而且这些权威学说，都是公元 1600 年之前的著述中的内容，已经融入这些国家的法律意识和法治思想体系之中，很难说还是个人的观点了。

一、广义与狭义范围

法律解释，更多的是为了法律的理解和适用。广义言之，有多少需要理解和适用法律的主体，就有多少法律解释的主体。

如果单纯从《立法法》有关“法律解释”的角度去理解“法律解释”主体的范围，其对法治的意义，就不是大打折扣的问题了，而是聊胜于无。对此，简单地算一笔小账就理解了。我国法定的“法律解释”主体有几个？也就只有法律、法规、规章的制定主体及司法解释主体，立法解释、行政解释的主体已经包括在立法主体之中了，只有司法解释主体不是狭义的立法主体。

而广义的“法律解释”主体有多少？有多少执法者（个体意义上的、公务员本人意义上的）就有多少“执法”“解释”主体。这还不是最夸张的。有多少公民甚至自然人，就有多少“守法”“解释主体”，全世界的人民，只要有可能或者实际上已经踏入中华人民共和国的领土的，都会在某种程度上理解或者说“解释”我国的法律规范。如此一比，不就算出了法定“法律解释”主体与实际“解释法律”的主体之间巨大的倍乘关系了。

2017 年《计量法实施细则》第 23 条规定，“凡没有产品合格印、证和《制造计量器具许可证》标志的计量器具不得销售”，由于 2018 年修正时取消了《制造计量器具许可证》，于是相应内容修改为“凡没有产品合格印、证标志的计量器具不得销售”。有人也许会问，这句话有意义吗？

确实，意义不大。因为从生产者角度讲，由于不再有《制造计量器具许可证》，其制造的计量器具的“产品合格印、证标志”，应当是由其自己印制的。多这一句规定，是不是要增加企业相应的负担呢？如此的善意当然体现了对经营者的关爱，但从法治角度真正需要操心的，还真不是这些。

真正需要担心的是，如果有关部门据此将“产品合格印、证标志”把控起来，将其理解并实际操作为“计量器具”没有有关主管部门核发的“产品合格印、证标志”就“不得销售”，那就没有办法了。

法律实施的分歧，本质上是法律解释的分歧，根源在于法律解释主体站位的不同。计量器具管理领域的上述现象充分说明，法律解释确实是衔接立法与执法的桥梁和纽带，这个环节的问题没有解决，立法和执法的目的都不能实现。

二、依职权解释法律

依职权解释法律，是件很令人赏心悦目的事：有权者只需要依自己的内心确信，将自己认为的法律规则解释出来就行了。至于法律是不是就是那个意思，反倒是无所谓的。因为职权在哪里，法律的规则就在哪里。

或许有人会说，这与信口雌黄有什么区别。显然，说话者低估了有权释法者的文化水平和法律素养。通常情况下，无论是立法者、释法者还是执法者，达到一定的高度从而拥有立法、执法、释法权之后，都会中规中矩，不会太离谱，除非有难言之苦，否则轻易不会做太过损害法律权威的事。

“被诉行政机关负责人应当出庭应诉”作为法院系统力推的一项具有中国特色的诉讼制度创新，最令人担心的就是“被诉行政机关”不配合。为此，“163 条”第 129 条第 3 款规定：行政机关负责人有正当理由不能出庭应诉的，应当向法院提交情况说明，并加盖行政机关印章或者由该机关主要负责人签字认可。但从行政诉讼制度整体发展的角度看，这对法院而言很难。因为这个章或者签字太容易了。司法解释的上述规定，真不好说是“进”到还是“退”到这个地步。

这一点，可以从“163 条”第 129 条第 4 款的规定中得到间接证明：行政机关拒绝说明理由的，不发生阻止案件审理的效果，法院可以向监察机关、上一级行政机关提出司法建议。该款涉及的核心问题，显然不是“行政机关拒绝说明理由”，而是“不出庭应诉”。只有“不出庭应诉”，才有“拒绝说明理由”的前提。法院避开更为实质性的“不出庭”，而是将关注点引向“拒绝说明理由”，恰恰说明其对“不出庭”现象普遍性的无奈：避实就虚，也算是个交代，足以圆场。

有鉴于此，“163 条”第 129 条第 4 款的规定，应当能得到很好的落实。一方面，“行政机关拒绝说明理由的，不发生阻止案件审理的效果”，这是当然的，法院可以径行开展审理活动，不应当受此“变故”影响。另一方面，“法院可以向监察机关、上一级行政机关提出司法建议”虽然是选择性的，但被诉行政机关要么认真安排其负责人出庭、要么妥善“编排”其负责人不能出庭的“理由”，仅在其既不出庭又“拒绝说明理由”时，法院才会动真格。注意，此处的启动门槛仅仅是“说明理由”，甚至都没有提说明“正当”理由。

可见，既然“被诉行政机关负责人应当出庭应诉”，且“行政机关负责人，包括行政机关的正职、副职负责人以及其他参与分管的负责人”，那么被诉行政机关从全部负责人中任意选派一人出庭，虽是法律用最明确的语言赋予行政机关的法定职责，但也是比较容易做到的。确实“有正当理由不能出庭应诉的”，应当首先考虑与法院及其他当事人协调开庭时间。在中国目前的情境下，“被诉行政机关负责人”为确保能够出庭而协调开庭时间，相信这是所有法院、所有当事人都会比较愿意配合的。

三、为谁释律

为谁解释法律，正如为谁立法一样，是“革命的首要问题”。

将“行政行为对其合法权益明显不产生实际影响”（“163 条”第 69 条第 1 款第 8 项）列为裁定驳回起诉的事由，这是 2018 年新行政诉讼法司法解释新增加的内容，有争议，但完全可以先将标准立起来，再在司法实践中不断完善。

行政行为对起诉人合法权益是否产生实际影响，这是个实体问题，还是个程序问题？是应当与“是否立案”纠缠在一起，还是应当给起诉人一个实体审理的机会，待实体审理后，由法院以判决形式作出实体性结论？

这些争议之所以存在，最主要的原因是标准不好把握，根本原因在于判断主体的错位所可能产生的判断结果的差异。一个行政行为是否对“起诉人”的合法权益产生实际影响，以及这种影响是否“明显”，最好的判断者应当是利益关系人自己。起诉人已经走到起诉这一步，肯定是觉得自己与被诉行政行为有利害关系，法院非说没有，由此产生的纠纷已经不是原告和被告双方之间的了，而是牵涉到了本来应当居中裁断这一纠纷的法院。从诉讼原理出发，法院将自己牵涉到这种纠纷中，似乎并不明智，不如将此类纠纷留给实体审理解决，或者留给被告来主张、由被告与起诉人诉争被诉行政行为是否与之相关，由法院居中裁判。考虑到新《行政诉讼法》第 69 条已经明确规定，行政行为证据确凿，适用法律、法规正确，符合法定程序的，或者原告申请被告履行法定职责或者给付义务理由不成立的，法院判决驳回原告的诉讼请求。因此，涉及行政行为对原告合法权益明显不产生实际影响的判断，还是应该留待实体审理后，由法院依据审理结果、根据新《行政诉讼法》第 69 条上述规定，判决“驳回原告的诉讼请求”，即不支持原告的诉讼请求，而不是直接在立案审查阶段即驳回其起诉。如此，或许更容易让行政相对人接受，更有助于行政诉讼解决而非激化行政争议。

第三节　依字面解释法律

依字面解释法律，是法律解释的黄金法则，但执行起来不易。立法及法律解释的专断正是由此而发。但这个问题必须解决，因为所有的守法者，都是依法律规定的字面含义理解法律的。如果法律在执行时被明显地解释为背离字面含义，则涉及溯及既往问题。

依字面解释法律，事实上已经不需要解释了。因为无论你解释还是不解释，法律就在那里，对法律的解释也在那里。因此，对法律的字面解释，很大程度上就是以立法解释者的身份和姿态，对人人都以为然的法律的字面意思的重述。但不能不说，既然已经成为解释了，就不再等同于一般人的理解了。

一、从立法环节做起

法治要想实现，必须尽可能避免立法者解释法律。因为立法的“门外汉”是不敢，也没有资格在字面之外解释法律的。但法律的遵守者和执行者，恰恰是绝大多数没有参与立法的“门外汉”。他们真诚地以其能够理解的方式、从字面上理解法律的现实，应当得到立法者及法律界足够的尊重。而且立法者及执法者、司法者本身，也应尽可能依字面理解法律，以避免法律的随意性（即避免立法者事后“言出法随”）的道德风险、制度风险。

这方面的例子，在立法中就有不少。立法中的许多错误，都属于“想当然”，即起草者可能觉得自己已经非常明白，并且也说得非常清楚了，但阅读者却不明就里，需要更详尽地予以说明。当然，这类“想当然”的错误中，许多本身确实是没有说明白，或者遗漏了一些“想当然”地认为已经包括在其中的内容。

例如，《公司法》自 1993 年起、经 1999 年及 2004 年的修正都一直规定，股份有限公司“发行股份的股款缴足后”，“发起人应当在三十日内主持召开公司创立大会”，“创立大会由认股人组成”（第 91 条第 1 款）。显然，这是将发起人视为当然的认股人了。但“外人”读到此条难免不明就里：“创立大会”为什么“由认股人组成”，却没有“发起人”？比较好心的起草者、参与起草者或者撰写释义者会私下告诉提问者：这样的问题怎么会问呢？一看你就对这部法的起草过程和实质内容不了解；既然“发起人应当”“主持召开公司创立大会”，还用再写他是“创立大会”“组成”人员吗？确实，这样的问题实在太简单、太直白了。但要是换算成问题，那不也一样“简单”“直白”或者说“低级”吗？

这一点，从其下文的规定也能看出：2004 年《公司法》第 92 条第 1 款规定，“创立大会应有代表股份总数二分之一以上的认股人出席，方可举行”，还是没有提“发起人”的事，但同条第 2 款列明的“创立大会行使下列职权”中，第 1 项就是“审议发起人关于公司筹办情况的报告”。如果要善意理解这一规定，只能是“书面”“审议发起人关于公司筹办情况的报告”。有这个必要吗？为什么就不让“发起人”当面报告呢？显然，大家谁都明白，实际上不可能这样操作。但法律条文上不写明白，认真做事的人岂不就只能“童言无忌”地多嘴多问吗？

尽管有可能存在多种多样、各方面的理由和顾虑，立法者还是非常英明地对此作出了决断：2005 年该法修订时明确规定“创立大会由发起人、认股人组成”（第 90 条），这一内容不但一直保留（2018 年《公司法》第 89 条第 1 款），而且进一步明确“创立大会应有代表股份总数过半数的发起人、认股人出席，方可举行”（第 90 条第 1 款），说明发起人组织并参加“创立大会”，不仅是当然的，也是应当在立法中明确写明的。类似的问题、内容，不是有些人特别是业内人士或者圈内人明白了就可以的、可写可不写的炫技、卖关之笔。立法是给普通人看的，必须写得不仅让内行挑不出毛病，更要让尽可能多（如果做不到“所有”的话）的“外行”也挑不出毛病。

二、千万别脱离语境

2017 年《行政诉讼法》第 82 条规定：“人民法院审理下列第一审行政案件，认为事实清楚、权利义务关系明确、争议不大的，可以适用简易程序。”何谓事实清楚？一般认为，事实清楚即行政行为所依据的客观事实基本清楚，行政行为所针对的客观情况的过程和环节清楚。这里的事实指主要事实或基本事实，不是无关紧要、细枝末节的事实。2018 年新行政诉讼法司法解释对“事实清楚”有专门的解释：是指当事人对争议的事实陈述基本一致，并能提供相应的证据，无须法院调查收集证据即可查明事实。[①] 但这个解释，应当理解为专门针对《行政诉讼法》第82条规定的“简易程序”的，故其所指，也强调当事人对事实的“陈述基本一致”，与该条规定的“简易程序”的其他适用标准，特别是“争议不大”相呼应，总的来说是比较容易被满足的，可称为最基础层面的条件。但就普遍的情况而言，绝非“事实清楚”的普适标准。

三、千万别重复法条

依字面解释法律，绝对不是字面上重复法条。

原“98条”第26条第1款规定：在行政诉讼中，被告对其作出的行政行为承担举证责任。这一内容现已删除，主要原因是该条几乎全文重复原《行政诉讼法》第32条第1款、新法第34条第1款“被告对作出的行政行为负有举证责任，应当提供作出该行政行为的证据和所依据的规范性文件”。

四、千万别委曲、牵强

以原告与案件没有利害关系为由将其拒之法院之外，是司法实践中常发生的事，也是新《行政诉讼法》确立“立案登记制”以解“立案难”顽疾的着力点。

2017年《行政诉讼法》第25条第1款规定：“行政行为的相对人以及其他与行政行为有利害关系的公民、法人或者其他组织，有权提起诉讼。”

从原条文看，“行政行为的相对人”是与“其他与行政行为有利害关系的公民、法人或者其他组织”，通过“以及”并列联系在一起的。由此处非常关键的“其他”可见，在立法者看来，成为行政行为的相对人本身就具有了最根本、更直接的利害关系；其他利害关系就是与行政行为的相对人地位或者利害关系的性质相类似的权利义务关系。

如果说行政法领域在讨论“行政行为的相对人”时，其范围还可能因“相对人”与“行政行为”相关联的密切程度，而有所局限的话，在行政诉讼中，特别是在《行政诉讼法》的文本中，增加了“其他”之后，“行政行为的相对人”的

---

① “163条”第102条。

范围已经不可能再受什么限制了，离原《行政诉讼法》中“认为行政行为侵犯其合法权益”的人的范围，已经非常接近，甚至可以说没有差异了。

可见，“认为行政行为侵犯其合法权益”的人的范围，与认为自己是“行政行为的相对人”或者认为自己是“与行政行为有利害关系的公民、法人或者其他组织”的人的范围，真的很难解释出太大的区别来。但其中语气上的变化还是很明显的：按照旧法，因为有主观性非常强的“认为”二字在，起诉更接近于与行政行为相关或者说有利害关系的公民、法人或者其他组织的当然权利；按照新法，法官表面上似乎有了更多的裁量权限，但实际上聊胜于无。因为如果法官非要将“认为”自己是“行政行为的相对人”或者“与行政行为有利害关系”的人，认定为不是这样的人，并作出不予受理的决定，明确否认当事人的“认为”的话，等待法官的可能还是上诉、翻案。也就是说，对法官而言，并没有因为新法的现有规定而增强其劝导原告息诉的能力。

五、千万别故步自封

土地征收是《土地管理法》规定的将农村集体所有的土地收归国有的制度。随着我国城市化进程的加速，农村，特别是城市周边地区农村的集体土地征收，涉及重大的财产权益，有“侵犯财产权”的可能，明显应当纳入行政诉讼的范围。

土地征收算不算新《行政诉讼法》第12条第1款第5项规定的“征收、征用决定及其补偿决定”？随便找个对行政法不太熟悉的人，都不会觉得这是个问题。但在行政法领域，特别是行政诉讼实务界，越是接近最高决策层，越觉得这个问题趣味无穷。2005年的一个不能算司法解释的冠以“行他字”的文件，曾经长期地统治着这块疆域，并将所有土地征收行为拒之门外，直到今天，似乎仍没有摆脱其阴影。

究其原因，据说是因为1999年《行政复议法》第30条第2款的规定：根据国务院或者省级政府对行政区划的勘定、调整或者征用土地的决定，省级政府确认土地、矿藏、海域等自然资源的所有权或者使用权的行政复议决定为最终裁决。该法2009年修正时将“征用土地的决定”改为“征收土地的决定”，以与《土地管理法》保持一致。但无论是“征用”还是“征收”，何以根据该条款得出其为行政机关的“最终”决定，从而不可以提起行政诉讼？有关准司法解释据说就是这样认为的：根据“征用或者征收土地的决定”作出的“确认”“自然资源的所有权或者使用权的行政复议决定”都是最终的，作为最终决定基础的“征用或者征收土地的决定”还能不是行政“最终”的吗？这个解释逻辑是如此的强势，以至于在新《行政诉讼法》已经将所有“征收、征用决定及其补偿决定”纳入行政诉讼范围后，还有老资格的权威继续拿上述逻辑来解释土地征收、征用决定及其补偿决定不属于“征收、征用决定及其补偿决定”，因而不属于行政诉讼范围。

在这一点上，国务院的态度倒是比较明确，自1999年《行政复议法》明确规定国务院最终裁决权之后，就一直在受理省级政府的征地决定，从未视其为最终。当然，可诉讼的案件必然能够复议，这是《行政诉讼法》的一贯原则，但反之并不尽然。

六、千万别勉强硬解

依字面解释法律与依职权解释法律，二者有时会出现同一问题，那就是依职权“硬”解释法律，完全不顾依字面解释的法律应该是什么样子。

什么是起诉材料？起诉应当准备什么材料？这两个看似简单的问题，却在行政诉讼领域似乎没有明确的答案：立法没有明确，司法解释的规定也不完全符合“常识”；特别是在立法与司法解释的双重但不尽一致的限定下，貌似更难以回答了。

从立法的规定看[①]，起诉不需要提交“起诉材料”，但应当“递交起诉状”及其副本；在特殊情况下，即“书写起诉状确有困难的”，甚至连起诉状都不需要，“可以口头起诉，由人民法院记入笔录”。可见，连“起诉状”都不是起诉必需的。

上述规定，符合新法最新主张并力推的“登记立案制”的总体部署，但似乎不切合“司法传统”或者说脱离实际，故司法解释补充规定，起诉时应当提交4类起诉材料：（1）原告的身份证明材料以及有效联系方式；（2）被诉行政行为或者不作为存在的材料；（3）原告与被诉行政行为具有利害关系的材料；（4）法院认为需要提交的其他材料。上述要求名义上是“依照行政诉讼法第四十九条的规

① 2017年《行政诉讼法》第50条。

定[1]”解释出来的，但从新《行政诉讼法》该条规定的字面上看，立法规定“提起诉讼应当符合”的4个条件：原告主体适格、有明确的被告、有具体的诉讼请求和事实根据、属于法院受案范围和受诉人民法院管辖，并不需要用司法解释规定的上述4个方面的“起诉材料”来证明，更重要的是在起诉阶段也无法审查清楚这些“起诉材料”能否证明原告是否符合起诉条件。

字面上看，“起诉材料”，就是起诉时应当向法院提交的材料。但司法解释中规定起诉“应当提交”“起诉材料”时，却没有提到法律明确要求必须提交的“起诉状”。法律只规定了“起诉应当向人民法院递交起诉状”，没有提到“起诉材料”，或者说没有提到“其他”起诉材料。如果“起诉状”都不是“起诉材料”，那么能否反过来证明，“起诉材料”不是法律明确规定必须提交的？这虽然是个简单的形式逻辑问题，却直接涉及补正、起诉条件甚至行政诉讼的证明标准等问题。

七、字面解释的难度

《行政诉讼法》第49条第1款规定“提起诉讼应当符合下列条件”，其中之二为“有明确的被告”。如果要对此予以解释，难度多大？

对于有明确的被告这一起诉条件，依法律的本意，要求不算太高，只要大致明确即可。一般而言，只要原告提供了行政处理决定书，则决定书上署名的机关或组织即为法律所谓的“明确的被告”，有明确的被告的要求即被满足。原告所能做的，也就仅限于此了。无论该行政处理决定书是否符合法律要求的形式要件，也无论签署机关是否为有权的行政机关，甚至是否“足以使被告与其他行政机关相区别”等，都不影响被告的明确性。因为这些问题都是被告违反法律的有关规定造成的，由此产生的后果正是司法审查所要查究并最终由被告承担的。如果以此为由对原告提出过分要求，实质是让原告承担了本应由被告承担的责任。

但2018年新行政诉讼法司法解释第67条第1款确立的标准，显然要高得多：原告提供被告的名称等信息足以使被告与其他行政机关相区别。这个标准其实很难掌握，要做到“与其他行政机关相区别”，实际上是要求被告与其他“所有”行政机关相区别，这个穷尽“所有”的工作量实在太大了。故其第2款似乎又想往

① 提起诉讼应当符合下列条件。

回退一点儿，“起诉状列写被告信息”“足以认定明确的被告”即可。

严格来说，明确最终被告，是法院的职责，应由法院协助原告完成这一工作。此时，原告的起诉权与法院的审判权之间的正当关系是，法院应当维护原告的正当、合法的起诉权，同时原告也应当在合法的范围内主张自己的意志，但超出了法定范围的原告意思表达，法律并不支持。因此，法院经对原告的起诉进行审查，发现原告起诉的被告不适格，法院应告知原告变更被告；如果原告不同意变更的，法院有权裁定驳回起诉。这是法院在明确被告身份方面的法定职权，对此原告必须配合。相反，如果原告起诉的被告身份已经明确，但法院认为还有必要将其他的行政管理主体追加到已经开始的行政诉讼中，此时法院的权力即受原告意思自治的限制，不能任意追加，更不能在原告不同意追加时裁定驳回起诉。此时，法院只能在尊重原告意愿基础上，采取其他的变通做法，即对法院认为应当追加而原告不同意追加的被告，应当通知其以第三人的身份参加诉讼。

第四节　依法理解释法律

无论释法者愿不愿意承认，所有的法律解释的本源，都源自释法者对法律规定从法理层面的理解。或者说，所有的法律解释，只不过是披着各色面纱的学理解释而已，有权解释只不过是立法赋予特定释法权主体所作的（至少在形式上、文字表述上）更注重法律规范的字面含义的学理解释。据此，所有的法律解释都不能背离法理，这不仅仅是一项基本的要求，也是法律解释具有说服力、权威性和生命力的根源所在。而且，就情理而言，说有权解释符合法理，不仅不是对有权解释的贬损，而且会增强且丝毫不会影响其既有的来自解释主体本身的法定乃至宪定的权威。

一、吃透立法本意

2014 年（2017 年亦然）《行政诉讼法》第 51 条第 1 款明确规定，“人民法院在接到起诉状时对符合本法规定的起诉条件的，应当登记立案”。需要解释的是，此处的“应当登记立案”，是“当场”“登记立案”吗？如果不是“当场”登记立案，过几天（不超过 7 日）再“登记立案”，与同条第 2 款何异？

从字面看，上述规定仍不够直白，“当场”的意思还是善意地理解或者说“猜”出来的，佐证主要有二：一是其中的“时”字。按字面理解，应当是“当时”的“时”，即法院正式接到“起诉状”的当时，特别是在接待大厅、立案大厅接到“起诉状”；其对应的空间，显然只能是“当场”。二是同条第 2 款的“对当场不能判定”，进一步从反面坐实了第 1 款所言“登记立案”确实是“当场”。此处的“当场”，显然就是“法院在接到起诉状时”的现场，不能转移至其他办公场所，也不能拖延，否则就不是“法院在接到起诉状时”，而是“当场不能判定”了。上述“猜测”最终为 2018 年新行政诉讼法司法解释所证实，“163 条”第 53 条第 2 款明确地“解释”出了“当场登记立案”。由此反过来说明，立法不仅要把话说明，最好还是把话说“尽”，尽可能不留“想象的空间”“竞猜的机会”。到了需要司法解释“补充”的程度，就有点儿被动了。

二、依法解释法律

依法理解释法律，首先要做到的，就是要依法解释法律。2015 年《立法法》第 104 条规定有关司法解释“应当主要针对具体的法律条文，并符合立法的目的、原则和原意”，其目的明显是限制司法解释权，避免其超越“审判、检察工作中具体应用法律的解释”的范围、不经意间华丽转身为次级立法。

这个问题，不用多说；说再多也没用。因为真正违反者，都知道这个道理。

三、保障基本生活

既然再审意味着原生效判决、裁定确有错误，至少可能性非常大，继续执行显然不适当。再审开始后，按照审判监督程序决定再审的案件，裁定中止原判决、裁定、调解书的执行。[①] 与旧司法解释[②] 相比，新司法解释充分考虑了执行标的特殊性，明确规定“支付抚恤金、最低生活保障费或者社会保险待遇的案件，可以不中止执行”[③]；言外之意，如果这些案件中由原审判决、裁定确定支付的“抚恤金、最低生活保障费或者社会保险待遇”确有错误的，也只能等到再审判决、裁定下达后，再落实最终生效的判决、裁定，已经执行的部分可以通过执行回转予以纠正。

四、捍卫平等权利

2017 年《行政诉讼法》第 28 条规定，当事人一方人数众多的共同诉讼，可以由当事人推选代表人进行诉讼。诉讼代表人制度的核心，是必须在保证诉讼当事人平等参与诉讼的基本权利的前提下，尽可能通过代表人及其代理人制度，提高诉讼效率。

从制度设计层面看，代表人的诉讼行为，原则上拘束所有其所代表的当事人；

---

① “163 条”第 118 条第 1 款。

② “98 条”第 77 条第 1 款。

③ “163 条”第 118 条第 1 款。

但涉及重大诉讼权利行使情形，即“变更、放弃诉讼请求或者承认对方当事人的诉讼请求”，必须取得“被代表的当事人同意”。实际操作时，这里的“同意”，指全体一致同意，有一个不同意，代表人也不能行使上述权利。例如，只有一个当事人不撤诉，即使其他当事人都放弃诉讼请求而撤诉了，案件虽不再是共同诉讼，但仍应继续审理直至作出判决。也就是说，代表人还是定不了大事，大事还需要经被代表的当事人同意。

诉讼实践中，真正复杂的情况，似乎还不是代表人的权限及其行为对其他被代表人的约束力的问题，而在于代表人的产生。因为“可以由当事人推选代表人进行诉讼”，应当包括一种情况，即不同“拨”的当事人分别推选各自的代表人时，不能要求“人数众多”的“当事人一方”必须推选某一个或者某几个当事人作为代表，这才是对“其所代表”的正确理解。

当事人就推选代表人的意见不一致，有几种情况：一是不参加推选，仍由本人与其他当事人推行的代表人共同“进行诉讼”；二是与其他部分当事人推行某人作为代表人，该代表人与其他当事人推选的代表人或者不参加推选的当事人本人共同“进行诉讼”；三是“人数众多”的“当事人一方”共同推行某人或者某几人作为代表人“进行诉讼”。这些可能都是“可以由当事人推选代表人”及“其所代表”的规定赋予当事人的选择权和可能性，也正是“代表人的诉讼行为对其所代表的当事人发生效力”的本意所在。万不可将其理解为“代表人的诉讼行为对”所有该方“当事人发生效力”。

司法实践的上述现实可能性提醒我们，对诉讼代表人制度的运用，特别是法院指定代表人的做法，只能因势利导、顺水推舟，不宜过于积极主动，更不能一意孤行、人为制造新的矛盾。

五、怎么理解“相对人”

研究行政相对人的目的是确定其成为原告的条件，这显然需要法律上的依据。旧《行政诉讼法》第 24 条第 1 款对这个问题的规定有点含糊：依照本法提起诉讼的公民、法人或者其他组织是原告；第 41 条第 1 项规定，“提起诉讼应当符合”的第一个条件是“原告是认为具体行政行为侵犯其合法权益的公民、法人或者其他组织”。将这两条放在一起进行比较，不难发现，二者实为同义反复，既没有解决下定义的问题，也没有解决确立成为原告的条件问题。

因为“依照本法提起诉讼的公民、法人或者其他组织”未必能成为原告，如果案件未依法受理，这些人的原告身份就会落空，虽然其前期可能已经依法、尽力做了大量工作。同样，“认为行政行为侵犯其合法权益的公民、法人或者其他组织”固然是起诉并成为原告的条件，但成为原告的并不限于这些人，死亡公民的近亲属、已终止法人或其他组织的权利承受者，也可以成为原告。

由于“依照本法提起诉讼的公民、法人或者其他组织是原告”的概括范围太广，实际上包括了与该款并列的第2款、第3款规定的情形。例如，“有权提起诉讼的公民死亡，其近亲属可以提起诉讼”，此时，实际提起诉讼的死亡公民的“近亲属”也是原告。而新条文规定的“行政行为的相对人以及其他与行政行为有利害关系的公民、法人或者其他组织，有权提起诉讼”，就没有这个问题：原始诉权的范围仅限于行政行为直接针对的行政相对人及受行政行为间接影响（即有利害关系）的其他人。

可见由于在1989年还没有原告资格的概念，后来学者们将上述规定作为原告资格的立法依据，就多有牵强附会的成分。上述表述上和逻辑上的问题，在新《行政诉讼法》中都基本克服了。

25年后，修正后的新《行政诉讼法》第25条第1款替换旧法第24条第1款后就严谨了许多，相应条文已变成“行政行为的相对人以及其他与行政行为有利害关系的公民、法人或者其他组织，有权提起诉讼”。这已经完全是诉讼权利本位的表白了，就差挑明“具有原告资格”了。新规定弃用了旧法直接定义“原告”的做法，但新法第49条第1项仍基本保留了旧法相应条款对原告的定义：原告是“符合本法第二十五条规定的公民、法人或者其他组织”。当然这只是个指引性条款，并无更多实际内容。其所指向的新法第25条，才是原告资格的实质内容。

六、放下不放心的关爱

2013年12月28日修正的《药品管理法》，将2001年该法第13条规定的“经国务院药品监督管理部门或者国务院药品监督管理部门授权的省、自治区、直辖市人民政府药品监督管理部门批准，药品生产企业可以接受委托生产药品”，修改为“经省、自治区、直辖市人民政府药品监督管理部门批准，药品生产企业可以接受委托生产药品”。

这是一个放权性的修改，不但取消了“国务院药品监督管理部门”对省级部门的前置性授权，而且自己也不管这事了：彻底下放到了省一级。

但仔细研究这个条文，就会产生是不是可以完全取消的疑问，因为“生产药品”本来就需要取得“生产药品”的许可。“委托生产药品”的生产主体不是仍需要取得“生产药品”的许可吗?

对此，2015年《药品管理法》再次修改后，其第7条第1款就说清楚了：“开办药品生产企业，须经企业所在地省、自治区、直辖市人民政府药品监督管理部门批准并发给《药品生产许可证》。无《药品生产许可证》的，不得生产药品。”已“经企业所在地省、自治区、直辖市人民政府药品监督管理部门批准并发给《药品生产许可证》”的企业，接受委托自行生产药品不需要再经过审批。而且，无论是企业自己生产药品，还是接受委托生产药品，都要申领“取得药品批准文号后，方可生产该药品”（该法第31条第2款）。

七、勿混淆严管与厚爱

2015年《高等教育法》修正的一大重点或者特色，就是普遍下放了设立高等机构的审批权限。在此之前，1998年的该法第29条第1款非常明确地规定：“设立高等学校由国务院教育行政部门审批”，尽管该条也规定了一个例外。2015年修正该法时，落实简政放权的改革精神，明确规定，“设立实施本科及以上教育的高等学校，由国务院教育行政部门审批”；“设立实施专科教育的高等学校”，由省级“政府审批，报国务院教育行政部门备案”；“设立其他高等教育机构”，由省级“政府教育行政部门审批”。

字面上看，此次修改“动静很大”，但其实有点儿虚张声势。因为1998年《高等教育法》就有“设立实施专科教育的高等学校”“也可以”由省级“政府审批”的例外，只是需要“经国务院授权”，看起来比较不太容易。新法的修改，只是取消了“经国务院授权”的规定，相当于由该法直接授权了。但“国务院教育行政部门审批”“设立实施本科及以上教育的高等学校”的权力，并没有被根本性地触动，“设立实施专科教育的高等学校”的审批权虽然被“拿”走了，但又用“报国务院教育行政部门备案”，“找补”回来一大截。

这或许是改革之不易在立法领域的一个比较典型的例子。世界上那么多一流大学，既没有经过我们的教育行政主管部门把关，也没有经过他们的教育行政主管部门把关（许多大学的设立不仅比其教育行政主管设立得早，有的甚至比他们的政府历史都悠久），不仅设立了，还成了世界一流。经我们审批设立的，还都在1000名开外候补呢（已经进入前100名或者前500名的，似乎都没有经过现行审批体制的洗礼）。这一现实，应当是激励高等教育领域审批制度改革最根本的清醒剂。

第五节　依情理善解法律

本节是本书结论，也是本书重点。良法善治，最终需要良人的善意。

良法善治，作为法治国家的美好愿景，其实现，不仅需要立法的善意表达，更需要法律实施环节的善意理解和凭良知遵循。因为任何法律规范目的的实现，最终还是要基于守法者的善意理解、执法者的善意解释及相应适用。

怎样才算善解法律，得到立法认可的解释，就是最确凿的证明。本书中这样的例子不少，本节列举的几个，就是专门针对这个问题的例证。

善意地解释法律，并非与恶意地解释法律相对。而是在恶意地解释法律、正常地解释法律之上，追求更高理想目标的法律解释手法和结果。

一、法律的善意适用

近年来，行政管理体制改革措施不断。贯彻依法改革的宪法原则，许多改革措施都最终通过立法得以进一步强化和巩固。其中，有许多行政许可调整，改为备案或者事中监管。然而只有无条件备案，才算真正落实了这一修改规定。

早在 1994 年，《劳动法》第 69 条即规定："国家确定职业分类，对规定的职业制定职业技能标准，实行职业资格证书制度，由经过政府批准的考核鉴定机构负责对劳动者实施职业技能考核鉴定。"该法虽于 2009 年修正，但这一条没有动。2018 年 12 月 29 日才将"由经过政府批准的考核鉴定机构"修改为"由经备案的考核鉴定机构"。虽然只改了几个字，但影响的却是中国数亿人。因为《劳动法》第 69 条不仅仅是明确了"国家确定职业分类"，也不仅仅是明确了国家要"对规定的职业制定职业技能标准"，其最重要的制度设计，是国家要"实行职业资格证书制度"。而按照旧法的规定，"职业资格证书"的取得，要通过"由经过政府批准的考核鉴定机构负责对劳动者实施职业技能考核鉴定"，在直接设定"对劳动者实施职业技能考核鉴定""的考核鉴定机构"的资质的同时，间接地在全国的“职业资格证书”制度中设定了行政许可。按照这一原则性规定，全国几乎所有的“职业分类”领域，都建立了实质上由“主管全国劳动工作”的“劳动行政部门”核发的“职业资格证书”制度，木材搬运工、保姆、秘书、餐厅服务员甚至垃圾回收员等成百上千的“工种”的职业资格制度遂遍地开花，普通劳动者反而成了“最积极”的“职业资格证书”申请者。

2018 年《劳动法》的修正，也没有从根本上解决这一问题，因为现行的规定仅仅是“由经备案的考核鉴定机构负责对劳动者实施职业技能考核鉴定”，最广大意义上的“职业资格证书制度”并没有被取消。实际执行时，考虑到“对劳动者实施职业技能考核鉴定”必须“由经备案的考核鉴定机构负责”，二者的时序排布，与其他行政许可类事项具有相似性：通常是“考核鉴定机构”要先“经备案”，然后才能“对劳动者实施职业技能考核鉴定”，如果在此之前未“经备案”，仍是违法。虽然没有明确“经备案”是经哪个机关备案，但实际操作中肯定还是劳动主管部门，如果执行时在备案环节该备不备，那名义上事后的“备案”很容易操作成事前的“行政许可”。

值得庆幸的是，随着全面深入落实全面从严治党和强化反腐败斗争，有关部门及其工作人员在“吃拿卡要”上变得谨慎得多，基层劳动者所受的“盘剥”要轻微得多，但这还是要寄希望于反腐倡廉的外部大环境，还不是一个在制度上得到妥善解决的让人放心、踏实的改革成果。

二、营造公平的氛围

良法要想实现或者促进实现善治，确实需要善意地解释法律。

新《行政诉讼法》第 31 条第 2 款规定，下列人员可以被委托为诉讼代理人：（1）律师、基层法律服务工作者；（2）当事人的近亲属或者工作人员；（3）当事人所在社区、单位以及有关社会团体推荐的公民。

对上述规定中的“当事人所在社区、单位以及有关社会团体推荐的公民”至少有两种理解：第一种理解是“当事人所在社区推荐的公民、当事人所在单位推荐的公民以及有关社会团体推荐的公民”，此种理解的根据是，汉语中的多个主语，确实可以共用一个动词（此处的“推荐”）；第二种理解是“当事人所在社区的公民、当事人所在单位的公民以及有关社会团体推荐的公民”，此种理解的根据是，汉语中的多个定语，确实可以共同修饰一个名词（此处的“公民”）。第一种情况下，因需要动用“社区”“单位”“社会团体”，可能不是那么容易。但在第二种情况下，就是公民对公民，容易多了。而这恰恰正是笔者希望的善意的解释：一方面，不再追究“当事人所在社区、单位以及有关社会团体推荐的公民”本身的歧义性；另一方面，从允许“当事人”自由选择代理人，不刻意给当事人添麻烦的角度去解释。

在以上初步探讨的基础上，需要特别探讨的是，在新法统辖下，行政诉讼中，诉讼代理人是否还有资格限制？或者说，当事人如果是“公民”并且有愿意为其效劳的“工作人员”，如作为该“公民”所在单位同事的该“单位”“工作人员”，是否可以“被委托为诉讼代理人”？或者进一步说，本身不是具有“律师、基层法律服务工作者”身份的普通公民，没有“当事人所在社区、单位以及有关社会团体推荐”，是否可以“被委托为诉讼代理人”？其实，如果能善意地将“当事人的近亲属”“当事人的工作人员”“当事人所在社区的公民”“当事人所在单位的公民”“有关社会团体推荐的公民”都不当成资格限制因素，从新法规定的精神看，特别是从新法规定的实际操作看，上述问题都不存在，即行政诉讼中诉讼代理人没有资格限制。

任何公民，无论是不是取得法律职业资格的“律师、基层法律服务工作者”，也无论其是否有“所在社区、单位以及有关社会团体”推荐，都可以提起行政诉讼，也就是原告起诉是没有资格限制的。既然如此，法院何必在诉讼代理人资格问题上，“为难”普通老百姓。他们愿意委托谁，就让他们委托吧。诉讼代理人水平不行，只要法官公正司法，照样不会使老百姓吃亏，要有这样的制度自信。

既然如此，“163 条”第 32 条、第 33 条有关“工作人员”和“推荐公民”的“条件”的规定，也就不宜理解为对诉讼代理人资格的限制，因为这两条规定，都是对特定情况下的诉讼代理人的要求，并不足以从准入层面构成对诉讼代理人的资格限制。

真正需要探讨的核心问题是，法院限制当事人的“诉讼代理人”动因是什么。当然，有人会说，从这些规定中看不出限制来，而只是要求“诉讼代理人”业务更专业、水平更高。但如果是那样，立法只要求律师作“诉讼代理人”就行了，为什么还要规定其他人？

由此揣测，立法的本意，是为了赋予不同层级、不同需求的当事人以尽可能多的选择权，让他们各得其所，找到最合适的诉讼代理人。为法定的诉讼代理人设置新的、更严格的条件，显然不是新法的目的所在。

事实上，只有选择面更广，才有可能保证案件诉讼代理人的整体水平。人为地提高“诉讼代理人”的标准和门槛，不会抬高案件实际的诉讼代理人的水平，而只会将那些水平还可以但达不到符合司法解释“更高”标准的潜在的、愿意代理的“诉讼代理人”拒之门外，当事人实际能用、最终用得上的代理人，还是不行；甚至有可能因为法定标准过高，而找不到适格代理人，只能自己上。

也就是说，新法确立的目标，是提高实际参与诉讼的“诉讼代理人”的水平，而不是可参与诉讼的“诉讼代理人”的门槛。

更重要的是，“诉讼代理人”实际水平的提高，是不是有利于法院公正、及时地审理案件，这，似乎不需要笔者回答。但从司法解释的现行规定看，是不是存在一种可能，即实际参加诉讼的“诉讼代理人”水平比较高，不利于法院公正、及时地审理案件。否则，为什么要给他们设置那么多限制条件呢?

客观地说，上述规定确实构成资格限制条件，但在现实中很可能起不到什么作用，也不能视为对诉讼代理人的资格限制。因为当事人及其法定代表人完全可以避开“推荐”这个条件、根本不找任何单位推荐，从而化该条的规定于无形。

当然，从新司法解释的立法初衷看，确实有限制以“公民代理”身份代理案件出庭的本意。但从司法实务角度分析，也不能因此而徒增老百姓聘请代理人的负担。而且，新《行政诉讼法》有关“下列人员可以被委托为诉讼代理人”的规定及进一步的司法解释，只要老百姓不怕麻烦，总是能从“当事人的近亲属或者工作人员”“当事人所在社区、单位以及有关社会团体推荐的公民”中，找到自己信得过、水平又与当事人的社会和经济地位相匹配的代理人的。诉讼代理人的多样化、平民化和非专业化，符合当前公民的法治化水平和法治队伍的现状。

综上，从现行《行政诉讼法》的立法本意出发，我国行政诉讼既然不想限制原告起诉的行为能力，也就更不会限制其委托的诉讼代理人的资格，需要法院做的，只是在诉讼过程中严格守住诉讼代理人背离被代理人意愿、从事损害被代理人权益的诉讼活动这条红线、底线。

三、依逻辑无须解释

法律的适用，抽象为一个逻辑过程，就是逻辑递推的运用。

相应地，按简单的三段论逻辑完全能够得出的结论，不需要解释。或者说，无须法律的解释权就应当然地为所有的立法者、执法者、司法者和守法者共同遵循。也可以说，在法律的世界里，存在一个由“逻辑王”统治的领域，在这个领域中，从法律的既有规定中、遵循形式逻辑的原则推导出的结论，与法律的既有规定逻辑同义、法律同效。例如，法律规定 A 或者 B 都有权为 C。则 A 有权为 C、B 也有权为 C 以及 A 和 B 可以共同为 C 的结论，是不需要法律解释而可以直接在执法、司法中适用的。当然，如果非要较真，说这已经是包含了法律解释的法律适用，也没有进一步争论的必要了。

因此，可以当然得出的推论，无须解释。如 2018 年新行政诉讼法司法解释规定的“人民法院依职权追加作出原行政行为的行政机关或者复议机关为共同被告的，对原行政行为或者复议决定可以作出相应判决”[①]，显然是对前一款（人民法院对原行政行为作出判决的同时，应当对复议决定一并作出相应判决）的自然递推，无须司法解释法官们也会心知肚明。司法解释中真不应当有如此细碎的内容。

因为法律适用的实质性过程，就是一个适用逻辑三段论规则，将法律的原则性规范作为大前提，适用于现实生活中发生的事件即小前提，进而得出法律规则拟得出的结论的过程。这个过程，不是一般意义上的法律解释活动的空间。

法律解释的本质，是对法律规则的释明。也就是说，只有当法律规则这个大前提不明确时，才需要运用法定的法律解释权解释法律；或者说，法律解释的成果，与其所解释的法律规则一样，正是法律适用逻辑过程起点的大前提。运用法律规则作为大前提适用法律于具体个案的逻辑推演过程，只需要比法律解释权低得多的普通执法法、司法权，不需要法律解释的权力，也不是解释法律的过程。

例如，复议决定维持原行政行为的案件，法院判决撤销原行政行为，应一并撤销复议决定。由于新《行政诉讼法》实施后，复议机关已经是共同被告，法院

---

① “163 条”第 136 条第 2 款。

所作的判决就可以一并处置行政复议决定。新《行政诉讼法》唯恐法官素质不够、忽略了这一点，特别规定：复议机关与作出原行政行为的行政机关为共同被告的案件，法院应当对复议决定和原行政行为一并作出裁判。[①]新司法解释还进一步确认：法院对原行政行为作出判决的同时，应当对复议决定一并作出相应判决。[②]当然，原司法解释（“98 条”）曾强调的“复议决定自然无效”[③]，只是推定。

与作为其前身的“98 条”第 53 条第 1 款相比，新《行政诉讼法》有很大变化。由于“复议决定维持原行政行为的”案件，“复议机关与作出原行政行为的行政机关为共同被告”，故法院应当对两个被告的两个行政行为，即行政复议决定和原行政行为一并作出裁判，这涉及的可能性有多种组合，司法解释没有具体罗列，但赋予法院及主审法官依法裁判的权力；至于“法院判决撤销原行政行为”的，也应当一并判决撤销“维持原行政行为的”复议决定，而不是该复议决定自然无效。原“98 条”之所以要“推定”“复议决定自然无效”[④]，是因为在旧《行政诉讼法》时代，此类案件中复议机关不是共同被告，其复议决定不是行政诉讼的审查对象，既然没有“出庭”受审，只能“自然无效”，而不能由法院“越权”“越位”判决或者确认其“依法无效”。

四、善意地理解变法

2015 年《防洪法》修正时，删除了 2009 年该法同条中规定的“须经河道、湖泊管理机构同意后”等字。据此，“护堤护岸的林木”仍“由河道、湖泊管理机构组织营造和管理”且“不得任意砍伐”，只是“采伐护堤护岸林木的”，“应当依法办理采伐许可手续，并完成规定的更新补种任务”。新旧法对比，“依法办理采伐许可手续”并没有变化，究竟如何“依法办理采伐许可手续”呢？《防洪法》自始没有提及，只是新法删除了“须经河道、湖泊管理机构同意后”，这是不是意味着“依法办理采伐许可手续”中仍然包含着“须经河道、湖泊管理机构同意后”的门道呢？因为毕竟法律，如《防洪法》没有禁止啊。但这样的事绝不

---

① 新《行政诉讼法》第 79 条。
② “163 条”第 136 条第 1 款。
③ “98 条”第 53 条。
④ “98 条”第 53 条。

是不可能发生的，否则，全国人大常委会的同一部立法中也绝不会在删除与此类似的规定时，还不忘强调一句“海事管理机构不再依照有关水上交通安全的法律、行政法规的规定进行审批”[①]。

从2009年《森林法》第32条的规定看，这个问题还确实不那么简单。该条虽然第1款即明确，“采伐林木必须申请采伐许可证”，但确实没有紧接着明确由谁来实施该许可，因为有许多例外，如“国有林业企业事业单位、机关、团体、部队、学校和其他国营企业事业单位采伐林木，由所在地县级以上林业主管部门依照有关规定审核发放采伐许可证”；但“铁路、公路的护路林和城镇林木的更新采伐，由有关主管部门依照有关规定审核发放采伐许可证”。正因如此，“河道、湖泊管理机构”比照“铁路、公路的护路林”争取作为“有关主管部门”进而通过立法取得“依照有关规定审核发放采伐许可证”的权力，确实“情有可原”。经常听说的“权力”有自我膨胀的冲动，估计就是这么来的。由此可以想象，立法者即使是全国人大常委会，立法时也会面临巨大的游说压力。到了法律的执行阶段，这种压力可能更大：明明想通过立法废止“河道、湖泊管理机构”“审核发放采伐许可证”的权力，但后来发现，有关部门又在立法中找到了充分的依据，继续“审核发放采伐许可证”，这时，管还是不管？

五、为立法善意断后

2000年《海关法》第28条第2款规定，经收发货人申请，海关总署批准，其进出口货物可以免验。2013年一年内，全国人大常委会对该法两次进行修正，其中6月29日的第一次修正[②]只有一处：将第28条第2款改为“海关在特殊情况下对进出口货物予以免验，具体办法由海关总署制定”。

这一修改，显然与行政审批制度改革密切相关：由事前监控变更为事中的“行政检查”；从依申请变更为依职权；将海关总署实施的高级别批准，调整为各“海

---

① 2015年修正《港口法》第37条时，在删除“须经海事管理机构批准的，还应当报经海事管理机构批准”后，增加规定“海事管理机构不再依照有关水上交通安全的法律、行政法规的规定进行审批”。

② 2013年6月29日十二届全国人大常委会第三次会议《关于修改〈中华人民共和国文物保护法〉等十二部法律的决定》。

关”“在特殊情况下”根据实际作出临时决定。因可预见性降低、随机性增强，使走私等违法者更难预判、更难疏通，能够更有效地实现提高行政效率与改善行政执法效果的目的。

2013 年 12 月 28 日，全国人大常委会对《海关法》进行同年第二次修正时[①]，对于其第 20 条第 1 款的修改，也属于这种情况：将进出境船舶和航空器兼营境内客、货运输“需经海关同意，并应当符合海关监管要求”，修改为“应当符合海关监管要求”。删除了“需经海关同意”后，类似活动不再需要事前逐一“同意”，只需要在海关抽查时确保“符合海关监管要求”，从而大大降低海关事前审查批准的工作量，以便将主要精力投入更有针对性、更能发现问题、更有助于加强监管的事中抽查中。

但在其他相应修改中，第 86 条第 8 项尽管删除了进出境运输工具“未经海关同意”的表述，但增加的“不符合海关监管要求或者未向海关办理手续”的内容中的“未向海关办理手续”，没有具体所指。因为有关经营者只需要“符合海关监管要求”即可，不需要“向海关办理手续”。而按照《行政许可法》的要求，“海关监管要求”中是不能“要求”有关当事人“向海关办理手续”的，否则，就不需要通过专门的立法修正程序删除“未经海关同意”的规定。

事实上，即使在“需经海关同意”的行政管理时期，“经海关同意”的，也只能是有关申请单位的一个承诺，是否切实达到“符合海关监管要求”，由于监管对象尚未临检，海关也不可能检验；一旦监管对象需要通关，即使对没有“经海关同意”免检的，海关也只能抽查。这种情况下，就与海关仅在事中、事后对相应活动是否“符合海关监管要求”进行查验，没有什么实质性的区别了。

这就是相应行政许可予以取消的实质性理由。

那么，是不是可以将“具体办法由海关总署制定”理解为通过“具体办法”规定，“经收发货人申请，海关总署批准，其进出口货物可以免验”呢？善意地理解和实施全国人大常委会的前述修改内容，显然是不行的。由海关总署制定的具体办法，其实就是海关对进出口货物予以查验的程序、方法等的规程，其中当

① 十二届全国人大常委会第六次会议《关于修改〈中华人民共和国海洋环境保护法〉等七部法律的决定》。

然包括“在特殊情况下”予以“免验”放行的流程，但通常应当不包括要求当事人依申请事先获取“免验”资格、到时开关放行的规定。

因为这样的规定存在两个方面的问题。第一，从立法角度讲，这属于行政许可的设定，只有法律、行政法规有权；在立法已经明确取消这项设定的情况下，再通过无权的下位法设定，那就不是立法技术问题了，而是属于政治上、立法上“犯上”。第二，事先获取“免验”资格，道德风险及管理成本巨大，会使海关监管流于形式。

六、业主的正当名分

随着国家的城市化和国民的重资产化，越来越多的国民成了有产者，并因其资产配置中占绝大多数的房产而成为业主。由于我国的房产构成中，土地使用权可明确分割的独立成栋物业占比极少，绝大多数房产都属于共用土地和公摊设施的小区物业，业主之间的合作必不可少。由此产生的财产共有关系纠纷及其处理机制，成为近年来理论界与实务界探讨的重点。这些内容，都是2000年出台的“98条”所未曾逆料和预设的。

“163条”第18条因应时代大势，对此作出了初步的规定：

一是成立业主委员会的，“业主委员会对于行政机关作出的涉及业主共有利益的行政行为，可以自己的名义提起诉讼”①。

二是未成立业主委员会或者“业主委员会不起诉的，专有部分占建筑物总面积过半数或者占总户数过半数的业主可以提起诉讼”。此时相当于提起了一个共同诉讼，业主以其分别拥有的建筑物的总面积，即由这些业主“专有部分占建筑物总面积”，以及业主总户数是否过半，作为其能否以业主共同的名义起诉的前提条件。

上述规定实际操作时遇到了比较麻烦的问题：一是如何界定“业主委员会”的合法性，即业主们以什么程序组成的“业主委员会”，可以视为上述规定中的“业主委员会”。这个问题，“163条”有意回避了。这在技术上完全说得过去，正如何谓企业、何谓公司或者何谓法人，各大诉讼法都不明确，而由相应的实体法

① “163条”第18条第1款。

界定一样，对什么才是适格的“业主委员会”，也需要业主、法院、被告行政机关，特别是主管“业务委员会”成立事宜的主管部门，在实践中具体适用或者参考《物业管理条例》等法律法规的规定，解决个案中遇到的具体问题。

二是未成立“业主委员会”、已经成立的“业主委员会”未得到大多数业主或者“专有部分占建筑物总面积过半数或者占总户数过半数的业主”的认可以及已经成立的“业主委员会”未得到有关主管部门的认可时，如何确认原告资格？是否可以将其视为“业主委员会不起诉的”情形，还需要实践中进一步明确。从“163条”第18条整体看，特别是结合“163条”第16条第1款有关“股份制企业的股东大会、股东会、董事会等”的原告主体资格的规定，“专有部分占建筑物总面积过半数或者占总户数过半数的业主”，应当具有与“业主委员会”同等的原告主体资格，可以在“业主委员会”不健全时，以自己的名义主张并行使诉权。

三是“过半数”的要求比较牵强。“涉及业主共有利益”，就是涉及业主利益，业主就与该行政行为“有利害关系”，不“过半数”甚至单个业主，也应当可以起诉。考虑到业主委员会的表决机制（通常也需要“专有部分占建筑物总面积过半数或者占总户数过半数的业主”同意），故现行规定剥夺了少数业主或者单个业主对“涉及业主共有利益”的行政行为的诉权。

七、备案的曲线救国

1999年《海洋环境保护法》第54条规定，勘探开发海洋石油，必须按有关规定编制溢油应急计划，报国家海洋行政主管部门审查批准。据此，该条属于行政许可性质，即如果“溢油应急计划”未获得“国家海洋行政主管部门”“审查批准”，是无法从事“勘探开发海洋石油”的。

2013年12月28日修正[①]该法时，其他内容没有变化，即“勘探开发海洋石油”仍“必须按有关规定编制溢油应急计划”，但不需要报国家海洋行政主管部门“审查批准”，只需要报国家海洋行政主管部门“的海区派出机构备案”。这一修改，明确降低了接收报备机关的“级别”，但未明确“备案”的时间。这个问题在“审

① 全国人大常委会《关于修改〈中华人民共和国海洋环境保护法〉等七部法律的决定》。

查批准”时不明确也无妨，因为在汉语中“批准”，特别是“审查批准”，都是自带时态或者说时间观念的：通常指事前的批准，事后批准的那叫追授。至于“备案”，其实按照普通人对汉语的理解，也是自带时态的，通常指事后，因为“备案”中的“备”有“事备”“备查”两重含义，都是事后的意思。但到了法律上，却有了很多可以“矫情”的空间，如果不写明事后备案，往往就执行成“事前”备案了，这样的事前备案，与审批没有什么区别，又回到了非行政许可的审批的“中等收入陷阱”之中。

八、善意理解“备案”

对立法的善意解释，最终还要落实到法律的适用中。或者说，立法不是黑瞎子掰棒子，只管前面干不管后面收。立法如果不在起草、审议时就为实施筹划，特别是如果立法不考虑执法、司法现实中“变通”实施法律的强大势力的顽固性、强势性，立法很容易在现实中被架空。

2016年《民办教育促进法》第26条第2款规定：“对接受职业技能培训的学生，经政府批准的职业技能鉴定机构鉴定合格的，可以发给国家职业资格证书。”其实同一内容，早在2002年该法初颁时就有（2002年《民办教育促进法》第25条第2款）。这一内容在2018年作了调整[①]，将“经政府批准的职业技能鉴定机构”修改为“经备案的职业技能鉴定机构”。但这一调整是否属于“重大”，倒是值得观察的。因为名为且应为“事后”的“备案”，就此处涉及的“经”“鉴定机构鉴定合格”“发给国家职业资格证书”这件“事”而言，恰恰成了“事前”的：如果“职业技能鉴定机构”在“发给国家职业资格证书”这“事”之前没有“备案”，就不属于“经备案的职业技能鉴定机构”。如此一来，新旧法虽然有文字的调整，但实质性的内容，在实际执行时将可能出现重大的变异，除非“备案”就是不经任何带有“审查批准”性核查的“知道了”型“簿记”，也就是来者不拒、有件必备。但我国的行政机关显然没有那么“不负责任”。于是“经政府批准的职业技能鉴定机构”与“经备案的职业技能鉴定机构”，就“对接受职业技能培训的

---

① 当年12月29日全国人大常委会《关于修改〈中华人民共和国劳动法〉等七部法律的决定》对该法第三次修正。

学生”进行“鉴定”并对“鉴定合格的，可以发给国家职业资格证书”这件事而言，可能真的没有实质性的变化。

类似的情形，还包括2018年与《民办教育促进法》同一批修改后的《民用航空法》第62条涉及的“其他民用机场应当按照国务院民用航空主管部门的规定进行备案”。因为这也属于先对机场“备案”然后才涉及机场使用的情形。

九、善解“利害关系”

“合法权益”“利害关系”，都是法律上最普通的概念。但到了执法、司法实践中，原告需要维护自己的合法权益时，上述理论之争就具有了现实意义。因为在法律上，只有能够诉诸法律保护的权益，才是真正的“合法权益”。其中的连结点，就是“利害关系”。

“合法权益”，是指法定权利和法定利益，核心是法定权利。享有和行使法定权利，才有可能获得法定利益。根据行政诉讼法，合法权益主要指人身权、财产权，人身权、财产权以外的政治权利，单行法律、法规规定可以起诉的等情形，有此等“合法权益”才有权起诉，否则不能起诉。但对于旧《行政诉讼法》第11条所列举的7类行政行为（涉及行政处罚、行政强制措施、经营自主权、行政许可等）所涉及的权益，均应视为“合法权益”，无论是否属于人身权、财产权的范围，均可提起行政诉讼。

由于人身权、财产权等合法权益的广泛性，几乎所有的行政行为都在某种程度上、以某种方式影响到行政相对人的人身权、财产权等合法权益。因此，在司法实践中，法院通常会利用《行政诉讼法》的这项规定，作为其扩充行政诉讼范围的法律根据。

新《行政诉讼法》将行政案件是否受理的关键性判据，从旧法的“认为行政行为侵犯其合法权益”，变更为“与行政行为有利害关系”，中间还跨越了原“98条”第12条规定的“与具体行政行为有法律上利害关系”的过渡性条款，从而将“利害关系”这个法律概念推向了万众审视的聚光灯下。

“利害关系”，即使抛开法律解释、仅从字面理解，新法的“利害关系”也比旧法的“合法权益受到侵犯”范围大致扩大“1倍”：“合法权益受到侵犯”仅限于“害”，还没有包括“利”。当然，在法律上，“利害关系”主要是权益受损。

那么在法律上，究竟何谓“利害关系”？“利害关系”大到何种程度可以支撑起一个诉、一项诉权？这些问题，是所有行政诉讼相关方都必须涉及而且特别想解释清楚的。但这个问题很可能解释不清也没有必要解释得过于清楚。因为这本身就是一个法律上的不确定法律概念，只要与行政诉讼有关的法官、当事人，大致明确彼此共同围绕的问题是什么，就可以了，不必也不可能说得太清楚。

因为“利害关系”就是一种有“利害”的“关系”，而法律上“关系”的本质就是一种法律上的“联系”。在中国特色社会主义法治文化的大语境下，按照马克思主义经典的辩证唯物主义的基本原理，无论是客观物质世界还是社会实践领域，各主客体之间都是普遍联系的，相应之间总是存在或近或疏的“关系”。即使具体到某一特定的行政行为，全世界所有的人也可以说与之都存在某种可能非常微弱但不容否认的“利害关系”。

于是问题似乎应当转化为，起诉人是否具有“足够的”值得法律保护的“利害关系”。但现行法的明文规定中只有“利害关系”，而没有提及其强弱程度。将单纯的“利害关系”非常学理而专业地解释为具有“足够的”值得法律保护的“利害关系”，从简单的形式逻辑上分析，就是给概念的内涵强加了明显的限制性条件，其结果必然是强制性缩小“利害关系”这个具体概念的外延，即在法律明文所确立的大门中，横生出一系列阻止起诉人进入诉讼程序的“二道门”。如此不符合形式逻辑的解释，能说其符合法律或者立法的精神吗？因此，与其说利害关系是实体权利与程序权利的纽带，不如说利害关系是实体权利与程序权利之间的过渡地带，是在起诉人保护自己可能存在也可能不存在的实体权利的过程中，赋予其程序性权利的一种说辞。

在法治国家、法治政府、法治社会一体建设的新时代，行政诉讼的大门，正如改革开放的大门，已经向广大百姓敞开，就只会越开越大。“利害关系”在法律上的存在，绝不是用来阻挡行政诉讼的历史洪流，而是筛选极不负责的滥诉、缠讼的。除此之外，希望通过对“利害关系”的解读操控起诉人的范围和行政案件多寡的“理想”可能比较难以实现。

在新《行政诉讼法》否决了在“利害关系”之前加上“法律上”的限定的动议（这正是原司法解释的规定）之后，“利害关系”就再也不是法官们所擅长判断的“法律上”的“利害关系”了。如果法官不想自找麻烦，就不要期望以“利害关系”将行政争议拒之法院门外了。

因自己的“利害关系”而起诉，正是新《行政诉讼法》第49条第1项规定原告应当满足的起诉条件中最核心的内容，也是法院审核原告是否适格最应当考虑的因素。更重要的是，也只有从这个角度，才能更准确地理解和把握“利害关系”的本质。

因自己的“利害关系”而起诉，说明“利害关系”必须在特定的行政诉讼案件中，足以将起诉人与其他人比较明显地区分开来，使人一眼就能看出，起诉人是因自己的“利害关系”，而非为管他人的闲事，更不是不特定的、公共的利害关系而起诉的。仅从这一点看，行政诉讼的原告不能提起公益诉讼（但不能说其起诉就不能有公益成分），除非该法或者其他法律另有特别规定。可见，只要适度地解释“自己的利害关系”，按照前述普遍联系的唯物辩证法原理，就可以将“自己的利害关系”解释到足以覆盖几乎所有公益诉讼的宽度。

例如，“陕西周老虎”事件，某大学一名在读研究生向国家林业局申请行政复议，要求该局履行法定职责，对“老虎”真假作出鉴定，并索赔1元钱。虽然这是一起行政复议案件，但对“利害关系”切近程度的判断与行政诉讼是一致的。这个案例从一个鲜活的角度生动地说明，“利害关系”作为调节行政诉讼受案范围的门槛，也可以成为引导公益诉讼流量的导流明渠：只需要将“利害关系”解释为比其他人更关注于特定的行政行为。

尽管在学术界，“与行政行为有法律上利害关系”往往与“直接的利害关系”或者“足够的利害关系”并列，但哪一种表述都不能唯一地确定出原告的明确范围。“98条”第13条采取了比较明智的做法：在总结实践经验基础上，以列举方式进一步描述了“可以依法提起行政诉讼”的4种情形。“163条”第12条在保留并适当扩充这种架构基础上，增加2项新内容，并将切入点转化为直接解释《行政诉讼法》第25条第1款规定的“与行政行为有利害关系”：（1）被诉的行政行为涉及其相邻权或者公平竞争权的；（2）在行政复议等行政程序中被追加为第三人的；（3）要求行政机关依法追究加害人法律责任的；（4）撤销或者变更行政行为涉及其合法权益的；（5）为维护自身合法权益向行政机关投诉，具有处理投诉职责的行政机关作出或者未作出处理的；（6）其他与行政行为有利害关系的情形。

上述第5种情形是新增加的，界定了投诉举报案件可诉的前提，同时试图解决了投诉举报案件中当事人的原告资格问题，即必须是“为维护自身合法权益”，且接收投诉的行政机关必须“具有处理投诉职责”的，投诉人对“行政机关作出或者未作出处理的”行政行为才“有利害关系”，并因此具有原告资格。但自相矛盾的是，既然是“具有处理投诉职责的行政机关”，则无论投诉人是否“为维护自身合法权益”而投诉，该行政机关都必须“处理”，否则就是不履行法定职责，如此一来又成了可诉的不作为。

事实上，在行政管理实践中，投诉举报制度涉及极为广泛的行政管理领域，或者说我国的行政管理立法非常热衷于设定投诉举报制度，从而赋予了行政相对人相当广泛的投诉举报权。简单地以是否“为维护自身合法权益”为标准，区分“向行政机关投诉”的大量案件，确实有可能使大量行政管理立法中的“投诉”权的规定，因法院的不予受理裁定，口惠而实不至，将矛盾和纠纷引向法院。

至于原告的合法权益是否受到行政行为实际的侵犯，是整个行政诉讼过程所要解决的实质性问题，要待法院通过对被诉行政行为合法性的实质审查，在行政诉讼的最后阶段予以确认。要求原告在起诉阶段即予明确，显然不符合《行政诉讼法》的立法精神。正是因为在目前的行政审判实践中，仍然广泛存在类似的对原告的过高要求，并以此作为行政案件是否受理的必要条件，所以对法律适用的这类严重误解，就是要明确起诉条件的非实质性的根本缘由。

图书在版编目（CIP）数据

立法技术原理 / 张越著. —北京：中国法制出版社，2020.6（2023. 4重印）
ISBN 978-7-5216-1112-0

Ⅰ. ①立…　Ⅱ. ①张…　Ⅲ. ①立法—研究—中国　Ⅳ. ①D920.0

中国版本图书馆CIP数据核字（2020）第085969号

责任编辑：王雯汀　　封面设计：杨鑫宇

立法技术原理
LIFA JISHU YUANLI
著者/张　越
经销 / 新华书店
印刷 / 北京虎彩文化传播有限公司
开本 / 710毫米 × 1000毫米　16开　　印张 / 34.75　字数 / 564千
版次 / 2020年6月第1版　　2023年4月第6次印刷

中国法制出版社出版
书号ISBN 978-7-5216-1112-0　　定价：129.00元

北京市西城区西便门西里甲16号西便门办公区
邮政编码：100053　　传真：010-63141600
网址：http://www.zgfzs.com　　**编辑部电话：010-63141824**
市场营销部电话：010-63141612　　**印务部电话：010-63141606**
（如有印装质量问题，请与本社印务部联系。）